目　录

专题论文

学术史回顾

研究史综述

国外论著译文

从夹山到余睹谷

——辽天祚帝播迁史地考析

卢绪友

内容提要：辽末，女真完颜部发起灭辽战争。辽天祚帝奔入夹山，之后数度进出夹山，辗转于辽与宋夏边境地带，最终被金军俘虏。关于此段史实，诸多史料记载各异，文章就理清这段史实作了一些尝试，认为天祚帝在奄遏下水之战后是南奔应州河阴县，而非北逃阴山山金司。关于其被俘的地点，《金史》所记“（朔州）阿敦山之东”、“应州西余睹谷”系为一地，即辽河阴县南之余睹谷。《辽史》中天祚被俘于“应州新城东六十里”的说法不可取，而应是被俘于应州新城南六十里。

关键词：辽天祚帝；夹山；奄遏下水；余睹谷

辽末，女真完颜部发起灭辽战争。辽天祚帝奔入夹山，之后数度进出夹山。保大四年（1124）七月，天祚帝领兵自夹山南下，在奄遏下水被完颜希尹所部金军击败，天祚帝逃亡。但对于天祚帝的逃亡地点，几种主要史料的记载却不尽一致。而对于其最终被俘的地点，《辽史》、《金史》等所提供的信息也不尽相同。

为厘清天祚帝播迁的相关地理问题，清李慎儒在其《辽史地理志考》附录《天祚播迁处考》中，试图考订天祚帝的播迁路线，但由于误以天祚帝最后逃往目标是西夏，并定阴山附近的“小呼噜”为今青海一带部族，以致对天祚于应州一带被俘大惑不解，得出了“今无可考”的结论。近来也有一些学术成果，但都或简或舛，没能很好地解决这一问题①。本文就自天祚帝离开夹山至被俘这一时期内的行踪做一梳理与论证，并考证天祚帝最终被俘地点及大体方位，以求教于方家。

一、奄遏下水之战后的天祚去向

辽天庆四年（1114），女真完颜部首领完颜阿骨打起兵抗辽，至辽保大二年（1122），金军已攻下辽东京、上京、中京、西京四京，天祚帝则遁入夹山。② 辽南京留守耶律淳遂即位为皇帝，是为天锡皇帝，这样，“天祚所有，沙漠以北，西南、西北路两都招讨府、诸蕃部族而已”，③ 其窘境可见一斑。之后天祚帝便以夹山为活动中心，开始了数年的抗金、流亡生涯。至保大四年（1124）七月，天祚帝收集残部，并谟葛失等部族军，乃出夹山，越渔阳岭，一路攻城略地，欲南下武州（今山西神池），至奄遏下水（今内蒙古岱海）时遭遇金军，辽军败绩，那么天祚帝逃往何处呢？

《三朝北盟会编》引史愿《亡辽录》载，天祚帝在此次兵败后，逃往夹山附近的山金司，④《大金国志·兀室传》则记载的更为详细，“天会二年，辽主天祚率诸军出夹山，南下武州，遇兀室军，战于奄遏下水，兀室率山西汉儿兵为前驱，以国兵千余骑伏山间，辽兵惊溃，天祚奔山金司。”⑤《契丹国志》所载与《大金国志》

① 王颋《辽天祚帝被俘前行踪考辩》（《江海学刊》1982年第5期）对天祚帝被俘前行踪进行了考察，认为奄遏下水之战后天祚帝复回阴山、余睹谷地处阴山附近，但其结论与辽金史所载相关说法不符，仅为臆断。台湾三军大学编《中国古代战争史》第十一册（北京：中信出版社，2013年，第358页），对辽金战争与天祚帝的播迁有所阐述，但考证不详，如对夹山等诸多地名考订错误，一些阐述也与史实不合。杜承武在《契丹与阴山——读史札记》（陈述主编：《辽金史论集》第二辑，北京：书目文献出版社，1987年，第145页）中，注意到了奄遏下水之战后天祚帝逃亡有两种说法，即山阴与山金司，但认为山阴便是山金司。任爱君亦认为奄遏下水之战后天祚帝逃往阴山，最后被俘于天德军（任氏取天德军地处今内蒙古乌拉特前旗一说）附近的余睹谷（氏著：《辽朝史稿》，兰州：甘肃民族出版社，2012年，第379页）。日本学者外山军治（氏著，李东源译《金朝史研究》，哈尔滨：朝鲜民族出版社，1988年，第137－138页）则分析了《金史》中对天祚帝被俘地点的不同说法，指出“朔州阿敦山之东”与“应州西余睹谷”应指一地，即余睹谷，并引雍正《山西通志》关于山阴县南余都峪的记载，认为余睹谷便是余都峪。但外山氏是以页下注的方式来阐述的，所论甚略，且未进一步对《辽史》所载天祚帝被俘地点进行辩证。山西省地图集编纂委员会《山西历史地图集》所载“宋辽金时期战事图”（北京：中国地图出版社，2000年）或仅据《金史》所记“应州西余睹谷”的说法，简单地将余睹谷标注于应州城西郊。

② 《辽史》卷29《天祚皇帝纪三》，北京：中华书局，1974年，第343页。夹山，在今内蒙古呼和浩特市西北之吴公坝以北武川县附近地区。详见陈得芝《耶律大石北行史地杂考》，中国地理学会历史地理专业委员会编：《历史地理》第2辑，上海：上海人民出版社，1982年，第51－58页。

③ 《辽史》卷29《天祚皇帝纪三》，第344页。

④ （宋）徐梦莘：《三朝北盟会编》卷21，上海：上海古籍出版社，2008年影印本，第152页。

⑤ （宋）宇文懋昭著，崔文印校：《大金国志校正》（下册），北京：中华书局，1986年标点本，第385页。

同，也载天祚帝奔山金司。[①] 但《辽史·天祚本纪》云，奄遏下水兵败后，天祚帝奔山阴（治今山西山阴县东南，辽时为河阴，属应州，金改为山阴，此处当为元史官追述），直到保大五年正月才前往阴山附近的小斛禄属地。[②]《三朝北盟会编》引《茆斋自叙》所载，大体与《大金国志》同，但却记奄遏下水之战后，“天祚南下”。《三朝北盟会编》引《北征纪实》载，天祚帝“领契丹韃靼众五万余骑……南来……兀室忽以大兵遮其归路……一击而天祚之众大溃，势不得还。”[③] 未言逃向，但就归路被断的形势看，已无北返可能。

按《辽史·百官志》载：“山金司，一作山阴司，置在阴山之北。”而辽代河阴县却在应州。两地一南一北，相距千里，两说必有一误。天祚帝是在保大四年七月自夹山出，一路连下数州，才至奄遏下水的，因此奄遏下水之战极有可能发生于八九月间。据《金史·太宗本纪》载，天祚帝在是年十月正驻于余睹谷，欲奔天德[④]，而余睹谷地处应州之西[⑤]，可知天祚帝时在应州境。再综合以上诸种史籍所载的“天祚南下”与归路被断，可以肯定，奄遏下水之战后，天祚帝后路被切断，断无机会后退返北，只好南下应州河阴县，《辽史》所载应予以肯定。

需要说明的是，《辽史·天祚本纪》载，是年“冬十月，天祚帝纳突吕不部人讹哥之妻谙葛，以讹哥为本部节度使”。[⑥] 按突吕不部应活动在阴山一带，而天祚帝是在余睹谷，那是否肯定余睹谷是在阴山一带呢？答案是否定的。从前文可知，辽金奄遏下水之战中，天祚帝所依仗的军队正是契丹军和“韃靼”军的混合，突吕不部讹哥及其家属当也在其中，并追随天祚帝逃亡到了余睹谷。

二、天祚帝被俘经过及地点辨析

上文已述，保大四年底，天祚帝欲从余睹谷往天德。金军在获知其企图后，马上在“沙漠”一带部署了军力。保大五年（金天会三年，1125年）正月，党项小斛禄遣人请天祚帝驾临其属地（阴山一带），途中过“沙漠”（当位于今山西与内

① （宋）叶隆礼署，贾敬颜、林荣贵点校：《契丹国志》卷12《天祚皇帝下》，上海：上海古籍出版社，1985年，第134页。

② 同上。小斛禄于史籍中有多种写法，如小胡虏、小葫芦、小胡鲁、小勃律等，本文于直接引用史籍之外，一律采用小斛禄一词。

③ 徐梦莘：《三朝北盟会编》卷21，第154页。

④ 《金史》卷3《太宗纪三》，第51页。辽代的天德军，位于今内蒙古呼和浩特市东郊白塔村西南。辽之天德军与辽之丰州当为一地，详见樊文礼《辽代的丰州、天德军和西南面招讨司》，《内蒙古大学学报》1993年第3期；张修桂、赖青寿《辽史地理志汇释》，合肥：安徽教育出版社，2001年，第194－196页，第199－200页；杨蕤《西夏地理研究》，北京：人民出版社，2008年，第74－77页。《中国历史地图集》则将天德军与丰州分开，而标注于故唐天德军地，即今内蒙古乌拉特前旗东北明安川一带。

⑤ 《金史》卷76《宗干传》，第1742页。

⑥ 《辽史》卷30《天祚皇帝纪四》，第351页。

蒙古交界一带。《辽史·天祚皇帝本纪》曾载，金军占领四京及耶律淳称帝南京后，天祚所有，不过“沙漠”以北属地而已），忽遇金军，天祚帝骑上随从的马匹才得以逃脱，到达目的地后，天祚帝感激小斛禄的收留之情，拜为西南面招讨司，总知军事。

那么，天祚帝是如何被俘的呢？《辽史》、《金史》中并无详细的记载。《三朝北盟会编》引《北征纪实》载：

> 小斛禄帐者，天德、云中间之一族帐，旧臣属辽人。……及天祚在是，粘罕因自讨之……独天祚逸去不见。乃于朔州武州境上即时分兵，每三十里百骑，顷刻布三百里以待之。果有一人驰骏马手更牵二马望北驰去，骑兵围之，即下马，因自言曰：我天祚也。骑兵将加执缚。①

《三朝北盟会编》引童贯上《贺耶律氏灭亡表》一文载：

> 旧酋（天祚帝）欲南来，先遣杂类并边劫掠，累次为朔宁府武州太山宁化军将佐杀败，探知沿边军兵甚盛，回徨涕泣，遂于二月十九日昏夜北走，至二十七日准大金西北西南北路都统所谍照会，称昏主二十一日已自出首。②

可见，天祚帝逃往小斛禄属地不久，即遭金军围捕。天祚帝再次南下，欲由武州境入宋，但却被金军拦截，乃仓皇北逃。而对于其被俘的地点，辽金史的记载却并不一致。

《辽史·天祚本纪》云：

> （天祚帝）至应州新城东六十里，为金人完颜娄室所获。③

《金史·太宗本纪》云：

> 二月壬戌，娄室获辽主于余睹谷。④

《金史·娄室传》云：

① 以上见徐梦莘：《三朝北盟会编》卷21，第152－154页。

② 徐梦莘：《三朝北盟会编》卷21，第156页。

③ 《辽史》卷30《天祚皇帝纪三》，第349页。

④ 《金史》卷3《太宗纪三》，第52页。

(娄室)袭辽帝于余都谷,获之。[1]

《金史·海里传》云:

(海里)从娄室追及辽主于朔州阿敦山。辽主从数十骑逸去,娄室遣海里及术得,往见辽主,谕之使降。辽主已穷蹙,待于阿敦山之东,娄室囚获之。[2]

《金史·宗干传》则云:

天会三年,获辽主于应州西余睹谷。[3]

分析以上史料,天祚帝被俘地点有以下几种说法:1. 应州新城东六十里(《辽史》所载);2. 应州之西余睹谷(《金史》所载,余睹谷与余都谷当为一地);3. 朔州阿敦山之东(《金史》所载)。

关于此三种天祚被俘地点的说法,罗继祖先生在其著作《辽史校勘记》中一一举出,并认为"三说互异"。[4] 日本学者外山军治则认为《金史》所记的两种说法当指同一地点,即余睹谷,并据雍正《山西通志》指出余睹峪在河阴县南,余睹峪便是余睹谷[5]。笔者赞同外山氏的推测。据以上所列诸史料,天祚帝武州被阻截后,应是向北再向东逃亡(桑干河与雁门山之间),至朔应边界的阿敦山被追及,逃至应州西境余睹谷即被俘获。而应州西境正是河阴县,可以肯定,余睹谷便是位于河阴。其实结合辽金史其他方面的史料亦能判断余睹谷之方位。上文已述,保大四年(1124)七月,天祚帝军出夹山,连下数州,大约在八九月间在奄遏下水被金军击败,《辽史·天祚帝纪》载,天祚奔河阴,而据《金史·太宗纪》,该年十月,天祚帝正驻于余睹谷。亦可推测余睹谷即在河阴。再来分析《辽史》所载说法。据顾祖禹《读史方舆纪要》,应州新城便是新平城,在大同西南百里,即《北史》所载拓跋猗卢于"灅水之阳黄瓜堆"所筑之新平城[6]。新平城东六十里则在应州城附近(偏东),天祚帝若在此被俘,史料直接记为应州或以应州为坐标记事岂不更好?新

---

① 《金史》卷72《娄室传》,第1651页。

② 《金史》卷72《海里传》,第1657页。

③ 《金史》卷76《宗干传》,第1742页。

④ 罗继祖:《辽史校勘记》,上海:上海人民出版社,1958年,第101页。

⑤ (日)外山军治著,李东源译:《金朝史研究》,哈尔滨:朝鲜民族出版社,1988年,第137-138页。

⑥ (清)顾祖禹撰,贺次君、施和金校:《读史方舆纪要》(第四册)卷44《山西六》,北京:中华书局,2005年,第1996页。

平城（黄瓜堆）位于山阴县北四十里（宋辽金元里程与明清里程应相差不大）。[①]若将应州新城“东六十里”在方位上调整为应州新城南六十里，其方位则恰好指向河阴县南，与《金史》所记天祚帝被俘于余睹谷的说法相合。因此，《辽史·天祚纪》所记天祚帝被俘于“应州新城东六十里”的说法有误，应更定为“应州新城南六十里”。但《辽史》为何弃《金史》说法不用，而是突兀地以应州境内地点为坐标来记天祚帝被俘地呢？笔者在这里试着给出另一种解释，即“应州新城东六十里”也可能为“朔州新城东六十里”之讹，而且朔州新城东六十里所指乃是阿敦山。据《括地志》、《太平寰宇记》，朔州之新城在州城西南四十七里，北魏曾称小平城，东魏时设新城县，北齐一度将朔州州治迁于此。天祚帝南逃时是在朔州境内被金军发现的（很可能就是在朔州新城一带），逃至朔州阿敦山时被金军追及，此阿敦山大致地处朔州新城东六十里，《辽史》编者或以为天祚帝于此处被俘。但于上所引《金史》，天祚帝并没有在阿敦山投降，而是继续向东，至应州之西余睹谷才被俘虏（余睹谷地处朔州新城以东百里左右）。总之，《辽史》所记天祚帝被俘于“应州新城东六十里”的说法是不可信的。

至于余睹谷具体所在，后世文献尤其是方志对余睹谷方位多有考证。顺治《云中郡志》云：“余睹谷，金执辽主延禧处，并马邑。”[②]雍正《山西通志》载：“余睹谷，在县（山阴县）南，宋宣和七年二月，辽主……走应州至余睹谷，金娄室执之以归。余睹峪，在县（山阴县）南，宋宣和六年，辽主与金战于奄遏下水海，师溃走山阴居此。”[③]以上方志与笔者所论之余睹谷坐标相吻合。

确定了余睹谷的方位，那么就可以进一步获知余睹谷的重要战略地位。山阴县南有数条孔道连通宋境，宋太宗时期，名将杨业曾在此一带建雁门寨、胡谷寨等军事据点以控扼之。当年天祚帝数次停驻余睹谷应该有其战略考虑，余睹谷南临北宋的雁门寨、胡谷寨，可直达宋境，东近重镇应州，西联朔州，的确为一可攻可退的理想战略要地。

三、结 论

综上，保大四年（1124）七月，天祚帝领军自夹山南下，欲下武州，但在奄遏下水一带被金军击败，天祚帝南下奔应州河阴县（余睹谷）。保大五年（1125）正月，天祚帝由余睹谷北上阴山一带投奔小斛禄。完颜宗翰击败（或收服）小斛禄后，天祚帝仓皇南奔，欲由武州奔宋。而金已于朔州、武州境内布以重兵，严加缉

① 顾祖禹：《读史方舆纪要》卷44《山西六》，第2008页。

② 顺治《云中郡志》卷1《沿革》，清顺治九年刻本，第30页a。

③ 雍正《山西通志》卷21《山川五》，清雍正十二年刻本，第12页b。外山军治只注意到了此志载有余睹峪条，殊不知亦载有余睹谷条。

查。天祚帝乃被逼向东逃奔，欲寻机入宋，但于朔州东境阿敦山为完颜娄室所部金军追及，至应州河阴县南境之余睹谷，为娄室所擒，时在保大五年（1125）二月二十一日（《金史·太宗纪》记为二月二十》，以此为标志，辽朝覆亡。

（卢绪友，男，1987 年生，中央民族大学历史文化学院博士研究生，北京：100081）

蒙元时期金遗民研究

——以金遗民的地域特性为中心

张瑞芹

内容提要：遗民是一个时代与政权更替相伴而生的群体。金元都是北方民族统治王朝，金元之际的金遗民处于两个北方民族政权交替之际，而这一时期，在政治、经济、文化等各方面都与其他时代具有不同的特性，北方民族政权治下的汉人士大夫和各北方民族士大夫逐渐统一在以儒家文化为核心的文化系统下，该时期的遗民具有不同于其他时期的个性，不再束缚于"华夷之防"的藩篱之内，彻底打破以"种族"区别政权的界限，以更加务实的"有道则见"的观点看待异族王朝，金治下的各行政区域内遗民表现不尽相同，具有师承、父子等关系的人选择也迥然各异，此即为文章研究的主线。在此基础上，对比前人对突出人物，如元好问、郝经、耶律楚材等人的研究，尝试得出新见解。

关键词：遗民；地域文化；科举；民族融合

一、辽金时期北方汉文化发展概况

辽金作为北族王朝，统治中国北方地区达308年之久，其间北族王朝治下的汉文化发展呈现与南方不同的态势。辽朝的汉文化发展不如金代明显，但却为金代汉文化发展起了极好的铺垫作用。了解当时汉文化发展状况有助于我们分析金元遗民心态及行为形成的深层次背景，所以这里有必要先分析一下辽金时期的北方汉文化发展情况。

辽朝在北方统治的区域有限，其汉文化发展水平最高的当为燕京及其周围地区。很多研究表明，至少在辽太宗耶律德光时期，辽还没有入主中原、建立中原王朝的正统观念，但是随着辽统治区域向中原扩展，接触的汉文化越来越多，正统观念越来越强烈。"辽朝为了说明自己的正统地位，他们不自外于中华，自称他们都是炎黄子孙”,① 自称华夏圣王后裔，是多数处于统治地位的北方民族政权惯用的方式。正是辽自上而下的正统意识加强，才使得辽代成为中国北方民族融合的重要阶段，为金元治下民族快速融合奠定了基础。

刘浦江先生曾言：“辽、金王朝的正统性之争，自始就是与种族问题纠缠在一起的，它从一个侧面彰显了近千年来华夷观念的演变轨迹”，后人对于辽的正统性之辩论得结合当时的历史背景去理解，但辽统治者自身的正统观念也是值得考虑的一个方面。前面我们已经论及辽朝统治者为争取政治地位和利益而采取的汉化措施，而其“正统”之争是对民族融合有很大影响的一个事件。关于辽朝的“正统”思想形成及发展已经有很多深入的研究，一般认为辽朝自上而下进行了“正统”思想的整合，但在具体时间上产生了分歧，我们这里所要涉及的是具有深远意义的辽朝正统化影响。

经过金代汉文化发展，金政权已经和以往的政权无甚区别，正如刘浦江先生所说：“汉族士人已经将自身的命运与女真政权的兴衰紧密地联系在一起。这说明经过百余年的艰难磨合之后，华夷之辨的利刃在汉族士人心中割下的伤口已经渐渐愈合，他们已经更多地站在女真统治集团的立场上来考虑问题，正是有了心理上的重要转变，汉族士人才得以在抗蒙斗争中发挥更大作用。”② 这是对金统治下华北地区民族融合百余年的确切总结，除了占人口较多的汉人外，其他诸如奚、契丹、女真等也和汉族一样融入了这个“中原化”的北族王朝当中。

二、地域文化发展对遗民行为选择的影响

中国历史上，每个时期的文化发展均因地区政治、经济等因素而呈现不同态势，金也不例外。金共十九路，其中的河东南路、河北东路、河北西路等是文化相对发达的地区，所以在附表中出现的金末遗民也大多集中在这些地区。吉林大学王万志《金代区域文化研究》将金的区域文化分为金前、中、后三期，并从东北、燕云、豫鲁、陕甘等地区逐个加以分析，通过对金各地地理风俗、人口、经济的分析，得出文化发展独具特色的结论。前人在这方面已有一定的研究，为我们研究区域文化对金末遗民的影响提供了方便。本文主旨即在于发掘不同地区政治、文化等因素对遗民思想、行为选择的影响。

1. 西京路、河东南路、河东北路遗民（山西）

金代的西京路大致就是今天的山西地区，据附表（金元之际遗民总表）分析，山西遗民所占比率为31.6%（6个地区不明的除外），仅次于河北地区（36.7%）。这里所列举、分析的遗民主要是在金代为官或者参加过金科举、生平履历可考的士

① 李文军：《论辽代契丹的正统化运动》，《内蒙古社会科学》2009年第1期，56页。

② 刘浦江：《说“汉人”》，《民族研究》1998年第6期，第89页。

人。自辽代起以西京大同府为中心，在山西地区就形成了一个重要的文化中心，辽实行科举之后，在民族文化融合的基础上，山西文化事业得到了稳定发展，金朝继承了辽在该地的统治策略，依然以科举的方式笼络当地的广大汉族人口。文化发展是以接受汉文化为主要内容，汉文化的核心又是儒家文化，所以当时山西遗民的思想与行为实际是受到了金代的儒家思想所影响的。金朝科举考点设置与文化发展程度密切相关，就金代而言，文化发达的路才设立考点，仅山西三路每一路就设置一个考点，可见山西文化发达之程度。

（1）金代西京等路的人口和教育

政治方面，金立国即将大同府设为西京，作为陪都，其政治、军事地位可想而知。据张博泉、武玉环的《金代的人口与户籍》研究分析来看，“金朝把社会发展的重点转移到河北、山西，并由此带动北方的发展”。① 山西在金朝是人口较稠密地区之一，据《金史·地理志》记载，金代山西大同府人口约98444户，太原府的人口约为165862户，可谓人口稠密，人口众多不一定文化发达，但有金一代西京等路的文化教育水平与河北等路相当。

文化教育方面，根据兰婷博士论文《金代教育研究》可知，金代可考书院位于山西境内的占到33%之多（如下表）：

表2-1　金代书院分布表

创办类型	名称	创立时间、创立者	所在地（今地）	资料来源
新建书院	学道书院	金大定年间建	山东嘉定西南四十里	宣统《山东通志》卷14《学校》
	状元书院	金状元张行简创建	山东沂水县南十五里	宣统《山东通志》卷14《学校》
	翠屏书院	金状元刘撝、右丞苏保衡讲学处	山西浑源县翠屏山	《御订全金诗增补中州集》卷20《刘御史从益》
	黄华书院	金学士王庭筠读书处	河南林县西南黄华坊	光绪《河南通志》卷43《学校下》
	冠山书院	金建，金进士宗礼、仲堪等读书处	山西平定县南八里冠山	雍正《山西通志》卷36《学校》
延续、修复书院	圣泽书院	后魏孝昌年间建	山东汶上县	宣统《山东通志》卷14《学校》
	丽正书院	唐建	河南洛阳市	光绪《河南通志》卷43《学校下》
	显道书院	即上蔡书院，宋末建	河南上蔡县	光绪《河南通志》卷43《学校下》

① 张博泉、武玉环：《金代的人口与户籍》，《学习与探索》1989年第2期，第138页。

续表

创办类型	名称	创立时间、创立者	所在地（今地）	资料来源
	封龙书院	唐建	河北元氏县西北封龙山下	雍正《畿辅通志》卷29《学校》
	雄山书院	靖康年间建	山西长治县西南60里雄山	雍正《山西通志》卷35《学校》

（此表信息来自兰婷《金代教育研究》，吉林大学，2008年4月）

从书院数量方面，山西与山东、河南持平，所以金代山西地区教育相当发达，另由李桂芝《辽金科举研究》附表中的金代科举士人来看，山西士人占了相当大的比例，这两方面原因造就了西京等路人才辈出的局面。金末著名的文学家、史学家元好问出自忻州，“丛桂蟾窟”的浑源刘氏、雷氏家族、河中李献能家族，这些不仅是在金代而且是在整个中国历史上有一定地位的人物，他们的聚集，不是偶然因素，而是山西地区长时间文化积累的结果。那么西京等路特殊的文化环境对当地的遗民产生了怎样的影响呢？我们不妨从对山西影响较大的科举仕宦家族来分析。

（2）金元之际西京等路的科举世家

金代山西地区的科举家族很多，从他们在金元之际的命运来看，山西地区的科举之家在元代大多没落，除受元初科举无常情况的影响外，金末元初他们大多选择了做遗民、远离政治。以浑源刘氏为代表，素有“丛桂蟾窟”之称，是金代知识分子所津津乐道的家族，从金初发迹到元初刘祁弃官归隐著书，其兴衰几乎与整个金朝同步（虽然刘氏家族的刘郁在元朝任职，勉强维持了家族地位，但随后这个大家族就逐渐湮没了）。刘祁虽参加了蒙元组织的“戊戌选试”，还曾做过山西东路的考试官，但此时的浑源刘氏与在金代的辉煌已不可同日而语。《归潜志》作者自序中就体现出了此种无奈：“因思向日二十余年间所见富贵权势之人，一时煊赫如火烈烈者，迨遭丧乱，皆烟销灰灭无余。”① 一些煊赫之人的遭际使作者甘心做一布衣。与刘氏家族有姻亲关系的浑源雷氏也是人才济济，当时两家族号称“雷刘”，至于雷氏家族至雷渊之后衰落得比刘氏更早一些。以李献能为代表的河中“李氏四桂”，同样是靠科举发家的山西士人家族，只是比起刘氏来更是昙花一现。该家族兴起于金后期，而且科举中第部分成员在金元对峙中故去，蒙元建立后他们便与一般知识分子一同湮没在历史当中。

“鼓角声中，全晋山河一半空”、② “并府虚荒久，大城如废村”，③ 这不仅是对蒙金毁灭性战争的记述，更是对山西文化在战火中被摧残的扼腕叹息。山西文化世

① （金）刘祁：《归潜志》，北京：中华书局，1983年版，“序”，第1页。

② 唐珪章：《全金元词》（上册），无名氏《减字木兰花》，北京：中华书局，1979年10月版，第597页。

③ 姚奠中主编：《元好问全集》卷7《娄生北上》，太原：山西古籍出版社，第160页。

家在鼓角声中沉寂，山西科举之家的命运一定程度上代表了山西士大夫的前途，本就在仕与隐两种状态中穿梭自如的山西士人，面对蒙元政权对百姓、对知识分子的漠视，做遗民成了他们的“积极”选择。

下表为山西地区遗民情况表，一定程度上能反映山西遗民之特性。

表2－2　山西地区遗民情况表

1	元好问（1190—1252）	《中州集》、《遗山先生文集》	山西忻州	父祖为金中级官吏	历镇平、南阳令、尚书省掾、左司都事、员外郎等	入元不仕，但与元高层保持密切关系	《金史》卷126，2742页；（光绪）《山西通志》卷15，1582页，卷55，3993页，卷56，4087页
2	李俊民（1176—1260）	《庄靖集》	山西泽州晋城人	习二程理学	应奉翰林文字、沁县县令、朝请大夫等	入元为泽州守，后隐居教授，深为元世祖器重	《金文最》卷48、117；（光绪）《山西通志》卷15、55、56、95等；（光绪）《畿辅通志》卷244
3	麻革（1184后—1261前）	《贻溪集》	临晋（山西临猗）人	祖为金高官，父为金兵部侍郎，麻革隐居	与张澄、杜仁杰隐居内乡	赴试武川，后隐居不仕，教授以终	《归潜志》卷11，127页、卷12，131－133页；（光绪）《山西通志》卷57，4130页，卷88，3245页；《全辽金诗》2217页
4	刘祁（1203—1250）	《归潜志》	山西大同人	官僚、科举世家	金太学生、屡试不第	参加元科举、任山西东路考试官	《金文最》卷34，487页，卷45，653页，卷35，500页；（光绪）《畿辅通志》卷166，27页
5	房居安		山西河津人	父为万户都统，乡贡进士	甫就廷试金亡	隐居终生	与段克己善。（光绪）《山西通志》卷56，4088页；（光绪）《河津县志》卷2，6页
6	李昌庆（？—1254）		太谷（今山西晋中）人		承父爵授宣德郎、河南府酒税使、以学官隐居，教授为业	枢密院事？	（乾隆）《太谷县志》卷3、4、7

续表

7	宋文卿		祁（山西祁县）人	名士		金亡后与元好问等人依附东平严氏	《金文最》卷105，1525页；《秋涧集》卷75
8	房皞（1199—1272后）		平阳（山西临汾）人	名士，高祖为辽进士	避乱隐居于河南卢氏山，金亡前南下至宋	不知所踪	与元好问交好。《全辽金文》2857页；《金诗记事》卷9，499页
9	段克己（1199—1279）	《二妙集》	河东稷山（山西）人	正大进士	宜阳主簿，与弟段成己避乱隐居，	王鹗请仕元，不起。其孙段辅为元礼部侍郎	《全金元词》147页；《金诗记事》卷9，497页；（光绪）《山西通志》卷15，1583页，卷55，3999页；《全辽金诗》2817页
10	白华		隩州（山西河曲）人	进士	应奉翰林文字、枢密院经历官、枢密判官、右司郎中，从耶律瑗降宋，为均州提督，其兄白君举，于金亡后隐居	降附蒙古，官职未知，其兄白贲亦金进士，金亡后北渡，隐居	《归潜志》卷9，92页、101页，卷11，125页，卷14，176页；《全辽金诗》2394页；（同治）《河曲县志》卷5，4页
13	曹之谦（？—1264）		应州（山西应县）人	进士	尚书省左司等	金亡不仕、寓居平阳，教书以终	《归潜志》卷12，131页；（光绪）《山西通志》卷15，1582页，卷88，6263页、6316页；《金文最》卷119，1703页
14	郭郛		定襄（今山西）人	词赋进士	昭差军节度使	后隐居以终	（光绪）《山西通志》卷15，1588页，卷95，6741、6752页；《山右石刻丛编》卷23，237页
15	孙德秀（1186—1235）		太原文水（山西）人	进士	奉直大夫、监察御史等职	金亡居大名一年而终	《御史孙公墓表》（元好问全集卷22，502页）

续表

16	杨旭		平定（山西）人	进士	鄂州教授	金亡不仕，卒守金节	（光绪）《山西通志》卷15，1588页；（乾隆）《平定州志·选举志》5页
17	薛继先（？—1232）		猗氏（山西临猗）人		金南渡	隐居洛西教授，病卒于宜阳	《全辽金诗》2155页
18	杨着		平定（山西）人	名士	平定州教授	金亡，聂侯延请做乡里教授，子弟守节不仕，号“嘉山逸人”	（光绪）《山西通志》卷155，10736页、卷157，10892页
19	赵彝		盂县（山西）人		金末太原府库军使	隐而不仕	（光绪）《山西通志》卷56，4087页；卷147，10276页
20	王革		临潢（内蒙古）人		荫补官，宜县主簿	金亡，居云中而终	《全辽金诗》3030页

元好问总结山西文化昌盛现象认为：“晋北号称多士，太平文物繁盛时，发策决科者常天下十分之二，可谓富矣。”文人之间的相互影响也是山西地区遗民群体出现的原因之一。山西士人在金朝中第者、为官者居多，出仕是他们的积极出路，而蒙元之际选择做遗民大多是出于无奈之举，如郝衡一类以隐居为毕生最高理想的人并不多。

2. 河北东路、河北西路、大名府、中都、北京等路遗民（河北）

金代河北东路、西路、中都路相当于今天的京津冀地区，即古燕云十六州的大部分地区，根据附表（遗民总表）分析，河北地区所占的比例为36.7%，所有地区中遗民人数最多。金初很多汉族大臣来自燕云地区，在实行科举之前，如蔡松年、韩德让、时立爱等金初名臣都是来自降附，辽遗民很多转化成了金人，以燕云世家大族为中心的大臣甚至形成了党派，于金初形成一股威胁金统治势力，金世宗就曾这样评价过燕云地区的汉人：“所谓一家者皆一类也，女直、汉人，其实则二。朕即位东京，契丹、汉人皆不往，惟女直人偕来，此可一类乎？”① 明显表明对他们的不信任，所以金末这一带出现较多的遗民会让人产生很大的疑问：为何汉人为主且政治灵活性较大的燕云地区会在金末出现较多的遗民呢？本节的主要内容就是

① 《金史》卷88，《唐括安礼传》，北京：中华书局，1975年版，第1964页。

通过分析京津冀的政治、文化环境来解答这个疑问，并将河北地区的遗民情况与其他地区进行对比，以观察该地区文化发展特点。

（1）金代河北东西等路的政治环境

政治方面，中都路、北京路属于金政府直辖地区，受金政府直接统治的人口较多，在这个范围内出现较多的遗民较能理解，这也是河北地区遗民相对较多的主要原因。从地理因素而言，长期以来燕云地区处在政权夹缝地带，政治灵活性大。但自海陵王迁都燕京后，因该地处政治中心，金政府对该地区管理相对严格，而且东北的女真人迁居内地者大多居于此，金朝的正统地位更能影响到该地区。金元之际，该地区女真人出于民族情结和自身利益考虑，只有小部分愿意归附蒙元政权。

由于政治中心的地位，河北东西等路除政策性移民之外，还会吸引较多的文化移民和政治移民（官员）等，这些移民群体的利益与金王朝息息相关，以至于在金元政权更替之际，他们大多会选择不与新朝合作的态度。

（2）金元之际河北东西路的文化环境

除以上原因外，还要从政治环境影响下的文化层次来说。前面第一章已经分析了辽代的文化发展概况，儒家文化在辽代的燕云地区不仅没有停止发展，反而与契丹等少数民族习俗、文化相结合，形成了新的文化圈。但儒家的核心思想——忠君节义被传承下来（这种儒家思想是为王朝统治服务的，所以，只要“家天下”的封建君主统治存在，无论是哪个民族统治，这种思想就会一直延续下来）。

如果从官学、私塾、书院数量来看，河北地区文化水平不会太高，因为根据兰婷博士的金代书院分布表分析，该地区的书院仅一个，且是唐时修建，但位于河北封龙山的封龙书院却吸引了不止河北地区的文士，还有来自山西、河南的士大夫，如刘祁、元好问、王庭筠等，俨然一个文化中心，这些文士构成了金末遗民的主体。

政治上统治中心的地位和文化上高度发达的科举和儒家思想，造成河北东西等路于金元之际出现相对较多的遗民。但该地区不同于西京等路的主要地方在于对遗民思想行为以政治影响为主。

3. 山东东路、山东西路遗民（山东）

山东东西路基本相当于今天的山东和天津部分地区，根据遗民总表分析，山东地区遗民所占比例为6.3%，近百个遗民当中，山东仅占5个，其中的张特立、杨宏道还是与元上层有过接触的士大夫，前面已将其与元好问一起归入游离性遗民群体当中。

（1）山东东西等路的文化教育

据辽金元科举年表分析，金元之际的山东地区文风昌盛，科举举士者云集，特别是金元都提倡儒教，尊崇孔子及其后人，更增添了山东地区的好学之风。而且以上地区长期以来重视学校教育，宋、辽时期就兴办了很多官、私学校。金末地主武装一定程度上保护了金末汉文化的发展、延续。东平严氏势力较大，且吸引的金遗民最多，各地兴学养士也是金末区别于宋末的特点之一。兴学养士尤以山东为最盛，金末遗民名气较大者如元好问、宋文卿等均依附过严氏父子。

山东地区人口多，书院集聚，而该区域内遗民却不多，根据《金史·忠义传》可知，金代遗民不多，但忠义之士尤多，山东地区尤甚，这也可以作为山东人口多、文化昌盛而遗民却不多的恰当解释。

（2）金元之际山东东西路汉族世侯对该地区遗民的影响

山东长期以来就被中原汉族政权统治，经济富庶，人口稠密，文化教育水平发达，受传统思想影响比较大，即使是蒙元初期，占领山东后权力依然掌握在汉族世侯手中。山东世侯于金末保护文化与士人的举措，一定程度上影响了该地区遗民的选择。

对于金遗民而言，汉族世侯无论在文化或民族情结上都比蒙古、色目人容易接受，尤其是对人才和文化的保护与尊重，使得如张德辉等一批依附严氏政权的遗民出仕元朝，由幕府官员到元朝廷大员，金末遗民需要一个缓冲和过渡，山东汉族世侯的存在正适合了金末部分遗民的需要，成为影响山东地区遗民思想与行为区别于其他地区的重要因素。

表 2-3　山东遗民情况表

1	杜仁杰（1201—1282）	《善夫先生集》	山东济南长清人	儒学世家	隐居不仕	子仕元而获赠元朝官衔	《金文最》卷 19；卷 32；卷 43
2	王伟		胶州（山东）人	乡贡进士		金亡不仕，教授儒业	（顺治）《潞安府志》卷 26，1419 页；（道光）《胶州志》卷 9，305 页，卷 24，895 页
3	张特立（1159—1253）		曹州东明（山东）人	进士	偃师主簿、监察御史、洛阳令等职	晚年从教，忽必烈赐号“中庸”	《金史》卷 128，2773 页；《金文最》卷 97，1411 页
4	杨宏道（1190—1272）		淄川（山东淄博）人	有名气，补父荫不就	麟游县酒税，避乱入宋地，任襄阳府学教谕，后为唐州司户，蒙古南下，寓居济源	曾赴李璮处，因意见不合而浮沉闾里以终	《金文最》卷 43，623 页，卷 45，650 页；《归潜志》卷 12，133 页，卷 13，170 页；《元诗选—癸集》甲部，9-10 页
5	于斌		山东文登人		宣锐军副千户、忠显校尉	金亡不仕	（民国）《文登县志》卷 4，334 页；卷 6，497 页；卷 8，661 页

4. 南京路、京兆路、鄜延路、庆原路、临洮路（河南、陕西）

南京路、京兆路所在的中原和关中地区文化相对发达，而且两地的人常处在南宋和金的夹缝中，战争频繁，所归属政权常有变动，因此相对其他地方而言该地区的人口最多，遗民却相对较少。根据金末遗民表分析，河南、陕西两地遗民所占比例为22.8%，蒙金战争期间有部分金人逃入宋境，包括士人、军官等，普通百姓就更不用说了。本节欲在分析两路文化发展情况的基础上，揭示金末河南、陕西遗民现象背后的原因。

（1）金元之际南京等路的文化环境

文化及生活习俗方面，相对于蒙元而言，金与南宋的文化更接近，这不仅仅是忠于旧王朝与否的问题，而是忠于自己所信仰文化的问题。南京开封府在北宋灭亡之际衰落，直至金宣宗南迁，以开封府为核心的河南大部分地区也未恢复到北宋时期的发展水平。从人口变化也可看出南京地位的上升，仅开封府人口而言，金初天德四年有户235890，金末泰和年间有户1746210，增加了7倍还多，我们自然会产生疑问：为何如此众多的人口当中却只有很少一部分做了遗民呢？

金室南迁，北方大批士人、官僚蜂拥而至。经过世宗一朝和宣宗前期的经营，金朝已经物阜人丰，骄奢淫逸之风盛行，曾经金戈铁马的气势一度被消磨殆尽，蒙古铁骑长驱直入，更使得一些士人消极怠惰，不思救国救民，反增加了陶渊明的隐逸情结。

（2）南京等路遗民思想行为之特点

南京等路原为北宋统治中心，政治影响较大，加之南宋与金常在河南、陕西境内争夺，该地人一日为金人，一日可能为宋人，并没有真正的归属感，[①] 对于士大夫而言，更容易产生厌世情怀；相比于山西、河北的士大夫，他们与蒙古接触不多，所见所闻皆为破坏文化、践踏生灵的战争，加之对蒙元政权缺乏了解，顺从就更有困难了。

金末著名的成趣园诗就是这些人心理的反映："举世醉浮荣，幽事谁肯寻。譬如掘金人，入市唯见金。先生厌尘杂，静念到园林。数往境自熟，有得乐更深。春兰泛光风，夏木贮清阴。露菊浥佳色，霜松知本心。渊明尝乐此，意合无古今。当其领会处，岂止忘华簪。先生比渊明，但欠酒与琴。饭蔬有真味，风籁有清音。出处纵小异，要之俱陆沉。我亦志丘壑，聊拟斜川吟。"[②] 一心向往安逸的生活，却因连年的战争和未尽之责而不得不辗转于官场。该地区地理环境（宋金对峙）、人文环境（南宋理学思想的冲击）相互作用，影响了当地遗民的思想行为。

5. 上京路、东京路、咸平路遗民（东北）

（1）金代上京等路汉文化发展概况

东北地区文化的发迹在隋唐时期，但是较快发展是从辽建立开始，特别是女真

① 美国学者娜奥米·斯坦登在其著作《Unbounded Loyalty：Frontier Crossing in Liao China》中有详细的分析。

② （民国）陈衍：《金诗纪事》卷10，路铎《成趣园诗》，上海：上海古籍出版社，第417页。

崛起以后，金前期上京作为政治中心，东北文化得到了大飞跃。金灭北宋之际，掳掠了大量的汉人，包括士人、工匠、乐工等十余万人，是一次较大规模的向金源内地移居汉民的政治活动，此次移民还带去了许多图籍，这些汉人慢慢融入当地，给东北社会文化的发展注入活力，但由《金代区域文化研究》得出的结论可知：金源地区猛安谋克户约占87%，汉、渤海等族人户所占比例13%，所以东北大部分地区以女真文化为主，该地区的遗民主要集中在汉族较多、汉化较深的辽阳及其周围，而且东北地区可考的遗民极少。

据《金史·地理志》和《食货志》分析，金代东北地区依然地广人稀，上京路会宁府的户数仅31270户，而西京路朔州一个州的户数就比一个府的要多。东北居民主要集中在辽阳及其附近地区，以辽阳为核心的东京路共有户142733。辽代之前，东北地区被视为“蛮荒之地”，有金一代，以辽阳为中心的东京路及其周围地区文化得到长足发展。

（2）金元之际上京等路遗民之民族特点

金元之际的上京等路，民族成分复杂，主要以女真、契丹和蒙古、奚为主，居住在辽阳附近的渤海人和契丹人在生活方式或文化程度上都已与汉人无异，所以金元时期该地区的遗民主要以汉族、渤海族、契丹等族士大夫为主。

以渤海王氏为例，该家族兴起于辽建立之初，于辽代一直担任与文教有关的官职，入金以后除了官职依然显赫之外，更成为文学上有重要影响的一个大家族，王元粹即出自该家族。辽海地区出现遗民的最主要原因是女真族肇兴于此，特别是金世宗镇守辽阳时，辽阳成为皇亲国戚的聚居地，以至于金亡后仍有大批的皇亲国戚、金朝遗老，出于利益等方面的考虑而拒绝出仕蒙元。影响上京等路遗民思想行为的主要是民族利益和民族情结（女真族与蒙古族）。金末著名士人李经曾写诗指责战争对辽东“寒士”的摧残：“河山冷鞭底，日暮风更嚎。晨井冻不爨，谁料寒士饥。”①

表2-4　东北地区遗民情况表

1	夹谷土剌（？—1239）	上京阿懒路（吉林图们）人	进士	中京留守兼同知等职，正大七年告归	不复出	《资善大夫武宁军节度使夹谷公神道碑铭》（元好问全集卷20）；（光绪）《畿辅通志》卷149、173.
2	高彝	女真人	金末进士	潞州昭义军节度使	金亡，隐居以教授为业	《道园学古录》卷17
3	王元粹（？—1243）	平州（辽宁辽阳）人	文士	南阳酒官，金亡入襄阳	襄阳城破，归燕京，出家为道士	《全辽金诗》2773页

① （民国）陈衍：《金诗纪事》卷六，上海：上海古籍出版社，第180页。

小　结

通过对以上金末遗民思想与行为的分析论述，我们对这群人可以有一个初步了解，并从中概括出金末遗民特点：

由于辽金地域文化发展不平衡，即使是金末同一时期的遗民也具有不同特点。由于各地汉文化传播程度不一，民族文化融合程度也有很大差别，导致金元之际的各地遗民在对待新政权上产生不同的思想和行为。山西特别是大同周围地区从辽开始就成为重要的经济、政治中心之一，根据金元之际的遗民人数分析，金元之际的山西遗民远多于其他金统治区域，仅次于河北地区，这一方面说明其经济发达、教育水平较高、汉文化发达。相比之下，河北遗民多于山西有多种因素：燕云地区作为北方民族与汉族的接触地带，处于其中的民众经历朝代更立的机会多于其他地方，他们虽然也有较高的传统汉文化水平，但他们往往会为了延续家族利益而服务新政权。金初统治力量较为薄弱的河南、陕西等地的遗民处在宋金两个政权之间，处于两地的士人选择往往较为复杂，这也是当金亡之际为何有部分遗民选择南宋而不是蒙元的重要原因。东北地区是女真人的发祥地，金末也出现了相当数量的遗民，他们一方面是为捍卫自身民族利益，另一方面也是该地区刚刚接触汉文化，在汉文化修养不高的情况下，他们所吸收的仅是传统汉文化的突出部分：忠孝节义。但东北地区大多数的遗民来自汉族群体。在开放的民族环境下，思想会呈现相对自由的态势，所以金末遗民的思想不像南宋的单一，这种环境更能激发他们发挥儒生“治国、齐家、平天下”的才能，也就能够更快地融入新政权当中。

金元之际的一个特殊现象：一些仕元士大夫也有自己的忠节观，元初理学大家郝经，生于金末，父祖均为金著名儒士，祖郝天挺为元好问之师，郝经为元好问之徒，只是郝经未在金有过一官半职，这也为他在蒙元政权中任职“无愧于心”提供了前提。如郝经在出使南宋被困之际，曾与同行人说：“一入宋境，死生进退听其在彼，守节不屈尽其在我者，岂可不忠不义以辱中州士大夫类。”① 关于其在南宋被困之际对蒙元的忠诚，被后人视同苏武持节，并传为佳话：“一檄期分两国忧，长缨不到越王头。玉虹醉吸金陵月，玄鹤孤游赤壁秋。漠北苏卿重回首，天南王粲几登楼？飞书寄于平南将，早放楼船下益州。”② 高度赞扬了其在南宋对蒙元的忠诚。

由此看来金末士大夫的贞节观是更为复杂的，他们从金朝改仕蒙元，却认为降宋就是变节，这也是值得我们深入研究的一个问题。我们不可以从顺从派做贰臣的行为认为他们没有民族气节、忠君思想，只是他们的思想与其他政权下的有所不同

---

① 《辽金元名人年谱》（下）《元故翰林侍读学士国信使郝公神道碑铭》，北京：北京图书馆出版社，2005 年，第 28 页。

② （元）郝经著：《郝文忠公陵川先生文集》；（元）刘因：《忆郝伯常》，秦雪清点校，太原：山西古籍出版社，2006 年，“附录”，第 550 页。

而已。另外，金遗民相当一部分选择寄食蒙元权贵门第，作为权宜之计，如此，既完成了对前朝的忠诚，也维持了自身的生存或者家族利益的延续。即使是坚决隐逸的段氏兄弟也曾表示："君子之论人，当观其才力何如耳，不当以世势利言也。儒者事业非常人所能知，要不过适用堪适而已……使数子高卧于林丘，累征而不起，尚何名誉之可期、屈辱之可免哉？"显然，他们并不鼓励有才、有志向的士人隐没山林，而提倡施展才华，体现金末部分遗民的思想。这在南宋遗民身上也多有体现，宋末元初一段时间南宋士大夫虽反抗激烈，但是当元政权在北方稳固以后，南宋儒学世家的大家族开始陆续到元朝政治中心活动，他们的反抗情绪明显已经消失，延续家族利益与保护文化成为他们与新政权合作的明确目标，[①] 几乎每个时代很多士大夫都会有这样的选择。

近代很多著名学者虽未冲破传统思想藩篱，但已较以往几个时代有所进步、更加理性地看待遗民问题，更有《金诗纪事》："夫人非负有谋人军师、谋人邦相之重，一旦神州陆沉，谁执其咎？必尽人责，其为伯夷、叔齐，不餐周粟乎？至抚时感事，比于秋虫春鸣之自鸣，必尽人绳以采薇之歌、以暴易暴之语乎？"[②] 这段《金诗纪事》的序言，虽极具时代特征，但也表现出作者对金代遗民及整个清以前遗民的总体认识，这是一种以务实为核心的现实主义态度，证明了中华民族大融合的趋势势不可挡。

以上是关于蒙元时期金遗民地域特性形成的一些观点，由于搜集和利用资料的局限，在分析资料及做出结论的准确性和代表性方面存有不足之处，还望专家批评指正。

（张瑞芹，女，1987 年生，湖北省人才服务局编辑，武汉：430071）

① 陈得芝：《宋元之际江南士人的思想和政治活动》，《南京大学学报》1997 年第 2 期，第 151 – 152 页。
② （民国）陈衍：《金诗纪事》，上海：上海古籍出版社，"序"，第 1 页。

元代福建多族士人圈研究三题

陈新元

内容提要：多族士人圈是近年来蒙元史研究热点之一，地处东南的福建是元代多族群社会的重要一环，本文以福建多族士人圈中的使臣、方外和书画题跋三个问题为中心展开论述。使臣是连结国家与地方的纽带，来往于福建的代祀天妃、海岳使臣和分巡御史，与当地士人互动频繁，扮演着把福建多族士人圈与全国的多族士人圈连为一体的重要角色；方外是多族士人圈中的常客，沙罗巴、偰玉立和王翰的例子表明在宗教气氛浓厚的福建，士人与方外的交游既是双向的，也是跨族际的；书画题跋则是多族士人之间文化互动的形式之一，书画题跋活动不仅在福建多族士人圈中广泛流行，还超越了身份和等级的障碍。

关键词：元代；福建；蒙古；色目；士人圈

元代中后期，在政府的倡导和中原文化的潜移默化作用下，研习汉学的蒙古、色目人数量大增，士人群体在蒙古、色目人中产生并逐渐成长起来。蒙古、色目士人即接受了汉地士人文化的蒙古、色目人，他们是北族统治者中“汉法派”的代表，努力推动着元朝统治回归传统的儒家政治，并在族群关系中扮演了“桥梁”和“润滑剂”的角色，与汉族士人一起组成了一个庞大的多族士人圈。所谓的多族士人圈则有两层含义，其核心是“士人圈”，是指士人之间的各种往来所构成一种圈层关系，自士人阶层诞生以来的社会中均存在这种士人圈；其次是“多族”，这是北方民族入主中原后所出现的特殊情况，众所周知，元代社会中族群数量之多堪称国史之冠，而这些族群之间存在着文化及认同上的巨大差异，正是这些差异使得元代的士人圈呈现出空前的多元性和包容性。

史学大师陈垣于 1923 年发表了其名著《元西域人华化考》，该书从儒学、佛老、文学等角度出发，考察了元代西域人（即色目）一百三十二人的华化事迹，揭示出元代色目人多研习汉学且成就颇高者不乏其人的事实，其中对色目士人与汉族士人、方外的交游着墨甚多，可以说是勾勒了元代多族士人圈的雏形；[①] 萧启庆先

① 陈垣：《元西域人华化考》，上海：上海古籍出版社，2008 年。

生的《元代蒙古人的汉学》全面响应了陈垣的对色目人华化研究，该文仿照陈垣的研究模式，考察了除帝王之外的蒙古人中的汉学者一百一十七人的事迹，纠正了前人对元代蒙古人汉学水平评价甚低的刻板印象，[①] 此后他在《元代多族士人圈的形成初探》一文中吸收了西方学者的研究成果，进一步提出了“士人化”和“多族士人圈”的概念，认为蒙古、色目人士虽然在文化认同上与汉族士人无异，但出于政治利益的考虑，未必愿意放弃自身的族群及政治认同，并不能称之为已“汉化”，[②] 其《九州四海风雅同》一书可谓是对《元代多族士人圈的形成初探》一文所提出构想的扩充，也是目前元代多族士人圈研究中最重要的成果，书中对蒙古、色目士人群体的出现、社会网络以与汉族士人的文化互动进行了深入而细致的研究，还从文化认同的角度对汉族士人与蒙古、色目士人共有的群体意识进行了探讨，并指出各族士人的群体意识已经凌驾于族群意识之上。[③] 此外，陈得芝先生也吸收西方学者的部分研究成果，他在论述江南文化对蒙古、色目士人的影响时，注意到了各族群的“共生”（symbiosis）关系，并且从江南蒙古、色目人的习俗变化和汉族人对蒙古文化的吸收等方面对“涵化说”进行了补充，他指出蒙古时代的中华文明并非像前人所认为的那样出现了严重的倒退，而是在前代的基础上形成了具有特色的发展，元代堪称是中华“多元一体”文化发展史的丰富多彩、熠熠流灿的时期。[④]

总而言之，上述前辈学者的成果涉及了元代多族士人圈问题的方方面面，可谓是各有所长、新意迭出。但笔者注意到前贤在该问题多侧重于大都、江浙等地区，而福建作为元代多族群社会下的一个组成部分，其境内的多族士人圈所受到的关注稍显不足，以下笔者试以多族士人圈中的使臣、方外和书画题跋三个问题为研究对象来谈一点不成熟的看法。

一、多族士人圈中的使臣

元代的多族士人圈是一个互通声气的整体，士人们不但在各地之间频繁流动，相互之间也保持着密切的联系。以两大文化中心——大都和江浙地区为例，京城大都汇聚了大批高水平文人、学者、画家，还吸引着众多南士北上谋职、寻求赞助；繁华富庶的江浙一带，则招徕了许多蒙古、色目士人南下定居；两地士人时常互通音信，沟通全无障碍。

元代福建地区地处僻远，对蒙古、色目士人的吸引力与江浙相比有所不及，该

① 萧启庆，《元代蒙古人的汉学》，《内北国而外中国》，北京：中华书局，2008 年，第 579 – 669 页。

② 萧启庆：《元代多族士人圈的形成初探》，《内北国而外中国》，第 476 – 508 页。

③ 萧启庆：《九州四海风雅同——元代多族士人圈的形成与发展》，台北：联经出版公司，2012 年。

④ 陈得芝：《从元代江南文化看民族融合与中华文明的多样性》，北方民族大学学报 2010 年第 5 期。

地的蒙古、色目士人主要是地方官和使臣，其中地方官的停留时间较长，较受研究者重视，但往来于福建的使臣同样是一个不容忽视的士人群体，客和士人的双重身份使得他们更容易为当地士人所接纳，不同的地域文化背景则促使他们在文化交流上发挥更大的作用。以下将代祀天妃、海岳使臣和南台分巡御史为例，来考察使臣在福建多族士人圈中的角色。

第一节　代祀天妃使臣

元代中期以后，朝廷仰赖江南漕粮，海运守护神天妃的地位亦随之水涨船高，朝廷不仅屡加封号，还在全国各地大建天妃庙。从皇庆年间开始，朝廷每年派遣使臣以皇帝的名义代祀各处天妃庙，发展为一项制度化的国家祭祀活动。①

代祀使臣人选则多由翰苑文士充任，这些使臣须事先撰写祭文，然后于数月内遍历全国南北，在十几处天妃庙中宣读这些祭文。代祀使臣的职使无疑是相当辛苦的，但从某种意义上来说他们也享受了一次“公费旅行”的机会，在饱览沿途的秀美风光之余，还可以同各地士人游宴唱酬，与枯坐大都相比别有一番乐趣，因此大多数士人亦视代祀为清华之选。福建作为天妃崇拜的发源地，境内有多处天妃庙，使臣在福建停留的时间相对较长，与当地士人交游的机会也比较多。

泉州路达鲁花赤偰玉立曾与两拨代祀天妃使臣有过愉快交往。偰玉立，字世玉，号止堂，畏兀儿氏，出身于元代最显赫的色目科第世家高昌偰氏，兄弟辈共六人登进士第，号为“六桂”。② 其本人登延祐五年进士第，历任秘书著作佐郎、翰林待制、河东山西道廉访司佥事、海南廉访使等职，在福建则担任过廉访司佥事和泉州路达鲁花赤。③

偰氏在泉州任内“筑城浚河，为捍御计。而复兴学校、修桥梁、赈贫乏、举废坠，政绩甚多”，④ 士人乃为之立生祠。⑤ 他在当地留下的史迹甚多，泉州开元寺东塔第二层塔心柱东北面便刻有一段与偰玉立有关的纪游小文，记云：

> 至正九年仲冬三日陪中书直省舍人章宝伯昂、监郡偰玉立世玉，来登东塔。是日也，日南至，天气瞧䁟，云祲清廓，山川城市，目极胜概。顾岁月之易驰，而会合之难能也。遂刻石勒以纪兹游。翰林修撰张翥仲举书。同游释士住山崇会、古□，钱塘惟茂、枯林清果、崇晟、明极，高昌

① 陈高华：《元代的天妃崇拜》，《元史论丛》第7辑，南昌：江西教育出版社，19999年。

② 六人中除偰玉立之外，还包括其弟偰哲笃、偰直坚、偰朝吾、偰烈篪和堂弟善著（偰世文）。“六桂”的提法，见于刘岳申：《三节六桂堂记》，《申斋集》卷五，元人文集珍本汇刊本。

③ 萧启庆：《元代进士辑考》，台北：中研院史语所，2012年，第161页。

④ 《八闽通志》卷二十七《秩官》，北京图书馆古籍珍本丛刊本。

⑤ 《八闽通志》卷五十九《祠庙》。

偰默温、偰里杰、偰里古、金台臧允，莆田欧阳世隆、清漳王子恭。①

据参与者张翥后来回忆说：

至正九年秋，海道粮船毕达京师，皇上嘉天妃之灵，封香命祀。中书以翥载直省舍人彰实遍历祠所，卒事于漳，还次泉南，卧疾度岁。②

可见章宝、张翥二人都是从大都来的代祀天妃使臣。

章宝其人事迹无考，其职位是直省舍人，元代直省舍人隶属中书省，秩从五品，"掌奏事、给使、差遣之役"。③张翥是元末著名文士，官至翰林学士承旨，至正初因辽、金、宋三史成擢翰林修撰，④与石刻的记载相吻合。二人中章宝的官秩较高，应为正使，张翥为其副，此外臧允也应是使团中的一员。⑤

章宝一行人于至正九年（1349）秋从大都出发，经直沽南下，⑥遍祀各地天妃庙之后来到福建，⑦最终于漳州完成任务。⑧此时本当返京复命，但因张翥染病，不得不在泉州停留过冬，第二年才返回大都。张翥一路吟咏不断，返程途中经过平江路时还应当地富人顾瑛之邀请参加了著名的玉山雅集，可以想见使团此行交游之广阔，泉州开元寺之行不过是其中一环。

同游诸人中，偰玉立为东道主；崇会、古□、钱塘惟茂、枯林清果、崇晟、明极等人应为寺内僧人；偰默温、偰里杰、偰里古三人则显然是偰玉立的子侄；欧阳世隆、王子恭二人不可考，从籍贯来看可能是偰玉立的僚属，为福建本地士人的代表。

此次出游所选择的开元寺是泉州古刹，寺内镇国、仁寿双塔分别始建于唐和五代，俗称东塔、西塔，元代已成古迹，是泉州城中的制高点。一行人登上古塔后极目远眺，山川城市遂历览无余。同游诸人中张翥善诗，偰玉立亦有诗名，⑨既称"会合之难能"，应当有赋诗以助游兴之举。

---

① 王寒枫：《泉州东西塔》，福州：福建人民出版社，1992 年，第 233 页。

② 张翥：《寄题顾仲瑛玉山诗一百韵》，《元诗选》初集，北京：中华书局，1987 年，第 1376 页。彰实其人，校以石刻当作章宝为是。

③ 《元史》卷八十五《百官志一》，第 2125 页。

④ 《元史》卷一百八十六《张翥传》，第 4284 页。

⑤ 金台作籍贯解时代指大都，原本是指大都的古迹黄金台，因此臧允应当和章、张二人一样，都来自于大都。

⑥ 张翥：《代祀湄洲天妃庙次直沽》，《蜕庵诗》卷一，四部丛刊续编本。

⑦ 张翥：《留题蒲禧湄洲岛天妃庙》，顾瑛：《草堂雅集》卷五，文渊阁四库全书本。

⑧ 张翥：《发漳州》，《蜕庵诗》卷一。

⑨ 偰玉立著有《世玉集》，已佚，《元诗选》中辑有十一首，见顾嗣立编：《元诗选》三集，北京：中华书局，2002 年，第 375 – 379 页。

开元寺之游后的第二年（1350），偰玉立还曾与南士贡师泰一同前往泉州万安桥观潮。贡师泰，字泰甫，宣城人，著名文士贡奎之子，历任翰林应奉、平江路总管、福建闽海道廉访使等职，仕至户部尚书。师泰善属文，是元末知名文人之一。①贡氏的此次泉州之行亦与代祀天妃有关，贡氏弟子谢肃在元明易代后重返泉州，睹物怀人，在《万安桥》一诗的序中写道：

> 先师宣城贡公至正初以翰林直学士代祀天妃于泉南，与郡守偰世南观潮于万安（原注：即洛阳桥也），公别之以诗，有“且解金鱼沽别酒，洛阳桥下正潮平”之句。后公作宪闽中，既以户部尚书分部福建，每语肃以洛阳桥观潮时事。②

足见贡氏当时的身份也是代祀使臣，而谢文中所提到的观潮诗尚保存于贡氏文集中，题为《泉州驿别太守偰世玉》，足相印证。③ 不过，需要说明的是谢氏叙述中出现了两处错误。其一，据揭汯所撰的神道碑，贡师泰衔命代祀天妃时的职务是正五品的翰林待制，而非从三品高官翰林直学士。④ 其二，至正年间出守泉州的是偰玉立（字世玉）而非其弟偰哲笃（字世南）。⑤

根据神道碑的记载，贡氏此行系于至元十年，他“代祀天妃，自直沽至彰州⑥，凡一十七所”。元代的漕粮一般于六、七月份结束，贡师泰从大都出发，从北至南遍祀十几处天妃庙后，到达临近终点的泉州时，已经到了深秋的九、十月份，正是观潮的最佳时节。

万安桥又名洛阳桥，是一座横跨泉州洛阳江的石桥，连接晋江县和惠安县，始建于北宋皇祐五年（1053），由时任泉州知州的北宋名士蔡襄主持修建而成，时至今日桥头上仍然立有蔡襄撰写的《万安桥记》碑，万安桥是泉州的著名古迹，“洛阳潮声”则是泉州十景之一。

偰玉立携贡师泰一起观潮，一方面是出于公谊，身为地方官的他，合当殷勤招待前来公干的朝廷使节。另一方面也是为了敦叙旧谊，偰氏与贡师泰为大都旧识，他带着老朋友去观赏潮水，体现了多族士人之间共有的雅趣。

贡师泰显然对这次洛阳桥观潮留下了深刻的印象，他在赠别诗中写道：

---

① 《元史》卷一百八十七《贡师泰传》，第4284—4286页。

② 谢肃：《万安桥》，《密庵诗稿》戊卷，四部丛刊三编本。

③ 贡师泰：《送谢元功东归序》，贡奎、贡师泰、贡性之撰，邱居里、赵文友点校：《贡氏三家集》，长春：吉林文史出版社，2010年，第292－293页。

④ 揭汯：《有元故礼部尚书秘书卿贡公神道碑铭》，《贡氏三家集》，第466页。

⑤ 文渊阁四库全本《密庵诗文稿》同作“世南”，应当是谢肃的误记。

⑥ 元代无“彰州”，此处显然是漳州之误，《贡氏三家集》已校。

乾坤笑我应无补，江海逢君倍有情。

且解金鱼沽别酒，洛阳桥下正潮平。①

表达了对偰玉立盛情款待的欣喜和感激之情。在其晚年时又屡次向弟子谈起泉州观潮，表达对记忆中结伴观潮一事的神往和对偰玉立其人的眷念。

上述研究表明，代祀天妃的汉族使臣在福建时与色目地方官员的迎送酬答十分频繁，而汉族使臣与蒙古、色目地方官的互动，仅仅是跨族际士人互动中的一个环节。元代中、后期供职翰苑的文士中蒙古、色目人的数量日渐增长，这些拥有较高汉学水平的蒙古、色目使臣在代祀过程中与福建的汉族地方长官及士人之间的互动往来，则是这种因代祀天妃而形成的多族士人互动的另一环。

第二节 代祀岳镇海渎使臣

岳镇海渎代祀同样是元代国家祭祀制度的重要组成部分，其祭祀对象是五岳、五镇、四海和四渎。元世祖中后期开始，早先由道士所把持的祭祀主导权逐渐转入儒士手中，元代中后期代祀岳镇海渎者多是翰林、集贤院官，这些祭使也会趁机在沿途游览名胜古迹，与地方士人唱酬。② 福建境内虽然没有岳镇海渎的祭祀场所，却是代祀南海使臣的必经之处，他们在往返途中与当地士人的交游仍是福建多族士人圈的重要内容。以下将以色目士人偰元鲁、乃贤在福建的代祀之旅为例，从多族士人圈的视角来诠释代祀使臣与当地士人间的互动。

偰元鲁，与前述偰玉立一样，出身于名门高昌偰氏，其名不详，元鲁为其字，③高昌偰氏是元代最有名望的科第世家，到至正八年（1348）为止，其家族已有九人为进士，时人称其“父子昆弟世科之盛，天下莫能先之”，元鲁本人也“以经学第进士”，可谓是家族中的后起之秀。④

至正十三年（1253）春，时任翰林应奉的偰元鲁，奉命代祀南岳和南海。此行出发前，“天子临丹扆，祠官侍玉除。降香从中禁，出祝遣北门”，⑤ 先由元顺帝在宫中赐予了御香等物品，然后元鲁才“匹马发山驿”，⑥ 踏上了代祀的旅途。

元代把代祀岳镇海渎的路线划分为若干道，南岳、南海属于其中的中南道，在

① 贡师泰：《泉州驿别太守偰世玉》，《贡氏三家集》，第253页。

② 马晓林：《元代国家祭祀研究》，南开大学2012年博士论文，第270－379页。

③ 元代高昌偰氏家族人数众多，但真正采用“偰”姓者仅合剌普华一支，其家族成员的正式名字多取自蒙古语或畏兀儿语，带有明显的音译特征。除此之外，又有汉式的名、号、字，“元鲁”难以复原成常见的蒙古、畏兀儿名，应为其字。参见萧启庆：《蒙元时代高昌偰氏的仕宦与汉化》，《内北国而外中国》，第734－738页。

④ 黄镇成：《偰元鲁代祀南海序》，《秋声集》卷九，元人文集珍本丛刊本。

⑤ 贡师泰：《送偰元鲁应奉代祀海岳》，《贡氏三家集》，第211页。

⑥ 《咨王侍郎寄禊元鲁应奉》，《圭峰先生集》卷上，北京图书馆藏古籍珍本丛刊本。

正常年份里，代祀使臣除了祭祀南岳、南海之外，还肩负有降香中岳、淮渎的任务。[①] 但自从至正十一年（1251）红巾军起事之后，江淮大乱，后两处的代祀也随之中断。元鲁此行首先前往的是位于潭州路衡山县的南岳，随后继续南下赴广州祭祀南海，之后经由福建北上返回大都。

偰氏此次代祀之行一路应酬不断，在其尚未出发之前，大都士人已纷纷赋诗赠行，其中便包括前文所提到的贡师泰和张翥，贡、张二人均有代祀南方的经历，是偰元鲁的前辈，因此两人的诗作比旁人更有意义。张翥之诗格调较为严肃，强调代祀是通过“珍重词臣致诚祷”来达到“愿消昏疠降休祥”，希望元鲁能够不畏远赴岭南路途之艰险，圆满完成这项佑国利民的任务。[②] 贡师泰的诗则要轻松许多，诗中调侃地写道“青春随处好，六辔且徐行”，[③] 以过来人的身份指点元鲁切勿错过沿途的美好春光。

在礼成返命的途中，偰元鲁路经福建，又与多位当地士人有诗文往来，其中可考的有卢琦、八伯章、黄镇成。

卢琦字希韩，号圭峰，泉州惠安人，至正二年（1342）科进士，是福建著名文士之一，有《圭峰集》传世。卢琦释褐之后一直担任地方官，至正十二年迁官至泉州永春县尹。[④] 元鲁从广州顺沿海诸路北返，永春正好在其返程路线之上，因此两人有了交游的机会。从卢诗中“名门世所仰，伟器人初识”一句来看，[⑤] 两人应是新知而非旧友，宾主相见后卢氏以主人的身份邀请偰元鲁一同出游，并在记叙此次同游的诗中写道：

> 芳辰天正暄，闲居日多暇。
> 群英总能诗，往往书陶亚。
> 白云在郊外，相望无一舍。
> 昭提夙所期，款段亦可驾。
> 数峰互参差，百卉相枕藉。
> 持杯有红裙，盖鞍匪黄帕。
> 衣冠兰亭会，林壑辋川画。[⑥]
> ……

诗中引兰亭诸贤自比，可见同游的人数应当不少。此时正值良辰，同游诸人信马由

① 《元代国家祭祀研究》，第 334－335 页。
② 张翥：《送偰元鲁降香南岳南海》，《蜕庵集》卷四，四库全书本。
③ 贡师泰：《送偰元鲁代祀海岳》，《贡氏三家集》，第 211 页。
④ 林以顺：《永春平贼记》，《圭峰先生集》附录。
⑤ 《咨王侍郎寄禊原鲁应奉》，《圭峰先生集》卷上。
⑥ 卢琦：《和八伯章和赓元鲁应奉韵》，《圭峰先生集》卷上。

缰漫游至永春郊外，不仅欣赏了沿途的百花和山色，还去拜访了慕名已久的寺院（昭提），在推杯换盏的同时还赋诗唱和，得到了极大的享受。

参加此次同游并与偰元鲁相唱和的当地士人还有八伯章。其人名不详，伯章为其字，从姓来看似为蒙古或色目人。伯章无官身，是一位平民士人，与卢琦为知交，曾邀请卢为其收藏的南宋画家陈容（所翁）所绘的一幅《九龙卷》题跋，[①] 可见他也是一位雅爱文艺的士人。

偰元鲁在离开永春后，一路上继续受到闽地士人的热情接待，据参与其事的邵武人黄镇成称：

> 至正十三年，偰君元鲁以翰林应奉承命摄祠焉。礼成既归，其士大夫咸谓：代祀之职，以材见授，足以为君荣。交于神明，登降荐侑，牲腯酒芬，时歆时飨，灵飚景铄，肹向旁达，又以为君贺，乃作歌诗以述其美焉。[②]

由此可以想见偰元鲁沿途所引起的轰动。

福建士人对结交偰元鲁之热衷，一方面体现了地方士人对大都士人之仰慕，另一方面反映了汉族士人对偰家科第成就的艳羡，这种情结折射于黄镇成为偰元鲁所作的赠序之中。

黄镇成，字符镇，邵武县人，着有《秋声集》十卷。黄氏以山水田园诗见长，其“诗格清新刻露……不染元代浓纤气习”，[③] 超出侪辈之上，同时他还是一位理学家，据称其“甫冠即厌弃荣利事，慨然以圣贤践履之学自励”，[④] 并着有《中庸章指》、《性理发蒙》等理学著作。延佑间黄氏曾两次参加科举，但都落第而归，遂绝意仕进，后来官方想邀请他出来做些小官，但他都“不应”，其后又有“政府奏授江西儒学副提举，命下而已卒，年七十有五”，[⑤] 至死仍是白丁一名。

黄镇成虽是福建地方上颇有名望的学者，但在功名一事上始终不无遗憾，因此他在赠予偰元鲁的序文中写道：

> 元鲁以经学第进士，父子昆弟世科之盛，天下莫能先之。矧夫孝以立其基，廉以固其行，文章足以致其辞，令天资既厚而学又足以成其德焉！若是，则光承国之大事，固无慊矣。[⑥]

---

① 卢琦：《跋伯章九龙卷》，《圭峰文集》卷下。

② 黄镇成：《偰元鲁代祀南海序》，《秋声集》卷九。

③ 《秋声集提要》，《四库全书总目提要》，石家庄：河北人民出版社，2000 年，第 4311 页。

④ 《八闽通志》卷七十《人物》。

⑤ 顾嗣立：《黄处士镇成》，《元诗选初集》，第 1802 页。

⑥ 《偰元鲁代祀南海序》，《秋声集》卷九。

黄氏虽对偰家的德行、文章都盛加赞颂，但“世科之盛”无疑才是他更为在意的内容。

从卢、黄二人的诗文可以看出，代祀使臣偰元鲁在经福建北返的途中，结识了许多福建士人，并与他们有过频繁的交游及文字往来，其在福建士人圈中广事结交的做派，与在大都时并无不同。

大诗人乃贤在暮年时也因代祀与福建士人有过一段往来。乃贤，字易之，别号河朔外史，生于至大二年（1309），卒于至正二十八年（1368）元朝灭亡前夕。乃贤是移戍庆元路（今宁波）的哈剌鲁军人的后裔，以善诗闻名于世，他的诗风清新绮丽，多讽喻之作，时人评价甚高，清代的四库馆臣说：“（其诗）气格轩翥，无世俗猥琐之态，其名少亚萨都拉，核其所作，视萨都拉无不及也”，[①] 认为他的诗作堪与萨都剌等元代第一流色目诗人相匹敌。

与其耀眼的才华相比，乃贤的仕路则要黯淡许多，他出身一介军户家庭，无根脚可恃，为了出仕不得不长期在权门间奔走。至正六年（1346）到至正十二年（1352），乃贤在大都干谒长达六年之久，希望谋得一官半职，但始终一无所获，不得不黯然离开大都，直到至正二十二年（1362），年迈穷乏的乃贤才时来运转，被任命为翰林国史院编修，并于次年北上赴任。[②]

至正二十四年（1264），乃贤以词臣的身份奉命代祀南镇、南岳和南海。他一路南下，首先来到浙东军阀方国珍控制下的庆元路完成了对南镇会稽山的祭祀，然后打算经由福建前往广州祭祀南海，但抵达漳州之后，“闻广南多警未进，适分省右丞罗公新建南岳庙成，有司请诹日具牲币既新庙望祀”，[③] 只好在这座新庙中用“望祀”的形式完成了任务，然后便从漳州返回了大都，此次代祀之行的经过大致如此。

乃贤此时虽然仅为八品卑官一员，[④] 但其诗名早已传遍大江南北，在士人中享有很高的声誉，六年的大都生活使他结识了许多来自全国各地的士人，拓宽了其在士人圈中的人脉。所以当他到达福建之后，受到了士人们的热情接待，他首先在福州盘桓了数十日，在当地士人的陪同下游览各处名胜，城内乌石山上某段石刻云：

> 至正二十四年，岁在甲辰。十一月，户部员外郎张闾以董盐筴至三山，翰林国史院编修官乃贤□□□□□□□□至，十二月七日登道山亭，读

① 《金台集提要》，《四库全书总目提要》，第4324页。

② 陈高华：《元代诗人廼贤生平事迹考》，《元史研究新论》，上海：上海社会科学院出版社，2005，第262-287页。

③ 林弼：《马翰林易之使归序》，《登州集》卷九，文渊阁四库全书本。所谓“分省右丞罗公”是指汀州人罗良，时任漳州分省右丞，他对元朝比较忠诚，曾经派僚属将粮食海运到辽东以供给当地的元军。

④ 翰林国史院编修的品秩为正八品，《元史》卷八十七《百官三》，第2190页。

曾文定公记霹雳岩畔，转□□□，又饮焉，又自观音岩下，迳仁王寺与东，登东壁亭，伏观福建行省平章政事燕赤不华公摹勒皇太子所赐文武忠孝碣石，□□望海、东升二亭又饮焉。日暮，乃□□邂逅之会可为千载之故事也。从行者，户部掾□□瑞□□□伯□□□□□□□德山，记之者江西行省郎中揭汯也。[①]

姓名可辨的诸人中，张闾应为蒙古或色目人，事迹不可考，[②] 揭汯为南人名士揭傒斯之子，时任江西行省左右司郎中，因江西沦陷而流亡在闽，石刻中提到行省平章燕赤不华则是蒙古珊竹台氏，字子实，号雪庭，是一位汉化颇深的蒙古士人，东璧、望海、东升三亭均为其所修建。[③] 乃贤等人在十二月七日这一天中，登上乌石山，游览了山上的道山亭、观音岩、仁王寺等名胜，还观赏了曾巩、皇太子爱猷识理达腊等名人的手迹，一路欢饮，至日暮方才罢归。乃贤谓“邂逅之会可为千载之故事”，可以想见此行之酣畅尽兴。

乃贤滞留漳州时，又与当地士人林弼过从甚密。林弼，字符凯，漳州龙溪人，时任漳州路知事，元亡后改仕明，官至登州知府，着有《登州集》。[④] 林氏对乃贤仰慕已久，称“马君易之，自弱冠知名胄监中，为诗有法，善以长篇述事，诚所谓诗史者”。[⑤] 乃贤的诗歌中多有记录下层人民苦难的讽喻之作，至正五年（1345）其尚为白身时，就曾把前往大都途中的所见所闻化作名篇《新乡媪》，此次代祀之行，他还肩负有访问民瘼吏弊的任务，便自然而然地把见闻写入了诗歌。此时亦思巴奚兵乱方炽，兴化路屡遭兵灾，乃贤在前往漳州的途中，路过仙游县枫亭镇[⑥]时，目睹兴化民众为乱兵屠戮劫掠之惨状，忍痛写下一篇《枫亭女》，来到漳州后遂交于林弼品题，林氏遂于其诗后题云：

风人之诗，谲谏以示戒，犹足以感乎上，矧使者之所采而陈者乎！予读枫亭女篇，其辞苦如石壕吏，其心仁如舂陵行，读之令人掩涕。昔白居易作乐府以规讽时事，流闻禁中得为翰林学士，今君职翰林，持使节行，复圣天子之命，又岂流闻而已！予既为南民，又幸嘉君之善于使也，故为

① 《张闾题名》，《闽中金石略》卷十二，石刻史料新编本。按“碣”字据《闽中金石志》卷十三校补。

② 张闾在元代文献中又作“章闾”，元仁宗年间负责“延祐经理”的平章政事也叫这个名字，此名无疑是蒙古、色目人专用的。

③ 《燕赤不华题名》，《闽中金石略》卷十二；《东璧亭记》，《闽中金石略》卷十二。

④ 萧启庆：《元代进士辑考》，第340页。《辑考》小传中所谓“郡幕官”，据四库馆臣为《登州集》撰写的提要，实为漳州路知事。

⑤ 《马翰林易之使归序》，《登州集》卷九。

⑥ 此处设有枫亭站，为使节前往漳州的必经之地，见《经世大典．站赤》，《永乐大典》卷一九四二三，北京：中华书局，1986年。

书此于篇后。[1]

《枫亭女》一诗今已佚，其内容已无从知晓，但显然是一首反映战乱之惨状的诗歌，堪称《新乡媪》的姊妹篇。林弼身为福建本地人，自然对此诗深有感触，他不仅高度评价了诗歌的艺术感染力，也表达了对乃贤能将闽地百姓的哀痛之声上达天听的期待。

乃贤虽然终身仕路坎坷，却凭借其文学成就而受到包括汉族士人在内的士人阶层的广泛尊重。他因代祀而来到福建时，与当地士人出游、宴饮、唱酬，无异于承平时节的其他使节，只是由于此时元朝深陷统治危机之中，才使乃贤的代祀之行蒙上了一层战乱的阴影。

总之，偰元鲁和乃贤虽都是因代祀而第一次来到福建，但受到了福建各地士人的热情接待，偰、乃二人与福建士人同游、唱和，与在其他地方时无异。

第三节 分巡御史

元代的福建闽海道属江南诸道行御史台（南台）监临，南台每年会派遣两名御史出巡福建，宣慰司等各级机构均为其监察对象。[2] 由于需要在数月之内遍历诸路，且亟待处理的公务繁多，分巡御史常有鞍马劳顿和案牍山积之苦，与代祀使臣之闲适有天壤之别，自然无法像代祀词臣那样一路游山玩水、广事结交；再加上御史出巡的主要任务是体察官员声迹、纠劾不法之事，与地方官之间的关系较为紧张，交游自然也会受到一定影响。不过实际情况也不尽然如此，以下将以程钜夫与南台御史的往来为例，来说明分巡御史也是福建多族士人圈中的一分子。

元成宗年间，两位南台御史出巡至福州，因公务之暇同游鼓山，随后各自赋诗一首赠予程钜夫，钜夫时任福建闽海道肃政廉访使，[3] 他在《次刘云卿御史同达达御史游鼓山诗韵（并序）》一诗的诗序中写道：

> 屴崱峰距城二十里而近，欲一往未能也。去岁，礼部王君寅夫独游，辱寄诗盛谈云梦之乐，仆亦想象高唐以对。今弘毅、云卿二御史暇日登高览盛，纪之于叙，写之于诗，使人心旷神驰，恨不并辔横翔，排壒埃而出寥廓也，率而用韵。[4]

刘云卿、达达两御史之名不见于《至正金陵新志》之中，生平事迹暂不可考，

① 林弼：《书马翰林易之枫亭女篇后》，《登州集》卷二十三。

② 李治安：《元代政治制度研究》，北京：人民出版社，2003，年，第254－256页。

③ 《元史》卷一百七十二，第4017页。

④ 程钜夫：《次刘云卿御史同达达御史游鼓山诗韵并序》，《程雪楼集》卷二十七，元人文集珍本汇刊本。

其中达达显非汉人，但从他有汉式字号，又能赋诗与程鉅夫唱和，自是士人无疑。从程诗中“骢马行行出杳冥，笑携僚属叙幽情”① 一句来看，同游的还有二人的僚属。

鼓山位于福州城东郊，闽江北岸，因其山顶有巨石如鼓状而得名，鼓山上林壑幽美，且拥有涌泉寺、灵源洞等名胜，是与福州三山并称的名山之一。② 屴崱峰一名大顶山，为鼓山最高处，据称“其顶常为云气所笼，必天气晴朗始可登眺远望”，③ 与程鉅夫诗中“登临有约堕鸿冥，拄笏看云空复情”④ 的描述颇为一致。此行虽然不见当地官员身影，但身为外来者的巡省御史会前往城郊二十里外的地方游玩，自然是因为鼓山在福州士人中的口碑。

程鉅夫还曾与另一位南台御史唐古歹同登九仙山，九仙山旧名于山，又号九日山，同样位于福州郡城之东，与乌石山、越王山同列于福州三山，山上有鳌顶峰、九日台、金粟台等名胜，都是历代士人们偏爱的游历场所之一。⑤

唐古歹，名见《至正金陵新志》，至元二十八年（1291）上任，阶承务郎。⑥其族属不详，从名字来看必为蒙古、色目人。程鉅夫在记录这次同游的诗中写道：

暂停骢马共寻幽，倚仗鳌峰顶上头。
海净潮平万里眼，风光月霁一天秋。
九仙定有重来约，三岛宁无可去州。
古字苔深半明灭，新诗聊复记曾游。⑦

从诗里的描述来看，程氏和唐古歹在此之前就曾一同游玩过九仙山，并订有重来之约，此行除了享受山水之乐外，还有践约的含义在内。两人在攀登上位于山巅的鳌顶峰之后，遥望风平浪静的万里海面，生出寻仙之思，他们还在山顶寻访青苔中的摩崖石刻，发思古之幽情，不难看出此行的愉快与惬意。

程鉅夫身为本道廉访使是出巡御史的重点体察对象之一，几位御史毫不避嫌，不仅与之同游，还赠以诗歌，可见司掌风宪的职责并不妨碍与地方官员的私谊。同时也表明了分巡福建的行台御史虽然任重事繁，但也能抽出闲暇来游览当地名胜，并与当地官员交游。分巡御史与当地官员的往来无疑也是多族士人圈的重要一环。

---

① 程钜夫：《再次韵呈弘毅御史》，《程雪楼集》卷二十七。
② 徐景熹修、鲁曾煜、施廷枢等纂：《乾隆福州府志》卷五，中国地方志集成本。
③ 黄任：《鼓山志》，中国佛寺史志汇刊本，台北：明文书局，1980 年。
④ 程钜夫：《次刘云卿御史同达达御史游鼓山诗韵并序》，《程雪楼集》卷二十七。
⑤ 《八闽通志》卷四《地理》。
⑥ 《至正金陵新志》卷六《官守志》，中华再造善本丛书本。
⑦ 程钜夫：《暇日偕行唐古歹御史登九仙山》，《程雪楼集》卷二十七。

小　结

本节所研究的代祀天妃、代祀岳镇海渎和分巡御史三种使臣，虽然使命各不相同，但都与福建的士人们有着密切的往来。使臣们每至一地，便与福建当地的士人联袂出游、共赴雅集或是互赠诗文，使臣们在福建的交游，与他们在大都、江浙等地并无太大差别。

按照元代制度，每年都会有上述三批使臣来到福建，对于福建士人而言，使臣的到来，不仅使他们结识了更多的非本地士人，拓宽了自己的交游网络，同时也使得他们接触到更多大都、江浙等地的信息，增长了见闻。以乃贤为例，若无代祀出使的机会，福建的士人们恐怕很难有机会见识到这位著名诗人的风采，更遑论与之交游，所以尽管这些使臣在福建每地停留的时间都不长，但福建的士人们都对他们十分看重，争相与之结交。

元中后期以后，蒙古、色目人在翰苑系统中的比例大大增加，上述使臣中多有蒙古、色目士人入选，此外，福建的地方官中也有许多像偰玉立一样的蒙古、色目士人厕身其中，他们之间的联系构成了一个多族士人圈。这个多族士人圈不但把大都、江浙的文化传播到福建，同时也将福建士人的意见反馈给大都、江浙，扮演着把福建多族士人圈与全国的多族士人圈连为一体的重要角色。

二、多族士人圈中的方外

汉地士人自古以来就有着与方外结交的传统。蒙古、色目人本来的宗教背景虽各不相同，但陈垣先生业已指出不同文化背景的色目士人中性耽禅、老二道者人数甚多，[①] 蒙古人中则有如脱欢答剌罕、丞相别不花等身居高位而倾心于禅宗者，[②] 普通蒙古士人喜好佛老者亦不在少数。蒙古、色目士人对佛老的热衷与官方对待汉地本土宗教的暧昧态度形成了鲜明的对比。

闽地自古以来佛胜于老，禅宗的势力更是在两宋时期达到极盛，入元后虽有衰落的迹象，但仍具有雄厚的实力。[③] 总体来说，福建的宗教环境对于喜欢与方外往来的士人是非常友好的，蒙古、色目士人如何在这种环境中营造自己的方外交游网络呢?

另外，藏传佛教自元世祖忽必烈以后获得了官方的独尊，大批藏僧跟随蒙古人的军队来到江南地区，其中虽有杨琏真迦辈的穷凶极恶之徒，但也有学养深厚、峻持戒律的高僧，这些僧人来到江南后不可避免地要与汉文化及汉族士人发生接触，

① 陈垣:《元西域人华化考》之《佛老篇》，第 36－54 页。

② 纪华传:《江南古佛：中峰明本与元代禅宗》，北京：中国社会科学出版社，2006 年，第 247 页。

③ 王荣国:《福建佛教史》，厦门：厦门大学出版社，1997 年，第 293－296 页。

他们是否会转而钦慕汉文化，与汉族士人亲近，汉族士人又会作何反应？这同样是一个有趣的问题。

以下将以沙罗巴、偰玉立和王翰三人为典型，来回答上述两个问题。

第一节　沙罗巴

福州的摩崖石刻中，有三处与藏僧沙罗巴有关，记录了沙罗巴法师在福建时与士人及高僧交游来往的情形，是展现藏传佛教僧侣跨越族群藩篱，融入以汉族人士为主体的士人圈之中的宝贵材料。

第一段文字刻于鼓山，云：

海上诸峰剑戟稠，兹山盘礴甲闽瓯。
天风下控三千界，岛月傍通十二楼。
郡志昔尝夸绝域，版图今始附中州。
六朝而后多词客，谁得题诗到上头。

总统三藏大师沙罗巴、监宪公脱脱木儿、佥司陈锡、潘昂霄、秃满同予来游鼓山，大德二年春正月乙未，福建闽海道肃政廉访使济南赵文昌题。时靖也侍行，长老在山杰公刊诸石。①

第二段文字刻于乌石山，云：

雪岩总统沙罗巴、海岩总统苑吉祥、雪庵宗师李溥光大德二年四月望同登绝顶。②

第三段文字同样刻在乌石山，云：

城饶青山市饶河，市声南北际山阿。
云来云去三晡雨，霜后霜前两熟禾。
东郭农人报丰稔，西皋老子亦婆娑。
肩舆到处皆名刹，时与高人醉踏歌。

□大德二年立秋日，同雪岩总统饮乌石山之道山亭，济南赵文昌题。住山□乌石也□摹刻。③

① 黄荣春主编：《福州十邑摩崖石刻》，福州：福建美术出版社，2008 年，第 74 页。此段文字《闽中金石略》亦有收录，但录文有若干处错误，不如附有原刻照片的《福州十邑摩崖石刻》一书利用方便。

② 《沙罗巴等题名》，《闽中金石略》卷十二。

③ 《赵文昌诗》，《闽中金石略》卷十一。

沙罗巴法师，全名沙罗巴观照，[①] 自号雪岩，秦州（今甘肃天水一带）积宁氏。其族属存有争议，一种看法认为他是西蕃人（即生活在河陇地区的藏族），[②] 也有学者认为他是唐兀人（元代的西夏遗民），[③] 但无论其为西蕃或唐兀，在元代都属于色目人。

沙罗巴幼年时即投入帝师八思巴门下，研习藏文和佛教经典，后来凭借其师的关系得到元朝皇室的赏识，受封为“大辨广智法师”。元贞元年（1295 年），沙罗巴在帝师推荐下出任江浙等处释教总统，负责整顿江南佛教，大德元年（1297年），又改任福建等处释教总统。大德三年（1299）五月，在沙罗巴的建议下，元廷“罢江南诸路释教总统所”，[④] 其本人回老家秦州归隐。至大（1308—1311）年间又因皇太子爱育黎拔力八达之召返回大都，受封光禄大夫、司徒，居住在大都庆寿寺，延佑元年（1314 年）十月五日入寂。沙罗巴虽曾担任僧官，但其一生事业主要系于译经，最著名的工作是把乃师八思巴所著之《彰所知论》从藏文翻译成汉文。其生平事迹大致如此。[⑤]

沙罗巴在内地活动时的身份是藏僧，但他与汉地的士人们来往却很密切，《佛祖历代通载》称赞他“为人好贤爱能，尤能取诸人以为善，谈论之际发其端，已得过半之思，故其所有皆以好问而致，是以名胜之流皆从之，游以师友相处”。[⑥] 大德元年，他曾在大都举办清香诗会，邀请王恽、阎复等五位名士至宅燕饮品香、赋诗作乐，传为一时佳话。[⑦] 元代喇嘛多怙势纵为不法，久为士人们所憎恶。权僧杨琏真迦横行江南之时，依附他的也只是一些僧人中的败类，少见士人为虎作伥的记载。何以士人们唯独对沙罗巴青眼有加，愿意与他倾心接纳，结为文义之友？这当然与沙罗巴本人的文化态度有关。

沙罗巴成长于一个译经世家中，“祖相嘉屹岁，父沙罗观以象胥土译经，至师八世矣”，[⑧] 其祖上七代都从事译经事业，造就了一个深谙多元文化的家庭氛围，为沙罗巴跨越藏、蒙、汉之间的文化鸿沟，理解儒家文化奠定了基础。他虽然自幼

---

① 藏语沙罗巴（shes rab pa），即“吉祥慧”的意思。见王启龙：《八思巴生平与彰所知论对堪研究》，北京：中国社会科学出版社，1999 年，第 264 页。

② 王启龙即持此说，见氏著《八思巴生平与彰所知论对堪研究》，第 265 页。陈得芝先生也认为沙罗巴是吐蕃人，参见陈得芝：《元代内地藏僧事辑》，《蒙元史研究丛稿》，北京：人民出版社，2005 年，第 246－247 页。

③ Herbert Franke：Sha－lo－pa，Herbert Franke：China under Mongol Rule，Vermont：Ashgate Publishing Company，1994，p. 201.

④ 《元史》卷二十《成宗二》，第 427 页。

⑤ 沙罗巴生平事迹的研究可以参看王启龙的《沙罗巴译师考述》，见王启龙：《沙罗巴译师考述》，《西藏研究》1997 年第 3 期。

⑥ 《佛祖历代通载》卷三十六，第 174 页。

⑦ 对清香诗会的研究，见萧启庆：《九州四海风雅同——元代多族士人圈的形成与发展》，第 220－222 页。

⑧ 王恽：《送总统佛智师南还》，《秋涧先生大全集》卷二十二，元人文集珍本丛刊本。

接受的是藏传佛教的教育，但成年之后，也喜欢阅读儒家典籍。名士王恽说他“喜儒书乐与吾属游”,[①] 刘敏中也提到他“读儒书，喜与吾属游”,[②] 程鉅夫更是不吝赞美道：

秦州法师沙罗巴，前身恐是鸠摩罗。

读书诵经踰五车，洞识孔释为一家。[③]

三人众口一词，沙罗巴喜读儒书一事应无疑义。如果说文人在写诗作传之时常有浮夸之词，程鉅夫的赞词不能作为评价沙罗巴儒学修养的唯一依据的话，那么王恽记录的清香诗会上沙罗巴的发言足以让人对他的儒学素养刮目相看：

师曰：“庸何伤！且吾之为香者众，而心香为最，曰戒香、定香、解脱香、解脱知见香，是为五分香。天之所赋予我者，如是而馨。解脱知见为妙用之极，即《诗》所谓‘天生蒸民，有物有则，民之秉彝，好是懿德’也。[④]

沙罗巴能信手拈来地使用儒家经典《诗经》中的句子来表达自己的观点，其汉学修养之深厚是不言而喻的。此外，沙罗巴高洁的道德品质也让儒士们津津乐道。他在江南僧官任内的作为，恰好与之前的杨琏真迦辈形成鲜明的对比，其传记中说：

诏授江浙等处释教总统。既至，削去烦苛，务从宽大，其人安之。既而改授福建等处释教总统，以其气之正，数与同列乘迕而不合。公谓天下何事，况教门乎？盖吾人之庸自扰之耳。夫设官愈多则事愈烦，今诸僧之苦，盖事烦而官多也。十羊九牧，其为苛扰可胜言哉！建言罢之以闻，诏罢诸路总所，议者称其高。公既得请，乃遁迹垄坻筑室种树，盖将终焉。[⑤]

其人对僧官设置之繁冗和行事之豪横都颇为反感，主张裁撤僧官机构，竟遭到热衷

① 王恽：《送总统佛智师南还》，《秋涧先生大全集》卷二十二。

② 刘敏中：《江浙释教总统雪岩名沙喇卜，西番人，读儒书，喜与吾属游。尝以名香会王秋涧、傅初庵、雷苦斋、贾颐轩、阎靖轩五老，号清香诗会，四老赋诗，秋涧作序。大德辛丑由杭来京师，将赴秦、凉二州葺其师塔，临行会诸公于君逵之家，予始识焉。求诗，为书二绝句》，《中庵集》卷五，文渊阁四库全书本。按此诗《中庵集》二十五卷本未收。

③ 程钜夫：《送司徒沙罗巴法师归秦州》，《程雪楼集》卷二十九。

④ 王恽：《清香诗会序》，《秋涧先生大全集》卷四十二。

⑤ 《佛祖历代通载》卷三十六，中华大藏经本。

权势之同僚的嫉恨和排挤，但也因此获得了到士人们的敬意和拥戴，辞官归隐也被誉为是高士之举。

沙罗巴任职福建事在大德元年至大德三年，前后不到两年。但从前文引述的三段石刻来看，他与以当地官员为主的士人圈相处得非常融洽，其中首要人物是赵文昌。赵文昌，《元史》中无传，其生平散见于各种史料中。据道光年间修纂的《济南通志》，可以得知他是济南人，字明叔，号西皋。赵氏早年为诸生，由于元初科举久废，所以他最初以吏员晋身，后历任长清（今山东长清）县尹、南台监察御史、[①] 福建闽海道肃政廉访使等职位，仕途终于国子祭酒，谥献肃。[②]

赵文昌虽然出身吏员，却始终坚持以儒士自处，王恽曾经称赞他说：

> 切惟台之为司，以礼法绳官邪，用儒术饰国事。近世以来，文学之士专上才华，少谙吏业，一旦从事，鲜克有为……切见前济南副提学赵文昌，自为台掾，强干有称，夙夜在公，精研政事，以儒业饰吏之材，养气负嫉邪之志，求之等伦，诚难多得。[③]

元代的儒士在官场中处境艰难，赵文昌能够在为吏时不忘“以儒业饰吏之材”，遂被王恽等人引为同道。王恽、[④] 刘敏中、[⑤] 魏初[⑥]等著名文人都曾与他有诗歌唱和，胡祇遹也同他有文字往来，[⑦] 其在元初的大都文人圈中人缘颇佳。

文昌自身的诗文功底亦殊不恶，曾编定诗文集（卷数不详，钱大昕《元史艺文志》未收），并邀请宋末元初的著名南士方回为之作序，方回在序中说道：

> 明叔之诗之文，大篇杰句若排江河而注之海也，而不知其胸中之所存，人品高下、世论是非、前代成败、先儒异同，如妍丑之不逃于镜殊，铢两之不差于衡也。[⑧]

方氏的评价虽有溢美，但赵氏的诗文水准能得当时文人的普遍认可应无疑问。惜其

---

① 《至正金陵新志》卷六《官守志》。

② 《道光济南府志》卷四十八《人物》，中国地方志集成本。

③ 王恽：《荐台掾赵文昌事状》，《秋涧先生大全集》卷八十七。

④ 王恽：《和赵明叔言怀》、《未央砚为赵明书赋》、《送台掾赵明叔赴济南迎母氏来燕》，《秋涧先生大全集》卷十六。

⑤ 刘敏中：《次韵答赵明叔》，《中庵集》卷十八，北京图书馆古籍珍本丛刊本。

⑥ 魏初：《题赵明叔未央瓦砚》《青崖集》卷一，文渊阁四库全书本。

⑦ 胡祇遹：《时雨堂记》，《紫山大全集》卷十一，三怡堂丛书本。

⑧ 方回：《赵西皋明叔集序》，《桐江续集》卷九，文渊阁四库全书本。

文集已散佚，传世的诗作数量不多。[①]

赵文昌亦擅长书法，除《闽中金石志》之外，《山左金石志》[②] 和《两浙金石志》[③] 也收录有他的作品，《山左金石志》称道“其书颇秀整可观”。此外尚有一事可以作为赵文昌兼善书法的佐证，元代大书法家鲜于枢（伯机）曾在杭州西溪筑霜鹤堂，落成之日举行雅集，邀请宾客十一人，其中便有赵文昌。[④] 由于与会者大多都是当时的名士，更有高克恭、萨都剌这样的著名书法家，赵氏若不具备一定的书法造诣，有何颜面厕身于其中。

同游的汉士中事迹可考还有潘昂霄和陈锡。昂霄字景梁，号苍崖，历任御史、廉访司佥事，仕至翰林侍读学士。济南潘氏“世以文学显”，[⑤] 昂霄不墯祖风，著有《苍崖类稿》和《金石例》，[⑥] 还撰有地理志书《河源志》。[⑦] 由于潘昂霄是赵文昌的济南同乡和廉访司下属，又娴于诗文，私交应当比较亲密，所以赵文昌引他作陪。另一位汉士陈锡名见于《至正金陵新志》，曾任江南行御史台的架阁库管勾，其他事迹无考。[⑧]

同见于石刻的脱脱木儿和秃满二人应是蒙古或色目人，由于这两个名字都是元代蒙古、色目常用的名字，名字都见于《八闽通志》，但都缺乏具体事迹，[⑨] 因而很难判断二人是否具有士人的身份。大德年间距元初不远，蒙古、色目人的汉学素养普遍不高，两人受邀同游，也许是因为身为廉访司同僚的缘故。

赵文昌等人对沙罗巴敬重有加。赵氏在其诗中称沙罗巴为“高人”，又以“雪岩总统”呼之，“雪岩”是沙罗巴效仿汉地风气所取的自号，赵氏以其自号冠于官衔之上，隐然将其推许为同类。元代的藏僧似乎并不禁酒，所以双方在道山亭上置酒高会，沙罗巴本人虽似乎不能作诗，却乐见他人赋诗，诸人在燕饮间以酒助诗，最后纵乐而归。

前所引的三段与沙罗巴有关的石刻材料中，第一和第三段材料反映了沙罗巴同士人们交游的情形，第二段材料中仅记载了沙罗巴与另外两位高僧的名字，似乎与

---

① 就笔者所见仅有八首，分别是收录于《元诗选》中的《自金山放船至焦山饮于吸江亭》、《天目山》和《咏夷齐两首》，见顾嗣立、席世臣编：《元诗选癸集》上，北京：中华书局，2011 年，第 223－224 页；《至顺镇江志》卷十九《人才》的《赠俞德邻》和卷二十《杂录》的《登金山观潮》，宋元地方志丛刊本；以及前文所引的作于福州的两首。

② 《总管张公先德碑》，毕沅、阮元：《山左金石志》卷二十一，石刻史料新编本。

③ 《元赵文昌玲珑山题名》，阮元：《两浙金石志》卷十四，石刻史料新编本。

④ 陆友：《研北杂志》，委宛山堂本。

⑤ 《道光济南府志》四十八《人物》。

⑥ 分见于钱大昕：《元史艺文志》卷四，《嘉定钱大昕全集》第 5 册，南京：江苏古籍出版社，1997 年，第 62 页；《元史艺文志》卷四，第 80 页。

⑦ 《元史》卷六十三《地理志六》，第 1564 页。

⑧ 《至正金陵新志》卷六《官守志》。

⑨ 《八闽通志》卷三十《秩官》。

士人圈无涉，但细绎之则不然。

与沙罗巴同游的两位僧人中，海岩总统苑吉祥事迹难考，大概是一位官方任命的来福建担任僧官的北方僧人。[①] 而另一位雪庵宗师李溥光，则是一位以文艺见长，在士人中享有极高声誉的名僧。

李溥光，元代头陀教宗师，[②] 以善书闻名于后世。《书史会要》中有小传，对其生平事迹有简略的描述，云：

> 释溥光，字玄晖，号雪庵，俗姓李，大同人。特诏封昭文馆大学士、荣禄大夫，赐号玄悟大师。为诗冲澹粹美，善真、行、草书，尤工大字，国朝禁扁皆其所书。[③]

在时人的心目中，他在书法上的造诣堪与一代宗师赵孟頫匹敌，[④] 是以元代皇宫中的匾额常请他书写，更因此得到皇室的宠遇，受封学士、大夫等荣衔。这样一位才华横溢的方外，士人们自然是争相与之结交。大都士人圈中的名流赵孟頫、邓文原、程鉅夫、张之翰、王恽等人都与李溥光频繁往来，或以诗文相赠，或以书画求跋。[⑤]

李溥光虽以才艺知名当世，但其本职仍然是头陀教僧人，也终生以阐教为己任，大德二年（1298），其出现在距大都有数千里之遥的福州，即与头陀教门事务有关，南士任士林说：

> 昭文馆大学士雪庵李公溥光，以翰墨之遇，行释氏之学。儒名而墨行者乎？大德二年，有旨来南，阐扬教事。椎轮湖山葛岭之西，大兴栋宇，以聚其徒。[⑥]

可知李溥光于大德二年奉旨南来，目的是为了“阐扬教事”。但任士林对事情的前因后果语焉不详，且按他的描述，李溥光之行仅止于杭州。幸而《元典章》中对此事有更为详细的记载，使我们得以了解李溥光南来一事的来龙去脉，《头陀禅师另管》条云：

---

① 元代的高级僧侣常由官方冠以“某吉祥”的称号，参见钱大昕：《僧称吉祥》，《十驾斋养新录》，上海：上海书店出版社，2011 年，第 186 页。按自忽必烈时代以来，江南的高级僧官多任命北方僧人来担任。

② 头陀教即金元时期的“糠禅”，是禅宗的一支，以苦行为宗旨。见温玉成：《金元糠禅述略》，《元史论丛》第五辑，北京：中国社会科学院出版社，1993 年。

③ 陶宗仪：《书史会要》卷七，上海：上海书店，1984 年，第 347 页。

④ 陶宗仪：《前辈谦让》，《南村辍耕录》，第 49 页。

⑤ 参见王颋：《书显昭文——元代诗、画、书僧溥光生平考述》，《史林》2009 年第 1 期。

⑥ 《头陀福地甘露泉记》，《松乡集》卷二，文渊阁四库全书本。

大德二年五月，江西行省钦奉圣旨节该：

李溥光交奏："薛禅皇帝可怜见来，但属腹里有的头陀禅师每根底，为头儿管着者有来，如今江南田地里，俺一般的头陀禅师每多有。管的头目人无的上头，无头脑一般有。他每折证词讼有呵，管民官每一面词因问有。为那上头，他每哏生受有。"么道，交奏来。如今腹里、江南田地里有的头陀禅师每根底，交这李溥光为头管着者。么道，李溥光根底圣旨、印信与了也。您的头陀禅师每，李溥光的言语休捡别了，依着经文佛法体例行者。头陀禅师每，他每不共什么言语每有呵，交李溥光断与者。头陀禅师每，管俗人一处折证的言语有呵，头陀禅师的头目，与管民官每一处断者。又这李溥光却道"管着有"么体例，头陀禅师每交生受呵，他更不怕那？圣旨俺的。①

这段文字系用元代特有的硬译公牍文体写成的圣旨，其大意为李溥光上奏请求将江南头陀教僧人交由他来管理。元代的头陀教信众主要分布在原金朝统治下的北方地区，但江南地区也有头陀教流传，元世祖时期，李溥光已经取得了对北方头陀教事务的管辖权，此番南下是为了将江南地区的头陀僧也置于他的统辖之下。

溥光南下虽是为了建寺阐教，但因其在士人中享有盛名，所到之处名士辐凑、冠盖云集，其江南之行促进了各地士人圈的活跃。溥光与沙罗巴交游时必然也是畅叙古今、旁及六艺，绝不会仅限于谈论佛法，这已超出了僧人往来的一般范畴。

在三段石刻中，沙罗巴之名都位列同游诸人之前，无疑是其中最显要的人物，这当然同他尊贵的身份有关。元灭宋之后，在江南地区设立了若干释教总摄所来管理当地佛教事务，后改称释教总统所，沙罗巴所任的释教总统就是该机构的首长，秩正二品，为同游诸人中官秩最高者。② 况且沙罗巴是帝师八思巴的亲传弟子，深得皇室青睐，非一般藏僧任职江南者能比，被官员们奉为上宾也就不难理解了。

除了石刻中提到的诸人外，沙罗巴在福建时还与畏兀儿士人廉复颇有往来。廉复字号、生平皆不详，至元间曾任福建行省左丞，③ 其为沙罗巴所译《彰所知论》作序时结衔为同知行宣政院事，④ 均为正二品高官。元代前期非蒙古、色目根脚出身少有能至正二品者，所以廉复应当是色目世家高昌廉氏家族的子弟，以廉氏家族汉化之早且深，廉复能使用汉文撰序并不奇怪。

廉复在谈及为沙罗巴作序的缘由时说：

---

① 陈高华、张帆、刘晓、党宝海点校：《元典章．礼部》卷六典章三十三，北京：中华书局、天津：天津古籍出版社，2011 年，第 1142－1143 页。

② 陈高华：《元代南方佛教略论》，《元朝史事新证》，第 122－124 页。

③ 《八闽通志》卷三十《秩官》。

④ 廉复：《彰所知论序》，《大正新修大藏经》第三十二卷《论集部》，台北：佛陀教育基金会出版部，1990 年，第 226 页。

公昔与予会闽，交情相照，爱同昆仲。公固肯予为序，予抗尘幻海，绝笔疏砚，岂足发正教之光耶？公笑之曰：汝何谦哉！予不敢辞。[①]

虽仅寥寥数语，亦可想见沙罗巴与廉复在福建时交谊之笃。

总之，沙罗巴在福建所结交的士人中既有汉人也有色目人，但人数不多，且大多具有当地中、高级官员的身份。限于史料，无法完整地重构沙罗巴在福建的交际网络，但上述研究仍在反映出沙罗巴的交游圈局限于一个比较狭小的精英士人团体之中，其尊贵身份反而成为他和普通士人之间开展往来的障碍的状况。

第二节　偰玉立

畏兀儿人偰玉立在泉州路达鲁花赤任内清廉勤慎，政绩粲然可观。在公务之余，他受到家庭及个人因素的双重影响，与泉州的禅僧往来十分密切，以下将通过考证来揭示其在儒家礼法外的精神生活和方外圈中的交游网络。

高昌偰氏家族尚居住在北庭时便已奉佛，[②] 偰玉立祖父合剌普华的后裔来到中原后，居住和仕宦主要集中在江南地区，这一地域内的佛教呈现出禅宗独盛的局面。合剌普华家族在逐步吸收汉地士人文化的同时不可避免地同禅宗发生接触，其家族成员也逐渐沾染上了参禅礼佛的雅趣。

现存史料显示，偰氏家族中有多人与江南禅宗关系密切。其中最早与禅僧相过从的是偰玉立之父偰文质，文质与一位无一等禅师交情甚笃。[③] 偰家第二代中，偰文质之侄善着（偰世文）与禅僧灵山上人有诗文往来。[④] 而偰玉立亲侄偰百辽逊则自青年时代起就有出世情结，曾向名僧笑隐大䜣请教过修行法门，又与多位禅师、道士唱酬频繁，在集庆路的方外圈中人缘甚佳。[⑤]

偰玉立本人也有出世倾向，后至元间或至正初，他曾一度辞官归隐于集庆路溧阳州（今江苏溧阳），在溧阳的濑阳村买地乡居，其在隐居期间曾作有《止堂》诗，序云：

余去朝之二年，禄余不给于食，益厌城市。濑阳村求田数亩，筑庐以

---

① 《彰所知论序》，《大正新修大藏经》第三十二卷《论集部》。

② 陈垣先生在《元西域人华化考》中推断高昌偰氏是摩尼教世家。但萧启庆先生指出偰氏早已经改宗佛教，援庵先生推断有误。见萧启庆：《元季色目士人的社会网络——以偰百辽逊青年时代为中心》，《元代的族群文化与科举》，第110－111页。

③ 偰文质：《无一禅师塔铭》，《全元文》第36册，南京：凤凰出版社，第188－190页。值得一提的是，此碑由偰玉立书丹，见孙星衍：《寰宇访碑录》卷十二《石溪禅寺无一禅师塔铭》，石刻史料新编本，第20065页。

④ 萨都剌：《赠别鹫峰上人并引》，《萨天锡诗集》卷二。

⑤ 萧启庆：《元季色目士人的社会网络——以偰百辽逊青年时代为中心》，第110－113页。

居，遂得躬耕。扁兹堂曰止堂，为之铭。复系于诗，抑以见安于义命云耳。[①]

表达了厌倦仕宦生涯，向往吏隐生活的意愿。后来虽然又重新出山做官，但出世情结始终萦绕于心头。至正十年，他在泉州专程去九日山拜访一位元极上人而不遇，遂在佛教名胜瑞像岩上题诗一首云：

□□深□九日峰，洞门不锁与天通。石塘冷印菩提月，庭树寒迎柏子风。
岩拥如来明瑞像，山排罗汉着晴空。依栏却望红尘道，谁识真机指顾中。

止庵道人偰玉立题[②]

元极上人生平事迹难考，应是当地一位较有名望的禅师，偰玉立拜访他，自然是为了谈禅而来，真机红尘之语，更是禅家套话。偰氏以在红尘中识得真机为理想境界，又自署“止庵道人”，俨然以住家修行的居士自况。[③]

泉州自五代王氏政权在闽地大力提倡佛教以来，迄于两宋达到极盛，入元后佛教的声势渐衰，但寺观的数目依然相当可观。偰玉立在九日山无等岩上大书“泉南佛国”，[④] 又在诗作中写道“泉南佛国几千界”，[⑤] 极力赞颂泉州佛法之源远流长，对此处浓厚的佛教气氛颇感亲切，在泉州诸寺之中，与他关系最为密切当属开元寺。

开元寺，全称大开元万寿禅寺，位于泉州城西清门外，始立于唐垂拱二年（686），初名莲花寺，开元二十六年（738）改名开元寺，至元二十二年（1285）合各支院为一寺，规模宏大，为泉之冠。[⑥] 开元寺是元代福建禅林重镇，寺内古迹甚多，其中东西双塔颇负盛名，为历来访寺游客必到之处，前文已引用了东塔第二层塔心柱东北面的纪游小文来考证偰玉立与代祀天妃使臣的交游，而同游的僧人中身份可考的有两位，分别是崇会和明极，但事迹都比较简略。

崇会，张翥称其为“住山”，即开元寺住持，《闽书》中有小传，称其“莅众严，喜兴构”，[⑦] 又曾主持修撰本寺高僧传《紫云开士传》，[⑧] 是一位持律精严、颇

① 偰玉立：《止堂》，《永乐大典》卷七二四一。

② 《偰玉立瑞像岩题诗》，《闽中金石略》卷十二。

③ 关于“道人”到底是指向佛教或道教还存有争议。钱大昕指出，道人也可以用来指代和尚，见钱大昕：《道人道士之别》，《十驾斋养新录》，上海：上海古籍出版社，2011 年，第 383 页。综合该诗的语境和偰玉立本人的行事来看，我认为应当是指向佛教。

④ 《泉南佛国》，《闽中金石略》卷十二。

⑤ 偰玉立：《清源洞》，《元诗选》三集，第 377 页。

⑥ 释元贤：《泉州开元寺志．建置志》，中国佛寺史志汇刊本。

⑦ 何乔远：《闽书》卷之一百三十七《方外志》，福州：福建人民出版社，1995 年，第 4083 页。

⑧ 释大圭：《紫云开士传序》，《泉州开元寺志．碑记》。按开元寺又名紫云寺。

有作为的高僧。明极，曾与元末福建名士张以宁、林弼等人有过往来。他曾与林弼相互赋诗唱和，林弼称：

> 予来温陵获与明极上人为方外游，明极假予榻小小室中，视其壁则奇画古墨也，睹其几则群经百子也。①

又曾延请张以宁为其书卷题跋，② 可见明极也是一位喜欢同士人交游、禅儒兼修的名僧。

除了崇会等人外，曾与偰玉立往来的开元寺名僧还有梦观大圭。大圭，俗姓廖，字恒白，号梦观，泉州晋江人。《闽书》称其“博极儒书，兼善内典，常曰：‘不读东鲁论，不知西来意’”，③ 大圭颇善诗文，有诗集《梦观集》及《紫云开士传》传世。《梦观集》中有诗名为《送同邑高昌公北上》，高昌公无疑指的就是偰玉立，此诗是大圭在偰玉立离任时所作的赠别诗，诗中写道：

> 猗欤高昌公，三年此为春。弦歌响千室，井瑞安四民……遇士或俊秀，揖让同荐绅……颂声起连句，曰公寔王佐。④

官员离任时，由当地耆宿赋诗赠别，颂扬其政绩，既是中国古代的一项传统，也是士人间互动的形式之一。偰玉立本人好佛，由名僧大圭作诗来颂扬其保境安民、奖掖后进的政绩，自是雅事一桩。

偰玉立在书法上也有造诣，其字“落墨古朴，尚能自见骨力”。⑤ 开元寺内有古迹名三门，创始于垂拱三年（687），据《泉州开元寺志》记载“至正十年，监郡偰世玉署其门曰‘泉南佛国’”，⑥ 偰氏以“泉南佛国”来标榜开元寺，颇为得体，亦可见其与开元寺关系之密切。

泉州另一所名刹延福寺也是偰氏常造访的对象。延福寺又名建造寺，位于九日山，唐大历三年（768）建，名僧无等禅师曾驻锡此寺，寺内号称有三十六奇，其中以翠光亭、秦君亭、墨妙堂、钓台、醉石等处最为知名。⑦ 延福寺对历代文人墨客颇具吸引力，不少人在此留下题咏，偰玉立亦在延福寺题诗云：

---

① 林弼：《宿云房记》，《登州集》卷十五。

② 张以宁：《题湛源卷》，《翠屏集》卷四，文渊阁四库全书本。

③ 《闽书》卷一百三十七《方外志》，第4083页。

④ 释大圭：《梦观集》卷一，禅门逸书本。

⑤ 陈棨仁语，见《泉南佛国》条，《闽中金石略》卷十二。

⑥ 《泉州开元寺志．建置志》。

⑦ 《八闽通志》卷七十七《寺观》。

至正庚寅重九来登是山。昔有廓然亭、四贤祠，岁久荒芜，惟高士峰、秦君亭独存，而廓然复扁。豁然览眺，徘徊感慨而赋。

攀云晓上廓然巅，半岭回峦景豁然。
花县屯烟山谷里，金钟跃浪海门边。
四贤感慨祠空寂，九日登临菊自妍。
萍水偶逢须一叹，醉忘佳节是何年。

□□□卯（当为至正辛卯），偕浩然架阁吴君□□属曹祷雨复登。郡士许允恭有□□纪游，率尔次韵。

□前紫帽带□回，峰上唐贤有筑台。
□□分驰先□□，西龙飞抱佛城来。
海天浩□□□□，野墅黄花酒一杯。
□□□□□□在，古今山泽孰怜才。

正议大夫监郡偰玉立题，至正癸□冬县尹常瓒，住持释石塘志□。①

由此看来，偰玉立至少造访过延福寺两次，分别在至正十年及十一年的重阳节。诗中提到的廓然亭、秦君亭，名列延福寺三十六奇之内，四贤祠则为宋代修建的祀奉四位泉州名贤秦系、姜公辅、韩偓和欧阳詹之所。元末的廓然亭、四贤祠都已经因年久失修而逐渐倾圮，偰玉立游寺时目睹的景象十分荒芜，所以在诗作中追慕前贤时也表达兴废之感。值得一提的是将偰诗刊刻上石是延福寺住持释石塘，②足见偰玉立同延福寺的僧人也是有往来的。

前文提到高昌偰氏在士人化的过程中有儒禅兼取的倾向，并举偰文质、偰世文和偰百辽逊等不同时代的三人为例。通过上述研究可以发现，偰玉立亦亲近禅宗，在泉州禅门中结缘甚广，名士结交名僧的传统在他身上体现得十分明显。

第三节　王　翰

唐兀人王翰，本名那木罕，字用文。其先本是齐地阳谷人，因在宋夏战争中被俘，遂归化为西夏人。西夏灭亡后王家被编为军户，从蒙古人征伐，在灭南宋的战

① 黄柏岭：《九日山志》，泉州：晋江地区文化局，1983 年，第 30－31 页。

② 石塘或作“石堂”，其俗姓王，时任延福寺主持，至正年间曾参与将延福寺内的历代石刻拓印后刊刻为《九日山集》的工作。见僧可庭：《九日山集题辞》，何炯：《清源文献》卷八，北京图书馆古籍珍本丛刊本。

役中，王翰曾祖从名将昂吉下江淮，因功受封武德将军、世袭千户，镇守庐州路（今合肥），遂四代定居于此。

王翰长于庐州，后任福州路治中、江西福建行省郎中等职，至正二十六年（1366），福建军阀陈友定攻下潮州，以王翰“德望素着，表授潮州路总管，兼循、梅、惠州”，[①] 无奈此时元朝大势已去，在其赴任后不久元朝便灭亡了。元亡后王翰坚拒出仕，屏居于福州永福山中，誓为遗民。洪武十一年（1378 年），明朝征召在野遗老，当地官员强迫王翰出仕，他以自杀相抗争，终于求仁得仁，时年四十六岁。[②]

王翰的祖先虽是汉人，但在北宋时便已陷没西夏，元代“河西陷没人皆为汉河西”，[③] 虽与党项种的“蕃河西”有别，但在蒙古统治者眼中却是地地道道的色目人。王翰曾、祖、父三代皆有“河西名”，其本人名为那木罕，又常以“灵武王用文”自称，可见其家的族群认同与其他唐兀人差别不大。

王氏家族在元代世为军户，汉学素养不会太高。元代中后期，不少镇戍汉地的蒙古、色目军户家庭逐渐士人化，庐州的军户也不例外。[④] 王翰之父也先不华已与汉人通婚，两娶夏氏、孙氏都是汉人。王翰的父亲及生母夏氏均早逝，早期教育是在继母孙氏的训育下完成的，王翰后来回忆说“翰甫受学，夫人（孙氏）即语以立节概，建功业，显亲扬名。稍长，袭父职，而夫人训益勤”，[⑤] 可见他幼年时便深受继母所秉持的儒家伦理的熏陶，因而对忠孝之道笃信不疑。由于受到了良好教育，王翰的汉学素养很高，他能诗，宦游福建及为遗民隐居永福时留下大量诗篇，后由其子王偁辑为《友石山人遗稿》一卷；亦雅善书法，福州现存其手书的摩崖石刻甚多，《闽中金石志》的纂者冯登府对其书评价颇高，称其“笔法苍古，亦妙笔也”，[⑥] 足见其为一浸润汉文化颇深的色目士人。

王翰的后半生是在福建渡过的，前后近二十年。其在福建的交游状况可分为前后两期，即宦游阶段和隐居阶段。他担任官员时的交际网络是比较广阔的，但在其身份转变为遗民之后，交际圈相对狭小了许多。原因在于王翰为一“激烈型”遗民，[⑦] 在大多数旧识已经承认新政权并为之效力的情况下，峻守节操的他不可能再与这些新贵迎送往来，明初的政治环境也不允许他一面拒绝出仕，一面广事交游。

① 钱谦益：《国初群雄事略》卷十三，北京：中华书局，1982 年，第 289 页。

② 马明达先生对王翰的生平事迹有详细的考订，见马明达：《元末西夏人那木罕事迹考述》，《西北民族研究》1991 年第 2 期。

③ 吴海：《王氏家谱叙》，《闻过斋集》卷一，嘉业堂丛书本。

④ 元末著名文士余阙即同出于庐州唐兀军人社区的军户家庭，见萧启庆：《九州四海风雅同》，第 52 页。

⑤ 吴海：《故王将军夫人孙氏墓志铭》，《闻过斋集》卷五。

⑥ 《方广山石刻》，冯登府：《闽中金石志》卷十三，石刻史料新编本，第 12827 页。

⑦ “激烈型遗民”之定义，见萧启庆：《元明之际的蒙古色目遗民》，《内北国而外中国》，第 164 – 165 页。

王氏遗作《友石山人遗稿》中的作品大多成于元亡之后，其中与王翰唱和的士人，多为吴海、程民同这样的在政治上与他志同道合的遗民。除了遗民之外，另一个与王翰过从甚密的群体是方外之士，《友石山人遗稿》中与僧、道相关的诗作在数量上并不逊色于与士人唱酬之作。

王翰与僧、道往来，或与信仰无关。西夏虽为佛国，但其家先世不见奉佛的记载。元亡之后，他曾“屏居永福山中为黄冠服十年”，[①] 也并非是有意学道，而是同丁鹤年逃禅之举一样，实为避祸。[②] 他的知交吴海曾这样描述他：

> 先生羁人也，不知其姓名，宦游南方，遭世变异，屏居远迹，栖止于龙泉之上，箨冠卉服，葛履绳带，与樵童、牧竖、田夫、渔父杂处，于沙门法虽不甚解，然时往来，听其谈论。[③]

足见王翰变服黄冠和听沙门论佛法都是亡国后消遣余生的无奈选择，并非是他的本愿。不过，即便王翰对待二教的态度并不虔诚，但这并不影响他与僧道的情谊。

从《友石山人遗稿》所保存的诗作来看，曾与王翰交游的方外之士有心泉疑上人、古心淳上人、秋谷肃上人和边懒懒道人。

心泉上人是福州的一位诗僧，俗姓魏，出生在长乐一个其世代业儒的家族中，其家在宋代出过好几位进士。心泉和尚本人虽然以浮屠为业，但也擅长作诗，其为人慷慨重义气，喜与士大夫交游，曾以自己的诗作邀请名士贡师泰品评，贡师泰称赞其诗“音节幽远，志意闲旷”，[④] 说明心泉确有与士人交游的本钱。王翰有《送心泉疑上人游方》一作，[⑤] 显然是在心泉云游问学前所作的赠诗。

古心上人似与王翰交情最笃，《遗稿》中有三首诗与他有关，是王翰吟咏最多的一位方外之士。其《留别古心淳上人》一诗云：

> 白社交游少，唯公即旧知。
> 机闲同嗜酒，趣合共耽诗。
> 沧落三生话，苍茫百岁期。
> 空持匣中剑，日暮竟何之。[⑥]

又有《秋暮会古心上人》诗云：

---

① 吴海：《友石山人墓志》，《闻过斋集》卷五。
② 《元西域人华化考．佛老篇》，第49－50页。
③ 吴海《友石先生传》，《闻过斋集》卷六。
④ 贡师泰：《送心泉上人还福州序》，《贡氏三家集》，第306页。
⑤ 王翰：《送心泉疑上人游方》，《友石山人遗稿》，嘉业堂丛书本。
⑥ 王翰：《留别古心淳上人》，《友石山人遗稿》。

远公与我云间别，几度秋风海上秋。
白发时来还自笑，青山归去与谁游。
薜萝久负孤灯梦，猿鹤应同两地愁。
相对空林今夜月，清光迟尔少淹留。①

这两首离别诗都借用了慧远和尚与白莲社的典故来推许古心上人，亦可从诗中推断出若干古心上人的身份信息。古心上人应当是松江路（云间）的一位前辈高僧，性情爽朗而不拘于戒律，嗜好饮酒且热衷于作诗。两诗的用典、意境都相同，应当作于同一场合，准确来说作于王翰返回永福隐居前的辞行之时，诗中眷恋之情溢于言表，可见王翰与古心上人交情之深。在古心上人圆寂后，王翰又作有《挽古心淳上人》，极尽哀痛之思。②

《友石山人遗稿》中与秋谷肃上人相关的是两首悼亡诗——《重到龙泉寺有怀秋谷上人》和《怀秋谷肃上人》，《怀秋谷肃上人》云：

我把一麾江海去，上人只履竟西归。
三生寂寞烟霞淡，双树飘零故旧稀。
季札有怀空挂剑，大颠无处更留衣。
垒垒荒冢悲风里，泪洒空山送夕晖。③

“把一麾”多用来指代出任郡太守或州刺史，王翰的仕宦生涯中，仅有潮州路总管一职能与太守或刺史的权位相侔。秋谷肃上人当在王翰任职潮州期间去世，后来王翰于隐居时故地重游作诗悼念之，足见这位秋谷上人应当为王翰之前于福州为官时所结识的一位禅师。据《福州府志》的记载，福州确有始建于唐大中十三年（859）的古刹龙泉寺在长乐县，④ 秋谷上人应是这所寺庙的禅师，此外贡师泰曾提到心泉上人学佛法于象山秋谷，似有与此秋谷上人同为一人的可能。⑤ 总而言之，秋谷上人生前曾与王翰甚为契合，是以在他入寂之后，仍为王翰所念念不忘。

边懒懒道人是王翰提到的唯一一位道士。王翰在《挽边懒懒道人》中写道：

四明边道士，狂似贺知章。
结客游千里，看花醉百场。

① 王翰：《秋暮会古心上人》，《友石山人遗稿》，其中薜萝、猿鹤之辞都指代隐居。
② 王翰：《挽古心淳上人》，《友石山人遗稿》。
③ 王翰：《怀秋谷肃上人》，《友石山人遗稿》。
④ 《乾隆福州府志》十六《寺观》，中国地方志集成本。
⑤ 《送心泉上人还福州序》，《贡氏三家集》，第306页。

越谈多慷慨，楚舞独徜徉。
翰墨南宫趣，襟期北海乡……①

由此可知边道士是庆元路（四明）人，以懒懒为自号，擅长草书，是以王翰比之贺知章，亦擅丹青，王翰曾有《题边道士小景》一诗题其画。边道士慷慨磊落，又有名士任诞的一面，其个性也对王翰颇具吸引力。

除了上述诸人之外，王翰诗集中还有赠给柏上人、异上人、云卧轩上人、方中上人等人的诗作，这些人也应当是王翰的方外之交，但身份都难以考订。

通过以上考证可以发现，元亡后王翰并没有真正屏绝人事，他虽然减少了与士人的往来，却在方外之士中广事结交，并且与他们结下了深厚的友谊。这种情况的出现一方面是由于遗民圈是一个人数很少且无法自我扩张的群体，士人很难把自己局限在这样一个狭小的圈子中；另一方面，释、道二教确有使人获得暂时超脱之效，从王翰的方外唱酬诗中多是表现交游之乐，少见与遗民们唱酬时的故国黍离之思来看，与僧道交游在某种程度上缓解了他的亡国之痛。

小　结

以上分别以沙罗巴、偰玉立和王翰为例，探讨了各族士人与方外之士在福建构建的交游网络。其中偰、王二人都是以汉学见长的士人，除了儒学之外，他们还兼修释、老二教。沙罗巴虽是藏僧，但对汉文化特别是儒学兴趣很大，在汉学上也有一定的造诣，因此获得了汉族士人的好感和认同。总而言之，三者共同之处是建立在对汉文化的钦慕和领悟的基础之上。

三者之间亦有不同之处，沙罗巴的本职是僧人，他与汉族士人交游的动因是其个人对儒学的特殊兴趣，且由于沙罗巴地位尊崇，其交游对象多为当地的中、高级官员。偰玉立出身汉化甚深的色目科第世家，其家族成员在士人化的过程中伴随亲近禅宗的倾向，偰玉立本人亦对禅宗抱有浓厚的兴趣，因此他所结交的多是泉州禅寺中的高僧。而王翰对佛、老二教并无偏爱，他在元朝灭亡前已与福建的禅僧有过往来，但其中附庸风雅的成分居多，当其遭遇世变之后，虽不愿遁入空门，却不免向空门寻求慰藉，反而因此与诸多方外之士建立了更为真挚的友谊。

外族僧侣在进入中原汉地尤其是江南地区之后会同样受到涵化作用的影响，尽管像沙罗巴这样有天赋和见识的藏僧人数很少，甚至可能是特例，但只要他们长期在江南地区活动，就不可避免地要接受汉文化，区别仅在于程度之深浅，而汉族士人对藏僧也并非一味排斥，对于尊重和欣赏汉地文化的藏僧，他们同样引为同调并乐于与之交游。偰玉立和王翰的例子则说明，元代后期的蒙古、色目士人结交汉地方外之士的现象已经非常普遍，他们不仅服膺儒家的礼法和道德规范，对于能够在

① 王翰：《挽边懒懒道人》，《友石山人遗稿》。

抚慰个人精神世界上有儒家所不能及之功效的禅家和道教也有强烈的兴趣，因此每到一地就会在方外圈中广事结交，而不是把自己的交游对象局限于士人之中。

三、多族士人圈中的书画题跋

书画鉴赏品题是流行于历代文人中的一桩雅事，元代汉族士人对此道的热衷与其他朝代的士人并无二致，蒙古、色目士人在浸润汉文化之后，亦渐染此风，书画题跋活动成为各族士人之间切磋技艺、增进情谊的一种交流方式。[①] 以下谨以贡师泰、李士瞻和萨都剌在福建的书画题跋活动为例，对福建多族士人圈中的书画题跋活动作一些探讨。

第一节　贡师泰、李士瞻的书画题跋互动

至正二十年（1360），贡师泰由元廷“除户部尚书，俾分部闽中，以闽盐易粮，由海道转运给京师”，[②] 第二年李士瞻也以户部尚书的身份来到福建，负责“以盐赋十之六，杂易一切上供之物”。[③] 贡师泰的生平已见前文，李士瞻，字彦闻，其先新野人，后徙居荆门，士瞻出身吏员，后渐致通显，仕至翰林学士承旨，封楚国公，着有《经济文集》。[④] 两人在福州前后共事一年多，职责、地位相埒，交际网络也大体重叠，故合而论之。

贡、李二人曾一同为福建行省右丞恩宁溥所收藏的皇太子赐书题跋。恩宁溥，又名恩宁普，字德卿。李士瞻称其为“西夏名族”，显系色目根脚家庭出身，在来闽前曾任浙东宣慰使，[⑤] 时任福建行省右丞，后转廉访使。恩氏有汉式字号，应当具有士人身份。

贡师泰于其书跋云：

> 夫文行忠信，孔子教人之法。为善最乐，汉东平王苍处家之道也。文以广知，行以检身，忠信以立本，教虽有四，实心学业，善行于外，乐存乎中，亦心学也。天下万事万物之理，皆原于心，心一正，则施之于家而孝友雍睦，施之于朝廷而上下翕和，施之于天下而讴歌鼓舞，海内称庆。今皇太子挥洒宝章，首及于此，其心真有得于圣贤心学之妙乎！右丞世笃忠贞，为时良翰，是书也，岂徒羲画禹畴，足为世守之荣。庶几朝观夕

① 萧启庆先生对此有非常全面而精到的研究，见萧启庆：《元代多族士人的书画题跋》，《文史》2011年第2期。

② 《元史》卷一百八十七《贡师泰传》，第4296页。

③ 贡师泰：《送李尚书北还序》，《贡氏三家集》，第303页。

④ 《经济文集提要》，《四库全书总目提要》，第4319页。

⑤ 《元史》卷四十二《顺帝五》，第898页。

睹，超然有以廓其澄清之志云。[①]

李士瞻题云：

> 宝章，美皇太子也。太子聪明天授，锐志圣季，皇帝为开端本堂以教太子，太子日与师保之臣讲颂不辍，性雅好翰墨，内有所蕴，外笔之书，然每书辍寓徭劝以赐近臣。福建府省右丞恩宁普君以西夏名族扬历中外，声光赫然，太子为书“文行忠信，为善最乐”八字以褒宠之，笔势飞动，气象森然，大夫美之。[②]

此处的皇太子指的是元顺帝之子爱猷识理达腊，这位皇太子在顺帝朝后期的政治倾轧中扮演着重要角色，对元朝的灭亡负有不可推卸的责任，因此在史书中的形象并不好，正史和野史中都有他耽于淫乐，修习所谓“佛法”的记载，[③] 有研究者据此称他“不学无术……．根本接受不了汉文化”。[④]

但实际情况并非如此，元顺帝很重视对爱猷识理达腊的教育，专门为其子设立端本堂，延选名儒为师。[⑤] 爱猷识理达腊接受过良好的儒学教育，也有着不错的汉学素养，[⑥] 尤其擅长书法，书法史家陶宗仪在评价其书艺时说：

> 爱猷识理达腊，庚申帝子，风仪俊迈，性资英伟。帝于东宫建端本堂，置贤师傅以教之。知好学，喜作字，真楷遒媚，深得虞永兴之妙，非功夫纯熟不能到此也。[⑦]

就连对爱猷识理达腊不甚友好的权衡也承认“太子初学书，甚遒劲”，[⑧] 可见其书法功力确属上乘。

爱猷识理达腊对自己的书艺颇为自矜，常把自己的作品分赐给近侍和外臣，至

① 贡师泰：《皇太子赐书跋》，《贡氏三家集》，第356页。

② 李士瞻；《为福建监宪恩德卿所作》，《经济文集》卷六，湖北先正遗书本。

③ 《元史》卷四十六《顺帝九》，第962页。权衡著、任崇岳笺证：《庚申外史笺证》，郑州：中州古籍出版社，1991年，第114－115页。

④ 韩志远：《爱猷识理达腊与元末政治》，《元史论丛》第4辑。

⑤ 王风雷：《元代的端本堂教育》，《内蒙古大学学报》1992年第2期。

⑥ 对于爱猷识理达腊的汉学素养问题，国外学者已经做过研究并给予了比较客观的评价，见吉川幸次郎：《元の諸帝の文學：元史叢説の一》，《東洋史研究》8卷3号。Herbert Franke：Could the Mongol Emperors Read and Write Chinese，Herbert Franke：China under Mongol Rule，Vermont：Ashgate Publishing Company，1994，p. 40－41.

⑦ 陶宗仪：《书史会要》，上海：上海书店，1984年，第304页。

⑧ 《庚申外史笺证》，第115页。

正末年的福建行省平章政事中就有普华帖睦尔、[①] 完者帖木儿、[②] 燕赤不花三人收到过其赐书。当然，皇太子赐书给外臣绝非仅是炫耀书艺，而是含有政治目的在内，清人陈棨仁对于这一点就看得很清楚，他在评价燕赤不花所摹勒于乌石山的爱猷识理达腊手迹时指出：

> 帝既倦勤，太子与奇氏希图内禅，逐帝左右，广树私人，然则燕赤不花亦太子私人之一也。[③]

对赐书背后的政治意图真可谓一针见血。

受赐的蒙古、色目权贵对此意图自然心领神会，他们经常把皇太子赐书拿出来邀请汉族文士吟诵或题跋，一来显示自己与皇太子关系亲密，二来则是因为汉风渐陶，元文宗、顺帝和脱脱太师等上层统治者都喜欢亲自挥毫并邀请臣下题跋，所谓"上有所好，下必甚焉"，有些蒙古、色目权贵并不擅长此道，也不得不附庸风雅，以求迎合上意。[④] 恩宁溥利用两位汉人名士来抬高自己身价一事，显即其例。

由于是在皇太子的题字上作跋，贡师泰显得比较拘谨，不似朋辈间那样评论技艺，而是引经据典，竭力打扮爱猷识理达腊，对于受赐者恩宁溥，贡氏亦多溢美之词。李士瞻之品题也以歌功颂德为主，不过他称赞爱猷识理达腊"笔势飞动，气象森然"，倒也不像是全无根据的吹捧。

如果说贡、李二人品题皇太子赐书一事尚属应酬权贵的话，那么他们与唐兀人刘中守的书画往来则完全出自各族士人对艺术的共同爱好。

刘中守，西夏人，名不详，[⑤] 其人以文艺才能见长，早年"以善书与修《经世大典》，由郡文学辟东曹掾，累官宣文阁博士、工部员外郎"，至正二十年（1360）前后累迁至福建闽海道廉访司佥事，后因与上官"龃龉不合，久之，竟以言去"，他罢官后暂居福州，"自刻厉读书，穷日夜不已，兴至，即赋诗写字，或援笔画山水，意趣天出"。[⑥]

刘中守对绘事颇为精通。李士瞻曾有诗题其画云：

> 雨后看山更爱山，结茅临水阅人寰。

---

① 《皇太子赐书赞》，《贡氏三家集》，第347页。

② 《皇太子赐书赞》，《贡氏三家集》，第348页。

③ 《东壁亭记》，《闽中金石略》卷十二。帝指元顺帝，奇后即顺帝后奇氏。

④ 对文宗、顺帝文艺才能的研究，参见吉川幸次郎：《元の諸帝の文學：元史叢説の一》，《東洋史研究》8卷3号，1943年8月。脱脱善书事，见萧启庆：《元代蒙古人的汉学》，萧启庆《蒙元史新研》，台北：允晨文化，1994年，第188页。

⑤ 元代的西夏人多有非汉文名，如斡克庄名玉伦都，刘伯温名沙剌班，王翰名那木罕，颇疑刘中守也有非汉文名，中守为其字或汉名。

⑥ 贡师泰：《送刘中守佥事还京师序》，《贡氏三家集》，第296－297页。

交谈终日频伤住，留客烹泉不许还。
凉月满空邀鹤住，绿阴绕舍听猿闲。
道人又有休官意，每忆秋风放白鹇。①

又有《题刘中守佥宪为闽海宪史马谦叔赋二首》云：

经年不见刘郎画，山色溪光共可人。
底事往来沧海客，钓舟容易许相亲。
远山迢递近山高，茅屋溪声阅涧毛，
江浦潮来帆正疾，日边归客正相招。②

李士瞻之诗以描述画卷为主要内容，画面感十足，由此亦可知刘氏对山水画较为擅长。俗语云画为心声，刘中守此时宦途蹉跌，有“不如归去”的想法反映于画作之中，李士瞻与刘似为大都旧交，故对刘的心境有较深入的解读。

刘中守还曾与贡师泰共同为宋代画家米元晖（友仁）的名作《潇湘奇观图》题跋。明人李日华的《味水轩日记》收录二跋，其中贡跋位于刘跋之前，云：

江南奇观在北固山，北固奇观又在东岗海岳晴雨晦明中，摩写非其人胸中有千岩万壑，孰能神融意会，收景象毫芒咫尺之间哉？米家父子何夺天巧之多也！宣城贡师泰题。③

刘中守跋云：

此卷友仁真迹无疑。山川浮纸、烟云满前，脱去唐宋习气，别是一天胸次，可谓自渠作祖，当共知者论。至正癸卯立夏后五日刘中守书于三山之枕厷行轩。④

三山为福州之别称，枕厷行轩当是刘氏私宅，此跋显示刘氏不但擅长创作，对鉴定也很在行，而他与贡师泰同跋一作，则反映了色目士人与汉族士人在艺术上的志趣相投。

此外，李士瞻在福建时还曾品题过蒙古官员柏帖木儿的字卷。柏帖木儿又作柏

① 李士瞻：《题刘中守小景》，《经济文集》卷六。
② 李士瞻：《题刘中守佥宪为闽海宪史马谦叔赋二首》，《经济文集》卷六。
③ 李日华：《味水轩日记》卷四，嘉业堂丛书本。
④ 《味水轩日记》卷四。

帖穆尔，字君寿，至正末任福建行省左右司郎中。至正二十七年（1367）明军攻下福州，柏帖木儿杀妻女后自焚而死，闽人建庙祀之。[①]

柏帖木儿亦能书，李士瞻题其字卷云：

柏生禀元化，托地临广阿。
下有百尺根，上有千丈萝。
虬枝刷风雨，蓊葱涨云波。
不受霜雪欺，劲节森有那。
郁然梁栋器，明堂起嵯峨。
匠氏苟见用，之死矢靡他。
谅彼君子徒，小大同一科。
丈夫贵晚掺，百瑶如云和。
贞心倘不改，夭寿当奈何。[②]

此诗是李士瞻为担任行省左右司员外郎时的柏帖木儿所作，诗中以书喻人，对柏帖木儿刚直不阿的性格大加赞颂，也善意地提醒柏氏刚则易折的道理，不幸的是柏帖木儿遭遇世变时选择壮烈殉国，正好应验了李诗中“夭寿”的谶语。

第二节　萨都剌的书画题跋互动

萨都剌，字天锡，号直斋，答失蛮氏。[③] 萨都剌是泰定四年（1327）科的三甲进士，起家授镇江路录事司达鲁花赤，后历任南台掾史、燕南廉访司照磨、福建廉访司知事、燕南廉访司经历等职，终身蹉跎于七、八品微官之间。[④] 萨氏父、祖皆为武将，其本人却是一位华化颇深的文士。他是元代中后期最重要的诗人之一，清人顾嗣立称其诗“豪放若天风海涛，鱼龙出没。险劲如泰、华、云门，苍翠孤耸。其刚健清丽，则如淮阴出师，百战不哲，而洛神凌波，春花霁月之婉娟也”，认为他的文学成就能与元代最杰出的汉族文士袁桷、虞集等人相提并论。[⑤] 此外，他“善楷书”，[⑥] 并且还是一出色的画家，有《严陵钓台图》、《梅雀》等作品传世，[⑦] 可谓是一位全能型才士。因此虽然他官职不高，却与许多钦慕其才华的权贵闻人多

① 《八闽通志》卷五十八《祠庙》。

② 李士瞻：《题员外柏君寿字卷》，《经济文集》卷六。

③ 答失蛮在元代很常见，是波斯文 Dānishmand 的译音，意为学者、明哲之人，作职业解指伊斯兰教士，作氏族则指回回人。见杨志玖：《元代的几个答失蛮》，《元代回族史稿》，第431页。

④ 关于萨都剌的生平，参看周双利：《萨都剌年谱》及《萨都剌年谱（续）》，《内蒙古民族师院学报》1987年2、3期。

⑤ 《元诗选》初集，第1185页。

⑥ 《书史会要》卷七，第338页。

⑦ 《元西域士人华化考》，第87页。

有往来。

元统三年（1335）萨都剌受命由燕南廉访照磨转任福建廉访知事，于后至元元年（1336）到任，直至后至元三年（1338）离任，前后在福建生活了约两年多的时间。萨都剌在福建期间，常有上官慕名邀请他对自己收藏的画作进行品题。其中可考的有寿僧宝。

寿僧宝，字号不详，应是蒙古或色目人，后至元（1335—1340）年间任福建闽海道廉访使，[①] 是一位以鉴赏、收藏汉式字画为乐的士人。寿僧宝交给萨都剌品题的画作共有两幅，分别是《美人织锦图》和《瘦马图》，萨都剌撰写了一首长诗题于《美人织锦图》上，以华丽辞藻对画卷上的两位织女进行了生动的刻画，但在结尾部分，格调一变，云：

君不闻长安城中花满枝，东家蝴蝶西家飞。
笼中鹦鹉唤新主，门里侍儿更故衣。
又不闻田家妇，日扫春蚕宵织布。
催租县吏夜打门，荆钗布裙夫短袴。
我题此卷三叹吁，百年丑好俱虚无。
排云便欲叫阊阖，为我献上豳风图。[②]

萨氏在元代诗人中并不以讽喻诗见长，却以朴实的笔法描绘了农家的辛劳，意在箴戒长官不忘民生疾苦。另一首《题瘦马图》诗的风格则大不相同，诗云：

沙场日暖春草肥，瘦马不受黄金羁。
天生神骏天所爱，岂容过事无人知。
郎官病坐芙蓉幞，喜见马图天上落。
人生相遇贵相知，孰谓世间无伯乐。[③]

萨氏的仕路坎坷，此诗中似有以瘦马自况之意，所以语气较为洒脱豪迈，也含蓄地向其长官表达了“求知己”的意愿。

除寿僧宝以外，还曾有一位闽帅资善公把他所珍藏的《色竹图》赠送给萨都剌，都剌遂以自己拥有的《云山图》回赠，并题诗于其上云：

我有郎官万叠青，换得将军半窗绿。

① 《八闽通志》卷三十《秩官》。
② 萨都剌：《题寿监司所藏美人织锦图》，《萨天锡诗集》卷二，四部丛刊本。
③ 萨都剌：《题寿监司所藏瘦马图》，《萨天锡诗集》卷二。

月明恐有凤来巢，天明何妨云借宿。
清平海宇无烽烟，五风十雨歌丰年。
看山爱竹了公事，焚香挂画似神仙。
城头漏箭催更鼓，将军燕寝元戎府。
怪底云山风满林，床头倒挂三珠虎。①

这位赠画给萨都剌的“闽帅资善公”应是时任的福建道宣慰使司都元帅，“资善”乃是指其散官为正二品资善大夫，② 其人身份现已无法考订，但对绘画有较浓厚的兴趣应无疑问。由于福建道宣慰使司兼掌“边陲军旅之事”，③ 所以都剌在颂扬资善公使福建“清平海宇无烽烟，五风十雨歌丰年”的同时，还恭维他是一位“将军燕寝元戎府……床头倒挂三珠虎”的儒将。

值得一提的是，资善公赠与萨都剌的《色竹图》的作者是李珩。李珩，字仲宾，号息斋道人，大都人，仕至集贤大学士，是元代最著名的画家之一，与赵孟頫、高克恭等人齐名，尤其以善绘竹子见长，并着有《竹谱详录》七卷。④ 萨都剌回赠的《云山图》则出自唐棣之手，唐棣字子华，吴兴人，出身儒生，后因善画得到元文宗图帖睦尔的赏识，做了一些地方上的小官，他的作品以山水画为主。⑤ 由于李珩当时已经去世，他的画作也随之身价倍增，萨氏与资善公地位悬隔，资善公能以如此名贵的画作相赠，完全是出于对萨氏艺术才华的仰慕，而萨氏拿出自己收藏的名画并题诗于其上作为回赠，则是士人对知音的酬答。

小　结

本节分别以贡师泰、李士瞻和萨都剌为例，探讨了各族士人在福建的书画题跋活动。贡师泰和李士瞻在福建时，交游圈内对书、画创作和鉴赏有兴趣的蒙古、色目人甚多，其中既有类似恩宁溥的根脚高官，也有刘中守这样的失意士人，三人虽然出身、地位各不相同，但对于汉式书法、绘画艺术的爱好是一致的，这无疑反映了汉式书法、绘画艺术在蒙古、色目士人中的广泛流行。以贡、李二人为代表的汉族士人对蒙古、色目士人作品的鉴赏品题，加深了双方之间的情谊。萨都剌以一介寒士之身来到福建，却因其艺术才华而被多位高官奉为上宾，连宣慰使司都元帅和

① 萨都剌《闽帅资善公以息斋著色竹见遗，余以唐子华云山图酬之，并赋诗其上云》，《雁门集》，上海：上海古籍出版社，1982，第266页。

② 资善大夫在元代为正二品散官，见《元史》卷九十一《百官七》，第2320页；又见《元典章》卷七《吏部一．官制一．资品》，第189页。

③ 《元史》卷九十一《百官七》，第2308－2309页。

④ 陈高华：《李珩》，陈高华编著：《元代画家史料汇编》，杭州：杭州出版社，2004年，第178－179页。

⑤ 陈高华：《唐棣》，《元代画家史料汇编》，第358－360页。

廉访使这样的高官都纷纷慕名与之结交，或以画相赠，或请他品题藏品，而不顾官位和身份的巨大差距，显示了书画题跋同诗文酬唱等形式一样，对于促进多族士人平等往来具有积极意义。

建立在对汉式书法、绘画艺术的共同爱好基础之上的多族士人间的书画鉴赏、品题活动，不但跨过了族群藩篱，也超越了身份和等级的界限，成为福建多族士人圈中文化互动的重要内容。

结　语

中国有着悠久的士人文化传统。在汉、唐等汉族王朝时期，尽管士人圈的规模和内涵不断发生变动，但士人圈的主角始终都是汉族士人，而所谓的多族士人圈，则是民族政权治下出现的新事物。十三世纪的蒙古人联合欧亚大陆上众多民族的力量，统一中国，建立了元朝，其统治下的是一个典型的多族群和多元文化的社会，元代的蒙古、色目士人群体即孕育于其中，并由最初的萌芽成长为一个人数众多、互通声气的团体，多族士人圈也随之诞生、扩张。

南宋灭亡后，福建很快便被整合进入元朝的统治体系之中，大批蒙古、色目人往来活动于其间，伴随着蒙元统治的稳固、对立情绪的消融和蒙古、色目人的士人化等历史进程，福建的蒙古、色目士人与汉族士人之间的鸿沟消弭，往来不断加深，形成了福建史上前所未有的多族士人圈。元代福建多族士人圈的基本面貌前文中已经略有呈现，以下将从其现实作用和历史地位两方面对本文作总结。

首先，从现实作用来看。元代福建的多族士人圈在调和族群关系和沟通国家与地方上都具有重要意义。由于元朝推民族歧视政策，族群矛盾时有发生，多族士人圈的作用便在于打破了这种人为制造的藩篱，通过结伴出游、举办雅集、诗文唱酬、书画题跋等多种文化互动形式促使各族士人在文化认同上趋于一致，并以私人情谊消解了族群的对立。对于政治地位低下的汉族士人而言，多族士人圈不仅提供了精神享受，还让他们收获了蒙古、色目士人这一政治盟友，依靠蒙古、色目士人伸出的援助之手，汉族士人的部分政治诉求得以实现，因政治利益分配不均而造成的族群矛盾得以缓解。

有元一代，蒙古统治者始终在蒙古旧俗和汉制之间摇摆，并一直奉行一套蒙汉杂糅的政治制度，这与汉族士人的期待当然相差甚远，尽管如此，随着时间的推移，儒治仍然被缓慢地推进着。地方政府是推行儒治的重要一环，在福建担任地方官的蒙古、色目士人在当地兴办学校、均徭薄敛固然是在推行儒治，与当地汉族士人文化互动亦可视作广义的教化措施的一部分，元代中后期江南地区的汉族士人对王朝的认同感不断增加，这与蒙古、色目官员践行儒治的努力有着密切的关系，从这一点来说，福建的蒙古、色目士人可以说是国家认同的推动者。此外，多族士人圈中的蒙古、色目士人还是国家与地方之间的沟通者，最显眼的例子是使臣，他们在出使的过程中通过祭祀、分巡等形式将国家的意志贯彻于福建，同时又在交游的过程中听取福建士人的观点和意见，并将这些意见反馈回权力中心，名副其实地发挥了桥梁的作用。

其次，多族士人圈作为元代较为特殊的文化现象之一，无论在元朝史上还是在中国史上都具有独特的历史地位，以下从两方面对福建多族士人圈的历史地位进行阐述。

第一，福建的多族士人圈是元代多族士人圈不可或缺的组成部分。福建的蒙古、色目士人与外地士人鸿雁往来、互通声气，再加上大量的使臣穿梭于福建，与当地的士人交游，促使福建的士人圈与全国融为一体。

第二，福建的多族士人圈在福建史上具有重要的地位，多族士人圈的存在使元代福建成为一个汉文化为主，同时又呈现出多元特征的文化区，尽管由于元朝民族政策带来的现实利益使得蒙古、色目士人无法放弃自身的族群认同，但在元朝灭亡，歧视政策被埋葬之后，多族士人圈中活跃的蒙古、色目士人也最终汇入了中华民族的海洋之中，至此，民族融合的历史进程才算真正地告一段落。

（陈新元，男，1989 年生，北京大学历史系博士研究生，北京：100871）

朝鲜质子陪同官吏姜孝元、郑雷卿案

姜相顺　姜　阳

内容提要： 本文以珍贵的文献史料从宏观和微观角度，探讨大清崇德四年在沈阳发生的朝鲜质子馆官吏姜孝元、郑雷卿向大清刑部控告两译贪污案及处理的全过程，参见国内外最新研究论文，提出评论认为姜孝元、郑雷卿控告案不是反清的，皇太极亲自过问此案，由于贪官污吏作梗，在当时历史局限的情况下做出错判而为冤案的新见。

关键词： 姜孝元；郑雷卿；清鲜关系

盛京沈阳朝鲜王朝世子、大君、陪同官吏及三公六卿质子质弟馆所，自丁丑（1637）正式启用以来，实际是一个软禁、囚禁之地。世子、大君、质子地位高贵，又有陪同服侍、保卫警戒的文武官吏兵丁、译员、医员、人役。后者从属前者，是人质的臣属人役，即服从朝鲜王朝及沈阳馆世子，也承受清朝官吏译员的指派。人云此处又是朝鲜王朝在清朝的办事处，因有世子、宰臣，和朝鲜王朝沟通，确也起了此作用，则是事实。但绝不是现代的大使馆、办事处，是一个充满痛苦、屈辱的地方。

皇太极继承其女真、满洲的传统天命思想，对萨满教文化思想中堂子祭天、宫室内拜朝、夕祭神灵是深信不疑的，认为天命的主神阿布卡恩都力是倾向满洲爱新觉罗家族，他也是可以作“天下共主”皇帝的。其父努尔哈齐对此也深信不疑，生前多次批评明朝作为“天下共主”失去公正、公平，偏袒叶赫、蒙古。“天下共主”唯有德者居之。皇太极自小就受其父的教育训练，接受了天命思想，认为满洲爱新觉罗氏也可为天下共主，也可以作皇帝。在一再击败明军、蒙古察哈尔林丹汗后，又得了天下至宝“传国玉玺”，在满蒙汉官吏贵族的拥戴中，他认为作为满洲爱新觉罗的天聪汗当然可以当皇帝而宣称自己为“宽温仁圣皇帝”了，于丙子年（1636）改年号“天聪”为“崇德”①。当此之时，满洲、蒙古于明、朝鲜鼎立，在满洲、蒙古、汉族贵族官僚的称颂声中举行祭天登基大典，进入一个新的历史时期。

---

① 《清太宗实录》卷二十八，页十七，台湾华文书局总发行影印本，第509页。

当时朝鲜王朝作为被他打跑到江华岛避难而被迫结为“兄弟之国”的使臣罗德宪、李廓，在满、蒙、汉王公贵族拥戴皇太极为“大清”皇帝的跪拜臣服欢庆礼仪中，却挺身而立，不同意他为“天下共主”称皇帝，即使强迫之下也不屈服①。皇太极当然觉得大煞风景，虽然劝令殴打罗、李使节的官兵住手，表示大度胸怀，但心中对朝鲜王朝及其国王恨何如之。朝鲜使臣罗德宪、李廓也认为国家与自己作为使节受到污辱，在强暴面前尽力反抗，走到通远堡，在脱离监视后留下清自称皇帝给朝鲜王朝不能接受的国书。权衡之下，皇太极在朝鲜王朝前身高丽王朝的主子的后代们蒙古各部王公贵族的怂恿下，决定再次征伐朝鲜王朝，以蒙古、满洲骑兵为先锋长驱直入朝鲜半岛，以迅雷不及掩耳之势，连下朝鲜一个个城堡要塞，一直以破竹之势打到平壤。朝鲜国王李倧在汉城接到一连串的败报，只得望风而逃，哪里顾得兵民生死涂炭；满、蒙两家贵族都有武力抢劫屠戮的经验，这方面特别是蒙古王公贵族的祖先不但有大元帝国多次攻入朝鲜半岛的经验，而且有臣服高丽、将高丽王子收为质子、娶高丽王室公主贵族之女为后为妃的先例。当然，朝鲜王朝国王贵族士大夫长期受明朝藩封，接受其政治、经济、文化特别是儒家文化思想熏陶，又在国家受日本军阀倭寇侵害的灭顶之灾中得到明朝万历皇帝下军民的真心援救，怎能同意满洲贵族崇尚武力者为天下共主呢？这在朝鲜两班士大夫中表现得极为鲜明耀眼！

从中国历史上看，满洲皇太极是有权当皇帝的，但仅靠武力征伐从而成为“天下共主”是不可取的，合理因素包含不合理的成分。朝鲜王朝作为明朝的藩属国采取与清不合作的态度，原因是多方面的，牵涉到儒家文化思想中的事大字小问题，此不多赘。但满洲皇太极在元裔蒙古贵族的怂恿下仅以武力突袭朝鲜半岛，烧杀掠夺财物人口，给朝鲜人民造成家破人亡死伤苦难，是不义的。因此朝鲜王朝前有使节罗德宪，李廓的不屈，后有皇太极武力侵入朝鲜围困南汉山城而主张抵抗的三学士洪翼汉、尹集、吴达济于崇德初年就义盛京沈阳，宁死不屈，成为为国为民的“三韩山斗”②，彪炳日月千秋万代。

朝鲜国王李倧受过儒家文化思想很深的熏陶，心向明朝甚至不惜推翻倾向女真满洲贵族的后金。对金、清王朝仅以武力征伐掠夺和无礼，保持一个国家民族的独立尊严；在大国的武力面前，实力悬殊，也进行了全民的反抗。清皇太极学习儒家文化，在汉官影响下改变武力掠夺的单一作法，推行臣服朝鲜的礼待之策；朝鲜国王为国家不被消灭而屈服，以保持自己家族封建世袭的统治，而有南汉山城下的三

---

① 《清太宗实录》卷二十八，页二十二，台湾华文书局总发行影印本，第511页。

② 姜相顺：《三韩山斗汇论》，中国社会科学院历史研究所请史研究室编2007年号《清史论丛》，北京：中国广播电视出版社2006年版。张玉兴：《朝鲜三学士沈阳就义始末》，《明清之际的探索》，北京：社会科学出版社2012年版。

田渡之降。[①] 以往论者没有看到朝鲜王朝这就是被迫承认清朝“天下共主”地位，两国关系进入宗主国藩属国模式的新时代；而不承认皇太极“天下共主”地位、被清军勒令交出的三学士在儒家思想忠君爱国之支配下宁死不屈，就义盛京沈阳，其正义英雄气概诚为朝鲜的泰山北斗！

清帝皇太极虽没灭掉朝鲜王朝，但其烧杀掠夺平民的污点之历史斑斑可见可考。他要求朝鲜王朝成为藩属纳贡称臣，要求王世子、大君、三公六卿子弟作人质，押回盛京沈阳；所谓“讲和”前杀戮不计，而掠夺人口财物为战利品归清帝满蒙王公贵族军兵所有，造成朝鲜贵族官僚军民不死者妻离子散，所俘人口押回为妻为奴使唤买卖。朝鲜人经此战乱，其赎还亲人之举清允许延续“十年”[②] 之久，要高低不等的价银，从中清帝满蒙汉王公亲贵举兵发了一大笔使朝鲜从王公亲贵到官军平民倍感屈辱无奈的横财！

其中赎回家人亲人的活动离不开盛京沈阳朝鲜质子馆所的陪臣官吏译员，提供办理门径、确定赎买具体价格、交接手续等，还有兴起的人市；满洲皇帝亲贵的需索包括公、私的财物、特产、侍女等，双方语言有异，译员起了沟通的重要作用，其中不乏奸诈作恶、纳贿、中饱私囊的狗仗人势之辈。其中的代表人物就是郑命寿[③]。朝鲜世子、大君、质子及陪同官吏深切同情军民的苦难，尽力帮助他们被迫的赎价行动，直接为他们导引门径、讲价及办理手续，亲身体验被害军民的切肤之痛，更目睹满洲皇帝亲贵的凶暴贪婪，痛恨经手官员译舌作威作福、敲诈勒索的凶残丑恶，虽然不敢或不想挑战满洲皇帝亲贵的倒行逆施，但对其不满、内心痛恨是可深知的，对执行者的官吏译舌随意定价、奸诈险恶、上下其手、贪污中饱一忍再忍，终有爱国爱民之朝鲜中下级官吏挺身而出向清帝及司法机构仗义揭露其下官吏译员的违法犯罪的恶人恶行，奢望在清朝司法机制下除去此恶疾。

崇德四年（1639）初盛京沈阳姜孝元、郑雷卿案震动清廷、朝鲜朝野。其始末是从其使人向清廷刑部告状开始，而竟以姜孝元、郑雷卿、沈天老被处死结束。本文以“盛京沈阳崇德四年初朝鲜世子、大君、质子陪同官吏姜孝元、郑雷卿始末评述”为题，即欲反映真实的历史面貌，而不人云亦云。

原告变被告

清崇德四年初正月二十一日，清廷“以沈志祥封爵事，有朝会之举，世子、大君亦往参”[④]。“才诣阙门之外，刑部之官率五六来到，要见侍讲院官员”。“其时，

---

① 其碑文见中国第一历史档案馆：《清初内国史院满文档案译编》上第 448 – 450 页，北京：光明日报出版社 1989 年版。

② 《沈阳状启》崇德二年八月十九日，沈阳：辽宁大学历史系 1983 年本第 31 页。

③ 郑太和：《阳坡年记》卷一，已卯年十一月旬后：“清国通事郑命守，我国殷山人。已未随姜弘立陷虏，为其所使。而凶狡多谋，丙子之变有功于清国，大见宠信。今已通官出来，所谓来使充位而已。站官及监兵使惟恐其忤于命守，言出其口，不敢违拒。”首尔：韩国奎章阁丛书。

④ 《沈阳状启》已卯，仁祖十七年正月二十八日条，沈阳：辽宁大学历史系 1983 年本，第 116 页。

司书金宗一陪往，故出见。则刑部官等引去僻处，密问曰：‘通事郑命守、金石乙屎等处，朝鲜银二千六百两、杂物七驮等乙，敕使回还后，退载入送以给；且皇帝前所献柿、梨各一千，亦任意减除以给云。然耶？沈姓人此已告状于衙门云’”“宗一以不知答之，‘当初文书次知官员留在馆所，往问可也’云。”“仍出物目列录小纸示之。”①

这个清通事郑命守、金石乙屎贪污枉法案由沈姓人状告清执法机构刑部正式提出。由于显然涉及朝鲜馆所经办事务人员，随着刑部调查深入，引出轰动一时的姜孝元、郑雷卿案。

清刑部官员等来朝鲜馆所门外，招出侍讲院书吏姜孝元，‘刑部官所问之言，孝元以详知之意，应对如流’②。下人报此情况，馆中宰臣以不知情不胜惊怪，“郑雷卿适在座，亦有惊动之色，且叹曰：‘孝元必自当之。‘俄报：刑部官等欲见讲院官员，入来’雷卿遽为起出，曰‘当相见于本院。’又来传：‘讲院官使之出来于馆门之外。’雷卿仍自出去。臣呼问曰：‘将欲以何辞答之？’雷卿不答而去。臣益疑讶，使下辈密探，则雷卿与刑部官入坐门置房内，屏人密语，一与孝元所言相同云。中使罗业亦适来坐，相与错愕，莫究其端。移时后，雷卿语罢入来，臣始问其事，则曰：’郑、金两译之事，有被虏人沈天老者告发于衙门。姜吏因其问而已为立证，故我亦不敢讳之，据实言之云。臣与罗业同声言曰：‘如许莫重之事，不议于馆中，轻易发说，必有种种难处之患，诚为可骇！’咄叹不已。

世子自阙下日暮罢还，始闻其事，极为惊愕。下令于内官罗业、宣传官具鏊，使之密问于姜吏，则其事实为姜吏所自为之，郑雷卿、金宗一等阴主其事，费尽许多机关，表里相应，显有其迹。而臣等两人及馆中大小之人，具不得预知。必知前头有罔测难处之事，上下忧惧。“③

正月二十三日，即“过二日后，刑部官等并率郑、金两译又来馆门之外，招雷卿、宗一、孝元等，更为凭问前日事（按：要证据）。而宗一则当初即以不知答之，故即令还入，只留雷卿、孝元及清译崔英同等。而孝元处，则不为更诘。雷卿所答，比前尤详，强欲自直。而刑部官则以为：‘前后物件，即非雷卿亲自目见，且无可证文书；所谓对象传给之人又以出去之人为言，似是虚事是如’。为言而去。”④

刑部官竟与郑、金两译同至馆门之外，显然有失公允。将郑雷卿所告架空，即非亲见，且无书证；对象传给之人又出去（按：指回朝鲜国），似是虚事，否定告发两译事实。

① 《沈阳状启》，第117页，沈阳：辽宁大学历史系1983年本。
② 《沈阳状启》，第117页。
③ 《沈阳状启》，第117页。
④ 《沈阳状启》，第118页。

朝鲜示弱，后台跳前台

二十四日，在此基础上朝鲜宰臣世子示弱，两译后台龙、马二将（英俄尔岱、马福塔）跳了出来：

“翌日，臣等入对亲达曰：‘两译及龙将等之怒甚盛，势将叵测。急先重罪姜吏，仍黜送郑雷卿，请罪本朝，别或小解其意?’世子亦以为可。”“臣等同坐馆门，提出姜吏，从重决棍于大路众见处；仍往衙门，欲见龙将而通言黜送之意。”

而英俄尔岱“拒而不见，曰：’吾当送通事听来。退去可也。”这反常的举动，一方面表其怒之态，亦有史载前不久英、马受罚降职[①]而采取谨慎试探之法。可惜朝鲜一再示弱，宰臣退后，译辈即跟至听取其态度意见。“终不回报”，显然是需与上司后台沟通。朝鲜宰臣“更为探问”，英俄尔岱才有心虚地说出“宰臣等皆是欲害我者也”之言，“所传言之事，亦不可否”。而朝鲜又看到“郑、金两译则依旧使唤于本部（户部）”[②]，故终不悟。

为贯彻“皇帝特令更为明查”的指示，正月二十六日刑部主官郑亲王济尔哈朗主持审断：“雷卿与两译跪于廷中，方为对辩”，“刑部王质可（济尔哈朗）北壁而坐，龙将（英俄尔岱）以下十余人分壁列坐”，“对辩”的内容原始史料虽没写出，但据上下文意可知姜孝元、郑雷卿、沈天老据事实揭发郑、金两译贪诈，两人已与刑部官勾通，知有关文书被烧毁，当然不会承认，反咬一口为谋陷了。所以济尔哈朗发言，英俄尔岱传达，再经译者之口，问于朝鲜宰臣曰：“郑雷卿等以两译处所私给之物及梨柿所录文书焚烧之意谋害两译，世子及宰臣等亦皆预知乎？且雷卿则其文书焚之于朴侍郎下处，姜孝元则以为焚之于侍讲院云，两人之言不同何也?”[③]“谋害两译”这就成了“皇帝特令明查”的结论。这是本案的关键！有关文书是证据，郑雷卿焚之是极蠢笨之举，也是案件转折的原因之一，原告变成了被告。

此案本应是清刑部执法办理。两个翻译原为朝鲜人被俘后于清廷当差，与满洲皇室亲贵关系密切，又事涉清、鲜关系，因此案情急转直下。正如宰臣所说”郑金两译为龙马之腹心”。英俄尔岱作为户部官一直负责朝鲜事务，从后台跳到前台，在宰臣否认自己及世子事先知道此事后，刚回朝鲜馆向世子汇报“语未及竟，龙将及刑官二人遽到馆门外，招臣等及郑雷卿、姜孝元”，“以质可王（济尔哈朗）之意，传皇帝之言：‘雷卿谋告两译之状，已尽败露。此事世子、宰臣皆预知之乎？国王设有所赠，其臣告之，则是谋陷国王也！朝鲜之人亦是吾民，当以吾法治之。’”[④] 英俄尔岱传达皇太极之言将此案定下。有的学者说“史料中虽未提及皇太极本人对‘郑案’的具体态度”[⑤]，是不确的。

---

① 见《清太宗实录》卷四十五，页十二，台湾华文书局总发行影印本，第768页。

② 《沈阳状启》，第118页，沈阳：辽宁大学历史系1983年本。.

③ 《沈阳状启》，第118页，沈阳：辽宁大学历史系1983年本。.

④ 《沈阳状启》，第119页.

⑤ 石少颖：《从“郑雷卿案”看早期清鲜关系》，沈阳：《社会科学辑刊》2010年第3期，第203页。

英俄尔岱传达皇帝之言后，“即令所率之人反接雷卿、孝元”，矛头直指朝鲜世子：“‘世子若不预知，则必为盟誓，杀于此地，然后可知实情矣！’仍令人告于世子前。”

世子亲自出来接待，说：‘专蒙皇帝恩德，我们平安无事生存，常常惶恐感谢，每每怀着戒心捡点自己的言行。想不到现在所率领的大臣官吏，自己不知的还强充知晓，因此有这样胡为乱做的事，导致皇帝操心发令，更使我增加惭愧和警惕，真是不知怎样回答才好。此事不但我，而且宰臣也不知，可盟誓的。但朝鲜之法，世子不得擅便生杀，必须报告国王，然后才能处置，’英俄尔岱等一听世子所讲得体，而且可盟誓不知，只好唯唯而退了。

正月二十七日，英俄尔岱等三人又来，“世子出门迎入。则使世子跪听帝命，更申昨日之言，而益加诘责曰：‘敕书中有且不可私相贿赂之语，而国王实有赠给，则是国王有罪也；设有所给，其臣告之，则是臣告君也；馆中之臣及世子预知而告之，则世子亦有罪也；告者若不杀之，是国王及世子互相通议也无疑矣。若欲发明不知之迹，则盟杀此人可也。世子不能自擅，欲禀国王之言甚是。告者则拘留于此，送人往来后，即为处断可也。’”① 皇太极意思很直白了，告发两译就指向了皇帝、亲贵及国王，就是有罪，应该杀掉。这里皇太极混淆了公私界限，国家和个人、团体是要分开的。在国与国之间的行动，不能与个人行为混淆。诚然，在封建社会“朕即国家”的制度是可以理解的，但毕竟是两国间事。朕是要死的，国家的消亡则一般比人寿要长些。皇太极的做法，客观上起了保护贪官污吏的作用。

宰臣的评论

宰臣在《沈阳状启》中的评论大体是中肯的，姜孝元、郑雷卿、金宗一等主观上是为朝鲜国家人民除去郑、金两译的祸害，是爱国爱民的。但郑雷卿、金宗一不考虑清、朝之客观事势，不与宰臣、世子商议禀报，就突然发动，不能不说是“妄举”。

清朝以武力逼迫朝鲜王朝订下城下之盟从属清朝，沈阳朝鲜质子馆有什么力量改变郑雷卿等造成的现状？只有遗憾而已。如果朝鲜宰臣、世子公开站在郑雷卿一边指责郑、金两译，而清不能公平处理，就会造成朝鲜王朝与清朝的公开对立。

清朝方面郑、金两译、龙、马两将、济尔哈朗、多尔衮以至皇帝已经做好最终摊牌：臣告君，宰臣、世子、国王参与谋陷是有罪的！朝鲜方面只能不得已而求其次，发誓没有参与，又听清高官大学士希福口风，朝鲜同意清的意思而可从轻发落。为求人质平安，想以赎金救命，却得不到同意，只好讲求本国文官的死亡方法了！确是令人气断哽塞，十分悲惨矣。

但宰臣的评论也有不确之处，认为郑雷卿的“妄举”与朝鲜三学士中吴达济、尹集“大义凛然赴死”“相类”。这是不对的：朝鲜国王投降前后是不同的，而且

① 《沈阳状启》，第119－120页，沈阳：辽宁大学历史系1983年本。

郑雷卿是承认清朝皇帝的（有其“问目”为证：“雷卿乃出见，称以皇帝有问不可隐讳”）。如洪翼汉、尹集、吴达济之朝鲜王朝三学士承认皇太极是天下共主的皇帝，是可活命的；而姜孝元、郑雷卿却只能死！这一方面是清与明战事失利，代善失去二子悲痛，另方面是两译、两将作了手脚，加强压迫朝鲜的结果。

探索真相

书吏姜孝元认为：“虽除此两译，岂无他译继此而出者，亦效于前?”“此事若通议于馆中诸位”“必无罪罚”，“若不然，则矣身决难从之!”① 一开始就有很清楚正确的认识。但郑雷卿、金宗一采取欺骗手段说“此事，馆中及大朝孰不知之?”对姜孝元威胁说“汝以下吏，只可奉行吾等所言”、“不行吾言，致令相违，则虽或生于此，必死于大朝!”② 姜孝元对此欺骗可能不识，也并非怕其威胁，而是考虑郑金两译所为“举国痛忿”才参与的。对比之下，虽同是爱国爱民之举，姜的人格、识见比郑要高出多多！这也是本文题目将姜名列前之故。

朝鲜的挽救措施

二月八日，清朝方面“皮牌（希福）密通于臣等曰：’郑雷卿事，朝鲜严辞请罪”，“则皇帝必有宽佑之典。或有一语营救，则定无可生之道。”③ 朝鲜方面一开始对此案的处理由朴洄带咨文，宰臣认为“咨文之意与皮牌之言不同，则只益其怒”，“故留所到之处”。④

三月三日晚“赍咨官假刑部郎李应征，带金吾罗将入来，盖许令清国之罪郑雷卿，而仍拿金宗一事也。龙、满（满达尔汉）两将同会于衙门，问知事由，使之留待清帝之还。”⑤ 案件最终处理还要由大清皇帝皇太极决定。

朝鲜方面第二次派使带新咨文来，迎合希福密通的内部消息。有学者说“皇太极更是将主审权力下放给了这些专管朝鲜事物的外交官员”⑥，是不合实际的，主审的是刑部最高长官郑亲王济尔哈朗，最终决定还是留待皇太极西征回还之后。

朝鲜二次派使，更改咨文，因事关朝鲜官吏的生死，目的是减轻对此案的处罚。但希福为大学士高官、皇帝近臣，提供的秘密信息后来失灵，是与龙、马两将为一伙而骗了朝鲜宰臣，还是另有原因？从希福后来的命运看，当为后者。

据现有史料，这次西征清朝方面有很大损失，虽抢得中原人口财物，但岳托、马瞻两员满洲亲贵大将说是病死，其在军中阵亡则为事实⑦。真实情况，因清朝一贯封锁消息、掩败为胜，搞“军事机密”史不详记，难以确定，在一改再改的正史

---

① 《沈阳状启》，第122页，沈阳：辽宁大学历史系1983年本。

② 《沈阳状启》，第121－123页。.

③ 《沈阳状启》，第129页。

④ 《沈阳状启》，第129页。

⑤ 《沈馆录》卷二页一，《辽海丛书》第四册，沈阳：辽沈书社1984年影印本第2780页。

⑥ 石少颖：《从“郑雷卿案”看早期清鲜关系》，沈阳：《社会科学辑刊》2010年第3期，第203页。

⑦ 《沈阳状启》第137页，沈阳：辽宁大学历史系1983年本。

中也很难证实。朝鲜方面的史记有一定价值，这是笔者细致对比研究的认识。比如此次西征，清炫耀打到山东济南、俘了明王，进行战利品展示等，但状启中记清“帝军进攻锦州卫时，先锋迫城者多有折伤”①，“皇帝段进围松山多不利，狼狈而归”② 等，不见清实录。

据有的学者研究，郑、金两译后台是英俄尔岱，而英俄尔岱的后台是多尔衮③。多尔衮是皇太极宠信依靠的弟弟、强而有力、立下大功的助手，就难怪朝鲜国王、世子、宰臣及侍讲院的官吏们不堪一击了。

案件处断。四月十四日“大君与皇帝”回沈，“世子祇迎于阙门外”。④“十八日，龙、马两将坐于衙门，招臣等及内官一人是白去乙。”“后与内官罗业往见”，“坐臣等于西壁，龙将先发言曰：‘郑雷卿、姜孝元等罪固当死，朝鲜已为咨文，今当处置。宰臣一员，可与今来刑官及清国刑部官同往处断。金宗一则本国已令拿来云，亦当依许。’”⑤ 朝鲜“臣等不胜愕然”，当宰臣提出“请赎”，首先受到郑命寿再三谇语、作色咆哮的侮辱，两将也不听宰臣一再解释甚至说出“谋害我人者，必欲救解，欲杀吾辈之心可知！”“吾两人及两译之肉宰臣等食之，然后快于心耶？如此之言，且勿出口！”⑥

世子求情请赎被阻，宰臣不得已往告世子。“则其间龙、马即往阙内而还，必以臣等请赎之言禀于帝前”。⑦ 按理，姜孝元、郑雷卿并不反清，皇太极是应该免其死的。世子在“惊恻”中“思欲解救”，“将亲诣衙门”。“奉出馆门之际，郑命寿、金石乙屎与诸通事等拥立马前，大声发恶曰：‘若进诣衙门，则必生大事，吾头砍断后，方可进发！’司书郑知和在旁告达曰：‘既已出门，宜速前进’之意。命寿张目奴叹曰：‘汝是何汉耶？’仍突入，拳殴知和，至于笠缨尽绝。”“未诣衙门之前被阻见辱至此”。“世子驻马趑趄”，“大君见此事状，进达不可往之意”，“世子还入馆所。”宰臣等在急如星火催促下到衙门说世子听说请赎的话，也打算亲自来讲情，要过来，现在暂时中止，让我们先报告一声。而两将说“事已决矣，言已尽矣！”⑧ 要求宰臣二人出一人监刑，宰臣说监刑本非宰臣的事，例以宣传官当差执行。

刑前诀别。宰臣回馆，“郑译辈一时随后而来，督发不已。”朝鲜有重视两班的传统，所记有偏重。有韩国学者指出：“郑自南汉山城主动陪世子到沈阳作人质，

① 《沈阳状启》，第134页。

② 《沈阳状启》，第137页。

③ 杨海英：《朝鲜通事古尔马浑郑命寿考》，北京：中国社会科学院历史研究所清史研究室编《清史论丛》2006年号，北京：中国广播电视出版社2006年版。

④ 《沈阳状启》第139页，沈阳：辽宁大学历史系1983年本。

⑤ 《沈阳状启》，第139页。

⑥ 《沈阳状启》，第139页。

⑦ 《沈阳状启》，第140页。

⑧ 《沈阳状启》，第140页。

负责其教育，比世子大 4 岁，是世子的老师、兄长”。① “于是文学郑雷卿衣朝衣，就辞合门下。世子引见，雷卿入对达曰：‘今臣死，非有光，徒以辱国，抑且给忧于邸下，死有余罪，自此永诀。邸下请瞻望清光而退。’世子使前于席，操雷卿手曰：‘南汉出城之日，有识卿宰皆惮北行而不，独卿挺身从余，共苦三年，受学亦多，拟与始终。事出不幸，遽至于斯。而余无才智短，卒不能脱一人于死地。无以为心，闻子有老母稚儿，异日东还思所以保存。余何能忘也！’言已泫然涕下。雷卿起拜曰：‘念及至此，臣死不死！’世子以别酌酝。雷卿辞退。”他们之间感情真诚深厚，“世子谓申濡曰：‘余不忍雷卿生而就刑，使饮药如何？’及出合门，饮以药酒，而药不甚毒，终无所效。雷卿东向望阙四拜，又向老母再拜，从容就死，不变神色。书吏姜孝元就刑时谓朴鲁曰：‘令监何以杀无罪之人乎？’”② 郑雷卿“临终向本国拜君亲，仍索笔题：‘虽怀子仪贯日之忠，曾无其福；竟坠林甫偃月之计，孰拯其冤！’”③

行刑方式之争。朝鲜宰臣等“以当为缢杀之意言于李应征。”“郑命寿勃然曰：‘清国本无此法，必须斩杀！’臣等曰：‘我国之法，儒官则虽犯死罪，必处绞；且此雷卿，已令我国之官处断，当用我国之法。’李应征亦曰：‘我之入来时，亦以处绞受命云。’”清译郑“命寿极口叱辱，亦为拳欧数四。而应征终始坚执。”④“清国刑官竟以应征之言，缢杀文学郑雷卿、书吏姜孝元于西门外沙场。刑人之处，只假橽沈天老斩杀之。”⑤ 朝鲜在姜孝元、郑雷卿死亡行刑方式之争中取得胜利，当也表明清朝对朝鲜思想礼仪文化的尊重。

治丧祭奠

姜孝元就义时，神态凛然，为国为民，认为他和郑雷卿是无罪而死，对宰臣朴鲁提出指责。他作为书吏的治丧，较有官位的郑雷卿为低，由朝鲜国家负责，“亦内给衣服而敛之。”为姜孝元、郑雷卿收尸，清译辈一开始还特别阻拦，可见其无理无识之甚。经宰臣与龙、马两将勾通，他们的目的已达到，得到允许。所谓杀人不过头点地，人死仍告一段落。由奴子辈看守，是第一步。

孝元、雷卿“出去时，金宗一、李徽祚欲为相见追往，而命寿叱以逆贼，以鞭乱打，使不得相近。”

由于“世子曲尽轸念”，世子下令内官俞好善、宣传官朴洞到停尸处专门办理治丧诸事：“世子、大君解衣以敛，设奠以祭”。⑥ 敛衣外，“其他诸具，皆官备以

① 韩国姜世求：《云溪郑雷卿殉国之考查》，《文明研志》第 19 期第 115 – 137 页，2007 年 6 月 30 日。
② 《沈馆录》卷二页三，沈阳：辽沈书社 1984 年版《辽海丛书》第四册，第 2781 页。
③ 尹善道：《郑雷卿碑铭》，《国朝人物考》卷六十四。
④ 《沈阳状启》第 141 页，沈阳：辽宁大学历史系 1983 年本。
《沈阳状启》，第 139 页。
⑤ 《沈馆录》卷二页三，，沈阳：辽沈书社 1984 年影印《辽海丛书》版第 2781 页上。
⑥ 尹善道：《郑雷卿碑铭》，韩国《国朝人物考》卷六十四。

给"，"内备得奠物，遣内官及宣传官"致祭。出去时，下令路祭，"优数备给。"又下令，一路护送，"移文于两西监司"，"内官朴之荣亦以护丧命"，"同丧柩到义州"，"令本州岛精备祭物，使内官致祭"，祭文也"令宫官撰出以送"①。

后人的纪念

笔者在探讨姜孝元、郑雷卿案的始末之后，查阅朝鲜王朝的史记②的有关内容，发现当时朝鲜国王李倧对姜孝元、郑雷卿的身后事就予重视安排：包括表示"极为惊惨"，给予"葬需"，"其母妻，月给粮馔"③，与洪翼汉、尹集、吴达济、郑雷卿一体看待④。姜孝元之尸身载来时"私持马一匹外，加给官马一匹，而回还沿路，题给草料。"⑤

其后之国王孝宗亲历其事，对姜孝元"孤儿寡妻，必难聊生"给予食物和"所费百金"，也给郑雷卿之子郑维岳食物。⑥

至显宗时，经郑太和向国王提及，"侍讲院书吏姜孝元当时以都摠府书吏随行，而乃是私贱云"，国王下令"子与孙二人，并为免贱"⑦。

英祖在位时间最长，对英烈子孙特为关切。姜孝元的后代子孙受朝鲜国王顾恤，给以世袭，"米布特为从厚"，国王、官民纪念祭奠的碑贴"是先正臣宋时烈所撰草本入刻者"。英祖赞"姜孝元，能以下隶办死，尤可嘉焉！"为姜孝元"加赠汉城左尹"。⑧ 国王关心打听其后人"春坊吏姜寿亿尚在乎？"有关大臣"海重曰：'然矣。上曰：'寿亿于孝元，为几世孙乎？海重曰：'四世孙矣。''"⑨ 国王还征求姜寿亿任用意见，他表示"臣矣身子，方随行于都监将校，更何所望？臣矣身则但愿守青毡业矣。上曰：'人情必欲拔身而调用，传教之下，愿守旧业，诚可尚矣。'奎采曰：'此吏能有识，故臣等亦厚待之矣。'上曰：'姜孝元孙寿亿，令该曹，米布从厚题给。'"⑩ 英祖对姜孝元之孙姜寿亿 再表彰，认为"愿守祖业，亦纯实矣。"⑪ 姜寿亿子姜凤喆"方为别武士""是沈阳扈从春坊书吏姜孝元之孙"。"顷闻寿亿已作故，其子，以军门调用人，复入属于春坊云，闻甚为是。姜寿亿，令该厅一体顾恤。"⑫ 英祖暮年追思"带砺勋臣"，想到姜孝元之孙姜凤喆"遭父

① 《沈阳状启》第141页，沈阳：辽宁大学历史系1983年本。
② 《承政院日记》，韩国国史编撰委员会电子版。
③ 《承政院日记》，仁祖17年5月1日。
④ 《承政院日记》，仁祖18年9月16日条。
⑤ 《承政院日记》，仁祖20年9月6日条。
⑥ 《承政院日记》，孝宗3年10月4日条。
⑦ 《承政院日记》，显宗9年11月23日条。
⑧ 《承政院日记》，英祖32年2月23日条。
⑨ 《承政院日记》，英祖32年7月17日条。
⑩ 《承政院日记》，韩国国史编撰委员会电子版，英祖33年2月1日条。
⑪ 《承政院日记》，英祖34年10月4日条。
⑫ 《承政院日记》，韩国国史编撰委员会电子版，英祖38年4月14日。

丧”“闻已阙服，令军门依前下教，即为举行”[①]。“启禧曰：‘前以姜孝元子孙，军门调用事仰达，其时以父丧不改录用，今已免丧，更为下教，何如？’上曰：‘姜寿亿子凤喆调用事，曾已下教，况今年乎？今问已服阕云，令军门一体调用。’”[②] 但天有不测风云，事有不巧，发生了凤喆子见汰春坊之事。国王垂问：‘姜孝元之功，岂可忘乎？今闻其孙，见汰于春坊云，非矣。’”经调查，凤喆“已作故，其子以年幼，见汰于春坊云。”[③]

正祖时认为：“节义卓然，在士大夫，求之绝罕，即姜孝元是已，以是世世料禄不绝，列朝奖励之圣意，有以仰认，边将递归之后，尚未收用，可谓欠事。况今子即移迁，父当甄叙，姜孝元五代孙前万户凤喆书房色司钥除授。”[④] 姜孝元被称为“扈圣功臣”[⑤]，“姜孝元，尚阙旌里，为志士之所嗟惜云者，其言诚然，赠亚尹姜孝元旌里之典”。[⑥]

顷从奎章阁丛书《国朝人物考》卷六十四得先正宋时烈所撰《姜孝元墓表》刻本影印件[⑦]，宝爱之。从中对姜孝元有进一步了解，可补以上行文之不足：“孝元，晋州人”，“丁丑，昭显世子质虏中，讲院陪从，而孝元以院吏随行。弼善郑公雷卿，震伯愤俘虏为伥鬼，行凶无不至，欲以计除之。察孝元忠信可仗，往复谋议除，孝元必与焉。及其泄败，知其事者，无不婞婀，惧及，而独孝元挺然不慑，不讳其初。崇祯己卯四月十八日遂与震伯同死。死时大骂宰臣之反复，覆右命寿者曰：‘尔何忍为此也！’朝家还其尸，葬之国东门外海东里。其妻婢也，年二十馀岁，守节不嫁，至诚事姑。戊申，上闻孝元事，为之恻然，命有司出官隶二人，脱其子厚精及孙次硕贱藉，俾奉孝元祀。次子曰二精，女一人。”“贱臣宋时烈惧此事为时讳，而或泯焉，敢私识于震伯及孝元之墓石。”朝鲜先哲宋时烈还笔及孝宗大王、今上“二圣之德，可谓无能及焉”。尹善道在《郑雷卿碑铭》中称“姜孝元之骈首取义，固知秉彝之天，无间贵贱。而其亦得于观感之间者欤？人或簪裙，而不如吏胥，则宁无愧乎！”对姜孝元给以高于两班贵族的舍生取义的评价。

思　论

此案牵涉中国清朝（为当时满洲地方割据政权）、朝鲜王朝（又称三韩）的两国、两族之间纠葛，是比较复杂的。其时，双方刚脱离战争状态，朝鲜王朝成为清朝的藩属国，清朝与中国中央皇朝明朝处于战火纷争之中。所谓未定之天，多有变数。双方各为其主、其国、其民，涌现出的许多为国为民的英杰，彪炳史册、光耀

① 《承政院日记》，英祖 39 年 1 月 11 日条。

② 《承政院日记》，英祖 39 年 1 月 11 日条。

③ 《承政院日记》，英祖 41 年 8 月 18 日。

④ 《承政院日记》，正祖 4 年 12 月 4 日。

⑤ 《承政院日记》，正祖 9 年 5 月 28 日。

⑥ 《承政院日记》，正祖 15 年 1 月 29 日。

⑦ 韩国，朝鲜世宗大王纪念事业会，1999 年版。

千秋！

如果是正常的两国之宗主国藩属国与两族和平友好关系，这个反贪案完全可在双方法律框架下正确解决。实践已经进入新模式，但有时人的认识思想还没有跟上，有时也要犯错误。随着时代的发展，人们对这一变化也是逐渐认识的。

此案对志得意满的清朝皇太极等是一大败笔，朝鲜王朝忍辱受伤，双方都未脱战争阴云，都是失败者，带有浓厚的悲剧色彩。

此案受害方是朝鲜王朝官民。其失败，是姜孝元、郑雷卿等怕牵连世子和国王，应与馆中人沟通商议而未做，又将文书证据焚毁，而郑命寿与英俄尔岱、多尔衮是“腹心”关系，“是此案不可动摇的基础”[①]，遂将反贪案变成谋陷两译案。姜孝元、郑雷卿等爱国爱民的反贪义举，是并不直接反清高层的，是正义的，也反映清初在天下未定及民族矛盾的高压政策的影响下法制不完善不健全的情况。至于有学者认为“清朝统治者对郑雷卿案还是给予了很大的同情”[②]，则显然是张冠李戴了。礼亲王代善因亲子岳托、马瞻之死悲痛，与对此案同情，实为风马牛不相及也。

韩国学者姜世求先生对郑雷卿、姜孝元的评价是“殉国”，对丙子朝鲜三学士的评价是为“大义”“名分”，后者显然高一层次。[③]。笔者以为，在为国为民之点上是儒家思想文化的精华，是相同的。其不同之处，则是朝鲜王朝承认清朝为宗主国前后之区别。须知，在朝鲜王朝承认为大清的藩属国时，明朝还在北京统治整个中国，除辽东、东北、蒙古地方。姜孝元、郑雷卿案并不是反抗清朝的，有学者认为是抗清的[④]，是重大失误。当时，清、鲜关系已步入一个宗主国与藩属国的轨道或模式，如双方都在儒家思想文化的指导下发展相互关系，会在和平互助的方向存续，清朝学习采取儒家思想文化处理两国关系，会步入互相和平友好发展政治、经济、文化交流的轨道。后来的历史证明了这一规律。

探讨此案的深层次原因，或许不是无益的：清此时还是地方割据政权，与中央政权明朝处于战争状态。清对其不久前武力征伐下的藩属国朝鲜为儒家思想文化熏陶下的国家，是处于学生的地位。以后对朝鲜三学士、明朝的张春、九义士等节义之士是在不断学习中，内心日益崇敬的。表面看，清朝是靠武力之弓马得天下的，但从历史长河来考查，进行深入的分析，是靠向明朝、朝鲜学习儒家思想文化实现其长治久安的。从姜孝元、郑雷卿案看，本应是在儒家思想文化指导下以法律惩贪

---

① 杨海英：《朝鲜通事古尔马浑郑命寿考》，中国社会科学院历史研究所清史研究室编《清史论丛》2006年号，北京，中国广播电视出版社2006年版。

② 石少颖：《从“郑雷卿案”看早期清鲜关系》，沈阳：《社会科学辑刊》2010年第3期第205页。

③ 网上下载：韩国姜世求：《关于云溪郑雷卿之考查》，《文明研志》第19期，2007年。

④ 石少颖：《从“郑雷卿案”看沈馆朝鲜陪臣的抗清活动》，《韩国史研究论丛》第二十四期，第358－381页。

的案件，但从清、鲜两国双方来看都有在战争后的阴影：清领导层认为此案是反清的[①]，由于与明战争失利及贪官污吏使奸坏法而错误地严加死刑处理；朝鲜因战争的阴影也举措多有不当，不敢坚持真理，郑雷卿本人也将文书证据焚毁。双方的不当，清朝方是主要的，使姜孝元、郑雷卿、清人沈天老被处死，故本案印有浓重的悲剧色彩。

（姜相顺，男，1941 年生，沈阳故宫博物院研究员，沈阳：110015；姜阳，女，1978 年生，韩国京畿大学博士，韩国湖西大学助教授，沈阳：110015）

① 从恰好保存下来的满文《盛京刑部原档》（中国人民大学清史研究所、中国第一历史档案馆译，北京，群众出版社，1985 年版）崇德三年至崇德四年中没有记录也可见之。

八旗察哈尔的编立及其与清朝可汗间的关系*

齐　光

内容提要：本文首先利用满文《译编》，揭示天聪末年满洲国汗王皇太极编立八旗察哈尔的经过，以考察八旗察哈尔与八旗及外藩扎萨克旗之间的区别。接着通过分析《清内秘书院蒙古文档案汇编》所录的皇太极授予八旗察哈尔上层的世职敕书，阐明八旗察哈尔与清朝可汗之间的隶属关系。以此探讨八旗察哈尔在清朝国家政权构造中的存在地位及清朝世职制度的由来发展问题。

关键词：八旗察哈尔；编立；清朝；可汗

清朝时期满蒙地区有句传言曰：有战事即有察哈尔，没有察哈尔就有索伦（dayın baibal čaqar baina. čaqar ügei bol solon baina）。或言：没有领子不成衣服，没有察哈尔无法取胜（J̌aqa ügei bol debel bolqu ügei，čaqar ügei bol dayin ilaqu ügei）。显然，这些都如实地反映了清朝时期八旗察哈尔的真实存在、活动情况及在清朝国家政治中所扮演的角色。那么，清朝为何一有战事即派八旗察哈尔兵丁前往战区？同样是蒙古人，相对的为何少调遣外藩蒙古扎萨克兵前去？其中隐含着清朝与八旗察哈尔之间怎样的一种关系？因八旗察哈尔在清朝绝大多数的军事行动中都异常活跃，所以阐明八旗察哈尔与清朝间的关系实质，有利于我们更好地理解和认识清朝是怎样的一个政权的问题，当然也有助于我们更好地理解清朝时期蒙古的真实存在及其动向。

关于满洲国——清朝初年时段的察哈尔问题，达力扎布先生在其《清初察哈尔设旗问题考略》、《清初察哈尔设旗问题续考》、《清代八旗察哈尔考》此三篇论文①中有过翔实的探讨，至此学术界明确认识到扎萨克旗察哈尔与八旗察哈尔之间的不同存在，以此开创了清代察哈尔研究的新局面。尤其在《清代八旗察哈尔考》② 一

---

* 本文系国家社会科学基金青年项目“清代喀尔喀蒙古噶舒克文书与社会体制研究”（编号：13CZS047），及复旦大学中央高校科研自主项目（人文社科）的阶段性研究成果。曾于2013年9月6日，口头发表在内蒙古自治区锡林浩特市举办的“全国首届察哈尔历史文化学术研讨会”上，稍做了修改。

① 关于此三篇论文，请参见达力扎布著：《明清蒙古史论稿》，民族出版社，2003年，第289－333页。

② 关于《清代八旗察哈尔考》，请参见《明清蒙古史论稿》，第316－333页。

文中，达氏认真阐明清初八旗察哈尔的由来及其与扎萨克旗察哈尔之间的具体区别，为学术界深入探讨八旗察哈尔问题，打下基础。本文立足于达力扎布先生的以上研究结果，首先通过分析皇太极编立八旗察哈尔的经过，考察八旗察哈尔怎样与八旗有了区别，又为何没有编立扎萨克旗的问题。接着利用皇太极、顺治帝封授给八旗察哈尔上层人员的世职敕书，阐明八旗察哈尔上层与清朝可汗之间存在的真实关系，及这种关系的由来背景。以此更加深入地探讨八旗察哈尔在清朝政权构造中的地位，及这种地位的由来问题。

一、天聪后期皇太极的招抚政策与八旗察哈尔的编立

天聪六年（1632），满洲国汗王皇太极组织八旗及漠南蒙古反林丹汗各集团兵队，前去征讨驻扎在呼和浩特一带的察哈尔国[①]林丹汗。对此，林丹汗方面大为惊恐，遂率属下大举渡过黄河逃往青海。而在途中，发生了牲畜大量死亡，部下属民被迫逃向漠北喀尔喀或明朝的情况。但这并不代表一切，察哈尔国的大部分属众，仍在各自寨桑的管辖下驻扎在了黄河西岸沿明朝长城一线至青海的地方，以静观各方动向。

于是，天聪八年（1634）正月二十一日，皇太极以“闻蒙古国察哈尔汗之溃散部众在席尔哈希伯图地方”为由，遣戴青塔布囊、布哈塔布囊等七大臣，率八旗蒙古兵，会同部分外藩蒙古兵前去征讨[②]。但没过多久，同年五月十一日，皇太极却发出劝降文告，要求原察哈尔国寨桑等携其麾下属众前来归附。皇太极有可能是听到了林丹汗已病逝的消息后才向寨桑们发出劝降文告的。而这件劝降文告的具体内容，在满文《译编》，天聪八年档，五月十一日条[③]中记载如下：

> 天聪汗文书。致察哈尔离散部众。因不知管辖属众之寨桑为谁，故没有将其名字写入文书。任何为首之大臣、寨桑等，内心不要失意。据我听闻：察哈尔西迁时所留下之属众在汉人边墙之外。尔等与其在那里，何不如来归附我？凡寨桑等，不管有多少，若携属众而来，即令其掌管那些属

---

① 此处的“国”字，应理解为当时蒙古宗主可汗下众多“土门（Mon：tümen）——兀鲁斯（（Mon：ulus）”中的一个兀鲁斯，对应的满文是“国（Man：gurun）”，例如“察哈尔国（Man：cahar gurun）”、“土默特国（Man：tumet gurun）”等等，后来清朝将这些“国”改为“部（Man：aiman）”，但统合原理没有改变。崇德元年（1636），皇太极统合满洲国及漠南蒙古大小诸兀鲁斯集团，被众贝勒、诺颜们推戴为“博克多可汗（Mon：boɣda qaɣan）”，以此建立了大清国（Man：daicing gurun，Mon：dayičing ulus）。“可汗”者，即统合众多兀鲁斯诺颜之盟主也。

② 满文《译编》，天聪八年档，正月二十一日条。汉译请参见中国第一历史档案馆编：《清初内国史院满文档案译编》（以下简称《译编》），光明日报出版社，1989 年，上册，第 57 页，天聪八年正月二十一日条。

③ 汉译请参见《译编》，上册，第 81 页，天聪八年五月十一日条。

众。不听我之此言，若欲在彼地生存，尔等之此意即非也。全体察哈尔因不能居住而逃往青海地方，尔等焉能居住乎？不归附我，投奔汉人，则汉人与我两国之强弱，尔等心中一忖度即可明白也。我两国，语言虽异，衣冠却相同。与其投奔异类之汉人，何不如归附我？那样尔等之心神平静，自父祖世传之衣冠体貌亦不会改变也。先前投奔汉人之右翼蒙古，正月时亦不能在家，不能与其子妻相聚。屡屡被我所斩杀后，又被送来而死光，此事尔等目睹过。若不从我之此言，任由尔等自便。倘蒙天佑，将彼地给我，那时尔等求我赡养，亦有何益？若真蒙天佑，将汉地给我，别说尔等投靠汉人之蒙古，前去青海之人众，亦无安逸过活者矣。

这是一件极为重要的劝降文告，其直接决定了后来八旗察哈尔的命运。从上揭史料可知，皇太极此件文告的接收方是原察哈尔国的大臣及寨桑等上层臣官。实际上，在原林丹汗时代的察哈尔国，处理政务，掌管民事，负责军事征战等的，一般都是职位在大臣及寨桑一级的人员。他们在林丹汗西逃并病逝于青海之后，仍在有序地管理着属下民众。所以，这件劝降文告中最为重要的一句话即："凡寨桑等，不管有多少，若携属众而来，即令其掌管那些属众"。说明皇太极在向这些察哈尔大臣及寨桑等表示：如果前来归附，就会保障原有权利不变，即原来的属下仍由其管理。显然，这是皇太极非常重要的一个态度，这决定了后来八旗察哈尔的存在形态，即有别于八旗和外藩扎萨克旗的另一个特殊体制。于此劝降文告中，皇太极并不想剥夺原察哈尔国寨桑们的手中权力，相反地表示要给予保证，以此试图推进劝降的成功。因权利的保障关系到寨桑们的切身利益，故这一政策想必会对他们有很大诱惑。所以，这 文告发出后不久，原察哈尔国的寨桑们即陆续带领属众前来归附皇太极。其具体归附情况，请参见【表一】内容。但需要说明的是，本表所反映的只是满文《译编》中所记载的有关寨桑等的归附情况，除此之外零星归附的想必亦不少。

【表一】 天聪八、九年间原林丹汗寨桑、妃子等归附皇太极情况表

归附日期	地点	主要人员	人数	分隶八旗的情况	史料出处
天聪八年六月二十一日	张家口外波硕克退	额林臣戴青、多尔济塔苏尔海、顾锡、布颜代、塞冷等五寨桑	男丁七百，家属二千		《译编》，上册，第90页，天聪八年六月二十一日条

续表

归附日期	地点	主要人员	人数	分隶八旗的情况	史料出处
天聪八年六月二十八日	乌尔图布拉克	土巴济农	一千户		《译编》，上册，第92页，天聪八年六月二十八日条
天聪八年七月初六日	海流土	云敦车臣、吴伯类、台吉塞冷、塞冷墨尔根巴图鲁、叟僧戴青	四百余户		《译编》，上册，第94页，天聪八年七月初六日条
天聪八年闰八月十五日	上都城旧址	叟赫都喇尔、拜户都喇尔、哈谈伊尔都齐、海萨扎尔固齐、弼木巴古英、海萨塔布囊	不详		《译编》，上册，第104页，天聪八年闰八月十五日条
天聪八年闰八月十六日	上都城旧址			以察哈尔来归各官，分给八旗赡养。分隶正黄旗者：阿牙克喀塔齐木里克喇嘛寨桑、古木德塞臣寨桑，男丁二百四十五名。分隶镶黄旗者：班珠杜棱、布颜代、博尔古，男丁二百七十三名。分隶正红旗者：毛海伊勒登寨桑，男丁二百三十三名。分隶镶红旗者：叟赫都喇尔、塞冷，男丁二百六十八名。分隶正蓝旗者：吴伯类扎萨古尔、达尔玛和硕齐，男丁二百六十四名。分隶镶蓝旗者：古什寨桑、喇虎，男丁二百四十七名。分隶正白旗者：绰古努寨桑，男丁二百四十一名。分隶镶白旗者：额林沁代青、多尔济塔苏尔海、达赖杜棱，男丁二百四十九名。	《译编》，上册，第104页，天聪八年闰八月十六日条。及《清太宗实录》卷二十，天聪八年闰八月己亥条
天聪八年闰八月十八日	上都城旧址	领有高尔土门旗的察哈尔汗福晋	不详		《译编》，上册，第104－105页，天聪八年闰八月十八日条

续表

归附日期	地点	主要人员	人数	分隶八旗的情况	史料出处
天聪八年闰八月十九日	上都城旧址	携察哈尔来归之蒙古户口还京（盛京）	不详		《译编》，上册，第105页，天聪八年闰八月十九日条
天聪八年闰八月二十八日	上都城旧址	蒙古察哈尔林丹汗下寨桑德参庄（巴牙喇克诺特固山）、巴图鲁噶尔马济农（中土门固山）、多尔济达尔罕诺颜（窦土门固山）、多尼库鲁克（窦土门固山）四大臣率小寨桑、扎萨古尔、贝勒、台吉、塔布囊等，送察哈尔汗妻窦土门福晋，携其所属人众来归满洲国天聪汗	窦土门福晋所属的人众	皇太极纳窦土门福晋为妃	《译编》，上册，第106页，天聪八年闰八月二十八日条
天聪八年十一月十六日	盛京	塞冷车臣寨桑、祁他特车尔贝寨桑、塞冷布都马儿寨桑、沙布古英寨桑、阿玉希台吉、巴特玛台吉、古鲁希西布台吉兄弟、班弟库鲁克、阿尔苏虎墨尔根巴图鲁扎萨古尔、吹尔扎木苏塔布囊扎萨古尔、吴孙泰都喇尔扎萨古尔、巴扬阿扎尔固齐、祁赖都喇尔、萨木丹达尔汉喇嘛、戴青囊苏喇嘛、达尔罕囊苏喇嘛、吴特塔齐额木齐	先到四百户，后到五千户两万口		《译编》，上册，第121－122页，天聪八年十一月十六日条

续表

归附日期	地点	主要人员	人数	分隶八旗的情况	史料出处
		等率四百户来归。遂携之渡黄河留居于西拉木轮地方。又有未渡河俟结冰后至者，即巴赖都尔莽赖寨桑、摩罗尔额尔德尼寨桑、温多额尔德尼寨桑、迈喇寨桑、詹泰舒冷格、兀兰巴图鲁、寨萨木冰图古英、布达沙礼台吉、博尔和扎萨古尔、额希格库鲁克、巴吉尔扎萨古尔、古英塔苏尔海侍卫、卫征囊苏喇嘛等，计五千户，两万口。			
天聪八年十二月二十一日	盛京	祁他特车尔弼、塞冷布都马尔、塞冷车臣等各率属民来归	不详		《译编》，上册，第127页，天聪八年十二月二十一日条
天聪九年正月十九日	盛京	多尼库鲁克		天聪汗嘉察哈尔归附大臣多尼库鲁克护送察哈尔汗福晋前来，赐以甲胄鞍马，号为都喇儿达尔汉贝勒，给之金印敕书，并命于国中行，每宿给以公粮，子孙永免驿马、干粮，从猎居中，行兵居前。	《译编》，上册，第132页，天聪九年正月十九日条
天聪九年正月二十二日	盛京			将自察哈尔来附诸大臣、人民，均分隶八旗。给正黄旗者：都喇儿达尔罕贝勒、德参庄、讷固德依扎萨古尔寨桑、阿尔噶寨桑、萨穆寨桑、朱尔车德依扎萨古尔寨桑、布拉克寨桑、奎肯扎萨古尔寨桑、佳汉寨桑、额尔赫寨桑、叶苏德尔扎萨古尔寨桑、巴琫寨桑、额依图寨桑、巴特玛寨桑、多尔济扎萨古尔、齐巴喀扎萨古尔、绰尔济寨桑、阿达尔扎萨古尔、诺门达赖寨桑、拉玛喜希布扎萨古尔，共男丁一百一名。给镶黄旗者：色棱塞臣寨桑、阿尔	《译编》，上册，第132－133页，天聪九年正月二十二日条

续表

归附日期	地点	主要人员	人数	分隶八旗的情况	史料出处
				萨霍默尔根、鄂木布达尔汉喇嘛、布达希礼寨桑、乌尔济斯夏布寨桑、桑阿尔寨楚赫胡尔、巩格台吉、巴图扎萨古尔、衮齐特夏台吉、博辛杜喇夏、超寨希隆格，共男丁三百六十五名。给正白旗者：齐塔特彻尔伯依寨桑、巴岱库隆寨桑、吹尔扎木苏塔布囊扎萨古尔、阿玉希台吉、乌孙岱杜喇噶尔扎萨古尔、巴扬爱扎萨古尔，共男丁一百十八名。给镶白旗者：鄂齐泰寨桑、诺木图扎萨古尔、满都扎萨古尔、托津泰扎萨古尔、托萨扎萨古尔、额木布寨桑、额尔布什扎萨古尔寨桑、满都孙扎萨古尔、白希库隆寨桑、海桑特伯勒呼，共男丁四百五十七名。给正红旗者：衮楚克寨桑、道泰寨桑、托克托噶寨桑、伊克图夏扎萨古尔、吴巴希、俄克冲寨桑、古鲁扎萨古尔寨桑、冲果儿代寨桑、达颜扎萨古尔、俄齐尔寨桑、翁阿代寨桑、代噶尔塔布囊寨桑，共男丁四百三十七名。给镶红旗者：巴木卜寨桑、札木苏寨桑、古苏泰寨桑、山津扎萨古尔、秦丹扎萨古尔、吴伯黑色臣、吴木秦绰尔济台吉、桑阿尔寨塔布囊、托礼和硕齐、绰尔济寨桑，共男丁三百二十一名。给正蓝旗者：绰尔门寨桑、拉唐寨桑、塔达扎萨古尔、查哈尔扎萨古尔、辉朗寨桑、索宁扎萨古尔，共男丁四百三十六名。给镶蓝旗者：色冷布都玛儿寨桑、萨噶布古英扎萨古尔、沙木巴和硕齐扎萨古尔、额根达尔汉寨桑、索诺木塔布囊寨桑、戴青囊素、萨玛克坦达尔汉喇嘛、巴特玛达尔汉寨桑，共男丁一百七十六名。	

续表

归附日期	地点	主要人员	人数	分隶八旗的情况	史料出处
天聪九年三月二十日	盛京	巴赖都尔寨桑、胡晒侍卫、巴特玛扎萨古尔、阿山寨桑、巴吉尔扎萨古尔、绰克图、雅当扎萨古尔、色冷塔布囊、寨萨木寨桑、沙济德尔格尔侍卫、寨萨侍卫、额希格库鲁克等十二头目	一千四百男丁	分编情况不明	《译编》，上册，第156页，天聪九年三月二十日条
天聪九年五月二十七日	西喇朱尔格	察哈尔汗囊囊太后、侍卫索诺木台吉	约一千五百户	分编情况不明	《译编》，上册，第167页，天聪九年五月二十七日条
天聪九年七月十四日	盛京	郭尔图色臣		汗与囊囊太后成婚。携囊囊太后前来之郭尔图色臣号为卓礼图达尔汉贝勒，命行兵居前，出猎居中，来往给以供应，世世子孙，免应驿骑、徭役。	《译编》，上册，第179页，天聪九年七月十四日条

以下，分析【表一】。

首先，从归附的时间上来看，主要集中在天聪八年六月至天聪九年七月这一年之内。且大部分是在天聪八年时段归附的。这说明原察哈尔国的这些寨桑们互相之间是有联系的，即使没有往来，但也在关注着彼此的动向，故才能在这么短的时间内陆续完成归附。

其次，从地点来看，归附主要集中在张家口边外即今内蒙古自治区锡林郭勒盟南部地区，此地现在仍是察哈尔人的主要聚居区。于此我们需要思考的是：归附的察哈尔属众即使后来编入八旗之后是否也一直停留在这一地区呢？这需要进一步的考证。寨桑们可能常去盛京面见皇太极及其他满洲国贝勒，但属众前去盛京的可能性是很小的。虽然档案中也记载了一部分察哈尔人户被皇太极派人送往盛京的事情，但这些人可能没有长官，没有所属。在前述劝降文告中，皇太极答应保留寨桑们管辖属下的原有权利，意思即皇太极与归附者之间的关系，只停留在了寨桑层面，未能渗透到寨桑管辖下的属民个人。进一步地说，寨桑们驻牧属下于某地的权力也有可能被皇太极所尊重和承认。当然，其前提是不能侵入其他蒙古诺颜的领地，不能损毁皇太极的利益。

再是，关于归附的人员问题。我们可以将归附的人员分为林丹汗的妃子和寨桑两大部分。林丹汗的妃子中，首先出现在归附队伍中的，是高尔土门福晋（Man:

gool tumen i fujin)。从其文意也可知，她是掌握林丹汗财产的非常重要的一个妃子，原来可能实力雄厚，属下众多。但归附当时的高尔土门福晋，只身前来面见皇太极，说明她已经没有多少财产和人户了。

接下来归附的，便是窦土门福晋（Man：deo tumen i fujin)。她是被中土门固山（Man：dulimbai tumen i gūsa）的巴图鲁噶尔马济农，巴牙喇克诺特固山（Man：bayarai konot gūsa）的德参庄，窦土门固山（Man：deo tumen i gūsa）的多尔济达尔罕、多尼库鲁克此四大臣护送而来的。可知她虽然是窦土门福晋，但当时实力雄厚，掌管着中土门固山、巴牙喇克诺特固山、窦土门固山此三大军事集团。且其中的巴牙喇克诺特固山，蒙古语应为“吉拉特克诺特和硕（Mon：jirad－un kenegüd qosigu)”，“吉拉特”是蒙古军队中的护军即主力兵团，顾名思义，巴牙喇克诺特固山是察哈尔国各兵团的主力，军力最为强大。由此可知，窦土门福晋领有众多民众，军事力量最强，所以，立即被皇太极纳为妃子。通过这种纳妃子行为，皇太极大大地充实自己的力量，以此压制八旗其他贝勒，切实地巩固和提高了自己的领袖地位。这从德参庄、多尔济达尔罕、多尼库鲁克等四大臣俱被编入正黄、镶黄两旗，窦土门福晋的属众全体成为皇太极个人实力的一部分的情况即可看出。

最后归附的是苏泰囊囊太后，此时她只率一千五百户来归，这些人想必没有被编入八旗，有很大可能是交给了额哲洪果尔或索诺木侍卫台吉，另编为扎萨克旗。至此可知，林丹汗八大妃子中，于归附满洲国时，窦土门福晋实力最强，故被皇太极招纳为妃，其属下亦被编入皇太极所属的两黄旗。

另一方面，关于归附的寨桑等臣官。此时他们的职务比较明晰，从贝勒即小领主起，有台吉、寨桑、扎萨古尔、侍卫、舒楞额、达鲁哈等。其中寨桑又分尊贵寨桑（Mon：erkim J̌aisang)、大寨桑（Mon：yeke J̌aisang)、小寨桑（Mon：baγa J̌aisang)、扎萨古尔寨桑（Mon：J̌asaγul J̌aisang)、散秩寨桑（Mon：sula J̌aisang）等不同的等级，而这些也如实地反映了蒙古传统社会中的官僚阶层。如前所述，满洲国汗王皇太极已经答应保障这些管辖民众的原察哈尔国官员的原有权利，所以归附和分编八旗时，满文《译编》中一直在强调着他们的原有官职。这些寨桑等官员，各自领着自己所管辖的民众，被分入八旗，成为某某旗的所属。从【表一】可知，这些寨桑等官员及其所辖的人丁被分编八旗的情况如下：前后分隶正黄旗者：男丁共计：346 名。分隶镶黄旗者：男丁共计 638 名。分隶正白旗者：359 名。分隶镶白旗者：706 名。分隶正红旗者：670 名。分隶镶红旗者：589 名。分隶正蓝旗者：700 名。分隶镶蓝旗者：423 名。其中，皇太极所属的正镶两黄旗共计 984 名，兵丁人数绝对的多出于其他各旗。因兵丁连着家属，故皇太极所领有的人口数也是最多的。更何况，如前所述，整个窦土门福晋的属众跟着其女主子成为皇太极个人实力的一部分。如此，通过分配归附的察哈尔国属众，皇太极的个人实力和地位得到了空前的加强。而从【表一】也会发现：编入两黄旗的大多为原察哈尔国林丹汗属下的有力臣官，例如都喇儿达尔罕贝勒、德参庄、多尔济达尔罕、多尼库鲁克等有名四大臣皆被编入到了两黄旗。通过分编原察哈尔国属众，皇太极的两黄旗势力急剧膨胀，压倒性地胜过其他各旗贝勒，为建立大清国奠定了基础。

最为重要的是，如前所述，皇太极答应保证这些寨桑等官员们的原有权利，意思就是说即使编入八旗之后，这些官员仍可照旧管辖领来的属下，所以归附的原察哈尔国属众并没有被零零散散地编入八旗，而是以某寨桑所领来的人数为单位，虽然名义上被编入某旗，但实际上被安排在了八旗外缘。在八旗分权构造体制之下，皇太极尊重八旗的这一传统，需将归附的察哈尔人分编到八旗的每一个旗。但是如果完全这样做，八旗贝勒们也会按照传统，通过分编佐领来削弱旗下察哈尔寨桑们的原有权利。如果是这样，事情就会变得与皇太极所承诺的相违背。是故，皇太极有必要在即尊重八旗分权构造，又保障察哈尔寨桑们原有权利的前提下，分编这些归附的原察哈尔国属众。基于这种前提，皇太极虽然通过分编，将察哈尔属众名义上分给了八旗，但又通过保留寨桑们的原有权利，将八旗察哈尔人员以归附时的大小为单位，使其保持游牧状态，将其安置在了离八旗驻地有一定距离的地方，以此阻断了八旗贝勒的强力干涉，实现了一石双鸟的政策。

日本学者楠木贤道先生论述道："远征察哈尔、远征华北，是皇太极身为两黄旗的旗王而采取的行动"，"皇太极针对归顺的内蒙古诸部展开巧妙的律法控制措施，将其置于八旗外缘施以强烈影响，补充并完备了自身直接率领的军事力量。即，对皇太极来说的权力扩张不是对全体八旗进行直接的集权影响，而是以八旗分权体制为前提，在八旗内部增加自己所拥有的领旗数量，在八旗外缘部建立类似八旗的组织，将其置于自己强烈的影响之下，这样两种渠道向前推进的"①。

如上所述，皇太极对八旗察哈尔的编立也出于同一种目的和方式来进行；在八旗的外缘建立一支很像八旗，但又不被八旗旗主所领导，而是直接听命于皇太极的军事集团——八旗察哈尔，以此强化皇太极个人的实力，为其成为可汗打好了基础。不久，天聪十年即崇德元年四月，皇太极召集满洲宗室贝勒，漠南蒙古诸兀鲁斯集团诺颜，辽东汉人军阀，于盛京建立了大清政权。原察哈尔国属众的归附，着实地加强了皇太极个人的力量，使其从一名满洲国汗王，一跃成为能够统合众多贝勒、诺颜的大清国可汗。

二、皇太极对八旗察哈尔支配的加强——世职的封授

那么，在八旗的外缘建立八旗察哈尔，并将其远离八旗游牧居住之后，皇太极又是怎样支配的呢？据达力扎布先生之论述："清入关前八旗察哈尔驻地似靠近东

① 〔日〕楠木贤道：《天聪八年远征察哈尔部与满洲国（Manju gurun）的构造》，台湾《故宫学术季刊》，2006年第4期，第72页。

土默特扎萨克达尔罕善巴牧地，清军入关后移居大同、宣府边外"[①]。这与笔者的上述推断是一致的，即八旗察哈尔的游牧地与八旗驻地是有一定距离的。

此外，八旗制度即"固山额真——梅勒额真——牛录额真"这样的八旗官制是何时导入八旗察哈尔的呢？如前所述，归附当时皇太极答应："凡寨桑等，不管有多少，若携属众而来，即令其掌管那些属众"，意思即八旗官制不能与寨桑们的原有权利相冲突，更不能抵消他们的原有权利。根据达力扎布先生的考察："八旗察哈尔的建置，每旗相当于一个参领，设昂邦章京管领"[②]，这表明至少到顺治元年（1644）入关为止，八旗察哈尔都是由具有昂邦章京世职的有力人员来管理的。另据《八旗通志初集》卷十二，旗分志十二，镶白旗蒙古都统察哈尔参领所属七佐领条记载：

> 口外游牧地方察哈尔第二佐领，原系崇德元年将察哈尔地方蒙古编为牛录，初以固穆台锡管理。固穆台锡故，以其子一等精奇尼哈番诺尔布管理。诺尔布故，以其子鄂齐尔管理。鄂齐尔年老辞退，以其兄之子色楞管理。色楞故，以其子孟克管理。

从这一史料记载，看不出任命某人为牛录额真、梅勒额真的情况，只使用着"管理"一词。这隐约地在表明，于入关前后时期，针对八旗察哈尔，清朝还没有导入严格的八旗官制。如上揭史料所言，仅以第二佐领为例，俱由"固穆台锡——诺尔布——鄂齐尔——色楞——孟克"家族来管理，意思即具有世职的有力人员在管理属下人众。其实，直至清末为止，这种情况也还是比较普遍的。据《内蒙古近现代总管录》[③] 的记述，清末民初的八旗察哈尔总管，例如：察哈尔盟盟长兼七牧群总管卓特巴扎普其爷爷也是总管，察哈尔正黄旗总管达密凌苏龙是世袭花翎，察哈尔正黄旗总管巴彦孟克是世袭哈番，察哈尔右翼四总管是世袭云骑尉，察哈尔正红旗总管富林阿是朝廷世袭官，察哈尔正红旗总管潘迪是世袭哈番，察哈尔镶蓝旗总管泰平宝也是世袭章京等等，一般总管等官员都是世职。这说明：即使导入八旗官制后，八旗察哈尔的兵丁也是由具有世职的官员来管理的。反过来讲，一般具有世职的官员都有其所管辖的民众。

那么，这些具有世职的人员有哪些呢？关于崇德、顺治年间的八旗察哈尔的世职，《清内秘书院蒙古文档案汇编》给我们提供了很好的史料。其具体情况，请参见【表二】。

---

① 参见达力扎布：《清代八旗察哈尔考》，第318页。

② 参见达力扎布：《清代八旗察哈尔考》，第319页。

③ 参见内蒙古自治区政协文史和学习委员会编：《内蒙古近现代总管录》（内蒙古文史资料，第51辑），内蒙古政协文史书店发行，2001年，第25-181页。

【表二】　《清内秘书院蒙古文档案汇编》所录八旗察哈尔世职人员表①

序号	人名	归附时的官职	携来人口	世职称谓	所属旗分	另记载的史料
1	古木岱彻庆	大寨桑	80户	三等精奇尼哈番	镶黄旗蒙古	《八旗通志初集》卷一百七十，名臣列传三十，镶黄旗蒙古世职大臣。
2	固木太师	大寨桑	380户	三等精奇尼哈番	镶白旗蒙古都统察哈尔参领所属口外游牧地方察哈尔第二佐领，初以固穆台锡管理。	《八旗通志初集》卷十二，旗分志十二，八旗佐领，镶白旗蒙古佐领部分。
3	叟和杜喇噶尔	大寨桑	70户	三等精奇尼哈番	镶红旗蒙古	《八旗通志初集》卷一百七十一，名臣列传三十一，镶红旗蒙古世职大臣。
4	劳瑞	侍卫	玛哈嘎拉佛像及100户	一等阿达哈哈番	正黄旗蒙古	《八旗通志初集》卷一百七十，名臣列传三十，正黄旗蒙古世职大臣。
5	额林沁岱青	小寨桑	700户	二等精奇尼哈番	正白旗蒙古	《八旗通志初集》卷一百七十一，名臣列传三十一，正白旗蒙古世职大臣。
6	德参济旺	尊贵寨桑	只说携人众而来，具体数目不详	一等精奇尼哈番	正黄旗蒙古	《八旗通志初集》卷一百七十，名臣列传三十，正黄旗蒙古世职大臣。
7	巴斋朱尔赤岱	监治寨桑	100户	三等精奇尼哈番	正黄旗蒙古	《八旗通志初集》卷二百十五，勋臣传十五
8	祁他特车尔贝	大寨桑	400户	三等精奇尼哈番	先入正白旗，后改正蓝旗蒙古	《译编》上册，第132－133页，天聪九年正月二十二日条。及《八旗通志初集》卷一百七十一，名臣列传三十一，正蓝旗蒙古世职大臣。

① 此表基于《清内秘书院蒙古文档案汇编》，第2册，第185－271页中所录皇太极及顺治帝封授给八旗察哈尔上层人员的敕书内容制作。需要注意的是，《清内秘书院蒙古文档案汇编》目录中汉译的人名，与《译编》中的有出入，不过大底指同一人。例如：《清内秘书院蒙古文档案汇编》的“古木岱彻庆”，在《译编》中是“古木德塞臣”，“德参济旺”是“德参庄”等等。

续表

序号	人名	归附时的官职	携来人口	世职称谓	所属旗分	另记载的史料
9	多尔济达尔汉诺颜	大寨桑	不详	一等阿思哈尼哈番（内大臣）	镶黄旗蒙古	《八旗通志初集》卷一百七十，名臣列传三十，镶黄旗蒙古世职大臣。
10	毛海伊尔登	大寨桑	110户	三等精奇尼哈番	正红旗	《清太宗实录》天聪八年闰八月己亥条。或参见达力扎布：《清代八旗察哈尔考》，载《明清蒙古史论稿》，民族出版社，2003年，第317页。
11	达云	大寨桑	不详	一等阿思哈尼哈番	正红旗	《译编》上册，第132－133页，天聪九年正月二十二日条。
12	色冷布德玛勒	大寨桑	150户	三等精奇尼哈番	镶蓝旗	《译编》上册，第132－133页，天聪九年正月二十二日条。
13	高勒图彻臣	大寨桑	携囊囊太后及390户投奔而来	先封卓礼克图达尔汉诺颜，后封一等精奇尼哈番	应为两黄旗	无
14	索诺木折勒蔑	尊贵寨桑	与固木太师一同携380户投奔而来	一等精奇尼哈番	镶黄旗	《译编》上册，第469页。或参见达力扎布：《清代八旗察哈尔考》，载《明清蒙古史论稿》，民族出版社，2003年，第319页。
15	色楞塔布囊	散秩寨桑	130户	一等阿思哈尼哈番	镶红旗蒙古	《八旗通志初集》卷一百七十一，名臣列传三十一，镶红旗蒙古世职大臣。
16	朝鲁蒙	小寨桑	携430户与德参济旺同来	一等阿思哈尼哈番	镶黄旗蒙古	《八旗通志初集》卷一百七十，名臣列传三十，镶黄旗蒙古世职大臣。
17	色仁彻臣	大寨桑	80户	三等精奇尼哈番	镶白旗蒙古	《八旗通志初集》卷一百七十一，名臣列传三十一，镶白旗蒙古世职大臣。
18	衮楚克古英	监治寨桑	携210户与德参济旺同来	一等阿思哈尼哈番	正红旗	《译编》上册，第132－133页，天聪九年正月二十二日条。
19	沙济德力格尔	监治寨桑	110户	一等阿思哈尼哈番	不明	无

续表

序号	人名	归附时的官职	携来人口	世职称谓	所属旗分	另记载的史料
20	巴来都尔芒来	大寨桑	230 户	一等阿思哈尼哈番	正黄旗蒙古	《八旗通志初集》卷一百七十，名臣列传三十，正黄旗蒙古世职大臣。
21	海萨塔布囊	监治寨桑	90 户	三等阿达哈哈番	正红旗	《译编》上册，第 133 – 142 页，天聪九年正月二十二日条 。
22	班第岱和硕齐	监治寨桑	劝大寨桑高勒图彻臣同来	三等阿达哈哈番	不明	无
23	乌班和硕齐	监治寨桑	70 户	三等阿达哈哈番	正黄旗蒙古	《八旗通志初集》卷九十九，世职表十七，正黄旗蒙古世职。
24	固鲁塔苏喇海	监治寨桑	携 120 户与德参济旺同来	一等阿达哈哈番	正红旗蒙古	《八旗通志初集》卷一百，世职表十八，正红旗蒙古世职。或卷二百十六，勋臣传十六，龚额部分。
25	巴木布古英	监治寨桑	携 260 户与德参济旺同来	一等阿达哈哈番	镶红旗蒙古	《八旗通志初集》卷一百一，世职表十九，镶红旗蒙古世职。或卷二百十六，勋臣传十六，殷札纳部分。
26	斋萨木	小寨桑	100 户	三等阿达哈哈番	镶蓝旗蒙古	《八旗通志初集》卷二百二十九，忠烈传十，齐萨穆部分。
27	额尔克毕席	监治寨桑	携噶尔马济农而来	三等阿达哈哈番	正白旗	《译编》上册，第 133 – 142 页，天聪九年正月二十二日条。
28	也先卬肯巴图鲁	侍卫	70 户	三等阿达哈哈番	镶白旗	《译编》下册，第 78 – 79 页。或参见达力扎布：《清代八旗察哈尔考》，载《明清蒙古史论稿》，民族出版社，2003 年，第 319 页。
29	纳沁	收楞额	120 户	三等阿达哈哈番	不明	无
30	卓胡诺达尔汉巴图鲁	监治寨桑	210 户	一等阿达哈哈番	正白旗	《清太宗实录》天聪八年闰八月己亥条。或参见达力扎布：《清代八旗察哈尔考》，载《明清蒙古史论稿》，民族出版社，2003 年，第 317 页。

续表

序号	人名	归附时的官职	携来人口	世职称谓	所属旗分	另记载的史料
31	古什	散秩寨桑	携120户与额林沁代青同来	三等阿达哈哈番	镶蓝旗	《清太宗实录》天聪八年闰八月己亥条。或参见达力扎布：《清代八旗察哈尔考》，载《明清蒙古史论稿》，民族出版社，2003年，第317页。
32	别乞儿	散秩寨桑	230户	三等阿达哈哈番	不明	无
33	阿尔萨呼墨尔根	侍卫	40户	三等阿达哈哈番	镶白旗蒙古	《八旗通志初集》卷一百一，世职表十九，镶白旗蒙古世职。或卷一百七十一，名臣列传三十一，镶白旗蒙古世职大臣。
34	俄布格岱墨尔根	散秩寨桑	130户	一等阿达哈哈番	不明	无
35	魁巴巴图鲁	监治寨桑	携高勒图彻臣而来	三等阿达哈哈番	正黄旗蒙古	《八旗通志初集》卷二百十五，勋臣转十五，魁白部分。
36	绰尔济胡鲁格	散秩寨桑	与多拉哈尔达尔汉诺颜同来	一等阿达哈哈番	镶黄旗蒙古	《八旗通志初集》卷九十九，世职表十七，镶黄旗蒙古世职。
37	桑扎噶拉芒来	监治寨桑	携大寨桑衮楚克僧格及130户而来	一等阿达哈哈番	正红旗	《译编》上册，第133－142页，天聪九年正月二十二日条。
38	哈拉占固木	散秩寨桑	携大寨桑格隆喇嘛及130户而来	三等阿达哈哈番	不明	无
39	祁他特卓日格图	闲人	劝大寨桑高勒图彻臣而来	一等阿达哈哈番	正黄旗蒙古	《八旗通志初集》卷九十九，世职表十七，正黄旗蒙古世职。或卷二百十五，勋臣传十五，扎穆素部分。
40	贵肯岱青	监治寨桑	携100户与德参济旺同来	一等阿达哈哈番	正白旗	《译编》上册，第133－142页，天聪九年正月二十二日条。
41	穆彰达尔汉	监治寨桑	与多拉哈尔达尔汉诺颜同来	一等阿达哈哈番	镶黄旗蒙古	《八旗通志初集》卷九十九，世职表十七，镶黄旗蒙古世职。

续表

序号	人名	归附时的官职	携来人口	世职称谓	所属旗分	另记载的史料
42	斋萨迈喇	侍卫	130 户	一等阿达哈哈番	不明	无
43	乔依尔扎木苏	监治寨桑	携 100 户与祁他特车尔贝同来	拜他喇布喇哈番	正白旗	《译编》上册，第 132 – 133 页，天聪九年正月二十二日条。
44	多尼库鲁格	大寨桑	携窦土门哈屯及 300 户人众与德参济旺等同来	先封一等精奇尼哈番，后封为公爵。	镶黄旗蒙古	《八旗通志初集》卷七十八，封爵世表四，异姓王公侯伯。

首先，【表二】在使用“一等精奇尼哈番”、“二等阿思哈尼哈番”、“三等阿达哈哈番”等词，而不是“一等昂邦章京”、“二等梅勒章京”、“三等甲喇章京”。这说明，被录入《清内秘书院蒙古文档案汇编》中的世职敕书，是顺治初年改革世职称谓之后颁发给上述察哈尔上层人员的敕书的副本。世职的称谓在顺治四年（1647）十二月有过改革，而【表二】中利用的顺治年间的敕书，大多是在顺治四年三月十五日起草的。可知，在正式颁布改革世职称谓之前，清朝面对八旗察哈尔已经在使用新世职称谓了。关于清朝的世职，详情请参见本文第三节内容。

【表二】中的这些被授予世职的八旗察哈尔的寨桑、侍卫等人员，都是在天聪八年六月至九年七月间归附皇太极的原察哈尔国的寨桑等官员，从前面的【表一】我们能发现他们中绝大多数人员的名字。这表明，他们都是收到皇太极的劝降文告后归附的察哈尔上层官员。且从其携来的属众人数判定，他们大都是各自率领一部分民众归附的，或与其他寨桑等一同前来，符合了皇太极答应的保留其原有权利的人员范畴，为此他们在归附后仍旧管理着携来的属下人众。

崇德元年四月皇太极登基成为大清可汗之后，于五月即通过向这些八旗察哈尔上层人员颁发敕书，封授世职，承认了他们的原有权利。另一方面，世职敕书的发授也明确了皇太极与八旗察哈尔世职人员之间的隶属关系；即要求这些世职人员对作为可汗的皇太极负责，向可汗提供以兵役为主的赋役，以此确定了八旗察哈尔与清朝可汗之间的关系。这是清朝历史上非常重要的一件事情，意义非同凡响。从其后八旗察哈尔活跃于清朝历次大的战争，且从一般不调动外藩扎萨克蒙古兵，只派八旗察哈尔的情况来看，八旗察哈尔可以说是清朝可汗的直隶军事集团。如前所述，天聪后期皇太极在尊重八旗分权构造的前提下为了提高个人实力，将八旗察哈尔远离八旗驻地来游牧居住，同时通过保证寨桑们的原有权利，使八旗察哈尔脱离了八旗贝勒的强力支配，而只在皇太极的权威下存在。至此，崇德元年建立大清国之后，通过颁发世职敕书，有力地加强和明确了与八旗察哈尔上层人员之间的隶属关系。而如前所述，这种隶属关系一直维系到了清末。

以下，对《清内秘书院蒙古文档案汇编》中所录的皇太极、顺治两位清朝可汗封授给八旗察哈尔官员古木岱御庆的世职敕书进行分析，以考察清朝可汗与被授予世职者之间的具体关系。该敕书内容在《清内秘书院蒙古文档案汇编》，第2册，第185－187页，《察哈尔大寨桑古木岱御庆受封世职之敕命》中记载如下：

A古木岱御庆，尔原系蒙古国察哈尔可汗大寨桑。B尔之可汗迁往唐古特国时，〔尔〕离开可汗主子，携八十户人众叛投而来。C为此授三等精奇尼哈番封号。D将此封号世袭十二次。E崇德元年夏仲月初七日。

后于扎萨克睿亲王经北京进击山东之役，将高阳县城，不用云梯攻下。征剿侯总兵官之兵时，领麾下之兵助战克敌。扎萨克睿亲王与扎萨克肃亲王围攻锦州之第三事上，两个半之兵会合，左翼三固山击松山马兵时，领麾下之兵助战克敌。松山马兵来袭我红衣炮手时，领麾下之兵助战克敌。右翼进击洪军门马兵时，领麾下之兵克敌。进击洪军门三个营之步兵时，领麾下之兵助战克敌。为此升三等精奇尼哈番为二等精奇尼哈番。再加一次，世袭十三次。崇德七年秋仲月二十三日。

后于摄政汗父王夺取明朝国政之战役，从九口入关进击流贼二十万大军之时，尔领麾下之兵支援马步兵克敌。追剿流贼之兵，赶至庆都县击杀时，以兵助战克敌。在扎萨克豫亲王率兵往追腾机思之役，进击土谢图汗之兵时，以兵助战克敌。进击硕磊汗之兵时，以兵助战克敌。故将二等精奇尼哈番升为一等精奇尼哈番。再加一次，世袭十四次。顺治四年春季月十五日。

这篇世职敕书由三段内容组成；第一段，是崇德元年五月初七日皇太极颁发给古木岱御庆的敕书内容。第二段，是崇德七年八月二十三日再由皇太极颁发给古木岱御庆的敕书内容。第三段，是顺治四年三月十五日由顺治帝颁发给古木岱御庆的敕书内容。每次颁发新敕书时，都要将原敕书内容记在新敕书里，以此显示世职的合法性和延续性。从这3段接续的世职敕书内容我们可以发现，每一世职敕书都是由：A被授予世职者，B被授予世职的缘由；一般都是政绩军功。C封授的世职爵位。D与世职相应的世袭次数。E颁发日期。这五部分组成。其他的敕书也大体如此。这表明，清朝的这种敕书及其颁发制度早已成为一种惯例。在上揭的世职敕书中，被授予世职者是古木岱御庆，即【表一】中出现的“古木德塞臣”。他作为原察哈尔国林丹汗属下的大寨桑，曾携80户人众归附了皇太极。从其世职敕书在强调所领来的属众人数的情况可知，这些世职在某种意义上是在履行皇太极劝降文告中的承诺。另外，我们从【表二】中会发现，大寨桑一般对应的是清朝的三等精奇尼哈番即改革前的三等昂邦章京，或一等阿思哈尼哈番。尊贵寨桑对应的是一等精奇尼哈番。小寨桑、侍卫和监治寨桑对应的是一到三等的阿达哈哈番即改革前的甲喇章京。而封授拜他喇布喇哈番即改革前牛录章京的只有一位。从达力扎布先生所言早期八旗察哈尔是由其昂邦章京来管理的事实来看，这些被清朝可汗授予昂邦章京即精奇尼哈番世职的人员，也就是原察哈尔国林丹汗属下的大寨桑们，依然在管辖着自己所携来的那部分属众，以此看来皇太极确实兑现了自己的承诺。而从上揭史料中的“领麾下之兵助战克敌”的情况也可看出，这些具有昂邦章京即精奇尼哈番世职的人员确实在管理着自己麾下的兵丁。于战事中，这些具有世职的人员率领麾下兵丁，在清朝可汗的命令下单独地参与着军事行动，而不是混编入所属旗的兵队中，与其一同行动。这如实地表明了八旗察哈尔虽然被编入八旗，但八旗旗主的权力并没有介入其内。进一步说，因清朝的八旗旗主权力没有渗透进八旗察哈尔，所以八旗察哈尔没有像普通八旗下的集团那样受到分割和领有。八旗察哈尔与清朝间的关系只以清朝可汗封授世职于八旗察哈尔上层人员的方式，维系着和发展着。虽然后来于康熙十四（1675）年，因“布尔尼亲王叛乱”事件，清朝任命在京八旗官员任总管来管理八旗察哈尔，但不久乾隆二十五年又使其独立出来，以此有别于普通八旗。

另外，《八旗通志初集》卷十二，旗分志十二，镶白旗蒙古都统察哈尔参领所属七佐领条还记载如下：

> 镶白旗蒙古都统察哈尔参领所属七佐领，在京察哈尔第二佐领，原系国初编设，初以郭尔秦管理。郭尔秦故，以其子鄂尔和代管理。鄂尔和代故，以其子鄂禅管理。鄂禅故，以其弟必里克图管理。必里克图故，以其兄之弟鄂齐尔管理。鄂齐尔故，以其子杜尔巴管理。杜尔巴故，以其第二等阿思哈尼哈番散骑郎额尔德尼管理。

如此，八旗察哈尔的一小部分作为八旗蒙古的一部分，被编制在了驻扎京城的八旗当中，但是拥有世职者仍然被任命为佐领官员。例如此郭尔秦（郭尔钦）“其叔父阿尔沙护墨尔根（阿尔萨呼墨尔根），初为察哈尔汗辖（侍卫）。自察哈尔率户口四十人来归，授三等甲喇章京”①，与世职敕书中的记载正好吻合。而到了郭尔秦后裔郎额尔德尼的时代，三等阿达哈哈番的世职因功被加封为二等阿思哈尼哈番。可知，阿达哈哈番以下的世职往往被任命为佐领（牛录章京）。

此外，如前所述，《八旗通志初集》中也有对八旗察哈尔世职人员的记载。其

---

① 〔清〕鄂尔泰等修:《八旗通志初集》卷一百七十一，名臣列传三十一，镶白旗蒙古世职大臣，郭尔钦。

中《八旗通志初集》卷一百七十，名称列传三十，镶黄旗蒙古世职大臣，顾幕德彻臣部分记载如下：

> 顾幕德彻臣，蒙古镶黄旗人。原系蒙古察哈尔林丹汗之昂邦寨桑。天聪六年，林丹汗往奔汤古特，遂率户口八十众来归，授为三等总兵官。崇德三年，随扬威大将军贝勒岳托征明，攻高阳县城，不用云梯，奋勇先登克之。有侯总兵率兵来战，迎击败之。七年，从征明，围锦州，同左翼三固山兵击松山马兵败之。松山兵复来夺我红衣炮，又率兵击却之。又同右翼兵击明经略洪承畴马兵，洪承畴遣三营步兵来犯，复击败之。叙功，加世职为二等昂邦章京。顺治元年，随睿王多尔衮入山海关击流贼；又随英亲王阿济格追流贼至庆都县。三年，随豫亲王多铎往追腾机思，击土谢图汗兵，又击硕罗汗兵，并有功，加世职为一等精奇尼哈番。三遇恩诏，准世袭罔替。缘事革去世职一半，降为一等阿思哈尼哈番兼一拖沙喇哈番。寻以所议过重，复授为三等精奇尼哈番。康熙六年，卒于所居努克特勒地方，予恤如典礼。

《八旗通志初集》中的这篇记载，大体与前述《清内秘书院蒙古文档案汇编》中世职敕书的内容相同。只从“康熙六年，卒于所居努克特勒地方”一语可知，他们作为八旗察哈尔的一员，仍居住在边外地方，而没有与八旗一起进入北京内城居住。虽然难以摸清八旗察哈尔中哪些被安排在边外游牧，哪些被带入北京内城，但基于蒙古传统的“领主——属民（ejen——qariyatu）关系”，不管地理位置多么遥远或相近，只要双方保持这种人身隶属关系，属民向其领主提供赋役的义务是不变的。八旗察哈尔在边外游牧也好，入京城内居住也好，向其主子清朝可汗提供赋役的义务是不变的。

与作为同盟者的外藩蒙古不同，八旗察哈尔是没有王公阶层的军事集团。又与八旗满洲、蒙古、汉军相异，八旗旗主的支配没有强烈地渗透进八旗察哈尔内部。所以八旗察哈尔与清朝的关系，根本上是基于“清朝可汗——被授予世职的八旗察哈尔上层——属众”的支配关系来存在的，而形成这种关系的前提是皇太极的承诺。所以，世职的封授在清朝可汗与八旗察哈尔关系上，有着举足轻重的地位。那么，清朝的世职又是怎样的一种制度呢？

三、清朝的世职制度

关于清朝的，尤其是对早期努尔哈赤时代的世职制度，至今为止国内外最有力的研究当属日本学者松浦茂先生的《天命年間の世職制度について（关于天命年间的世职制度)》[①] 一文。该研究详细探讨了努尔哈赤天命年间及其前后时期的世职制度的起因、发展及变化问题，认为清朝的世职武官制度是与八旗制度并存的制度，两者同时存在，并相互重合。又指出：世职制度的实施是昂邦（Man：amban，臣下）阶层官僚化的第一步。可知在这层意思上，皇太极封授世职给八旗察哈尔上层人员，也具有了将八旗察哈尔世职人员当作清朝可汗之官僚的一面。

此外，关于世职制度的起因问题，松浦茂先生论述道：努尔哈赤一贯施行的将有力家臣集中居住于都城内的"都市政策"与世职制度有密切关系。这里的"都市"指16世纪的女直诸部中普遍存在的具有内城和外城重叠式结构的，注重防御的城子。努尔哈赤集团崛起的17世纪初期当时，居住在城内的武将一般都是努尔哈赤麾下的昂邦和牛录额真。

接着，关于世职制度与八旗官制间的关系，松浦茂先生总结道：努尔哈赤起兵早期，与拥有固山额真、梅勒额真、牛录额真等官职的八旗制度同时存在着具有昂邦、侍卫、扎尔固齐等称谓的人员，且八旗制度的职官很少出现在《旧满洲档》等史料上，相对的，昂邦、侍卫等却常常出现在档子上。到了天命五（1620）年三月，努尔哈赤着手对这些制度进行改革，导入总兵官、副将、参将、游击、备御等明朝武官的职名来代替侍卫、扎尔固齐等原有称谓，还将这些职名分为一、二、三等。另一方面，八旗官制没有改变，依旧存在，史料中常常会出现某一人员同时身兼两职的场面。而拥有这些诸如总兵官、副将等职名的人员常常活跃在满洲国的政治、军事、外交、行政等各个方面。

接着皇太极上台后，天聪八年四月即招抚原察哈尔国属众的稍前，对努尔哈赤时代的武官世职称谓进行了改革。据《清太宗实录》卷十八，天聪八年四月辛酉（六日）条载：

> 五备御之总兵官为一等公。一等总兵官为一等昂邦章京，二等总兵官为二等昂邦章京，三等总兵官为三等昂邦章京。三等总兵官为三等昂邦章京。一等副将为一等梅勒章京，二等副将为二等梅勒章京，三等副将为三等梅勒章京。一等参将为一等甲喇章京，二等参将为二等甲喇章京。游击为三等甲喇章京。备御为牛录章京。

在此，我们从皇太极在向原察哈尔国属众发出劝降文告的前一个月即将世职汉式称谓改换成满洲式的情况来看，这是皇太极为了顺利推进招抚原察哈尔国属众事而进行的一次非常有针对性的政策措施。如前所述，皇太极在劝降文告中宣称："我两国，语言虽异，衣冠却相同。与其投奔异类之汉人，何不如归附我？那样尔

① 参见〔日〕松浦茂：《天命年間の世職制度について（关于天命年间的世职制度）》，日本《东洋史研究》，1984年，第42卷第4号，第105－129页。

等之心神平静，自父祖世传之衣冠体貌亦不会改变也。”如果满洲国的世职是汉式的，那么察哈尔人就有所反感，也会反驳说满洲国的制度与明朝相同，为何说汉人是异类。而如果将世职称谓变成满洲式的，那么基于满蒙在语言、服饰等文化上的接近而就能推动察哈尔国属众对满洲国的认同，强化一体感，这样很有利于招抚的成功。可知，在发出劝降文告前的一个月，皇太极就已经在酝酿通过世职制度来约束归附的原察哈尔国属众的谋略，以在承认寨桑们原有权利的前提下对他们加以控制。皇太极的这种有针对性的改革，虽然排除汉式职名，代以满洲式职名，但在日常事务中却带来了将世职制度与八旗官制相混淆的局面，这为后人研究清初制度带来了诸多不便。

其后顺治四年，清朝又对世职制度进行了一次改革。据《清世祖实录》卷三十五，顺治四年十二月甲申（十八日）条载：

> 世职昂邦章京，改为精奇尼哈番。梅勒章京，改为阿思哈尼哈番。甲喇章京，改为阿达哈哈番。牛录章京，改为拜他喇布勒哈番。半个前程，改为拖沙喇哈番。

即用新的满文词句替代了原来容易与八旗官制相混淆的世职称谓。本文中所利用的《清内秘书院蒙古文档案汇编》中的有关八旗察哈尔世职的敕书，既是在这次改革前发出的。表明在正式改革之前，清朝已经在开始使用新世职称谓了。

而后不久，为了减少汉人的抵触，顺治十七年清朝又将汉文中的八旗职官称谓由满洲式改为汉式，即将固山额真改为都统，梅勒章京改为副都统，甲喇章京改为参领，牛录章京改为佐领等等。但是满语中的称谓照旧不变。

最后到了乾隆元（1736）年，清朝又将汉文中的世职称谓，由满洲式改为汉式，即将精奇尼哈番改为子爵，阿思哈尼哈番改为男爵，阿达哈哈番改为轻车都尉，拜他喇布勒哈番改为骑都尉，拖沙喇哈番改为云骑尉①。满语中的称谓则仍照旧不变，直至清末。

除此之外，需要注意的是：关于世职的起源、由来等问题，松浦茂先生没有进行详细考证，而说“世职制度的起源确实要早于天命五年”②，却没有探寻其根源。

还有，对世职制度的特点，松浦茂先生总结道：世职制度具有免除钱粮、免除劳役、免除罪责、加封称号、授予世袭等权利，即努尔哈赤在封授世职爵位于属下的同时，相应地还要对其给予一些优遇。但从前述崇德、顺治年间清朝可汗封授给八旗察哈尔上层人员的世职敕书，我们没有看到免除钱粮、免除劳役、免除罪责、

---

① 关于清朝世职的变迁，也可参见〔日〕松浦茂：《天命年間の世職制度について（关于天命年间的世职制度）》，第114－115页内容。

② 〔日〕松浦茂：《天命年間の世職制度について（关于天命年间的世职制度）》，第116页。

加封称号、授予世袭等优遇措施。反而在【表一】中对封授都喇尔达尔汉贝勒封号的多尼库鲁克，和赐予卓礼图达尔汉贝勒封号的郭尔图色臣的事例中看到了“给之金印敕书，并命于国中行，每宿给以公粮，子孙永免驿马、干粮，从猎居中，行兵居前。”等优遇措施。这是因为，我们现在所知的《清内秘书院蒙古文档案汇编》中的有关八旗察哈尔上层的世职敕书是其原件的副本，而非原件。按照传统，交给本人的原件中理应记载所享受的特权。

四、清朝的世职制度与蒙古的册封达尔罕制度

近年来的很多研究都在表明，满洲国——清朝在政治、军事、社会、宗教层面上曾受到蒙古方面的强烈影响。努尔哈赤、皇太极都有意识地借鉴和学习过蒙古的政治、军事、社会制度，所以就清朝世职的根源问题，我们有必要探寻传统蒙古社会的相关制度。

正如笔者在《清朝时期蒙古阿拉善和硕特部扎萨克王爷的属众统治》一文中所探讨的那样：清朝时期的阿拉善和硕特部扎萨克王爷仍在继续沿用服属清朝前即传统蒙古社会中的册封达尔罕制度，不管“旗——佐领制度”的官职，还是巴格的达木勒，或是王府的官职，对建立过军功、政绩，效力过扎萨克王爷的旗内有功人员颁发噶舒克文书，赐予蒙古传统封号，免除赋役，准其世袭，以此优遇。且被优遇者往往是世袭的，是从其祖上起就有功于扎萨克王爷家族的有力家族的后代。通过维持这一传统的册封达尔罕制度，扎萨克王爷保证了活跃在军事、行政、社会管理、外交、警备、宗教等各个方面的关系稳定的“服务与忠诚”的特权阶层的存在，以此有效地维持了其对全体族众及扎萨克旗的统治①。

一方面，查阅《阿勒坦汗传记》、《蒙古源流》、《喀尔喀—卫拉特法典》等记述蒙古传统社会的史料即可知，服属清朝前的传统蒙古社会的鄂托克中经常会出现寨桑、扎尔固齐、侍卫、舒楞额、达鲁哈、德木奇等职官，而军队和硕中又有代青、哈什哈、侍卫、巴图鲁等职官。他们是传统蒙古社会中的官僚阶层，蒙古各级领主通过驱使他们来有效管理属下鄂托克的民众。除此之外，传统蒙古社会中还有一种制度，即笔者一直在强调的册封达尔罕制度。利用这一制度，蒙古领主优遇属下，维持特权阶层，通过这些被优遇的达尔罕阶层来掌握兀鲁斯、鄂托克。蒙古官制与册封达尔罕制度是相互独立的制度，但又相辅相成，一起结合起来发挥作用。而这两种制度，是以领主将达尔罕封号授予给具有官职的有力人员或其子孙来完成的，或以领主从具有达尔罕封号的家族中挑选和任命官员的形式出现。例如：1578年阿勒坦汗在青海仰华寺向索南嘉措赐予达赖喇嘛封号的同时，为了表彰属下臣官

① 参见齐光：《清朝时期蒙古阿拉善和硕特部扎萨克王爷的属众统治》，《清史研究》，2013年第1期，第104－116页。

对这次会盟所做的贡献，将他们册封为了达尔罕；“因卫征寨桑效力教法而亡，故从其众子嗣中优遇怜悯色楞，授予卫征寨桑封号。又因屡次尽力谨请达赖喇嘛，故授予萨姆达拉称号，封为大达尔罕”① 等等。其中“卫征寨桑”的“寨桑”是官职，“卫征”和“萨姆达拉”即是册封达尔罕的封号。这两种制度结合起来，为蒙古政治、军事、外交、行政、宗教事务的有效运行，发挥过极其重要的作用。

努尔哈赤时代的世职，早期受封人员的封号、称谓等皆来自蒙古语，所以其源于蒙古社会的册封达尔罕制度是毋庸置疑的。而且直到乾隆朝为止，外藩蒙古人仍然认为清朝的世职就是蒙古社会的达尔罕②。还有，清朝世职的优遇措施也很是类似于册封达尔罕制度。努尔哈赤只将蒙古社会册封达尔罕时的诏书（Mon：jiγuqu bicig）改成满文的敕书（Man：ejehe bithe），其他基本相同。但不得不说，由来于蒙古社会册封达尔罕制度的满洲国——清朝的世职制度，经过努尔哈赤、皇太极等的改革，其已变成串行化、制度化、严格化的，与八旗官制相匹配的政治社会制度。基于八旗分权构造，八旗旗主对各自旗分的支配比较牢固，为此世职制度便成了满洲国汗王向八旗渗透权力的一种手段。基于世职制度，满洲国汗王可将八旗旗民一元地统合起来，通过升降他们世职的形式，达到统一支配的目的。但因“旗主——旗民关系”非常牢固，所以在八旗分权构造下，汗王的权力并不是绝对性的，而是有限度的。

后来清朝又将世职制度，扩展到外藩蒙古扎萨克旗。例如：在平定准噶尔的战争中，乾隆帝向喀尔喀四部、阿拉善和硕特部的扎萨克兵丁，封授过很多清朝的世职③。与此同时，在漠南蒙古的诸多扎萨克旗中，也存在清朝可汗册封的达尔罕。但不管怎样，因外藩蒙古扎萨克旗的王爷们对其属下有着强有力的私人支配，所以清朝可汗对扎萨克旗兵丁封授的世职或达尔罕，也大体停留在荣誉与名义上，实际上并没有什么具体权力，只给一点俸禄。相反，正如笔者的研究，扎萨克王爷册封的达尔罕特权阶层才是清朝时期外藩蒙古扎萨克旗在人事上的最有效制度。

而在八旗察哈尔，情况就有所不同。在八旗察哈尔归附初期，皇太极通过保障寨桑等有力人员的原有权利，抵消了八旗旗主对八旗察哈尔的强有力支配。后来崇德元年皇太极又通过世职的封授，加强了与八旗察哈尔上层有力人员之间的隶属关系。通过封授世职，达成清朝可汗与八旗察哈尔上层人员之间一对一的责任关系，以此清朝可汗将八旗察哈尔变成了自己的直隶军事集团。不管以后对八旗察哈尔的制度怎样变迁，基于这种关系建立起来的相互关系，始终是两者之间的最主要的和

① 〔日〕吉田顺一等译注：《『アルタン＝ハーン伝』訳注（〈阿勒坦汗传记〉译注）》，日本风间书房，1998 年，第 616 页，影印原件 30b 部分。

② 参见今阿拉善左旗档案馆所藏《清代阿拉善和硕特旗扎萨克衙门档》，案卷号 101，目录号 03，卷号 0170，件号 001，《理藩院为使阿拉善旗扎兰章京萨达毕子承袭伊父达尔罕名号事致罗卜藏多尔济行文》。

③ 参见《清代阿拉善和硕特旗扎萨克衙门档》案卷号 101，目录号 03，卷号 0176，件号 004，《理藩院为给阿拉善旗官兵授予世职事致罗卜藏多尔济行文》。

决定性的关系。其他制度往往是在这种关系的基础上建立和维持的。即使导入了八旗官制，那也是以从具有世职的家族中任命官员的形式在办理事务，直至清末。

结 语

综上所述，本文得出以下结论。

第一，天聪八年，皇太极招抚原察哈尔国属众时，明确答应寨桑等官员可继续管辖原有的属下，此一承诺对其后的八旗察哈尔与清朝可汗间的关系影响深远。同时皇太极将归附的原察哈尔国属众分编八旗时，使其中的有力寨桑等通过纳娶林丹汗有力妃子的形式编入到了自己所领的两黄旗，至此皇太极个人实力急剧膨胀，大大地超出了八旗其他旗主贝勒。另外，皇太极又将八旗察哈尔于八旗外缘独立游牧存在，使八旗察哈尔只听命于自己的调遣，以此降低了八旗旗主贝勒对八旗察哈尔的强力支配。通过这些措施，皇太极个人的实力极大地超出八旗其他贝勒及漠南蒙古各大诺颜，达到了可汗级别，最终于崇德元年成功建立了新的大清政权。

第二，建立大清之后，皇太极对八旗察哈尔寨桑等上层人员封授世职，在制度上承认了八旗察哈尔上层人员原有的权力，进一步实现自己的承诺，加强了与八旗察哈尔之间的隶属关系。因八旗察哈尔的管理仍然由原来的有力寨桑等担任，所以通过世职的封授，皇太极有力地控制住八旗察哈尔。在一般的八旗，旗主对属下旗内官员都有很强的支配力。但在八旗察哈尔，因佐领等官职都是从清朝可汗封授世职的人员中补放的，所以直到清末，清朝可汗对八旗察哈尔的支配一直都很强。因八旗察哈尔是直隶于清朝可汗的军事集团，所以有战事即有察哈尔。

第三，清朝世职制度由来于传统蒙古社会的册封达尔罕制度。但为了适应八旗社会及征战扩张的需要，清朝不时对世职制度进行改革，以至使其作为统合分权体制下的八旗发挥了十分重要的作用。所以说，作为清朝根杆的制度，除了佐领、参领、都统等八旗官制以外，世职制度的存在也是其重要的标志，两者相辅相成，共同推进政治事业的成功。而清朝的世职，在清朝可汗与八旗察哈尔的关系上发挥了比八旗官制更为重要的作用。

我们常说“满清”这样的词，但事实上光以满洲是难以建立大清国的。一个北亚帝国的建立和存在最基本的需要以下三种元素。一，要有一定数量的、稳定的诺颜——贝勒——王公阶层的存在。二，可汗的个人实力要凌驾于各个诺颜——贝勒——王公之上。三，要有共同的政治礼仪和军事法律。而于天聪后半期，爱新觉罗氏出身的满洲贝勒和漠南蒙古孛儿只斤氏黄金家族出身的诺颜们逐渐在共同的朝政礼仪和军事法律下建立起了平等的同盟关系。在此情况下，对当时的满洲国汗王皇太极来说，要想成为可汗以建立更大的政权，其个人实力必须要实质性地超出每一位诺颜和贝勒。所以，八旗察哈尔的编立对皇太极来说是至关重要的。皇太极不仅把原察哈尔国的最有力军团纳入了两黄旗，还在八旗外缘编立八旗察哈尔，对其施以强有力的个人支配，以此达到了提升自己个人实力的目的，从而最终建立起了大清国。直至1912年初清朝皇帝退位为止，八旗察哈尔都以其直属、忠诚的军事集团来存在和活动。

近来随着满、蒙、藏文档案史料的大量公开，及国内外学术界所显示出的巨大活力，有关17世纪及其以后内陆亚洲地区的历史研究，呈现出了新的变化和新的特征。而理解曾对满洲和西藏及中亚民族有过强烈的政治文化影响的蒙古的政治与社会，对其内涵的思考，俨然已成为清史学界必须要加以重视的问题。只有深刻理解每一方面政治文化的由来及内涵，才能更好地认知清朝这个大帝国及那个时代的满洲、蒙古和西藏的问题。期待相关研究的深入发展。

（齐光，男，1981年生，复旦大学历史地理研究所讲师。上海：200433）

清代八旗察哈尔对维护国家统一的贡献

赵静雯

内容提要：1634年，后金消灭北元政权，将大部分察哈尔人编入八旗，形成八旗察哈尔；同时，册封额哲为和硕亲王，设立了一个外藩扎萨克旗。至1675年，布尔尼叛乱，清朝撤销察哈尔扎萨克旗，其属民也加入八旗系统。八旗察哈尔作为内属旗，处于清廷的严密管控之下。他们政治、军事、生产三位一体，平时生产、战时出征。察哈尔向来骁勇善战，被清廷视为劲旅，受到历代统治者的高度赞扬。有清一代，战事纷繁，八旗察哈尔或参与战争或驻守防卫。本文试从军事征战方面入手，按照战争类别划分，对八旗察哈尔参加王朝一统、巩固清廷统治、抵御外国侵略等战争史实加以系统论述，凸显清代八旗察哈尔对维护国家统一所作的杰出贡献。

关键词：清代；八旗察哈尔；军事战争；国家统一

清太宗皇太极征服察哈尔，分别设置了内属八旗察哈尔与外藩察哈尔扎萨克旗。布尔尼之乱后撤外藩扎萨克旗，八旗察哈尔继续发展。[①] 八旗察哈尔作为内属旗，处于清廷的严密管控之下，平时从事生产，战时作为劲旅出征，广泛活跃于清代历次重要的战争中。康熙皇帝曾曰："朕每有诏旨，必云我察哈尔"；雍正皇帝称其为"累世效力之旧人"。八旗察哈尔矫健英勇，在战争中冲锋陷阵，为维护国家统一做出重要贡献。

一、八旗察哈尔参与清朝统一之战争

明万历四十六年（1618）四月，努尔哈赤以报七大恨为名起兵进攻明朝抚顺，

---

① 达力扎布：《清初察哈尔设旗问题考略》，《内蒙古大学学报》（人文社会科学版），1999年1月。
达力扎布：《清代八旗察哈尔考》，《民族史研究》，2003年第00期。
达力扎布：《清代察哈尔扎萨克旗考》，《历史研究》，2005年第5期。

拉开后金对明朝作战的序幕。之后相继发动萨尔浒之役、开原之役等多次进攻[①]，清军节节胜利、明朝疲于应战。皇太极即位后更是乘胜追击，下朝鲜、臣蒙古，最后集结兵力锐意伐明，新附察哈尔就是其中的一支重要军事力量。

（一）清军灭明战争中的八旗察哈尔

皇太极鉴于察哈尔为其所败，明朝中原腹地暴露，乃领兵西去，迂道入关。崇祯七年（1634）七月，皇太极暂缓进攻有重兵把守的明朝山海关及宁、锦各城，亲率大军西至明朝大同、宣府（今张家口宣化）边外，“朕率两黄旗及汉军、都元帅孔有德、总兵官耿仲明、尚可喜、科尔沁国诸贝勒兵，从尚方堡（今张家口万全县境内）入边，至宣府南驻营。两白旗、翁牛特喀喇车里克部落、并土巴济农及新附察哈尔兵千人，从龙门口（张家口龙关镇境内）入，次日会朕于宣府。朕复自宣府新城，趋应州（今山西应州）驻营”。[②] 后金此次进攻并不顺利，大同、宣府、阳和等城多不能克，盘桓两月之久，劫掠附近城堡，军乃归。此次入关最大的收获当属于沿途兼收察哈尔部众，壮大后金军事实力。

自崇祯四年（1631）以来十年间，清军四次迂道入关，攻略中原，目的在于抢夺人员物资，深探明朝腹地实情，但是辽东通往燕京之要道山海关尚未打通，影响着明清战局。为打通山海关，清太宗皇太极发动松锦之役，此役中察哈尔兵的表现突出。

崇祯十四年（1641）春，清军攻锦州，命济尔哈朗逼城筑长围以困之，并派兵断绝松山、杏山援路，“我国察哈尔兵及蒙古兵之马瘦者，初一日皆至”[③]。察哈尔兵听从部署，先是围困锦州后来直接参战。右翼清军出师不利，“惟四旗护军、敖汉亲曼部下兵、察哈尔四旗兵、恭顺土卜兵及内大臣伊尔登所率众侍卫、前进迎战……奋勇驰击，人马被伤者甚众”[④]。察哈尔兵等作战顽强，保住右翼主力，左翼多罗武英郡王阿济格连夜前往接应，清军得以控制战局。八月，皇太极率领大军奔赴松、锦，亲自督战指挥。“上命蒙古固山额真库鲁克达尔汉阿赖、察哈尔毛海，各率所部兵，伏杏山路、遮击遁入杏山敌兵……又闻明国郎中张若麒从小凌河口乘舟遁，命镶黄旗蒙古梅勒章京赖护、察哈尔琐诺木卫寨桑旗下巴特玛（察哈尔扎萨克旗兵）率兵往追之”[⑤]。皇太极战略部署得当，切断了明军退路，辽东总督洪承畴五次突围皆败。次年（1642）二月，清军攻陷松山，洪承畴降清；三月，守锦州

---

① 台湾三军大学：《中国历代战争史》（第15册），北京：中信出版社，2013年，第33—151页。

② 《清太宗实录》卷20，天聪八年闰八月庚寅条，北京：中华书局影印本，1985年（后同），第2册，第261页。

③ 《清太宗实录》卷55，崇德六年四月己酉条，第2册，第741页。

④ 《清太宗实录》卷56，崇德六年七月乙酉条，第2册，第755页。

⑤ 《清太宗实录》卷57，崇德六年八月甲子条，第2册，第773页。其中琐诺木卫寨桑旗是察哈尔扎萨克旗兵。

的明将祖大寿亦降清；四月，塔山、杏山相继陷落。此役察哈尔官兵浴血奋战，罗礼、寨萨木、多尼库鲁克等八旗察哈尔官员均阵亡①。

松锦之战后，山海关以北辽西走廊地带门户大开，清军可长驱直入，进攻燕京。1642年底，清兵入塞劫掠直隶、山东，其中入围蓟州的有满洲、蒙古、察哈尔八旗骑兵章京共22员，兵283名，约占总兵力（兵1400余名）的五分之一。② 明调集大军支援北京，皆畏怯观望、不敢战，清军乘胜至山东、江苏，连克多县。清军此次入塞蹂躏八十八城，掳三十六万九千人及大量牲畜财物③。

明末，各地农民起义此起彼伏，1644年（顺治元年）三月，李自成率领大顺军围攻北京，崇祯帝自缢，明朝灭亡。明将吴三桂降清，清朝借此时机举兵入关，迁都北京。清朝为统一全国，发动了一系列军事进攻，例如：山海关之战、清剿农民起义、歼灭南明政权、打击台湾郑氏集团、镇压腾机思反叛等等。察哈尔官兵受清朝调遣参与了清初的历次战争，为巩固新生的清政权鞍前马后，血洒疆场。

清初察哈尔官员率军参战情况一览表

	攻掠北京、山东崇德三—四年	松锦之战崇德六年	山海关之战、追击流寇顺治元年	追击腾机思顺治三年	灭福王顺治三年	旗分
古木德塞臣	无梯攻下高阳县城	√	√	√	√	正黄旗
古木太锡	√	√				正蓝旗
叟格都喇尔			√		√	镶红旗
罗礼	√	阵亡				正黄旗
额林臣戴青	√	√				镶白旗
德参济王				√		正黄旗
巴斋卓尔齐代	√					正黄旗
祁他特车尔贝	√	√	√	√		正白旗
毛海叶尔登		√				正红旗
塞冷塔布囊			√			镶红旗
绰尔门		√		√		镶蓝旗
塞冷车臣			√			镶黄旗
滚出克古英		√	√			正红旗

① 见达力扎布：《八旗察哈尔世职敕书译释与研究》（初稿）。

② 《清太宗实录》卷63，崇德七年十一月丙申条，第2册，第875页。

③ 中国军事史编写组：《中国历代战争年表》（下册），北京：解放军出版社，2003年，第357页。

续表

	攻掠北京、山东崇德三—四年	松锦之战崇德六年	山海关之战、追击流寇顺治元年	追击腾机思顺治三年	灭福王顺治三年	旗分
沙济德力格尔	√	√	√			不详
巴赖都尔莽赖	√	√	√	√		正黄旗
海萨塔布囊	√	√	√			正蓝旗
乌邦和硕齐			√	√		正黄旗
寨萨木	√	阵亡				镶红旗
巴吉尔	√	√				正白旗
阿尔萨墨尔根	√	√				镶黄旗
多尼库鲁克	√	阵亡				正黄旗

根据达力扎布《八旗察哈尔世职敕书译释与研究》（初稿）；宝音初古拉《察哈尔蒙古历史研究—归附爱新国宰桑一览表》、《清实录》、《内秘书院档》、《译编》制。

（二）平定三藩之乱中的八旗察哈尔

清初为巩固政权，安定南方，封吴三桂为平西王镇守云南；尚可喜为平南王镇守广东；耿继茂为靖南王镇守福建，称为三藩。至康熙十二年（1673），统一大局既定，清廷决意削藩。由于准备不足，成行太速，激起三藩之乱。康熙帝决心平叛，命多罗顺承郡王勒尔锦为宁南靖寇大将军，驻守荆州；命都统赫业为安西将军，率师同将军瓦尔喀等由汉中入蜀。又派遣都统巴尔布率领精奇三千进守常德；都统珠满率领八旗兵三千把守岳州；并在西安、汉中、荆州、安庆、兖州、南昌等地集结重兵听候调遣。康熙帝力图将战事控制在云南、贵州和湖广境内。八旗察哈尔也被征调其中，主要负责防御镇守任务。

1. 屯兵兖州、镇守江南

康熙十三年（1674）正月，清廷派副都统马哈达①往驻兖州，科尔昆领兵驻太原。其中“添发察哈尔前锋、护军、骁骑兵往，与马哈达兵协同防守”②。兖州可谓是清军远赴南方战场的中转之地，极其重要：“大兵进攻楚、蜀，若须援兵自京遣发，难以骤至，且致士马疲劳。兖州地近江南、江西、湖广，太原地近陕西、四

① （清）赵尔巽：《清史稿》卷258，《列传45·玛哈达传》，第33册，第9843页。康熙七年，擢正白旗满洲副都统。

② 《清圣祖实录》卷45，康熙十三年正月己卯条，北京：中华书局影印本，1985年（后同），第4册，第593页。

川，均属东西孔道；苟发兵驻防，秣马以待，所在有警，便即时调遣”①。察哈尔兵到达兖州稍事休整，立即踏上新征程：镇南将军尼雅翰、与副都统席布，仍领德州等处驻防官兵往兖州，会同驻防副都统马哈达，分兵为三。“择马肥者，尼雅翰、席布领之先往安庆；马瘠者速令喂养，马哈达领之继往安庆，其察哈尔兵亦同往；余兵以副都统根特巴图鲁领之防守兖州”②。至是，出征之察哈尔官兵军分两路，一路留驻兖州，一路镇守江宁③。

江南沿海濒江，甚属紧要，俱应有备，向为赋税重地，财富之区。上命两江总督阿席熙其饬令镇守，整顿兵马，于封疆扼要之处加意侦探严防。正月下旬，巡抚卢震弃长沙奔岳州。康熙见局势有变，遂做战略调整，“令都统觉罗朱满、领兵速赴武昌……安庆为江南上游要地。令江宁将军额楚、镇海将军王之鼎，各遣副都统一员，领兵千名，由水陆分路先往安庆防守”④；“原驻江宁副都统马哈达将自京所带甲兵移驻安庆，其察哈尔左右两翼官兵于兖州秣马之后，左翼官兵赴江宁（今南京），听江宁将军统辖。右翼官兵赴安庆，听马哈达统辖”⑤。

然而康熙皇帝欲将叛乱控制在西南各省的愿望未能实现。吴三桂部将攻克常德、澧州、岳州等地，清军官兵或是反叛或是败退，二月间，四川、湖南沦陷。不久，孙延龄据桂林反，耿精忠据福建反，广州尚之信蠢蠢欲动，台湾郑经也在寻找战机加入其中。叛军继续展开攻势，江浙、江西告急。

2. 增兵江浙、巩固长江

叛军乘胜北上，局势危急，康熙皇帝先是命扬威将军阿密达率劲旅往援江宁，所有官兵随时待命，以备调遣。其中驻扎安庆的右翼察哈尔官兵预备移派江宁。后来，福建告急，遂调江宁诸处兵援浙江：“副都统胡图统率从水陆速赴杭州，驻札安庆副都统马哈达亲率所部官兵及江宁左翼察哈尔官兵并速赴杭州，同将军图喇等酌行。将军华善于所部汉军内择马肥者五百人，令夸兰大二员领之，亦即赴杭州，听图喇等调遣。”⑥ 六月，驻江宁副都统纪尔他布率右翼察哈尔全军及每佐领甲兵一名，奔赴浙江，会同提督塞白理守御。九月，据浙江总督李之芳疏报：“副将陈世凯等会同副都统马哈达、石调声统率官兵，直抵山口，击败贼众……共斩贼五千余人，生擒一百六十人，焚毁贼巢篷厂二百余处”⑦。

---

① （清）勒德洪撰：《平定三逆方略》卷1，康熙十二年十一月庚申条，《清代方略全书》，北京：北京图书馆出版社，2006年（后同），第2册，第111页。

② 《清圣祖实录》卷45，康熙十三年正月甲申条，第4册，第595页。

③ 《清圣祖实录》卷45，康熙十三年正月丁亥条记：谕副都统马哈达，俟将军尼雅翰至兖州选兵去后，尔将所余官兵分领其半，随往江宁，与将军额楚同守。其余官兵留与参领噶笃浑、沙纳哈，仍驻防兖州。

④ 《清圣祖实录》卷45，康熙十三年正月丁亥条，第4册，第596页。

⑤ 《清圣祖实录》卷46，康熙十三年二月癸亥条，第4册，第606页。

⑥ （清）勒德洪撰：《平定三逆方略》卷5，康熙十三年四月丁未条，《清代方略全书》，第2册，第229页。

⑦ 《清圣祖实录》卷49，康熙十三年九月甲申条，第4册，第649页。

吴三桂于澧、岳诸处抵御清军，摇惑军心。康熙帝认为宜增兵速行剿灭，随即增派满洲八旗及察哈尔、外藩蒙古诸部士兵，共计万余人，由固山贝子准达率往荆州。又“以旗下兵之半及蒙古兵四千，以多罗贝勒尚善为安远靖寇大将军，同固山贝子彰泰、镇国公兰布率往岳州”①。同时加强南昌防务，严守江西。鉴于当时局势，清军武力攻取的同时尽最大可能招抚。至此，清军平叛的部署基本就绪。

3. 防御西北、继续作战

四川、湖南沦陷，西北门户大开，康熙帝派遣莫洛速援陕西。但是莫洛与陕西提督王辅臣矛盾激化，康熙十三年底，宁羌兵变，王辅臣叛清，西北局势危急。清廷紧急加强防务，四处征兵驻守，其中“调边外察哈尔前锋护军骁骑，令左翼由张家口入驻宣府、右翼由杀虎口入驻大同”②，由平逆大将军毕力克图统领，此为第二批出征的八旗察哈尔兵。

然而，三藩反清，叛者四起，察哈尔的另外一支，外藩扎萨克亲王布尔尼反叛③。当时调往宣府的左翼四旗察哈尔镇大同，众噪毁边墙私遁，欲响应旧主。清廷迅速处理了此事，将布尔尼部众带回北京分隶于八旗满洲、蒙古旗下披甲，撤销察哈尔扎萨克旗。

对于未成气候的响应者察哈尔左翼四旗，康熙采取招抚之策：“先既调尔八旗察哈尔同官兵进剿，今又尽征余兵，尔等或虑妻子牲畜无人养育、马又羸瘦，难以从征，以此亡归；其情可恕。今特行宽宥，其各返故伍如常，毋生疑畏”④。为何清廷的处理相对温和？那是由于平叛出兵太众，约为全国兵额的一半⑤，加之此时整体战局紧张，清廷自忖不能失去战斗力尚可的察哈尔兵力。

反叛风波平息后，八旗察哈尔继续参战。康熙十四年（1675）五月，右翼察哈尔兵三百名出副将军毕力克图率赴榆林，同总兵官许占魁协力平定延安诸处；左翼察哈尔兵归顺后，“愿立功自效，上因命察哈尔兵赴河南府驻防，恐其难以矜束，复令每旗出骁骑五十人，副都统龚图统领前往”⑥ 十月，以大同察哈尔兵三百人、太原满洲兵三百人调赴潼关⑦。

平定三藩之乱中，八旗察哈尔兵丁几乎被全部征调，足迹遍布陕西、河南、山

---

① 《清圣祖实录》卷48，康熙十三年六月丙午条，第4册，第626－627页。

② （清）勒德洪撰：《平定三逆方略》卷13，康熙十四年三月辛未条，《清代方略全书》，第2册，第476页。

③ 《清圣祖实录》卷53至55，详记布尔尼反叛一事。

④ （清）勒德洪撰：《平定三逆方略》卷14，康熙十四年四月甲寅，《清代方略全书》，第2册，第492页。

⑤ 刘凤云：《清代三藩研究》，北京：故宫出版社，2012年7月，第278页。

⑥ 《清圣祖实录》卷55，康熙十四年闰五月己巳条，第4册，第718页。康熙十二年，升护军参领龚图为正蓝旗蒙古副都统。

⑦ （清）勒德洪撰：《平定三逆方略》卷19，康熙十四年十月癸亥条，《清代方略全书》，第3册，第3页。

东、浙江、江苏、福建等省。八旗察哈尔主要任务是调往各地驻防，布尔尼之乱后清廷对与其同宗的八旗察哈尔有所忌惮，他们的功绩也被淡化，但是仍能从史料中寻见端倪。《清实录》中有多处记载察哈尔兵丁统帅马哈达、毕力克图①等率军缴伪、功绩卓越之事迹。率领察哈尔官兵驻防杭州之副都统马哈达屡次得上嘉奖，被授为杭州将军②；率领察哈尔征战西北的毕力克图阵亡，康熙帝给予恩典“原任蒙古都统太子少师察哈尔佐领毕力克图，祭葬加祭一次，谥恪僖”③；吏部尚书介山，自福建班师回京，上谕曰：“尔出征甚劳，察哈尔众兵进征亦为劳瘁，兹回本地，宜加给行粮”④。

（三）出征准噶尔汗国中的八旗察哈尔⑤

康熙年间，噶尔丹夺位，建立起噶尔汗国，开始对外扩张，威胁清朝西北边境。清廷平定三藩之乱，南方得以安定，将战略中心转移到北方，矛头指向日益壮大的准噶尔部。历经康、雍、干三朝六十余年多次征战，终于彻底解决准噶尔问题，平定天山南北。

康雍乾三代征战准噶尔汗国的历次战役中，几乎每战都有察哈尔人的身影。察哈尔兵数逐渐增加，乾隆首攻西北时高达4000人。他们在历次战役中多担任前锋主力，出生入死，在征战准噶尔中发挥重要作用。八旗察哈尔能征善战，他们用优异战绩博得统治者称赞，也为自己争得俸饷恩赏。此外，为保障战争之需，八旗察哈尔还负责提供战马，组建马队，战后一般也会留察哈尔官兵驻守卡伦台站。新疆地处边陲，生活艰苦，清廷所派驻扎人员多为地位较低的八旗兵与绿营兵，而且对他们严加管控：“俟驻防数年后派员更换，若因久戍思家，诸事懈惰，仍当重治其罪”⑥；归降清朝的厄鲁特人有很多被安插于察哈尔八旗内居住。从中可以发现八旗察哈尔虽然屡立在战功，但是地位仍然较低，难以获得统治者的充分信任。吐娜《清朝出兵准噶尔中的察哈尔蒙古》一文从战略部署、作战情况、奖励军功、战后安排等方面进行细致研究，突显八旗察哈尔官兵在战争中的重要作用，兹不赘述。

乾隆平定回疆之乱，清朝完成统一大业，从嘉庆朝开始，各地反清斗争成为主流，八旗察哈尔官兵在朝廷调度之下，参与了镇压反清起义，维护清朝政权的战争。

---

① （清）赵尔巽：《清史稿》卷254，《列传54·毕力克图传》，第32册，第9755页。康熙八年，擢正蓝旗蒙古都统，列议政大臣。

② 《清圣祖实录》卷62，康熙十五年八月戊寅条，第4册，第808页。

③ 《清圣祖实录》卷97，康熙二十年八月癸卯条，第4册，第1225页。

④ 《清圣祖实录》卷96，二十年六月戊戌条，第4册，第1214页。

⑤ 吐娜：《清朝出兵准噶尔中的察哈尔蒙古》，《内蒙古社会科学》，1998年第6期。

⑥ 《平定准噶尔方略》卷61，乾隆二十三年九月庚戌条，《清代方略全书》，第25册，第613页。

二、八旗察哈尔参与巩固清廷统治之战争

清中后期，清廷统治腐朽，加之外敌入侵，需要偿还大量战争赔款，故而增派赋税，致使民不聊生。太平天国起义、捻军起义、回民起义等抗清势力此起彼伏。为了巩固统治，朝廷派军剿杀各地起义。八旗察哈尔作为内属旗，多次受调遣参与镇压反清起义。

（一）镇压太平天国北伐中的八旗察哈尔

咸丰元年（1851），洪秀全在广西金田领导起义，欲图推翻清朝统治。起初，太平军主要活跃于南方，由清朝的绿营兵、湘军、淮军等地方军队及团练武装负责清剿。定都南京后，太平军实力大增，随即发动西征和北伐。大清政权岌岌可危，咸丰皇帝决定征调兵马，堵截和围剿义军，备受清廷倚重的八旗察哈尔等蒙古骑兵也被派去镇压北伐义军。

1. 拱卫京畿

太平天国建都南京后，清廷征调全国兵力镇压起义。“请调察哈尔马队官兵、归化城土默特马队官兵、蒙古马队官兵及察哈尔马匹，着各该将军、并东三盟蒙古王等一并豫备。”其中，“察哈尔兵四千名赴张家口备用”①。八旗察哈尔官兵在口外水草茂盛处驻扎训练，仅离京城二三百里路程，如遇紧急，可迅速前往解围。四月，盛桂从察哈尔官兵中挑选年力精壮、技艺娴熟者，勤加操练，候旨调用；所有器械、弓箭、刀矛、帐房等件也逐一豫备整齐；此次还征调察哈尔战马共五千匹②。此外，还有4000名察哈尔官兵在南苑驻扎。八月，华山泰出任察哈尔都统，奉旨挑选察哈尔兵丁，但是所剩兵丁非老即幼，无法征用，清廷只好作罢③。

太平义军北上，势如破竹，由皖入豫，转战山西。九月，奇袭直隶军事重镇临洺关，前锋迫近正定府城，直指京师。临洺关大败后，直隶总督讷尔经额经营的保定、正定防线空虚。咸丰就近调兵支持，命培成、多尔济那木凯从南苑挑选察哈尔兵二千名，赴直隶正定剿贼；命庆祺、维禄率领驻扎天津之盛京官兵两千名，迅速奔赴保定；另调察哈尔马二千匹来京备用。大军集结完毕后，“并命僧格林沁为参赞大臣，统带健锐营兵五百名、外火器营兵五百名、两翼前锋营八旗护军营兵二千

---

① 《清文宗实录》卷86，咸丰三年二月甲辰条，北京：中华书局影印本，1987年（后同），第41册，第133－134页；卷87，咸丰三年三月癸丑条，第41册，第159页。

② 《清文宗实录》卷91，咸丰三年四月癸巳条，第41册，第241页。所征调的马匹由于不习水土且费用甚巨，停止调往。即由江南各粮台就地采买。但马匹仍留口外放牧，以备随时征调。后来，此5000匹马被调往直隶、山西二省。

③ 《华山泰奏报挑选察哈尔兵丁情形折》，《清政府镇压太平天国档案史料》，北京：社科文献出版社，2001年（后同），第9册，第442页。

名、巡捕五营兵五百名、察哈尔兵一千名（共4500名），即日出京”，与直隶胜保军前后夹击。前次派出培成等所带两千官兵，皆陆续启程①。此次临危受命的八旗、蒙古劲旅共6500名，其中有察哈尔官兵3500名。僧格林沁统带四千余名官兵出京，驻扎涿州一带，兼顾保定、易州、河间、天津等处，这一防堵策略颇有成效，使太平军难以染指北京。同时，胜保率领军队到达深州（衡水西北），对太平军展开攻势。“僧格林沁派拨京营官兵二千名，察哈尔马队一千名，迅速前赴深州军营，听候调拨”②，胜保获胜，太平军放弃深州东去。

2. 堵截义军

太平义军没有因为清廷的重重防卫而退却，李开芳、林凤祥率军东趋沧州，转逼天津，僧格林沁据此调整清军部署。九月底，太平军攻天津，占据静海县，清军扼要驻防、横前拦截。僧格林沁害怕太平军由运河北上，令恩华率左翼前锋护军营1000名，侍卫绷阔率察哈尔兵700名，由固安（河北廊坊境内）移驻武清（天津西北）防堵；同时令培成带领1000名察哈尔兵驻扎固安，相互支持；紧接着增调哲里木盟蒙古官兵1000名，热河古北口官兵850名赴天津驻守③。僧格林沁的根本任务是拱卫京师，所以他把大营安扎在天津西北一带。僧帅考察天津防务后，认为王庆坨（武清西南）是扼要重地，令培成协察哈尔兵移驻该地堵截。但恐察哈尔兵力单薄，又调伊勒东阿、绷阔各带所统官兵日夜兼程，合力堵截④。十一月，胜保率军进攻静海独流镇，太平军利用水患，引水入壕，清军伤亡惨重。咸丰四年正月，僧格林沁率兵至王家口，开始直接与太平军开战。“绷阔带领察哈尔兵500名；多尔济那木凯帅王庆沱处察哈尔等1000余名官兵，前往协助”⑤。清军协力共战，取得胜利，太平军溃散而逃。

太平军南退至阜城（衡水东南），僧格林沁、胜保率领大军前往镇压，北伐太平军形势危急。太平军实力渐弱准备突围，于二月六日夜晚，在察哈尔官兵未知觉之时占据壕边，突袭培成营盘，引燃其帐房，致使官兵八十余名丧生，另抢劫火药、帐篷、驼马无数，察哈尔军营损失惨重⑥。太平军转战连镇（衡水东北），五月开始兵分两路，一路由李开芳带领自东连镇突围经吴桥直驱高唐、茌平（聊城境内），后被困于冯官屯，一路由林凤祥带领自西连镇突围后即被僧帅围困。僧格林沁进剿敌军主要依靠骑兵，清兵围攻阜城、连镇时，太平军伤亡2380余人，清军

---

① 《清文宗实录》卷105，咸丰三年九月辛亥条，第41册，第591－594页。

② 《清文宗实录》卷106，咸丰三年九月壬戌条，第41册，第620－621页。

③ 胡耀先：《僧格林沁镇压太平天国北伐军的军事活动》，内蒙古大学硕士学位论文，2006年5月。

④ 《僧格林沁奏报移营王庆沱及筹调兵力等情折》，《清政府镇压太平天国档案史料》，第10册，第422—423页。

⑤ 《僧格沁奏报敌窜王家口如经击回即遵旨移营前敌折》，《清政府镇压太平天国档案史料》，第12册，第145页。

⑥ 《清文宗实录》卷128，咸丰四年二月癸巳条，第42册，第274－275页。

伤亡约480余人，双方伤亡比例约为5:1。足见清军优势不在于兵力多少，而在于骑兵威力[①]。北伐军分流之后实力渐弱，而清军又增派兵力集中围攻，同治五年正月，清军攻克连镇，林凤祥被擒；四月，冯官屯陷落，李开芳被擒。至此，太平天国北伐失败。

僧格林沁征战过程中多次调遣察哈尔官兵，八旗察哈尔转战河南、山东等地，克服暑热、饮食等问题，勤劳备着。率领察哈尔官兵征战的干清门侍卫绷阔，在进攻连镇太平军时，与官兵一道奋勇争先，身受重伤。事后，咸丰皇帝赏赐“白玉四喜搬指一个，玉靶小刀一把，大荷包一对，小荷包四个”[②]。察哈尔都统西凌阿“帮办军务，叠着战功，着赏巴图鲁名号，并赏轻车都尉世职”，后又加赏三等男爵[③]。

北伐军转战北方数省，牵制清朝十万以上主力军，太平天国得以从容西征，及至北伐苦战失败，清廷倾力东南，太平天国由盛转衰[④]。八旗察哈尔身兼清剿捻党、反抗侵略任务的同时仍为南方战场提供马匹物资，并随时抽身支援。

（二）围剿捻军起义中的八旗察哈尔

捻军起源于康熙年间淮北一带，后发展为反清的民间组织，嘉庆年间蔓延至江苏、安徽、山东、河南、河北等省份，与太平天国南北呼应。起初，捻军多为流寇，无章法可言，不足为患，随后受太平军影响，战法改良，实力大增。咸丰、同治年间，清廷出兵清剿捻军势力。

咸丰二年（1852）至同治二年（1863）为清军剿捻的第一阶段。1852年底，捻首张洛行等起事于豫皖，咸丰帝命察哈尔都统西凌阿带领吉林、黑龙江、察哈尔官兵前赴河南军营，听候琦善调遣[⑤]。次年，太平军占领淮关，各地捻党纷起响应，此后剿捻与剿太平军合二为一。咸丰五年（1855）六月，皖北捻党公推张洛行为盟主，旋即北上至河南归德（今商丘）一带，清廷严令豫皖苏三省严加防范、联合围攻。第二年，加大剿匪力度，征调各省官兵协助：“调陕甘兵二千名，山西兵一千名，赴河南剿贼”；“调绥远城兵一千名，吉林黑龙江兵各五百名，赴山东曹州防堵窜匪”；命穆隆阿于察哈尔官兵内“拣选精锐两千名，跟役兵三千名备调，为豫备剿匪之用。”[⑥] 察哈尔官兵集合到位后，酌“拨五六百名，令穆腾阿管带迅赴皖省，

① 胡耀先：《僧格林沁镇压太平天国北伐军的军事活动》，内蒙古大学硕士学位论文，2006年5月。

② 《僧格林沁奏覆遵查培成营盘被焚情形折》，《清政府镇压太平天国档案史料》，第14册，第161页。

③ 《清文宗实录》卷157，咸丰五年正月乙酉条，第42册，第714－715页；卷165，咸丰五年四月己酉条，第42册，第818页。

④ 台湾三军大学：《中国历代战争史》（第18册），北京：中信出版社，2013年，第106页。

⑤ 《清文宗实录》卷78，咸丰二年十二月庚辰条，第40册，第1032页。

⑥ 《清文宗实录》卷191，咸丰六年二月甲辰条，第43册，第45页；丁未条，第49页；甲寅条，第56页。

以资攻剿”；“调察哈尔官兵一千名，赴直隶听候调遣”①。但是察哈尔马队长途奔波致使马匹倒毙，加之官兵水土不服，并没有立即发挥出其优势。

1856年，第二次鸦片战争爆发，察哈尔官兵被调往京津驻防。咸丰八年（1858），袁甲三徐宿军营缺兵少马，朝廷调遣“天津之吉林兵二百五十名，黑龙江兵五百名，察哈尔兵一千名，派协领关保统带前往助剿。”② 咸丰十年，袁军杀捻首李大喜、任虎，攻占宿州、蒙城（今安徽亳州境内）根据地。同治元年（1862）僧格林沁帅兵督剿豫、皖、苏、鲁，请求添调察哈尔等处马队，八旗察哈尔已不堪重负，仍然提供战马1000匹，解往军营备用③。

此阶段，清廷集中兵力对付太平义军和外国列强，无暇顾及捻党，只抽调部分兵力（团练为主）用以防剿。而捻党与太平军一起战斗，实力提升，并未遭到重创。参与剿捻的八旗察哈尔听从朝廷安排，劳力奔波。察哈尔都统穆隆阿曾奏："察哈尔八旗蒙古官兵，自咸丰三年，挑拨直隶、山东等省出师后余存精壮无几。”④

同治三年（1864）至七年（1868）为剿捻第二阶段。1864年，太平天国覆亡，其余部与捻军合流，继续对抗清朝，由湖北经河南，一路北上至山东，威胁畿辅重地。察哈尔地区切近京师，处于紧急戒备状态。同治四年，僧格林沁奉命剿捻，在山东曹州阵亡，全军覆没。危急时刻，曾国藩督师讨伐，征调察哈尔马队官兵1000名，赴山东军营差遣⑤。又调察哈尔牧群马500匹，解赴直隶总督刘长佑军营备用。曾氏部署河防战线，防止捻军流窜，骑兵得以发挥其优势，流动围剿匪党，捻军分裂为东西两部。翌年（1866），授李鸿章为钦差大臣，专办剿匪事宜，即调察哈尔商都牧群马1000匹，蒙古马500匹解赴军营备用⑥。留在山东的察哈尔马队与各地官兵一道，追击东捻，最后在山东寿光擒杀捻首，歼灭东捻。西捻流窜至陕西，与回民起义军合流抗清，八旗察哈尔官兵作为镇压主力，围剿西捻、回军，同治六年年底，灭西捻。

此阶段清朝调兵遣将，专事平捻，致使捻军分裂，相继瓦解。朝廷认为“剿办捻匪，马队最为制胜”，以察哈尔马队为代表的骑兵，是这一阶段进攻的主力。捻军活动地区多平原，战法以流动突击为主，马、步相互配合。骑兵在捻军作战中发挥着重要作用，军队能够迅速进、退、集、散，战术灵活多变。曾国藩曾颇受其

---

① 《清文宗实录》卷209，咸丰六年十月丁亥条，第43册，第294页；卷210，咸丰六年十月乙巳条，第315页

② 《清文宗实录》卷270，咸丰八年十一月丁亥条，第43册，第1178页。

③ 《清穆宗实录》卷74，同治二年七月庚午条，第46册，第505页。

④ 《清文宗实录》卷208，咸丰六年九月庚辰条，第43册，第288页。

⑤ 《清穆宗实录》卷138，同治四年五月庚子条，北京：中华书局影印本，1987年（后同），第48册。第262页。

⑥ 《清穆宗实录》卷188，同治五年十一月丙辰条，第49册，第369页。

苦："捻匪势极猖獗，善战而不肯轻用其锋，战则凶悍异常，必将马步层层包围，困军官于核心。微有不利便电掣而去，顷刻千里。"① 为了对付捻军，朝廷也大量征集马队作战，也因过于持重骑兵、穷追猛打，而忽视战略配合，致使兵困马疲，陷入捻军包围。

八旗察哈尔除出兵剿捻外，还参与镇压回民起义，连年征战，颇受其苦。在剿捻过程中，亦有察哈尔官兵伤亡。咸丰十一年，捻匪五旗并出，僧格林沁率诸将由金乡迎剿。遇贼于菏泽李家庄，战失利，察哈尔总管伊什旺布阵亡，回师驻唐家口②。

（二）打击西北回民起义中的八旗察哈尔

陕甘地区为汉、回、蒙、藏等多民族杂居之地，调和民族矛盾尤为重要。但是西北吏治腐败，人民颇受其苦。因回汉纠纷、官员欺压及宗教争执等缘由，引发民乱③。此时，太平军结捻党入武关，进逼西安。回民趁机起义，事态蔓延全陕、甘肃、宁夏等地。为了防止回捻扩大战局，祸及周边，清朝除了依靠陕甘宁之地的绿营、团练外，还依照惯例征调其八旗精兵、蒙古骑兵奔赴前线。八旗察哈尔主要负责驻守内蒙古、提供军需、进剿回军。

1. 驻守内蒙古地区

同治五年（1866）年底，回军进入内蒙古阿拉善地区，有流窜包头之势。清廷令"达尔济管带察哈尔兵四百名，并伊克昭、乌兰察布蒙兵三百名，即留于包头防守，以壮声势。"④ 同治六年（1867）十一月，"甘省回匪，有分股窜晋抢掠，并于封河时由草地来包头归化城之说。该匪既众且悍，亟宜严防以杜纷窜。沿边一带，地广兵单，实有防不胜防之虑。宣化一军，止在直省剿办枭匪，无可抽拨。其察哈尔右翼距绥远城较近之西四旗内，着杜嘎尔拣选精壮兵丁一千名，派令参领，取道草地，迅赴绥远城。"⑤ 翌年四月，回军与西捻曾在柳树间一带盘踞，试图进攻包头，德勒克多尔济等将原带蒙古兵及驻扎归化城的八旗察哈尔的一部分移至包头防守，并令文盛、杜嘎尔从察哈尔马队中挑选精锐五百名，时加操练，听候咨调。年底，从这五百名兵察哈尔精骑内调拨二、三百名，察哈尔牧群马五百匹，奔赴宁夏将军金顺军营随同攻剿。⑥ 至同治八年（1869），朝廷前后派出约两千名八旗察哈尔官兵，奔赴归绥、伊克昭、乌兰察布、阿拉善等地区防剿回捻。是年三月，"察

① 中国军事史编写组：《中国历代军事制度》，北京：解放军出版社，2006 年，第 555 页。
② （清）赵尔巽：《清史稿》卷 404，《列传 191 · 僧格林沁传》，第 39 册，第 11887 页。
③ 白寿彝：《回民起义》（三）、（四），《中国近代史资料丛刊》，上海：神州国光社，1952 年。
④ 《清穆宗实录》卷 191，同治五年十二月庚寅条，第 49 册，第 419 页。
⑤ 《清穆宗实录》卷 215，同治六年十一月庚戌条，第 49 册，第 805 页。
⑥ 《清穆宗实录》卷 246，同治七年十一月乙酉条，第 50 册，第 427 页。

哈尔马队，击贼获胜，拨队迎剿另股贼匪”①。九年，回军逼近乌里雅苏台，察哈尔马队作为先锋先行出击，各地官兵一道缴回，大大削弱回军势力，蒙古地区逐渐安定②。

2. 提供战马转运物资

镇压回民起义期间，清廷从蒙古征调大量驼只、马匹、牛羊等牲畜，用于骑军乘骑、转运军粮及行军驻扎。口外察哈尔地区是清廷牧群所在地，盛产牲畜，成为政府征调的首选。同治元年（1862）九月，西北回民起义爆发不久，清廷从口外征调五百匹马，赴钦差大臣胜保军营备用③。四年（1865），“黑龙江官兵五百名前谕取道张家口交联捷统带进剿须经由察哈尔蒙古台站……及察哈尔八旗另行摊备马驼，分赴各台，以备更换”④。同治年间，东部有捻党，西北有回军，新疆有外敌入侵，马匹被频繁调往前线，导致牧场空虚，战马质量下降。六年，陕甘总督左宗棠需要三千匹壮马，察哈尔牧场已经不敷支用，只得到归化城就近采办。八年（1869）正月，“调察哈尔商都牧群驼三百只，解赴绥远、归化两城备用”⑤。九年（1870）初，大军需要骆驼六千余匹，实在难以采买，朝廷命令察哈尔都统于八旗及牧群军台官兵备大驼一、二千只；三月，李鸿章奏督师入陕，需要驼只二千驮运军粮，于是朝廷又令文盛从察哈尔和锡林郭勒的马群内购买补足，秋后交赴李鸿章军营。战争期间，宁夏将军金顺先后调用察哈尔牧群战马一千匹⑥……然而，早在嘉庆时，察哈尔马政就已凋敝，马匹急剧减少。此战中，战马调拨更是捉襟见肘，需要依靠拨入八旗营马、蒙古捐输、采买等渠道维持。察哈尔牧场的牧丁主要从察哈尔各旗中抽调壮丁选补，为了滋养牲畜保障供给，他们需要承担繁重牧课⑦。

3. 进剿回民义军

同治八年（1869），陕甘总督左宗棠开始率兵猛攻，回军纷纷溃逃，大量聚集于伊克昭盟。于是，大同镇官兵、八旗察哈尔官兵及蒙古兵等军队与回军在伊克昭地区多次交战，镇压回民起义达到了新的高潮。正月，回军占领郡王、达拉特两旗边界的诸多寺庙。察哈尔总管达尔济率领士兵反击回军，双方在撤克很庙、布尔日嘎苏台庙、吉拉嘎勒庙等地交战，回军败逃⑧。八月，回军到达杭锦旗的色拉召地方。达尔济率八旗察哈尔“左右抄击，贼匪败逃，官军直前追杀，毙匪甚多……中滩河干之马步回匪，亦经察哈尔马队连番追剿，斩杀净尽”，另有回军逃窜西去，

① 《清穆宗实录》卷255，同治八年三月庚寅条条，第50册，第548页。

② 《清穆宗实录》卷295，同治九年闰十月丙戌条，第50册，第1089页。

③ 《清穆宗实录》卷38，同治元年八月辛未条，第46册，第1017页。

④ 《清穆宗实录》卷127，同治四年正月己酉条，第48册，第22页。

⑤ 《清穆宗实录》卷251，同治八年一月壬辰条，第50册，第498页。

⑥ 《清穆宗实录》卷246，同治七年十一月乙酉条，第50册，第427页；《清穆宗实录》卷281，同治九年四月甲子条，第50册，第896页。

⑦ 邢亦尘：《清代察哈尔马政》，《内蒙古社会科学》，1992年第4期。

⑧ 代小：《西北回民起义时期内蒙古西部地区的军事与战争》，内蒙古大学硕士学位论文，2007年6月。

达尔济率马队乘胜追击，彻底消灭此股回军势力[①]。同时，还有回军流入达拉特旗的布噜鲁召地区，八旗察哈尔官兵马不停蹄再次奔赴战场。回军与清军盘旋，达尔济率部先从中路进攻，营总车德恩毕都尔业等“左右夹击……溃败西走，官兵追杀三十余里歼除殆尽”[②]。

西北回民起义，历经十余年，波及陕、甘、宁、内蒙古及新疆地区，八旗察哈尔官兵跟随战势四处作战。由于资料较少，目前还未能统计出该战中具体伤亡人数。据史料记载，在同治七年（1868）十月、十一月间，征调而来的八旗察哈尔士兵，在马队长官巴图吉日嘎拉、塞音吉日嘎拉带领下与回军交战三次，“阵亡官兵九名，受伤十五名”、“另有两名官兵失踪，一名兵因病死亡”[③]。

三、八旗察哈尔参与抵御外敌侵略之战争

19世纪以后，清朝统治日益腐朽，中国封建社会走向尽头，而此时，资本主义列强正在全球侵略扩张。1840年鸦片战争爆发，英国以武力打开中国门户，中国沦为半殖民地半封建社会。国难当头，各方力量、各族同胞纷纷加入反侵略队伍。蒙古族聚居的北部边疆也遭到列强入侵，各阶层人民踊跃投入反帝爱国斗争的洪流，特别是英勇的察哈尔军民，积极配合调度、奔赴战斗前线，在危难关头做出重大贡献。

（一）第一次鸦片战争中的八旗察哈尔

道光二十年（1840）四月，英军抵达广东，一路北上，鸦片战争爆发。战争伊始，八旗军与绿营兵在东南沿海各省驻防。据统计，当时广州、福州、杭州、乍浦、江宁、镇江六城，共计约有1.5万驻防八旗兵，其中八旗蒙古兵数千名[④]。

道光二十二年（1842），“英逆在浙省滋事，天津沿海口岸早经布置妥密，惟防堵要地，不厌周详。着铁麟、敬穆，豫备察哈尔蒙古精兵二千名，听候调拨”。[⑤]天津之地实属紧要，八旗满洲、蒙古、直隶、吉林、黑龙江等处均派官兵参与驻防。八旗察哈尔到津后，“拟分五六营，拨兵一千五百名，作为大沽迤南南路后劲；余兵五百名，于大沽北岸分驻二百五十名，北塘北岸分驻二百五十名”。[⑥]八旗察

① （清）亦䜣：《钦定平定陕甘新疆回匪方略》卷199，同治八年八月壬子条，《清代方略全书》，北京：北京图书馆出版社，2006年，第186册，第36页。

② 《钦定平定陕甘新疆回匪方略》卷200，同治八年八月己未，第186册，第56页。

③ 代小：《西北回民起义时期内蒙古西部地区的军事与战争》，内蒙古大学硕士学位论文，2007年6月。原文引自《准噶尔旗衙门档案》卷46，第79－80页。

④ 张成业、巴音图：《蒙古族近代战争史》，沈阳：辽宁民族出版社，第160页。

⑤ 《清宣宗实录》卷371，道光二十二年四月丙申条，北京：中华书局影印本，1986年（后同），第38册，第674页。

⑥ 《清宣宗实录》卷374，道光二十二年六月条庚辰条，第38册，第739页。

哈尔官兵生活习惯与内地不同，均自备帐篷、吃食等行军物资，沿途无所扰民。道光皇帝称调赴天津防堵之察哈尔兵丁“均系世受国家重恩，淳良蒙古臣仆，一切自知检束”①，并赏赐银两羊只。

为解决出征蒙古骑兵用马，清廷命察哈尔商都、达里冈爱与太仆寺牧场各挑壮马2000匹备用。察哈尔各阶层积极捐献马匹，支持抗战，如：镶黄旗骁骑校拉什栋鲁布，捐马100匹；正黄旗原任总管鄂特浑之孀妇代孙幼丁巴彦保，捐马100匹；镶红旗公中佐领贡素隆扎布，捐马100匹，作为跟役兵丁骑乘马匹②；正黄旗活佛叶古则尔呼图克图，捐马250匹，军台扎兰章京旺楚克等捐马1055匹，察哈尔各旗蒙古官员兵丁募捐2550匹③。一时间，八旗察哈尔捐助战马近4000匹。道光称赞察哈尔人民“急公好义，甚属可嘉”。另外，据铁麟等奏：张家口满洲营协领塔亲布等，因察哈尔蒙古兵丁前往天津防堵，转瞬秋寒，应备衣履，情愿捐银共六千两，作为衣履之资。清廷考虑到察哈尔官兵在营当差，俸饷无多，未免转滋苦累，着饬无庸捐输④。

由于清政府懦弱腐败，部分官员临阵脱逃，又因双方实力悬殊，厦门、定海、镇海、宁波等地相继失守。道光二十二年（1842）七月，政府被迫签订丧权辱国的《南京条约》，鸦片战争结束。此战中，蒙古精兵表现英勇，舍身取义⑤。八旗察哈尔官兵踊跃奔赴天津，颇能耐暑，尽忠职守；该地军民在自身并不宽裕的情况下主动捐马献银，其义举深得赞赏！

（二）第二次鸦片战争中的八旗察哈尔

鸦片战争后，英国强行打开中国市场，但是收益远远低于预期。为了攫取利润，英法两国联合，于咸丰六年（1856）十月，发动第二次鸦片战争。由于实力悬殊，清军难抵武器装备精良的敌军。1857年，联军攻陷广州；次年，移兵北上，俄美介入，京津告急。

双方兵力对照表⑥

	陆军	海军	武器
清军	50000人		弓箭刀矛鸟枪抬杆等
英法联军	25200人（英18000法7200）	舰船200艘	后膛枪炮

① 《清宣宗实录》卷373，道光二十二年五月癸酉条，第38册，第724页。

② 《清宣宗实录》卷373，道光二十二年五月癸酉条，第38册，第724页。

③ 《清宣宗实录》卷376，道光二十二年六月丙午条，第38册，第786页；卷377，道光二十二年七月丁未条，第38册，第787页。

④ 《清宣宗实录》卷377，道光二十二年七月己未条，第38册，第808页。

⑤ 马玉良、张浩：《两次鸦片战争时期八旗兵的抗敌斗争》，黑龙江民族丛刊，2005年第3期。

⑥ 台湾三军大学：《中国历代战争史》（第17册），北京：中信出版社，2013年，第85页。

1. 拱卫京津

咸丰八年（1858），联军北上，清朝骇然，加紧部署京津周边，以保京师安澜。八旗察哈尔骑兵当仁不让，与满洲兵、蒙古兵、绿营兵一道，奔赴前线。二月，英法联军欲由上海前赴天津，业已起碇。朝廷“挑察哈尔兵二千名，以一千名作为鸟枪兵，一千名作为弓箭兵。分作四起，派令总管特克慎等四员分带。于商都太仆寺牧放捐输马内挑膘壮马二千三百匹……调用驼六百只，以备官兵使用。该都统统带头起官兵先行启程，由密云一带径赴山海关布置。”①；调热河、察哈尔、绥远城官兵各1000名，密云官兵500名，驰赴通州防堵；调察哈尔备用马2000匹南苑牧放，并令另选马2000备用②。四月，大沽炮台失守。之后，共有2000名察哈尔兵跟随僧格林沁驻守天津。但是清廷惧怕战争、力主求和，签订《天津条约》，驻防将士陆续撤回。由于政府软弱无能，求和意图早在驻防部署阶段早已显露，咸丰帝告诫八旗察哈尔都统西凌阿：“到防后，蒙古兵性多糊涂，诚恐遇有夷人上岸，率加残害，务必严为约束，免生枝节”③，无奈八旗察哈尔等爱国官兵终究无用武之地。

2. 大沽之战

咸丰皇帝接受惠亲王绵愉等人关于“天津海口一带，急应妥为布置”的建议，谕令僧格林沁、瑞麟前往加强海务。僧帅奏请朝廷从各地抽调兵力参与驻防。其中直隶北路各营兵2000名，察哈尔兵1000名，密云、热河兵各500名，候天津防所调遣；另调察哈尔牧群马2000匹，解往天津备用。④ 大沽口为天津门户，为防守要地，共有防兵4000余人。咸丰九年（1859）六月，英法联军抵达大沽口，蒙古骑兵英勇战斗，顽强抵抗，在战争中发挥重要作用，侵略者都称“无法逃脱并退出这场绝望的战争”。第二次大沽之战以清军大获全胜告终，这也是第一次取得胜利的反侵略战争。英国损失10条战船（共13条），死伤578人（共1200人），法国死伤14人（共60人）。清军伤亡不足百人，大沽炮台遭轻度破坏⑤。次年春天，侵略者卷土重来，火力猛增。八月，大沽、天津陷落。蒙古骑兵的表现令英法士兵记忆深刻：“鞑靼人，帝国最好的军队还在战斗，寸土不让的保卫领土”⑥。此役中，包括八旗察哈尔在内的蒙古骑兵作风顽强，虽败犹荣。

3. 张家湾、八里桥之战

咸丰十年（1860），侵略者卷土重来，大沽炮台失守后，咸丰皇帝惊慌失措，

---

① 《清文宗实录》卷247，咸丰八年三月癸未条，第43册，第823页；戊寅条，第817页。

② 《清文宗实录》卷250，咸丰八年四月甲寅条，第43册，第876页。

③ 《清文宗实录》卷247，咸丰八年三月癸未条，第43册，第823页。

④ 《清文宗实录》卷274，咸丰九年正月丁酉条，第44册，第22页；卷278，九年三月壬午条，第44册，第85页。

⑤ 张成业、巴音图：《蒙古族近代战争史》，沈阳：辽宁民族出版社，第170页。

⑥ 转引自中国史学会：《第二次鸦片战争（六）》，《中国近代史资料丛刊》中一则英国军官回忆录，上海：上海人民出版社，1978年，第282页。

时战时和，由于没能全部满足列强的条件致使和谈破裂。僧格林沁在通州一带进行周密部署，他统率1.7万大军驻扎在张家湾至八里桥一线，其中察哈尔蒙古马队1000人由总管那马善带领，防守在张家湾西南的马驹桥。另有察哈尔马队后起官兵1000名，分拨胜保军营①。此役清军共投入兵力达3万，分守多个据点。

九月中旬，联军向张家湾发起进攻，清军出师不利，退守八里桥。在此，蒙古骑兵殊死抵抗，但是由于骑兵装备落后，加之战略失策，最终败北。“八里桥之役，这些勇敢但不够灵活的战士，宁愿一步不退，勇敢的坚持到全体就地阵亡”；参战的蒙古马队共5000骑，伤亡2000骑②。八旗察哈尔等蒙古官兵以身殉职，在战争中做出巨大牺牲。

（三）其他反侵略战争中的八旗察哈尔

若论八旗察哈尔维护祖国统一的贡献，西迁新疆之壮举不可或缺，由于前辈学者对此研究颇为深入，兹不详述。西迁新疆的八旗察哈尔同样尽职尽责，平时驻扎防守，战时冲锋陷阵，历次参加反侵略战争，屡获嘉奖。察哈尔营官兵在平定张格尔之乱，玉素甫之乱、平定“七和卓”及倭里罕之乱、驱逐阿里古柏和反击沙俄入侵的各种战役中表现突出③。

光绪九年（1883）冬，法国企图以越南为跳板打开中国西南门户，清廷主要派绿营兵迎战，刘永福率领黑旗军予以支持，然而朝廷惧怕战败，意欲求和，中国不败而败。八旗察哈尔没能奔赴战场，但是提供壮马400匹④，支援前线。光绪二十年（1894），甲午中日战争爆发，海路以北洋海军为主力，陆路战场主要在山东、辽宁、台湾，湘军、淮军为主力。八旗兵主要配合防守，其中察哈尔马队挑选1500名得力官兵，赴山海关驻扎，听候桂祥调遣；并且交付战马2500匹⑤。光绪二十六年（1900），八国联军入侵，令察哈尔都统奎顺准备马匹1000，连鞍辔如数办齐；调镇边新军、察哈尔兵队各1000人，于张家口一带，分段防守，以阻洋兵西趋之路。此战中，察哈尔副都统明秀在京殉难⑥。义和团运动传入内蒙古中部地区，察哈尔地区军民一心，开展武装斗争，反抗教会欺凌。但清廷认为蒙兵滋事，致碍和局，着令约束兵民，严加防范。

在抵御外敌侵略性质的战争中，八旗察哈尔的爱国之心愈加展现，除积极奔赴

① 《清文宗实录》卷327，咸丰十年八月乙丑条，第44册，第868页。

② 转引自中国史学会：《第二次鸦片战争（六）》，《中国近代史资料丛刊》，上海：上海人民出版社，1978年，第293页。

③ 详情可参阅加·奥其尔巴特、吐娜主编的《察哈尔蒙古西迁新疆史》一书，乌鲁木齐：新疆人民出版社，2013年。

④ 《清德宗实录》卷172，光绪九年十月丙子条，第54册，第410页。

⑤ 《清德宗实录》卷347，光绪二十年八月丁卯条，第56册，第456页。

⑥ 《清德宗实录》卷476，光绪二十六年十二月辛亥条，第58册，第281页。

前线外，还自发组织行动，保障后勤供应。清朝中后期，旗人生活腐化，不谙兵事，但八旗兵丁在爱国战争中表现出的英勇气概与民族大义毋庸置疑，尤其是以察哈尔马队为代表的劲旅之师，以血肉之躯抵挡坚船利炮，令侵略者感到震撼。《蒙古志》一书对八旗察哈尔的战斗力予以肯定："察哈尔所用器械，较他部略胜，有欧洲之马上铳及短铳等。虽然蒙古兵素称强盛，今续衰微，尚不畏死，较之中原略胜一筹。即咸丰年英法之役，独蒙古兵出而抵御，可以见矣。"① 察哈尔官兵除了南征北战，还参与守卫京畿、驻防新疆。

结　语

有清一代，战事频发，八旗察哈尔在维护国家统一、巩固清朝统治、抵御侵略的历次战争中均有突出表现。虽然察哈尔每次出征的人数不是最多，但是呈现逐朝增加之势，动辄上千人，仅西迁新疆之人就约占其总数的四分之一。察哈尔官兵骁勇善战，堪称劲旅，在历次战役中多任前锋或驻守要地，战后若需留守，一般都会他们的身影。在战争之外，八旗察哈尔负责提供战马、转运物资、驻守台站。八旗察哈尔兵将屡受嘉奖，得到历代皇帝赞扬。康熙皇帝曾曰："朕兹出师，见察哈尔之军，人皆矫健、效力为最。"② 八旗察哈尔四处奔波、鞍前马后，可谓劳苦功高，然而朝廷并未给他们应有的待遇与地位。

清初八旗察哈尔保持传统生产方式，自给自足，就连征战之时也无钱粮。康熙认为"八旗察哈尔兵丁出征随围，凡有差使，一同效力，向并未给钱粮，亦属可悯。嗣后察哈尔护军校、骁骑校、护军、拨什库，着月给钱粮各二两；甲兵及执事人、并太仆寺牧厂人役，着月给钱粮各一两。俟其赡足时停支。"③ 这其实是按京旗的半饷支给。雍正曰："八旗察哈尔俱累世效力之旧人，从前征讨南方、剿灭噶尔丹，并随围出猎以及数年用兵于准噶尔、宣力之处。不可枚举……奏称旧察哈尔人等之生计反不如新厄鲁特等语。朕闻之恻悯。"④ 十年四月谕理藩院："察哈尔人等居住近边，历年与内地之人一体效力行走。从前定制，察哈尔处官员内有职掌者给与半俸；无职掌者给俸四分之一。伊等俱系国家效力之人今特沛恩泽，有职任官员给与全俸；无职任官员。给与半俸。"⑤ 乾隆年间，西迁八旗察哈尔的待遇也有异于满营：满营及八旗蒙古官兵既有俸银又有口粮，而察哈尔营则为有银无粮，官

① （清）姚明辉：《蒙古志》，《中国方志丛书》，台北：台湾成文出版社影印，1968 年，第 291 页。
② 《清圣祖实录》卷 174，康熙三十五年六月乙未条，第 5 册，第 881 页。
③ 《清圣祖实录》卷 150，康熙三十年二月癸酉条，第 5 册，第 664 页。
④ 《清世宗实录》卷 111，雍正九年十月戊午条，第 8 册，第 485 页。
⑤ 《清世宗实录》卷 117，雍正十年四月甲寅条，第 8 册，第 558 页。

兵口粮要自耕自食或自行购买①。八旗满洲、蒙古粮饷名目众多如：饷银、岁米、马干银、盐菜银。但是，察哈尔兵丁只有基本饷银，而且时有时无，毫无保障。鸦片战争期间，“天津防所病故之察哈尔兵丁，着照八旗出征兵丁病故之例减半议恤。”② 由上述可见，八旗察哈尔出征入死、四处奔走，却是地位低下、待遇微薄。

清朝历代每逢战事必召察哈尔冲锋陷阵，主要因为该部官兵吃苦耐劳、战斗力强。康乾盛世及咸、同年间，朝廷连年用兵，动辄征调兵丁一两千人，察哈尔地区出现人口增长缓慢、兵丁马匹不敷征用之状况，对该地发展带来不利影响。据相关研究显示：清乾隆二十六年（1761），八旗察哈尔共有官兵8152名③。到了宣统元年（1909），口外、新疆两地的察哈尔官兵总计9943名，人数约3万（新疆察哈尔营约12000人）。由此可见，清代察哈尔的兵丁、人口增长缓慢，大规模的征兵参战应该是其主要原因。察哈尔蒙古善牧，官方牧场多设于察哈尔地区，该地军民需承担饲养牲畜、训练马匹、提供军事物资等职责。战时，朝廷从该地大量征用人力、物力，八旗察哈尔任务繁重，苦不堪言。

察哈尔官兵听从调遣、南征北战，为维护国家统一做出重要贡献。但是八旗察哈尔作为内属旗，处于朝廷严密管控之下，没有自主权，逐渐沦为保卫帝国、巩固统治的工具；他们始终未能获得应有待遇，地位较为低下；频繁的军事征调导致当地人口增长缓慢、人民生活贫困、草原环境恶化，极其阻碍八旗察哈尔自身的发展。

清代八旗察哈尔参战情况一览表④

战争	时间	出处
两次攻略北京、山东	崇德三年、七年	
松锦之战	崇德六年	
与李自成山海关之战	顺治元年	
南征张献忠	顺治三年	《译编》中册259—262页
追击腾机思反叛	顺治三年	
灭福王弘光政权	顺治三年	
南攻江南、湖南、江西	顺治三年	达力扎布《八旗察哈尔世职敕书译释》

① 加·奥其尔巴特、吐娜等：《察哈尔蒙古西迁新疆史》，乌鲁木齐：新疆人民出版社，2013年，第121页。

② 《清宣宗实录》卷380，道光二十二年九月丙辰条，第38册，第861页。

③ 《清朝文献通考》卷183，《兵考5》，浙江古籍出版社十通本，2000年，考6437页。

④ 清朝历代战争都有都有八旗察哈尔随军出战，其足迹遍布中国，但以北方战场居多。由于南方战场河流、山川据多，气候湿热不利为八旗兵丁作战，察哈尔骑兵难以发挥其作用。且康熙以后，南方战争多以民族问题、民教抗清为主，清廷主要依靠绿营兵出征，本文不做为重点研究，仅标明出处。

续表

战争	时间	出处
清剿台湾郑成功	顺治十一年	《译编》下册337—339页
平定三藩之乱	康熙十二年至二十年	
出征准噶尔 平定西藏策妄阿喇布坦之乱 平定青海罗卜藏丹津之乱 征讨大小和卓	康雍干三代 康熙末年 雍正元年 乾隆二十三年	
第二次攻缅甸之役	乾隆二十四年	《清高宗实录》卷803、804上谕档有察哈尔出征之诏书，但是未成行
第二次平定大小金川	乾隆三十七年	《清高宗实录》卷938—938，察哈尔兵500名，预备往发。
平天理教林清之乱	嘉庆二十五年	《清仁宗实录》卷286
镇压太平天国运动	咸丰元年至同治三年	
围剿捻军起义	咸丰二年到同治六年	
平定西北回乱	同治五年至十二年	
平定张噶尔、玉素甫之乱	道光六年到十年	
平定“七和卓”、倭里罕之乱	道光二十七年，咸丰七年	
第一次鸦片战争	道光二十年至二十二年	
第二次鸦片战争	咸丰六年至十年	
驱逐阿里古柏	同治四年至光绪三年	
反击沙俄入侵新疆	同治二年十年	
中法战争	光绪九年	
甲午中日战争	光绪二十年	
反击八国联军入侵	光绪二十六年	

（赵静雯，女，1990年生，中央民族大学历史文化学院硕士研究生，北京：100081）

清代盛京刑部四题

刘佺仕

内容提要：清军入关后，盛京地区发生巨变，即由国家体制向陪都体制转变，由一元化八旗制社会向二元制旗民分治社会转变。政局动荡，社会纷乱，区域治理危机严重。为应对危局，隆重陪都，清廷在辽东将军吴库立的建议下设立盛京刑部。盛京刑部创建之初，机构职官、职能初具。随着盛京地区和东北区域政治、经济、社会形势的不断变化，清政府对该部职官和职能进行了一系列调整。职官上，各级属员趋于添增，部员身份趋于多元；职能上，所理事务日繁，形成了统理盛京区域旗人狱讼及旗、民交涉案件、边外蒙古狱讼案件以及私刨、私贩等经济类案件的局面。至乾隆中后期，职官系统和办案规制渐成定制。

关键词：盛京刑部；设置；职官；职能；改革

本文研究的主体是清军入关后盛京陪都时期的盛京刑部①。众所周知，清太宗皇太极为伸张皇权，完善国家机构体系，于天聪五年（1631 年）始设六部，刑部②作为六部之一得以创建。清军入关，盛京官民多“从龙入关”，迁居关内。不久，

① 涉及清代盛京陪都时期盛京刑部内容的论著比较久远的可以追溯到著名历史学家郑天挺先生民国时期撰写的《明清两京制》一文，鉴于年代久远，一些观点局限性较大。新中国建立以后，所涉论著类型虽多，但数量较为有限，一般是在全面介绍陪都各机构，或探讨区域专门问题时对盛京刑部有所提及，进行概括性描述。概括介绍政治机构类论著中涉及盛京刑部内容的主要有张德泽的《清代国家机构考略》与郭松义、李新达、李尚英共同主编的《清代典章制度》等；专门研究清代盛京及东北地区各类问题的著作涉及盛京刑部的主要有佟悦的《清代盛京城》，姜念思的《沈阳史话》以及丁海斌的《清代陪都盛京研究》等，论文主要有孟繁勇的《清代盛京将军与陪都机构权力关系的演变》与张士尊的《清代盛京移民与二元管理体制的变迁》等；通史类、地方史类论著主要有张志强的《沈阳城市史》，李治亭主编的《东北通史》等；突出其他学科专业视角的论著主要集中在法学领域，如张晋藩主编的《清代法制史》与《中国法制史（第八卷）》等。

② 涉及到清朝入关前刑部的著作有阎崇年编著的《清朝通史》，王戎笙主编的《清代全史》，李鸿彬的《清朝开国史略》，刘小萌的《满族从部落到国家的发展》，佟冬主编的《中国东北史》以及李燕光、关捷主编的《满族通史》和袁闾琨的《清代前史》等，此外，姚念慈的《清初政治史探微》中关于清朝入关前构建国家机构体系的叙述也涉及到了刑部的一些内容，突出清初政治制度建设整体进程的视角。相关论文主要有谢慧君的《清代盛京城六部建置及坐落位置》和孟昭信的《〈盛京刑部原档〉与清入关前史研究》等。

清廷定盛京为陪都，启动陪都区域治理机构体系①的构建进程，设盛京五部，置盛京刑部。中国人民大学清史研究所与中国第一历史档案馆曾于20世纪80年代翻译、整理并出版了一部名为《盛京刑部原档》的文献，实为清太宗崇德三年（1638年）至崇德四年（1639年）的刑部档案史料，吉林大学教授孟昭信还曾特别撰文评论此书②。实际上，清入关前史料在涉及六部刑部时就称刑部，无盛京刑部叫法，入关后史料凡涉陪都刑部时，则尽称之为盛京刑部，也就是说"盛京刑部"是称呼陪都刑部的专属名词。一定要将入关前六部刑部与陪都刑部严格区分开来，前者是国家中央机构，后者是盛京陪都区域治理机构体系的重要组成部分，性质不同，政治地位、机构职能相异，明确区分与界定二者是对盛京刑部进行系统研究的基本前提。

一、盛京刑部设立的历史背景与现实原因

（一）清军入关与迁都北京

盛京刑部的创建与清朝设立盛京五部、构建盛京陪都区域治理机构体系相关联。盛京刑部、盛京五部、陪都区域治理机构体系都是清军入关后盛京地区两大重要转变（即国家体制向陪都体制转变、一元化八旗制社会向二元制旗民分治社会转变）的产物。陪都区域两大转变形成的前提皆是清军入关，定鼎中原。

崇祯十七年（1644年），李自成率农民军攻占北京，崇祯帝朱由检自尽，明亡，关内政治形势剧烈动荡。清摄政王多尔衮审时度势，抓住时机，统八旗劲旅入关。多尔衮底定燕京后，即要求清廷速速迁都，以图天下。在多尔衮的极力推动下，顺治元年（1644年）夏，"上以中原平定，迁都于燕，遣官祭告上帝、太庙、福陵。"③ 初秋，顺治皇帝正式起驾，迁都燕京。清朝入关影响巨大而深远，首先，定都燕京，奠定了大清帝国天下一统二百余年之基业；另外，也造成了盛京地区空旷荒凉之颓景，"北京留军十余万，以此无敌于天下，而山海关外，则有同无人之境矣。"④ "荒城废堡，败瓦颓垣，沃野千里，有土无人。"⑤

（二）清军入关初期对东北地区的留守管理

入关时清朝政府即对迁都后盛京地区善后工作做了比较妥善的安排。在多尔衮

① 所谓清代盛京陪都区域治理机构体系是指建立在清军入关后的盛京陪都地区的'旗民分治'二元制社会结构基础上的，以盛京将军为首，包括盛京五部、奉天府尹、盛京内务府等机构在内的，联系紧密、互动频繁的区域性治理机构共同体。

② 孟昭信：《〈盛京刑部原档〉与清入关前史研究》，《史学集刊》第3期，1989年。

③ 《清世祖实录》卷6，顺治元年，北京：中华书局，1985年影印本，第66页。

④ 吴晗辑：《朝鲜李朝实录中的中国史料》卷2，北京：中华书局，1980年，第9册，第3967页。

⑤ 《清圣祖实录》卷2，顺治元年，北京：中华书局，1985年影印本，第1册，第65页。

主导下，其心腹何洛会统揽盛京，总领各地。“上以将迁都燕京，分命何洛会等统兵镇守盛京等处。以正黄旗内大臣何洛会为盛京总管，左翼以镶黄旗梅勒章京阿哈尼堪统之，右翼以正红旗梅勒章京硕詹统之。”① 在“‘盛京总管府’执政时，清朝实际上实行了八旗军事管辖制。在战争状态下八旗组织的行政管理职能以及与社会生活紧密相关的经济职能被弱化，突出与强化的是八旗军事管辖与维持治安的军事职能。”②

顺治二年（1645年），清廷“以叶克书为盛京总管。”③ 顺治三年（1646年），五月“以梅勒章京叶克书为昂邦章京，镇守盛京。”④ 康熙元年（1662年），昂邦章京改镇守辽东等处将军，简称辽东将军⑤。盛京总管（昂邦章京、将军）的设立表明随着清朝战略重心的转移，盛京地区由后金—大清国家体制向区域体制转变。正如丁海滨所言，与清入关相伴随的是盛京首先以单纯的留根型陪都形态出现。

（三）盛京刑部设立的条件和根源

“顺治二年废明陪都南京，正式以盛京为陪都，具有较清晰的陪都概念。而更为明晰的陪都制度的建立，主要是从顺治朝后期开始的。即如郑天挺先生所说的‘承明制’，明确按照两京制建立相关制度，如盛京五部、盛京内务府等。并在相应的文献中开始广泛使用‘陪都’一词（‘留都’一词仍存在，也常被使用，两者并存）。”⑥ 顺治十四年（1657），吏科左给事中王益朋上《请定辽阳规制疏》，引起清政府的高度重视，成为完善盛京陪都体制的重要转折点。“我朝定鼎燕京，则辽阳发祥之地寔犹昔之南京也。自墨勒根王苟且补苴，而陪京规制阙焉未举……盛京兴王之地，自是上国规模。明洪武升集庆为应天，永乐升北平为顺天，嘉靖升安陆为承天，今辽阳府名亦宜升用天字，知府应改为府尹，则名正言顺，足法后世……辽阳左右即属盛京，当如明之应天。”⑦ 与单纯留根型陪都体制的历史插曲瞬息而逝相伴的是，“隆重陪都体制”成为盛京地区政治建设之主题，以盛京五部设置为标志，陪都体制全面形成，日趋完善。“隆重陪都体制”的礼制性需要为盛京刑部设置提供了可能，是盛京刑部创立的必要条件。

众所周知，清太祖、太宗时期，清政府将治下的东北社会完全纳入八旗一元化

① 《清世祖实录》卷7，顺治元年，北京：中华书局，1985年影印本，第75页。

② 郑川水：《清代陪都盛京的建置及其影响》，《辽宁大学学报（哲学社会科学版）》第33卷，第1期，2005年1月，第71页。

③ 《清世祖实录》卷15，顺治二年，北京：中华书局，1985年影印本，第131页。

④ 《清世祖实录》卷26，顺治三年，北京：中华书局，1985年影印本，第221页。昂邦章京即总管。

⑤ 康熙四年（1665年）六月，改镇守辽东等处将军为镇守奉天等处将军，简称奉天将军；乾隆十二年（1747年）又改镇守奉天等处将军为镇守盛京等处将军，简称盛京将军。

⑥ 丁海斌、时义：《清代陪都盛京研究》，北京：中国社会科学出版社，2007年，第13页。

⑦ （清）王益朋：《请定辽阳规制疏》，琴川居士编辑：《皇清奏议》卷10，台北：文海出版社，1967年，第2册，第1096、1103、1104页。

管理体制，八旗一元化社会结构凸显。入关之初，盛京地区确立的一元化八旗军事管理体制①，也与原有的社会结构相适应。

顺治六年（1649 年），清朝政府发布诏谕："关外辽人，有先年入关在各省居住……其有愿还故乡听"②。顺治十年（1653 年），又颁布了著名的《辽东招民开垦授官例》。同年，置辽阳府以及辽阳、海城两县，成为清代东北设州置县的开端，一元化八旗制社会开始瓦解。"顺治十年（1653），清朝颁布辽东移民招垦令，同时设辽阳、海城二县以管理迁入的民人。顺治十四年（1657），为理顺关系，又在其上设奉天府，至此，盛京二元行政管理体制初步形成。"③《辽东招民开垦授官例》与在盛京地区设立州县影响深远，一方面使关内民人大量涌向关外，另一方面也突破了原有的一元化八旗管理体制，使盛京地区的社会结构逐步从一元化八旗制社会向二元制旗民分治社会过渡。"顺治时期，移民数量少，河东只有一府二县。河西移民，由将军委锦州驻防八旗佐领刘承义管理……由于当时移民数量有限，民署机构在很大程度上依赖于旗署。康熙三年（1664），为适应移民管理需要，清朝在河东添设承德、开原、铁岭、盖平等县；在河西增设广宁县和宁远州，并在其上设锦州府，受奉天府管辖。奉天府所辖共河东一州五县和河西一府一州二县，这个结构维持了相当长时间。就管理民人而言，奉天府尹的权力很大，'大事以闻，小事决之'其职权可以和盛京将军相抗衡。因此，当康熙初年，在盛京实际上形成两套行政管理体制，即以盛京将军为首的盛京将军衙门—各城驻防衙门—八旗界官—屯领催—旗人的旗署管理体制；以奉天府尹为首的奉天府尹衙门—各州县衙门—民社乡约—甲长村首民人的民署管理体制。"④

随着一元化八旗制社会瓦解与二元制旗民分治社会形成，盛京陪都旗民矛盾日益尖锐化。"从顺治到康熙初年，移民数量有限，土地开垦余地很大，旗民矛盾还不突出。旗民占有土地和居住村庄，界限分明……康熙末年，间居杂处现象已经非常普遍，造成旗民纠葛增多……事实上，随着移民的迁入，在康熙中期，旗署与民署二元管理体制的矛盾就已经暴露出来。其表现是行政管理的混乱，特别是旗署对

---

① 八旗一元化管理体制即，"盛京将军与两名副都统驻于盛京城内，同时通过城、防守尉及驻防八旗分辖各地及管下旗人。这种管理体系大体分为三个层次……第一个层次为将军直接统辖的三个副都统，各自分管一片……第二层次由各城守尉、防守尉、防御等组成，直隶于各副都统……第三个层次是由副都统或城防守尉就近统管的边门驻防和分汛防地等。"（佟冬主编：《中国东北史》，长春：吉林文史出版社，2006 年，第 4 卷，第 1342 页。）

② 《清世宗实录》卷 42，北京：中华书局，1985 年影印本，第 9—10 页。

③ 张士尊：《清代盛京移民与二元行政管理体制的变迁》，《东北师范大学学报（哲学社会科学版）》第 4 期，2004 年，第 23 页。

④ 张士尊：《清代盛京移民与二元行政管理体制的变迁》，《东北师范大学学报（哲学社会科学版）》第 4 期，2004 年，第 23 页。

民署的压制。”[①] 旗民矛盾在管理体制上表现为以盛京将军为首的旗署和以奉天府尹为首的民署之间在行政治理、司法审判等方面的激烈冲突，正如后来雍正皇帝所怒斥的那样，“奉天地方，旗民难处，住址参错，每遇强劫重案，旗员民官相互推诿，并无一定责成。”[②]《盛京典志备考》中也痛陈：盛京地区“旗界同居，非亲即友，官中公事，但论私情，其弊一也；会办各异，未能和衷，彼此留难，案久悬搁，其弊二也；命盗重件，遇有旗人则借强宗为护身之符，托本管为说情之地，抗拒容忍，不服查拿，其弊三也；捕盗不利，州县官处分綦严，而城守卫佐领等官尤有专责，乃尽委罪于骁骑校及领催微末诸员，指名搪责……劫掠横行，致无忌惮，其弊四也；上分其肥，下受其毒，曲直无从审理，州县亦遂因循”[③]

自入关始，盛京地区社会动荡、政治混乱，顽疾难治。前文所提到的首任盛京昂邦章京叶克书到任后不久遂为下属殴伤。“镇守盛京协领穆克屯坐刺伤昂邦章京叶克书、梅勒章京纳睦、协领吴尔董阿，弃市。”[④] 二元制旗民分治社会形成以后，陪都地区一直存在的政治乱局不但没有得到有效整治，反而又加入了新的不稳定因素，交织纠结，愈演愈烈，产生了更为严重的区域治理危机。这样的局面令雍正皇帝也无奈地感叹道：“盛京人员，习气浇薄，营谋钻刺，朋比侵盗，甚是无耻，屡加教戒，终不悛改。”[⑤]

康熙二年（1663 年）秋，盛京地区发生了辽东将军吴库立[⑥]与奉天府尹徐继炜相争的严重政治事件。“刑部题，先据奉天府府尹徐继炜疏称，将军吴库立审事不公，恣意妄断。又据吴库立告讦，何事不公，何事妄断，请差大臣察审。得旨，着尚书祁彻白、侍郎科尔科代与盛京户、礼、工三部侍郎会同质问具奏。”[⑦] 正是这场纷争才使辽东将军吴库立于同年冬提出设立盛京刑部，以完善陪都地区司法体制，协调旗署与民署，将军与府尹之矛盾。“五部的设立，分散和弱化了将军的权力，如户部拿走了财权，刑部拿走了司法审判权，兵部拿走了部分兵权等，但总体上却强化了旗署的管理职能。”[⑧] 并在相互分立的旗署与民署之间架起互动桥梁。

综上所述，清军入关后，盛京地区由国家体制向陪都体制的转变使盛京刑部设立成为隆重陪都体制的礼制性需要，为其创建提供了可能，是盛京刑部设置的必要条件；陪都地区由一元化八旗制社会向二元制旗民分治社会之过渡，及二元制旗民

---

① 张士尊：《清代盛京移民与二元行政管理体制的变迁》，《东北师范大学学报（哲学社会科学版）》第 4 期，2004 年，第 23 页。

② 《清世宗实录》卷 122，北京：中华书局，1985 年影印本，第 2 册，第 608 页。

③ （清）崇厚辑：《盛京典志备考》卷 8，清光绪四年（1878 年），奉天督署刻本。

④ 《清世祖实录》卷 40，顺治五年，北京：中华书局，1985 年影印本，第 324 页。

⑤ 《清世宗实录》卷 54，北京：中华书局，1985 年影印本，第 1 册，第 826 页。

⑥ 辽东将军吴库立在清代的有些史料中也记载为乌库理。

⑦ 《清圣祖实录》康熙二年，北京：中华书局，1985 年影印本，第 1 册，第 158 页。

⑧ 张士尊：《清代盛京移民与二元行政管理体制的变迁》，《东北师范大学学报（哲学社会科学版）》第 4 期，2004 年，第 23 页。

分治社会管理体制（旗署、民署分立）确立是创建盛京刑部的现实背景。长久以来的地区政乱、激烈社会转型过程中的区域治理危机以及清朝政府的针对性应对策略构成了设置盛京刑部的直接原因。

二、盛京刑部的创置

（一）盛京刑部的设立时间

根据乾隆《盛京通志》记载："十五年始复设礼部，置侍郎。十六年复设户部、工部，皆置侍郎与其官属……康熙元年复设刑部，置侍郎。"① 《清史稿》中也载："初，缔造沈阳，建六部，置乘政、参政各官。世祖奠鼎燕京，置官镇守，户、礼、兵、工四曹隶之。十五年，设礼部；明年，设户、工二部；康熙元年，设刑部；三十年，复设兵部；并置侍郎以次各官，五部之制始备。"② 乾隆《盛京通志》《清史稿》等文献皆载明盛京刑部于康熙元年（1662 年）设立。某些当代学者据此认定，"盛京五部侍郎，是以盛京作为陪都而设置的留守官员……康熙元年（1662 年）设盛京刑部"③ "康熙元年，于盛京'复设刑部，置侍郎'"④ "康熙元年（1662 年），在将军乌库理的建议下，设立刑部。"⑤ 诸如此类看法这里就不一一列举了⑥。

事实上，依据《清圣祖实录》和《满汉名臣传·乌库理传》记载，盛京刑部是在时任镇守辽东等处将军吴库立的建议下，经吏部批准于康熙二年设立的。"吏部议覆，辽东将军吴库立疏请添设盛京刑部郎中二员，员外郎六员，应如所请。得旨，如议，仍添设侍郎一员，尔部将应补官员开列具奏。"⑦ "先是，盛京设户部、礼部、工部侍郎等官，而兵民狱讼悉隶其事于总管，未设刑部，至是，乌库理请增设，疏下廷议，始设刑部侍郎一，郎中二，员外郎六，主事三。"⑧ 《八旗通志·吴库立传》中也载明："先是盛京设户部、礼部、工部侍郎等官，而兵民狱讼悉隶其事于总管，未设刑部，至是吴库立请增设疏，下廷议，始设刑部侍郎一、郎中二、员外郎六、主事三。"⑨ 此处必须注意的是清朝中央政府批准吴库立请求的时间实

① （清）阿桂等撰修：乾隆《盛京通志》卷 39，职官一，乾隆武英殿刻本。

② （清）赵尔巽等辑：《清史稿》卷 114，志九十八·职官一，北京：中华书局，1977 年，第 3296 页。

③ 佟冬主编：《中国东北史》，长春：吉林文史出版社，2006 年，第 4 卷，第 1345 页。

④ 谢慧君：《清代盛京城六部建置及坐落位置》，《满族研究》第 4 期，2005 年，第 56 页。

⑤ 孟繁勇：《清代盛京将军与陪都机构权力关系的演变》，《社会科学辑刊》第 3 期，2007 年，第 129 页。

⑥ 例如，辽宁大学丁海斌的专著《清代陪都盛京研究》和论文《论清朝陪都盛京的政治制度》中有关盛京刑部设立时间的内容就主要依据《清史稿》中的相关记载，而持这样的观点。另外，辽宁大学郑川水在其论文《清代陪都盛京的建置及其影响》中也持这样的观点等等。

⑦ 《清圣祖实录》卷 10，康熙二年，北京：中华书局，1985 年影印本，第 1 册，第 165 页。

⑧ 《满汉名臣传》，哈尔滨：黑龙江人民出版社，1991 年，第 172 页。

⑨ 《钦定八旗通志》卷 168，《四库全书》，上海：上海古籍出版社，1987 年，第 667 册，第 29 页。

际上已是康熙二年十二月丙辰，即公元1664年1月20日。概而言之，创建盛京刑部本身就是清朝中央政府对于辽东将军吴库立请求的回应。无疑康熙二年年底前吴库立就已经向清廷提出了自己的方案，随后经朝廷批准，依照设置盛京户部、礼部、工部的经验，令‘仍添设侍郎一员’启动了创建盛京刑部的历史进程。另外，在《八旗通志·吴库立传》中也明载，在吴库立向清朝中央政府提出请求前“兵民狱讼悉隶其事于总管，未设刑部”。故康熙元年设立盛京刑部之说实在令人难以信服。可以判定盛京刑部创建进程的启动时间实为康熙二年年底，即公元1664年年初。但此时该部设置工作还仅存于刚被批准的方案中。实际上又过了一年，即康熙三年（1664年），盛京刑部主要负责大臣盛京刑部侍郎才被正式任命，“新设盛京刑部侍郎。以内国史院学士祁通格为之”①。康熙《大清会典》对于盛京刑部侍郎设立时间也有明确记载：“国初建置，盛京设刑部承政、参政、启心郎、笔帖式等官。顺治元年，裁并奉天将军等管理。至康熙三年复设满洲侍郎一员”② 另外与康熙《大清会典》编撰年代相近的康熙《盛京通志》也载明：“刑部，天聪六年设，顺治元年迁都后，奉裁撤皆属奉天昂邦章京及将军管理，康熙三年复设侍郎及各官。”③ 故以康熙三年“新设盛京刑部侍郎。以内国史院学士祁通格为之”④ 之时，定为盛京刑部设置之时为宜。

总之，设置盛京刑部是时任辽东将军吴库立向清朝中央政府的请求，吴库立在盛京刑部设置进程中，发挥了非常积极的作用，他提出的设立盛京刑部的建议，体现了其以盛京刑部应对日益繁复的盛京区域兵民狱讼案件，处理和协调旗民二署关系的迫切愿望。正是依照他的构想，并结合不久前盛京户部、礼部、工部的设置经验，康熙二年年底，即公元1664年年初，盛京刑部创建工作启动，至康熙三年（1664年），清廷正式委任祁通格为盛京刑部侍郎，盛京刑部始设。

（二）盛京刑部设置之初的职官状况

辽东将军吴库立请置盛京刑部的方案包含着对新设机构职官设计的初步构想，“添设盛京刑部郎中二员，员外郎六员”。但据《八旗通志·吴库立传》记载：“始设刑部侍郎一、郎中二、员外郎六、主事三。”盛京刑部创建初期的职官状况与吴库立原设想差异较大，职官设置更为复杂。下面，依据史料，笔者将对盛京刑部设立之初的职官情况进行复原。

盛京刑部侍郎：盛京刑部侍郎初设为一员，满缺。“侍郎一员，康熙三年

① 《清圣祖实录》卷11，康熙三年，北京：中华书局，1985年影印本，第1册，第167页。

② 康熙《大清会典》卷130，康熙会典四，《大清五朝会典》，北京：线装书局，2006年，第2册下，第1710页。

③ （清）董秉忠：康熙《盛京通志》卷14，康熙二十三年刻本。

④ 《清圣祖实录》卷11，康熙三年，北京：中华书局，1985年影印本，第1册，第167页。

设。"[①] "盛京刑部系满缺。正官：侍郎一员。"[②]

盛京刑部郎中：《八旗通志·吴库立传》载明盛京刑部创建之初，设郎中两员。编撰时间距该部设立时间最近的康熙《大清会典》和康熙《盛京通志》也分别印证了这种说法。"属官：郎中二员"[③] "至康熙三年复设满洲侍郎一员，郎中二员"[④] "郎中二员，康熙三年设"[⑤] 此外，雍正《大清会典》也明确记载："属官，满郎中四员，初设二员"[⑥] "始设刑部侍郎一，郎中二。"[⑦] 故盛京刑部郎中初设二员，且是满缺。

盛京刑部员外郎：据《八旗通志·吴库立传》记载，盛京刑部设立之初，置员外郎六员，这种说法得到了其他清代史料的支持，如康熙《大清会典》中载："至康熙三年复设满洲侍郎一员，员外郎六员"[⑧] 雍正《大清会典》中载："刑部……属官……满员外郎十员，初设六员"[⑨] 康熙《盛京通志》记载："刑部，康熙三年设六员，十二年添一员，又添汉军一员"[⑩]《满汉名臣传》亦载："始设员外郎六，主事三。"[⑪] 故盛京刑部初设员外郎六员，系为满缺。

盛京刑部主事：依《八旗通志·吴库立传》所载，盛京刑部设立之初设主事三员，但这种说法与康熙《盛京通志》记载相异，"刑部，主事二员，康熙三年设一员，十二年添汉军一员"[⑫] 此外，康熙《大清会典》也印证了这种说法，"盛京刑部，主事一员"[⑬] 众所周知，康熙《盛京通志》与康熙《大清会典》的编撰时间与盛京刑部设置之时比较接近，相比其他史料更为可靠。另外，其后编撰的雍正《大清会典》所载与以上两部史料的说法相同，"刑部，满主事一员，汉主事一员，雍正五年设"[⑭] 故盛京刑部设立之初，主事仅设一员，且为满缺。

---

① （清）董秉忠：康熙《盛京通志》卷14，康熙二十三年刻本。

② 康熙《大清会典》卷4，吏部二·官制二，康熙会典一，《大清五朝会典》，北京：线装书局，2006年，第1册上，第40页。

③ 康熙《大清会典》卷4，吏部二·官制二，康熙会典一，《大清五朝会典》，北京：线装书局，2006年，第1册上，第40页。

④ 康熙《大清会典》卷130，康熙会典四，《大清五朝会典》，北京：线装书局，2006年，第2册下，第1710页。

⑤ （清）董秉忠：康熙《盛京通志》卷14，康熙二十三年刻本。

⑥ 雍正《大清会典》卷4，雍正会典一，《大清五朝会典》，北京：线装书局，2006年，第3册，第46页。

⑦ 《满汉名臣传》，哈尔滨：黑龙江人民出版社，1991年，第172页。

⑧ 康熙《大清会典》卷130，康熙会典四，《大清五朝会典》，北京：线装书局，2006年，第2册下，第1710页。

⑨ 雍正《大清会典》卷4，雍正会典一，《大清五朝会典》，北京：线装书局，2006年，第3册，第46页。

⑩ （清）董秉忠：康熙《盛京通志》卷14，康熙二十三年刻本。

⑪ 《满汉名臣传》，哈尔滨：黑龙江人民出版社，1991年，第172页。

⑫ （清）董秉忠：康熙《盛京通志》卷14，康熙二十三年刻本。

⑬ 康熙《大清会典》卷130，康熙会典四，《大清五朝会典》，北京：线装书局，2006年，第2册下，第1710页。

⑭ 雍正《大清会典》卷4，雍正会典一，《大清五朝会典》，北京：线装书局，2006年，第3册，第46页。

盛京刑部笔帖式：康熙《盛京通志》记载“刑部，笔帖式十七员，康熙三年设清字八员，译字三员，汉军一员”① 根据引文，盛京刑部创建之初设立盛京刑部笔帖式十二员，其中汉军一员。康熙《大清会典》中记载与康熙《盛京通志》一致，“盛京刑部，笔帖式十一员，汉军笔帖式一员。”② 所以盛京刑部创建之初，共设立笔帖式十二员，除一员为汉军身份外，其余皆为满缺。

此外，依据《清史稿》记载“旧制各置理事官（正四品）一人”③ 依据《清圣祖实录》记载，康熙二十九年（1690 年），“命盛京五部各添设理事官一员。”④ “康熙三十六年，升盛京刑部理事官额伦特为通政使司通政使。”⑤ “康熙四十九年，升盛京刑部理事官巴查尔为太仆寺卿。”⑥ “康熙六十一年，升盛京刑部理事官图兰为通政使司通政使。”⑦ 盛京刑部初期，设有理事官一员。

综上所述，康熙三年（1664 年），盛京刑部设立之初，就已形成以盛京刑部侍郎为首，包括郎中（二员）、员外郎（六员）、主事（一员）、笔帖式（十二员）等职官的比较完整的职能部门，成为此后清代二百余年历史中机构职官改革的基础。

三、盛京刑部的职官改革

（一）盛京刑部职官改革动因

丁海斌在其专著《清代陪都盛京研究》中这样描述盛京刑部职官情况，“盛京刑部，有‘侍郎满洲一人’‘堂主事满洲一人、汉军一人’盛京刑部的内部组织，有肃纪前司、肃纪左司、肃纪右司、肃纪后司，其职官与分工如下：肃纪前司有‘郎中满洲一人，员外郎满洲二人，主事满洲一人’。肃纪左司有‘郎中满洲一人，员外郎满洲二人，主事满洲一人’。肃纪右司有‘郎中满洲一人，员外郎满洲一人，主事满洲一人、蒙古二人’。肃纪后司有‘郎中满洲一人，员外郎满洲一人，主事满洲一人’。此外，盛京刑部有‘司狱满洲一人、汉一人，掌狱。司库满洲一人，库使满洲二人，掌赃罚之锾。笔帖式满洲二十有三人、蒙古二人、汉军五人，掌翻译。”⑧ 李治亭主编的《东北通史》中指出：“刑部。置侍郎 1 人，郎中 4 人，员外

---

① （清）董秉忠：康熙《盛京通志》卷 14，康熙二十三年刻本。

② 康熙《大清会典》卷 130，康熙会典四，《大清五朝会典》，北京：线装书局，2006 年，第 2 册下，第 1710 页。

③ （清）赵尔巽等辑：《清史稿》卷 114，志九十八・职官一，北京：中华书局，1977 年，第 3296 页。

④ 《清圣祖实录》，康熙二十九年，北京：中华书局，1985 年影印本，第 2 册，第 647 页。

⑤ 《清圣祖实录》卷 184，北京：中华书局，1985 年影印本，第 2 册，第 968 页。

⑥ 《清圣祖实录》卷 242，北京：中华书局，1985 年影印本，第 3 册，第 405 页。

⑦ 《清圣祖实录》卷 296，北京：中华书局，1985 年影印本，第 3 册，第 871 页。

⑧ 丁海斌、时义：《清代陪都盛京研究》，北京：中国社会科学出版社，2007 年，第 83 页。

郎10人，主事1人，笔帖式29人。”① 朱诚如主编的《辽宁通史》中写道，“刑部。置侍郎1人，郎中4人，员外郎10人，主事1人，笔帖式29人。”② 依据引文不难看出《辽宁通史》和《东北通史》中关于盛京刑部职官的描述一致，但《清代陪都盛京研究》所述却与《辽宁通史》和《东北通史》迥然不同。为什么会出现这样的差别呢？其实答案很简单，不同立论所依据的清代文献有别，故观点自然相异。《清代陪都盛京研究》立论主要依据光绪年间编修的光绪《钦定大清会典》，而《辽宁通史》和《东北通史》主要靠乾隆年间编撰的《钦定八旗通志》。

相较前文，以上论著所述又与笔者的盛京刑部创建之初即已形成以盛京刑部侍郎为首的，包括郎中（二员）、员外郎（六员）、主事（一员）与笔帖式（十二员）等职官的完整系统看法相异。事实上，上述论著对于盛京刑部职官的描述方式本质一致，都是利用单一的清代文献去描绘某一特定历史时期的盛京刑部职官情况，却把这样的片段当作有清一代盛京刑部职官常态加以肯定，文献的片面性决定了观点的片面性，不能动态反映该部职官演变。

盛京刑部职官改革的主要表现有二，一是部员的增添或裁撤；二是部员身份的多元化趋向，汉军、蒙古身份部员的添设或裁撤。盛京刑部重大的职官改革和调整发生了多次，如康熙十二年、二十八年调整以及雍正年间应监察御史傅色纳之请所做的职官改革等。改革动因一是迫于盛京地区旗人、民人日多，旗民事务日繁，旗民纠纷与矛盾日增的大气候③。盛京刑部辖区内驻防城与府州县发展迅猛，旗人、

① 李治亭主编：《东北通史》，郑州：中州古籍出版社，2003年，第465页。

② 朱诚如主编：《辽宁通史》，沈阳：辽宁民族出版社，2009年，第2卷，第315页。

③ 盛京刑部于康熙三年正式设立以后，盛京将军辖区内的驻防城与不多的新设府州县为其所治，“各府州县与八旗之城守尉、防守尉居于同城，只是具体管辖对象与区域范围有所不同而已。实际上，由于城乡都是‘旗民错处’，区域范围也很难划定，只能就民族区分其职权范围。”（佟冬主编：《中国东北史》，长春：吉林文史出版社，2006年，第4卷，第1350—1351页。）但是，随着东北北部新满洲南迁，关内部分八旗回防盛京与关内汉人大量涌入，“至康熙前叶盛京地区的八旗管理体制的建设始渐趋完善。如锦州于康熙十四年（1675年）设置了防守尉，康熙十七八年（1678年、1679年）设置了开原、义州两城守尉，二十六年（1687年）设置了辽阳、兴京、岫岩、金州、复州、凤凰城等城守尉及抚顺防御，二十九年（1690年）设置了辽西八路分汛防御及铁岭防御，等等，至此，盛京地区八旗管理体系基本成形。”（佟冬主编：《中国东北史》，长春：吉林文史出版社，2006年，第4卷，第1343页。）此外，“为了推进招民开垦政策的落实，清政府于康熙二三年（1663年、1664年）对盛京地区州县的建设进行了全面规划与调整。首先是充实健全了奉天府衙门的机构设置，添设了府丞、治中、通判、推官等官员。其次是划拨土地准备给新来开垦之民……第三，康熙三年（1664年）确定：在辽东地区添设承德（沈阳）、开原、铁岭、盖平四县，改辽阳县为州；在辽西地区添设广宁府、广宁县、宁远州，旋裁广宁府，改设锦州府。同时还确定：以奉天府直接管辖辽东地区的海城县、承德县、开原县、铁岭县、盖平县及辽阳州，锦州府直接统管辽西地区的广宁县、锦县及宁远州，而奉天、锦州两府‘俱令奉天府府尹管辖’。康熙三年一年添设了一府二州五县，而且确立了州县的领导体制，此后州县的建设大体是在这一体制基础上有所发展……辽西一府三州县，辽东一府六州县，总计两府两州七县，这就是康熙初年盛京地区州县的大体格局。”（佟冬主编：《中国东北史》，长春：吉林文史出版社，2006年，第4卷，第1349－1351页。）并且，“奉天府所辖共有河东一州五县和河西一府一州二县，这个结构维持了相当长时间。”（张士尊：《清代盛京移民与二元行政管理体制的变迁》，《东北师范大学学报（哲学社会科学版）》第4期，2004年，第23页。）

民人日多，所需处理的事务不断增加，机构单薄，不堪所累，部员增添实为大势所趋。“以盛京旗民日增，较前稠密，事繁员少”[①] 二是应付案件类型多元化，涉案人员身份复杂化的形势所需。如对边外蒙古狱讼案件审理职权的增置和扩大。三是随着清朝统治的日益稳固，清政府隆重部院机构，加强陪都政治建设的大势使然。

（二）盛京刑部职官增裁动态

盛京刑部侍郎：有清一代，盛京刑部侍郎一员，定为满缺。“盛京刑部侍郎满洲一人，掌谳盛京旗人及边外蒙古之狱。凡盗参者皆治焉。”[②] “刑部公署在兵部北，额设侍郎一员”[③] 当然纵观清季，清政府虽一直坚持盛京刑部侍郎系满缺，但规定仅徒具形式，任者身份屡有违例，例如八旗蒙古人士就曾多次出任该部侍郎。[④]

盛京刑部郎中：盛京刑部创建之初，郎中设为二员，系满缺。康熙二十八年（1689 年），“以盛京旗民日增，较前稠密，事繁员少，添设刑部郎中二员”[⑤] “刑部，满郎中四员，初设二员，康熙二十八年增二员”[⑥] “郎中初置二人，康熙二十八年增二人”。[⑦] 在康熙中叶大力加强部院内部建设的过程中，郎中由初设时的两员增为四员，系为满缺。至雍正年间，根据监察御史傅色纳之请，郎中官员又有增加，添设汉郎中一员。雍正五年（1727 年），“添设盛京户部、刑部、工部汉郎中各一员……从监察御史傅色纳请也。”[⑧] “汉郎中一员，雍正五年设”[⑨] “又雍正五年置刑部汉人郎中一人”[⑩] 但是，这样的满郎中四员、汉郎中一员的组合并未持续太久，到了乾隆八年（1743 年），清朝政府下令“户部、刑部、工部、汉郎中各一员。今遵旨裁汰。该员等回京。俟在京应调缺出调补。其应升者，调回升用。”[⑪]

---

① 《清圣祖实录》，康熙二十八年，北京：中华书局，1985 年影印本，第 2 册，第 532 页。

② 光绪《大清会典》卷 57，光绪会典二，《大清五朝会典》，北京：线装书局，2006 年，第 17 册，第 536 页。

③ （清）崇厚辑：《盛京典制备考》卷 6，清光绪四年（1878 年），奉天督署刻本。

④ 关于清代出任盛京刑部侍郎大臣的身份，可以参见钱实甫先生编撰的《清代职官年表》。从中我们可以很清楚的发现在清代历任盛京刑部侍郎中虽然以满洲八旗身份出任者居多，但仍有一些的非满洲八旗大臣曾经担任过该职。

⑤ 《清圣祖实录》，康熙二十八年，北京：中华书局，1985 年影印本，第 2 册，第 532 页。

⑥ 雍正《大清会典》卷 4，雍正会典一，《大清五朝会典》，北京：线装书局，2006 年，第 3 册，第 46 页。

⑦ （清）永瑢、纪昀：《钦定历代职官表》卷 49，《四库全书》，上海：上海古籍出版社，1987 年，第 602 册，第 134 页。

⑧ 《清世宗实录》，雍正五年，北京：中华书局，1985 年影印本，第 1 册，第 830 页。

⑨ 雍正《大清会典》卷 4，雍正会典一，《大清五朝会典》，北京：线装书局，2006 年，第 3 册，第 46 页。

⑩ （清）永瑢、纪昀：《钦定历代职官表》卷 49，《四库全书》，上海：上海古籍出版社，1987 年，第 602 册，第 134 页。

⑪ 《清高宗实录》卷 205，乾隆八年，北京：中华书局，1985 年影印本，第 3 册，第 642 页。

“又雍正五年置刑部汉人郎中一人……乾隆八年省。”[①] 经过康熙中叶到乾隆初年的一系列调整，至十八世纪中叶，盛京刑部郎中四员，系为满缺的定制确立下来。“刑部掌奉天满洲蒙古八旗刑狱之事，额设侍郎一员，郎中四员”[②]“刑部前后左右司郎中各一人”[③] “刑部公署在兵部北，额设侍郎一员，郎中四员，驻防满洲一缺。”[④]

盛京刑部员外郎：盛京刑部设立初期，员外郎定为六员，系为满缺。康熙十二年（1673年）“盛京刑部，增设满洲员外郎一员，汉军员外郎主事各一员”[⑤]“员外郎八员，康熙三年设六员，十二年添一员，又添汉军一员。”[⑥] 这时盛京刑部设有员外郎八员，其中汉军员外郎一员。康熙二十八年（1689年）清朝政府以“以盛京旗民日增，较前稠密，事繁员少，添设刑部郎中二员、员外四员、笔帖式十四员。”[⑦] 康熙三十四年（1695年）“添设盛京刑部蒙古员外郎一员。”[⑧] 雍正五年（1727年），在监察御史傅色纳的请求下，清廷“添设盛京户部、刑部、工部汉郎中各一员，员外郎各一员，主事各一员，从监察御史傅色纳请也。”[⑨] 但原设的汉军员外郎被裁撤。“汉员外郎二员，雍正五年设…旧设汉军员外郎一员，汉军主事一员，雍正五年裁”[⑩] 乾隆八年（1743年）汉员外郎两员旋即被裁，“又雍正五年置刑部汉人郎中一人，员外郎二人，主事一人，乾隆八年省。”[⑪]《清高宗实录》也明确记载了两个汉员外郎被裁撤的史实，“户部、刑部、工部、汉郎中各一员，员外郎各二员，主事各一员，共十二员。今遵旨裁汰。该员等回京。俟在京应调缺出调补。其应升者，调回升用。”[⑫] 至乾隆后期盛京刑部员外郎六员定制终成。“盛京五部侍郎户、礼、兵、刑、工侍郎各一人。凡盛京官员秩俱视京师……前司、左司员外郎各二人，后司、右司各一人”[⑬]“刑部公署在兵部北……员外郎六员，驻防

---

① （清）永瑢、纪昀：《钦定历代职官表》卷49，《四库全书》，上海：上海古籍出版社，1987年，第602册，第134页。

② （清）阿桂等编撰：乾隆《盛京通志》卷39，职官一，乾隆武英殿刻本。。

③ （清）黄本骥编：《历代职官年表》，上海：上海古籍出版社，2005年，第248页。

④ （清）崇厚辑：《盛京典制备考》卷6，清光绪四年（1878年），奉天督署刻本。

⑤ 康熙《大清会典》卷130，康熙会典四，《大清五朝会典》，北京：线装书局，2006年，第2册下，第1710页。

⑥ （清）董秉忠：康熙《盛京通志》卷14，康熙二十三年刻本。

⑦ 《清圣祖实录》，康熙二十八年，北京：中华书局，1985年影印本，第2册，第532页。

⑧ 《清圣祖实录》卷167，康熙三十四年，北京：中华书局，1985年影印本，第2册，第814页。

⑨ 《清世宗实录》卷55，雍正五年，北京：中华书局，1985年影印本，第1册，第830页。

⑩ 雍正《大清会典》卷4，雍正会典一，《大清五朝会典》，北京：线装书局，2006年，第3册，第46页。

⑪ （清）永瑢、纪昀：《钦定历代职官表》，卷49，《四库全书》，上海：上海古籍出版社，1987年，第602册，第134页。

⑫ 《清高宗实录》卷205，乾隆八年，北京：中华书局，1985年影印本，第3册，第642页。

⑬ （清）黄本骥编：《历代职官年表》，上海：上海古籍出版社，2005年，第248页。

满洲一缺。”①

盛京刑部主事：盛京刑部设立之初，主事仅设一员，系为满缺。康熙十二年（1673年），清廷决意增设主事一员，定汉军八旗出任，这时主事设为两员（满一员，汉军一员）。“十二年增设满洲员外郎一员，汉军员外郎主事各一员”②“主事二员，康熙三年设一员，十二年添汉军一员”③ “主事二员，内满一员，汉军一员”④ 雍正五年（1727年），清朝政府“添设盛京户部、刑部、工部汉郎中各一员，员外郎各一员，主事各一员，从监察御史傅色纳请也。”⑤“汉主事一员，雍正五年设”⑥“又雍正五年置刑部汉人郎中一人，员外郎二人，主事一人”⑦ 由于汉主事的增添，此时盛京刑部主事员额实为三员（从其后史料“主事初置三人，乾隆八年增三人”的记载中显见），但汉军主事身份被裁。“旧设汉军员外郎一员，汉军主事一员，雍正五年裁。”⑧ 乾隆八年（1743年），清朝政府又添增主事人员，“主事初置三人，乾隆八年增三人”⑨，不过，汉主事被裁，“雍正五年置刑部汉人……主事一人，乾隆八年省。”⑩“户部、刑部、工部、汉郎中各一员，员外郎各二员，主事各一员，共十二员。今遵旨裁汰。”⑪ 结合相关史料记载，“前后左主事各一人，右司三人”⑫“肃纪前司郎中满洲一人，员外郎满洲二人，主事满洲一人。肃纪左司郎中满洲一人，员外郎满洲二人，主事满洲一人……肃纪右司郎中满洲一人，员外郎满洲一人，主事满洲一人，蒙古二人……肃纪后司郎中满洲一人，员外郎满洲一人，主事满洲一人。”⑬ 乾隆八年（1743年），清廷增添满洲主事一人，

---

① （清）崇厚辑：《盛京典制备考》卷6，清光绪四年（1878年），奉天督署刻本。

② 康熙《大清会典》卷130，康熙会典四，《大清五朝会典》，北京：线装书局，2006年，第2册下，第1710页。

③ （清）董秉忠：康熙《盛京通志》卷14，康熙二十三年刻本。

④ 康熙《大清会典》卷4，吏部二·官制二，康熙会典一，《大清五朝会典》，北京：线装书局，2006年，第1册上，第40页。

⑤ 《清世宗实录》卷55，雍正五年，北京：中华书局，1985年影印本，第1册，第830页。

⑥ 雍正《大清会典》卷4，雍正会典一，《大清五朝会典》，北京：线装书局，2006年，第3册，第46页。

⑦ （清）永瑢、纪昀：《钦定历代职官表》卷49，《四库全书》，上海：上海古籍出版社，1987年，第602册，第134页。

⑧ 雍正《大清会典》卷4，雍正会典一，《大清五朝会典》，北京：线装书局，2006年，第3册，第46页。

⑨ （清）永瑢、纪昀：《钦定历代职官表》卷49，《四库全书》，上海：上海古籍出版社，1987年，第602册，第134页。

⑩ （清）永瑢、纪昀：《钦定历代职官表》卷49，《四库全书》，上海：上海古籍出版社，1987年，第602册，第134页。

⑪ 《清高宗实录》卷205，乾隆八年，北京：中华书局，1985年影印本，第3册，第642页。

⑫ （清）黄本骥编：《历代职官年表》，上海：上海古籍出版社，2005年，第248页。

⑬ 嘉庆《大清会典》卷44，嘉庆会典二，《大清五朝会典》，北京：线装书局，2006年，第13册，第535—536页。

蒙古主事二员。至此盛京刑部主事六员结构终定。

盛京刑部堂主事：盛京刑部创建设立之初未设堂主事。乾隆八年（1743年），堂主事始设。据《钦定历代职官表》的记载："主事初置三人，乾隆八年增三人，又置堂主事二人"[①]，构成人员上"堂主事，满洲，汉军各一人"[②]。从此盛京刑部堂主事职官成为定制，"堂主事满洲一人，汉军一人。掌档案文移。"[③]

盛京刑部笔帖式：盛京刑部初建之时，共设笔帖式十二员，除一员为汉军外，皆为满缺。康熙十二年（1673年）清朝政府"添蒙古一员，译字二员，汉军二员"[④] 康熙《大清会典》也载："十二年增设满洲笔帖式二员，蒙古笔帖式一员，汉军笔帖式二员。"[⑤] 康熙十二年（1673年），由于清廷添设笔帖式五员，使得盛京刑部笔帖式总员达十七人。康熙二十三年（1684年）"改汉军一员为译字满洲，今共清字八员，译字六员，汉军二员，蒙古一员"[⑥]"二十三年裁汉军笔帖式一员，增设满洲笔帖式一员。"[⑦] 笔帖式身份结构有所调整。康熙二十八年（1689年）清朝政府以"以盛京旗民日增，较前稠密，事繁员少，添设……笔帖式十四员。"[⑧] 这时盛京刑部笔帖式总员上升为三十一人。乾隆三十八年（1773年）由于盛京刑部狱务繁重，清廷将满洲笔帖式一缺改为司狱。"吏部议覆，盛京刑部侍郎喀尔崇义奏称：盛京刑部羁禁人犯约有一百二三十名至四五十名不等。原设汉司狱一员，如遇疾病事故防范难周。请添员管理。应如所请。添设满司狱一员，协理监务，定为满缺。该侍郎于本部满洲笔帖式内慎选送部，带领引见、补授，仍食笔帖式俸，管理五年，仍回原任。任内无过，出具考语、咨部注册。俟盛京各衙门应升之主事缺出。归单月升选。从之。"[⑨]"乾隆三十八年以满洲笔帖式一缺改为司狱"[⑩] 至此，笔帖式三十员定制确立。"刑部笔帖式，满二十三人，蒙古二人，汉军五人"[⑪]"笔

① （清）永瑢、纪昀：《钦定历代职官表》卷49，《四库全书》，上海：上海古籍出版社，1987年，第602册，第134页。

② （清）黄本骥编：《历代职官年表》，上海：上海古籍出版社，2005年，第248页。

③ 光绪《大清会典》卷57，光绪会典二，《大清五朝会典》，北京：线装书局，2006年，第17册，第536页。

④ （清）董秉忠：康熙《盛京通志》卷14，康熙二十三年刻本。

⑤ 康熙《大清会典》卷130，康熙会典四，《大清五朝会典》，北京：线装书局，2006年，第2册下，第1710页。

⑥ （清）董秉忠：康熙《盛京通志》卷14，康熙二十三年刻本。

⑦ 康熙《大清会典》卷130，康熙会典四，《大清五朝会典》，北京：线装书局，2006年，第2册下，第1710页。

⑧《清圣祖实录》，康熙二十八年，北京：中华书局，1985年影印本，第2册，第532页。

⑨《清高宗实录》卷932，乾隆三十八年，北京：中华书局，1985年影印本，第549页。

⑩ （清）永瑢、纪昀：《钦定历代职官表》卷49，《四库全书》，上海：上海古籍出版社，1987年，第602册，第134页。

⑪ （清）黄本骥编：《历代职官年表》，上海：上海古籍出版社，2005年，第248页。

帖式满洲二十有三人，蒙古二人，汉军五人掌翻译。"① "笔帖式满洲二十有三人，蒙古二人，汉军五人掌翻译。"②

在上文中，笔者根据清代史料，对盛京刑部职官改革进行了全面的、动态的考察与梳理。事实上，盛京刑部除前文所提到的主要职官外，还有一些其他职官，如司狱、司库等，这些职官虽然品级不高，但同样也是部院职官系统的重要组成部分，当然，对于这类职官本文就不一一赘言了。

依据前文，盛京刑部设立之初，就已形成了以盛京刑部侍郎为首，包括郎中（二员）、员外郎（六员）、主事（一员）与笔帖式（十二员）等职官的完备系统，规模初具。此后，经过一系列职官改革，至18世纪中叶即乾隆中后期，部院职官渐成定制，以盛京刑部侍郎为首，包括郎中（四员）、员外郎（六员）、主事（六员）、堂主事（二员）与笔帖式（三十员）等的职官系统确立起来。

四、盛京刑部职能初探

相关论著对于盛京刑部职能问题的看法总体上趋向一致，"盛京刑部的职掌，审办盛京旗人及边外蒙古的案件"③ 但实际上，这类观点片面性较大，即都是利用清代某一时期文献，如光绪《大清会典》等，描绘出特定历史阶段的盛京刑部职能概况，但却把这种片段当作有清一代盛京刑部职能全景加以肯定。如此，当然不能比较准确地反映清季盛京刑部职能的动态演变。

概括说来，盛京刑部主要需要处理的案件有三种类型，即盛京区域旗人狱讼及旗、民交涉案件，边外蒙古狱讼案件以及私刨、私贩等经济类案件。

（一）盛京区域旗人狱讼及旗、民交涉案件

依据前文所述，创建盛京刑部是清朝政府应对盛京区域治理危机的重要举措。所以从一开始，清廷就高度重视盛京刑部工作。康熙二十七年（1688年）十月，盛京刑部侍郎吴世巴陛辞，康熙皇帝对他说："闻盛京刑部审事，或别部官员及旗下官员闲散之人与审事之人并坐，干预所审事情，又与堂官同坐，嘱托事体。京师刑部前亦如此，朕再三申饬，今已整理矣。尔去务与此项禁约持正而行。"④ "上谕

① 嘉庆《大清会典》卷44，嘉庆会典二，《大清五朝会典》，北京：线装书局，2006年，第13册，第535—536页。

② 光绪《大清会典》卷57，光绪会典二，《大清五朝会典》，北京：线装书局，2006年，第17册，第536页。

③ 张德泽：《清代国家机关考略》，北京：学苑出版社，2001年，第112页。此外，持这类观点的还有丁海斌、时义《清代陪都盛京研究》（《清代陪都盛京研究》，北京：中国社会科学出版社，2007年，第83页）等。

④ 中国第一历史档案馆整理：《康熙起居注》，康熙二十一年十月十七日，北京：中华书局，第3册，1984年。

曰：‘朕闻盛京地方光棍匪人聚集颇众。互相告讦者甚多。尔往审理诸事，慎无偏向，须从至公。又闻盛京刑部遇讯鞫时，或别部及旗下各官皆得杂至并坐，干预所审之事。向日京师亦往往有此。朕再三申饬今已肃清矣。尔往。其力除此弊，持正以行。”[①] 康熙二十九年（1690 年），“盛京刑部侍郎邬赫陛辞。上谕曰：闻盛京地方嘱托之事甚多。尔到任后须奉公而行。”[②]

据康熙《大清会典》所载：“开原、凤凰城边城以内，山海关、奉天府所属地方一应刑名事件听本部审谳。犯军罪以下者，按律例审结，死罪以上者，取供定招后，移资刑部，具题发落。康熙十一年，复将逃人案件，俱令管理，照督捕定例送行。其每年秋审重犯听刑部会同九卿科道官员会议。将情真缓决矜疑情由分别具题请旨定夺。命下之日，资行本部，将情真者遵照定限行刑，矜疑者照例发落，其余缓决人犯牢固监候，二十四年题准司狱司设医生一名，调治监犯。”[③] 另据《清圣祖实录》记载，康熙十一年（1672 年），“都察院左副都御史任克溥疏言：奉天将军所属逃人交与盛京刑部审理。惟宁古塔地方仍听该将军审理。从之。”[④] 可知盛京刑部创建之初统揽盛京一切刑名与逃人案件，并无专司旗人狱讼及旗、民交涉案件一说。至雍正初年，仍然如是，“盛京刑部，专掌盛京一切刑名及逃人等事”[⑤] 这显然是盛京旗人居多，关内民人涌入暂为有限，无须过多强调民人身份对狱讼影响所致。

雍正十三年（1735 年），清世宗谕：“朕闻奉天地方凡事关旗民者，俱送盛京刑部会审。虽司员会同有司承审，实皆司员主稿。乃奉天司员积成陋习惟事威严。一切人犯到案，先将锁炼盘于地上，令其膝跪，谓之跪锁。继以荆条互击其背，任意敲打，谓之背花鞭。又案无定限。如上年八月间，辽阳州民郭金美殴死旗人裴玉亨一案。旗员及知州会验，任听尸亲串同仵作，混报多伤，刑夹供认，草率定拟。本年闰四月内葛森到任，始驳令另行验审。相距已十余月，尚未定案。又笔帖式皆本处生长之人，所司者不过翻译之事。乃当审讯之时，辄亦列坐诘问。此皆朕访闻甚确者。国家定例，讯鞫人犯必须审问实情。其应用刑讯者，自有一定规条。今奉天司员承审人犯，于定例之外，创为跪锁等项。似此严刑重罚，其中岂无冤滥。至于笔帖式微员，公然列坐，审诘命案，有乖体制。以上二事着严行禁止。傥再蹈陋习，经朕察出，定将该堂官及司员等一并严加议处。至人命等案，若无定限，则拖累牵连之弊，不可胜数。嗣后应如何定限永远遵行。着盛京刑部侍郎会同该将军悉

---

① 《清圣祖实录》卷 137，康熙二十七年，北京：中华书局，1985 年影印本，第 2 册，第 493 页。

② 《清圣祖实录》卷 146，康熙二十九年，北京：中华书局，1985 年影印本，第 2 册，第 606 页。

③ 康熙《大清会典》卷 130，康熙会典四，《大清五朝会典》，北京：线装书局，2006 年，第 2 册下，第 1710 页。

④ 《清圣祖实录》卷 39，康熙十一年，北京：中华书局，1985 年影印本，第 1 册，第 530 页。

⑤ 雍正《大清会典》卷 219，雍正会典七，《大清五朝会典》，北京：线装书局，2006 年，第 9 册，第 3610－3611 页。

心定议。”① 依据史料，至雍正晚期，盛京区域旗、民交涉狱讼影响已上达天听。到乾隆中叶，盛京刑部突出处理辖区旗人狱讼及旗、民交涉案件的职能已十分明确，“凡谳狱，盛京所属旗人讼者，所在理事官谳之旗民讼者，所在理事官会同州县官，谳之轻者判断省释，重者送部侍郎会奉天府尹共谳之。凡秋审，每岁秋侍郎总本部及奉天府谳定重囚，会盛京户、礼、兵、工侍郎、奉天府尹、巡察御史详慎分别情实缓决，可怜疑册送刑部。”② 且办案程序、方法渐成定制，从乾隆《钦定大清会典则例》中，可见一斑③。直到清末，光绪《大清会典》和光绪《钦定大清会典事例》所载与乾隆《钦定大清会典》，乾隆《钦定大清会典则例》几乎无二。

“清廷在盛京先后设置了奉天府、盛京五部、盛京内务府等陪都机构，其中奉天府、盛京五部与盛京将军互不统属，职权却多有交叉重叠，在权力上存在尖锐的矛盾。”④ 使得盛京刑部办案实效始终不容乐观。康熙二十七年（1688 年），吴什巴的前任侍郎阿礼瑚就因为“坐诬良为盗，革职。”⑤ 吴什巴的继任者邬赫，也因“缘偷安溺职降五级以盛京武职效力。”⑥ “奉天地方，旗民难处，住址参错，每遇强劫重案，旗员民官相互推诿，并无一定责成。”⑦

（二）边外蒙古狱讼案件

盛京刑部设置初期，并无处理蒙古案件职权。但随着清廷对边疆民族地区控制渐强，所需处理的民族狱讼案件日繁，故康熙三十四年（1695 年）清朝政府“添设盛京刑部蒙古员外郎一员。”⑧ 盛京刑部处理边外蒙古狱讼案件的职能凸显。乾隆三年（1738 年），在盛京刑部侍郎葛森的强烈要求下，清廷进一步强化相关组织，大力提升盛京刑部处理边外蒙古狱讼案件的能力，推动办案规制定制化。“吏部议准，盛京刑部侍郎葛森奏称：奉天所属法库等边外蒙古事件，经奉天将军奏归盛京刑部办理，所有部内额设蒙古笔帖式三员，因八旗蒙古中多不能清汉翻译，应试无人，至今未补。请停其清汉翻译考试。由盛京兵部会同四部侍郎及奉天将军，于八旗蒙古监生、生员、官学生、前锋、领催、披甲人等内考取满洲蒙古翻译，送部引见补放。至边外蒙古案件繁多，向例传调各旗副台吉会审具题，路远迟延，请

---

① 《清世宗实录》卷 157，雍正十三年，北京：中华书局，1985 年影印本，第 2 册，第 928 页。

② 乾隆《钦定大清会典》卷 78，《四库全书》，上海：上海古籍出版社，1987 年，第 619 册，第 722—723 页。

③ 乾隆《钦定大清会典则例》卷 139，《四库全书》，上海：上海古籍出版社，1987 年，第 624 册，第 387—389 页。

④ 孟繁勇：《清代盛京将军与陪都机构权力关系的演变》，《社会科学辑刊》第 3 期，2007 年，第 130 页。

⑤ 《清圣祖实录》卷 137，康熙二十七年，北京：中华书局，1985 年影印本，第 2 册，第 492 页。

⑥ 《清圣祖实录》卷 152，康熙三十年，北京：中华书局，1985 年影印本，第 2 册，第 684 页。

⑦ 《清世宗实录》卷 122，北京：中华书局，1985 年影印本，第 2 册，第 608 页。

⑧ 《清圣祖实录》卷 167，康熙三十四年，北京：中华书局，1985 年影印本，第 2 册，第 814 页。

一并交部自行审理。从之。”[①] 至乾隆中叶，盛京刑部处理边外蒙古狱讼案件的具体办法基本成熟，渐成定制。依据乾隆《钦定大清会典》记载：“边外蒙古讼者，侍郎会该扎萨克之副台吉共谳之，皆依律定拟，按罪之轻重以别咨题由法司覆敷题结与直省同。”[②]《钦定历代职官表》中也载：“边外蒙古讼者，会扎萨克副台吉共谳之；秋审则定其爰书以送在京刑部与各直省同。”[③] 乾隆《钦定大清会典则例》中有关记载更为翔实。[④]

纵观乾隆后史料，如嘉庆《大清会典》[⑤]，光绪《大清会典》[⑥] 以及光绪《钦定大清会典事例》[⑦] 等，盛京刑部处理边外蒙古狱讼案件规制变化不大。

（三）私刨、私贩等经济类案件

私刨、私贩等经济类案件一直是盛京刑部关注的重点。康熙三十四年（1695年），盛京刑部侍郎佛葆就因为处理偷刨人参案件不力而遭到降级调用。“盛京刑部侍郎佛葆降二级调用。以偷刨人参罪犯审理不明故也。”[⑧]

雍正二年（1724年）清廷明令：“谕刑部：禁止私刨人参。旧例不论已得未得俱解送刑部，往返拖累。故于盛京刑部监禁，每年差官前往审理。朕思伊等俱系图利穷民，春夏时被获，监至九月十月方得审结，延挨月日，身受寒暑，多致疾病死亡，甚属可悯。宁古塔有将军、办事御史。盛京有将军、刑部，并副都御史永福。嗣后将各地方所获者即行审理，作速完结，年底汇齐具本启奏。自今将审理偷刨人参之部院衙门堂官停其遣往。如此，则案内之人无久禁冻馁之苦累矣。”[⑨] 乾隆初年，在盛京刑部侍郎吴拜改革盛京刑部的过程中，对私刨、私贩等经济类案件的具体处治办法进行了进一步完善。“盛京刑部侍郎觉罗吴拜疏言：盛京刑部档房改造参库。凡拏获私参俱交库收贮。岁底始行解京交纳。请添设司库一员，库使二员。应如所请。从之。”[⑩] 乾隆中叶，“凡审断私采人参，部会盛京将军及管辖威远堡六

① 《清高宗实录》卷74，乾隆三年，北京：中华书局，1985年影印本，第2册，第173页。

② 乾隆《钦定大清会典》卷78，《四库全书》，上海：上海古籍出版社，1987年，第619册，第722—723页。

③ （清）永瑢、纪昀：《钦定历代职官表》卷49，《四库全书》，上海：上海古籍出版社，1987年，第602册，第134页。

④ 乾隆《钦定大清会典则例》，卷139，《四库全书》，上海：上海古籍出版社，1987，第624册，第387—389页。

⑤ 嘉庆《大清会典》卷44，嘉庆会典二，《大清五朝会典》，北京：线装书局，2006年，第13册，第535—536页。

⑥ 光绪《大清会典》卷57，光绪会典二，《大清五朝会典》，北京：线装书局，2006年，第17册，第536页。

⑦ （清）崑冈：光绪《钦定大清会典事例》，台北：新文丰出版股份有限公司，1976年。

⑧ 《清圣祖实录》卷167，康熙三十四年，北京：中华书局，1985年影印本，第二册，第816页。

⑨ 《清世宗实录》卷18，雍正二年，北京：中华书局，1985年影印本，第1册，第302页。

⑩ 《清高宗实录》卷79，乾隆三年，北京：中华书局，1985年影印本，第2册，第243页。

边侍郎、奉天府府尹按参数轻重律拟定罪。”[①] 在乾隆《钦定大清会典则例》中则规定更详：“审断私采人参，原定偷采人参十两以下者解送盛京刑部审理。在十两以上及偷采未得者由将军会本部侍郎及管辖威远堡六边侍郎府尹审拟。乾隆二年定偷采一事分别两处办理，致部官往往推承办武职，而武职不谙律例且系本地之人不免舛错瞻徇。嗣后奉天拏送偷采人参之犯，不论已得未得十两上下及私贩者皆交盛京刑部会同将军管辖威远堡六边侍郎府尹照例分别审理。”[②] 至此办理该类案件的方法渐成定制，及至清末变更不大。

综上所述，盛京刑部需办案件主要分为三大类，即盛京区域旗人狱讼及旗、民交涉案件、边外蒙古狱讼案件以及私刨、私贩等经济类案件。有清一代，尤其是中前期，清廷对于盛京刑部办案方式、方法等几经调整，历经完善，至乾隆中叶渐趋稳定化、成熟化、定制化。虽然由于受盛京二元体制制约，盛京刑部办案实效常不尽如人意，但对于清季盛京陪都以致整个东北地区的有效治理与深入开发，盛京刑部所产生的积极作用和影响是不容忽视的。

（刘佺仕，男，1987 年生，历史学硕士，河北省石家庄市河北电视台。石家庄：050031）

① 乾隆《钦定大清会典》卷 78，《四库全书》，第 619 册，上海：上海古籍出版社，1987，第 722—723 页。

② 乾隆《钦定大清会典则例》，卷 139，《四库全书》，上海：上海古籍出版社，1987，第 624 册，第 387—389 页。

清代西北边臣常钧史事三题

肖超宇

内容提要：常钧（1702—1789）是雍乾时期重要的边疆官员，他任职西北长达三十五年之久，为清朝西北边疆的稳定与发展做出了重要的贡献。然而，学界以往对于常钧鲜有关注，再加上相关史料的缺乏，以至于近人在述及常钧时不详其生平事迹，甚至误把他当作身份不同的两个人。本文利用正史、奏折档案、地方志、家谱及近人编纂的清人传记资料，拟就文献中出现的抵牾之处加以辨析，并对常钧的生平及其西北宦迹作些考证，以此就教于大方之家。

关键词：常钧；边疆官员；哈喇沙尔办事大臣

一、常钧身份及旗籍考辨

（一）常钧的身份

《三十三种清代传记综合引得》中所收“常钧”两条，其一标注为叶赫纳拉氏，此乃本文拟讨论之常钧；另一为镶黄旗人，职业是画家。① 彭作桢辑著《古今同姓名大辞典》“常钧”条下，亦辟作二人；② 笔者进一步查阅近人编修工具书，在书中有将二人作一人、身份混淆的情况。③ 常钧条下二者是同一个人，被误作两人，还是本身就是两个人？这个问题值得讨论；因凡例未加说明，所征引资料亦缺乏辨析，极易将研究者引入歧途。

“常钧”其人在《三十三种清代传记综合引得》有两条记录：一为《国史列

① 杜连喆、房兆楹编，引得编纂处校订：《三十三种清代传记综合引得》，中华书局，1987 年，第 176 页。原文是：“常钧（叶赫纳拉氏），3/172/28a；33/4/11a。常钧（满，镶黄旗），28/6/2a。”

② 彭作桢辑著：《古今同姓名大辞典》，上海书店，1983 年，第 560 页。

③ 张撝之、沈起炜、刘德重主编：《中国历代人名大辞典》，上海古籍出版社，1999 年，第 2151 页；孙文良主编：《满族大辞典》，辽宁大学出版社，1990 年，第 671 页；吴海林、李延沛编：《中国历史人物辞典》，黑龙江人民出版社，1983 年，第 648 页；殷海山主编：《中国少数民族艺术词典》，民族出版社，1991 年，第 68 页。

传》（又名《满汉大臣列传》）、[①]《国朝耆献类征》,[②] 作叶赫纳拉氏；一为《墨香居画识》，作满洲镶黄旗人。其中《墨香居画识》有关常钧的记载文字较少，兹移录于下，以比勘《国史列传·常钧传》：

> 常钧，字□□，满洲镶黄旗人，历官至湖南巡抚。解组后优游林下，将二十年。精绘事，其画虎尤妙，世其珍之。寿至八旬外。[③]

首先，《墨香居画识》中未提及常钧是清朝哪一时期的人物，而《国史列传》则指出常钧“雍正四年由翻译举人考授内阁中书”，其后又在乾隆朝任官，当是雍乾朝人物。

其次，《墨香居画识》的常钧有字号（虽然已脱落）无姓氏，而《国史列传》仅言常钧姓“叶赫纳拉氏”，字号斋名等皆无述及。

第三，《墨香居画识》中的常钧被视作“满洲镶黄旗人”，而《国史列传》称其为“满洲镶红旗人”。

第四，在“历官至湖南巡抚”这则信息之处，《国史列传》记为：“（乾隆三十一年）二月命汤聘往（云南巡抚）代（常钧），调常钧湖南巡抚”，两则材料于此有共同点。

第五，《墨香居画识》指出常钧解任后不问政事将近二十年，精于绘画，尤擅长画虎，名声显时；而《国史列传》仅止于“（乾隆）三十六年五月（常钧）受代回京，授三等侍卫”的记载，未介绍其后的事迹，也没有言及常钧的画家身份。

最后，《墨香居画识》指出常钧“寿至八旬外”，但何时去世并不清楚；《国史列传》介绍道：“（乾隆）五十年正月赐千叟宴，常钧与焉，五十四年十月卒”，至于常钧是否活到八十多岁，《国史列传》也未能明确。

通过上述对比不难发现，二书有两处相似点，即常钧任职湖南巡抚和他的年龄情况，那么突破这两点，常钧是否属于同名两人的问题也就可以迎刃而解了。

《光绪湖南通志·职官志》[④] 记载了雍正至光绪年间位湖南巡抚的任职情况，其中常钧之名赫赫在列，其下注明“满洲镶红旗举人，三十一年任”，这与《国史列传·常钧传》中“（乾隆三十一年）调常钧湖南巡抚”的记载是相符的。《清代

① ［清］佚名辑：《国史列传》，东方学会影印本，《清代人物传记丛刊》第35册，明文书局，1985年，第153—161页。

② ［清］李桓辑：《国朝耆献类征初编》，东方学会影印本，《清代人物传记丛刊》第154册，第603—612页。《国史列传》共八十卷，由清国史馆“依国史抄录”，所立传者大多为乾隆中后期和嘉庆朝大臣，其中《常钧传》简略介绍了其生平情况；而李桓作于清季的《国朝耆献类征》，由于采用“国史有传者，当有录之”的原则，其中的《常钧传》实际上与《国史列传》中的《常钧传》是同出一源。

③ ［清］冯金伯撰：《墨香居画识》，卷6第2页。

④ ［清］李瀚章等纂修：《光绪湖南通志》，影印本，岳麓书社，2009年。

职官年表》也有材料可以佐证："（满）常钧，二、滇抚改。十二、乙巳；召陛（革）"，[①] 此年正是乾隆三十一年（1766），二月时常钧由云南巡抚改任湖南巡抚，十二月乙巳召陛入京。中国第一历史档案馆藏《清代官员履历档案全编》内收"常钧"一条曰："……乾隆三十一年二月内调湖南巡抚……"[②] 也说明了其任职湖南巡抚的情况。据冯金伯介绍，《墨香居画识》收录的画家大多为乾隆时期"壬申至戊申（1752—1782）"年间的人物，[③] 而在此期间常钧的确任职过湖南巡抚，所以在这一点上，《墨香居画识》与《国史列传》记载情况是相符合的。

至于常钧是否长寿，二书的表述并不完全一致，《墨香居画识》称"寿至八旬外"，《国史列传》称"（乾隆）五十年正月赐千叟宴"。有清一代，"凡内外文武官员，年在六十以上者"才有被邀请参加千叟宴的资格。[④] 常钧作为清朝"有功之臣"，的确出席了千叟宴，饮馔及观剧结束后，他即席赋诗一首：

> 金阙青阳启，瑶阶丽景妍。凤图欣锡羡，鹤算幸长延。天上耆英会，人间蓬岛仙。蓂香春茁六，椿老叟逾千。尉忝承云骑，班惭预绮筵。颓龄叨厚禄，五十有三年。[⑤]

此诗在"常钧"姓名前注"云骑尉"，名后附"年八十四"，诗中最后一句"五十有三年"下吟者自注一行小字："臣食俸五十三年"。于此，我们基本上可以确定《国史列传》与《墨香居画识》中"赐千叟宴"和"寿至八旬外"是一回事了。除此之外，还有其他史料可以佐证：《叶赫那拉氏世系生辰谱》曰"（乾隆）五十年恩赐千叟耆筵，终于乾隆已酉五十四年十月二十四日卯时，享寿八十八岁"，[⑥] 毋庸置疑，常钧赴千叟宴时为八十四岁，与千叟宴诗所反映的情况也是一致的。

（二）常钧的旗籍

根据上述分析，我们基本可以推定《墨香居画识》和《国史列传》记载的常钧并非两人，而是同一人。但两书对常钧的旗籍记载并不相同：《墨香居画识》视常钧为镶黄旗，而《国史列传·常钧传》却称其为镶红旗。镶红旗乃是下五旗，镶黄旗属于上三旗。[⑦] 那么，常钧究竟属于镶红旗还是镶黄旗呢？是他经历过"抬

① 钱实甫编：《清代职官年表》，中华书局，1980 年，第 1617 页。

② 秦国经主编：《清代官员履历档案全编》第 2 册，华东师范大学出版社，1997 年，第 86 页下。

③ 见《墨香居画识》"例言"，第 1 页。

④ 《清高宗实录》卷 1202，乾隆四十九年闰三月己巳条，第 84 页上。

⑤ 《钦定千叟宴诗》卷 14，景印文渊阁四库全书本，台湾商务出版社，1986 年，第 336 页下。

⑥ ［清］那淳纂：《叶赫纳拉氏世系生辰谱》，清蓝丝栏抄本，收于《北京图书馆藏家谱丛刊·民族卷》第 38 册，北京图书馆出版社，2003 年，第 233—372 页。

⑦ 《钦定大清会典》卷 95《旗制》，景印文渊阁四库全书本，第 917 页下。

旗”或“降旗”而致使文献记载不一，还是自始至终他的旗籍没有发生过变动呢？

常钧次子那淳所纂《叶赫纳拉氏世系生辰谱》中记载常钧为兴保第三子，祖父为蒙固而岱，曾祖为胡锡布，自胡锡布始该家族的旗籍一直属于镶红旗，而家谱中也不存在常钧被过继或随母改嫁的情况，因此可以肯定的是，常钧出生时的旗籍是镶红旗。那么在常钧的政治生涯中，是否经过“抬旗”或“降旗”使他的旗籍发生了变化？旗人官员抬旗，多因军功或政绩突出，而降旗则大多缘于办事不力、违法犯罪等情由。在常钧的政治经历中主要转折点有二：一是“从征准噶尔”，二是乾隆三十一年（1766）“以欺诈诏革职”。前者使常钧平步青云，跻身京官、巡抚之列，后者使常钧因罪得赎，远戍新疆。《平定准噶尔方略》曰：

> 上谕军机大臣曰：据兆惠奏称，主事常钧、额外主事法哈、委署主事和伦等三人在军营数年，承办事件既无贻误且效力行间颇知奋勉等语，著照所请将主事常钧授为额外员外郎，遇缺即补，所遗主事员缺著法哈补授，委署主事和伦授为额外主事遇缺即补。①

《叶赫纳拉氏世系生辰谱》也对常钧从征准噶尔获得封赏的情况作了记载：“奏补工部员外郎，军功议叙，恩赏世袭云骑尉。”由此可见，尽管常钧在平准战争中获得了殊荣，但他仍然不在享有“抬旗”待遇之列，旗籍并未发生变化。对常钧政治生涯影响较大的另一件事发生在乾隆三十一年（1766），时任湖南巡抚的常钧由于在“侯岳添案”中徇私枉法，遭到革职，乾隆三十二年（1767）正月《清实录》有载：

> 至常钧办事本属平庸，特因其前此曾在军营出力，是以屡用为巡抚。今于侯七郎殴死侯岳添一案，回护固执，庸懦无能，毫无主见，不堪复胜封疆之任，因降旨令其来京，然尚欲畀以侍郎或副都统，以策后效……较之李因培于亏空之属员，显然授意徇庇欺蒙之罪，尚可稍从末减，常钧著革职。②

乾隆三十二年（1767）三月又云：

> 己丑，谕曰：常钧著自备资斧，前往喀什噶尔协同绰克托办事，柏琨著即来京。常钧有应得云骑尉，仍加恩准其本身随带。③

① 《平定准噶尔方略》正编卷46“乾隆二十二年十一月丙申”，景印文渊阁四库全书本，第760页上。

② 《清高宗实录》卷776，乾隆三十二年正月丁卯条，第519页下。

③ 《清高宗实录》卷781，乾隆三十二年三月己丑条，第602页上。

虽然常钧因徇私欺诈遭到革职，并被遣往新疆地区效力，但他的旗籍并未因此发生变动，云骑尉的爵秩也得以保留。

笔者认为常钧的旗籍当为镶红旗，理由有四：其一，确认常钧为镶红旗的史料大多出自官方档案及家谱，并且出处来源不一，因此史料可以相互佐证。《国史列传》是清国史馆“依国史抄录”而成，《清代官员履历档案全编》是自康熙至宣统四万多名官员的履历档案汇编，《榆林府志》、《湖南通志》等地方志是各自独立纂修的，《叶赫纳拉氏世系生辰谱》是常钧次子那淳编修的，以上材料都直接指出常钧为镶红旗满人。其二，持常钧为镶黄旗之说者较少，就笔者所见，仅以《墨香居画识》及传世或现行的各类辞书为主，而各类辞书又是沿用《墨香居画识》的说法，因此“镶黄旗”之说史源单一，且为孤证，难以为据。其三，李放《八旗画录》中收常钧一条：

> 常钧，叶赫纳拉氏，满洲镶红旗人。雍正四年由翻译举人考授内阁中书，官至河南巡抚，降三等侍卫。冯金伯《墨香居画识》云精绘事，画虎尤妙。①

《八旗画录》作于1919年，较《墨香居画识》成书年代更晚，但李氏引用《墨香居画识》后仍称常钧为镶红旗，说明镶黄旗一说确实有误，此即一反证。其四，还有两则史料可以侧面证明常钧为镶红旗，一见《辽东文献征略》：

> 常钧，常安弟，仕至湖南巡抚，存文一首。常安字履坦，叶赫纳兰氏，隶满洲镶红旗，仕至浙江巡抚，存文七十二首。②

一见《奉天通志》：

> 常安，字履坦，叶赫那兰氏，隶满洲镶红旗，仕至浙江巡抚，有《受宜堂集》、《廿四史文钞》、《古文披金》。弟常钧仕至湖南巡抚。③

根据《叶赫纳拉氏世系生辰谱》记载，常钧确实有一族兄名为常安，那么在同一族内，常安既然是镶红旗，常钧又未曾出现过抬旗、降旗、出旗的情况，常钧为镶红旗当不误。

---

① 李放：《八旗画录》卷8，《清代人物传记丛刊》第80册，第11页下。

② 金毓黻撰：《辽东文献征略》，《辽略》卷8，1927年铅印本，国家图书馆古籍馆藏。

③ 翟文选等修：《奉天通志》卷210《文学》上，1934年铅印本，国家图书馆古籍馆藏。

通过上述分析考订，不难发现，《国史列传》与《墨香居画识》中所载常钧乃是同一人而非二人，其人应当属于满洲镶红旗而非镶黄旗。因此，《三十三种清代传记综合引得》中把常钧收作两条以及传世或现行辞书中将常钧当作两人、旗籍为镶黄旗的情况，应是讹误，而出现讹误的原因则可能由于《墨香居画识》作者的笔误、作者对常钧情况不熟悉或刊行中失察等问题所造成的。

二、接待浩罕使臣

乾隆三十二年（1767）底，浩罕派遣使团来朝，途经新疆哈喇沙尔地区，受到了哈喇沙尔办事大臣常钧的热情款待，但未想常钧此次接待外藩使臣却遭到了乾隆帝的严饬，《清实录》对此载曰：

> 即如近日遣霍罕伯克使人起程，朕前降旨令照上届略加损益，照年班回人略加优异，不必过为供应，常钧岂未奉到此旨？乃使人经过时设馆筵宴，极其丰厚，并将疲马尽行换给走马，甚属不成事体，著传旨严行申饬。①

有关此次使团的活动情况，有学者认为由于史料记录较少，甚至连使臣的姓名都未曾提及，因此这一次浩罕使团的朝觐可能是一种纯礼节性的活动。② 实际上，在常钧的奏折里不仅记载了这次浩罕使团的首领为“hotha i elcin hojo nizar”，即和卓尼杂尔，而且也记录了这次使团抵达哈喇沙尔的时间“uyun biyai ice ilan”，即九月初三。③ 相比乾隆二十七年（1762）常钧在甘肃接待爱乌罕使团，④ 同样是设馆筵宴、换给走马，为什么清政府对于前后两次接待外藩的活动会有完全不同的态度呢？

首先，浩罕国是清朝重要的藩属国。在乾隆二十四年（1759）大、小和卓叛乱平定后，浩罕额尔德尼伯克随即请表内附。⑤ 不同于诸如爱乌罕等其他中亚各国，浩罕与清朝的关系是十分紧密的，在地缘上两者距离较近、交通方便，且浩罕又与

① 《清高宗实录》卷796，乾隆三十二年十月丁卯条，第750页上。

② 参见潘志平：《中亚浩罕国与清代新疆》，中国社会科学出版社，1991年，第49页；《浩罕国与西域政治》，新疆人民出版社，2006年，第28页。

③ 参见［清］常钧：《奏浩罕额尔德尼所遣之使和卓尼杂尔等人路过喀喇沙尔折》，清代边疆满文档案奏折，档号：2244－029.1，中国第一历史档案馆藏。

④ 乾隆二十七年（1762年）九月，爱乌罕第一次派遣使团来朝，清廷对此十分重视。常钧当时作为甘肃巡抚，严格按照皇帝的要求，在沿途热情地款待了爱乌罕使团。参见常钧：《奏为鄂罕汗爱哈莫特沙闻圣主仁威差人赍表赴京并贡马匹等物倾心求觐事》（档号：04－01－12－0114－036）、《奏为遵旨备办接待爱乌汗爱哈莫特沙使节筵宴后即兼程趱行得预元旦朝贺事》（档号：04－01－14－0034－045），朱批奏折，中国第一历史档案馆藏。

⑤ 参见钟兴麒等：《西域图志校注》卷四十五“藩属二”，新疆人民出版社，2000年，第577页。

布鲁特各部杂处、地近哈萨克部，清朝更是视浩罕为西北之屏藩。而相比之下，爱乌罕等国与清朝仅保持松散的通贡关系，“各部来朝无定期，其贡亦无定物”，[①] 故而与清朝关系的亲疏远近，成为影响清统治者对各藩属国采取不同态度的主要因素。

其次，正因为清朝与浩罕之间的关系相比中亚其他各国更加敏感，它随两者间实力的此消彼长而呈现出阶段性的变化，这种变化并由此反映到清朝对浩罕使臣的接待之中。乾隆二十四年（1759）底，浩罕派出第一个觐见使团，受到了清政府盛情的款待，乾隆帝在接见使团时“命坐赐茶，召至御座前，亲加慰问”；[②] 二十七年（1762）底，巴巴伯克率领使团第二次前来朝觐，并献上白鹰，乾隆帝十分高兴，遂作《白鹰歌》以志其事，[③] 并于次年正月发表重要敕令，规定今后浩罕“一切事物俱遵驻扎喀什噶尔、叶尔羌大臣等节制”，[④] 这一规定标志着清、浩关系的进一步发展，具有极其重要的历史意义。据学者统计，至嘉庆十四年（1809）浩罕使臣随同回部年班进京朝觐约九次，那么除了继第二次朝觐后乾隆二十九年的又一次入京进献白海东青外，常钧于乾隆三十三年这一次接待应属于浩罕使臣第四次入京朝觐。[⑤] 总的看来，前三次浩罕使臣都受到了优渥的待遇，唯独第四次由常钧接待时清政府的态度发生了变化。

变化的原因来自于清政府对这一时期浩罕与哈萨克的冲突以及对浩罕国势力的扩张感到了不满。乾隆三十二年（1767）哈萨克与浩罕交战，哈萨克阿布赉汗遣使向清朝求救，对于哈萨克与浩罕之间的矛盾，乾隆帝大为不悦，但他又不愿把清朝牵扯到中亚诸国的势力争夺中去。[⑥] 因此，乾隆帝严饬了哈萨克部的军事行为，对浩罕则采取了“略加损益、不必过为供应”的方式加以警告。这既是乾隆帝对待浩罕第四次来使态度发生变化的重要原因，也是常钧奢侈款待浩罕使者而遭到严饬的主要缘故。

最后，有必要补充一点的是，乾隆帝的确在浩罕来使之前曾对沿途的接待工作做出过指示：

> 浩罕额尔德尼伯克遣使送京请安，伊等起程途次预备等项，虽不比初次来使，但若同历年入觐之回子伯克等一体办理，稍觉过薄。著通谕驻喀什噶尔、哈密大臣及经过各省督抚等，一切筵宴等项，照初次来使稍减、

① 赵云田点校：《理藩院则例》“徕远清吏司”中“边裔”条，中国藏学出版社，2006 年，第 397 页。

② 《清高宗实录》卷 604，乾隆二十五年三月乙卯条，第 785 页上。

③ 参见钟兴麒等：《西域图志校注》卷四十五“藩属二”，新疆人民出版社，2000 年，第 577 页。

④ 《清高宗实录》卷 678，乾隆二十八年正月己巳条，第 589 页上。

⑤ 潘志平：《浩罕国与西域政治》，第 28 页。

⑥ 《清高宗实录》卷 793，乾隆三十二年八月己丑条，第 725 页下。

年班回子伯克稍增，斟酌办理，毋庸奢费。[①]

这一谕令是在三十二年（1767）七月丙戌日下达的，《清实录》中对此亦有记载。[②]常钧是否收到了这份谕令已难以查证，不过笔者推断，常钧当时很有可能没有接到这份谕旨。乾隆三十二年（1767）七月丙戌日即七月二十四日，[③] 常钧于三十二年（1767）闰七月二十六日才正式到任哈喇沙尔，[④] 其间计 33 日。据学者统计清代文书由京城递送至喀什噶尔八百里加急仅用 21 天，一般六百里驰报需用 25 天至 30 天。[⑤] 喀什噶尔距京 11925 里，[⑥] 哈喇沙尔距京 9010 里，[⑦] 如果该份谕令是同时分发到各个办事大臣处，那么送达哈喇沙尔处的时间应当是小于 30 天的。所以很有可能的是，该份谕令只到达了前任哈喇沙尔办事大臣范时绶之处，而未送至常钧手中。范时绶与其交接工作，直至八月十三日后方才离开哈喇沙尔，[⑧] 期间可能范时绶未及向常钧转交这一份谕令，否则以常钧谨慎的为官性格、多年的边疆经历，是不太会故意违背乾隆帝的旨意的。

当然，以上只是对常钧为什么会“过分供应”的一种推断，并不能排除常钧得旨却不遵行的可能。乾隆帝对常钧大发雷霆还有一点原因，即常钧如此接待浩罕使臣，将会影响沿途其他地区接待工作的安排：

> 该使臣抵达后，常钧无非照例办理使其通过即可，竟多备羊只、饽饽、果品等物筵宴，并将疲马尽行换给走马，设馆并供给柴草，甚属不成事体。著传谕严行饬令。常钧既如此办理，哈密、陕西、甘肃等各省仿照备办，亦难预料。将此著通谕由哈密来此各经过地方大臣等，该使臣抵达后，勿得效仿常钧，仍照朕前旨办理。[⑨]

---

① 《寄谕喀什噶尔等处大臣浩罕来使送京途次接待规格著较年班伯克略高》，军机处寄信档，档号：03－132－1－079，中国第一历史档案馆藏。

② 《清高宗实录》卷 789，乾隆三十二年七月丙戌条，第 693 页下。

③ 参见陈垣：《二十史朔闰表》，古籍出版社，1956 年，第 198 页。

④ 常钧到喀喇沙尔接任后随即上奏谢恩，奏折落款时间为乾隆三十二年闰七月二十六日；当天，前任办事大臣范时绶亦上奏折申明印务移交常钧。参见参见常钧《奏接任喀喇沙尔办事大臣而谢恩折》（档号：2239－014），范时绶《奏将喀喇沙尔办事大臣印务移交常钧并请赴京陛见折》（档号：2239－019），清代边疆满文档案奏折，中国第一历史档案馆藏。

⑤ 参见潘志平：《清代新疆的交通和邮传》，《中国边疆史地研究》1996 年第 2 期。

⑥ 钟兴麒等：《西域图志校注》卷十七“疆域十”，新疆人民出版社，2000 年，第 271 页。

⑦ 钟兴麒等：《西域图志校注》卷十五“疆域八”，新疆人民出版社，2000 年，第 241 页。

⑧ 参见［清］范时绶：《奏将喀喇沙尔事务交给常钧回京折》，此折落款为乾隆三十二年八月十三日，故范离任赴京最早当为此日，清代边疆满文档案奏折，档号：2242－031，中国第一历史档案馆藏。

⑨ 《寄谕哈喇沙尔办事云骑尉常钧申饬浩罕使臣经过时过分供应事》，军机处寄信档，档号：03－132－2－047，中国第一历史档案馆藏。

清朝各地接待来使一贯采取统一的标准，如常钧任甘肃巡抚时接待爱乌罕使团便是一例，各处接待必须与首站保持一致、“整齐备办”，才能达到“以壮观瞻”的效果;[①] 倘若各处备办不齐，则会被认为是“有失国体”。哈喇沙尔向为南疆来往年班、使臣必经之要地，又连哈密直通内地，因此常钧如此接待势必会影响到以后各处的接待工作：若各处仿照常钧办理，则有违乾隆帝旨意；若仍按乾隆帝前旨办理，那么此次浩罕来使的接待工作将变得“参差不齐”，从而有损清朝“国体”。面对这一尴尬局面，乾隆帝十分恼怒，当即下令其余各处仍照前旨办理，并重重斥责了常钧的行为。

在哈、浩关系紧张之际，常钧对浩罕使者过分供应，这无疑会引起哈萨克势力的不满，进而可能会影响到清朝与哈萨克部关系的稳定，所以常钧的行为才会引发乾隆帝的不满。清代的边疆体系处于不断变化之中，特别是在康雍乾时期，随着清朝与西北、中亚诸势力频繁地发生接触，这种变化表现得更加明显和剧烈，这就要求清代的边疆政策也应随边疆局势的变化而相应地做出改变。很显然，作为边疆政策直接执行者的常钧，在这一时期还没能够完成自己身份的转化——由内地到边疆的任职,[②] 因此这一阶段他还不能够适应边疆形势的“瞬息万变”，也就无法顺利地将自己融入这股变化之中，去认识、把握清朝整个西北边疆地区的局势特点。这也是造成他在接待浩罕使臣时表现失当的重要原因。

三、添撤哈喇沙尔台站

到任哈喇沙尔后，常钧细心揆度地势，发现哈喇沙尔地区有些台站已不能较好地发挥作用，因此他向朝廷提出改撤部分台站，以优化清代新疆整个军台体系的运作效率，但却遭到了乾隆帝的否定：

> 常钧到哈喇沙尔即奏请裁海都一台，于阿哈尔布拉克添设台站，并将察罕通格放牧马匹撤回喂养，此皆从前大臣等按彼处情形妥办之事，即偶须调停，亦当确查具奏。伊甫到任，并未谙彼处情形，辄议更张，经军机大臣议驳甚是。[③]

然而，笔者以为常钧所奏添裁台站一事，是他经过深思熟虑后才提出的，并非“未谙彼处情形，辄议更张”随心而为；事后历史也证明，常钧对于哈喇沙尔台站的改

① 参见《清高宗实录》卷672，乾隆二十七年十月癸卯条，第516页下。

② 自乾隆二十八年常钧于甘肃巡抚调任后，至三十二年前往哈喇沙尔办事，其间五年常钧均在内地任职。

③ 《清高宗实录》卷796，乾隆三十二年十月丁卯条，第750页上。

设是具有真知灼见的。

《西域图志》卷三十一“兵防”条下“哈喇沙尔所属台站”的确有“阿哈尔布拉克台”，[①] 而根据《西域图志》的成书年代我们可以推定，常钧提议添设的阿哈尔布拉克台最终还是被清政府采纳了。有关阿哈尔布拉克台的记载，也见于祁韵士的《西陲要略》：

> （库车属）哈尔哈阿满台一百里至喀喇沙尔开都河底台，九十里至特伯尔古台，八十里至乌沙克塔尔台，一百五十里至喀喇河色尔台，九十里至库木什阿哈玛台，一百三十里至阿哈尔布拉克台，八十里至苏巴什台，九十里至托克逊台，七十里至布干台，九十里至土鲁番。[②]

但与《西域图志》记载有所不同的是，《西陲要略》载哈喇沙尔台站中仅见“开都河底台”一座，而《西域图志》载“海都河台”有两座，即海都河北台与海都河南台。那么，是否其中海都河有一台受到了裁撤，正如常钧所建议的一样？这两处台站的设置虽然出自常钧的提议，但它们是否又是由常钧经手办理？清政府起初否定了常钧的建议，为什么最终又接受他的建议、调整了台站的设置呢？

首先，我们已经明确，清政府最终还是在阿哈尔布拉克地区设置了台站，这是不争的事实。但其是否是常钧所为尚不得知，因为目前还没有史料能够提供直接的证明。不过笔者发现，在《新疆识略》中有如下记载：

> 喀喇沙尔旧有军台十一处，乾隆三十年裁减察罕通格、曲惠二台，三十五年添设阿哈尔布拉克台，五十二年裁托克逊、布干二台，改归吐鲁番管辖。[③]

据此可知，阿哈尔布拉克台设置的确切时间在乾隆三十五年，而常钧出任哈喇沙尔办事大臣的时间为乾隆三十二年至三十六年，[④] 因此可以推断，阿哈尔布拉克台的设置的确是在常钧任内所为。[⑤] 至于海都河台站的设置情况，史料记载不一：《西

① 有关阿哈尔布拉克台的设置，始见于《西域图志》的记载。参见钟兴麒等：《西域图志校注》卷三十一“兵防”，新疆人民出版社，2000 年，第 444 页。

② ［清］祁韵士辑：《西陲要略》卷一“南北两路军台总目”，光绪四年清同文馆刊本，第 18 页。

③ ［清］松筠：《新疆识略》卷三“喀喇沙尔”条下“军台”，清道光元年武英殿刻本，第 74 页。

④ 据《叶赫纳拉氏世系生辰谱》知，常钧卸任哈喇沙尔办事大臣在乾隆三十六年（1771 年）五月，他“受代回京补授三等侍卫，调补本旗管理红白银两事务章京。”

⑤ 张立认为阿哈尔布拉克台是三十五年由乌什参赞大臣舒赫德奏陈设立的，但目前暂无史料支撑这一观点。笔者以为，无论舒赫德是否奏陈过此事，由于阿哈尔布拉克台属哈喇沙尔辖，其设立又在三十五年，因此作为哈喇沙尔办事大臣的常钧，肯定是参与过这一台站的设置的。参见张立：《清代新疆喀喇沙尔地区的军台》，《集邮博览》2005 年第 2 期。

域图志》载有南、北二台；《西陲要略》只记有一台，且不分南、北；《新疆识略》又载南、北两台。而经笔者比较发现，《新疆识略》中所载“开都河二台”与《西域图志》记载的位置又有所不同。《西域图志》曰：

> 海都河北台。自特伯勒古台西至此九十里。海都河南台。自海都河北台西至此一里，中隔海都河。又西接库车属哈勒噶阿瑞台界。①

而《新疆识略》云：

> 开都河南台，西至库车所属之哈尔阿满台一百五十里，北渡河至河北台三里。开都河北台，东至喀喇沙尔城五里。特博尔古台，西南至喀喇沙尔城一百里。②

“开都河”即海都河，按照《新疆识略》的记载，开都河北台与特博尔古台中间距离有105里，这与《西域图志》中两者距离90里的记述不符，而特博尔古台的地理位置在史料中并未见其发生变化，所以只可能是海都河北台的位置发生了变化，从《新疆识略》中亦可见南台的位置也相应地有所变动。《西陲要略》中虽只记开都河底台一座，但其“九十里至特伯尔古台”的记载是与《西域图志》一致的，即此一开都河底台为《西域图志》中的海都河北台。《西域图志》成书最早，《西陲要略》为次，《新疆识略》末之。由此可见，海都河台站的设置的确是经历过一些变动的，虽然常钧并没有直接参与海都河台站的改设，但他到任哈喇沙尔后即能提出请裁海都　台的建议，说明他确实是具有一定的远见卓识的。

清代哈喇沙尔的军台在设置过程中不断有调整，其调整的原则是以快捷为主，目的是优化台站的运转效率。乾隆帝曾说过：“口外驰送军营文报，安设台站，惟在路径快捷，何必定有人烟之处”，③ 因此《西陲要略》中所记库木什阿哈玛台至阿哈尔布拉克台130里，阿哈尔布拉克台至苏巴什台80里，那么其间的路径也当为最便捷的选择。如果没有在阿哈尔布拉克添设台站，从库木什阿玛哈到苏巴什的距离就将超过200里，这显然将加重来往驿使与驿马的负担，从而减缓军情文报的传递速度。可能正是出于这一点考虑，清政府最终在乾隆三十五年添设了阿哈尔布拉克台，以提高南疆台站的运转效率。

通过以上分析可知，常钧改设哈喇沙尔台站的意见，还是富有建设性的。之所以当时乾隆帝并未采纳其建议，反而怒斥常钧，笔者以为主要还是由于此前常钧过

---

① 钟兴麒等：《西域图志校注》卷三十一“兵防”，新疆人民出版社，2000年，第444页。

② ［清］松筠：《新疆识略》卷三“喀喇沙尔”条下“军台”，第74页。

③ 《清高宗实录》卷483，乾隆二十年二月丁卯条，第49页下。

分供应浩罕使臣而引起的。[①] 乾隆帝批评常钧"并未谙彼处情形，辄议更张"，未免太过牵强。就奏折史料来看，常钧到任哈喇沙尔为乾隆三十二年（1767）闰七月二十六日，上奏台站改设时间为九月八日，[②] 其间常钧曾细心察看过哈喇沙尔及属城各处情形，[③] 在范时绶向他交任完毕后他对哈喇沙尔钱粮、兵器、站屯、马牛等情况也已大致掌握，[④] 并于八月底他已能独立处理哈喇沙尔的日常政务，[⑤] 这些都说明常钧并非"未谙彼处情形"。相反地，常钧政治经历丰富，又曾于甘肃及其他内地的驿务管理多有建树，因此如果排除改设台站的想法是前任大臣转达给他的这一情况外，哈喇沙尔台站的改设应该就是常钧自己的见地。由于常钧在处理浩罕使臣的接待问题上有所失当，使得乾隆帝大为光火，在盛怒之下乾隆帝难以理性地接受常钧的提议，这是完全有可能的。乾隆三十五年（1770）哈喇沙尔阿哈尔布拉克台的设立，说明清政府承认了之前否决常钧的确有欠考虑，最终它还是接受了常钧添设阿哈尔布拉克台站的这一建议。

总之，作为雍乾时期边疆官员的常钧，其任职西北期间不仅政绩突出，为清代西北地区的开发做出了巨大的贡献，并且留有《敦煌杂抄》《敦煌随笔》《射的说》等著作传世，至今仍具有重要的研究价值。

（肖超宇，男，1988 年生，中央民族大学历史文化学院博士研究生，北京：100081）

① 乾隆帝对常钧过分接待浩罕使臣以及他妄言添撤台站的批评，实同出于乾隆三十二年丁卯条记载。参见《清高宗实录》卷796，乾隆三十二年十月丁卯条，第750页上。

② 参见［清］常钧：《奏调整喀喇沙尔所属驿站折》，清代边疆满文档案奏折，档号：2244－030，中国第一历史档案馆藏。

③ 参见［清］常钧：《奏闻祭祀博尔图山神及查看喀喇沙尔等处屯禾情形折》（档号：2240－010），《奏闻布吉尔等处回子生计并田禾情形片》（档号：2240－011），清代边疆满文档案奏折，中国第一历史档案馆藏。

④ 参见［清］常钧：《奏接任喀喇沙尔办事大臣范时绶所交钱粮兵器站屯马牛等项均齐折》，清代边疆满文档案奏折，档号：2242－030，中国第一历史档案馆藏。

⑤ 参见［清］常钧：《奏销各城官兵路过喀喇沙尔所用盐菜等项银两并预调所需之银折》（档号：2242－029），《奏更换喀喇沙尔屯田兵丁折》（档号：2242－034.1），《奏请将喀喇沙尔地方屯田榆林营官兵更换事务饬下陕甘总督》（档号：2242－034.2），清代边疆满文档案奏折，中国第一历史档案馆藏。

奉先祭祖之圣地

——圆明园安佑宫二题

尤　李

内容提要：本文通过爬梳文献材料，特别是清帝御制诗文来考察圆明园中的清朝皇家祖祠——鸿慈永祜（即安佑宫）的制度渊源、陈设和功能，揭示出该景观在本质上继承汉宋之制，其陈设和功能体现儒道之影响，清帝有时在安佑宫祭祖具有代替谒陵的功能，或践行告祭先祖之礼，并进一步剖析相关御制诗文所体现之敬祖、勤政的政治理念。

关键词：圆明园；鸿慈永祜；安佑宫

清朝皇室最正式、最重要的祭祖之地便是位于北京城的太庙。傅公钺、姜舜源和李中路三位先生介绍了位于北京紫禁城之东的清代太庙的功能、建筑格局、陈设布置、供奉的主要人物及其配享功臣，具体的祭祀仪式及其程序[①]。王秀玲探讨过清代太庙祭祀的主要活动、相关规定、功臣配享、经费和人力投入情况，并指出清代太庙祭祀作为一项国家祭祀活动，是一种礼仪制度，也是政治的象征仪式[②]。然而，清朝皇室重要的祭祖活动却不仅限于此。清帝也常常在内庙（即设于宫禁之内的皇家祖庙，包括京城的奉先殿、寿皇殿、鸿慈永祜和热河避暑山庄的永佑寺等）拜祭祖先[③]。

"鸿慈永祜"又称"安佑宫"，位于清代皇家园林圆明园的西北角，为圆明园四十景之一，也系清朝的皇家祖祠。这一景观南北长185米，东西宽160米，占地2.95万平方米，建筑面积3600平方米。安佑宫仿景山寿皇殿建造，为圆明园内规

---

① 傅公钺：《清代的太庙》，《故宫博物院院刊》1986年第3期，第73－79、86页；姜舜源：《清代的宗庙制度》，《故宫博物院院刊》1987年第3期，第15－23、57页；李中路：《清代太庙与祭祀》，《紫禁城》2006年第1期，第64－65页。

② 王秀玲：《清代太庙祭祀及其政治象征仪式》，中国社会科学院历史研究所清史研究室编：《清史论丛》2012年号，北京：中国广播电视出版社，2011年，第101－120页。

③ 关于这一问题的研究，参见王柏中：《清皇家内庙祭祖问题探析》，《广西民族大学学报》2007年第6期，第60－63、105页；梁科：《奉先殿与皇室祭祖》，《清代档案与清宫文化——第九届清宫史研讨会论文集》，2008年，第518－524页，等等。

模最大、规格最高的建筑，重檐歇山顶，九楹，黄琉璃瓦。殿门前为两道琉璃牌坊，各有华表一对。

张恩荫先生叙述过圆明园鸿慈永祜的建筑形式、陈设布置及其功能，指出它是圆明园等级最高、体量最大的宫殿，这是供奉康熙、雍正、乾隆、嘉庆和道光五帝神像的皇家祖祠。清帝居住圆明园期间总要频频前往安佑宫展拜祖先，凡清帝从紫禁城迁来圆明园、从圆明园回紫禁城、外出巡游离园和回园之日，上元日（正月十五）、中元日（七月十五）、清明、皇帝本人生日及先皇诞辰、忌日等，清帝都要到安佑宫叩拜行礼①。《圆明园百景图志》详细介绍了鸿慈永祜的建筑布局、设施和功能②。不过，该景观的制度渊源、陈设、功能及其相关的清帝御制诗文犹存发覆之空间。本文将爬梳文献材料，特别是清帝御制诗文来探讨这些问题，敬请大家雅正。

一、安佑宫的制度渊源、陈设和功能

学界一般认为：安佑宫循景山寿皇殿“敬奉神御（即先朝帝王的肖像）”之义而建，其规制仿太庙③。但是，清高宗御制《安佑宫碑文》却将其渊源远追至汉宋之制。

清高宗御制《安佑宫碑文》这样叙述修建安佑宫的缘起：

原庙之制，西汉以来始有之。继人之志，述人之事者，弗敢废也。后世神御殿，亦犹汉原庙之义耶？然汉之原庙，不过月出衣冠一游耳。至宋之时，乃有神御之名，盖奉安列朝御容所也。上元结灯楼，寒食设秋千，其视汉为已备矣。而崇建遍郡国，奉祀或禅院，识者多议其非礼焉。……

我皇祖有非常之泽及天下，是以皇考合天下之情，亦以非常之礼报之。有汉宋备物备礼之诚，而无宋代遍及郡国、祀繁致亵之讥也。

予小子嬛嬛在疚，顾諟皇考之陟降，敕明旦凛绍庭，良法美政布在方册者，谨守而弗敢失。既就寿皇殿东室虔奉皇考御容，以配皇祖。

念兹圆明园，我皇考向日游观在囿、在沼之地也，其何忍恝视？爰择爽垲之地，具殿庑之规，为室九，敬奉皇祖御容于中，奉皇考配东一室。匪惟予小子罔极之思，羹墙之慕，借以稍抒，亦欲使后世子孙凛觐扬之志，勤堂构之基，所谓礼以义起，有其举之莫敢废也。鸠工于乾隆庚申（即乾隆五年，1740）而蒇事于癸亥（即乾隆八年，1743），所司以碑文

① 张恩荫：《圆明大观话盛衰》，北京：紫禁城出版社，2004 年，第 116－117 页。

② 圆明园管理处编：《圆明园百景图志》，北京：中国大百科出版社，2010 年，第 111－117 页。

③ 圆明园管理处编：《圆明园百景图志》，第 111 页。

请，乃序其事如左而系之，以诗懿兹苑囿。[①]

其中“原庙”指在正庙以外另立的宗庙。《史记·高祖本纪》云：“及孝惠五年（前190），思高祖之悲乐沛（今江苏省沛县），以沛宫为高祖原庙。”裴骃《集解》称：“谓‘原’者，再也。先既已立庙，今又再立，故谓之原庙。”[②] 照清高宗所作《安佑宫碑文》的说法，自己也是在京城已经建有太庙的情况下，又在其父常常园居的圆明园另外建立一个祖祠——安佑宫。此与汉代的“原庙”如出一辙。后来，清帝的御制诗亦常将安佑宫视为“原庙”。详见后文分析。

《宋史·礼志》曰：“神御殿，古原庙也，以奉安先朝之御容。”[③] 上引御制《安佑宫碑文》谓宋代神御殿存在“识者多议其非礼”的问题，存在“遍及郡国、祀繁致亵之讥”。此举不但违背儒家礼制，而且，汪圣铎先生专门指出：宋代在京城以外的寺观安置帝后神御，通常也要举行隆重的典礼、祭祀，耗费大量人力和财力[④]。

御制《安佑宫碑文》的颂词赞扬安佑宫“超宋景灵，迈唐庆善”[⑤]。《安佑宫碑文》中亦语及唐代的庆善宫和宋代的景灵宫：“往古修真，本唐高龙跃之宫慈庆，乃渭水庆善之宅。宋则祥符锡庆祠，号‘景灵’，咸因在潜之居，实曰‘神明之隩’。后先一揆，今昔同符。”[⑥] 此系将圆明园的安佑宫与唐宋之制类比。

《旧唐书·高祖纪》曰：武德六年（623）十二月乙巳，唐高祖命以“武功宅为庆善宫”[⑦]。《旧唐书·音乐志》又云：“太宗生于武功之庆善宫。”[⑧]《新唐书·地理志》称武功县境内“有太一山”，其“南十八里有庆善宫，临渭水，武德元年（618），高祖以旧第置宫”[⑨]。两《唐书·高祖纪》皆言武德六年十二月高祖以武功县之旧第置庆善宫[⑩]，而《新唐书·地理志》作“武德元年”，疑有误。由此可见，庆善宫（今陕西省咸阳市杨凌示范区建子沟村南）为唐太宗李世民出生成长之地。关

---

① 《清高宗御制文初集》卷16，《清高宗（乾隆）御制诗文全集》第10册，北京：中国人民大学出版社，1993年，第443－446页。

② ［汉］司马迁：《史记》卷8《高祖本纪》，北京：中华书局点校本，1959年，第393页。

③ ［元］脱脱等：《宋史》卷109《礼志一二》，北京：中华书局点校本，1977年，第2624页。

④ 汪圣铎：《宋代寓于寺院的帝后神御》，姜锡东、李华瑞主编：《宋史研究论丛》第5辑，保定：河北大学出版社，2003年，第261－263页。

⑤ 《清高宗御制文初集》卷16，《清高宗（乾隆）御制诗文全集》第10册，第446页。

⑥ 《清高宗御制文初集》卷16，《清高宗（乾隆）御制诗文全集》第10册，第445－446页。

⑦ ［后晋］刘昫等：《旧唐书》卷1《高祖纪》，北京：中华书局点校本，1975年，第14页。［宋］欧阳修、宋祁所撰《新唐书》卷1《高祖纪》将此事系于十二月庚戌（北京：中华书局点校本，1975年，第17页）。

⑧ 《旧唐书》卷29《音乐志二》，第1060页。

⑨ 《新唐书》卷37《地理志一》，小注，第963页。

⑩ 《旧唐书》卷1《高祖纪》，第14页；《新唐书》卷1《高祖纪》，第17页。

于宋代的“景灵宫”，《宋史·礼志》曰：“即景灵宫建诸神御殿，以四孟荐享。”①

另外，乾隆九年（1744），清高宗御制《鸿慈永祜》诗（《圆明园四十景图咏》之一）亦言：“原庙衣冠古昔沿，天兴神御至今传。”②

由清高宗御制《安佑宫碑文》及《鸿慈永祜》诗可以看出：清朝皇室在圆明园内修建安佑宫，实渊源于汉代原庙和宋代神御殿之制。

《安佑宫碑文》言安佑宫始建于乾隆五年（1740），竣工于乾隆八年（1743）。《清会典事例》亦称“乾隆五年谕内务府营建安佑宫，照坛庙款式营造。八年定”③。根据清代制度规定，内务府负责修缮宫殿、苑囿等，内务府设有专门负责营造事宜的营造司④。

《清会典事例》云：

> 是年（即乾隆八年），安佑宫成，内务府大臣率属蟒袍、补服赴恩佑寺清净地，恭备彩亭逊衣，从恩佑寺豫备龙旗、御仗、鼓乐，恭迎圣祖仁皇帝御容，进圆明园西南门，过清地，恭请世宗宪皇帝御容同进安佑宫。辰时安奉。高宗纯皇帝行礼如仪。⑤

据此可知：清圣祖的御容原本供奉在畅春园的恩佑寺，在乾隆八年移往圆明园安佑宫供奉。而且，内务府大臣率领身着蟒袍、补服的官员正式迎接圣祖和世宗的御容入安佑宫。“蟒衣”是明代创制的一种绣蟒的官服。蟒指巨蛇，形似龙而少爪，一般以金线绣于衣上。蟒衣在明初只限于皇帝左右宦官及得宠亲信人臣所服。清代蟒衣称作“蟒袍”，并正式定为官服，在清代为吉服之一，广泛用于朝会、庆典和吉日。自皇帝以下至七品以上文武官，俱可服蟒。蟒数九至五，按品级为差。清代蟒袍的服用范围较广，命妇、喇嘛、官员的父母和子弟也可穿。“补服”即明清时期的官服。因其前胸及后背缀有用金线和彩丝绣成的补子，故称“补服”。通常文官绣鸟，武官绣兽。《清实录》亦载：乾隆八年正月丁卯、庚午，清高宗“诣安佑宫行礼”⑥。乾隆八年七月辛巳朔，清高宗“享太庙，遣和亲王弘昼恭代行礼，上

① 《宋史》卷98《礼志一》，第2423－2424页。关于宋代神御殿的具体情况，参见［清］徐松辑：《宋会要辑稿·礼》之一三，北京：中华书局，1957年，第574－586页。

② ［清］于敏中等编纂：《日下旧闻考》卷81《国朝苑囿·圆明园二》，北京：北京古籍出版社，1981年，第1353页。

③ （清）官修：《清会典事例》卷1180《内务府·祀典》“圆明园安佑宫”条，北京：中华书局影印本，1991年，第761页。

④ 祁美琴：《清代内务府》第6章《清代内务府的经费支出》，沈阳：辽宁民族出版社，2009年，第182－183页。

⑤ 《清会典事例》卷1180《内务府·祀典》“圆明园安佑宫”条，第761－762页。

⑥ 《清高宗实录》卷182，乾隆八年正月丁卯、庚午，北京：中华书局，1987年影印本，《清实录》第11册，第359、360页。

诣安佑宫行礼"①。在这里，高宗至安佑宫行礼，亦具有亲谒太庙之意义。

唐岱、沈源乾隆九年（1744）绘《鸿慈永祜图》
（圆明园管理处编《圆明园百景图志》，北京：中国大百科全书出版社，2010年，第110页）

成书于清乾隆年间（1736—1795）、由清高宗"钦定"的《日下旧闻考》这样叙述安佑宫的布局和匾额：

月地云居之后，循山径入，为鸿慈永祜，安佑宫前琉璃坊座南面额也。左右石华表各一，坊南及东西复有三坊环列。其南为月河桥。又东南为致孚殿，三楹西向。宫门五楹南向为安佑门，门前白玉石桥三座，左右井亭各一，朝房各五楹，门内重檐，正殿九楹，为安佑宫。殿内中龛敬奉圣祖仁皇帝圣容，左龛敬奉世宗宪皇帝圣容。左右配殿各五楹，碑亭各一，燎亭各一。

臣等谨按：安佑宫建自乾隆七年（1742）②，皇上恭仿寿皇殿之制，

① 《清高宗实录》卷196，乾隆八年七月辛巳朔，《清实录》第11册，第515页。

② 这一说法与前引清高宗御制《安佑宫碑文》及《清会典事例》相牴牾，当从后者。

敬奉圣祖、世宗圣容，岁时朔望瞻礼于兹。鸿慈永祜为四十景之一，坊北面额曰“燕翼长诒”，鸿慈永祜之前三坊，南曰“美墙忾慕”，曰“云日瞻依”，东曰“勋华世焕”，曰“谟烈重光”，西曰“德配清宁”，曰“功隆作述”。殿内中龛额曰“音容俨在”，左龛额曰“陟降在兹”。与安佑门、安佑宫额皆御书。致孚殿内恭刊乾隆七年御笔敬录世宗《圆明园记》，并《御制圆明园后记》。①

这些反映出安佑宫的布局和装饰深受儒家礼制的影响，此景观具有祭祀祖先的功能，清高宗对乃祖乃父的仰慕之情。

《清会典事例》详细记载了圆明园安佑宫的陈设和功能：

寿皇殿供奉神御，始自圣祖，与圆明园之安佑宫相等，密迩宫庭。……其寿皇殿、圆明园之安佑宫，自圣祖仁皇帝以后，万世供奉，每遇祭辰、诞辰，皆应躬亲展敬。②

皇帝幸圆明园驻跸之日，诣安佑宫行礼，上元日亦亲诣行礼。恭遇圣驾谒陵、省方、秋狝启銮，及驾还驻跸，皆诣安佑宫行礼。③

皇帝驻跸圆明园，恭遇列圣诞辰、忌辰，及令节、朔望，拈香行礼。……安佑宫供奉圣容日，献大燕并饽饽案。每日供饽饽案一。其大燕案上供净水九椀，诸色米九椀，红花水九椀，香九椀，干果九椀，茶九椀，蜜果九椀，乳饼九椀，绢花九椀。绢花每年夏至、冬至日各一换。香一年一换。乳饼、干果、蜜果及米，俱率月一换。净水、红花水及茶，俱一日一换。④

由此看来，按照清朝礼制规定，圆明园的安佑宫和紫禁城的寿皇殿一样，供奉自清圣祖之后的所有清帝的神像，皇帝在圆明园园居之时，应该在礼制规定的时间（包括先帝的“祭辰”和“诞辰”、上元日等）亲自到安佑宫祭祀。清廷内务府的饽饽房每月向“寿皇殿、安佑宫供献品物，俱与大燕卓同”⑤。依《清会典事例》所载，皇室在安佑宫进献之物包含水、饭、花、香、果、茶等，带有浓郁的道教醮祭之味⑥。

《清会典事例》又载：

---

① ［清］于敏中等编纂：《日下旧闻考》卷81《国朝苑囿·圆明园二》，第1351－1352页。
② 《清会典事例》卷1180《内务府·祀典》“寿皇殿规制”条，第760页。
③ 《清会典事例》卷1180《内务府·祀典》“圆明园安佑宫”条，第761页。
④ 《清会典事例》卷1180《内务府·祀典》“圆明园安佑宫”条，第761页。
⑤ 《清会典事例》卷1192《内务府·供具》“饽饽房备用”条，第870页。
⑥ 张泽洪：《道教斋醮科仪研究》，成都：巴蜀书社，1999年，第90－94页。

圆明园安佑宫，大殿九室，中龛恭悬圣祖仁皇帝圣容，前设一案，供奉圣祖仁皇帝孝恭仁皇后（即清世宗的生母乌雅氏）神牌，左龛恭悬世宗宪皇帝圣容，右龛恭悬高宗纯皇帝圣容。每位圣容龛旁几案，皆陈设彝器、书册及佩用服物，合设中和韶乐一分，左金钟一，琴五、瑟二、笙五、笛五、箫五、篪三、埙一、排箫一、麾旛二、大鼓一、搏拊一、柷一、镈钟一、右玉盘一、琴五、瑟二、笙五、笛五、箫五、篪三、埙一、排箫一、搏拊一、敔一、特盘一。①

由此可知：安佑宫包括“大殿九室”，所供奉的每位皇帝圣容龛旁的几案均摆放着礼器、书册及其佩用服物，并设有演奏中和韶乐的乐器。按清代制度规定，由内务府的“中和乐处”负责内宫奏乐之事②。据研究，中和韶乐系清代祭祀、朝会、宴飨所奏之雅乐，是清代宫廷音乐中最高等级的乐队。清代的中和韶乐用五声音阶③。

乾隆朝在礼制建设方面作出一些努力，体现出“以礼为治”的特征④。在这一大背景之下，清高宗在圆明园修建安佑宫以供奉清圣祖、清世宗的御容，亦可视为乾隆朝礼制建设的举措之一。

二、清帝所作“安佑宫”御制诗文所见之政治理念

“以诗证史”即“以诗入史”，就是用“诗”为史料来证史说史。陈寅恪先生为“以诗证史”的行家高手，他的《元白诗笺证稿》即是利用诗歌之特点来研究历史，并以绵密的考证和精深的论述体现出“以诗证史”的高妙境界⑤。汉文化修养颇高的清朝皇帝留下了浩如烟海的御制诗文，这些文学作品可补官书、档案之不足，其史料价值日益受到学界重视，圆明园的研究论著也常常引用清帝御制诗⑥。这是一座可供史家进一步发掘和利用的宝库。本文将尝试结合清帝御制诗文来探讨圆明园安佑宫及清帝祭祖仪式所体现的政治理念。

---

① 《清会典事例》卷1180《内务府·祀典》“圆明园安佑宫”条，第760－761页。

② 祁美琴：《清代内务府》第4章《清代内务府机构的确立与完善》，第89页。

③ 万依：《清中和韶乐考辨》，《故宫博物院院刊》1992年第3期，第66－76页。

④ 林存阳：《乾隆朝礼制建设的政治文化取向》，中国社会科学院历史研究所清史研究室编：《清史论丛》2009年号，北京：中国广播电视出版社，2008年，第252－268页。

⑤ 参见陈寅恪：《元白诗笺证稿》，陈美延编：《陈寅恪集》，北京：生活·读书·新知三联书店，2001年。

⑥ 相关研究成果如郭黛姮编著：《乾隆御品圆明园》，杭州：浙江古籍出版社，2007年；戴逸：《乾隆帝及其时代》第6章《文化》，北京：中国人民大学出版社，2008年，第323－339页；崔岩：《乾隆御制诗史学价值探微》，《求是学刊》2008年第5期，第132－137页；圆明园管理处编：《圆明园百景图志》；崔岩：《乾隆诗与圆明园——兼论乾隆帝的造园思想》，《东疆学刊》2014年第1期，第23－29页，等等。

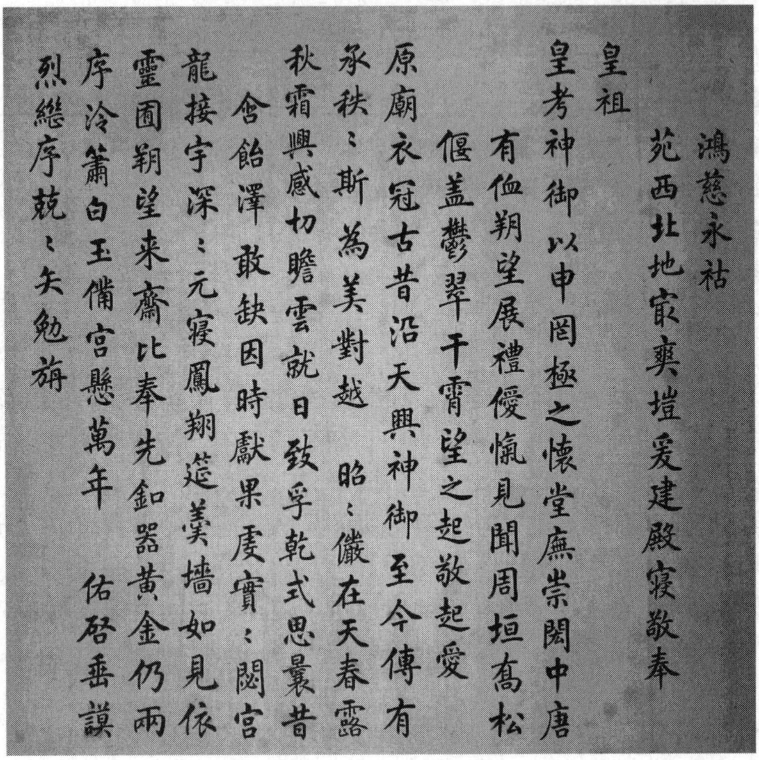

清高宗（乾隆皇帝）御制《鸿慈永祜》诗

乾隆九年（1744），清高宗御制《鸿慈永祜》诗（《圆明园四十景图咏》之一）云：

苑西北地最爽垲，爰建殿寝，敬奉皇祖、皇考神御，以申罔极之怀。堂庑崇闳，中唐有侐。朔望展礼，爱忾见闻。周垣乔松偃盖，郁翠干霄，望之起敬起爱。

原庙衣冠古昔沿，天兴神御至今传。
有承秩秩斯为美，对越昭昭俨在天。
春露秋霜兴感切，瞻云就日致孚乾。
式思曩昔含饴泽，敢缺因时献果虔！
实实閟宫龙接宇，深深元寝凤翔筵。
羹墙如见依灵囿，朔望来斋比奉先。
扣器黄金仍两序，冷箫白玉备宫悬。
万年佑启垂谟烈，继序兢兢矢勉旃。①

① ［清］于敏中等编纂：《日下旧闻考》卷81《国朝苑囿·圆明园二》，第1353页。

清高宗在这首诗中清晰地表明修建安佑宫的目的正是为了祭祀其祖父、父亲，表达对乃祖乃父的思念和敬爱之情。

另外，从清帝御制诗亦可看出：清帝至安佑宫拜谒祖宗，有时也具有替代谒陵之功能。

如乾隆二十四年（1759），清高宗作《清明日拜谒安佑宫》曰：

> 昨岁寿皇思莫穷，今年寒食御园中。
> 亲支率领谒安佑，驹影推迁信幻空。
> 已觉烟含堤柳绿，谁怜风妬坞桃红。
> 东西瞻眺二陵邈，不隔精诚一念通。①

其中“二陵”指清圣祖的景陵和清世宗的泰陵。

乾隆二十五年（1760），清高宗又撰《清明日安佑宫行礼》云：

> 东陵回待谒西陵，冷节偏逢感不胜。
> 神御拜瞻思色笑，宗藩陪叩视尝烝。
> 冷陶槐叶诗传好，春雨杏花绘比能。
> 敢向园亭酬景物，对时惟是凛绳承。②

其中“宗藩陪叩视尝烝”之下小注云：“近支诸王及皇子等并随行礼。”③

“冷节”即寒食节。唐代及其之前不注重清明节，而重视寒食节。清明节的主要内容是祭扫坟墓。至宋元时期，清明节逐渐由附属于寒食节的地位，上升到取代寒食节的地位。不仅上坟扫墓等仪式多在清明节举行，就连寒食节原有的风俗活动如冷食、蹴鞠、荡秋千等，也都被清明节收归所有。因此，上引二首清高宗的御制诗正体现清明节与寒食节混融的情况，在清代二者可以互相替代。

清圣祖的景陵位于清东陵（今河北省遵化市境内），而清世宗的泰陵则位于清西陵（今河北省易县西）。前引两首御制诗皆显示清高宗本人在清明节前往圆明园的安佑宫行礼，具有代替拜谒其祖父之景陵和其父之泰陵的作用。据研究，清帝谒陵需要大量经费和大批随从人员，包括谒见礼、大飨礼和敷土礼三大礼仪④。清高宗在圆明园居住理政之时前往安佑宫拜谒其父祖，不单具有地利之便，还可以避免

① 《清高宗御制诗二集》卷85，《清高宗（乾隆）御制诗文全集》第3册，第709–710页。

② 《清高宗御制诗三集》卷3，《清高宗（乾隆）御制诗文全集》第4册，第292页。

③ 《清高宗御制诗三集》卷3，《清高宗（乾隆）御制诗文全集》第4册，第292页。

④ 王秀玲：《清代国家祭祀研究》第5章《太庙祭祀和陵寝祭祀》，天津：南开大学博士学位论文，2009年，第112–128页。

兴师动众、节省经费。

在清代，也有清帝遭遇非常事件而前往安佑宫行礼的情况。如乾隆丁酉年（即乾隆四十二年，1777）正月，清高宗作诗《安佑宫瞻礼》道：

圣母升遐，皇祖、皇考前应有告哀之礼，第廿九日奉移皇妣梓宫，不能复至寿皇殿展谒。圆明园之安佑宫亦皇祖、皇考神御所在，与寿皇殿无异，谨于二月朔易素服，恭诣申告。至情所感，哀痛无文，敬述一篇，以摅悲绪。

匍匐瞻神御，告哀徒抢呼。
怙无犹赖恃，双痛孰怜孤？
尊养皆虚矣，遭逢有是乎。
毁称不灭性，勤政敢疏吾？①

乾隆四十二年（1777）正月庚寅（二十三日），清高宗的生母崇庆皇太后崩于圆明园的长春仙馆，高宗十分哀痛②。二月丁酉朔（初一日），“上诣安佑宫，于圣祖仁皇帝、世宗宪皇帝神御前行告哀礼”③。与上引御制诗对照，高宗在不能复至寿皇殿行告哀礼的情况下，选择就近在安佑宫行此礼，并且宣称“与寿皇殿无异”，表达自己的悲痛之情，还特别声明自己要勤政。

按照清朝礼典规定，“告祭，云者因事而告，举无定期。国朝旧制，凡遇大典，于先期祭告圜丘、方泽、太庙、奉先殿、社稷、陵寝，或亲诣或遣官”④。显然，“告祭”乃根据需要、因事而行的非常规祭祀。清帝因事常常亲自告祭太庙，或经常遣官告祭陵寝⑤。此次高宗告祭父祖的地点安佑宫并不在祀典规定的范围之内，而且高宗的这次告祭发生在其生母崩逝这一突发事件发生之后，也并非祀典所规定的“先期祭告”。既便如此，就此举的内容和实质而言，谓清高宗其实在践行“告祭”先祖之礼，也当无疑。此亦体现出清代皇家告祭先祖制度在实践中的灵活性。

嘉庆六年（1801），清仁宗作《孟夏四月诣圆明园安佑宫皇考圣容前拈香行礼敬纪》曰：

清明拜叩卅余年，怆睹慈容西室悬。
永佑寿皇典仍旧，祖功宗德考承先。

① 《清高宗御制诗四集》卷42，《清高宗（乾隆）御制诗文全集》第6册，第965－966页。

② 《清高宗实录》卷1025，乾隆四十二年正月庚寅，《清实录》第21册，第734页。

③ 《清高宗实录》卷1026，乾隆四十二年二月丁酉朔，《清实录》第21册，第749页

④ ［清］刘锦藻撰：《清朝续文献通考》卷156《郊社考十·告祭》，考9117，杭州：浙江古籍出版社影印万有文库本《十通》，1988年。

⑤ 王秀玲：《清代国家祭祀研究》第5章《太庙祭祀和陵寝祭祀》，第85－87、117－118页。

三朝遗泽悲弓箭，九叩微忱谒几筵。
物阜民安祈赐佑，敬承大业凛仔肩。[①]

其中“怆睹慈容西室悬”之下小注云：“安佑宫向曾供奉圣祖仁皇帝、世宗宪皇帝圣容。每遇清明节恭随皇考行礼，岁以为常。今已度二十七月，敬奉皇考圣容悬于西室展拜，实深悲慕。”[②] 此意味着清仁宗还是皇子之时，便在每年清明节跟随其父清高宗至安佑宫拜谒清圣祖、清世宗的神像。在嘉庆六年，仁宗为乃父守孝满27个月之后，便将其神像悬挂在安佑宫的西室，以供奉和参拜。

在这首诗中，清仁宗表达对祖先的敬意，同时又企盼祖先保佑国家，点出自己治理国家的重任。

另外，“永佑寿皇典仍旧”之下小注曰：“城内寿皇殿及避暑山庄永佑寺后楼皆恭奉皇考圣容于西室。”[③] 承德避暑山庄的永佑寺也供奉着诸帝圣容[④]。这座佛寺是清高宗为纪念其祖父清圣祖而修建，旨在赞颂乃祖、祈求乃祖的福佑，并表达钦佩之情，后来逐步成为供奉清帝御容的场所、清朝皇室祭祖之地。此地以寺庙的形式出现，带有佛教色彩，其供奉的帝后神御与紫禁城的寿皇殿、圆明园的安佑宫相同[⑤]。

嘉庆八年（1803），清仁宗撰《清明日敬诣安佑宫行礼感述》：

珠邱泣拜方旬日，又届清明慕益萦。
原庙升香抒素悃，宝城敷土命儿行。
禁烟序感时何速，濡露心哀岁屡更。
寸草春晖难仰报，勉酬付托竭真诚。[⑥]

而如上文所论，“原庙”指在正庙以外另立的宗庙，此处指安佑宫。其中“宝城敷土命儿行”之下小注云：清仁宗“命皇次子绵宁恭诣裕陵，代行敷土礼”[⑦]。绵宁即清宣宗，原名绵宁，即位后改为旻宁。裕陵是清高宗的陵寝，地宫内葬有高宗本人、两位皇后和三位皇贵妃。而“寸草春晖难仰报”云云，即征引唐代诗人孟

① 《清仁宗御制诗初集》卷30，故宫博物院编：《清仁宗御制诗》第2册，海口：海南出版社，2000年，第68页。

② 《清仁宗御制诗初集》卷30，故宫博物院编：《清仁宗御制诗》第2册，第68页。

③ 《清仁宗御制诗初集》卷30，故宫博物院编：《清仁宗御制诗》第2册，第68页。

④ 《清会典事例》卷1180《内务府·祀典》“热河绥成殿”条，第762页。

⑤ 窦茗：《避暑山庄永佑寺与清代祭祖》，《承德职业学院学报》2007年第3期，第166－167页；刘建中：《塞外行宫奉神御——避暑山庄御容供奉琐谈》，《清代档案与清宫文化——第九届清宫史研讨会论文集》，2008年，第573－581页。

⑥ 《清仁宗御制诗初集》卷43，故宫博物院编：《清仁宗御制诗》第2册，第223－224页。

⑦ 《清仁宗御制诗初集》卷43，故宫博物院编：《清仁宗御制诗》第2册，第223页。

郊的诗《游子吟》：“谁言寸草心，报得三春晖？”。清仁宗在此特意引用这一诗句，旨在表达对父亲之恩的感激之情。

在这首诗中，“原庙升香抒素悃”与“宝城敷土命儿行”对举，再次显示出清仁宗在清明节到安佑宫叩拜其父亲的御容，实具有替代自己亲自拜谒高宗裕陵的功能。这首诗的主旨意在表达仁宗的敬祖、法祖之情，并祈求祖宗赐福保佑。

嘉庆十九年（1814），清仁宗作《清明日安佑宫瞻礼泣述》抒发自己的情感：

鼎成十六年，孺慕与岁积。
春露复秋霜，亲谒珠邱地。
去秋至蓟西，忽逢大变异。
宗庙关系深，定乱亟旋跸。
挥涕望裕陵，抒虔伸痛思。
我考怜儿愚，内外昭荫庇。
三月贼全除，民安靖戎事。
欲展谢恩仪，又恐劳车骑。
庶姓力役繁，比户多憔悴。
仰体爱民心，竭诚勉抚字。
清明瞻圣容，九叩沾双泪。
魂梦恋云山，述哀五言记。①

所谓“鼎成十六年”当指清仁宗已经亲政十六年。“内外昭荫庇”之下有小注曰：“去岁展谒西陵，未至裕陵。原定于木兰旋跸时敬诣，珠邱泣申孺慕，不意九月中回至蓟西，突有大逆肆扰禁城之事，时距桥山仅隔两程，然往返稍濡时日。京师为宗社重地，定乱靖民势不容缓。不得已，遥向东北虔叩，默展悲忱。即日回轸，于十九日抵京。维时逆首业经就缚，宫禁贼党搜捕肃清，人心大定。京南齐豫钩结匪徒，先经命将前往，以次剿平其大股，屯据滑县。至腊月内全数扫除。此皆皇考牖启藐躬，不啻隐垂指示，用能迅除妖孽，内外均安也。”②

其中“述哀五言记”之下有小注云：“自邪匪底定之后，复有陕省莠民乘机窃发。幸滑县，先已克平，命疆臣宿将即移胜兵搜缉，至本年二月内，一律荡涤，不遗余孽，戎事得以全蒇。每岁清明前后率皆亲诣松楸，以纾霜露之感。兹更仰承鸿佑，尤应虔叩恩。兹惟是上年师出畿南，未免有妨民事。若再因銮辂经行，重烦力役，转非皇考仁爱斯民之意。爰即敬诣安佑宫，肃诚瞻礼，稍伸哀悰。云山在望，

① 《清仁宗御制诗三集》卷19，故宫博物院编：《清仁宗御制诗》第5册，第345－346页。
② 《清仁宗御制诗三集》卷19，故宫博物院编：《清仁宗御制诗》第5册，第346页。

心与俱驰矣。”①

嘉庆十八年（1813），清仁宗赴热河（今河北省承德市）行“木兰秋狝”未归，在当年九月，北京天理教（天理教又名八卦教，是白莲教的一个支派，传布于河北、山东、山西、河南各地）首领林清起义，攻入皇宫紫禁城。宫中惊恐万状。皇次子绵宁调来火器营、健锐营兵入宫。义军寡不敌众，退出皇宫②。这次起义因为林清攻入紫禁城，对清廷震撼极大。清仁宗在这首诗的注文中言自己原定在“木兰秋狝”之后回京的途中前往清东陵拜谒其父的裕陵，因林清起义而改变计划，只得直接回京。这首诗将平定林清起义归于其父的保佑，仁宗称自己本欲亲往乃父的裕陵谢恩，但为避免劳民伤财，遂就近到安佑宫祭拜高宗，并作诗表达自己的感恩、爱民之情。这是清仁宗既按照礼典规定在清明日前往安佑宫祭祖，又同时因为林清起义这一非常事件而向祖宗禀告，感谢祖宗庇佑之恩。清仁宗的这次祭祀虽然在林清起义之后进行，但从其实质来讲，也相当于告祭先祖。这也反映出告祭制度在实践中的变通性。

在这一年，清仁宗又撰《八月十三日安佑宫行礼感述》：

拜瞻神御仰秋空，御苑山庄典礼同。
永念沐恩勉政治，偶停行狝待禽充。
云笼弓剑椎心慕，霜点松楸和泪融。
即日珠邱亲谢佑，泣陈惭感竭悲衷。③

其中“行狝”即指清帝到承德避暑山庄避暑打猎，又称“秋狝”。清仁宗在这一年停止行狝，按照这首诗的意思是为等待避暑山庄的动物生长，但真实原因可能是这一年刚刚平定林清之乱，需要稳定京城的局势。而且至清朝中后期，满洲汉化日益深入，皇帝驾幸避暑山庄的次数本来就越来越少。“即日珠邱亲谢佑”之语亦暗示清仁宗此次叩谒祖宗，具有替代亲自谒陵的功能。

道光三年（1823），清宣宗作《安佑宫瞻礼敬纪》曰：

璇宫展拜仰精严，怆睹音容一室添。
亿祺仁慈衷敬感，四朝德泽化同沾。
君临悚惕殚心述，孺慕悲辛拭目瞻。

① 《清仁宗御制诗三集》卷19，故宫博物院编：《清仁宗御制诗》第5册，第346页。

② 这一事件的具体经过，参见李尚英：《关于林清、李文成起义的几个问题》，《故宫博物院院刊》1983年第4期，第55－56页。

③ 《清仁宗御制诗三集》卷23，故宫博物院编：《清仁宗御制诗》第6册，第42页。

古柏苍松延岁月，暄和旭影映雕檐。①

“四朝德泽化同沾”之下小注言：“安佑宫者，列圣之神御在焉。予小子嗣位后，恭奉皇考圣容位于斯宫。新正莅园，即日展拜，不胜瞻依之感。”②“孺慕悲辛拭目瞻”之下小注谓：“忆昔承欢膝下，今则缅仰遗容，趋庭之训不闻，孺慕之心倍切。”③而“璇宫”指玉饰的宫殿，多指王宫、传说中仙人的居所，此处特指安佑宫。清宣宗在这首诗中歌颂清圣祖、清世宗、清高宗和清仁宗的德行和功绩，表达自己的崇拜和思念之情。

在这一年，清宣宗又作《清明日安佑宫瞻礼敬述》：

寿皇安佑礼攸同，展敬凌晨叩法宫。
春露萦怀申永慕，湛恩承命惕微衷。
香升宝鼎祥烟袅，树荫瑶阶细雨笼。
对越在天增怆感，虔祈渥泽协时丰。④

“寿皇安佑礼攸同”之语再次充分说明安佑宫的功能与寿皇殿相同。所谓“虔祈渥泽协时丰”，即虔诚祈求祖宗赐予恩惠，保佑农业丰收。

就在这一年，清宣宗又撰《七月二十五日皇考忌辰敬诣安佑宫瞻礼述哀》：

抚时感遇怆逢秋，此日逢秋倍助愁。
无复承颜随辇辂，空余隐恸望松楸。
终身顾复心常慕，三载推迁岁若流。
九拜瞻依恩罔极，兢兢大命凛难酬。⑤

“空余隐恸望松楸”之下小注云：“忆自庚辰七月十八日随扈皇考圣驾自京启跸，幸避暑山庄，岁序三周，音容如昨，而攀号莫及，霜露增悲，兹敬遣皇长子奕纬虔诣昌陵代祭，予则瞻依神御，遥望桥山，倍深隐痛矣。”⑥此处点明清宣宗至安佑宫行礼具有相当于亲自拜谒其父的昌陵的作用。

“兢兢大命凛难酬”之下小注曰：“嘉庆四年四月十日，皇考已将子臣名书置

① 《清宣宗御制诗初集》卷7，故宫博物院编：《清宣宗御制诗》，海口：海南出版社，2000年，第110页。

② 《清宣宗御制诗初集》卷7，故宫博物院编：《清宣宗御制诗》，第110页。

③ 《清宣宗御制诗初集》卷7，故宫博物院编：《清宣宗御制诗》，第110页。

④ 《清宣宗御制诗初集》卷7，故宫博物院编：《清宣宗御制诗》，第116－117页。

⑤ 《清宣宗御制诗初集》卷9，故宫博物院编：《清宣宗御制诗》，第141页。

⑥ 《清宣宗御制诗初集》卷9，故宫博物院编：《清宣宗御制诗》，第141页。

秘函，豫定储位。圣志先定，笃祜优加，予小子寅承宝命，神器重大，将何以上酬在天之恩。夙夜抚躬，曷胜兢惕。”[①] 这段小注表明清宣宗对其父皇清仁宗早在嘉庆四年（1799）便采用“秘密建储”的方式立自己为储君[②]非常感激，遂在安佑宫祭拜清仁宗御容之时，直接抒发这种感情。

在这一年，清宣宗又作《皇考诞辰敬诣安佑宫瞻礼述哀》：

孟冬同此御园中，昔日称觞事已空。
九拜只余香篆鼎，四时惟仰御悬宫。
飘萧落叶偏增感，凛冽寒霜暗怆衷。
廿五年来宵旰治，深仁薄海沐无穷。[③]

这是清宣宗在其父的诞辰日至安佑宫行礼，表达自己的怀念之情以及颂扬乃父的勤政。

道光四年（1824），清宣宗撰《七月二十五日皇考忌辰敬诣安佑宫瞻礼泣述》：

拉瑟西风报早秋，秋逢此日不胜忧。
终身恋慕恩无极，九拜瞻依泪暗流。
敕政官箴钦大法，惠民遗泽仰皇猷。
忽焉四载违慈训，岁月匆匆倍引愁。[④]

此体现清宣宗思念父亲、感恩父亲、整顿吏治和爱民之心。

道光四年（1824），清宣宗又作《皇考诞辰敬诣安佑宫瞻礼述哀叠癸未韵》：

怆忆音容梦寐中，赓飏拜舞尽成空。
据鞍扈跸情如昨，彩服升香事异宫。
大宝凛承钦考泽，小阳初届恸予衷。
瞻依暗堕思亲泪，罔极慈恩慕岂穷。[⑤]

这首诗表达清宣宗对乃父的哀思和敬意。

道光五年（1825），清宣宗撰《七月二十五日皇考忌辰敬诣安佑宫瞻礼述哀》：

---

① 《清宣宗御制诗初集》卷9，故宫博物院编：《清宣宗御制诗》，第141页。

② 关于清仁宗“秘密建储”的分析，参见杨珍：《清朝皇位继承制度》（修订本）第5章《秘密建储制度》，北京：学苑出版社，2009年，第416－419页。

③ 《清宣宗御制诗初集》卷10，故宫博物院编：《清宣宗御制诗》，第151页。

④ 《清宣宗御制诗初集》卷13，故宫博物院编：《清宣宗御制诗》，第176－177页。

⑤ 《清宣宗御制诗初集》卷14，故宫博物院编：《清宣宗御制诗》，第185页。

违侍慈颜五度秋，逢时不禁泪交流。
兢兢莅政遵彝训，亹亹持躬凛大猷。
九拜恩仁虞有负，一心哀慕痛难酬。
孤身凄怆悲常结，冷露寒蛩更助愁。①

这是清宣宗在其父的忌日至安佑宫行礼，体现清宣宗怀念父亲、遵循祖宗的教诲和践行勤政之心。

道光九年（1829），清宣宗作《七月二十五日皇考忌辰敬诣安佑宫行礼哀述》：

追慕惟屡霜露侵，呜呼十载感逢今。
瞻依怆睹慈容在，叩拜空悲閟殿深。
廿五年中勤庶政，七旬天上恸儿心。
称觞舞彩成虚语，回忆山庄涕满襟。②

“回忆山庄涕满襟”之下小注曰：“嘉庆己卯，皇考六旬庆节，予小子称觞舞彩，与天下臣民同声抃颂，彼时方冀圣寿无疆，京垓递衍，则今岁己丑，正值七旬大庆，普天欢祝，更当何如，乃周甲逾年，龙颜莫睹，回忆山庄受命十载，于兹追慕音容，不禁感涕之交集也。”③“今岁己丑”即道光己丑，道光九年。这首诗体现清宣宗追慕其父的情感，并赞扬其父是一位勤政之君。

三、余　论

综上所论，圆明园的安佑宫系清朝皇室奉先祭祖之圣地，其修建乃继承汉宋之制，其陈设和功能体现儒道之影响。自清高宗至清宣宗时期，清帝不仅践行礼制至圆明园的安佑宫祭祖，而且在皇室或国家遭遇非常事件、突发事件之时，清帝也前往安佑宫行告祭先祖之礼。

雍正、乾隆、嘉庆、道光和咸丰五帝常年在圆明园内的“正大光明”和“勤政亲贤”两处处理政务，其园居时间普遍超过居于紫禁城的日子。帝王所在地便是国家权力中心。这样，国家政治中枢也随之转移至圆明园④。而清帝日常披阅奏折、

---

① 《清宣宗御制诗初集》卷16，故宫博物院编：《清宣宗御制诗》，第205–206页。

② 《清宣宗御制诗余集》卷2，故宫博物院编：《清宣宗御制诗》，第316–317页。

③ 《清宣宗御制诗余集》卷2，故宫博物院编：《清宣宗御制诗》，第317页。

④ 关于圆明园内“正大光明”和“勤政亲贤”两处景观的构造特征和清帝园居理政的情况，参见圆明园管理处编：《圆明园百景图志》，第3–17页。

接见臣工和召见大臣议事的“勤政亲贤”更是体现出其崇尚勤政的精神①。清帝在园居之时至安佑宫祭祖不仅具有地利之便，而且与祭祀太庙和谒陵相比，能够节省经费和人力、物力。在这一时代，圆明园不仅成为清朝皇室的生活空间，亦是王朝权力运作的政治空间，同时还成为帝王践行礼制的礼仪空间。

清帝祭祀太庙的主要活动包括：时享、祫祭、告祭和荐新，有一整套严格、繁复的礼仪程序，还有满洲亲贵、蒙古亲藩及汉大臣配享太庙，太庙祭祀活动所需经费浩繁，人力、物力投入庞大，通常皇帝、各级王公大臣参加，参加者众多②，“国礼”特征十分显著。其中，太庙中的祫祭即合祭祖先，在除夕前一日，将太庙后殿供奉的远祖四帝后之神牌与中殿自太祖以下亡故诸帝后之神牌一同合于前殿祭祀③。而清帝在安佑宫祭祀祖先，则仅仅包括圣祖以下亡故诸帝，而且祭祀的对象不是神牌，而是神御。清帝在此处祭祖，往往只有皇帝本人参加，有时包括近支诸王及皇子等，也没有太庙祭祖的复杂程序，“家礼”色彩非常突出。

清帝频繁至安佑宫祭祀祖先及其所作御制诗文正集中体现了其敬天、法祖、勤政、爱民之理念和纲领④，也是其践行以孝治天下政策的具体表现之一⑤。清帝所撰关于安佑宫的御制诗文渲染和强调其直系祖先之功德，亦即彰显自己身为继承人的合法性。这既是其真情流露，亦带有表演性质，也系清帝构建自身及王朝合法性的需要。

（尤李，女，1981 年生，历史学博士，北京市海淀区圆明园管理处副研究馆员，北京，100084）

① 贾珺：《圆明园中的理政空间探析》，《建筑学报》2011 年第 5 期，第 102 - 105 页。

② 王秀玲：《清代太庙祭祀及其政治象征仪式》，第 101 - 118 页。

③ 王秀玲：《清代太庙祭祀及其政治象征仪式》，第 102 - 103 页。

④ 常建华先生撰文具体阐释过清朝的政治纲领：敬天、法祖、勤政、爱民（参见常建华：《敬天法祖、勤政爱民：清朝政治纲领的研究》，原载《明清史论丛》第 5 辑，北京：紫禁城出版社，2004 年，此据常建华：《清代的国家与社会研究》第 1 章《清朝政纲》，北京：人民出版社，2006 年，第 1 - 70 页）。

⑤ 常建华先生探讨过清朝以孝治天下的政策的具体措施，包括：以孝治天下的政治纲领——《圣谕广训》；官僚制度中体现的孝治政策；法律中具有孝治特点的政策；旌老与尚老政策；国家推行孝治的宗族制政策（参见常建华：《论清朝以孝治天下的政策与其归宿》，原载《南开大学历史系建系七十五周年纪念文集》，天津：南开大学出版社，1998 年，此据常建华：《清代的国家与社会研究》第 1 章《清朝政纲》，第 70 - 104 页。

国家转型与民族区域整合：辛亥革命对内蒙古地区民族关系的影响

王　宇

内容提要：辛亥革命对于内蒙古地区民族关系的影响是近代以来中国民族关系发展演变历程中重要组成部分，也是中国近代国家转型与新型民族关系建构这一动态历史过程中的重要一环。辛亥革命对内蒙古地区民族关系的影响，呈现出较为复杂的历史面向。一方面，内蒙古地区的同盟会革命活动及归绥等地的起义，是辛亥革命的有机组成部分。另一方面，辛亥革命引起了内蒙古与内地关系之重新整合与再建过程，成为多民族统一国家中的一员。总起来说，它是近代国家转型与民族区域整合历史矛盾运动的具体表现，是值得认真分析与研究的一个重要课题。

关键词：辛亥革命；内蒙古地区；民族关系

辛亥革命是中国历史上具有重大影响的历史事件。关于内蒙古地区的辛亥革命问题，学界已经有不少研究。[①] 但大多是着眼于近代中国革命、现代化历史进程的

---

① 相关研究主要有：黄丽生：《蒙古意识与中国认同的纠葛：民初外蒙古独立运动与内蒙古的反应》，台北蒙藏委员会，2002 年；黄时鉴：《日本帝国主义的“满蒙政策”和内蒙古反动封建上层的“自治”“独立”运动》，《内蒙古大学学报》，1963 年第 1 期；乌力吉陶格套：《清至民国时期蒙古法制研究——以中央政府对蒙古的立法及其演变为线索》，内蒙古大学出版社，2007 年；高海燕：《清末民初蒙古社会走向研究》，南京大学博士学位论文，1998 年；刘毅政：《内蒙古辛亥革命纪略》，《内蒙古师院学报》，1981 年第 3 期；汪炳明：《清朝覆亡之际驻京蒙古王公的政治活动》，《内蒙古大学学报》，1985 年第 3 期；史筠：《辛亥革命时期内蒙古的民族运动》，载中共内蒙古地区党史研究所：《内蒙古近代史论丛》，第一辑，内蒙古人民出版社，1983 年；郝维民：《辛亥革命与内蒙古政治》，载中国人民政治协商会议全国委员会文史资料委员会编：《辛亥革命在各地》，中国文史出版社，1991 年；［日］贵志俊彦：《内蒙古地区袁世凯政权统治体制的形成——蒙藏院的成立和内蒙古三个特别行政区的设置》，《国外中国近代史研究》第 21 辑，中国社会科学出版社，1992 年；保罗·海尔：《蒙古独立运动中的内蒙古：1911—1914 年》，汉译载《内蒙古近代史译丛》第一辑，内蒙古人民出版社，1986 年；卢明辉：《辛亥革命与蒙古封建王公》，《内蒙古社会科学》，1992 年第 2 期；白拉都格其：《关于近代内蒙古民族运动研究的几个问题》，《内蒙古社会科学》，1997 年第 6 期；李玉伟：《民国时期国民党政府的民族政策及内蒙古的民族问题》，《中央民族大学学报》，2004 年第 1 期；《辛亥革命时期的内蒙古》，载中国人民政治协商会议全国委员会文史资料委员会编：《辛亥革命亲历记》，中国文史出版社，2001 年；娜仁格日勒：《辛亥革命之后内蒙古的二元政治结构：以二札萨克制为中心》，《蒙古学集刊》，2010 年第 1 期；冯建勇：《重构国家认同：民初中央政府对蒙藏边疆地区之统合——以 1911—1915 年为中心》，《黑龙江民族丛刊》，2009 年第 4 期。

大视野，而忽略了辛亥革命与民族及民族关系相关联的诸问题，特别是有关这一重大历史事件对内蒙古地区之民族关系的影响缺乏较全面的理论与学理总结。本文尝试从中国近代国家转型与民族区域整合的视角出发，探讨辛亥革命对内蒙古地区民族关系的影响。

一、内蒙古地区的辛亥革命

辛亥革命是近代国家转型过程中重要的里程碑。一方面，辛亥革命结束了在中国绵延了二千多年的封建君主专制制度，开创了民主共和制度的新时代，在近代中国政治制度现代化历程中无疑是开启了一道前进的闸门。另一方面，辛亥革命结束了以王朝为核心的传统民族关系与国家认同，赋予了“中国”这个历时性政治共同体以现代意义，从此以后中国各民族政治认同的对象是民主共和的现代国家而不再是一家一姓的传统朝代国家。

作为传统多民族国家重要组成部分的内蒙古，随着辛亥革命的胜利被带入了建构中国统一多民族现代国家的历史进程。而内蒙古地区辛亥革命的性质与整体的辛亥革命是一致的，体现了内蒙古政局的发展趋势与内在要求，成为辛亥革命的重要组成部分。除了同盟会领导的局部革命运动外，还有空前高涨的蒙古民族运动，主要有归绥新军起义、丰镇军民起义等。

（一）蒙古族政治精英参加同盟会

1905 年 8 月，孙中山领导的中国同盟会在日本东京成立，标志着中国资产阶级民主革命进入高潮，对全国各族人民革命起了重要的推动作用。武昌起义前夕，山西革命党人来内蒙古西部从事革命活动，发展同盟会员，除吸引汉族青年知识分子参加同盟会外，还吸收了蒙古族青年知识分子加入同盟会。在同盟会的蒙古族知识分子中，云亨、经权是其中的代表人物。这是蒙古族革命志士在中国资产阶级领导下加入同盟会，进行有组织的革命斗争的开始。

云亨，字嘉惠，蒙古族，光绪十年（1884 年）出生于土默特右旗水涧沟门乡后湾村。光绪二十八年（1902 年）入归绥中学堂第一班，学习三年毕业。光绪三十年（1904 年），经王建屏介绍，加入同盟会，投入了宣传共和、推翻帝制的斗争。他的同盟会会员证是“用白市布裱糊的，封面印有三十四号字样”。[①] 宣统二年（1910 年）农历五月，云亨考入北京殖边学校，以实际行动参加“蒙古队”的宣传活动。

经权，字子衡，蒙古族，光绪九年（1883 年）出生于内蒙古归化城土默特旗。

① 经革陈：《我所了解的云亨先生辛亥革命事略》，见内蒙古自治区政协文史资料研究委员会编：《内蒙古辛亥革命史料》，内蒙古人民出版社，1979 年，第 73 页。

光绪三十二年（1906年），由云亨引荐，加入同盟会，成为内蒙古西部地区最早加入同盟会的蒙古人之一。云亨与经权二人志同道合，积极开展了革命宣传活动，“对外联系、宣传工作由云亨负责，而内部联系、组织工作由经权负责”。① 他们依据同盟会的要求进行宣传，如“十二糊涂歌”、反对缠足、反对留辫子等，并以身作则，首先剃了发辫。辛亥革命期间，云亨、经权在萨拉齐、包头一带积极开展革命的宣传组织工作，并策划武装起义。在他们从事革命宣传活动中，还有蒙古族安祥、巴文峒等进步知识青年，也加入了同盟会。蒙古族会员巴文峒家里好藏书，经常把当时流传的“康（有为）、梁（启超）著作及同盟会印行的秘密刊物”介绍给云亨、经权等人习读。②

而在北京“豫章中学”、“贵胄陆军学堂”和“殖边学校”的蒙古族青年学生王宗洛等人，不仅同情革命，参加了“蒙古队”的宣传活动，还利用星期日的空隙，“借雍和宫暗中聚会蒙古队里的同学，宣传蒙古民族独立的思想”。③ 从此，蒙古族青年学生随着时代的潮流不断地加入到革命运动的队伍中，他们以个人方式或以部分集体活动，坚持不懈地进行反对清王朝的革命活动。④

（二）内蒙古地区的革命运动：归绥新军起义、丰镇军民起义

1911年10月10日，武昌起义爆发，各省新军纷纷起义响应，蒙古地区的革命党人亦积极响应。在内蒙古地区，出现了一股前所未有的民族运动潮流，主要有归绥新军起义、丰镇军民起义等。

武昌起义的消息传至北京后，同盟会会员云亨、王定圻、杨云阶等相继从北京、太原等地回到内蒙古西部地区，宣传演讲，并致书新军统领周维藩劝其“反正”。归绥新军“跃跃欲试”，准备发动起义。经过周维藩策划，决定“刘少瑜、曾友胜赴兴和、丰镇一带集合东路，派张琳、张万禄、吴金山赴包头、五原一带集合西路；北路则恃驻可以力更；吴鸿昌之马三营，为联络东西两之总据点。⑤ 而此时的云亨、经权、王定圻、杨云阶等已达到包头，一方面在萨拉齐、包头、五原一带策动反清起义，一方面设法迎接归绥起义军进驻包头。归绥新军起义队伍逐渐扩大，并与包头革命党人的革命活动紧密结合起来。

但驻包清军和驻包五原同知樊恩庆佯装赞同革命，假意宣布“订于11月1日，

① 经革陈：《先父子衡先生辛亥革命事略》，见内蒙古自治区政协文史资料研究委员会编：《内蒙古辛亥革命史料》，内蒙古人民出版社，1979年，第66页。

② 经革陈：《先父子衡先生辛亥革命事略》，见内蒙古自治区政协文史资料研究委员会编：《内蒙古辛亥革命史料》，内蒙古人民出版社，1979年，第65页。

③ 王宗洛：《辛亥革命的点滴闻见和对我的影响》，见内蒙古自治区政协文史资料研究委员会编：《内蒙古辛亥革命史料》，内蒙古人民出版社，1979年，第83页。

④ 吴恩和：《辛亥革命时期回忆录》，见内蒙古自治区政协文史资料研究委员会编：《内蒙古辛亥革命史料》，内蒙古人民出版社，1979年，第87页。

⑤ 方仲纯：《辛亥塞北革命纪略》，见《近代史资料》，1957年，第5期，第44页。

悬旗反正”。[①] 革命党人信以为真，便“计议招致后口子的归绥义军进驻城内，以充实力”。4 日，这支归绥起义新军 200 余人由曹富章、张琳率领，都斜背着一条白布，“在郭鸿霖等和包镇公行代表的迎接下，经太平桥由东门开进包头”，分散驻在今包头东河区东街、前街和富三元巷内等三个地方。[②] 5 日晚，樊恩庆以设宴为名，邀请革命党人和归绥起义新军首领借赴宴之机，阴谋制造了“马号事件”，很多革命党人及归绥新军首领曹富章、张琳等 7 个都督惨遭杀害，云亨侥幸脱身逃离。[③] 归绥新军起义是内蒙古同盟会会员发动的，是资产阶级民主革命的组成部分，虽然起义失败了，但显示了归绥地区蒙汉各族人民的民主觉醒。

辛亥丰镇民军起义，也是内蒙古辛亥革命运动史上一次重要起义。丰镇位于乌盟南部，历来就是雁门关外塞上的一座军事重镇。12 月，丰镇地区各支武装组成“革命军”，在革命党人弓富魁的指示下，在张占魁、武万义的带领下，在隆盛庄附近宣布起义，进军丰镇。12 日，革命军一举攻占丰镇，清军全部溃散，厅署和官邸亦全部焚尽。起义军释放监犯并向他们宣布：“诸军从绿林中来，此次即充民军，必有文明行为：一、不公报私仇；二、不杀人放火；三、不任意抢劫；四、不滥杀官吏；五、需团结一致。”[④] 随后这些监犯都参加了起义军，从而壮大了民军起义队伍。然而，23 日，大同清军援兵五百余人赶往丰镇。24 日王国士率领清军夺回丰镇，革命军众寡不敌，分三路撤出城外。由此，辛亥丰镇民军起义宣告失败，大批起义军和革命者惨遭杀害。仅自“王国士入城，章同出棺七日之内，先后遭杀害者三十三人。”[⑤] 领导这次起义的革命党人王虎臣，在从丰镇撤退向南转移，行至得胜口，不料与清军头旗马队相遇，不幸被俘牺牲。这次丰镇民军起义，在内蒙古辛亥革命史上写下了光辉的一页。

虽然内蒙古地区辛亥革命代表了内蒙古政局发展的内在要求，但对于整个政局的影响甚微。正如辛亥革命本身存在诸多局限和很快归于失败一样，内蒙古地区民族关系在随后的历史进程中出现了诸多不正常情态，留下了诸多后遗症。

二、“五族共和”之下的内蒙古政治地位

辛亥革命对于内蒙古地区民族关系的影响是中国近代国家转型与民族区域整合进程中的重要而具有关键意义的历史环节，其后当地民族关系的基本走向也是这一

① 《人物·忠烈》，《绥远通志稿》卷 91，第 6 页。

② 巴靖远等：《辛亥包萨革命经过》，见内蒙古自治区政协文史资料研究委员会编：《内蒙古辛亥革命史料》，内蒙古人民出版社，1979 年，第 32 页。

③ 杨云阶：《辛亥绥包革命史实纪述》，《近代史资料》（第 5 号），1955 年第 2 期。

④ 曾厚章：《丰镇民军日志》，见《辛亥革命回忆录》（六），第 192 页。

⑤ 崔毓珍等：《辛亥丰镇起义纪事》，见内蒙古自治区政协文史资料研究委员会编：《内蒙古辛亥革命史料》，内蒙古人民出版社，1979 年，第 48 页。

历史进程中的重要组成部分，并与之紧密缔结、相辅相成。南京临时政府是中国近代国家转型与民族关系之建构的重要阶段，制定了一系列处理民族问题的政策与措施。

一方面，辛亥革命失败后，内蒙古地区与中央政府关系处于不正常状态，出现了对新的中央政府的认同危机。具体表现在：从武昌起义、南北和谈、南京临时政府成立、清帝逊位、民国告成过程中，内蒙古地区民族宗教上层及其地方当局，不承认民国，企图自立为国，解除与中央的政治隶属关系。

1911 年 12 月 24 日，在京蒙古王公那彦图、贡桑诺尔布等成立“蒙古联合会”，呈请民国政府以法令的形式承认继续保留蒙古原有贵族特权统治体制和自主权益。南北议和开始后，蒙古王公联合会致电南方代表伍廷芳称：“共和国将仅以十八行省组织之乎？抑将合满蒙藏回共组织之乎？满蒙藏回土宇辽阔，几占全国之大半。其人民习惯，只知有君主，不知何所谓共和，更深惧诸君子少数专制之共和……如诸君子固持己见，骛虚名、速实祸，以促全国之亡……则我蒙古最后之主张未便为诸君子宣布。”①

蒙古王公面对清朝灭亡的现实，对于今后的出路，没有一致的意见。1912 年 1 月 14 日，阿穆尔灵圭等内外蒙古王公二十四名代表联名，再次致电袁世凯，电云：“元电当达览，南北协议是否有成？国会何时可开？闻库伦喇嘛称号，内蒙摇动堪虞。……前经定于十一月初一日（1月 19 日），集会东蒙各王公面宣德意，并谓保国之策，俟例会再行电闻。唯钧阁政策所在暨势力如何，务请电示，稗便遵依酌办。顷东督电请备战，阿穆尔灵圭查本旗蒙兵，秉先进亲王遗教，尚皆朴勇可用，夙为胡匪所畏，如蒙得益，必可效死无贰。窃谓乾坤鼎沸，仰赖转旋，无论和战，似宜原集兵力，以壮声威”。② 尔后，虽有王公主张仿照库伦之举，“从清国分离出去，蒙古只好独立”，但多数王公意见不尽相同，主张静待大局稳定后再决定蒙古的去向。同时，他们还组织勤王队，并发表通电宣称：“如朝廷允认共和，即行宣告独立，与中国断绝联系，以为君主立宪之援助。”③

1912 年 3 月 1 日，内蒙古王公阿穆尔灵圭致电袁世凯，“窃谓中华民国既合五大民族组织而成，即应合五族而统筹其利害。今者南京就职之议，其于汉、回、藏、满四族关系如何，阿穆尔灵圭等未尝深知；而于蒙古，则确知将有解体之虞，必须足以维系。夫一国只此五族，岂容捐弃其一而不顾，况蒙古土域实占全国之大半，若果恝置，则蒙古一族固未见为利，而亦岂中华全国之福？以前蒙古一族在‘中华民国的统一’中没有利，却为什么‘如果尝试蒙古解体的话，’就有中华全

① 《蒙古王公致伍廷芳函》，渤海寿臣：《辛亥革命始末记》，台湾文海书社 1969 年，第 904 页。

② 《宣统三年十一月二十六日阿穆尔灵圭等致电清朝政府内阁》，《军机处电报档》，转引自卢明辉：《辛亥革命与蒙古封建王公》，《内蒙古社会科学》，1992 年第 2 期。

③ 《蒙藩反对共和之举动》，《大公报》，1912 年 1 月 22 日。

国之福?”。[①] 袁世凯致电伍廷芳，要求南方政府与蒙古王公详细讨论，以求和平解决问题，并提醒南方政府说：“若以强迫行之，其各王公等恐必规藩独立，大局仍难平定。现外蒙古已有叛离之危象，若内蒙古再复叛离，西北大局何堪设想?”[②]

对此，伍廷芳回电，“民军起义之目的，欲和汉、满、蒙、回、藏为一大共和国，此举并非为汉人自私自利起见，乃欲与满、蒙、回、藏同脱专制奴仆之苦，而享共和兄弟之乐……民国成立，汉、满、蒙、回、藏一律平等，确无疑义。”并保证蒙古在民国政体下的一切与其他民族平等的权利，“满、蒙、回、藏原有之王公爵俸及旗丁口粮等，必为谋相当之位置，决不使稍有向隅，且国民平权，将来之大总统，汉、满、蒙、回、藏人皆得被举，政治上之权利，决无偏倚。”[③]

当清室决定接受议和条件后，蒙古王公表示：“若以中国国体而论，本宜于君主，而不宜于民主。惟今日全国人心既皆坚持共和，且各亲贵亦多赞成此事，我辈又何所用其反对。今惟全听御前会议如何解决，如决定共和，我蒙古无不加入大共和国家”。[④] 此时的蒙古王公对民国政府的政治态度由最初的强烈抵制转而有所缓和。

另一方面，南京临时政府以法令形式对内蒙古的政治地位予以承认，“五族共和”初步确立了民族平等的现代多民族统一国家的政治组织形式与法理基础。

1912 年 1 月 1 日，中华民国临时政府成立，孙中山在南京宣誓就任中华民国临时大总统。在就职宣言书中，孙中山强调：“尽扫专制之流毒，确定共和，以达革命宗旨，完国民之志愿……国家之本，在于人民，合汉、满、蒙、回、藏诸地为一国，即合汉、满、蒙、回、藏诸族为一人，是曰民族之统一。武汉首义，十数行省先后独立。所谓独立，对于清廷为脱离，对于各省为联合，蒙古、西藏意亦同此。行动既一，决无歧趋，机枢成于中央，斯经纬周于四至，是曰领土之统一。”[⑤] 同时，《临时约法》以法律形式明确了国家的领土范围，“中华民国领土，为二十二行省、内外蒙古、西藏、青海。”[⑥]

《临时约法》以法律形式规定了给予蒙古等边疆民族地区平等参政议政权力，其中规定：“中华民国之立法权，以参议院行之。”而参议员的名额则是“每行省、

① 《内蒙古王公阿穆尔灵圭等致袁世凯函》，黄彦、李伯新：《孙中山藏档选编》，中华书局，1986 年，第　页。

② 《袁内阁关于议和之要电》，《盛京时报》，1911 年 12 月 6 日。

③ 《伍廷芳复蒙古各王电》，渤海寿臣：《辛亥革命始末记》，台湾文海书社，1969 年，第 905 - 906 页；丁俊贤，喻作凤：《伍廷芳集》，下册，中华书局，1993 年，第 441 页。

④ 渤海寿臣：《辛亥革命始末记》，台湾文海书社，1969 年，第 907 页。

⑤ 中国第二历史档案馆编：《临时大总统就职宣言书》，《中华民国史档案资料汇编》（第二辑），江苏人民出版社，1991 年，第 1 - 2 页；《临时大总统宣言书》，《孙中山全集》（第二卷），中华书局，1982 年，第 2 页。

⑥ 中国第二历史档案馆编：《中华民国临时约法》，《中华民国史档案资料汇编》（第二辑），江苏人民出版社，1991 年，第 106 页。

内蒙古、外蒙古、西藏各选派五人，青海选派一人。”① 这就保证了民族地区与内地省份在国家的立法机关中具有同等的地位。虽然《参议院法》规定，参议员必须于选定通知到院后的六十天内报到，否则取消资格。但考虑到民族地区地处偏远、交通不便等因素，又补充规定：“甘肃、新疆、西藏、青海、内外蒙古各处参议员，不在此限。”②

南京临时政府大总统孙中山也曾致电蒙古王公，争取他们赞成共和，“汉蒙本属同种，人权原自天赋，自宜结合团体，共谋幸福”，提醒各蒙古王公“俄人野心勃勃，乘机待发，蒙古情形，尤为艰险”，并要求他们“通告蒙古同胞，戮力一心，共图大计。”③ 南京临时政府还承诺，“联合蒙藏，一视同仁，取消旧时理藩不意之名。组织一蒙藏经理局于内务部，为对蒙藏中央行政机关，一面为保全领土，为国际宣言，杜外人之野心”。④

经过对“五族共和”的广泛宣传和各方面的努力争取，蒙古王公逐渐改变了态度。1912 年 2 月 12 日，清帝宣布退位，优待条件公布，其中包括《待遇满蒙回藏条件》七条，即“与汉人平等；保护其原有之私产；王公世爵概仍其旧；王公中有生计过艰者设法代筹生计；先筹八旗生计于未筹定之前八旗兵牟俸饷仍旧支放；以前营业居住等限制一律蠲除各州县听其自由入籍；满蒙回藏原有之宗教听其自由信仰”。⑤

南京临时政府时期“五族共和”基本上奠定了中国现代民族国家建构的合法性与正当性的原则和基础，一方面是在清王朝基础上的多民族国家，另一方面则是现代民主国家制度法理。但南京临时政府仅三个月便夭折，政权很快落入袁世凯手中，虽然有民初短暂的议会政治实验，但最终以失败告终，民国也成为一块空招牌。

三、北洋政府重建国家权威的政治实践

北洋政府时期，是辛亥革命对内蒙古地区民族关系影响的又一历史阶段。如何将内蒙古地区带入建构中国统一多民族现代国家的历史进程中，是北洋政府面临的

---

① 中国第二历史档案馆编：《中华民国临时约法》，《中华民国史档案资料汇编》（第二辑），江苏人民出版社，1991 年，第 107 页。

② 中国第二历史档案馆编：《中华民国史档案资料汇编》（第二辑），江苏人民出版社，1991 年，第 124 页。

③ 中国第二历史档案馆编：《关于各民族团结一心防俄侵蒙致喀尔沁亲王等电》，《中华民国史档案资料汇编》（第二辑），江苏人民出版社，1991 年，第 15 页。《孙中山全集》（第二卷），中华书局，1982 年，第 48 页；《临时政府公报》，1912 年 1 月 29 日、2 月 1 日。

④ 中国第二历史档案馆编：《唐彦保等为强国筹边防杜外人致驻京蒙古王公电》，《中华民国史档案资料汇编》（第二辑），江苏人民出版社，1991 年，第 16 页。

⑤ 《临时政府公报》，1912 年 2 月 13 日。

重要历史任务。这一现代性的历史课题，实际上包含两方面内容，一是国家政治制度的近代转型问题，一是重建民族与国家关系问题也就是民族区域整合问题。为此，北洋政府相继颁布了各项政策措施与法律法规，加强政治控制与民族政治整合。尤其是，重建国家权威系统与内蒙古边疆民族地区国家认同成为民国政府重要的“议事日程”。

1. 民族政策法律化，倡导“民族平等”

北洋政府相继颁布了各项法令，重申“五族共和”中的“民族平等”、“民族团结”等基本原则和精神。1912 年 3 月 25 日，袁世凯在《劝谕蒙藏令》中宣称：“凡我蒙藏人民，率从旧俗，作西北屏藩，安心内向……现政体改革，连共和五大民族，均归平等。本大总统坚心毅力，誓将一切旧日专制弊政，悉心禁革。蒙藏地方尤应体察舆情，保守治安。”① 内务部又批准成立了以“扶助共和政体，化除汉、满、蒙、回、藏畛域，谋一致之进行”为宗旨的五族共和会。②

4 月，袁世凯政府发布大总统令，强调“现在五族共和，凡蒙、藏、回、疆各民族，即同为我中华民国国民，自不能如帝制时代再有藩属之名称，此后，蒙、藏、回、疆等处，自应统筹规划，以谋内政之统一，而冀民族之大同”。③ 1914 年 5 月，北洋政府颁布《中华民国约法》，第一章第四条规定“中华民国人民，无种族、阶级、宗教之区别，法律上均为平等，人民于法律范围内，有信教之自由”。第六十五条，规定“中华民国元年二月十二日所宣布之大清皇帝辞位后优待条件，清皇帝待遇条件，满蒙回藏各族待遇条件，永不变更其效力。其与待遇条件有关系之蒙古待遇条件，仍继续保有其效力；非依法律，不得变更之”。④

2. 设置蒙藏院与颁布《蒙古待遇条例》

在有关民族事务管理制度方面，北洋政府设置蒙藏院作为专门管理边疆民族事务的中央行政机关。1912 年 3 月，袁世凯宣布废除清末官制改革时由理藩院改设的理藩部，其所辖“蒙藏事务”交由内务部管理。同年 5 月，在内务部下设蒙藏事务处，直隶于国务院，下设四科办事。7 月，参议院议定，“因蒙藏地方一切例政，与各省迥异，且规划设置，事属创行，自应另设专局，直隶于国务总理，以便统筹”。⑤ 随后蒙藏事务局成立，规定，“蒙藏事务局直隶于国务总理，掌管蒙藏一切

① 《临时政府公报》，1912 年 3 月 30 日。

② 中国第二历史档案馆编：《五大民族共和联合会章程及实行细则》，《中华民国史档案资料汇编》，第三辑，政治（二），江苏古籍出版社，1991 年，第 926 页。

③ 中国藏学研究中心等编：《元以来西藏地方与中央政府关系档案史料汇编》，中国藏学出版社，1994 年，第 2346 页。

④ 陈荷夫编：《中国宪法类编》，中国社会科学出版社，1980 年，第 381－388 页。

⑤ 《国务会议审议蒙藏事务局官制及其理由》，《中华民国史档案资料汇编》，第三辑，政治（一），第 38 页。

例政。”[1] 1914年5月，袁世凯政府改蒙藏事务局为蒙藏院，接着正式公布《蒙藏院官制》。[2] 其中，第一条规定“蒙藏院直隶于大总统，管理蒙藏事务”；第四、五条规定“蒙藏院设总裁一人，总理院务，监督所属职员。副总裁一人，辅助总裁，整理院务。”[3] 院内分置总务厅、秘书厅、专司民治、边卫、劝业的第一司以及专司宗教、典礼等的第二司。[4] 此外，如有必要时，蒙藏院可酌设雇员。[5] 第一任总裁为贡桑诺尔布，副总裁为熙彦。蒙藏院实际上是北洋政府统治国内少数民族的中央机构，其职权范围是主管蒙藏地方和回部土司的典仪、宗教、封叙、边卫，交涉、咨照、会商、劝业、民治等行政事务。自袁世凯政府起，以后历届北洋政府均设有这一机构。它虽然权力有限，但对北洋政府处理边疆民族事务，特别是对沟通与少数民族上层的感情联络和推行民族政策方面，具有一定的积极作用。

1912年4月6日，蒙古联合会“复将治蒙事宜，胪陈十一条，呈请总统施行”，即《蒙古特别待遇》：

（1）嗣后各蒙古，不得以藩属待遇，应视与内地一律，中央对于蒙古行政机关，亦不用理藩殖民拓殖等字样；

（2）各蒙古王公原有之土地统辖治理权，一律如旧；

（3）内外蒙古汗王公台吉世爵各位号，应予永承弗替，其在本旗所享之特权，均照旧无异；

（4）唐努乌梁海五旗，阿尔泰乌梁海七旗，系属副都统及总管治理，应就原来副都统及总管承接职任之人，改为世爵；

（5）蒙古各地胡图克图喇嘛等原有之封号，概仍其旧；

（6）各蒙古外交之国际交涉及边防事务，均归中央政府办理，其交涉边防，如遇关涉地方重要事件者，随时由中央政府交蒙古该地方行政机关参议允协，然后施行；

（7）蒙古王公世爵俸饷，应从优支给；

（8）以前在蒙古所设之官，如将军都统办事大臣等，应一律裁撤，凡各蒙古，由中央政府另设行政机关，专以蒙古世爵人民治理，其以下职掌，五族通用；

（9）察哈尔八旗，原系游牧之地，暨上都牧群牛羊群地方，可为蒙古王公筹画生计，至已开垦设治之处，除设治照旧外，其所入租赋，亦划归

---

① 《国务会议审议蒙藏事务局官制及其理由之蒙藏事务局官制草案》，《中华民国史档案资料汇编》，第三辑，政治（一），第38页。

② 《中国大事记》，《东方杂志》第十一卷第1号，第3页。

③ 史筠：《民族事务管理制度》，吉林教育出版社，1991年，第130－131页。

④ 钱实甫：《北洋政府时期的政治制度》，上册，中华书局，1984年，第157页。

⑤ 《蒙藏院官制》，《蒙藏院办事规程》，《政府公报》，1914年5月8日。

筹画王公生计之用；

(10) 蒙人通汉文者，暨入各项学堂毕业者，均得任用内地京官文武各职；

(11) 以上各条，系属大纲，此外未尽事宜，应俟国会召集，再行提议。

纵观以上十一条内容，蒙古王公所提出的《蒙古特别待遇》主要围绕维护蒙古王公的封建特权与自治权益：其中第一、十条，要求与内地享有同等的政治地位与待遇以及争取民族平等权力，要求蒙人通汉文者均得任民国官吏，维护蒙古的利益；第三、四、五、七条，要求维护与扩大封建特权，提高对藏传佛教的待遇，优待上层喇嘛；第二、六、八、九条维持并进一步增加和扩大蒙古原有自治权益，设行政机关以蒙人治理蒙人，要求民国政府为蒙古王公筹画生计。

袁世凯政府并没有全部接受蒙古王公们提出的十一项要求条件，而是根据中央政府的统治需要和利益要求对其进行了很大程度的修改，尤其是维护和扩大自主自治权益的要求却几乎删改殆尽。1912 年 8 月 19 日，由袁世凯政府参议院议决通过了《蒙古待遇条例》：

(1) 嗣后各蒙古，均不以藩属待遇，应与内地一律，中央对于蒙古行政机关，亦不用理藩殖民拓殖等字样；

(2) 各蒙古王公原有之管辖治理权，一律如旧；

(3) 内外蒙古汗王公台吉世爵各位号，应予照旧承袭，其在本旗所享之特权，亦照旧无异；

(4) 唐努乌梁海五旗，阿尔泰乌梁海七旗，系属副都统及总管治理，应就原来副都统及总管承接职任之人，改为世爵；

(5) 蒙古各地胡图克图喇嘛等原有之封号，概仍其旧；

(6) 各蒙古之对外交涉及边防事务，自应归中央政府办理，但中央政府认为关系地方重要事件者，得随时交该地方行政机关参议允协，然后施行；

(7) 蒙古王公世爵俸饷，应从优支给；

(8) 察哈尔之上都牧群牛群地方，除已开垦设治之处，仍旧设治外，可为蒙古王公筹画生计之用；

(9) 蒙人通晓汉文并合法定资格者，得任用内地京官文武各职。①

对于蒙古王公所提出的第一、二、四、五、七条要求，袁世凯政府并未修改，

① 《中国大事记》，《东方杂志》，第 9 卷第 4 号，1912 年 10 月 19 日。

予以通过。而对三、六、八、九、十、十一条要求，均在不同程度上做了修改。将第二条中“土地统辖治理权”改为“管辖治理权”；将第三条中“永承弗替”改为“照旧承袭”；第六条中“均归”改为“自应归”，“其交涉边防，如遇关涉地方重要事件者”改为“但中央政府认为关系地方重要事件者”，“蒙古该地方行政机关”改为“该地方行政机关”；将第八条全部删除；将第九条“察哈尔八旗，原系游牧之地，暨上都牧群牛羊群地方，可为蒙古王公筹画生计，至已开垦设治之处，除设治照旧外，其所入租赋，应划归筹画王公生计之用。”改为“察哈尔之上都牧群牛群地方，除已开垦设治之处，仍旧设治外，可为蒙古王公筹画生计之用。”；将第十条中的“通汉文者，暨入各项学堂毕业者”改为“通晓汉文并合法定资格者”，“均得任用”改为“得任用”；将第十一条全部删除。

从十一项“要求条件”到最后被参议院通过的九条《蒙古待遇条例》来看，袁世凯政府一方面继续维护蒙古王公们的封建特权以此来获得蒙古王公对北洋政府的支持与认同，另一方面限制蒙古王公们的政治权益以此来加强中央政府对蒙古边疆民族地区的政治控制。尽管袁世凯的抚绥笼络政策，并非出自民族平等、真正维护蒙古民族利益，但是在当时特定的背景和条件下，在客观效果上，安抚了内蒙古人心，争取了内蒙古王公对民国政府的支持，使一度动荡的内蒙古局势得以稳定。①

此外，袁世凯政府还对各地的王公、贵族等进行赏赐、笼络，创建学校，加强民族间交流。1912 年 4 月 13 日，北洋政府颁布《劝谕汉、满、蒙、回、藏各族联姻令》，鼓励汉族与满、蒙、回、藏各族进行通婚，“以除异同之迹……以期情谊之孚”。② 以此来促进各民族之间的交往，打破原有的各民族封闭状态。1912 年 9 月 20 日，北洋政府又颁布了《加进实赞共和之蒙古各扎萨克王公封爵》，将笼络蒙古王公的办法条例化。③ 截止 1915 年，内蒙古六盟封赏加进王公爵职达 3524 人次。④ 1912 年 12 月 23 日政府颁布法令“所有蒙回王公充前清御前行走年久者，应授都诩卫使；御前行走年份较浅者，应改授诩卫使，充前清行走差使者应改授诩卫副使，充干清门侍卫者应改授诩卫官。”以阿穆尔灵圭为都诩卫使，那彦图为副都诩卫使，色旺端鲁布授为诩卫副使，下设若干诩卫使、副栩卫使，每月按职级付给优厚的“马夫费”，遇典礼盛仪还派充“侍班”。⑤

1913 年，北洋政府组建了北平蒙藏学校，专门招收蒙古、藏族等各少数民族地区的学生，进行免费教育。另外，还成立了筹边学会等各种文化学术团体，⑥ 从事边疆少数民族历史与文化的宣传及研究。1 月 19 日，北洋政府公布了《蒙回藏王

① 白拉都格其：《袁世凯治蒙政策刍议》，《中央民族大学学报》，2002 年第 6 期。

② 《临时公报》，1912 年 4 月 14 日。

③ 《中国大事记》，《东方杂志》，第 9 卷第 5 号，1912 年 11 月 20 日。

④ 田志和、冯学忠：《民国初年蒙旗“独立”事件研究》，内蒙古人民出版社，1991 年，第 207 页。

⑤ 钱实甫：《北洋政府时期的政治制度》上册，中华书局，1984 年，第 79 页。

⑥ 《教育部核准注册之文化学术团体一览表》，《中华民国史档案资料汇编》，第三辑，第 618 页。

公等爵章条例》；20 日，北洋政府批准设立了蒙藏招待所，对蒙、藏王公、活佛、官吏、商民“以示招待”；23 日，北洋政府颁布嘉奖令，褒奖效忠民国的蒙古王公。[①] 1914 年 5 月，将《蒙古待遇条例》写入《中华民国约法》第十章《附则》第六十五条，“蒙古待遇条件，仍继续保有其效力，非依法律不得变更之”。[②] 1915 年，在察哈尔区设立汉蒙教育事务所，“专理蒙旗教育事务，兼辖各旗群详等设学办法数端”。[③] 这些措施客观上促进了各民族之间的联系与了解，对于民族关系的发展具有一定的积极作用，更有利于内蒙古地区政治局面的稳定。

可见，在封建社会中，中央政府和边疆民族地区之间的关系实际上就是中央政府和边疆各族上层之间的关系。北洋政府采取笼络和羁縻的措施和政策，维持少数民族上层统治者旧有权利，进而通过他们控制整个边疆民族地区。袁世凯政府时期中央和内蒙古边疆民族地区之间关系的实质和处理方式也一如封建社会里的中央和边疆民族地区之间关系的实质和处理方式。

3. 设立热察绥特别行政区

北洋政府在边疆民族地区部署军政设施，以加强对边疆民族地区的有效管理和直接统治。在蒙古族地区，北洋政府先后设立了绥远、热河、察哈尔三个特别行政区，各设都统一员，“管理该区域内军政、民政事务”，而都统行事必须“承大总统之命，受陆军部、参谋本部之监督”。[④] 1914 年 1 月，首先设置绥远特别行政区，辖归绥道十二县，归化城和乌兰察布盟六旗、伊克昭盟七旗及土默特部二旗。绥远特别行政区设都统，都统总管绥远道及所属蒙古各盟旗。2 月，设置热河特别行政区，辖热河道及卓索图、昭乌达两盟。热河特别行政区设都统，都统府设承德，下设热河道，都统总管热河道的军政及所属蒙古各盟旗事务。6 月，设置察哈尔特别区，辖兴和道及锡林郭勒盟、察哈尔部左右翼八旗，并由绥远特别行政区划入丰镇、凉城、陶林、兴和 4 县。8 月，在《教令第 93 号》中的都统府官制中规定，“都统管辖特别行政区的道以及各盟，管理军政、民政事务，如有政府的特别委任，也可以监督财政及司法行政暨其他特别官署的行政事务”。[⑤] 因此，限制了各蒙古王公一直掌握的军事大权和行政大权。

绥远、热河、察哈尔三个特别行政区的设立，基本上将内蒙古地方一分为三，使得内蒙古各盟旗分别置于各省地方军阀的分割统治之下，这是北洋政府对内蒙古实行直接统治的重要步骤。[⑥] 同时，各蒙古王公抵抗中央政府的政治力量也相应地被削减，阎锡山势力受到排挤，中央政府以“分而治之”政策加大了对地方的控

---

① 《中华民国史事纪要》（初稿）。

② 章伯锋、李宗一主编：《北洋军阀 1912 — 1928》第一卷，武汉出版社，1999 年，第 728 页。

③ 《教育部公布全国蒙回教育概况》，《中华民国史档案资料汇编》第三辑，第 520 页。

④ 《东方杂志》，第 11 卷第 2 号，《中国大事记》，1914 年 7 月 6 日。

⑤ 《中国大事记》，《东方杂志》，第 11 卷，1914 年 8 月。

⑥ 杨策、彭武麟：《中国近代民族关系史》，中央民族大学出版社，1999 年，第 255 页。

制，热察绥三个特别区的建立也成为内蒙古改建行省的序曲。①

热察绥特别行政区的建立是内蒙古地区的高层行政制处于由将军都统监督下的盟旗制转向省制的过渡阶段。然而，旗与县设治局或地方大员的行政管理之间的矛盾的尖锐化也随之而来。② 地方大员与蒙古盟旗之间的利益协调对内蒙古地区影响深刻。然而，由于财政困难和蒙旗方面强烈反对等原因，在北洋政府统治时期内，在内蒙古改设行省一事虽然一再讨论，但最终并未实行。直至1928年，南京国民政府出台了热、察、绥改省政策，并在随后予以实施。③

4. 平定内蒙古“独立”事件

在对待外蒙古独立问题上，北洋政府态度明确，指出所谓外蒙古独立，“中华民国亦断无允准之理。”④ 袁世凯多次复电“晓以国家统一与民族共和大义”。⑤ 但最终在外部势力干涉和部分民族上层操纵等多种因素的推动下，走上了自立建国的道路。外蒙古独立后，加之俄日帝国主义的种种煽惑，内蒙古地区也产生了一系列连锁反应，动荡的局面无以复加。

1912年1月15日，呼伦贝尔额鲁特总管胜福组建军队，占领呼伦贝尔，宣布呼伦贝尔“独立”，加入“大蒙古国”，并称：“大众议定，起大清国义军，保守疆土，决不承认共和，亦不受汉官节制。”⑥ 江省巡抚周树模立即致电袁世凯，“顷据呼伦道厅电称‘蒙兵今晨八时全数入城，均持俄枪，力迫驱逐华官，兵警过少，实难抵御。商民求勿据，免遭涂炭。外人亦要挟，不得入站界，酿生交涉。职道同知只得暂行出署，退至商会。祈速派兵剿办’等情”。⑦ 然而，在沙俄的“支持下”，胜福最终占领了呼伦贝尔的全境。1915年11月6日，中俄双方在京签订了《中俄会订呼伦贝尔条件》八条，亦称《呼伦条约》。⑧ 条约中，将呼伦贝尔定为一个

① 于存灏：《辛亥革命与绥远特别行政区的划设》，见内蒙古自治区政协文史资料研究委员会编：《内蒙古辛亥革命史料》，内蒙古人民出版社，1979年，第59页。

② 周竞红：《清末民国时期内蒙古地区政区管理体制变迁及对蒙古族的影响》，《中央民族大学学报》，2004年第6期。

③ 关于热察绥改省的相关论文主要有：乌兰少布：《热察绥行省的设置及其对内蒙古政治的影响》，《内蒙古社会科学》，1985年第3期；刘忠和：《试论绥远建省》，《广播电视大学学报》，2007年第3期；刘茗：《论南京国民政府热察绥改省政策之必要》，《赤峰学院学报》，2008年第3期；刘茗：《热察绥改省对国家转型的影响研究》，中央民族大学硕士学位论文，2009年。

④ 程道德等编：《中华民国外交史资料选编》（一）（1911—1919），北京大学出版社，1988年，第99页。

⑤ 中华民国史事纪要幼辑委员会编《中华民国史事纪要》（初稿），江苏省社会科学院图书馆影印，1913年，第106页。

⑥ 《黑龙江巡抚周树模致内阁军咨府陆军部理藩部电》，中国史学会主编：《辛亥革命》（七），上海人民出版社，1957年，第306页。

⑦ 《黑龙江巡抚周树模致内阁军咨府陆军部理藩部电》，中国史学会主编：《辛亥革命》（七），上海人民出版社，1957年，第306页。

⑧ 中国第二历史档案馆：《关于呼伦贝尔撤销自治报查文件》，《督办边防事务处档》1016（2）—180号，转引自内蒙古社科院历史所《蒙古族通史》编写组：《蒙古族通史》，民族出版社，1991年，第1131页。

“特别区域”，实际上是受到沙俄的殖民控制。直至俄国十月革命的爆发，使呼伦贝尔“独立”的外部条件得以消除。1920年2月3日，呼伦贝尔副都统胜福病故。[①]呼伦贝尔蒙旗代表联名上书请愿，要求取消“特别区域”称号。1921年，民国政府取消“呼伦贝尔特别区域，并取消中俄会订条件”。[②]

1912年5月，哲里木盟郡王乌泰在外蒙古政权的利诱下，派人向库伦集团呈递了《乌泰率全旗各蒙情欲投降蒙古国等情奏折》，表示愿意归顺库伦集团。随后，乌泰发布了“独立告示”，即《东蒙古宣言》，“自中国革命、库伦独立以来，本郡王严守中立，并不附和活佛，但求本旗之权利而已。近察中国情形，既废孔教，又主张在蒙古殖民。孔教一废，佛教何能保存？蒙人向以畜牧为业，中国若来殖民，是夺蒙人生计。以上两事，皆于蒙古有绝大影响，是蒙人未享共和之福，而先受共和之害。本旗喇嘛及蒙民等一再会议，坚请宣告独立，万众一心，屡次要求。适值库伦大皇帝派员前来宣布德意，又得某国许允接济军火，竟力协助，是以宣告独立，与中国断绝交通。此为保全蒙古权利起见，别无他意”。[③]

1912年7月1日，针对乌泰等人的密谋叛乱，北洋政府致电“东三省总督赵尔巽、黑龙江总督宋小濂严加防范”。[④] 7月19日，北洋政府向奉天都督发出密电，“乌泰附和库伦，逆迹昭著，如再隐忍，势必牵动全蒙盟，即三省亦无宁日，现经国务院会议决定，以兵力剿办，所缺饷械中央当竭力接济”。[⑤] 9月，北洋政府任命张锡銮为“东三省西边宣抚使”，对以乌泰为首的各旗叛军采取“剿抚”的策略。9月8日，收复了嘎喜喇嘛庙，11日攻克瓦房，12日占领葛根庙，13日攻克乌泰王府，15日攻占了乌泰之弟齐默尔特府邸，8日最后攻占乌泰军盘踞的镇国公旗。[⑥]至此，北洋政府平叛“乌泰叛乱”基本结束。

1912年10月28日，第一次东盟王公会议在长春举行，与会代表主要有：阿穆尔灵圭亲王，东三省西边宣抚使张锡銮，吉林都督陈昭常，驻吉林第二十三镇统制孟恩远、协统裴其勋等等。各旗王公扎萨克主要由：盟长齐默特色木丕勒，科左中旗扎萨克达尔罕亲王那木济勒色楞、杜尔伯特旗扎萨克贝子希拉布丕勒等十旗王公及协理台吉、章京。[⑦] 会上，民国政府代表提出了十项议案，主要是“各蒙旗须悬挂中华民国的五色旗，遵守民国法律；各旗举办新政、向外国借款，须获中央政府

---

① 《中国大事记》，《东方杂志》第17卷，第1号。

② 《中国大事记》，《东方杂志》第17卷，第4号。

③ 《告示》，《盛京时报》，1912年9月10日；刑复礼：《乌泰王发布东蒙古独立宣言及札鲁特左旗对乌泰的帮助》，《内蒙古文史资料》第一辑，内蒙古人民出版社，1979年，第92页。

④ 《国务院致电赵尔巽等电》，《内蒙古档案史料》，1993年第3期。

⑤ 《乌泰附和库伦决定以兵力剿办》，转引自田志和、冯学忠：《民国初年蒙旗“独立”事件研究》，内蒙古人民出版社，1991年，第145页。

⑥ 《蒙古通史组编写》：《蒙古族通史》，民族出版社，1991年，第1151页。

⑦ JACAR. Ref. B02031779800，「蒙古王公会議状況ニ関スル件」，日本外務省外交史料館。

批准；不得私自购运武器，不得将产业抵押给外国；蒙边要地由国家派兵屯驻”。[①]与会的蒙古王公对议案进行讨论后赞成共和，以签名方式通过了政府提出的十项议案，并签署了《取消库伦独立劝降书》。[②]

会后，齐默特色木丕勒代表各蒙王公，发布通电，指出此次东蒙王公会议“条款详明，能使疑惑者破除成见，倾向者悉具欢心，隐患消除，亦蒙人之莫大幸福”。[③] 东蒙王公会议的召开，标志着哲里木盟十旗正式归顺民国政府，北洋政府完成了对东蒙的政治整合，对哲里木盟也正式行驶有效地管辖权与治理权，有效地控制了自武昌起义爆发以来一直动荡不稳的东蒙古局势，确立了自己的统治。[④]

在东蒙王公会议的影响下，1913 年 1 月 23 日，绥远将军张绍曾在绥远主持了乌兰察布、伊克昭盟各旗王公参加的西盟王公会议，借以阐释“五族共和”之真谛，签订了《西盟王公会议条件大纲》，“实行赞助共和，不承认外蒙古独立与《俄蒙协约》，请兵保护西盟要地，筹划蒙民生计，振兴蒙人教育”。[⑤]

2 月 25 日，民国政府对西盟各王公爵秩进封，授予勋章。各西盟王公联合发表了《伊盟各旗扎萨克不承认俄库伦条约之通电》、《乌盟各旗扎萨克不承认俄库伦条约之通电》以及《乌伊两盟各扎萨克劝告库伦文》。而《乌伊两盟各扎萨克劝告库伦文》明确指出，“我蒙系中华民族，自应一体，出力维护民国，与时推移。民国改建以来，待遇我蒙，捐除前次一切苛例，并设种种优待条件，且于我蒙向来游牧宗教诸习惯，一体保存。循是以往，脱离羁厄，共享自由，吸收全国之金融，行变荒寒为富庶，荣名幸福，后顾何穷？”[⑥] 通过西盟王公会议，内蒙古西部王公上层接受了民国政府的种种优待，“拥护共和，反对库伦独立”。[⑦]

政治精英对于政局的态度及其转变，是地方政治和社会变动的晴雨表。北洋政府软硬兼施，对蒙古族上层人物也大量加封，使内蒙古王公数量“比清朝时的数额增加了几倍”。[⑧] 而内蒙古王公们最终“放弃了分裂的图谋，而且不少逃往外蒙的蒙族也陆续返回内蒙”，[⑨] 以实际行动拒绝《俄蒙协约》，反对外蒙古政权，最终内蒙古走向多民族的统一国家。

---

① JACAR. Ref. B02031779800，「蒙古王公会議状況ニ関スル件」，日本外務省外交史料館。

② 白拉都格其：《蒙古民族通史》第五卷（上），内蒙古大学出版社，2002 年，第 248 页。

③ 《公文》，《政府公报》，1912 年 12 月 18 日。

④ 乌力吉：《北洋政府与第一次东蒙王公会议》，《内蒙古大学学报》，2000 年第 1 期。

⑤ 西盟王公招待处编：《西盟会议始末记》，商务印书馆，1913 年，第 7 - 8 页。

⑥ 西盟王公招待处编：《西盟会议始末记》，商务印书馆，1913 年，第 43 页。

⑦ 乌力吉陶格套：《清至民国时期蒙古法制研究——以中央政府对蒙古的立法及其演变为线索》，内蒙古大学出版社，2007 年，第 102 - 103 页。

⑧ 博彦满都：《辛亥革命时期的内蒙古》，《辛亥革命回忆录》（六），425 页。

⑨ 《中俄蒙协约》第二条，陈箓：《恰克图议约日记》，吕一燃主编：《北洋政府时期的蒙古地区历史资料》，黑龙江教育出版社，1999 年，第 178 页。

三、结　论

（一）辛亥革命对内蒙古地区民族关系的影响：从传统走向现代的开端

辛亥革命对于中国近代社会历史的影响是多方面、多层次的。就民族关系而言，它是中国近代民族关系发展的分水岭。这一历史性的转变，也是国内区域性民族关系变化的综合反映。内蒙古是中国北方最为重要的边疆民族地区之一，辛亥革命时期该区域民族关系发展演变之特征是当时整个国内民族关系发展变化的典型表现。

一方面，辛亥革命对内蒙古地区民族关系的积极影响主要有以下几个方面：首先，辛亥革命对内蒙古地区民族关系的影响可谓是深远的，不仅促成了内蒙古地区民族关系的近代转型，而且也在建构现代民族国家方面既继承了中国统一多民族国家的历史传统，又把内蒙古地区的民族关系拉入现代性的历史轨道。其次，在辛亥革命的影响下，传统民族观念处理国内民族问题上的逐渐瓦解，即以传统大汉族为中心的，建立在民族歧视、民族压迫基础上的民族观，向建立在自由、平等原则上的近代民族观念的转变，也促使中央政府调整了民族政策。针对内蒙古民族地区，相继颁布了各项法律法规，通过立法确定了内蒙古边疆民族地区的政治地位。并且，强调了内蒙古人民参政议政的平等权利，推进了民族政治参与的程度，而平等的民族关系逐步建立。最后，辛亥革命的爆发，促使了内蒙古人民的觉醒，民众民主意识的不断增强。通过构建“中华民族”的民族一体认同进而建构民国政治认同，淡化民族意识，突出国家认同。

另一方面，辛亥革命也使内蒙古地区民族关系出现了诸多不正常情态。革命爆发后，内蒙古地区出现了所谓“独立”的乱局，革命前相对平和的局面被打破。先是外蒙古宣布“独立”，内蒙古各地也纷纷附和或谋划“独立”、“自治”，蒙汉关系紧张。最终，内蒙古各蒙旗虽然宣布承认民国，但政局动荡不安，时有起伏。

（二）问题与局限：民国之“真”与“假”

民国政府处理内蒙古民族问题的具体政策措施，采取了抚绥笼络、软硬兼施手段，具体表现形式是政治上倡导民族平等与国家统一，笼络蒙古王公上层，维护封建特权制度；文化教育上建立学校，加强各民族文化交流和培养少数民族人才。在客观效果上，民国政府治蒙政策和措施“基本上是成功的”，通过这些措施，安抚了人心，使一度动荡的内蒙古局势得以稳定。民国政府以武力为后盾，实行高压政策，确实在“当时有稳定蒙古地区局势，消极抵抗沙俄侵略势力的作用”，为维护国家统一所做出的努力是不容忽视的。[①]

另一方面表现在实质内容上又具有民族压迫与剥削的旧矛盾。随着清末实行“移民实边”，民国政府实行放垦政策，农牧矛盾变得突出。大量迁来的汉族移民，与本地人形成矛盾，也就相当于蒙汉民族矛盾。当农牧关系对立互斥时，蒙汉民族关系就趋于紧张；当农牧关系统一互补时，蒙汉民族关系就趋于和谐。[②] 而自1914年，随着内外形势的变化和自身统治地位的稳固，袁世凯也开始厉行放垦蒙地，并且在内蒙古划设热察绥三个特别区，实施种种民族压迫和掠夺政策，暴露出了他大民族主义的本来面目。就像这一时期民国被军阀强权、政客们玩弄而成为一块空招牌一样，所谓的民族平等也同样成为这一时期国内民族关系的空招牌，可谓是“新瓶装旧酒”，形新而实旧。

（三）“中华不了情?”：内蒙古与外蒙古不同的政治走向

民国初年，正是中国民族国家开始铸造之时，重构民族国家认同成为国家政治统一之必需和时代发展之呼声。近代中国的民族国家构筑，是在一个多民族国家中进行的。在这样一个国度里，民族主义很可能导致民族（族群）意识的另类觉醒，它可能演变为一种以独立和主权为目标的分离主义运动，也可能是在国内为争取更理想的民族地位而进行的运动。[③] 辛亥革命后，内蒙古与外蒙古走出现了不同的政治走向：内蒙古重新回到多民族统一的大家庭中，而外蒙古则走上“独立建国”的道路。对内外蒙古不同的政治走向加以研究，对处理当今的民族问题有着重要的借鉴意义。

首先，内外蒙古地区政治、经济、文化等方面的不平衡性因素以及国际环境的影响，他们在现代“国族”建构的过程中，发展出迥然不同历史经验。外蒙古在清末就已萌生建立一个统合内、外蒙古的“民族国家”的愿景，但最终外蒙古囿于“国家体制”条件不足，内蒙古响应不成，最终外蒙古独立后的情况并不乐观。[④] 而内蒙古王公经历了清朝灭亡、民国成立、外蒙独立以及响应不成等一连串的政局考验后，顺应了历史潮流，由最初的支持与呼应外蒙古“独立”转向为承认共和，接受民国。

其次，自清朝以来，中央政府对内蒙古、外蒙古的行政措施与民族政策有所不同。从与内地关系、周边地理因素等方面来看，内蒙古比外蒙古与内地的联系较

① 王德胜：《北洋军阀对蒙政策几个问题初析》，《内蒙古近代史论丛》第3辑，1987年。

② 王俊敏：《内蒙古的民族关系及其依存基础》，余振、达哇才仁主编：《中国的民族关系和民族发展》，民族出版社，2003年。

③ 冯建勇：《重构国家认同：民初中央政府对蒙藏边疆地区之统合——以1911—1915年为中心》，《黑龙江民族丛刊》，2009年第4期。

④ 黄丽生：《蒙古意识与中国认同的纠葛：民初外蒙古独立运动与内蒙古的反应》，台北蒙藏委员会，2002年，第6页。

多，受内地影响也比较深远，获得的相关政治信息也较快捷。由于革命党人不断地阐述其民族平等思想，宣传“五族共和”，内蒙古王公对“五族共和”的态度终由抵制转为认同。

最后，政治精英在民族政治参与中具有重要意义。他们不仅在民族成员中具有比普通群众具有更大的影响力，而且能够支配和调动更多政治资源。内蒙古王公、外蒙古王公作为政坛中的精英分子，他们对民国政府的态度在很大程度上决定着整个蒙古地区对民国政府的向背。其中，贡桑诺尔布、阿穆尔灵圭等内蒙古王公虽然在民国初年，曾强烈反对民国政府，但最终还是统一在“五族共和”的旗帜下，重新回到统一多民族国家的怀抱。而外蒙古则在沙俄的利诱下，越走越远，最终离开了祖国大家庭。内外蒙古虽皆具有蒙古认同的民族意识，但在一系列历史事件中做出了不同的政治抉择，在政治上分道扬镳。

（王宇，男，1984年生，历史学博士，中央民族大学学校办公室干部，北京，100081）

云南农村苗族基督教教育形式的历史考察

张雍德

内容提要：20 世纪初，西方基督教传入云南滇东北、滇北苗族地区。基督教教育随之兴起，对当地苗族社会产生了一定影响。本文通过实地调查和典型事例，阐述基督教学校教育和“主日学”教育两种形式在云南苗族地区的发端、影响。认为对仍然存在的类似文化补习式的“主日学”这一教育形式，在进行规范化管理时宜持谨慎态度；在发展信教地区经济，提高群众物质生活和文化生活基础上，进一步引导宗教与社会主义社会相适应。

关键词：云南；苗族基督教；教育形式；考察

改革开放以来，随着党的宗教政策的全面贯彻落实，云南农村苗族基督教信徒的宗教信仰得到充分尊重，正常的宗教生活得到充分保障，已经是不争的事实。虽然这一事实本身并不涉及我们对某些历史的或现实的宗教实践进行基本价值判断，但不涉及并不代表我们未予关注。因为在我们所进行的田野调查中，发现人们对基督教教育记忆竟如此深刻，乃至于由这种记忆所型塑的行事原则或显或隐地成为他们一生信守的圭臬，并躬身亲为再用于宗教实践——其中，主日学的渐次兴起即是明证。因此，有必要对苗族地区基督教教育形式进行必要考察。

一、云南苗族地区基督教教育之发端：从光华小学到恩光小学

居于滇东北和滇北、滇中三地的苗族，主要为操西部方言滇东北次方言自称“阿卯”的苗族大花苗支系。直至 20 世纪上半叶，在生产力发展水平和社会地位上，该支系较同一时期的其他民族甚至与不同方言地区的苗族同胞均有较大差距。贫穷、饥饿、人身依附、四处迁徙似乎是这个民族支系的宿命，“概括为一句话：在非人的压迫剥削下，他们是牛马而不是人。”① 他们对待苦难的唯一武器是麻木、忍受，实在忍受不下去了，“便一担挑了全家妻儿，连夜逃走。”② 及至 20 世纪 40

① 张坦：《窄门前的石门坎》，昆明：云南教育出版社，1992 年，第 137 页。

② 张坦：《窄门前的石门坎》，昆明：云南教育出版社，1992 年，第 137 页。

年代，英籍传教士甘铎理仍然发出如此悲情："苗族人仍须在诺苏贵族的恩惠下生活，在一些地方，他们被当地汉人官员雇佣与无情地控制"，比以往"似乎更为贫困。"① 正是身处高山之巅冷谷之陬的这个民族，以"农奴与奴隶"② 的社会政治地位和仅作为生物学意义上的"人"而活着的经济角色，在20世纪初叶"蒙召"而大批皈依基督教，为基督教在滇东北和滇北滇中其他民族中的传播当了"头羊"。

事情起于贵州威宁县石门坎。从地理上看，当时的石门坎虽隶属威宁县辖，但属于贵州极西之地，距威宁县城有3天行程，相反去云南昭通半天即可到达。在当时交通极为闭塞的情况下，石门坎与今昭通市各县在经济文化上的联系更为紧密。最早到石门坎浚源开流的基督教循道公会牧师柏格理，行前长住昭通传教未得显效转而投身石门坎，其随行人员中的李国钧（李约翰）、李国镇（李司提反），以及留学日本归国后来进入石门坎任教的陈宗华等均是昭通人，由此可见石门坎与滇东北联系之紧密。因此，基督教以1904年为标志在石门坎苗区发轫并向滇东北、滇北和滇中扩展后，十数年功夫便使"石门坎文化圈"③ 成型，形成传播范围意义上的"源在贵州流在云南"的现象。

所谓"源在贵州"，不仅指在苗区传播的基督教肇始点在石门坎，也包括了石门坎教会学校光华小学的建立也初始于石门坎。光华小学1905年着手修建，1906年秋正式招生，此后小学不断完善拓展至高小部，1943年又续建初中部。乌蒙山区第一座以新学面目出现的苗族学校问世后，石门坎社会也因之发生了重要变化。最主要表现在两个方面：一是标志着基督教成功传入，传统的苗族社会植入了新的宗教价值观；二是在现代教育手段的成功运用，开启了苗族从"晦盲否塞"到"民智顿开"的时代。一时，石门坎成为"西南苗族最高文化区"，被海外基督教人士誉为"海外天国"。④

所谓"流在云南"，一是指基督教在石门坎传播的同时，面广人众的云南苗区也快速地接受了石门坎传来的"福音"，且"昭通仍然是教会的中心"⑤；二是指云南苗区"凡设教堂之处皆兴办学堂。"⑥ 以滇东北而言，随着基督教传播步伐的加快，各县苗区先后办起了光华小学分校。1907年循道公会派员到达永善县，"由清末到民国时期先后办14所小学，经费主要由教会补贴，苗族群众也集资投入，多数只是初小。……毕业文凭还须由贵州石门坎光华小学签发。"⑦ 哪怕绝壁万仞

① ［英］柏格理等著，东人达、东旻译：《在未知的中国》，昆明：云南民族出版社，2002年，第590－591页。

② ［英］柏格理等著，东人达、东旻译：《在未知的中国》，昆明：云南民族出版社，2002年，第396页。

③ 参见陶少虎主编：《从石门坎走出来的苗族先辈们》，昆明：云南民族出版社，2012年，第1页。

④ ［英］柏格理等著，东人达、东旻译：《在未知的中国》，昆明：云南民族出版社，2002年，第1页。

⑤ ［英］柏格理等著，东人达、东旻译：《在未知的中国》，昆明：云南民族出版社，2012年，第455页。

⑥ 《永善县志》，昆明：云南人民出版社，1995年，第481页。

⑦ 《永善县志》，昆明：云南人民出版社，1995年，第481页。

“猿猱欲度愁攀援”的盐津县苗族垦荒区生基苗族村，也留下了教会学校的身影。在内地会传教范围内的彝良县，民国4年统计共有初等小学30所41个班级，在校生1438人，其中教会学校就占11所15班627人，且后者多以苗族学生为主。可见教会学校在重点地区已占国民教育的半壁江山。

以滇北以及滇中而言，1906年，柏格理率众从滇东北西南向而下，沿着大花苗支系的分布区域至滇北滇中进行再次考察，留下内地会澳大利亚籍传教士郭秀峰在今武定县洒普山建立基督教堂。为进一步实践他的办学传教的经验，经过5年时间的努力，“洒普山私立恩光小学”建成招生，1922年又拓展高小部成为完全小学。此外，还开辟占地面积30多亩的学生运动场，并以学生和周边村寨群众为服务对象创办西医诊所和建立麻风病人隔离点。

恩光学校的建立和西医疗治等手段为基督教的进一步传播拓宽了通道，手段和目的完美结合的传播方式很快取得成效。尽管也曾受到苗族传统势力的梗阻，但今武定、禄丰、富民、禄劝、昆明、嵩明、寻甸等苗族分布区内的基督徒依然大增，教会学校也或先或后得以创办。据不完全统计，这些地方的教会学校在在1925年即发展到26所。以招收滇北滇中广大苗族子弟入学。

就这样，柏格理、郭秀峰等以“传教育人，育人传教”相结合的方式，凭借公益性办学的实绩和西医慈善之举取得传教的成功，凸显了洒普山的地位。1923年，郭以中华内地会滇北传教区监督的身份，在洒普山主持成立“基督教内地会滇北六族联合会”，洒普山由此成为滇北基督教的“圣地”和又一个“苗族文化区”。

二、“主日学”与教会学校：两种教育形式特征比较

不可否认，在运用教育开启民智培养苗族现代意识方面，20世纪前半叶的云南苗族教会学校发挥了重要作用，唯其如此，教育的公益性才由中得以体现；正因为着眼于教会学校的公益性，人们对那段历史的赞誉才不绝如缕，即便是改革开放以后乃至近年，此声音仍未消失甚至成为新的话题。当我们追溯苗区教会学校的同时，主日学教育也进入我们的考察范围，这不仅是因为后者与教会学校一样是基督教教育的另一种形式，更主要的是它至今仍在苗区发挥其特殊作用。

“主日学”是教会针对少年儿童所办的教育机构。任务是在周日开展宗教学习活动，包括教唱赞美诗歌、领读圣经、背诵圣经金句等基本知识以及宗教教义和道德准则的教导。在西方已有230年历史，英语称“Sunday School”。苗区开办主日学的具体时间虽不可考，但这种几乎随同教会学校同时出现的教育形式早就被重视是没有疑问的。基督教苗区拓荒者柏格理牧师给克拉克的一封信中就曾提及，1909年苗区各地已经拥有2000名主日学生，从1911年起，中国主日学合会在美国传教士杜春圃牧师（Gardener Tewksbury）领导及英国主日学合会（普世主日学联会World Sunday School Association的分会之一）的资助下，全力推动中国的主日学工

作，滇黔两省苗区的主日学也被进一步被催长。到 1916 年，云南主日学学生达 3260 名，其中大多数分布在苗族地区。以洒普山为例，在兴建恩光小学的之初的同时就举办主日学。受其影响，大平台（今昆明五华区属）、牧羊（今嵩明凸慬箐）、施干龙潭（今富民县属）、芭蕉箐（今富民县属）、大箐（今禄丰县属）等地和罗茨周边苗族地区也先后办起了主日学。

事实上，主日学和教会学校是基督教教育同质而异形的两种表现形式，两者有着发生学意义上的联系，又有规模及程度上的差别，既有本质的同一性也有形式方面的不同点。可以说，教会学校的产生是基督教传播的必然结果，主日学是教会学校的自然延伸或另一种表现形式。既然一种延伸，那后者必然与前者性质同一；既然是另一种表现形式，后者就必定有自己的某些独有的特征。这些特征是什么呢？让我们从两者的比较中获得认识。

首先，表现在办学目的有隐有显。教会学校的出现无疑是“传教育人，育人传教”的结果，其宗教目的性隐晦不彰；主日学是“用圣经来影响学生，让真理进入学生的生命里，让生命有真理的内在运作而渐渐被更新。”① 质言之，后者是以培养虔诚的基督徒为直接目标。

其次，管理方式有差异。初期的教会学校在管理上基本不受政府因素的干扰，具有较强的独立性，但随着 20 世纪 30 年代国内基督教“本色化”运动和“收回教育权”呼声的深入，外部因素包括政府干预因素增加，教会学校的独立性被打破。如彝良县苗区各教会学校于 1936 年向政府立案改为国民学校、后期洒普山恩光小学自立并实行校董制，都是对教会学校独立于世俗“权柄”的否定。但不管外部如何运动，主日学内部一直受触动，依然由教会独立管理运作。

第三，任课教师的遴选有别。教会学校在办学实践中，一般不挑剔任课教师的信仰归属，即便是无神论者也可上台执掌教鞭，故云南苗族地区教会学校的老师中不乏无宗教信仰者，其中包括光华、恩光小学都是如此。而主日学教师无一不是属灵基督徒且多系本村本土事工，这点无论过去还是现在概莫能外。

第四，办学经费的来源渠道不同。不同时期的教会学校的经费来源不一，基督教初传之期主要由国外差会负担，待传教基础奠定立足既稳时，则由当地苗族群众负担大部分，教会仅予少量补助。主日学所有资费均由教堂自身筹措，与世俗社会无涉。

第五，教学建制不同。教会学校建制完整，而主日学通常为一两个教学班，而且多为少年儿童，故又有“儿童主日学”之称。此外，受办学经费掣肘，教会学校的创办和维持有一定的难度；而主日学则方式灵活形式不拘，仅少许资费加一教师一圣经即可开班。

第六，教学内容包括教材选用有较大差异。教会学校在课程设置上“以圣经为

① 《关于主日学》，[EB/OL]. http://blog.sina.com.cn/s/blog-6a857cb70102uybc.html

修身课，余照部章。”[①] 即进行宗教教育外，主要是根据政府规定，采用政府颁布的教材进行科学文化教育。正因为如此，教会学校才在苗区担当了开启民智的拓荒者角色，构成苗族“近代教育的开篇”[②]；随着一批批不乏无神论者的苗族知识分子从中毕业走向社会，教会学校的历史功过也才成为长期来人们聚讼不已的话题。而主日学则相反，基本以圣经为蓝本，采用图画、音乐或直接讲经的方式确立学生的宗教意识、“团契”精神和归属感，宗教目的指向性更强。

第七，教育的公益性具有不同的内涵。其中的利益性是核心成分，它规定教育必须体现最大多数人的根本利益。如果说教会学校某种程度上还符合这一利益性要求的话，那么主日学则让受教育对象直接聆听上帝的召唤，将教育的公共利益性变成了为特定意识形态服务的“私益性”。

从以上的特征比较中可以看出，两种基督教教育形式虽然目的性一致，但实现的方式一隐一显，一晦一明。

三、苗族地区主日学之恢复及现状

事实上，教会学校只能在特定的历史条件下产生并发挥作用，当这种条件也就是其赖以存在的社会基础丧失后，它就失去了存在的依据和意义。20 世纪 50 年代初，随着外国传教士离开洒普山，恩光小学被“省立洒普山小学”替代，新型的现代教育体制确立，教会学校就此结束自己的历史使命。其间主日学虽也曾随教会学校消失，但因其特殊的产生机理而在沉寂一个时期后再现。

作为滇北、滇中苗族信教地区的“圣地”，洒普山不仅因“东有石门坎，西有洒普山”的口碑而地位突出，也因曾经出现过基督教界重要人物而备受苗族基督徒尊崇。因此，洒普山的宗教活动和宗教氛围对其他苗族信教地区都具有示范作用。得益于本文开篇所言的宗教信仰自由政策的全面落实，经过近 50 年的“冬眠时期”，洒普山教堂主日学在前恩光小学旧址恢复。以此为标志，其他苗族信教区的主日学次第出现。

洒普山教堂附属的主日学恢复于 20 世纪 90 年代末。在“社会物质基础”发生根本性改变但当地群众生活依然贫困的情况下，主日学的占地面积、建筑、课桌椅和其他教学设备都算是村中的亮点，唯一的老师也是本村具有最高学历基督教信徒。实地考察所见，该主日学教材主要是儿童级《耶稣的比喻》、圣经原本、圣经故事、金句汇集和赞美诗集。一份取材于圣经 66 卷内容的试卷上，题型包括选择、解答、金句默写、故事叙述、人物连线等宗教内容。23 名年龄从 3 岁到 13 岁不等的学生考勤表中，直接以“路得”“荣恩”“荣耀”“大工”“蒙恩”等极富基督教

① 《彝良县志》，昆明：云南人民出版社，1995 年，第 501 页。

② 赵入坤：《近代中国教会学校评价问题的再认识》，载《东方论坛》2006 年第 5 期。

意味语词为名者4人，其他以恩慧、天恩、圣荣、思恩、颂华（称颂耶和华）等为名但已经离班的学生，也经过主日学洗礼。教室内墙布置极具童趣：一侧墙上是孩子的水彩画习作园，稚朴的绘画手法反应的多是圣经故事内容；“耶稣说让小孩子到我这里来，不要禁止他们，因为在上帝国的正是这样的人”31字，被31个各色儿童掌形剪纸分配，呈椭圆状张贴在墙上，极具形象感染力。

相较洒普山主日学，迤干龙潭安息日学规模稍大，师资力量稍强，生源面也更宽泛。2006年，该村教堂在原有安息日学基础上扩大规模，建起“复临爱心文化补习学校”，设小班、中班、大班。小班和中班安息日（星期六）上课，学习音乐、美术和小学语文、数学、英语，外加苗文课程和圣经故事。迤干龙潭信徒属基督复临派，大班学生实行全日制，研读圣经和学习怀爱伦所著的宗教书籍，并为赞美诗配乐学习手风琴知识。有50名在册学生，年龄结构从3岁到17岁不等，其中包括辍学者、无户籍者、失怙者、留守儿童等。4位任课老师之一的某老师就读于菲律宾中部复临学院，2013年毕业后即到校负责几个课目的教学，每月从教堂“乐意捐”中领取500元生活费。

小水井主日学初建于2004年。目前在册的25名入班儿童年龄在3至9岁之间，由一位老师负责全日制混龄教学，开设语文、数学、音乐、舞蹈、游戏、圣经、苗文等课程。因教堂经费来源有限，老师每月领取800元生活补助费。即便报酬之低形同“义工”，但任课老师仍表示“已经很高了。既然上帝拣选我们来带孩子，应该奉献才对。”

除上列几处主日学外，大平台、凸懂箐、中干龙潭、芭蕉箐、禄丰县属的大箐、大德、英歌哨，武定县属的小新街、大庆、分水岭，富民县小水井、麦地冲，彝良县属咪耳沟、多嘎等地均恢复或新办了主日学。苗区的主日学由此进入“重新萌芽、发展时期”。

四、“主日学”存在机理及前瞻

主日学在世界范围内已有200多年的历史，历经发展已经形成目标明确、制度健全、组织完善、方式灵活的一种宗教教育形式，既构成基督教自身存在的重要组成部分，也是基督教内源性张力的结果。迤干龙潭安息日学（主日学）老师也坦承：“凡经主日学教育的孩子，应该承认其中90%以上都成为虔诚的基督徒。过去这样，现在也是这样。所以信上帝要从孩子抓起。”总之，基督教从未忽视主日学内源性张力的作用。面对这种社会的大背景，主日学在苗族信教地区次第出现就不奇怪了。同时也为我们理解基督教“麦种”自上世纪初在苗区播下后，为何迁延不绝甚至一度呈扩张之势提供了又一个答案：除了社会物质基础状况决定了部分苗族最初选择基督教外，作为宗教教育形式之一的主日学，其“拣选”作用决不能被忽视。

在此，我们仅着眼于主日学教育而无意于对宗教的本质进行探讨。既然主日学在苗族信教地区已经恢复为一种现实存在，那么它在可以预期的将来会在量上自动消减甚至消失吗？还是让我们回到它的得以存在的机理上进行考察吧。

第一，从主日学产生的动因来看，它是基督教内源性动力的表现和结果。就其表现而言，它表征的是宗教意识的内涵；从其结果看，它以物化形式为其内容服务。因此可以说，主日学就是教堂里的宣道，主日学就是牧师的“牧羊”。简言之，主日学是宗教观念的特殊表现形式，只要外部环境适于其生存，它有就有存在的空间和理由。因此从理论上说它只可被规范而不可能消失，甚至可以说它将随同基督教的存在而贯穿以后。

第二，主日学是基督教内源性动力的结果，当其出现后又成为这种动力的组成部分而发生作用。当然，其作用的原因依然得从社会的物质基础里去寻找。“要求抛弃关于自己处境的幻想，也就是要求抛弃那需要幻想的处境。”① 因此只要“需要幻想的处境”依然存在，主日学就有其存在的依据。

第三，从主日学的功能方面观察，它虽然具有“有的放矢”性质，但也具备“有教无类”特点；尽管最终落脚点在有利本身存在的“私益性”，但不排除某种程度的“公益性”成分，后者比如接纳失怙者、孤儿、留守儿童、辍学儿童、问题孩子，并为受教育者免费提供必要的物质条件等即是。教育的公益性强调教育的非经济价值取向，强调具有普遍意义的道德精神的培养，而这恰恰是主日学教育的构成要件。“宗教永远不光是道德，但是如果它缺乏道德基础就不能站立。”② 宗教的道德基础为主日学的站立也提供了支撑。

第四，依照马斯洛的需要层次理论，爱和归属的需要是在生理和安全需要满足的基础上产生的，是人要求与他人建立情感联系，隶属于某一群体并在其中享有地位的需要。主日学里环境氛围轻松自由，体现了人文关怀。部分被社会边缘化的青少年需要找到归属感而主动进入主日学，以及信教群众出于宗教感情的需要让孩子接受主日学教育，是其得以存在的外源性动力。

上述诸点从不同角度表明，主日学将是一个长期存在，不管愿意看到与否都应该承认这是个现实。事实上也如此，尽管它在不同时期不同国家有过或兴或衰的历史，但自其产生后就一直存在。

五、妥善应对，引导宗教与社会主义社会相适应

“宗教在历史上既表现为维系世界的力量，又表现为动摇世界的力量。”③ 当宗

① 《马克思恩格斯选集》第1卷，北京：人民出版社，1972年，第2页。

② ［美］休斯顿·史密斯著，刘安云译，郑述先校：《人的宗教》，海南出版社，2006年，第33页。

③ ［美］彼德·贝格尔著，高师宁译，何光沪校：《神圣的帷幕——宗教社会学理论之要素》，上海人民出版社，1991年，第120页。

教不仅仅局限于道德范畴而渗入教育领域时，就不得不引起我们的高度关注。对主日学之类既成事实的基督教教育形式，绝不能漠然视之。鉴于宗教的五性特征，我们认为宜对之取如下措施。

一是确立基本态度。坚持宗教不得干预教育的原则，认识到在原则问题上没有灰色地带可供选择，哪怕诸如文化补习类主日学带有某种“公益性”色彩，也必须依据规定规范其存在方式，弱化其对未成年人宗教教化的一面。

二是注重工作方法避免激化矛盾。笔者根据实地考察得出结论，主日学的开办，主观原因并非仅为扩大宗教影响，本着宗教慈善精神解决世俗社会的某些难题也是办学动机之一。故规范管理工作中的谨慎态度和“春风化雨”式的工作方法尤为重要。

三是选准工作对象，重点针对教堂牧师、长老和传道员等人士。因为这部分人对信众具有较强的影响力，他们的认识转变至关重要。实地思想交流的结果表明，这部分人对举办诸如文化补习类主日学违背相关政策规定心存疑虑，认为在不涉及信仰内容的情况下，形式上的规范是世俗权柄的分内之事，理应接受。现仅持观望态度而未主动改变既成状态。

四是采取上述措施的同时紧密跟踪，不可见难即收，因为绝大多数信徒除了“属灵”的一面外也有“属世”的一面，只要锲而不舍撬动其属世的成分，最终必将起到效果。

五是发展信教地区经济，进一步提高群众的物质生活和文化生活，在尊重少数民族群众宗教信仰的同时，进一步引导宗教与社会主义社会相适应。当然，这是一个长期而艰巨的任务。

20 世纪美国社会法学的奠基人罗斯科·庞德在《通过法律的社会控制法律的任务》一书中曾发表如下观点：“法律秩序的任务就在于决定其中哪些应被承认与保护，和应在什么范围内加以承认与保护，以及在最小限度的摩擦和浪费的条件下给予满足。”① 这句话，对我们在规范诸如主日学之类问题上具有重要的启迪意义。

（张雍德，男，1956 年生，云南省社会科学院宗教研究所研究员，主要研究方向为少数民族地区基督教。）

① ［美］罗斯科·庞德著，沈宗灵、董世忠译：《通过法律的社会控制　法律的任务》，北京：商务印书馆，1984 年，第 36 页。

新中国新疆屯垦戍边之发展阶段与特征

——以新疆生产建设兵团六十年的发展变迁为中心

赵　曼

内容提要：屯垦戍边是中国历代王朝治理新疆方略的主要内容之一。新中国成立后60余年间，新疆屯垦戍边之主要内容就是新疆生产建设兵团之历史发展与当下之改革创新，其发展主要经历了初创与发展（1954年—1966年）、徘徊与停滞（1966年—1981年）以及改革与创新（1981年至今）三个阶段。其主要特征，一是历代新疆屯垦戍边的继续和发展，具有历史传承性；二是具有军事职能、行政职能以及边疆民族地区经济开发等综合职能之特殊性；三是具有当代中国改革创新阶段的时代性特征。

关键词：屯垦戍边；新疆治理；新疆生产建设兵团

新疆屯垦史是新疆史及中国传统治边史研究的重要内容，如关于汉代与清代之新疆屯垦问题研究，学术界已经取得了许多重要成果①。近年来，新中国新疆屯垦史逐渐受到学术界的关注和重视②。本文在参阅相关文献的基础上，对新中国新疆屯垦戍边发展阶段及其主要特征做一简要探讨。

---

① 齐清顺的《试论清代新疆兵屯的发展和演变》（《新疆大学学报》1998年第2期）；何汉民的《清代玛纳斯兵屯及相关问题研究》（《石河子大学学报》2007年第1期）；樊根耀的《论古代新疆屯垦的经济意义》（《西北民族大学学报》2006年第4期）；李开华的《汉代在新疆的屯垦历史及其现实意义》（《兵团建设》2009年第17期）；王希隆的《唐代西域屯田述略》（《贵州大学学报》2012年第5期）等。

② 关于新中国新疆屯垦研究目前已有较多文章和论著。其中多数著作是以通史的视角来总括历代新疆屯垦的作用和影响，新中国新疆屯垦作为其中的内容。如赵予征的《新疆屯垦》、方英楷的《中国历代治理新疆国策研究》、朱培民的《20世纪新疆史研究》、王志君主编的《屯垦军魂》、张安福的《历代屯垦与国家安全研究》等；近年来，相关的专题研究逐渐涉及新疆生产建设兵团的体制、人口、民族、经济、改革以及与新疆社会、国家安全关系等方面，如李学习的《党的三代领导集体关于新疆发展与稳定的思想》、肖剑霞的《论新疆生产建设兵团在新疆社会经济发展中的作用》、王建兵的《论新疆生产建设兵团的屯垦戍边》、艾玲的《新疆兵团的少数民族人口研究》等。

一、新中国新疆屯垦戍边事业发展的历程

（一）初创与发展——新疆军区生产建设兵团成立（1954 年—1966 年）

1. 人民军队大生产运动，奠基兵团事业

1949 年新疆和平解放，由于受国民党政府长期压榨和战争的破坏，新疆地方百业凋零、物资奇缺，1949 年财政赤字高达 99%。全疆工农业总产值仅 7.2 亿元（以 1980 年不变价计），其中工业产值仅占 0.5%，工业几乎是空白；农村平均 3 户农户只有 1 头耕畜，9 户农户只有 1 辆木轮车，2 户农民只有 1 把坎土曼①。当年全疆粮食总产 16.96 亿斤，人均占有粮食不足 200 公斤，条件极为困难。此时，仅从战火硝烟中走来的国共双方部队就有近 20 万人，一年所需粮食 10 万吨。同时还要包括旧政府留下的 4.5 万多人，根本无法解决基本的吃饭问题。此外，新疆地域辽阔，交通运输困难，若从关内调运或从苏联购买，运费是粮价的数倍甚至十倍。彭德怀在给中央的电报中也指出：新疆目前最严重的问题是财政经济问题。新疆本身大约只能解决财政需要的百分之三十左右，百分之七十以上必须中央帮助。②

然而，新中国亦是一穷二白、百废待兴，国家对新疆部队的供应极为有限。1950 年仅 1—4 月，按供给标准，欠供经费达 22 236 万元；北疆部队 13.5 万人，军马 2.9 万匹，于 1950 年 1 月粮料处于半断供状态③。因此，原美国驻乌鲁木齐领事馆副领事马克南在离开新疆时，曾叫嚣："共产党的军队好进不好出。我要亲自看到他们一个一个渴死、饿死、葬身于黄沙旷莽之中。"④ 可见，经济问题是当时新疆面临的首要问题。⑤

为了减轻新疆当地政府和人民的负担，解决当时严峻的经济问题，尤其是粮食供应问题，王震根据党中央 1949 年 12 月 5 日发出的《军委关于 1950 年军队参加生产建设工作的指示》，向进驻新疆的人民解放军发出"全体军人一律参加劳动生产"的命令⑥，提出《关于一九五〇年新疆军队生产建设的工作方针和任务》的指示，并计划当年春种地六十万亩（即四万公顷），收粮五十万公担和棉花一万八千

① 赵予征著：《新疆屯垦》，新疆人民出版社 1991 年，第 184 页。

② 彭德怀：《关于新疆工作问题给毛泽东的报告》，载中共中央文献研究室、中共新疆生产建设兵团委员会编《新疆生产建设兵团工作文献选编（1949—2014 年）》，中央文献出版社 2014 年，第 16 - 17 页。

③ 王志君主编：《屯垦军魂》，新疆大学出版社 2004 年，第 137 页。

④ 王志君主编：《屯垦军魂》，新疆大学出版社 2004 年，第 188 页。

⑤ 赵予征著：《新疆屯垦》，新疆人民出版社 1991 年，第 184 页。

⑥《新疆军区关于全体军人一律参加劳动生产的命令（1950 年 1 月 21 日）》，载中共中央文献研究室、中共新疆生产建设兵团委员会编《新疆生产建设兵团工作文献选编（1949—2014 年）》，中央文献出版社 2014 年，第 27 页。

公担[①]。

1952 年 2 月 1 日，毛泽东主席发布部队整编组成产业军的命令，“将光荣的祖国经济建设任务赋予你们。……你们现在可以把战斗的武器保存起来，拿起生产建设的武器。当祖国有事需要召唤你们的时候，我将命令你们重新拿起战斗的武器，捍卫祖国”[②]。1953 年，新疆军区根据毛泽东和中央军委整编军队的指示，将驻疆部队分别整编为国防部队和生产部队。二军、六军、五军（民族军）大部和二十二兵团（起义部队）全部编为生产部队。这次整编为新疆军区生产建设兵团的组建奠定了基础。随着党中央、国务院的一声号令，十几万转业到经济战线上的部队官兵，轰轰烈烈地开进边疆、荒漠，投入到如火如荼的经济建设的热潮中。

屯垦戍边之初，驻疆各部队分别在阿克苏、库尔勒、伊犁、塔城、阿尔泰、奎屯和石河子等地，11 万部队官兵投身到轰轰烈烈的大生产运动中去，开荒造田。1950 年实际开垦荒地 6. 4 万公顷，播种近 5. 58 万公顷，同时还建立各种工作作坊，饲养了大量牲畜，部队实现粮食自给 7 个月，蔬菜、油、肉全部自给，极大减轻了人民负担。到 1952 年，全军实现主副食全部自给，并有节余支持地方，他们将大量棉花运往内地，支持祖国轻工业的发展。与此同时，兴办了工业、交通、建筑、商业、企业、科技、教育、文化、卫生等事业单位。部队官兵的屯垦戍边，不仅解决了驻疆部队的生活问题，而且支持了国家建设，为后来我国大规模的屯垦戍边事业，提供了宝贵的实践经验，为新疆军区生产建设兵团的建立打下了坚实基础。

2. 新疆军区生产建设兵团的初创

1954 年，新中国拉开了大规模经济建设的帷幕，为了保障新疆军区集中主要力量领导国防部队的建设工作，使新疆的生产部队安下心，扎下根，长期屯垦戍边，并将生产部队的生产建设纳入国家计划，新疆军区于 1954 年 7 月 15 日，向西北军区和军委总参谋部，正式提出组建新疆军区生产建设兵团的请示。1954 年 10 月 7 日，经中央批准，新疆军区生产部队成立“新疆军区生产建设兵团”，下辖十个农业建设师，两个生产管理处，一个建筑工程师，一个建筑工程处及一些直属单位，总人口 17. 5 万人，其中现役官兵 10. 55 万人，有农牧团场 43 个，耕地面积 7. 73 万公顷。[③]

兵团成立之初，党政工作受新疆军区和新疆分局领导，生产管理工作受新疆省

① 王震：《新疆军队生产建设工作的方针和任务（1950 年 1 月 16 日）》，载中共中央文献研究室、中共新疆生产建设兵团委员会编《新疆生产建设兵团工作文献选编（1949—2014 年）》，中央文献出版社 2014 年，第 20 页。

② 毛泽东：《军委关于部队集体转业的命令（1952 年 2 月 1 日）》，载中共中央文献研究室、中共新疆生产建设兵团委员会编《新疆生产建设兵团工作文献选编（1949—2014 年）》，中央文献出版社 2014 年，第 45 页。

③ 新疆生产建设兵团年鉴社编辑：《兵团年鉴（2013）》，新疆生产建设兵团印刷厂，2013 年，第 86 页。

政府有关部门的指导，1956 年 5 月起，受国家农垦部和新疆维吾尔自治区双重领导。

新疆军区生产建设兵团的成立，是我国汉、唐以来在边疆民族地区实施屯垦戍边政策的继承与发展，是我国现代屯垦戍边制度的一次伟大创新。它是集党政军一体、工农商学兵结合的组织，是一个在边疆民族地区发展经济、保障国家安全的特殊组织，它在维护新疆社会稳定与经济发展以及保障我国西北边疆安全中起到了极其重要的作用。

3. 新疆军区生产建设兵团的大发展

新疆军区生产建设兵团的成立，加强了对生产建设部队的领导，标志着新疆的屯垦事业进入了一个全新的时期，即大发展时期，生产发展以前所未有的速度向前迈进。

兵团成立后，广大屯垦战士与各级领导干部遵照党中央提出的“不与民争利”、“为新疆各族人民大办好事”的指示，以坚忍不拔的意志，排除万难，迅速吹响了大规模屯垦的号角。他们一手持枪、一手扶犁，向亘古荒原、向千里戈壁、向“死亡之海”——沙漠进军，他们垦荒造田、开辟绿洲、修建水库、植树造林，变戈壁为绿洲，古老的新疆发生翻天覆地的变化。

1966 年，兵团已建成 172 个农牧团场，遍布天山南北，耕地面积达到 80. 857 万公顷。工农业总产值由最初的 1. 18 亿元猛增到 6. 29 亿元；人口由 17. 5 万人增加到 148. 5 万人；1954 年，粮食总产是 7. 18 万吨，到 1966 年增加到了 72. 03 万吨，当年上交粮食 22. 5 万吨。（见表 1）对解决新疆的粮食供应，特别是为克服“南粮北调”的困难做出巨大的贡献①。

表 1　1954 年—1966 年兵团生产总值及粮食产量

	人口总数（万人）	生产总值（亿元）	农业总产值（亿元）	工业总产值（亿元）	粮食产量（万吨）
1954 年	17. 5	1. 18	0. 17	0. 57	7. 18
1955 年	20. 7	1. 47	0. 26	0. 77	7. 05
1956 年	29. 8	1. 87	0. 40	0. 44	9. 91
1957 年	31. 1	2. 33	0. 47	0. 59	12. 24
1958 年	38. 5	2. 61	0. 86	0. 62	20. 56
1959 年	60. 3	4. 15	0. 98	1. 59	24. 16
1960 年	72. 4	5. 57	0. 95	2. 22	25. 09
1961 年	86. 8	4. 90	1. 20	1. 89	28. 31

① 赵予征著：《新疆屯垦》，新疆人民出版社，1991 年，第 201 页。

续表

	人口总数（万人）	生产总值（亿元）	农业总产值（亿元）	工业总产值（亿元）	粮食产量（万吨）
1962 年	86. 2	4. 13	1. 24	1. 36	30. 92
1963 年	96. 6	4. 08	1. 40	1. 23	45. 27
1964 年	113. 6	5. 21	1. 69	1. 67	54. 52
1965 年	129. 3	5. 65	1. 94	1. 81	56. 11
1966 年	148. 5	6. 29	2. 06	6. 12	72. 03

注：1. 本表数据来源：《兵团统计年鉴》2008、2014 年。2. 本表价值指标按当年价格计算。

与此同时，地处祖国西北边陲的新疆，幅员辽阔、边界线长，国内外敌对势力不甘心自己在新疆的失败，千方百计地进行各种分裂破坏活动，巩固西北边防是一项重要的军事任务，因而兵团在大力进行生产建设，增强国防建设的物质基础上，还要承担一部分国防任务，执行着党和国家赋予的“生产队、工作队、战斗队”的重大历史任务。

1962 年，新疆伊犁、塔城地区先后发生了边民越境事件。根据国家部署，兵团调遣了 1. 7 万余名干部、职工奔赴当地维护社会治安，执行代耕、代牧、代管（“三代”）任务，重建基层组织，恢复生产生活秩序。据统计当时共代管庄稼 78 万多亩、代耕土地 42 万多亩、收拢失散代牧的牲畜 32. 7 万多头①。为了加强边防建设，兵团的“三代”任务又转变成在边境地区筹建边境团场，同时，迅速在新疆伊犁、塔城、阿尔泰、哈密地区和博尔塔拉蒙古自治州等长达二千多公里的边境沿线建立了纵深十公里到三十公里的边境团场带，从而改变了新疆历史上“有边无防”的局面，维护了祖国的统一和领土完整，成为西北边疆的国防屏障和永不移动的有生命的界碑。这对于稳定新疆、维护国家边防安全发挥了不可替代的重要作用，改善了国家西北边防的战略态势。到 1966 年底，兵团总人口达到一百四十八点五四万，拥有农牧团场一百五十八个。②

正当兵团的屯垦戍边事业蓬勃发展之时，一场史无前例的“文化大革命”开始了，兵团事业遭受重创。

（二）徘徊与停滞——新疆军区生产建设兵团的裁撤（1966 年—1981 年）

1966 年 5 月 16 日，中共中央发出“五·一六通知”，“文化大革命”的序幕拉

① 赵予征：《丝绸之路屯垦研究》，新疆人民出版社 1996 年，第 425 页。

② 中共中央文献研究室、中共新疆生产建设兵团委员会编：《新疆生产建设兵团工作文献选编（一九四九—二 0 一四年）》，中央文献出版社 2014 年，第 347 页。

开。这场运动很快席卷了整个中国，红卫兵在全国范围内大串联，横冲直撞，矛头直指各级党组织和党政领导，新疆亦不可避免。各地红卫兵蜂拥而至，“炮轰区党委”及各级党组织，打倒各级领导干部的浪潮波及全疆。兵团很快成为“文革”的重灾区。

“文革”期间，兵团大批“唯生产论”、“技术专政”，大批兵团的经营管理是“只问粮棉油，不分敌我友”的修正主义路线，是复辟资本主义。许多耕作技术规程被斥为“管、卡、压”而被废除，许多技术人员被戴上“反动权威”的帽子被批斗。当初艰苦创业的老军垦、老干部纷纷被打倒，兵团事业元气大伤，生产急剧下降。据1972年统计：全兵团农业科技人员6992人，而其中有1046人下放劳动，有1766人被迫改行①。除此之外，一些科研机构也被迫撤销，如兵团农业科学院、农业机械研究所的粮食、园艺、土壤农化等十几个研究室都被撤销，十个农业师的农科所、基层的植保小组、积肥小组都相继被裁撤，大量精良科研仪器和设备被闲置，甚至拆毁；兵团的土壤改良站也先后被撤销。一时间，兵团农垦放弃了科学种田、精耕细作、土壤改良的一系列的优良传统，导致选种混乱、耕作粗放、单产下降，生产遭到严重破坏，经济濒临崩溃。

1974年兵团人口从1966年的148万人增长到225万人，增加77万人，职工人数增加12万人，但兵团粮食总产由1966年7.2亿公斤下降到1974年为5.25亿公斤，棉花总产1966年为2494万公斤，1974年下降为1520万公斤。兵团由1966年上缴商品粮2.25亿公斤发展到1974年的粮、油、肉不能自给，吃国家返销粮1695万公斤。同时，兵团的工业、交通、运输以及建筑等行业，也由于领导班子被打倒，指挥瘫痪，加上设备的严重损坏，生产事故频发，造成的损失惊人，从而导致盈利额逐年下降。财务由1966年的盈利1.13亿元发展到1974年的亏损1.96亿元，兵团彻底成为全国农垦系统中的亏损大户，成为国家沉重的包袱。（见表2）

表2　1966—1974年兵团人口及主要产值

	人口总数（万人）	生产总值（亿元）	农业总产值（亿元）	工业总产值（亿元）	粮食产量（万吨）
1966年	148.5	6.29	2.06	6.12	72.03
1967年	158.5	5.59	1.90	1.69	58.40
1968年	168.6	4.63	1.68	1.30	45.98
1969年	177.9	5.14	2.01	1.41	61.71
1970年	194.3	6.14	2.49	1.75	77.63
1971年	203.6	7.05	2.91	2.21	75.25

① 赵予征：《丝绸之路屯垦研究》，新疆人民出版社1996年，第433页。

续表

	人口总数（万人）	生产总值（亿元）	农业总产值（亿元）	工业总产值（亿元）	粮食产量（万吨）
1972 年	212.5	6.89	2.75	2.29	67.46
1973 年	217.0	6.73	2.54	2.34	71.74
1974 年	225.7	6.21	1.98	2.58	52.51

注：1. 本表数据来源：《兵团统计年鉴》2008、2014 年。2. 本表价值指标按当年价格计算。

为了改变兵团现状，扭转亏损局面，1975 年 4 月，经中央批准决定将新疆军区生产建设兵团解散，撤销生产建设兵团和各师的番号。5 月，自治区党委决定兵团撤销后成立新疆维吾尔自治区农垦总局，主管全疆国营农牧团场的业务工作。

1975 年兵团和师的建制被撤销，团场也被下放到各地、州、县，有的甚至拆散了下放给公社，下放的团场改变了原来的全民所有制性质，干部和职工的政治、经济生活都发生重大变化，引起他们的不满，人心涣散。此外，为保卫边疆而设的 400 多个值班连队也解散了，严重削弱了边防力量，组织管理更加混乱。许多为农业生产服务而组建的配套的企业，工厂、物资供应部门、勘察设计部门、科研部门、大专院校、医院等在撤销兵团后，都移交给了地方，这使得经历了十几年努力而建成的一整套为兵团农垦事业发展服务的体系遭到破坏，最终导致农业生产过程中物资供应混乱、不及时、短缺，对各项生产都造成无法弥补的损失。1975 年—1977 年农垦经济管理水平继续下滑，亏损加剧。如原兵团所属的农牧团场归属农垦总局外，在各地州又增加了 44 个地方国营农牧团场，团场数量大幅度增加，但是生产水平却急剧下降。粮食、棉花等主要农产品产量均有下降。1977 年的粮食产量 6.25 亿公斤，比 1966 年减少了 1 亿公斤，棉花总量减少了 1244 万公斤。财政亏损额剧增，累计亏损 6.6 亿元，仅 1976 年全疆农场（不包括县管农场）亏损达 2.6 亿元，金额占全国农场亏损的 1/2，是全国亏损最严重的省份。1975 年到 1977 年是新疆农垦史上亏损最严重的三年。①

（三）改革与创新——新疆生产建设兵团的恢复与再发展（1981 年至今）

1977 年底，国务院召开了全国国营农场工作会议，会议决定把黑龙江、新疆、广东、云南四省的垦区改由国务院主管部门和省区双重领导，以省区为主的体制。同时，四个垦区的基建投资和国家统配、部管物资以及化肥、农药、油料均列入国家计划，由国务院主管部门直接供应，这样被切断的物资供应渠道又被重新恢复，从而保证了国营农场的正常生产。1978 年 9 月，为了加强对农垦事业的领导，自治

① 赵予征：《丝绸之路屯垦研究》，新疆人民出版社 1996 年，第 437 页。

区党委决定将原兵团所属农牧团场以及44个国营农场统一划归农垦总局管理，并且重新调整和充实了领导班子，农垦事业出现转机。1978年到1981年，地区生产总值按当年价计算，由7.40亿元增加到11.61亿元，增长56.7%，平均每年递增18.9%；粮食生产也由1977年的62.56万吨增长到1981年的92.30万吨，增长48%。①

1981年，王震率中央巡视团在新疆巡视时强调新疆是中华人民共和国不可分割的一部分，各民族要团结起来，共同开发建设新疆。并指出："生产建设兵团是新疆军区的后备军，是保卫边疆、建设新疆的重要力量。"② 6月30日，王震写信给中共中央军委主席邓小平，阐述了兵团存在的意义，希望中央考虑恢复新疆生产建设兵团的建制。8月，邓小平在新疆视察工作，就恢复生产建设兵团问题听取了自治区党政军负责人及各方面意见，他指出"新疆生产建设兵团，就是现在的农垦部队，是稳定新疆的核心"③。1981年12月3日，中共中央、国务院、中央军委做出了《关于恢复新疆生产建设兵团的决定》，名称由原来的"中国人民解放军新疆军区生产建设兵团"改为"新疆生产建设兵团"，兵团开始了二次创业。

兵团恢复后的30多年时间里，对国有农牧团场进行了大包干责任制、兴办职工家庭农场、企业承包经营责任制、发展多种经济成分等方面的改革，兴办工业，建设城镇。同时，兵团坚持民生优先、加快提升公共服务水平，营造拴心留人环境，让广大职工群众享受到现代城市文明，并加大人才引进力度，使兵团各项事业均取得了飞速发展，兵团屯垦戍边事业不断迈向新的阶段。

首先，人口持续稳步增长。在数量上，从1981年的221万人增至270万，兵团屯垦戍边队伍不断壮大。这些都是由于兵团重视人力资源的开发，如通过内地移民政策、重视高素质人才的引进和培养，这些利好措施吸引了大批符合兵团发展需要的劳动力，夯实了兵团可持续发展的基础，扭转了以往"老军垦老了，小军垦跑了"的被动局面。

其次，兵团加大产业结构调整，使产业结构趋于合理化。2013年兵团生产总值达1499.87亿元人民币，比1981年兵团恢复时增长了22.9倍，年均增长10.4%。其中，第一产业比重从45.6%下降到29.0%，第二产业逐渐成为兵团的支柱产业，截至2013年，第二产业的比重已达到41.8%；兵团实现工业增加值426.61亿元人民币，比上年增长27.8%，占兵团生产总值的28.5%，工业对兵团生产总值的贡献率达45.3%。兵团利用自身优势，大力发展第三产业，逐步形成以旅游业为主导的多元化经营方式，从而获得巨大经济效益，从兵团恢复时期的1.88亿元增长到

① 数据来源：《兵团统计年鉴》（2008、2014年）。

② 赵予征：《新疆屯垦》，新疆人民出版社1991年，第235页。

③ 邓小平：《新疆稳定是大局，选拔干部是关键（1981年10月23日）》，载中共中央文献研究室、中共新疆生产建设兵团委员会编：《新疆生产建设兵团工作文献选编（一九四九——二〇一四年）》，中央文献出版社2014年，第137页。

目前的438亿元，在三次产业比重上也占1/4强以上，可谓是异军突起。经过调整，2013年三次产业结构比为29.0：41.8：29.2。兵团对三次产业结构的调整，使兵团产业更加适应市场经济和城市化发展，兵团经济取得快速发展。（见表3）

表3 主要年份兵团生产总值及构成

	人口（万人）	生产总值（亿元）	第一产业（亿元）		第二产业（亿元）		第三产业（亿元）	
				构成（%）		构成（%）		构成（%）
1981年	221.0	11.61	5.30	45.6	4.43	38.2	1.88	16.2
1985年	222.2	20.13	8.09	40.2	7.93	39.4	4.11	20.4
1990年	214.4	45.69	20.91	45.8	14.68	32.1	10.09	22.1
1995年	228.8	121.60	56.00	46.1	31.86	26.2	33.73	27.7
2000年	242.8	176.41	71.63	40.6	48.53	27.5	56.25	31.9
2005年	257.0	331.12	130.64	39.4	83.35	25.2	117.13	35.4
2010年	260.7	770.62	278.81	36.2	262.27	34.0	229.54	29.8
2012年	264.9	1197.21	388.37	32.4	475.16	39.7	333.68	27.9
2013年	270.1	1499.87	435.35	29.0	626.42	41.8	438.10	29.2

注：1. 本表数据来源：《兵团统计年鉴》2008、2014年。2. 本表价值指标按当年价格计算。

如今，新疆每3亩土地中，就有1亩是兵团人开垦的，兵团以其1/7的人口，生产的粮食占全疆的19.9%，油料占30%，甜菜产量占44.5%，棉花出口总量占全国的50%，已成为全国最大的棉花生产基地和新疆最大的油料基地。

到2013年底，兵团先后在天山南北建立起14个师，175个农牧团场，9143个工交商建企业和大批的科研、教育、文化、卫生单位，分布在全疆16个地州市境内，辖区面积7.06万平方公里，成为一个拥有人口270多万人口，耕地面积1174.12万亩的社会主义现代化大垦区，在新疆经济发展、社会稳定中具有重要的战略地位。

二、新中国新疆屯垦戍边事业的特征

60多年来，广大兵团职工扎根边疆，艰苦奋斗，同全疆各族人民一起，把亘古戈壁荒漠改造成生态绿洲，开创了新疆现代化事业、建成了规模化大农业、兴办大型工矿企业，建起了一座座新型城镇，为推动新疆的发展建设、增进各民族团结、维护社会稳定、巩固国家边防做出了不可磨灭的历史贡献。

兵团屯垦戍边事业经过长期发展，逐步形成了历史的传承性、兼具综合职能的特殊性和改革创新的时代性的特征。

（一）历史的传承性

翻开新疆历史我们看到：公元前105年，汉武帝派军到眩雷[①]（今伊犁河谷中）屯田，开辟了中央政府在新疆的第一块屯田点，以后历代相沿两千多年，促进了新疆的统一，保卫了西北边防，推动了边疆的开发，加强了民族团结，增进了新疆和内地的经济和文化交流，加速了丝绸之路的繁荣，为保卫边疆和开发新疆做出了重要贡献[②]。

同时，这种“屯垦”与“戍边”相结合的治疆模式是与新疆特殊的历史条件和地域环境分不开的。

新疆地处祖国西北边陲，地域广阔，气候及自然环境比较恶劣，交通不便，长期以来这里民族众多，宗教信仰、生活习惯各异，且历史上各方势力在此纷争不断，直接威胁到国家的统一和安全。为此，历代中央政府都在努力寻找解决之法。公元前169年，西汉政治家晁错给汉文帝上募民实边书[③]，在中国历史上最早提出了屯垦戍边的理论。汉武帝时，又开创了在西域的屯田，此后，屯垦戍边作为历代治理新疆的基本国策，成为巩固多民族国家统一的重要法宝。

1949年中国人民解放军进军新疆，新疆的解放翻开了历史的新篇章。此时的新疆可谓内外交困，首先面临的是经济问题，其次是国民党残余势力的伺机破坏；此外，新疆复杂的民族宗教问题，更加剧了新疆局势的不稳定因素。为了更好地维护新中国在新疆的主权，维护国家西北国防的安全，新中国领导人在研究和总结中国历代中央政府在新疆的屯垦戍边问题的基础上，在认真分析新疆具体情况后提出的屯垦戍边的战略思想，为新疆生产建设兵团的组建提供了理论基础。因此，新疆生产建设兵团的成立不仅是时局的需要，更是一种历史的延续，表现出明显的历史传承性。

此外，新疆生产建设兵团自成立之日起，始终受到党和国家领导的高度重视和亲切关怀，党中央三代领导集体都对兵团的任务和作用做出明确指示，先赋予兵团屯垦“三个队”的任务；1998年江泽民总书记要求兵团做新疆生产建设、安定团结、稳定新疆和民族团结的“四个模范”[④]。2006年胡锦涛总书记在视察新疆工作时，对兵团工作提出了发挥促进社会进步的建设大军、确保社会稳定的中流砥柱、维护祖国统一的铜墙铁壁的“三大作用”和处理好“三个重大关系”（“屯垦”与

---

① 《史记·匈奴列传》卷一百十，《史记集解》引《汉书音义》说：“眩雷，地名，在乌孙北”。

② 方英楷：《中国历代治理新疆国策研究》，新疆人民出版社2006年4月，第24页。

③ 《汉书·爰盎鼂錯传》卷四十九。

④ 江泽民：《1998年7月9日视察新疆部队和生产建设兵团时的讲话》，载新疆生产建设兵团史志编纂委员会、中共新疆维吾尔自治区党委党史研究会编：《新疆生产建设兵团史料选辑22》（建立边境农场专辑），新疆人民出版社2012年，第88页。

"戍边"，特殊管理体制和市场机制，兵团和地方）的要求[①]。

可见，当代兵团的屯垦事业既是中国两千多年治疆方略的继承和发展，又是新中国几代党中央领导集体关于屯垦戍边事业一脉相承的战略思考和实践。

（二）兼具综合职能的特殊性

新疆生产建设兵团是特殊历史条件下，结合中国国情和新疆实际的特殊的组织形式，自成立之日起，就表现出明显的兼具综合职能的特殊性。

首先，特殊的行政职能。新疆生产建设兵团，自 1954 年组建以来，承担着国家赋予的屯垦、戍边的双重职责，成立初期其党政工作受新疆军区和中共中央新疆分局领导，其生产管理受新疆省政府有关部门的指导。1956 年起新疆兵团由农垦部主管其业务，因此而成为中央直属的特大垦区之首，人、财、物、生产计划"四权"统一由国家计划确定、安排，兵团受农垦部和新疆维吾尔自治区的双重领导。1981 年 12 月，恢复后的新疆生产建设兵团划归农业部直接管理，同时组建了兵团领导机关及各师局机关。至此，兵团成为一个肩负集屯垦与戍边任务于一身，并在自己所辖的区域内，依照国家和新疆维吾尔自治区的法律、法规，自行管理内部的行政司法事务，在国家实行计划单列的特殊组织。

兵团在自治区党、政、军的统一领导下，作为一种特殊的政治单位，拥有特定的辖区，党政关系在制度上接受新疆维吾尔自治区政府的领导，但对于其辖区内的人口和各项事务的治权则是相对独立的，兵团各级都建有中国共产党的组织，发挥着对兵团各项事业的领导作用。兵团设有行政机关和政法机关，拥有公、检、法、司和武警部队等政府职能部门，自行管理内部的行政、司法事务。此外，兵团实行企业管理，每年向国家缴纳税金。可见，兵团拥有部分政府职能。

其次，特殊的经济体制。兵团肩负的特殊使命，决定着她独特的经济职能。一方面，兵团从开发、建设新疆以及自身发展的需要来说，需要大力发展经济，并为地方经济建设做出示范。然而，兵团又不是单纯的经济组织，更不是一般的农业生产企业，是工、农、商、学、兵相结合，农、林、牧、副、渔五业并举，工、商、建、交、服全面发展，承担经济建设任务的国有大型企业。其农业机械化程度相当高，呈现显著的现代化大农业的特点，成为新疆乃至全国农业的发展的一个典范。另一方面，由于屯垦与戍边的矛盾统一性，致使兵团经济职能受到军事职能的影响。兵团发展过程中既要重视经济效益，又不能忘记政治使命，一些企业的运转不是完全从经济效益出发，而是由兵团戍边的使命所决定。一些号称"三到头"（"路到头"、"水到头"、"电到头"）的边境贫困团场及边境连队，如第四、五、

---

① 《胡锦涛在新疆考察时的讲话（2006 年 9 月 21 日）》，载中共中央文献研究室、中共新疆生产建设兵团委员会编：《新疆生产建设兵团工作文献选编（一九四九—二０一四年）》，中央文献出版社 2014 年，第 268 页。

九、十师的部分团场一线连队，甚至比部队边防站还靠近边防线，自然条件非常恶劣，从纯粹经济的角度来考虑，那里完全不适宜从事农业生产，但为了边境安全，为了祖国统一，职工们数十年如一日，种着“政治田”、放着“政治牧”，像他们所说的“门前是弯弯的界河，背后是强大的祖国，耕地就是站岗，放牧就是巡逻”，成为边境线上永不移动的界碑，为新疆社会稳定和经济发展以及祖国边防巩固发挥着极为重要的作用，做出了特殊贡献。兵团作为特殊的经济体制，还根据新疆民族地区经济开发及发展战略的需要，有效地集中和协调人力、物力、财力，合理地进行投入，为改善新疆地区经济结构不合理、生产力发展不平衡的状况发挥了重要作用，成为新疆经济建设的一支特殊的生力军。

第三，特殊的军事职能。兵团军事职能的特殊性表现在它是一个“准军事实体”，保留着军队的建制，设有军事机关和武装机构，沿用兵团、师、团、连等军队建制和司令员、师长、团长、连长等军队职务称谓，涵养着一支以民兵为主的武装力量①，执行着国家赋予的“屯垦戍边”的历史使命。同时，兵团的“戍边”，一方面驻守国家边防，另一方面维护国家统一和新疆社会稳定，防范和打击恐怖势力的犯罪破坏活动。尤其是20世纪80年代后，分裂势力、宗教极端势力、暴力恐怖势力等“三股势力”及其破坏活动成为影响新疆社会稳定、危害国家统一的重要因素，兵团戍边的重点转移到防范和打击“三股势力”破坏活动的任务上。如在20世纪90年代初的阿克陶县巴仁乡暴乱、1995年的和田骚乱事件、1997年的伊宁二·五事件以及2009年的“七·五”事件中都发挥了重要作用。由于兵团民兵快速反应、迅速出击，效果明显，尤其是伊犁，受害群众甚至打出了“兵团民兵万岁”的口号。兵团戍边有效保障了西北边疆安全，维护了新疆的社会稳定。

总之，兵团特殊性主要根源在于特殊组织的存在形式和国家制度的安排。一方面兵团是一支生产建设大军，要发展就要遵循市场经济的规律；另一方面兵团又是战略性的政治组织，肩负保卫国家安全和维护新疆稳定的使命，因而兵团虽然是以“屯垦”发展为目的，却又不是一个单纯的经济组织，以“戍边”为己任，却又不是一支国防军队。在这个意义上兵团可以说是一支拥有军队的外壳、政府的架构、企业的内涵的特殊组织。正如兵团当地流行的顺口溜：“兵团是政府，要纳税；是企业，办社会；是军队，没军费；是农民，入工会”，较形象地反映了兵团的特殊性。

（三）改革创新的时代性

当代兵团的屯垦的发展始终紧跟建设有中国特色的社会主义事业的步伐，与时

① 《新疆生产建设兵团的历史与发展（2014年10月）国务院新闻办公室》，载中共中央文献研究室、中共新疆生产建设兵团委员会编：《新疆生产建设兵团工作文献选编（一九四九—二〇一四年）》，中央文献出版社2014年，第349页。

俱进，具有显著的改革创新的时代性特征。

兵团屯垦事业不断创新和完善过程，是新中国社会主义事业探索和发展过程中的重要内容，是建设有中国特色社会主义的伟大创新。新中国成立之初，党和国家领导人从新疆实际出发，借鉴历史、综合考虑当前经济和政治因素对新疆的影响，创造性提出当代屯垦戍边理论，组建生产建设兵团。初创期与发展时期的兵团，坚决执行党中央提出的“不与民争利”的原则，执行“三个队”（生产队、工作队、战斗队）任务，在当时复杂的国际和国内局势下，面对茫茫戈壁、荒原、沙漠、碱滩，铸剑为犁，开垦良田，建立工厂，兴修水利，开辟了生机勃勃的沙漠绿洲，为新疆的开发建设和祖国西北边防之安定发挥了无可取代的作用。

20 世纪 80 年代，中国迎来了改革开发的新时代，在党中央的亲切关怀下，1981 年新疆生产建设兵团恢复。30 多年来，兵团继续发扬“热爱祖国、无私奉献、艰苦创业、开拓进取”的兵团精神，响应党中央号召，秉承改革创新的时代精神，大胆进行体制改革，机构改革，大力发展现代化农业，走新型工业化、城镇化道路，解放思想、积极创新，建立起与社会主义市场经济相适应的经济体制和经营机制，逐步摆脱高度计划的经济体制模式，使兵团各项事业发展迈向新的时期，充分发挥建设大军、中流砥柱、铜墙铁壁的三大作用，把当代屯垦事业推向一个更广阔的发展前景。

纵观当代兵团屯垦戍边事业的发展，既是历史经验的总结，更是在实践中不断探索，走出了一条具有时代特色的、符合区域发展的创新之路。总结经验，探索规律，是兵团持续发展的源泉，更是未来兵团发展的根基。

三、结　语

在兵团 60 多年发展历程中，兵团履行着党和国家赋予的“屯垦戍边”的历史使命，践行着几代领导集体赋予的“三个队”、“四个模范”和“三大作用”任务，在维护新疆稳定、祖国统一、促进新疆繁荣发展和各民族团结以及增强中华民族的凝聚力等方面都做出了重要贡献。60 多年来，兵团站在维护国家统一，反对民族分裂，打击“三股势力”的时代高度，不断强化“兵”的意识和能力①，在历次重大政治斗争中冲在第一线，发挥了不可替代的作用。近年来，兵团又站在反恐维稳斗争的最前沿，铸就了一道打击民族分裂活动的铜墙铁壁。正如江泽民总书记所说：生产建设兵团这种既屯垦又戍边的特殊组织形式，符合我国国情和新疆实际，其作用是其他任何组织难以替代的。把兵团屯垦戍边工作放到边疆的历史长河中、放到

① 《刘延东在庆祝新疆生产建设兵团成立六十周年大会上的讲话》，载中共中央文献研究室、中共新疆生产建设兵团委员会编：《新疆生产建设兵团工作文献选编（一九四九—二０一四年）》，中央文献出版社 2014 年，第 334 页。

当前国际国内形势发展变化中、放到新疆稳定和发展大局中加以考察，其深远意义可以看得更清楚[①]。历史已证明，兵团为推动新疆发展、增进民族团结、维护社会稳定、巩固国家边防做出了不可磨灭的历史贡献。[②]

古人云："凡事预则立，不预则废"。居安思危，当前新疆正处于实现社会稳定和长治久安的关键期，兵团要当好安边固疆的稳定器，履行好中央赋予的各项职能。2014年兵团座谈会上习近平指出，"兵团的存在和发展绝非权宜之举，而是长远大计。新形势下兵团工作只能加强，不能削弱。要让兵团成为安边固疆的稳定器、凝聚各族群众的大熔炉、汇集先进生产力和先进文化的示范区。"当代新疆屯垦戍边事业任重而道远。

（赵曼，女，蒙古族，中央民族大学历史文化学院2013级博士研究生，北京：100081）

① 新疆生产建设兵团史志编纂委员会、党委党史研究会编：《新疆生产建设兵团史料选辑22》，新疆人民出版社2012年，第88页。

② 《新疆生产建设兵团的历史与发展（2014年10月）国务院新闻办公室》，载中共中央文献研究室、中共新疆生产建设兵团委员会编：《新疆生产建设兵团工作文献选编（一九四九—二0一四年）》，中央文献出版社2014年，第345页。

王锺翰教授与清史研究

［日］柳泽明著　陈　岚译

引　言

2013 年 8 月 26 日至 28 日，在北京举办了“纪念王锺翰教授百年诞辰暨清史民族史国际学术研讨会”。这次会议是为了纪念中央民族大学王锺翰教授而举办的。王教授于 2007 年逝世，享年 94 岁，多年来，他一直从事中国清史及满族史研究。此次研讨会分为第一天的“纪念会”和次日的学术研讨会两部分，“纪念会”是以蔡美彪（中国社会科学院近代史研究所）为首，河内弘良（原京都大学、天理大学）、莊吉发（原台北“故宫博物馆”）、Mark C. Elliott（哈佛大学）等国内外著名学者参加的盛大的集会（除蔡美彪教授以外其他三位专家也参加了研讨会）。在中国，如此盛大的会议并非少见，但是，像王教授如此有影响力的并不太多，王教授的影响力从发给参会者的纪念论文集《纪念王锺翰先生百年诞辰学术文集》[①] 1000 余页的厚度就能看出。而且，在王教授生前八十岁、八十五岁、九十岁时均出版过纪念论文集，[②] 这也是非常罕见的。

王教授是笔者于 1987 年秋至 1989 年春在中央民族学院（当时）留学时的指导老师，因此允许我在接下来的叙述中以“老师”称呼他。虽说是留学，但当时并不是为了取得民族学院的学位，而主要是为了以进修生的身份，在中国第一历史档案馆阅览满文档案。因此，实际上笔者并未听过王老师的课，也并未让王老师指导过论文。说起来，以笔者当时的能力，即使有王老师的指导恐怕也难以用汉语写一篇正式的文章。有点难以启齿的是，有关王老师的学问我在当时并未做深刻了解，因此，对王老师的学问及人品是没有评说资格的。

但幸运的是，本人保存了很多与王老师有关的资料，如老师自己的著作《王锺

---

① 《纪念王锺翰先生百年诞辰学术文集》，中央民族大学出版社，2013 年。

② 《庆祝王锺翰先生八十寿辰学术论文集》（辽宁大学出版社，1993 年）；柏桦主编《庆祝王锺翰教授八十五暨韦庆远教授七十华诞学术论文合集》（黄山书社，1999 年）；朱诚如主编《清史论集：庆贺王锺翰教授九十华诞》（紫禁城出版社，2003 年）。

翰学术》,[①] 由家人和曾经的学生为了纪念老师而写的《想念王锺翰》,[②] 如前所记《纪念王锺翰百年诞辰学术文集》的序文“王锺翰先生的学术成就和地位‘代序’”以及本书末卷赵令志所写“王锺翰先生学术简谱”等，以这些资料为依据,[③] 在关注老师的研究与日本清史研究的同时，执笔撰写了该文。

一、前半生

燕京大学

王老师于1913年生于湖南省东安县，老师的伯父中过武科举，家庭虽说具有一定文化素养，但主要以务农为生，生活也不富裕。王老师在当地一所名叫“应滨学社”的书院接受了启蒙教育，之后于1928年进入长沙的雅礼中学读高中。因为这所学校是美国人创办的新式学校，所以部分课程是以英语授课。王老师在这所学校以优异的成绩完成学业，获得了燕京大学的奖学金，并于1934年秋进入北平的燕京大学历史系学习。众所周知，燕京大学是于1919年创立的宗教式的大学，是现在北京大学的前身之一。但说起来历史系仍以古典教育为主。王老师在大学中跟随邓之诚、洪煨莲、顾颉刚、张尔田等教授学习，在1938年通过研究生考试并于1940年取得硕士学位后，继而成为本校的助教。当时，北平已被日本占领，太平洋战争爆发后，燕京大学不久就被封闭了，但是有一部分教授和学生转移到成都并再次开办了学校，王老师也在其中。在成都，王老师一边指导学生，一边作为助手照顾陈寅恪教授。

王老师在诸多的历史研究领域中选择清史研究，据说是源于对日本的对抗意识。在老师进入燕京大学那年，也就是1934年，日本已经通过（伪）满洲国控制了东北，而且正在觊觎着华北。1935年末，爆发了反对日本侵占华北的一二·九学生运动，其主要成员是燕京大学和清华大学的学生。老师虽然没有亲自参加运动，但是在这种氛围中，以学问报效祖国的意识有了很大的提高。据老师回忆，1936年春季学期第一堂课，洪煨莲教授进入教室抽着烟一言不发坐了片刻，然后站起来，愤怒地说了以下一段话：“各位同胞，现在日本人侵略我们，国家危在旦夕……有能力的人可以拿着枪与日本人对抗，但是我们读书人没有那样的能力……但是读书人也有自己的本领。总之，我们要拿着笔和日本人一决高下，日本人傲慢之极，竟扬言世界的汉学中心原本不在中国，而是先在英国，之后在法国，现在在日本。他们说我们中国人没有能力。我们一定要与这种说辞做斗争，把我们北京是汉学中心的地位夺回来。”深受这段演说感染的王老师认为，日本人尤其在满族史研究上领

① 王锺翰《王锺翰学术》，浙江人民出版社，1999年。
② 张世林主编《想念王锺翰》，新世界出版社，2013年。
③ 以下，在此处列举的一些资料，除特殊情况，不再一一列出出处。

先中国一步，他们以提倡“满洲不在中国”的理论观点为其满洲国的存在提供正统性的论据，因此，研究清史和满族史正是“夺回汉学中心”的重要目标之一。而且，在当时的中国，对清史的研究并不多，除了孟森的一系列考证成就和萧一山的《清代通史》以外，就没有其他的相关成果了，这也是老师把目光投向这一领域的主要原因之一。

但是，对于王老师来说，与日本对抗，绝不是通过带有政治色彩的文章来抨击日本。老师把研究清史的愿望告知邓、洪两位教授时，两位老师给予以下教导：“日本的研究确有值得学习之处，目前他们的研究水平和储备资料都优先于我们。这也不是一朝一夕能赶上或超越的，应该耐心巩固研究的基础。”实际上，无论是老师在1938年提交的毕业论文《清三通之研究》① 的文献考证，还是1940年撰写的硕士学位论文《清代则例及其与政法关系之研究》② 的制度史的研究，都是很质朴的内容。总之，老师的目标不是直接批判日本的研究，而是在学术水平上超越日本。

在中央民族学院（1993年改为大学），即使是在指导后辈的晚年，老师仍秉承不带任何政治色彩的去关注日本的研究，尤其是满族学的研究。据老师晚年的学生，即现任中央民族大学历史文化学院教授的赵令志回忆，老师对他言：“日本人研究清史比较早，日本学者的汉语水平很高，也非常重视满文文献，又以实证研究方法为主，所以清史、满学学者绝不能忽视他们的研究成果。”③ 细致的考证和重视实证是日本长期以来的研究特点，王老师对于日本的学风给予肯定的评价。当然，老师与日本学者也有过直接接触。1990年秋，老师来到日本，参加了由中见立夫教授（东京外国语大学亚洲、非洲语言文化研究所）举办的研讨会，还访问了内藤湖南的故居恭仁山庄。同时，加深了与已故的神田信夫教授（明治大学）的友谊，这一点从王老师执笔的“神田信夫教授古稀华诞寿辞”中可以看出来。

哈佛留学

王老师初期的研究带有浓厚的考据学风格，这一点经常出现在老师的留美轶闻中。战后不久，获得哈佛燕京学社奖学金的王老师，从1946年开始去哈佛大学留学。王老师原本的目的当然是取得博士学位。但是，据说老师根据自己的情况，虽然听了著名历史学家费正清（John King Fairbanks）教授的远东史等课程，但是由于不太感兴趣，索性就选修了拉丁语、日语、蒙古语等课程。那种着眼于社会构造、政治集团、经济体系等，以综合的、量化的方式进行的美式的研究方法比较符合老师的嗜好。然后，老师留学第二年提交的期末论文《万历年间的援朝战争》考

① 王锺翰《清三通之研究》，《史学年报》1939年，后改名《清三通纂修考》，收入《清史杂考》（人民出版社，1957年）。

② 后被收入《清史补考》（辽宁大学出版社，2004）。

③ 赵令志《做学问，莫图名》被《想念王锺翰》收入。

证学风格受到了某位教授的批判，关于此事争执不止的结果，是其在哈佛取得学位变得无望了。最终，在当时也在哈佛的洪煨莲教授的劝说下，老师于 1948 年回国了。

回国后老师在燕京大学教授了一段时间清史和明史，但是，中华人民共和国成立后，根据 1952 年的“院系调整”，燕京大学被编入清华、北大的时候，老师去了刚创办不久的中央民族学院任教。在那之后，除了反右和“文化大革命”的中断期，直到去世，老师一直在中央民族学院任职，培养了很多后辈。

二、业　绩

20 世纪 50 年代的活动

从哈佛留学归国至 1957 年被认定右派之前，王老师集中精力发表了重要的论文，作为一个锐意的研究者，在当时备受关注。这时，老师首先关注的是清朝政治史，特别是针对雍正帝即位前后的事情。取得的成果有 1949 年发表在《燕京学报》上的“清世宗夺嫡考实”① 和姊妹篇“胤禛西征纪实”②。这两篇论文中，针对孟森的旧说，即雍正的继位不是“夺嫡”，通过对各种史料进行严密的对比和分析，肯定了雍正的即位就是“夺嫡”的事实，引起了很大的反响，老师也因此名声大震。对老师而言，他认识到在清朝政治史的各种层面中，雍正时期是一个重要的转折点，在这种认识之下，他放弃了一直以来的考证学方向，就此把目光投向了对历史发展大局的把握上。至此，老师的研究以关注大命题为前提，设定系列小问题，在灵活运用考证方法的过程中引出大胆的结论，形成了新的风格。对于这种变化，虽然老师没有明说，但还是受到了留美经历的无形影响。对老师的观点，当时也有反对的，至今为止也未能形成定论。但是，老师对诸多史料进行细致阅读理解的过程，即使是现在，对清朝政治史的研究者来说，老师的论文也是必读的。另外，老师 1980 年以后，仍一直关注雍正帝即位的各种问题，还发表了“清圣祖遗诏考辨”③ 和“胤祯与抚远大将军王奏档”④ 等相关论文。

即便如此，当时日本的清史研究第一人宫崎市定教授，在 1947 年开始正式研读“雍正朱批谕旨”，并在此基础上，于 1950 年编写了《雍正帝——中国的独裁君主》一书⑤。当然，宫崎教授和王老师的角度不同，也不可能以此就认为他们互相

① 王锺翰《清世宗夺嫡考实》，《燕京学报》第 48 期，1949 年，后收入《清史杂考》。

② 王锺翰《胤祯西征纪实》，《燕京学报》第 49 期，1950 年，后收入《清史杂考》。

③ 王锺翰《清圣祖遗诏考辨》，《社会科学辑刊》1987 年第 2 期，后收入《清史新考》（辽宁大学出版社，1990 年）。

④ 王锺翰《胤祯与抚远大将军王奏档》，《历史研究》1993 年第 2 期，后收入《清史续考》（华世出版社，1993 年）。

⑤ 宫崎市定《雍正朱批谕旨解题及其史料价值》，《东洋史研究》第 15 卷第 4 号，1957 年。

知道彼此的存在，但是两者几乎在同一时期着眼于雍正帝，这一点不禁让人感觉王老师和日本的清史研究有着不可思议的联系。

中央民族学院经过调整后，以学校的教学方针为基础，王老师开始负责“满族史”研究。关于这件事，王老师感叹道：“以后就不能继续进行清史研究了”。我们能够奇妙地感觉到，即使现在的中国，把“清史”这样的断代史和“满族史”这样的民族史进行明确的领域划分的趋势越来越明显了。但是，王老师就满族史研究得出一个深刻认识，那就是清史和满族史是密不可分的，若不理解满族史，就不能对清史上的诸多问题有深刻的理解。就像“王锺翰先生的学术成就和地位‘代序’”中指出的那样，老师率先提出了近年美国提倡的“新清史”（New Qing History）的观点。在这种认识之下，老师相继发表了“满族在努尔哈赤时代的社会性质”①、“皇太极时代满族向封建制度的过渡”②。这些论文分析了入关前的土地所有制和生产关系，并指出：“努尔哈赤时满族社会基本上已进入奴隶制阶段，也可以看到已统治辽东平原的皇太极时期，一部分已进入封建制阶段。”机械地运用恩格斯的发展阶段论，在今天看来，这种方法受到了时代的强力制约，因此有再进行探讨的余地。但是，毫无疑问，弄清入关前后金（清）的社会和经济构造，即使在当今也仍是非常重要的课题，应该以老师在论文中提到的史料分析为基础，不断进行更深入的研究。另外，老师在同一时期发表的“达呼尔人出于索伦部考”③、“清初八旗蒙古考”④ 主要关注了狭义的满族以外的民族集团，其中也包含了老师后续研究满族的民族形成论的相关要点。

右派

在1957年开始的反右派斗争中，王老师被认定为右派，在中央民族学院的教师和研究职务也被迫停止。虽然直到现在老师被认定为右派的主要原因仍不明了，但据说是因为与同样被认定为右派的吴文藻教授关系密切所致，⑤ 顺便说一下，同样是在1957年，中华书局出版了王老师最初的论文集《清史杂考》，该论文集的出版虽然因老师的右派身份而费尽周折，但最终幸免于停版。“文化大革命”期间王老师也受到了批斗，曾被监禁在中央民族学院内的“牛棚”中。而且，直到文革结束的20世纪70年代末，近二十余年的时间里，禁止老师发表一切学术论文。但是，在这期间，老师的学术活动并未完全中断。1959年他还参加了辽宁省的少数民族社会史调查工作，这关系到60年代末的《中国历史地图集》（东北卷）的制作。1971年始在中华书局挂职，与罗尔纲、刘大年、孙毓棠、启功等人一起担任了

① 王锺翰《满族在努尔哈赤时代的社会性质》，《中国民族问题研究集刊》第5辑，1956年，后被收入《清史杂考》。

② 被收入《清史杂考》。

③ 被收入《清史杂考》。

④ 被收入《清史杂考》。

⑤ 姚念慈《情感、心里、命运——王锺翰师“甲丁日记”读后》，被收入《想念王锺翰》。

《清史稿》的点校工作。并且，从1976年左右始，独力进行《清史列传》（全80卷）的校对工作。像这样平淡的调查和史籍整理工作，虽然不是出于老师的本意，但从长远来看，对他以后的研究发展来说，我觉得并不只有负面影响。

从复职到晚年

王老师从1978年回到中央民族学院起至逝世前，一直集中精力撰写论文、评论以及序文，而且在很多的通史、概说、史料（集）的编纂中起了很重要的作用。因为涉及的内容较多，不能一一介绍，但从整体来看，主要的成就还是关于满族史和清朝史的交叉研究较多。例如老师复职后的第一篇论文“清代旗地性质初探”①，就是在1950年发表的入关前生产关系的论考基础上，从多个角度探讨了入关后一般旗地和庄园的存在形式，指出至乾隆年间，事实上关内大部分旗地推行地主佃户制。关于旗地问题，老师之后也发表了分析清朝前期买卖契约书的“康雍乾三朝满汉文京旗房地契约四种”②。另外，老师还在“释汗依阿玛”③中，依据满文史料分析了睿亲王多尔衮的“父皇摄政王”称号的意义，并认为顺治帝的生母孝庄文皇后再嫁多尔衮这一说法是有事实依据的。从精致的考证中引出大胆的结论，老师的这一学风经常表现在论文中。

但是，在这个时期老师的成就中影响最全面的是关于“满族”形成过程的一系列论考。构成这个框架的论文是1981年发表的“关于满族形成过程中的几个问题”④。在这篇论文中王老师把满族定义为以建州、海西女真为中心融合了汉族、蒙古族、朝鲜族等众多成分而形成的一个民族共同体，并指出汉军旗人和蒙古族人，基本上也是满族的成员。该文发表的1981年，恰逢政府印发了“关于恢复或改正民族成分处理原则的通知”，以此为契机，辽宁省为首的各地把民族逐渐变更为满族的人急剧增加，很多满族自治县又重新设立。虽然关于这些变动和老师的论文之间的关系还有待考证，无论如何，老师提出的满族的定义，表现了迄今为止满族的民族政策的基本思想，这一点是不容置疑。老师之后发表的“国语骑射与满族的发展”⑤、“清代八旗中的满汉民族成分问题”⑥中，探讨了八旗组织中起源不同的集团，在社会和文化的融合中形成满族的过程，巩固了自己的观点。另外，在《论袁崇焕与皇太极》⑦中提出，袁崇焕的子孙被编入八旗，成为满族成员之一等值得深思观点。

王老师关于满族以外的清朝民族、宗教政治，也发表了一些论考。在“雍正西

① 王锺翰《清代旗地性质初探》，《文史》第6辑，1957年，后收入《清史新考》。
② 王锺翰《康雍乾三朝满汉京旗房地契约四种》，《北方民族》创刊号，1988年，后收入《清史续考》。
③ 王锺翰《释汗依阿玛》，《满族研究》1987年第2期，后收入《清史新考》。
④ 王锺翰《关于满族形成中的几个问题》，《社会科学战线》1981年第5期，后收入《清史新考》。
⑤ 王锺翰《国语骑射与满族的发展》，《故宫博物院院刊》1982年第2期，后收入《清史新考》。
⑥ 王锺翰《清代八旗中的满汉民族成分问题》，《民族研究》1990年第3、4期，后收入《清史续考》。
⑦ 王锺翰《论袁崇焕与皇太极》，《社会科学战线》1985年第1期，后收入《清史新考》。

南改土归流始末”[①] 中评价道：“在清朝实施改土归流过程中，虽然可以看到很多对现地住民的残酷迫害，但从长远来看，强化了西南少数民族地区和内地的联系，促进了国家的安定和少数民族地区的经济和文化的发展。”另外，在“试论理藩院与蒙古”[②] 中指出，清朝对蒙古的统治政策一方面加强了皇室、满族贵族与蒙古贵族的相互联系，甚至分散蒙古人的势力，带来国家安定等积极一面的同时，也带来阻碍蒙古社会和经济发展的消极一面。

如以满族及其他诸民族相关研究的积累为背景，王老师担任了《中国民族史》[③] 一书的主编，该书有1000余页，超100万字。该书的构想是在1984年开办的国家民族事务委员会上提出来的，并由16名学者用了大约十年时间完成的，一部从先秦时代开始至中华人民共和国成立的通史。简言之，该书叙述的基本框架是描述多个民族经过反复的对立和交流，最终形成“中华民族”这一实体的过程。这不禁让人想到几乎是同一时期由费孝通教授发表的，至今仍给中国的民族理论很大影响的“中华民族多元化一体格局”[④]。费教授和王老师一样同属于中央民族学院，如果是从私交情深来看的话，《中国民族史》和“多元化一体格局”之间可以说有着密切的相互影响。（实际上，《中国民族史》的编者一栏的开头就有作为顾问的费教授的名字。）

对于“中华民族”论，可能有众多不同的评价，笔者本身对这个说法也有不解之处。但是，在2013年的学术研讨会的闭幕式上，听到了一个满族参会者边流泪边说道：“我自己在一篇文章中写努尔哈赤是满族的英雄，而王先生却说‘不是的，努尔哈赤难道不是中华民族的英雄吗？’我们满族是绝对不会忘记这份感激的。”辛亥革命以来，虽然满族已经和中国不可区分地结合在了一起，但对于在中国社会中经常遭人歧视的满族人来说，能够深刻地从“中华民族”一词中体会到它的积极影响和作用。

结论——王老师的学风和若干回想

王老师的论著中，有以单行本发行的论文集，也有不少像上述提到的以《中国民族史》为代表的，共同写作或编纂的概说和著作，但是却没有就特定课题进行归纳总结的专著，这很直观地表现了老师的学风和见识。近年，在中国，不仅是清史，还涉及中国史的各个时代和领域，每年都有大量的专著发表。其中，也有水平高、值得一读的，但另一方面，也有些书独创性内容极少，大部分内容只是对史实进行概括，这种没有实质性内容的著作也不少。老师之所以没有专著，除了作为学界泰斗非常繁忙之外，也是因为老师不屑于写些没有实质的概说。在老师的论文

① 王锺翰《雍正西南改土归流始末》，《文史》第10辑，1980年，后收入《清史新考》。

② 王锺翰《试论理藩院与蒙古》，《清史研究集》第3辑，1984年，后收入《清史新考》。

③ 王锺翰主编《中国民族史》，中国社会科学出版社，1994年

④ 费孝通等著《中华民族多元化一体格局》，中央民族学院出版社，1989。

中，没有呆板的叙述和无根据的论断，大多是在对史料进行细致的考证和批判的基础上引出大胆的结论。正如前文所提，这是融合了清代的传统考证学和欧美的论文风格，而且这也被认为接近日本学界最理想的形态。另外，不把满族史作为清史研究的边缘领域，而是作为理解清朝通史的不可或缺的要素来重视，这是王老师论文中最大的特点。老师的这种研究风格，被定宜庄、刘小萌、姚念慈、达力扎布、赵令志等很多深受老师熏陶的人良好地继承下来。

老师待人热情，这在其他了解老师的人的回忆录中有同样的叙述，老师即使对待我这样的留学生也是非常热情认真的。我留学时，老师住在中央民族学院西门外的职工宿舍，有时，若有事，老师会亲自骑着自行车来我住的留学生楼下。明明只要打个电话就可以，而当时已经70多岁的老师却专门过来，这令我非常不好意思。1988年夏，为了去东北地方的研究机构访问，我去老师家里拜托写推荐信，于是老师立马拿起毛笔，给我写了气派的竖写的介绍信。遗憾的是，老师的文章太典雅，笔者几乎看不懂，真是惭愧之极。

在留学结束后不久的1993年，再次去拜访老师的时候，老师恰好在校对自己的纪念论文集。我觉得让老师自己校对论文集的出版社有点过分，但老师却对我说，他想检查一下日本研究者寄来的稿件的汉译是否准确，我快速地做了数篇校对，大体校对完后，与老师面对面地探讨了其中的疑点。2000年8月，笔者又拜访了老师，刚从美国回国的老师乘兴和我谈了很多。其中有一段话是："虽然美国对中国的人权有诸多批判，但美国街头到处都是无家可归之人，在这种状况下，什么是人权?"如上文所提及，老师曾在哈佛留学，而且女儿王湘云也获得了哈佛大学的学位，并在加利福尼亚工科大学任职，可见，老师与美国有着密切的联系，但是老师并不赞同美国式的自由主义。老师平时极少谈论政治，但偶尔也会听到他在这方面的看法，每逢这样的谈话，笔者总是会被一些新鲜和意外的思想所打动。

（柳泽明，男，1961年生，日本早稻田大学文学学术院教授，主要研究清代八旗制度、清代蒙古史、清代中俄关系；陈岚，女，1980年生，历史学博士，赤峰学院副教授，赤峰：024000）

20世纪的“乾嘉学者”

——追怀老学长贾敬颜教授

陈得芝

胡适先生无疑是20世纪中国学术界最杰出代表之一，他在1920年问世的《〈水浒传〉考证》一开始便自称有点“考据癖”。考据学是乾嘉时代学术的代表性特征，其成果之丰厚足可称为我国学术史上的黄金时代。按乾嘉考据学的标准来衡量，胡适先生在考据方面的成绩却并不特别突出，实际上不能算是他作为学术大师的长项。20世纪上半叶，我国学术界既继承乾嘉考据学传统，同时吸收国外先进研究方法，学贯中西、精于考据的大师有王国维、陈寅恪等好几位。在他们的熏陶或影响下，一批20世纪初叶出生的学者（我辈的老师们）先后走上这条研究道路，成绩斐然，也进入了大师行列。贾敬颜先生出生虽较晚（1924年），但其治学途径可以说是静安先生的“复制品”，尤其是他在文献考释方面的贡献，足可媲美乾嘉考据学大师。

我认识贾先生是在《中国历史地图集》的编绘工作中。1963年，时称“重编改绘杨守敬《历代舆地图》委员会”邀请在边疆民族史地研究方面有特长的几个单位参加由谭其骧先生主持的编绘工作，中央民族学院历史系承担东北地区历代图幅的编绘，南京大学元史研究室承担的是北方（蒙古高原）地区。1964、1965、1966三年，各边疆图组都集中一段时间在北京讨论编绘方案，汇报各自的工作进展和问题。贾先生是东北图组成员，给我的第一个印象是他虽仅四十岁出头，却颇有“老夫子”的风韵，嘴含大烟斗，说话有板有眼，满口京腔。接触不久后我就知道，他的知识结构与给人“老夫子”（此号一般被用于指保守者）印象的外表大异，不仅国学根底深厚，且通晓满蒙文及多种外文（先生毕业于北平中法大学，通晓法文），对国外相关领域研究情况十分熟悉，如日本学者研究我国东北地区的论著以及伯希和的蒙古文献研究等。我当研究生时学过一年多法文，正半生不熟地阅读伯希和极精细但也极繁琐的《圣武亲征录》译注，编写《元朝史》和编绘辽金元时期蒙古地区历史地图时常引用他的考证。承贾先生抬举，视我为学术上的同道，竟以他“呵冻挥汗，不避寒暑”多年的成果——自署书名的刻写油印本《圣武亲征录斠注》（1955年）相赠。他在卷首“缀言”中指出，此书与波斯人剌失德丁

《史集》记太祖、太宗两朝事迹，颇多类似，“以之方车，并驾齐驱，同一辙轨，固不止于箱轮鸾辔之仿佛也”，“两者源流既同，其皆滥觞于秘府之金册乎？”这段话虽托称“说者”之言，实乃先生自己研究所得，确切无疑。所指“金册”当即元廷颁给伊利汗的“金书脱卜赤颜”。贾先生的校本“以向未刊刻，故不为世人所知”之乾隆四十三年郑杰校本（所据系四库馆藏汪启淑呈进本）为底本，“参次取校诸本计十八种”，包括贾先生自己所得之陈毅藏本以及王国维、那珂通世、伯希和的校译注释本（Histoire des Campagnes de Gengis Khan，未完成遗稿）并利用波斯人剌失德丁的《史集》等域外史料以相参校。我以往所读是最易得的王国维《蒙古史料四种》校注本并参阅伯希和的译注，收到贾先生签名惠赠此书，如获至宝，对照静安先生校本细读，见每有补正、商订之处，含引述伯希和的注释，颇多为静安先生所未及者（伯氏此书系其高足韩伯诗整理，出版于1951年），益证学术之与时俱进，无有止境，后学应以贾先生“呵冻挥汗，不避寒暑”的攻坚精神为榜样，力争超越前辈。近年我应邀到韩国参加学术会议，韩国友人著名蒙元史专家金浩东教授特意托朋友让我将贾先生此书复印一册供他参考，足见这部仅以油印本流传的书稿，早已引起国外蒙元史研究名家的重视。

历史地图编绘工作中，我和贾先生的学术交往十分紧密，因为我承担的辽金元时期蒙古地区图幅中，有一大块是和东北图组连接的，如辽上京、中京，金临潢路、北京路，许多问题需要一起研究讨论。我们又同时注意利用宋人出使辽、金的行程记资料，考证其路程所经山川和馆驿位置。1974年在北京审图会议期间，组织者安排我们到承德考察并举行研讨会，会议和住宿地点竟选在清热河行宫内。这样的待遇大概是因我们做的边疆图幅与当时众所关注的边界问题有关，应该到那里参观并体会乾隆隆重接见从俄罗斯回归祖国的土尔扈特部首领，并御制碑文褒奖的历史意义（据说此次承德会议系按外交部韩念龙副部长指示举行的）。从北京到承德，一路所经大体是宋人出使辽朝经行的路线，贾先生知道我也读过几种宋人使辽行程录和傅乐焕先生的文章，于是谈论甚欢，特别是参观承德郊外的磬锤峰（应即《水经注》濡水条所载安州境之“石挺”）和“会仙石”，想象当年宋朝使节在其旁盘坐会饮的情景，有幸我们所考地名的方位大体相符，不胜其乐，并在磬锤峰下合影留念。

1978年我奉派到加拿大讲学，拟了十几个专题（唐宋元为主）。出国前先到北京学习有关外事纪律一个月，这期间向贾老学长请教了许多问题，得到他的热心帮助和鼓励，还承他盛宴饯行，视为知交。1979年中国蒙古史学会和中亚文化研究会相继成立，我们都被选为理事，并共同参加翁先生主持的《蒙古史稿》讨论会，交往更密切。1980年元史研究会成立，而此前几天我在校内遭车祸，左腿骨折，卧床不起者数月。贾老学长得悉后来信告诉我，他认识治骨折的名医，邀请我到北京治疗，一切由他安排。我知道贾先生出身名医世家，请的医生绝对一流，只是我的腿伤不算很重，吊床三月就基本痊愈，就不去麻烦老学长了，而他的亲切关怀则一直铭记在心。

拜读贾先生的《圣武亲征录校【注】本》以及研究辽金时期蒙古诸部、乣军问题、蒙元探马赤军等方面的论文，深深佩服他掌握史料广博，分析精细，见解独到，在蒙元史方面同样有很高成就，其功底之深厚扎实，是我企慕而达不到的。而他为人之忠厚，对后学之热诚，更是我学习的榜样。历史地图工作告一段落，贾先生就着手与陆峻岭先生合作做元史学界以及文学史学者盼望已久的《全元诗》编纂。他把主要精力投入此项工作（按现今时髦应列为大工程，但当时却没有什么“专项经费”）。这两位年逾耳顺的老学者不计报酬，经常跑各图书馆或遍访藏书之家，艰苦搜集，埋头考辨，全力以赴。为此贾先生暂停撰写已有深厚积累的专题论文，也没有分心筹划业已完成的多部宋金人北疆行记疏证稿的出版事宜（我收到他赠送的其中三部刻写油印本）。正当学界听说《全元诗》的编辑进展顺利，期盼早日完工的时刻，却传来贾老学长因劳累过度激发心脏病突然逝世（1990 年 1 月）的消息。当时我正忙于白寿彝先生主编的多卷本《通史》元代卷的编撰，编写组人员在南京开会集中审稿，无法赶赴北京吊唁，只能将对老学长的万分崇敬感激之心以及对他过早仙逝的无限痛惜写成一副挽联：“遗篇必列名山宝，德业当传众口碑”，急件寄去。不久我就收到先生公子寄来他的新刊著作《民族文化历史萃要》（1990 年七月版），扉页上写着“遵父命寄赠”，可知遗命赠书或是在弥留之际，足见他对后学的关爱之深，感人肺腑。所幸他生前已经将其北疆史地文献考释作了汇集，在他仙逝后终于以亲定《五代宋金元人边疆行纪十三种疏证稿》书名，由中华书局出版（他的挚友前辈王钟翰先生为此书所作序文署为“一九九一年四月”，如此学问扎实水平极高的著作，不知何故拖延到 2004 年才出版）。

恭读此书，令人首先就联想到王国维晚年的《蒙韃备录笺证》、《黑韃事略笺证》、《长春真人西游记校注》以及《古行记四种校录》等研究边疆史地文献的著作。贾先生此书收录五代胡峤《陷虏记》（峤为契丹贵戚领汉军侍卫萧翰之书记，记公元 947 年至 953 年在契丹【辽】境之见闻），宋路振《乘轺录》（真宗大中祥符元年十二月至次年正月【公元 1009 年 1—2 月】充契丹国主生辰使，记过白沟，经幽州【即燕京】，出虎北口【即古北口】，至中京之行程及见闻），王曾《上契丹事》（大中祥符六年【1013 年】出使，行程与路振同），薛映《辽中境界》（大中祥符九年【1016 年】充契丹国主生辰使，记中京至上京行程，并及上京西北二百多里之凉淀），宋绶《契丹风俗》（天禧四年【1020 年】出使契丹，记从中京至木叶山【今西拉木伦河—老哈河会流处一带地区】之行程及契丹制度、风俗），沈括《熙宁使契丹图抄》（仅存于《永乐大典》卷 10877“虏”字下，作《熙宁使虏图抄》，《宋史·沈括传》作《使契丹图抄》。记宋神宗熙宁八年【1075 年】充国信使为代北地界争议事使辽。详记过白沟，经幽州，出古北口，行经九驿，至中京；从中京北行经七驿，过潢河【西拉木伦河】石桥，复北行六驿【中经庆州】，转西北二十里至犊儿山麓“单于庭”。所历行程最远，记载山川地理风物制度最为详明），金王寂《辽东行部记》（明昌元年【1190】以提点辽东刑狱职巡行辽东诸郡县纪行）、《鸭江行部记》（明昌二年行部鸭绿江纪行，仅存自辽阳至新市【今辽宁普兰店市】一段），宋《许亢宗行程录》（宣和七年【1125 年】使金，记过白沟后出榆关，经辽西诸城，渡辽过沈州，复东北行抵金上京之沿途地理风土人情和史事），元王恽之开平纪行，张德辉赴忽必烈召之漠北纪行，周伯琦之扈从上都纪行。贾先生独具慧眼，把这十三种辽金元最有价值的东北和北方行记收在一起，引据多种历史地理文献相互参证，创获甚丰。此书当之无愧是研究辽宋金元北方地区史地最有用、最方便的必读文献，足可媲美静安先生晚年的蒙元文献校注。

说到这里，不禁要发几句感慨。近年学术著作的出版极旺盛，且有不少多卷本巨著耀眼登场，不过究竟有多少是贾先生此书这样可供学人放在案头时常参阅者，却颇可疑。这令人更怀念这位丝毫不在乎名利，一辈子沉心书卷，探求真谛的学者。学术进步就是这样的学人辛勤踏实的劳作积累而成。

（陈得芝，男，1933 年生，南京大学历史学教授，南京：210009）

1930年以来的灭乞里（乜克力）部研究综述

李文颖

灭乞里，也被写为麦克零、乜克力，是对部族名 Mekri ~ Mekrin ~ Mekrit 部的汉字音写。此部是活跃于哈密北山一带具有悠久历史的游牧部族，汉文、波斯文等多种史料皆有记载，受到中外学者的长期关注。和田清、司律思、珠荣嘎、Thomas Allsen 和特木勒等学者先后对 Mekrin 部进行了专门研究，其他学者在明蒙关系研究论作中也多有论及。这些研究将 Mekrin 部的来源、族属以及发展线索进行研究和探讨，使学界对 Mekrin 部的了解不断深入，因此对其现有成果的梳理很有必要。

一、和田清的开启之功

日本学者和田清发表于1930年的《乜克力考》①，是关于 Mekrin 部研究的名篇，也可以说是 Mekrin 部研究的首篇专题论文。和田清在明代蒙古史研究领域成果丰硕，他是因乩加思兰而关注 Mekrin 部的。乩加思兰一度称霸蒙古政坛，闻名于蒙古史和明蒙关系史，而《平番始末》中关于此人有这样的记载："野乜克力原系北虏乩加思兰暨亦思马因遗落部种。"因此，这个遗落部种即 Mekrin 部引起了学者的兴趣。

和田清首先解答了"乜"字的发音问题，这关系到 Mekrin 部与史料的勾连。和田清根据《辞源》、《康熙字典》对"乜"字的解释和音写，结合布列茨施奈德尔《中世纪史研究》对此部族的注音，确定"乜"字的读音应为"Mie"。汉文史料中，Mekrin 这一读音，除"乜克力"外，还有"灭乞里"、"麦克零"、"磨可里"等多种写法。从读音上看这几个名称很可能具有同一内涵，即所指皆 Mekrin 部，但事实是否如此，还需要史料之间的关联来解答。《乜克力考》一文，通过对记载事件的考察，结合各名称对应的地理位置，将《明实录》中的"麦克零"、《元史》中的"灭乞里"、《北使记》中的"磨可里"、《契丹国志》中的"鳖古里"

---

① 日文原文最初发表在《桑原博士还历纪念东洋史论丛》，后来收录到和田清《东洋史研究（蒙古篇）》，东京：东洋文库刊，1959年。由潘世宪汉译为《明代蒙古史论集》，商务印书馆1984年。

以及《唐会要》和《资治通鉴》中的“墨离军”联系起来。[①] 非汉文史料则主要提到布列茨施奈德尔《中世纪史研究》中的Mekrins、多桑《蒙古史》中的Mekrines。和田清认为，以上两种拼法，包括哀德曼译著中的Mekrid，依据都是拉施特的《史集》，《史集·部族志》中有Bekrin部族的专节介绍。此外，和田清认为突厥阙特勤碑文中的Bökli部族指的是墨离部，也可以与乜克力部联系起来。[②]

和田清在将Mekrin部与史料中的名称对应时，活动地域是一个主要的依据。史料记载中，有多处直接记载Mekrin位置或通过相邻部族间接介绍Mekrin地域范围的条目。如明史卷三三〇“……野乜克力居哈密东北，仅二日程。”，同卷《赤斤蒙古卫传》“（成化）十九年邻番野乜克力来侵……”等。这些记载都可以帮助确定Mekrin部的大体位置在甘肃边外至哈密北山一带。由此，和田清认为，“明中叶出现的北虏别种乜克力部族，至少是从唐初以来就相当常见的部族，尔后近千年间，尽管经过突厥、回纥、辽、金、元各代的变迁，仍继续保持天山东北端的山地，而繁衍起来。”[③] 接着，他分析了Mekrin部如此强韧的原因，认为主要得益于哈密北山一带自然形势特殊的天惠。即东方蒙古和中国势力容易达到的最西端，地势险峻，容易存在并保持独立势力。

和田清的一个重要贡献，是论证并厘清了灭乞里（Mekrid）、篾儿乞（Merkid）和克烈（Kereid）是三个不同的部族。和田清注意到，多桑的《蒙古史》、布列茨施奈德尔的《中世纪史研究》、及哀德曼根据《史集·部族志》所作德译文本《古代突厥、鞑靼和蒙古诸民族概况》中，对以上三个部族都是相区分的。《史集·部族志》中除了记录篾儿乞、乃蛮、康里、畏兀儿、哈剌鲁等部外，将B（a）krīn（汉译本作别克邻）作为诸部族之一进行了专门介绍。现将汉译本文字摘录如下：“他们又称蔑克邻｛M（a）krīn｝，他们的地方在畏兀儿斯坦的险峻山岭中。他们既非蒙古人，又不是畏兀儿人。因为他们安家于山岭特别多的地区，所以他们惯于走山路，他们全都擅长攀登崖壁。（这个部落）总共有一个千户。他们归顺了成吉思汗并（向他）称臣，他们的官长则仕奉于成吉思汗……”。[④] 乌古孙仲端口述、刘祁记录的《北使记》中记载：“历城百余，皆非汉名，访其人云，有磨里奚、磨可里、纥里迄斯、乃蛮、航里、瑰古、途马、合鲁诸番族居焉。”布列茨施奈德尔在《中世纪史研究》中参考多桑《蒙古史》“这些名字都可以与《史集》所记成吉思汗时代蒙古和中亚的部族名相勘同”的观点，判断磨里奚就是Merkits，磨可里是Mekrins。[⑤] 和田清参考了布氏著作，对其磨可里即Mekrins的观点表示赞同。和田清似乎没有注意到王国维的《古行纪四种校录》，王国维在此书中考订：“磨里奚、

① 和田清，《明代蒙古史论集》，商务印书馆，1984.6，第674—682页。

② 和田清，《明代蒙古史论集》，商务印书馆，1984.6，第674—682页。

③ 和田清，《明代蒙古史论集》，商务印书馆，1984.6，第681页。

④ 拉施特，余大钧、周建奇译，《史集》，商务印书馆，1983.1，第244—245页。

⑤ 和田清，《明代蒙古史论集》，商务印书馆，1984.6，第674—682页。

磨可里即《秘史》之篾儿乞、客列亦惕也；航里即康里；瑰古即畏吾儿；途马即秃马惕；合鲁即葛逻禄也。”[①] 他指出磨里奚是篾儿乞，这当然是对的，但是他考订磨可里就是客列亦惕（克烈）部，错了。和田清写作《乜克力考》说，将 Mekrit 比勘为 Merkit 是“D'Avezac 以来的西方学者的误解。诚然，要把从唐代至明代一直保持在天山东端哈密北山一带的 Mekrin 部，说成是雄踞漠北中心的篾儿乞或克烈部，难以成立。

此外，笔者注意到《西域地名》有 Merkits 条：“《黑鞑事略》作蔑里乞，《亲征录》亦作蔑里乞。又作蔑儿乞、蔑力乞、灭里乞，《辽史》作梅里急、密儿纪，《元秘史》作篾儿乞，《元史》有《太祖本纪》蔑里乞、《忙哥撒儿传》蔑里吉，《伯颜传》蔑儿吉䚟，又作默而吉，《博尔朮传》篾里期，《木华黎传》篾里吉，《速不台传》灭里吉，《牙忽都传》灭儿乞，《术赤台传》灭儿吉台，《世祖本纪》、《脱力世官传》灭乞里等异译，《辍耕录》作灭里乞歹、灭里乞、木里乞、末里乞歹等异译。为蒙古系部族之一，游牧于薛凉河流域一带。”[②] 此条搜罗甚广，列举了《圣武亲征录》、《辽史》、《秘史》、《元史》等多种史料关于 Merkit（d）部族记载的不同音写。但遗憾的是，其中《世祖本纪》、《脱力世官传》中记录的灭乞里是 Merkit 异译的看法，作者显然是混淆了 Merkit 与 Mekrit 两个原本不同的部族，误将灭乞里等同于蔑儿乞。书后的汉名索引也将“灭乞里 Mekrits”指向了 Merkits。“《西域地名》原是冯承钧先生在 1930 年编的一部小型历史地名词典”[③]，其成书时间与和田清文章发表在同一年，显然未能读到和田清论文，陆峻岭先生在此书 1980 年增订再版时也未能订正失误。

除以上关于乜克力或灭乞里部早期历史的考察，和田清还发掘出数条宝贵资料。《唐会要》卷七十八《河西节度使》记：“墨离军本是月氏旧国，武德初置军焉。”《资治通鉴》卷二一五《唐纪》天宝元年春正月壬子条记：“墨离军本月氏国，在瓜州西北千里，管兵五千人”云，和田清发现这些汉文史料，并指出这个出自“月氏旧国”的“墨离军”也就是古突厥阙特勤碑所记的 Bökli，就是这个《史集》所记 Mekrin/Bekrin 部的前身。和田清还援引羽田亨博士的观点说：“把墨离军这个名称，看做和后来的乜克力有关，并不是牵强附会的想法。”另外，和田清还发现《明实录》宣德五年春正月庚戌条记“陕西守将言，麦克零部属今居亦集乃，迁徙无时，恐为边患。上命遗（遣）人招谕，如其来归，即与官赏，择善地处之。”和田清最早发掘出明初的这条史料，认为麦克零（Mekrin）部就是灭乞里部。Mekrin（麦克零）和 Mekri（灭乞里），由于词尾 n 音不固定，译音用字不同，这样的考订是合理的。

---

① 王国维，《王国维遗书》第 13 册《古行纪四种校录》，上海古籍书店，1983.9，第 7 页。

② 冯承钧、陆峻岭，《西域地名》增订本，中华书局，1980.2，第 64—65 页。

③ 冯承钧、陆峻岭，《西域地名》增订本，中华书局，1980.2，前言。

二、司律思的发现

司律思（Henry H. Serruys）神父于1963年在《华裔学志》上发表了名为《野也克力史札记》[①] 的文章，应是西文学界有关Mekrin部的首篇专题论文。他在写作此文时，注意到了和田清的研究，并在此基础上进行了自己的贡献。

对于Mekrin在非汉文史料的拼写，司律思作了进一步的解释。Mekrin在非汉文史料中有Bekrin、Mekrin、Mekrid等多种写法。司律思指出，末尾的“n”或“d”，都可以表示蒙古语的复数形式；而起首的“b”或“m”，在蒙古语中通常可以互换。因此Mekrin、Bekrin、Mekrid所指为同一部族，是可以成立的。[②]

司律思在《野也克力札记》一文开篇，引用卡尔平尼所记文字，将Mecrit作为蒙古四个主要部族之一列出。“一个部落是也可蒙古（Yekamongol），其义为大蒙古；第二个部落是速蒙古（Su－Mongol），即水蒙古，但是这个部落的人自称为鞑靼，这是从流经他们领土的一条名为Tartar的河流而得名的；第三个部落称为蔑儿乞惕（Merkit）；第四个部落是蔑克里惕（Mecrit）。所有这些部落的人民在容貌上是相同的，并且使用同一种语言，虽然他们各自分立，拥有各自的领土和统治者。”[③] 同书另外一处，作者又将Merkits和Mecrits分别列举。司律思指出，卡尔平尼一再审慎地区别Merkid和Mekrid，两者显然是不同的部族。而美国的柔克义（W. W. Rockhill）却试图勉强将蔑儿乞勘同为灭乞里，这一点不能成立。除质疑和订正柔克义以来西方学者对于两部族名的混同，他还补充叙述了1948年伯希和遗著《〈明史〉中的火者和写亦虎仙》的观点——明代汉籍所记“（野）也克力就是古老的突厥部落Mäkri或Bäkri。”[④] 司律思文章援引伯氏观点，并表示同意，这似乎是和田清论文没有注意到的。根据《明太祖实录》的记录，明朝于洪武四年在河州一带建立灭乞军、蒙古军和招藏军。1955年司律思神父发表《明代甘肃的蒙古人》的时候将洪武四年（1371）设立于河州的灭乞军理解为Merkit Army（篾儿乞军）。后来受到和田清文章的启发，他推测“灭乞军”之“灭乞”更有可能是Mekrit的音写。如果这个推测能够成立，那么明初在河州的军队中就有可能存在灭乞里人组成的军队。另外，胡小鹏曾经在《南村辍耕录》的《黄河源图》中发现“灭乞里站”，他说此站“标在今甘南一带，灭乞里站当以灭乞里部落置。”[⑤]

---

① Henry Serruys, “A Note on the ‘Wild Mekrid’”, Monumenta Serica, Vol. 22, No. 2 (1963), pp. 434－445.

② Henry Serruys, “A Note on the ‘Wild Mekrid’”, Monumenta Serica, Vol. 22, No. 2 (1963), pp. 436.

③ Henry Serruys, “A Note on the ‘Wild Mekrid’”, Monumenta Serica, Vol. 22, No. 2 (1963), pp. 434.

④ Paul Pelliot,” Le Hôja et le Sayyid Husain de l’Histoire des Ming,” T’oung Pao 38 (1948), pp. 133－134.

⑤ 胡小鹏《元代对脱思麻地区的经营》，载《元代西北历史与民族研究》第121页。甘肃文化出版社，1999年。

Mekrin 部在《明实录》成化十年（1474）春正月到弘治十年（1497）十一月的近 24 年的记录中密集出现，多数情况下写为乜克力、野乜克力或者野乜乞里。弘治八年（1495）时，《明实录》有关乜克力部的记录已近尾声。这一年六月甲寅，《明实录》记："北虏野乜克力之地，其首长曰亦剌思王；曰满哥王；曰亦不剌因王，各遣其头目川哥儿等三十四人款肃州塞，言为迤北大达子劫杀，欲避之近边住牧，恐中国不信，乞容入贡及互市。甘肃镇巡等官太监陆訚、都督刘宁、都御史许进会奏谓，彼以善意来而拒之，恐生别患，请许之"云。这段材料后来也收录在《明史》卷 182《马文升传》。司律思文章的独到贡献是从《拉失德史》中发现相关史料，并与《明实录》弘治八年的记录相比勘。《拉失德史》有相关记录：

此时也先太师（Isán Táishi）之子阿马桑赤太师（Amásánji Táishi）来到蒙兀儿斯坦。先是，也先太师把歪思汗（Veis Khán）之妹马黑秃木哈尼木（Makhtum Khánim）许配给了阿马桑赤太师为妻，歪思汗也因此得以活命。哈尼木为阿马桑赤生了二子一女。当歪思汗献出自己妹妹时，强使妹夫皈依伊斯兰教，婚礼按伊斯兰教仪式举行，这位哈尼木使得她的臣属全部作了穆斯林，她给自己的儿子取名叫亦不剌欣王（Ibráhim Ung）和亦里牙思（Ilás Ung）。……这两个人同喀耳木克汗（Khán of the Kálmáks）发生了冲突，因而带着一万人逃入契丹（明朝）。

伯希和在《〈明史〉所记火者和写亦虎仙》是作为遗稿在他去世以后在 1948 年发表的，他提到上引汉文史料，却没有引用波斯文史料；而在他另外一部遗着《卡尔梅克史评注》中，征引《拉失德史》的史料，却未提及汉文史料。司律思神父将这两条史料联系在一起，综合考察。他推断阿马桑赤太师就是瓦剌也先之子阿失帖木儿，他综合汉文和波斯文史料，考证说，亦不剌欣王就是亦不剌因王，亦里牙思王就是亦剌思王。弘治八年乜克力人在阿失帖木儿两个儿子带领下投奔明朝。那么，乜克力和瓦剌又是什么关系？司律思认为，乜克力人应该在此前不久已被瓦剌人吞并了。至于与亦剌思王和亦不剌因王同时投奔明朝的满哥王，司神父认为是错误的记载。他只是另外两王的家臣或随从而已。金峰先生则"据托忒蒙古文献记载"，认为"满可王是贤义王太平的曾孙。"但是，他并未注明出处。①

三、珠荣嘎重释"野乜克力"

珠荣嘎《"野乜克力"释——兼与和田清博士的 Mekrin 说商榷》② 一文，主要针对 Mekrin 的读音问题。珠荣嘎认为和田清读作 Mekrin 的观点难以成立，与蒙古史籍中该部的蒙古语名称相去甚远。文中，珠荣嘎指出，首先，和田清在引用康熙

① 金峰，《论四卫拉特联盟》，《西北民族研究》，1989 年第 2 期。

② 珠荣嘎，《'野乜克力'释：兼与和田清博士的 Mekrin 说商榷》，《内蒙古社会科学》，1981 年第 5 期。

字典等对“乜”字注音和解释时，忽略了作为姓时的读音，并列举出“乜”字在汉籍中其他的用法，认为读“nie”更合理。其次，他考察了 Mekrin 部在蒙古史籍中的讲法。乩加思兰、亦思马因和亦不剌先后为该部首领，而《蒙古源流》、《蒙古源流笺证》等蒙古史籍对乩加思兰等人所属部名的记载主要有斡亦喇特、永谢布和斡亦古特三种。其中，他认为斡亦古特即他们原属部野乜克力的蒙古语名称。史料中的“野乜克力”，“野”不是乜克力的定语，而是蒙文“e”的注音字。通过蒙古语语言规则和“乜”字在汉籍中的其他用法，将此部音写为 Enieker。

可以说，和田清对 Mekrin 的考察，综合了中西方史料，而且并不是孤立地从读音的相近下结论。Mekrin 读音的确定可以说有史料上事件的和地域的证据作支撑，在将“乜克力”、“灭乞里”等不同写法相联系时，也充分考虑了所见史料在常驻地域和相邻部族交往等方面的合理性。相比较之下，珠荣嘎的 Enieker 说，虽然在蒙古语音写规则上没有问题，考察蒙古史籍部名的思路也是合理的，但没有与汉文史籍以及《史集》等外文史料结合起来考察。在确定 Mekrin 部名称语言来源的基础上，做“名从主人”的考察才能更有说服力。尽管结论有待商榷，珠荣嘎的研究仍然为我们提供了一个很好的思路。

四、艾尔森对 Mekrin 西迁支部的考察

美国学者艾尔森（Thomas T. Allsen）在《蒙古欧亚大陆的人口迁移》[①] 中，也谈及 Mekrin 部，但他关注的主要是随旭烈兀迁到伊利汗国的部分及此后该部在西亚地区的活动。因涉及 Mekrin 部的篇幅不长，试全文翻译如下：

“（蒙古）帝国动员其他种族群体，这些人是从东亚招募来的新成员，而派往西亚从事一些特别的服务。Bekrin 部或称 Mekrin 部，是能说明蒙古人富有洞察力的一个很好的例证——这些隶属于蒙古的人口，即使是数量很小或者分散孤立的，也因他们的技能和军事上的潜力各尽所用。Bekrin 部的族属尚不能明确，但可以知道的是，他们居住在畏兀尔斯坦的群山地区，并以善于攀援崖壁而闻名。在归顺成吉思汗之后，他们被编为一个千户。这个部族中一部分人在 13 世纪 50 年代随旭烈兀西征，并在伊利汗国统治领域发挥“山区信使”的职能。我们再一次见到 Bekrin 部的相关记载是在旭烈兀之子阿八哈统治时期（1265—1281），他们仍因登山技能受到看重并组成一支分遣队，被派往位于摩苏尔（Mosul）东面的山区国家 Irbil，以确保该地区免受库尔德掠夺者的侵扰。1290 年，蒙古帝国军队在这两百人分遣队（叙利亚史料称他们为 qayajye 而被 Bar Hebraeus 认为是基督徒）的陪同下，在 Irbil

① Thomas T. Allsen，“Population Movements in Mongol Eurasia”，Reuven Amitai and MichalBiran，Nomads as Agents of Cultural Change：The Mongols and Their Eurasian Predecessors，Honolulu：University of Hawaii Press，2014，pp. 123.

地区与库尔德人发生冲突。随后，当1297年该地区基督徒和穆斯林之间大规模冲突爆发时，Bekrin部也大部分卷入其中。这些群体间的紧张关系一直持续到1310年，并最终由穆斯林占据上风，绝大多数攀崖者被杀害，部族中的妇女被瓜分。然而，这并未招致Bekrin部在西方的灭绝，因为14世纪末，在帖木儿帝国的军事行动期间，他们在格鲁吉亚山区遭遇了另一支由这些攀崖者组成的群体（即Bekrin部人）。”

艾尔森将Bekrin部即Mekrin部随同西征的这部分人口至14世纪末的活动情形大致介绍清楚——他们活跃于数次重要的军事行动中，受到重创后仍顽强保持了下来，且于14世纪末在格鲁吉亚地区被发现并记录。

另外，艾尔森还提到了另一个专门技术群体，即炮兵。他们由北中国技工家庭中招募，这些家庭是被识别并记录在人口簿中的，正常情况下，这种识别和职业分配是永久性的，极少发生改变。① 这说的是元代的户籍分类管理，即“诸色户计”。Mekrin部也应当不能例外。

五、近年来的新进展

特木勒的近作，发表在《民族研究》2015年第一期的《元明时期Mekrin部史事考》② 一文，不仅梳理了前人对Mekrin部研究所作的主要贡献，更在元明时代西北蒙古诸王世系成果基础上，利用《经世大典·站赤》和《明宪宗实录》等汉文史料，对Mekrin部在元明时代的情况做了进一步的考证，使Mekrin部在元明时期的情况明晰起来。

特木勒指出，Mekrin部在哈密东至亦集乃地方游牧，而这些地方在元代属于西北诸王领地。他从《经世大典·站赤》中发现一条材料，中有“四枝灭吉怜”的记载，涉及Mekrin部信息。

> “是月，中书省奏，近者议将元佥站户发遣答失城当站，数内有四枝灭吉怜民，或称属阿八赤、昔宝赤，因以避役者。据诸王喃忽里来文称，当时百姓众多，故充阿八赤、昔宝赤。今百姓数少，合令当站。此议诚然。又灭吉怜民有散居各处者，宜从彼省与喃忽里差人收聚，悉令当站，奉圣旨准。”③

① Thomas T. Allsen, “Population Movements in Mongol Eurasia”, Reuven Amitai and MichalBiran, Nomads as Agents of Cultural Change: The Mongols and Their Eurasian Predecessors, Honolulu: University of Hawaii Press, 2014, pp. 123.

② 特木勒，《元明时期Mekrin部史事考》，《民族研究》，2015年第1期。

③ 《永乐大典》卷19421，第8册，第7231页，中华书局影印本，1986年。转引自特木勒，《元明时期Mekrin部史事考》，《民族研究》，2015年第1期。

他考证，“诸王喃忽里”及作者所引另一条材料中的“诸王纳忽里”，用字稍有不同，但毫无疑问是指同一个人。特木勒参考杉山正明《贵显世系》研究，认为正是那木忽里，豳王出伯之子。材料中的“答失城”即塔失城，位于哈密以东。结合以上考证，他得出，“灭吉怜”同“乜克力”、“灭乞里”、“麦克零”等一样，是Mekrin部另一种形式的汉字音写。通过所引用的材料，也可以看出，Mekrin部的一批人被元朝政府佥发为站户，在元朝塔失城充当站赤。

特木勒的另一重要贡献，是首次将“乜克力”和“野乜克力”的区别弄清楚。这是由于“成化九年（1473）土鲁番攻占哈密，作为出伯系后王的哈密王被俘，他的属民Mekrin部的一部分投奔明朝，接受安置，被称为‘乜克力’，而流落在明朝境外，没有接受明朝安置的Mekrin人被称为‘野乜克力’。”①

此前学者在谈到明代文献中的乜克力和野乜克力时，有两种主要看法，一是以和田清和司律思为代表，将野作为乜克力的定语理解，野具有“野蛮的”、“未开化的”含义，英语中译为“Wild Mekrin”；另一种主要是珠荣嘎的观点，认为“野”不是修饰“乜克力”的定语，而是和“乜先”的“乜”一样，是蒙文“e”的注音字。“野乜克力”一名，布列茨施奈德尔最早将其英译为“Wild Me - k'o - li”，和田清十分认同布氏的推测，认为就是“野人乜克力”的意思。司律思也将“野”作为乜克力的修饰语理解，并将其与“other barbarian tribes”并提。② 李文君在《明代蒙古右翼三万户中的畏兀慎部》一文中，则认为：“因‘乜克力部’虽然不时向明朝贡，但不像它的近邻哈密那样和明朝关系密切，在明朝人看来，终属‘化外’之邦，故在汉藉的记载里，在‘乜克力’前面加一‘野’字，用春秋笔法表示来表示对‘乜克力’的蔑视。”③ 但是，珠荣嘎的观点促使我们思考，这个部族名字究竟是乜克力还是野乜克力，如果照“野”只是“e”的注音字理解，则所指为同一人群，没有任何分别，那么为什么同一朝时限相近的史料中，会产生译字的不统一。可以看到，无论上述哪种观点，都未能对“乜克力”和“野乜克力”之间的区别做出明确且令人信服的解答。

特木勒将《明宪宗实录》中的两条史料结合考察，发现成化十年率众归附明朝的哈密头目脱脱不花，是乜克力部首领。脱脱不花率领的这部分部众，被明朝称为“乜克力”。而“野乜克力”首次在《明实录》中出现，是在成化二十年，他们同样是“哈密部落”，但在哈密被攻陷的时候逃奔到了甘肃境外。非但没有接受明朝的招抚，反而“冥顽不服”、“屡略镇番”，因此被明朝人称为“野乜克力”。④ 通过

① 特木勒，《元明时期Mekrin部史事考》，《民族研究》，2015年第1期。

② Henry Serruys，“A Note on the‘Wild Mekrid’”，Monumenta Serica，Vol. 22，No. 2（1963），pp. 445.

③ 李文君，《中国边疆民族研究》第一辑，第42页，中央民族大学出版社，2008年。

④ 特木勒，《元明时期Mekrin部史事考》，《民族研究》，2015年第1期。

对史料的综合考察，特木勒得出："无论乜克力部还是野乜克力部都是哈密王麾下的属民，只是成化九年'哈密事件'以后，乜克力部流落的境遇不同，才有了'乜克力'与'野乜克力'的分别。与区分青海'熟番'和'生番'、东蒙古的'大虏'和'属夷'一样，这是明朝人以自身为中心，对乜克力人作的内外区分。"①

另外，特木勒指出，关于"明代哈密王家"的身世，杉山正明已经有力地证明明朝册封的哈密王是元代出伯的后裔，而非伯希和《〈明史〉所记火者和写亦虎仙》所怀疑的那样，与元朝诸王世系有连续性。而 Mekrin 部则与察合台的后裔，豳王出伯系的游牧集团一直保持非常密切的从属关系，并未因为元明鼎革而发生变化。直到十五世纪末十六世纪初，野乜克力部被瓦剌吞并，这个从属关系似乎才有了根本性的变化。②

结 语

通过将学界对 Mekrin 部研究现状的梳理，可以看到，就 Mekrin 史源追溯，多认可和田清从唐"墨离军"至明代"乜克力"勾勒出的线索；就 Mekrin 居地，基本可以确定这一部族是长久活动于哈密北山一带的游牧部族；Mekrin 部与篾儿乞、克烈部的联系和区别已经厘清；艾尔森补充了 Mekrin 部远迁西亚部分的发展情况；经特木勒的考察，乜克力和野乜克力的区别得以清晰；司律思指出了 Mekrin 后来被瓦剌吞并的结局但未写明所据，特木勒利用材料予以佐证，并确定了元明时期 Mekrin 部的身份为察合台系诸王出伯及其后王的分民。此外，对于 Mekrin 部在元明时期的具体处境和生存状况，仍有研究的空间。

（李文颖，女，南京大学历史学院硕士研究生，南京：210009）

① 特木勒，《元明时期 Mekrin 部史事考》，《民族研究》，2015 年第 1 期。
② 特木勒，《元明时期 Mekrin 部史事考》，《民族研究》，2015 年第 1 期。

高句丽灭亡后遗民的叛乱及唐与新罗关系*

［日］池内宏著　冯立君译

唐朝与新罗合力击溃百济之后，新罗又在唐朝的援助下灭亡了宿敌高句丽，却厚颜无耻地扶助高句丽遗民对抗唐朝、起兵叛乱，图谋于驱逐唐朝在朝鲜半岛的势力，同时略取唐朝领有的全部百济故地。由此，唐朝与新罗反复冲突的结果，就是唐朝最终放弃了占领半岛的想法。这也就是所谓新罗统一半岛。本文目的在于检讨和批判与以上问题有关的唐朝与新罗两方面的史籍记录，对于其间从来未被详加审视的历史过程予以考察。

一、安东都护府

唐高宗总章元年（新罗文武王八年，668），唐朝灭高句丽，关于唐对高句丽旧有国土的处置，《旧唐书》卷一九九上《高丽传》载："高丽国旧分为五部，有城百七十六，户六十九万七千；乃分其地置都督府九、州四十二、县一百，又置安东都护府以统之。擢其酋渠有功者授都督、刺史及县令，与华人参理百姓。乃遣左武卫将军薛仁贵总兵镇之。"同书卷八三《薛仁贵传》载："高丽既降，诏仁贵率兵二万人与刘仁轨于平壤留守，仍授右威卫大将军，封平阳郡公，兼检校安东都护。"即唐朝为统治新附领土，在高句丽故都设置了以安东为名称的都护府，任命统领二万军士的薛仁贵为都护，让征伐高句丽的副司令官刘仁轨辅佐他，地方府、州、县的都督、刺史、县令等官以高句丽人为主，并以都护府来统领。我认为唐朝的这种措置作为统治新领土的基本方针，肯定是不改变旧有形态的一种照顾。然而高句丽遗民不能泰然接受唐朝的主权，不能不说避免与此有关的政策变更是困难的。事实上，《资治通鉴》卷二百一《唐纪一七》总章二年（669）四月条载："高丽之民多离叛者，敕徙高丽户三万八十二百于江、淮之南，及山南、京西诸州空旷之地，留其贫弱者，使守安东。"《旧唐书》卷五《高宗本纪》："五月庚子，移高丽户二万

---

* 本文最初发表于《满鲜历史地理研究报告》（11），1929 年；收入氏著《满鲜史研究》（上世第二册），东京：吉川弘文馆，1960 年，第 419—487 页。［本文以下脚注皆为作者原注］

八千二百[①]，车一千八十乘，牛三千三百头，马二千九百匹，驼六十头，将入内地，莱、营二州般次发遣，量配于江、淮以南及山南、并、凉以西诸州空闲处安置。”为防止高句丽遗民的离叛，唐朝执意于以将他们中的有势力者迁移到内地的方式来取代对他们的镇压。威压不仅可能助长他们的反抗心，《三国史记》的高句丽纪《宝藏王下》所载“［总章］二年己巳二月，王（宝藏王）之庶子安胜，率四千余户投新罗”[②] 还说明多数的离叛者将会逃逸。然而咸亨改元的次年（新罗文武王十年，670），还是掀起了以钳牟岑为首的高句丽人叛乱。

二、钳牟岑的叛乱

钳牟岑的叛乱记载见于《新唐书·高宗本纪》和同书卷二二〇《高丽传》。《高宗本纪》载：

> 咸亨元年四月，高丽酋长钳牟岑叛，寇边，左监门卫大将军高侃为东州道行军总管，右领军卫大将军李谨行为燕山道行军总管，以伐之。

《高丽传》载：

> 大长钳牟岑率众反，立藏外孙安舜为王。诏高侃东州道，李谨行燕山道，并为行军总管讨之，遣司平太常伯杨昉绥纳亡余。舜杀钳牟岑走新罗，侃徙都护府治辽东州，破叛兵于安市。

又，《资治通鉴》卷二〇一咸亨元年四月条载：

> 高丽酋长剑牟岑反，立高藏外孙安舜为主。以左监门大将军高侃为东州道行军总管，发兵讨之。安舜杀剑牟岑，奔新罗。

钳牟岑的“钳”作“剑”，但没有都护府移治辽东的相关文字。而且高侃（偘）在安市城破高句丽叛贼的记事是被另外记录在咸亨二年七月朔日条之下的。

此外，朝鲜方面《三国史记·高句丽本纪》（宝藏王下）的记载取自《资治通鉴》，并无特别的参考价值，但《新罗本纪》文武王十年（咸亨元年）条可以清晰地看到两条不易解释的记事。

---

① 《旧唐书·高宗本纪》记为二万八千二百。《通典》（卷一八六）则为二万八千三百，《唐会要》（卷九五）为二万八千。此处采信《旧唐书》数字。《新唐书·高丽传》记为三万，是大略数字的表示。

② 前后的记事多转录《资治通鉴》，唯独此部分不是，《新罗本纪》与此记录相同，其原据新罗古记录。

(1) 三月，沙飡薛乌儒与高句丽太□□□［大兄高?］延武①，各率精兵一万，度鸭绿江，至屋骨□□□靺鞨兵先至皆敦壤待之。夏四月四日，对战，我兵大克之，斩获不可胜计。唐兵继至，我兵退保白城。

(2) 六月，高句丽水临城人年岑［牟?］大兄（大兄为高句丽爵号），收合残民，自穷牟城至浿江南，杀唐官人及僧法安等。向新罗行，至西海史冶岛，见高句丽大臣渊净土之子安胜，迎致汉城中，奉以为君，遣小兄多式等，哀告曰："兴灭国，继绝世，天下之公义也，惟大国（指新罗）是望，我国先王（指宝藏王）以失道见灭，今臣等得国（高句丽）贵族安胜，奉以为君，愿作藩屏，永世尽忠。"王处之国西金马渚。

钳牟岑的叛乱究竟如何，以及有助于阐明这场叛乱与新罗的关系的《新罗本纪》相关记载，无疑也有必要予以辨析。

第（1）条记事"三月，沙飡薛乌儒"没有任何前置，突兀地出现的薛乌儒的名字在此前此后都见不到。不仅如此，屋骨、皆敦壤、白城等地名在《三国史记·地理志》中也完全没有记载而很难确定其位置。随后的"夏四月四日，对战"也根本不知道是什么样的战斗。所以，姑且将此条史料的解析推迟到后文。

第（2）条记事"高句丽水临城人年岑大兄"无疑说的是钳牟岑，"年"为"牟"之误；但不知水临城所在。安胜无疑就是安舜，而且他在前一年（总章二年，669）二月，率领四千余户高句丽人投奔新罗，他只能是《高句丽本纪》中出现的安胜。关于安胜的身份，呈现出各种各样的记载，这里记载为"高句丽大臣渊净十之子"，《高句丽本纪》则记为"王之庶子"，《新唐书》、《资治通鉴》（皆见前引）、《通典》卷一六八《高句丽》则为"高藏外孙"，然而该年八月文武王封金马渚的安胜为高句丽王的册命中提及"高句丽嗣子安胜公"，"先王（宝藏王）正嗣唯公而已，主于祭祀，非公而谁"，以此来看，对于安胜为高句丽王族没有可怀疑的余地。然而渊净土是高句丽著名权臣泉盖苏文的弟弟——净土在高句丽灭亡前投奔新罗，旋即逃往唐朝，安胜不可能是其子。嗣子、正嗣不仅不适用于庶子和外孙，而且钳牟岑也只说"国贵族安胜"。加之，第二年（咸亨二年）唐朝大将薛仁贵给文武王的书信中称"高丽安胜，年尚幼冲"。诸条记录综合来看，所谓嗣子、正嗣是文武王封安胜为高句丽王时的一种枉称，最可能的事实是安胜的身份为高藏年幼的庶子。

钳牟岑在叛乱中利用了安胜，最初钳牟岑从穷牟城至浿江南，杀唐官人及僧法安等逃往新罗。后至西海史冶岛，会见安胜，并迎入汉城拥戴为君主。穷牟城准确位置虽然不得而知，但浿江即今大同江，无疑该城为江北平壤附近某城。僧法安，

① 参阅229页注①。

因为是见于《新罗本纪》前一年（文武王九年）正月条“唐僧法安来，传天子命，求磁石”的人物，钳牟岑率叛众入大同江以南地区之前，他已不在安东都护府（平壤）。史治岛，朝鲜近世史家安鼎福注云“今仁川史也岛”①，须从之。史也，亦作士也，今写作“苏爷”。②《东国舆地胜览》卷九载，仁川都护府西一百二十里的德积岛，“士也串岛，在府西一百十八里，周十里（实际四十里），有牧场，本隶南阳府，成宗十七年，移属于此”，可知该岛是京畿道南阳府正西方向德积群岛中的一个岛。我认为南下至大同江以南地区的钳牟岑在渡过此岛时，将已在新罗的安胜招入相见。那么他们会见之后将安胜迎入的汉城是南汉山城（今京畿道广州）吗？如果是的话，钳牟岑在新罗领域内打算建立新的高句丽国，但这一点很蹊跷。如果以南汉山城作为基地的话，那么最初把与安胜会见的城作为基地岂非更佳？因此钳牟岑拥戴安胜后当作基地的并非南汉山城。昔时，总章元年，唐朝大军迫近平壤城，而且，自百济故地（熊津都督府）北上的唐将刘仁愿攻占了一座名为“汉城”的城。此城即《三国史记》卷三七《地理志》高句丽条所云之“汉城郡，一云汉忽，一云息城，一云乃忽”，在今黄海道载宁邑，仍是高句丽时代的名称③。钳牟岑所据汉城必在此地。而我推定钳牟岑渡过史治岛之前，杀死唐朝官人、僧侣法安也在此地。因属于大同江以南地区，毋庸置疑，载宁所指具有略微宽泛的意味。

那么，在汉城迎入安胜的钳牟岑，派遣使者小兄多式到新罗，告以“今臣等得国贵族安胜，奉以为君，愿作藩屏，永世尽忠”后，文武王将安胜安置在国西之金马渚时（全罗北道益山）说了什么？因为将居于汉城（载宁）的钳牟岑之旁侧的安胜安置在新罗内地是不可能的，所以这是令人费解的事情。《新唐书·高丽传》及《资治通鉴》记载安胜（安舜）杀钳牟岑后逃往新罗。文武王封安胜为高句丽王，《新罗本纪》载“遣沙飡金须弥山，封安胜为高句丽王，其册曰”，其册命明文见于八月一日辛丑日。如此看来，安胜被安置金马渚必然是因为他杀死钳牟岑逃回汉城，而且其时间并非六月而必稍早于封高句丽王之前（七月末?）。将前引《三国史记·新罗本纪》末尾“王处之国西金马渚”一句单独分离出来，与其后“封王”一条合并，二者中间漏掉的安胜逃归的事实必须要依据《新唐书》等书记载来填补。我认为文武王将从汉城逃归的安胜封为王，乃是依据钳牟岑一时所拥立的名义上的高句丽国主而采取的措施。

而且《新唐书·高丽传》及《资治通鉴》记载，叛唐的钳牟岑举兵之初就拥戴安胜为王，实际上这是不可能的。依据《三国史记·新罗本纪》记载，钳牟岑收合残民从大同江北的穷牟城奔赴江南。有必要注意收合残民的事实。这是在他南下

① 《东史纲目》第四下。

② 《大东舆地图》。

③ 《东洋学报》第17卷第1号（昭和三年四月，1928年）所载拙稿《唐高宗の高句麗討滅の役と卑列道·多谷道·海谷道の稱》，页104－105；收入《满鲜史研究》（上世第2册）第三章，吉川弘文馆，1960年。

江南以及杀唐官人之前，即从新罗迎入安胜据守汉城之前，可知在他在江北与唐军曾有战斗。钳牟岑收合的所谓残民，无疑具有交战所剩战败之兵的意思。《新唐书·高宗本纪》卷三咸亨元年（670）四月条“高丽酋长钳牟岑叛，寇边”说的是叛亡后牟岑南下江南并占据汉城（载宁）的时间在六月中，其间有一两个月之隔。即，牟岑之乱兴起地域是江北，时间无疑在四月及四月以前。四月以前的情况根据现在开始要叙述的内容可以明了。

请将注意力转移到前面没有说明的《新罗本纪》第（1）条记事。三月，沙飡薛乌儒与高句丽将延武各率精兵一万，渡过鸭绿江，在四月四日，他们与靺鞨兵在皆敦壤交战，取得大捷，不久唐兵前来，罗丽联军退保白城。延武就是文武王二十年（680）王以己妹（一说迎飡金义之女）配安胜为妻时，安胜上表文末尾“谨遣臣大将军太大兄延武[①]，奉表以闻”所提及的安胜之臣下。安胜在本文第一节所涉及的事变前一年（文武王九年、唐总章二年）二月逃奔新罗，其时他还年少，十一年之后才结婚。随后率领四千户高句丽人投降新罗的当事者肯定不是安胜本人，而是拥立他的高延武。高延武在一年后，即钳牟岑从新罗迎入安胜之前的两至三个月之前，与新罗兵合在一起共两万军队，先与靺鞨交战，旋即因唐兵到来而退军，这蕴涵着什么意义呢？最自然的推测是为了援助钳牟岑的叛乱。翌年七月唐将薛仁贵给文武王的书信中所说“高将军之汉骑，李谨行之蕃兵”，即是为征伐钳牟岑派出高侃所率汉兵、李谨行所率蕃兵，这支持了我的上述推测。李谨行是隋朝末期降附中国的靺鞨酋长突地稽之子，所谓蕃兵无疑指靺鞨兵。不过《新罗本纪》四月四日条记述皆敦壤交战前的情况是“渡鸭绿江，至屋骨□□”，鸭绿江的名称引起我们的注意，这本来应为浿江（大同江），被后世人妄加篡改了。当时新罗的北境在临津江流域，因此我不认为比较寡少的二万军兵会经过黄海道、平安道远渡鸭绿江而侵入辽东方面。屋骨及皆敦壤都是平壤附近的地名，在皆敦壤与靺鞨兵（李谨行率领）战斗过的薛乌儒及延武的军队，在唐兵（高侃率领）到来后退保白城，由此可知白城必是大同江以南之城。而且在载宁东北方向载宁江所流经的平原上，有以白水为名的城，钳牟岑叛乱被平定之后，新罗为援助残留的百姓而向该城派遣兵士（详见后文论述），白城为白水城之误。退保此城后薛乌儒和高延武做了什么？《新罗本纪》并无记录，恐怕是通过该城返回到新罗内地了。

再考证钳牟岑从平壤附近的穷牟城遁入浿江以南的时间。根据《新罗本纪》，新罗军退保白城（白水城）并于四月四日展开战斗之后，钳牟岑南下浿江以南是在六月，那么果真其间有一至两个月的间隔？最初《新罗本纪》两条记事，分别是关于牟岑叛乱不同侧面的事实。一方面叙述了新罗出兵的事实，另一方面关于牟岑之

① 上引《新罗本纪》“高句丽太□□□延武”中缺三字，前二字无疑为延武的爵号太大兄之“大兄”，另一字，从宝藏王时人高延寿（新旧两《唐书》高丽传，贞观十九年条）可以推知为“高”，高为高句丽之国姓，冠以此姓的人名无疑有很多。

举兵完全没有涉及的第（1）条记事本来可能是《旧记》的某一断片，其后即被《新罗本纪》收录。第（2）条记事从钳牟岑的出身开始记载，但未涉及在江北的举兵，且通过“收合残民”仅可推知他们被唐兵击破，这也只是首尾并不完整的片段记事。即第（1）条记事叙述三月至四月新罗出兵及退兵，第（2）条记事主要是钳牟岑的行动特别是其南下江南后的连续行动。各自的日期不明确，不过六月被记录下来。相互间并无联系，我认为是各自独立的记事。因此不能轻易相信第（2）条记事的日期。因为就连此前指出的七月末安胜被安置于金马渚之事，也只是一部分记载而已。因此我从上面开始结合两条记事来考察，钳牟岑和唐兵作战失败后收合所谓残民南下浿江以南以及新罗军退保白水城。换言之，唐朝征讨军四月初向平壤附近的进攻迫使新罗军退守江南，在此前后大败钳牟岑率领的高句丽叛贼。又，唐兵不仅将牟岑从江南逐出，而且在钳牟岑奉安胜为主据汉城（载宁）（推定为六月中）后再次出兵。安胜杀钳牟岑逃还新罗不就是其结果吗？

以上考察如果恰当无误的话，《新唐书·高宗本纪》漠然的“寇边”记载是说钳牟岑率高句丽遗民起兵叛乱，攻占了安东都护府治所平壤故都，具有复兴亡国的叛逆行动之意味。而且这一叛乱说明安东都护府的守备薄弱。如前所述，都护府最初设置时府镇兵为两万，其驻屯纵然不能防止叛乱于未然，但为讨平叛乱也没有即刻从本国调兵出战的必要。我认为将近三万高句丽民户徙入唐内地后剩余的贫弱者留住于都护府地区时，与之相伴的措施乃是大部分守兵已然内撤。而且，与安东都护府薛仁贵并肩作战的都护府镇将刘仁轨在咸亨元年正月致仕，薛仁贵在高侃、李谨行应对钳牟岑叛乱的同年四月辛亥日（九日），另被拜为逻娑道行军大总管征讨吐蕃。不过，在薛仁贵担任新职务之前不讨伐钳牟岑的叛乱是不可思议的，《新唐书》卷一一一其本传云“检校安东都护，移治新城”，《旧唐书》卷三八《薛仁贵传》文字略同。一旦安东都护赴任，都护府移治到辽东的新城，他就不可能在平壤停留了。新城在今沈阳东部的抚顺市，是高句丽的名城，仪凤二年（677）安东都护府徙治于此。薛仁贵移治的理由，是辽东方面便于镇抚高句丽之旧土，而且该时期以平壤为中心的整个地区的高句丽遗民都同时被迁往中国内地。

因为新罗王室与在新罗内地居住的高句丽亡命将领延武通谋，钳牟岑无疑是乘安东都护府守备空虚之机而举兵的。而且新罗出兵的动机显而易见就是援助这场叛乱，趁机将唐朝势力逐出朝鲜半岛。唐朝一发兵来征讨，新罗援助延武的军队就退缩了。钳牟岑因战败而收合残民逃亡大同江以南依靠汉城企图再举事，其手段就是从新罗迎回安胜，安胜奉延武的意志做出相反的行为。在海上的史治岛（苏爷岛），安胜不仅与钳牟岑相见，他还杀钳牟岑逃还新罗，难道不正说明了其间的线索吗？

依据前引《新唐书·高丽传》，李谨行及杨昉一起讨贼，且与高侃共事，安胜杀钳牟岑逃还新罗后，安东都护府治所迁到辽东。这由司马光《通鉴考异》[①] 中的

① 卷一〇，仪凤元年二月条。

“实录，咸亨元年，杨昉、高侃讨安舜，始拔安东都护府，自平壤移于辽东州”记载可知，今天已失传的唐高宗实录中记载了此事。司马光认为咸亨元年安东都护府移治辽东之事不见于《唐会要》的理由是对此实录怀有疑问，因此他也没有将此事收录于《资治通鉴》，但我对此记事持必须信赖的态度。[①] 即，平定钳牟岑之乱的高侃引兵撤还辽东之前，都护驻在的都护府治所一定已徙往辽东。而这也暗示平壤城并未留下守兵。

《新唐书·高丽传》载，高侃“破叛兵于安市”。加之，与本传以前的记事一样，全都缺漏了年次，其翌年事见于《资治通鉴》卷二〇二《唐纪十八》咸亨二年秋七月条“乙未朔，高侃破高丽余众于安市城”。安市城是位于辽东的高句丽名城，依据岛田好氏及八木奘三郎氏的实地踏查，海城东南约三里的英城子存有古山城，其为安市城故址殆无疑也。[②] 对于这次叛乱，虽然除了以上内容外不能知道更多的详细情况了，但我想：钳牟岑的叛乱逾年以后，对于辽东的高句丽人来说那难道不是像飞火一样吗？

三、钳牟岑余党之乱

钳牟岑举兵开启了高句丽遗民的动乱，高侃、李谨行等出征，以及钳牟岑被杀，使动乱看起来已全部平定，实际上却未必，即《新唐书·高丽传》载：

> （A）侃徙都护府治辽东州，破叛兵于安市，又败之泉山，俘新罗援兵二千。李谨行破之于发卢河，再战，俘馘万计。于是平壤痍残不能军，相率奔新罗，凡四年乃平。

由此来看，这是一场什么样的动乱？首先来考察“又败之泉山”涉及的泉山之战。

《新罗本纪》文武王十一年（咸亨二年）记载：

> （1）九月，唐将军高侃等，率蕃兵四万到平壤，深沟高垒，侵带方。

翌年十二年（咸亨三年）记载：

> （2）秋七月，唐将高侃率兵一万，李谨行率兵三万，一时至平壤，作

① 参见本文第六节。

② 《历史地理》第49卷第1号（昭和二年一月）岛田好氏《高句丽安市城位置考》。八木奘三郎氏著《续满洲旧迹志》，页67－75。

八营留屯。八月，攻韩始城、马邑城，克之，进兵，距白水城五百许步作营，我兵与高句丽兵逆战，斩首数千级。高侃等退，追至石门战之，我兵败绩，大阿飡晓川、沙飡义文·山世、阿飡能申·豆善、一吉飡安那含·良臣等死之。

依据《新罗本纪》等，高偘（高侃）咸亨二年九月（破安市城高句丽叛众后）抵达平壤城，以该城为基地攻入大同江以南地区（带方），翌年咸亨三年秋再次驻屯平壤城，攻克韩始、马邑等城后，与新罗及高句丽军在白水城附近交战，继而在石门城大败新罗与高句丽军。两条记事相比较来看，前者的战斗记述较为简单，并未记载高侃与谁作战（所谓带方指明了大同江以南地区，明白地说明高侃侵入新罗领域。当时新罗的北境为七重河即今临津江）。而且前后两场战役的兵数相同，即前役为四万，后役有高侃自率一万外加李谨行所率三万。然而中国一侧的史籍中皆无咸亨二年高侃东征的记载，反而《资治通鉴》卷二〇二《唐纪十八》三年十二月条载：

(B) 高侃与高丽余众战于白水山，破之。新罗遣兵救高丽，侃击破之。

又，《旧唐书·高宗本纪》同年记载：

(C) 是冬，左监门大将军高侃，大败新罗众于横水。

都能看到有相当于《新罗本纪》后役记事相同名称的白水城（白水城及横水的说明详见后文）。且上引《新唐书·高丽传》文字中高侃既于安市城破高句丽叛兵，后续“又败之泉山，俘新罗援兵二千”，“泉山”为“白水山”伪字。既如此，钳牟岑叛乱被平定之后所进行的高侃东征并不是《新罗本纪》所见的咸亨二年和三年，《新罗本纪》两年记事中率四万军士进驻平壤侵攻带方，同样的事实在前面一条被叙述的很简单，而在后一条则较为详细，不过却在要点中掺入了一些谬误。

第（1）条记事和第（2）条记事重合，第（2）条记事中新罗、高句丽联军与唐军之交战地包括白水城、石门以及带方等。然而这些地名与韩始、马邑二城在《三国史记·地理志》中都没有被记载，其位置不易获知。带方虽然是新罗人自汉魏时代以来长期沿用的古地名，适用于大同江以南某地，但我认为应是非常广的地域之称呼。记录了当时其他战斗的《三国史记》卷四三《金庾信传》载：

初法敏王（文武王）纳高句丽叛众，又据百济地有之（新罗增援钳牟岑叛乱失败后，咸亨元年秋和翌年秋，略取了百济故地。详见后文论述)。唐高宗大怒，遣师来讨，唐军与靺鞨，营于石门之野。王遣将军义福、春长等御之，营于带方之野……遂各别兵分散，唐兵与靺鞨，乘其未阵击之。吾人大败，将军晓川、义文等死之。

由其中使用“带方之野”与“石门之野”相对应可知，带方是广大地区之称。前面涉及的《旧唐书》记事（C）、《通鉴》中的白水山（《新罗本纪》的白水城）以及这段文字中与《新唐书》的泉山相对应的交战地，如果再参照横水之名称，则可知横水为靠近白水山（白水城）流经带方地域的河川。然而，考察平壤以南黄州、凤山、载宁方面的实际地理，载宁江是这一地区最著名的河流，载宁江流域源自带方，此后东方的瑞兴江及银波川汇入，使凤山与载宁及其中间地带形成大平原。而且，载宁江并不直接注入海洋，在平壤南面大同江向南流，载宁江则向北流汇入大同江，继而西折入海。即，平壤向南连接黄州、中和的通路，经过凤山、载宁及二者中间大同江下游旁边载宁江中游的平原。这里的问题是交战地白水城及石门的大体位置不会脱离在载宁东北横亘的这一平原之外。《旧唐书》出现的横水，从其名称来看可以比定为载宁江，因为可以推定随后新罗人的所谓带方指的是它前面（右面）的平原。

我对于年次相异的《新罗本纪》两条记事内容进行检核，并参照中国一侧对同一事件的相关二三条记载，未能整理其中一条的年份，其关于同一事件的月份全都不一致，但总的记载是相通的。《新罗本纪》第（1）条为九月，第（2）条是从七月到八月，《资治通鉴》记事（B）是十二月。《旧唐书》记事（C）只记冬季。然而这是另外一个必须要解析的问题，我姑且将其搁置不论。交战地的大体位置如前考定，考虑到将钳牟岑迎入安胜并以之为据点的城（汉城）相当于今天的载宁，与钳牟岑举兵时一样，新罗再次给予援助，唐朝将叛乱者称作“高句丽余众”（《资治通鉴》），由此可知是钳牟岑余党。然而以载宁（汉城）为基地的钳牟岑余党，在唐兵征讨之前抱持何种目的，又进行了哪些行动呢？据《新罗本纪》载，进驻平壤的高侃，攻克了韩始城、马邑城，并向白水城附近进军，与反方向来的高句丽、新罗联军交战。韩始城、马邑城距离载宁东北不远，可以明确其位于白水城和平壤城之间，即高句丽余众之叛乱意味着他们占领了韩始、马邑二城。我认为钳牟岑余党以汉城（载宁）附近为基地，略取此二城，进而守备，意在夺还疏于守备的平壤城。

白水山之战次年的咸亨四年（673），唐兵再次讨伐高句丽叛党。《旧唐书·高宗本纪》本年闰五月丁卯条载：

（a）燕山道总管李谨行破高丽叛党于瓠卢河之西，高丽平壤余众遁入新罗。

又，《资治通鉴》载：

(b) 闰五月，燕山道总管右领军大将军李谨行，大破高丽叛者于瓠芦河之西，俘获数千人，余众皆奔新罗。

前揭《新唐书·高丽传》的引文（A）“李谨行破之于发卢河，再战，俘馘万计。于是平壤痍残不能军，相率奔新罗”所载无疑与此有关。《高丽传》中的“凡四年乃平”一句是指从咸亨元年三月、四月钳牟岑举兵开始的高句丽遗民动乱，到咸亨四年闰五月瓠卢河以西的战斗为止全部被平定［记事（A）“平壤痍残”相当于《旧唐书·高宗本纪》(a) 的“高丽平壤余众”，这也可以确定钳牟岑最初举兵是在平壤附近］。瓠卢河，《新唐书》卷一八〇《刘仁轨传》载：“咸亨五年……仁轨率兵绝瓠芦河，攻大镇七重城，破之。”（关于此战见后文考论）新罗的七重城（今临津江畔积城）近旁流经的河流无疑是七重河，即今临津江。随后的“瓠芦河之西”，当指礼成江、临津江之间的开城附近某地。所谓瓠芦、葫芦、壶芦、瓠瓜，无疑就是 Lagenaria vulgaris（葫芦），可供食用，同时剖开干燥后可制作成盛水或盛酒浆的容器——瓢。故此，瓠芦河，又称瓢川、瓠河等。[①]《新唐书·高丽传》记事（A）的发卢河或瓠卢河不是字音的翻转，而是文字的误写。《新罗本纪》该年（文武王十三年、咸亨四年）有唐兵来侵的记事。

(1) 九月……唐兵与靺鞨、契丹兵来，侵北边，凡九战，我兵克之，斩首二千余级，唐兵溺瓠泸、王逢二河，死者不可胜计。

又，其冬月间的事件：

(2) 冬，唐兵攻高句丽牛岑城，降之，契丹、靺鞨兵攻大杨城、童子城，灭之。

---

① 瓠芦河之名，见于文武王十一年（咸亨二年）给薛仁贵的书信。即“龙朔二年（文武王二年）正月，刘总管（刘仁轨）共新罗两河道总管金庾信等，同送平壤军粮。当时阴雨连月，风雪极寒，人马冻死，所将兵粮，不能胜致。平壤大军（苏定方军），又欲归还。新罗兵马，粮尽亦回。兵士饥寒，手足冻瘃，路上死者，不可胜数。行至瓠泸河，高丽兵马，寻后来趋，岸上列阵”。《新罗本纪》文武王二年记载：“春正月……王命庾信与仁问、良图等九将军，以车二千余两，载米四千石、租二万二千余石，赴平壤……二月一日，庾信等至獐塞（遂安），距平壤三万六千步。先遣步骑监裂起等十五人，赴唐营。是日，风雪寒冱，人马多冻死。六日，至杨隩（位置未详），庾信遣阿飡良图、大监仁仙等致军粮……定方得军粮，便罢还。庾信等闻唐兵归，亦还，渡瓢川，高句丽兵追之，回军对战，斩首一万余级”以及《金庾信传》（中）载：“庾信营杨隩，遣解汉语者仁问、良图及子军胜等，达唐营，以王旨餽军粮。定方以食尽兵疲，不能力战，及得粮，便回唐。良图以兵八百人，泛海还国。时丽人伏兵，欲要击我军于归路。庾信……夜半潜行至瓠河，急渡岸休兵。丽人知之来追，庾信使万弩俱发。丽军且退”皆与此有关。可知瓠芦河也叫瓢川、瓠河。

那么，这些记事与高句丽叛众最后在瓠芦河以西的战斗中受打击有关吗？

首先，第（1）条记事瓠芦河与王逢河并列，比定瓠芦河具体位置需要与（王逢河为汉江下游称谓，详见后文论述）上引唐朝一侧记事的全部事实相联系来考察：第一，其交战时间是九月而非闰五月；第二，与唐军作战的是新罗兵而非高句丽叛贼，第三，从战争的结果为唐朝大败等几点来看，与此并不一致。因此该记事只能是记述了另外一场战斗（关于和战斗相关的唐朝征伐新罗的主题，详见本文第五节）。

其次，通过对第（2）条记事后半部分童子城的位置考定，可知和名称见于第（1）条记事的王逢河必有联系。兹因论旨不可偏离，在此对其理由恐不能详论，总之这是与高句丽叛党以及唐军征伐并无关系之记事。那么第（2）条记事前半部分包含了什么内容呢？

《新罗本纪》对此记载非常简单，“冬，唐兵攻高句丽牛岑城，降之”，可以理解为唐军占据牛岑城攻击并降服了高句丽叛党。然而既然如此，叛乱被全部平定的同年（咸亨四年）闰五月的时间比它的时间要早，该记事前被冠以“冬”字是很奇怪的。即，这个记事的时间早于那个时间令人难以理解。而且，牛岑城可以比定为黄海道金川郡县内面之牛峰里。从开城经金川、平山通往平壤的路，在金川以北向右行，过松亭里、市边里，与朔宁、新溪间的大道连接，牛峰里就位于邻近松亭里东南的村落。《三国史记》卷三五《地理志》载：“牛峰郡，本高句丽牛岑郡，景德王改名，今因之。”如果参照《东国舆地胜览》卷四二对李朝时代牛峰县的位置及沿革的叙述，上述比定可以成立。牛岑城与流经平山、金川之间的礼成江较近，而与临津江直径距离十里内外，比较远。唐军攻克牛岑城战斗的时间比较可疑，在此也看不到瓠芦河以西的战斗（“瓠芦河之西”可见是临津江东面距离不远的地方）。由此，二者为不同的事件，地理上的关系也不密切，彼此是独立的事件，假设其记事不在本年冬天而在之前一年（咸亨三年）冬天，那么同时期的其他战斗及重合时段中也没有相关的记事。其他战斗，如前述之《资治通鉴》咸亨三年十二月条（B）“高侃与高丽余众战于白水山，破之”；《旧唐书·高宗本纪》（C）“是冬，高侃大败新罗众于横水”，说的都是载宁方面的战斗。但是，如果全面审视这场战斗的时间，移到一年以前的《新罗本纪》第（1）条记事是九月，第（2）条记事是八月（即秋天），这与唐朝一侧史料的十二月或冬不符合，存有疑问，需要同时核对唐与新罗两侧的史料进行考证。再加上《新罗本纪》所见牛岑城之战为何时发生的问题，如将它作为课题也一起考虑，那么将会找到最终解决此问题的途径。

然而在牛岑城攻破唐兵的高句丽叛众与唐将高侃白水山之战败钳牟岑余党之间确实存在联系。不，钳牟岑余党此时败亡的结果是丧失了汉城（载宁）附近的基地，向东远逃，退守离平山很近的牛岑城，并再次击破唐朝高侃或其僚将李谨行的进攻。而且因为李谨行在瓠芦河以西破高句丽叛贼，我推测叛贼在牛岑城陷落后奔逃，准备重新以开城附近地区为跳板。不过记述白水山战斗的《新罗本纪》第（2）条记事（白水城和石门之战）是援助高句丽叛党的新罗军败绩的结局，因此唐兵攻陷牛岑城并非这场战斗的延续。那么瓠芦河以西战斗展开的时间是咸亨四年闰五月，是在牛岑城陷落前一年的冬天，那比它早的白水城战斗不是如《新罗本纪》所记的八月、九月吗？我认为这样各战斗时间的间隔看来非常自然。然而《资治通鉴》记录白水城战斗时间为十二月，同一战斗在《旧唐书》中被称为横水之战，因为是作为冬天的事件来记录而与我的推测背离，这些唐朝一侧的史料与《新罗本纪》的记事相比省略了牛岑城陷落的事实，不过其时间可以通过白水山、横水战斗的叙述中包含的内容解析出来。那么我认为将《新罗本纪》关于牛岑城战斗的记事向前移一年，拨正了走偏的位置，反而能够确定此前有疑问的白水山战斗的时间了。

愚以为《新罗本纪》常常前后调整记事。这一看法似乎非常大胆冒险，然而绝非如此。在本文后两节的考论中，将会揭示这一时代本纪记事之错乱使人惊讶，甚至到了过分的程度。

以上考论如无大谬，咸亨三年（672），为征伐钳牟岑余党，高侃、李谨行等的行动大略可以整理如下。钳牟岑余党以汉城（载宁）为基地，企图夺还平壤城，占有了大同江以南的韩始城、马邑城，唐兵先攻破收降了二城，同年八月九月，又在载宁方面的白水城大败高句丽、新罗联合军。其后，唐军折返平壤城，白水山败绩的高句丽兵则以牛岑城（牛峰里）为基地，同年冬，唐朝再次出兵将此城攻下。而丧失了牛岑城的高句丽人，再次向南逃奔，在新罗西北境附近瓠芦河（临津江）以西开城附近地区残喘自保，翌年咸亨四年闰五月，李谨行第三次从平壤城南下，予贼徒以重创，后者遂逃奔入新罗国境内。钳牟岑举兵以来的高句丽叛乱至此悉数被平定。

四、唐朝对新罗占有百济故地的处置措施

咸亨元年（文武王十年）春夏之交，新罗向平壤方面出兵以援助钳牟岑叛乱，并从该年秋到翌年秋，对唐朝所领有的百济故地进行侵略。这可从《新罗本纪》的数条记事中获知。

> 文武王十年（咸亨元年）秋七月，王疑百济残众反复，遣大阿飡儒敦于熊津都督府请和，不从，乃遣司马祢军窥觇（祢军是百济人名）。王知谋我（我指新罗），止祢军不送，举兵讨百济。品日、文忠、众臣、义官、天官等，攻取城六十三，徙其人于内地。天存、竹旨等取城七，斩首二千。军官、文颖取城十二，击狄兵，斩首七千级，获战马兵械甚多。王还，以众臣、义官、达官、兴元等□□□寺营退却，罪当死，赦之免职。

仓吉于□□□□一，各授位级飡，赐租有差。

文武王十一年（咸亨元年）春正月，发兵侵百济，战于熊津（忠清南道公州）南，幢主夫果死之。……闻唐兵欲来救百济，遣大阿飡真功、阿飡□□□□兵，守瓮浦（瓮浦在锦江附近）。六月，遣将军竹旨等，领兵践百济加林城（忠清南道林川，扶余以南约四里）禾，遂与唐兵战于石城（扶余东南约四里的石城里），斩首五千三百级，获百济将军二人、唐果毅六人。

［七八月之交］置所夫里州（百济故都泗沘，今扶余），以阿飡真王为都督。

由此可见新罗对百济故地的侵略。第一年七月除攻占了六十三城外，还有七城和十二城，一共攻取了八十二城；第二年在熊津以南某地、加林城、石城等这些与百济旧都泗沘城相距不远的地方，新罗与百济遗民及唐兵作战，遂占领泗沘城，并在该地设置所夫里州。第一年攻击的规模非常大，由“王还云”可知文武王亲自率兵出战。而且，通过城数可推知其攻占地域之广阔。因为其中的八十二城没有记录下城的名字，所以尚不知是属于百济旧有领土的哪些部分。文武王将逃还钳牟岑叛乱兴起之地的安胜安置于金马渚，此次攻击发生的时间在月末（文武王十年七月）[1]。金马渚在今全罗北道南部地方的益山。第二年的攻击区域在以扶余（泗沘城）为中心的忠清南道南部地区，因此可以推定新罗第一年出兵占领的八十二城所在地是占据百济故地大半的全罗南北道。第二年攻击的结果是设置了所夫里州，这带有尽占百济故地的意味。

唐与新罗协力攻陷百济国都泗沘城，并降服义慈王逃跑后所在的熊津城，百济国由此灭亡，这是在高宗显庆五年（660）七月（高句丽灭亡的八年前）。由此引发的一大事件就是以福信为首的百济余众之叛乱，唐为讨平此叛乱到龙朔三年（663）九月为止足足花费了四年时间。叛乱平定之后，唐朝采取了哪些处置措施，《旧唐书》卷一九九《百济传》对此有如下叙述：

百济诸城皆复归顺，孙仁师（从事讨贼的唐朝将领）与刘仁愿（同孙仁师）等振旅而还。诏刘仁轨（乃刘仁愿之误）代仁愿（乃仁轨之误）率兵镇守[2]。乃授扶余隆（义慈王之子）熊津都督，遣还本国，共新罗和亲，以招辑其余众。

《新罗本纪》文武王四年（唐麟德元年，664）二月条所载是与此相

① 参照本文第二节《钳牟岑的叛乱》。

② 关于刘仁轨和刘仁愿的误写，参见下一个注释。

对应的记事[1]：

角干金仁问（文武王之弟）、伊飡天存，与唐敕使刘仁愿、百济扶余隆，同盟于熊津。

即龙朔三年冬，讨贼之将孙仁师、刘仁愿等凯旋（刘仁轨留镇），高宗在翌年麟德元年（文武王四年）初，以刘仁愿为敕使，并授义慈王之子扶余隆为熊津都督之职，二者一同前往百济故地安抚百济余众，同时避免与新罗发生战争。《新罗本纪》中所谓“同盟”，意味着新罗文武王派遣金仁问等到熊津，以唐敕使刘仁愿为证人，与扶余隆盟约和亲。第二年（麟德二年，665）八月，在熊津就利山[2]，文武王亲自与扶余隆举行了颇为严肃的盟誓。这一誓盟记录在《册府元龟》卷九八一《外臣部·盟誓》中，《旧唐书·百济传》所载文字与此略同。

高宗麟德二年八月，开府仪同三司新罗王金法敏（文武王）、熊津都尉扶余隆，盟于百济之熊津城[3]。初，百济自扶余璋（义慈王之前的武王）与高丽连和，屡侵新罗之地，新罗遣使入朝，求救，相望于路，及苏定方既平百济军回，余众又叛，镇守使刘仁轨、仁愿等经略数年，渐平之。诏扶余隆，归抚余众，及令与新罗和好，至是刑白马而盟，先祀神祇及川谷之神，而后歃血。其盟文曰……故立前百济太子司稼正卿扶余隆为熊津都督，守其祭祀，保其桑梓，依倚新罗，长为与国，各除宿憾，结好和亲，恭承诏命，永为藩服。仍遣使人右威卫将军鲁城县公刘仁愿，亲临劝谕，具宣成旨，约之以婚姻，申之以盟誓，刑牲歃血，共敦终始，分灾恤患，恩若兄弟，祗奉纶言，不敢失坠，既盟之后，共保岁寒，若有背盟，二三其德，兴兵动众，侵犯边陲，神明监之，百殃是降，子孙不育，社稷无守，禋祀磨灭，罔有遗余。故作金书铁券，藏之宗庙，子孙万代，

---

① 关于福信之乱平定后刘仁愿和刘仁轨的动向，《旧唐书》卷八四《刘仁轨传》载：“百济之余烬悉平，孙仁师与刘仁愿振旅而还，诏留仁轨勒兵镇守。……仁愿既至京师，……又遣刘仁愿率扶渡海，与旧镇兵交代，仍授扶余隆熊津都督，遣以招辑其余众。……于是仁轨浮海西还。”因此前引《百济传》之“孙仁师与刘仁愿等振旅而还”“诏刘仁轨（乃刘仁愿之误）代仁愿（乃仁轨之误）率兵镇守”无疑有误，而《新罗本纪》中的“唐敕使刘仁愿”则是对上述误写符合实情的修正。此外，《日本书纪》天智天皇三年五月甲子（十七日）条云：“百济镇将刘仁愿，遣朝散大夫郭务悰等，进表函与献物”。天智天皇三年即唐麟德元年、新罗文武王四年，这也证明了《旧唐书·百济传》的错误。

② 详见下一注释。

③ 《新罗本纪》（文武王五年）：“秋八月，王与敕使刘仁愿、熊津都督扶余隆，盟于熊津就利山。”下文与《册府元龟》卷九八一录文略同。就利山之名不见于《册府元龟》卷九八一，文武王寄书（后文所引）中“又于就利山筑坛，对敕使刘仁愿，歃血相盟”。《天地祥瑞志》（前田侯爵家藏本，卷二）所收盟文对此山的注云：“山，百济地也，由盟，改乱山为就利山，在只马县也。”由此可知，盟誓之前此山名为乱山。

无敢违犯，神之听之，是享是福。刘仁轨之辞也[1]，歃讫，埋书牲币于坛之壬地，藏其书于新罗之庙，于是仁轨领新罗、百济、耽罗、倭人四国使，浮海西还，以赴太山（泰山）之下[2]。

关于第二次誓盟，在日后（文武王十一年、唐咸亨二年）文武王寄给唐朝将领的书信[3]中又被提及：

周留（福信本据之周留城）失胆，遂即降下。南方（指周留城）已定，回军北伐（周留城陷落之后，别帅迟受信据北方的任存城而不降），任存一城，执迷不降。两军（唐罗两军）并力，共打一城，固守拒扞，不能打得。新罗即欲回还，杜大夫（刘仁轨僚将杜爽）云："准敕，既平已后，共相盟会，任存一城，虽未降下，即可共相盟誓。"新罗以为"准敕，既平已后，共相盟会，任存未降，不可以为既平。又且百济，奸诈百端，反复不恒，今虽共相盟会，于后恐有噬脐之患"，奏请停盟。至麟德元年，复降严敕，责不盟誓，即遣人于熊岭，筑坛共相盟会。仍于盟处，遂为两界。盟会之事，虽非所愿，不敢违敕（金仁问等行盟誓）。又于就利山筑坛，对敕使刘仁愿，歃血相盟，山河为誓，画界立封，永为疆界，百姓居住，各营产业（文武王亲行盟誓）。

如据文武王此语，则新罗是被唐朝强迫不得已而进行盟誓。而且，这一盟誓是自福信叛乱被平定之前就开始存在的问题（第二次誓盟之际，盟辞的作者在《册府元龟》被明确记为刘仁轨，但由文武王这一答书可知证人是刘仁愿）。

福信之乱被平定以后，高宗的这种处置措施可谓颇为巧妙。即让扶余隆存续百济祭祀，从而安抚其旧有百姓，杜绝叛乱的再起，同时通过与文武王牢固的盟誓，使得新罗不能侵略百济旧地。如此一来，唐朝并不怎么费力就能保持对百济旧地的领有。高宗如此考虑，且执意于这种处置措施。其盟誓背后隐藏的重要事实无疑是新罗对百济旧地有着无法克制的潜在欲望。这不仅是唐朝强加盟誓于新罗的理由，也是新罗不希望如此处理的理由。这样的话，结果如何解决呢？《旧唐书·百济传》

① 依《旧唐书·刘仁轨传》所载，刘仁轨麟德元年（664）与刘仁愿交代之后，即返回本国（参照第238页注释①）。翌年再次被派往百济之事之所以不见于《旧唐书》的《刘仁轨传》和《百济传》，乃是史家记载的遗漏，这一点可由《册府元龟》卷九八一"刘仁轨之辞也"其下文"于是仁轨……浮海西还"证明。刘仁轨的文采超群见于《旧唐书·刘仁轨传》："仁愿既至京师，上谓曰：'卿在海东，前后奏请，皆合事宜，而雅有文理。卿本武将，何得然也？'对曰：'刘仁轨之词，非臣所及也。'上深叹赏之，因超加仁轨六阶。"

② 《旧唐书·刘仁轨传》载："麟德二年，封泰山，仁轨领新罗及百济、耽罗、倭四国酋长赴会，高宗甚悦，擢拜大司宪。"

③ 《新罗本纪》文武王十一年"大王报书"（对唐将薛仁贵寄书的答复）。

所载“歃讫，埋币帛于坛下之吉地，藏其盟书于新罗之庙。仁愿、仁轨等既还，隆惧新罗，寻归京师。”（依据上引《册府元龟》文字，就利山盟誓之后归返唐朝的是仁愿、仁轨之中的仁轨）透漏出新罗使用某种手段把扶余隆当作障碍来看待。即盟誓之后，将金书铁券藏在宗庙。麟德二年的第二年即乾封元年（666），高宗兴起讨灭高句丽之役，命百济镇将刘仁愿与新罗军合力进击平壤。然而刘仁愿因没有按照命令行事，总章元年（668）平壤城被攻陷之前他已被贬谪①。其后两三年间，并没有新的镇将赴任。由此，新罗废弃了一半的盟约，自咸亨元年秋至翌年秋（670—671），新罗占领了上述百济故地。

关于新罗向百济故地出兵的发端，上引《新罗本纪》中载，“王（文武王）疑百济残众反复，遣大阿飡儒敦于熊津都督府，请和，不从，乃遣司马祢军［来］窥觇。王知谋我，止祢军不送，举兵讨百济”，然而百济残众反复、新罗请和全都是意义含混的文字，因此很难察知其真相。又，翌年秋文武王之书（后文论述）中说到钳牟岑叛乱，“至咸亨元年六月，高丽谋叛，摠杀汉官。新罗即欲发兵，先报熊津云：‘高丽既叛，不可不伐，彼此俱是帝臣，理须同讨凶贼，发兵之事，须有平章，请遣官人来此，共相计会。’百济司马祢军来此，遂共平章云：‘发兵已后，既恐彼此相疑，宜令两处（熊津都督府及新罗）官人，互相交质。’即遣金儒敦及府城百济主簿首弥长贵等，向府平，论交质之事。百济虽许交质，城中仍集兵马，到彼城下，夜即来打。”然而，咸亨元年三月至四月，新罗为援助钳牟岑举兵叛乱而出兵，六月中以共同出兵讨伐凶贼为由试图与熊津都督府的百济人（拥有唐朝官职）交涉，这是为消除自己的嫌疑、掩盖自己叛逆的行为而进行的虚构陈述。总之，虽然不知道新罗出兵以前的具体过程，但仔细玩味《新罗本纪》的记载，刘仁愿离开后并无唐朝镇将进驻的熊津都督府，该地的百济人企图反抗新罗，双方间产生冲突，我认为这正给了新罗满足多年来就怀有的野心的大好机会。

新罗占领了半岛内部唐朝的领土。侵略最终结束是在文武王十一年（咸亨三年）七八月，即钳牟岑叛乱平定以后高侃引兵返回辽东的约一年后，在安市城大破高句丽叛贼的大略同一时期。这无疑是唐朝重大的事件，但不可思议的是中国一侧的史籍中竟然没有关于唐朝对此如何处置的记载。

然而据《新罗本纪》文武王十一年记载，该年六月，新罗军与唐兵在石城与百济军作战并获大捷（这些唐兵是刘仁愿离开百济地后所留下的兵士，估计数量寡少），前引记事说，“秋七月二十六日，大唐总管薛仁贵使琳润法师，寄书曰”，并收录了琳润（在唐新罗僧侣）带来的薛仁贵寄书以及文武王对此所作的答书。其后，还记载了前引设置所夫里州的记事。我推定所夫里州设置的时间是七八月。

薛仁贵的书信用抽象的文字责备新罗的叛逆行为，文武王的答书则举出具体的

① 《东洋学报》第17卷第1号（昭和三年四月）所载拙稿《唐高宗の高句麗討滅の役と卑列道・多谷道・海谷道の稱》。

事实辩称历来为唐朝而做的努力，而其时薛仁贵的使命绝非文书之授受。他好像是为了向新罗问罪，自率水军前来，将兵船列于锦江口，并攻入熊津。这由文武王的答书可知：

使人琳润至辱书，仰承总管（薛仁贵），犯冒风波，远来海外，理须发使郊迎，致其牛酒，远居异城（新罗的国都），未获致礼，时阙迎接，请不为怪，披读总管来书，专以新罗已为叛逆，既非本心，惕然警罹，数自功夫，恐被丝辱之讥，缄口受责，亦入不吊之数，今略陈冤枉，具录无叛。国家不降一介之使，垂问元由，即遣数万之众，倾覆巢穴，楼船满于沧海，舻舳连于江口，数彼熊津，伐此新罗。

而且，《新罗本纪》中也有同年十月新罗军队击沉唐朝运漕船的记事：

冬十月六日，击唐漕船七十余艘，捉郎将钳耳大候士率百余人，其沦没死者，不可胜数，级飡当千功第一，授位沙飡。

新罗对唐朝水军的打击，无疑就是薛仁贵前来征讨时所发生的事件。对此参照《新罗本纪》关于翌年（文武王十二年）九月条的记事可以明确：

王，以向者百济往诉于唐，请兵侵我，事势急迫，不获申奏，出兵讨之。由是，获罪大朝，遂遣级飡原川、奈麻边山，及所留兵船郎将钳耳大侯、莱州司马王艺、本烈州长史王益、熊州都督府司马祢军、曾山司马法聪、军士一百七十人，上表乞罪。

又，《新罗本纪》在设置所夫里州记事前，记载了关于击沉唐运漕船之前的情况：“九月，唐将军高侃等，率蕃兵四万到平壤，深沟高垒，侵带方”。此外，关于此条记事的批判如前所述，第二年（文武王十二年）的白水城之战（高侃对钳牟岑余党及给予其增援的新罗军的讨伐）相关记事的记录有误，与薛仁贵讨伐新罗全然无关。

翻检《旧唐书》卷八三《薛仁贵传》，仁贵在咸亨元年以后、上元元年（咸亨五年）以前的某一时间，被授予鸡林道总管，以讨伐高句丽叛众。即“咸亨元年，吐蕃入寇，又以仁贵为逻娑道行军大总管，率将军阿史那道真、郭待封等以击之。……寻而高丽众相率复叛，诏起仁贵为鸡林道总管以经略之。上元中，坐事徙象州，会赦归。”如本文第二节所述，出征吐蕃是在咸亨元年四月，与钳牟岑起兵叛乱的时间大致相同。随后，薛仁贵对高句丽叛众进行讨伐，叛乱者在咸亨三年（文武王十二年）卷土重来，这些叛乱者是钳牟岑余党。尽管如此，针对这场叛乱进行军事动员的唐朝将领却并非薛仁贵，而是与钳牟岑起兵同时出兵的高侃和李谨行。这一点毫无疑问也已经论述过了。既如此，记载薛仁贵担任鸡林道总管讨伐高句丽叛乱的《薛仁贵传》，毫无疑问是将咸亨二年率水军东征以问新罗侵百济之罪的事实，附会于翌年出现的钳牟岑余党叛乱了。这样来看“鸡林道总管”的名称另有其特定含义。因为所谓鸡林无疑是指新罗，由此可知《新罗本纪》中薛仁贵被冠以的“总管”就是鸡林道总管。幸运的是《薛仁贵传》虽有这样的记事错误，但中国一侧史料的这一记载不见于其他文献，所以我们从中仍可朦胧地窥知薛仁贵讨伐新罗的部分事实。

钳牟岑余党之乱被平定，唐朝即任命刘仁轨为鸡林道大总管，李谨行为副总管，以征伐新罗。下一节将详细论述上元元年、二年（674—675）唐朝与新罗之战。《新罗本纪》文武王十五年（上元二年）记录了上元年间战役之间的关系：

> 秋九月，薛仁贵以宿卫学生风训之父金真珠，伏诛于本国（新罗），引风训为乡导，来攻泉城。我将军文训等，逆战胜之，斩首一千四百级，取兵船四十艘。仁贵解围退走，得战马一千匹。

但是依据前引《薛仁贵传》记载，上元中，薛仁贵被流放象州，而且薛仁贵与新罗兵交战的记事仅有《新罗本纪》这一条，我怀疑可能是其他战役的相关记事错记到这里了。不仅如此，《新罗本纪》第二年即文武王十六年还有同类性质的记事：

> 冬十一月，沙飡施得领船兵，与薛仁贵战于所夫里州伎伐浦，败绩，又进，大小二十二战，克之，斩首四千余级。

唐朝以上元二年为起点征伐新罗，上元三年改元为仪凤元年（676，文武王十六年），此年春，唐朝执意于采取完全放弃朝鲜半岛的政策措施（详见本文第六节）。因此薛仁贵应该不会于十一月攻入百济故地。既如此，关于泉城之战之前的记事以及这条关于伎伐浦之战的记事无疑全都是咸亨二年（671）薛仁贵成为鸡林道总管进攻新罗时期的交战事实①。与这些记事同年的十月六日击沉唐船的相关记事，可以补充中国史籍关于这次战役的遗漏。

观察这场战役的经过，如果薛仁贵以新罗留学生风训为向导渡海进攻名为泉城的城是在咸亨二年九月的话，那么《新罗本纪》“（同年）七月二十六日，大唐总

---

① 袭击泉城的薛仁贵自唐朝本国出发时，与他一起前来的新罗留学生风训，是被新罗诛杀的金真珠之子。现在如果将这条记事从文武王十五年九月移到十一年九月，那么就接近于《新罗本纪》十年十二月条“汉城州总管薮世，取百济□□□□□□□国，适彼事觉，遣大阿飡真珠，诛之”之记载了。金真珠本人伏诛不见于《新罗本纪》，乃是史传的遗漏。

管薛仁贵使琳润法师，寄书曰”所说的派遣留学僧琳润肯定就是其前奏（琳润先于薛仁贵单独前来，七月二十六日是他所携带的问责书信中记录的日期）。泉城地名不见于《三国史记·地理志》。与之类似的还有《新唐书·高丽传》中出现的泉山，本文第三节已将泉山考定为白水山（白水城）的误写，而且它并非海边之城。《新罗本纪》文武王八年六月条“刘仁轨奉皇帝敕旨，与宿卫沙飡金三光到党项津。王使角干金仁问（王之弟），廷迎之以大礼。于是，右相（刘仁轨）约束讫，向泉冈”，出现了与党项津并称的地名泉冈。党项津作为扼守新罗连通唐朝交通路的重要港口，与泉城、泉山具有相同的意义。党项津比定为京畿道水原郡南阳附近，与之相对，泉城的位置则是仁川地方的海边[①]。进攻泉城失利的薛仁贵，依据前引文武王的答书“楼船满于沧海，舻舳连于江口，数彼熊津，伐此新罗”，则在南下渡过锦江登陆后与新罗军队交战。钳耳大侯所率的漕船七十余艘被击沉，钳耳大侯以下多数将士被俘虏，其间即是事件的时间（十月六日）。而且，在十一月，发生了新罗的船兵使薛仁贵蒙受大败的所夫里州伎伐浦之战。伎伐浦即白江，指锦江下游[②]。薛仁贵想要迫近所夫里州（泗沘城），但失败了。战争到此时为止宣告终结，薛仁贵荷载着“连败”的不名誉返回本国。因此，他被流放象州。

翌年咸亨三年（文武王十二年）秋，新罗出兵支援钳牟岑余党之叛乱，与唐朝将领高侃等在大同江以南的白水城作战并大败。此后级飡原川被派往唐朝将此时仍抑留的钳耳大侯等将士一百七十人送还，并上表就侵占百济一事谢罪，还进献银三万三千五百分、铜三万三千分、针四白枚、牛黄一白二十分、金一白二十分、四十升布六匹、三十升布六十匹，这可以看作是新罗获得百济故地所花费的代价。

五、唐朝的新罗征伐——上元元年、二年之役

唐朝经过从咸亨元年到四年，平定了高句丽遗民的叛乱，随即动员军队对新罗予以征伐。因为其间新罗不仅援助高句丽遗民叛乱，还占领了百济故地。以下考察这场唐朝征伐新罗的战争始末，阐明其中历来都不明确的事实。

关于唐朝的出兵，《资治通鉴》卷二〇二《唐纪十八》载：

> 春，正月，壬午，以左庶子、同中书门下三品刘仁轨为鸡林道大总管，帝以新罗国为鸡林州。卫尉卿李弼、右领军大将军李谨行副之，发兵讨新罗。时新罗王法敏既纳高丽叛众，又据百济故地，使人守之。上大

① 《东洋学报》第17卷第1号（昭和三年四月）所载拙稿《唐高宗の高句麗討滅の役と卑列道·多谷道·海谷道の稱》。

② 《三国史记·百济本纪》义慈王二十年条白江注云“或云伎伐浦”。

怒，诏削法敏官爵；其弟右骁卫员外大将军、临海郡公仁问在京师，立以为新罗王，使归国。

上元元年（674）为咸亨五年的改元之年，也是讨平高句丽之后的第二年（文武王十四年）。出兵的结果，见于《旧唐书·高宗本纪》：

上元二年二月，鸡林道行军大总管大破新罗之众于七重城，斩获甚众。新罗遣使入朝献方物，伏罪；赦之，复其王金法敏官爵。

比这更为详尽的记载见《资治通鉴》卷二〇二《唐纪十八》的记事（《册府元龟》卷九八六《外臣部三一·征讨第五》记事与此文字略同）：

上元二年二月，刘仁轨大破新罗之众于七重城；又使靺鞨浮海，略新罗之南境，斩获甚众。仁轨引兵还。诏以李谨行为安东镇抚大使，屯新罗之买肖城以经略之，三战皆捷（《册府元龟》为"三战新罗皆败"），新罗乃遣使入贡，且谢罪；上赦之，复新罗王法敏官爵。金仁问中道而还，改封临海郡公。

《新唐书·高丽传》及《唐会要》卷九五《新罗》对于此战役相关记事，文字虽略有差异，但通过对照文字，可知二者无疑依据的都是与《资治通鉴》相同的材料，也就没有必要抄引了。

通过对《资治通鉴》记事的考察，第一，主将刘仁轨在七重城破新罗军；第二，另从海上派遣靺鞨兵进攻新罗南境；第三，刘仁轨率领兵士返回之后，副将李谨行依照高宗诏命任安东镇抚大使，在买肖城与新罗军作战；第四，新罗谢罪使入朝之际唐高宗即赦免了文武王之罪，恢复了其战争期间被削夺的官爵，这些全部都发生在从颁下出兵诏书开始一年后的上元二年二月。但我不认为如此连续的诸多事件发生在短短一个月内。而且，《新唐书》卷一八〇《刘仁轨传》载："咸亨五年（上元元年），为鸡林道大总管，东伐新罗，仁轨率兵，绝瓠芦河，攻大镇七重城破之。"说明七重城之战发生的年份是在上元元年。如果是这样的话，我认为七重城之战后连续的各种事件其实跨度为两年，与上元二年相联系的事实是上元元年二月的"上大怒，诏削法敏官爵"和与其相对应的"上赦之，复新罗王法敏官爵"。

接下来要考察的是与这场战争相关的新罗一侧的记载。《资治通鉴》所记载的高宗派出问罪之师的记事，被采录在《新罗本纪》文武王十四年条。不过，此事被记入正月条中，似乎是编纂者的疏忽。《新罗本纪》本年条没有涉及唐兵来侵的记事，在翌年十五年（上元二年）前半部分的记事如下所示（分为两部分，并做记号）。

(A) 二月，刘仁轨破我兵于七重城。又使靺鞨浮海，略新罗之南境，斩获甚众，仁轨引兵还，诏以李谨行为安东镇抚大使，屯新罗之买肖城，以经略之，三战皆捷。王乃遣使，入贡且谢罪，帝赦之，复王官爵。金仁问中路而还，改封临海郡公。

(B) 然多取百济地，遂抵高句丽南境为州郡。

(A) 取自《资治通鉴》上元二年二月条。不过，在《资治通鉴》原文中用"□"加入了补充的重要文字，需要特别注意这一部分被省略的文字。(B) 是《资治通鉴》对《新唐书·新罗传》"诏复法敏官爵。然多取百济地，遂抵高丽南境矣"记载的补充。《新罗本纪》这一记事同一年记载的后半部分如下所列。为论述便宜，进行了相应裁切。

(C) 闻唐兵与契丹、靺鞨兵来侵，出九军待之。

(D) 秋九月，薛仁贵以宿卫学生风训之父金真珠，伏诛于本国（新罗），引风训为乡导，来攻泉城。我将军文训等，逆战胜之，斩首一千四百级，取兵船四十艘。仁贵解围退走，得战马一千匹。

(E) 二十九日，李谨行率兵二十万，屯买肖城，我军击走之，得战马三万三百八十匹，其余兵仗称是。（买肖城之战）

(F) 遣使入唐，贡方物。

(G) 缘安北河设关城，又筑铁关城。

(H) 靺鞨入阿达城劫掠，城主素那逆战死之。

(I) 唐兵与契丹、靺鞨兵来，围七重城，不克，小守儒冬死之。（七重城之战）

(J) 靺鞨又围赤木城，灭之，县令脱起率百姓拒之，力竭俱死。

(K) 唐兵又围石岘城，拔之，县令仙伯悉毛等，力战死之。

(L) 又我兵，与唐兵大小十八战，皆胜之，斩首六千四十七级，得战马二百匹。

从（C）至（L）诸项记载中，（F）依据的是《册府元龟》卷九七〇《朝贡三》:"上元二年九月，新罗王金法敏，遣使献方物。"其他各项，悉为新罗一侧史传，(E) 为买肖城之战，(I) 叙述的是七重城之战，先请读者注意。

现在转入对以上《新罗本纪》记事的批判。依据前引《资治通鉴》文字，李谨行的军队迫近买肖城，不是在七重城（今积城）之战以前，而是在刘仁轨攻破新罗这一北境重镇、临津江畔之城而北还之后。买肖城，据《三国史记》卷三五《地理志二》载，"来苏郡，本高句丽买省县，景德王改名，今见州"，高丽时代见州在积城和京城大约中间的位置上，相当于今杨州[1]，交战的经过在《资治通鉴》中很清楚。即《新罗本纪》明显地是把（E）和（I）的顺序颠倒了。《新罗本纪》的编纂者一方面引用《资治通鉴》的文字设定了（A），另一方面将同一年（上元二年）二月以前的事件放置在与这些战争无关的九月条（D）记事的后面，这也是不合理的。而且，在引用《资治通鉴》文字时，将其中关于买肖城之战的一句省略了，我认为这是有意为之。再来看（D），在攻击前面两个城的陆军之外，薛仁贵还率领水军在泉城与新罗作战并遭受大败。上元元年、二年战争中唐朝水军的行动见于《资治通鉴》"又使靺鞨浮海，略新罗之南境，斩获甚众"，其将帅的名字无从得知，但依据它之前的记事，这支水军有策应刘仁轨进攻七重城之意。随后的所谓"新罗之南境"指的是临津江及汉江下游地区（新罗的西北境）。然而《新罗本纪》的编纂者在转录《资治通鉴》的文字时又特别将这一句删除了［参照（A）］，这是前面提及的。这无疑是因为它是被（D）替换掉了。但是前一节已批判了（D），前文所叙述的咸亨二年（文武王十一年）薛仁贵为问新罗侵略百济之罪，率领水军进攻新罗西海岸时的交战事实，是被记载在其四年前的（文武王七年）九月条之下的。这一条是与这场战役无关而被掺入进来的记事。既然如此，与陆上战斗相关的（E）（买肖城之战）和（I）（七重城之战）以及与之同时的上元元年、二年战争中唐朝水军的行动在新罗一侧的史料中是如何记载的？此外，《新罗本纪》其他部分有无错乱掺入的可能性？

《新罗本纪》文武王十三年关于唐兵前来进攻的记事如下，分为四部分并做标记。

> （P）九月，……王，遣大阿飡彻川等，领兵船一百艘，镇西海。
>
> （Q）唐兵与靺鞨、契丹兵来，侵北边，凡九战，我兵克之，斩首两千余级，唐兵溺瓠泸、王逢二河，死者不可胜计。
>
> （R）冬，唐兵攻高丽牛岑城，降之。
>
> （S）契丹、靺鞨兵攻大杨城、童子城，灭之。

李谨行在瓠芦河以西破高句丽叛贼，其余众奔入新罗国境内，其记事是在（咸亨五年、文武王十三年）闰五月，所见的相同的河水名与此条记载之战役无关，此在第三节已述。可是，如果将（R）提前到一年以前，即在瓠芦河以西战斗以前有中国一侧的史籍中未见的那样的战斗，那么就能说明唐朝军队对高句丽反叛的讨伐经过是合乎逻辑的。这在之前也已考证过了。然而，上元元年、二年之战争，是瓠芦河以西之战后，唐兵进攻新罗的唯一战役。其余（P）、（Q）、（S）不是可与这场战斗相联结的记事吗？我想一定是这样。所以要重新考察的是与新罗军作战并大

① 《东国舆地胜览》卷一一《杨州牧·建制沿革》。

败的唐军（靺鞨、契丹兵士）所溺死的瓠芦河、王逢河以及靺鞨、契丹兵士攻陷的大杨城、童子城的位置。

瓠泸河毋庸置疑是瓠芦河的字面稍微改易。该河也被称为七重河，即今临津江。王逢河，通过新罗汉阳郡（郡治在今天的京城）所属的王逢县（一名遇王县）的位置可知，指的是还没有汇入临津江水流之前的汉江下游。《三国史记》卷三五《地理志》对王逢县的记载为："遇王县（王逢县），本高句丽皆伯县，景德王改名，今幸州。"幸州，据《东国舆地胜览》卷一一《高阳郡·古迹》，"王逢废县，即幸州，在县南十五里"，今为京城西北约四里汉江右岸的杏州。童子城，据《三国史记》卷三五《地理志》，是新罗长堤郡（郡治在今富平）的属县，"童城县，本高句丽童子忽（金富轼原注：一云幢山县）县，景德王改名，今因之。"《东国舆地胜览》卷一〇《通津县·古迹》载："童城废县，在县东二十里。""童城山古城，石筑，周八百七尺，高二十尺，今半颓圮"。参照《大东舆地图》，可知位于通津以东二里半，接汉江西岸的今天奉城里的奉城山山城，无疑就是古代童子城的遗址。大杨城位置考定缺乏资料，但应在临津江与汉江合流点附近。

如果上引记事中的瓠泸河为临津江，王逢河为汉江下游，大杨城、童子城在这两条江合流点附近，那么不能不认定跳过（R）的（Q）与（S）之间存在直接关联。其详言新罗军与唐兵及靺鞨、契丹兵作战并获大捷，将敌人溺于瓠泸河、王逢河必定是同一支靺鞨契丹兵进攻大杨城、童子城的战斗。其时，胜利的新罗军由前引（P）"九月……王，遣大阿飡彻川等，领兵船一百艘，镇西海"可知肯定是水军。唐朝所派遣来的契丹、靺鞨兵自然也可以推知不是陆军。总之，《新罗本纪》的（P）、（Q）、（S）记载的是靺鞨、契丹兵士构成的唐朝水军，他们在进攻临津江与汉江合流点附近时，新罗将军彻川率一百艘兵船将其击破，事件的顺序应改为（P）、（S）、（Q）。《新罗本纪》这一节所记载的上元元年、二年战争中新罗兵船的出动与唐朝水军的行动，无疑是新罗方面的记事。这不正与《资治通鉴》"又使靺鞨浮海，略新罗之南境，斩获甚众"记载略合吗？但是二者对于彼此胜败的立场完全不同，唐朝方面"斩获甚众"是对战败的矫饰文字。

前文也已涉及，《新罗本纪》编纂者采录《资治通鉴》文字的时候，删除了从海上派遣靺鞨兵士进攻新罗南境的部分，为填补其空白，另外将记载薛仁贵所率水军来侵（泉城攻击）的（D）植入。这是与之完全无关的四年前的事实。然而在它之前的（C）"闻唐兵与契丹、靺鞨兵来侵，出九军待之"，记载了新罗军防备唐军进攻而出动的事实，并与（P）、（Q）、（S）并排记载，通过双方的比较阅读可知，（D）一定是具有首要位置性质的记事。随后，《新罗本纪》编纂者不顾（P）、（Q）、（S）当然是紧随（C）之后的顺序，将其置于两年前的咸亨四年（文武王十三年），不仅将（S）、（Q）的排列顺序颠倒为（Q）、（S），而且还把本属于咸亨三年冬记事的（R）植入其间。前面已指出，将（I）（七重城之战）置于（E）（买肖城之战）之后也是不合理的。现在由（I）"唐兵与契丹、靺鞨兵来，围七重城，不克，小守儒冬死之。”来看，明确“契丹、靺鞨兵”为水军后，刘仁轨攻击七重城以及与此相呼应的水军的来袭是被混合在一起叙述的记事。

《新罗本纪》关于上元元年、二年之战记载之错乱十分复杂，确实像乱麻一样缠绕在一起。

今为一目了然各条记事，按顺序排列如下。

《资治通鉴》	《三国史记·新罗本纪》
刘仁轨大破新罗之众于七重城。	（C）闻唐兵与契丹、靺鞨兵来侵，出九军待之。 （I）唐兵与契丹、靺鞨兵来，围七重城，不克，小守儒冬死之。（契丹、靺鞨是水军，唐兵包围七重城从陆上来） （P）王，遣大阿飡彻川等，领兵船一百艘，镇西海。
又使靺鞨浮海，略新罗之南境，斩获甚众。	（S）契丹、靺鞨兵攻大杨城、童子城，灭之。 （Q）唐兵与靺鞨、契丹兵来，侵北边，（此句" 唐兵" 以下，须放置在C和I之间）凡九战，我兵克之，斩首两千余级，唐兵溺瓠泸、王逢二河，死者不可胜计。
仁轨引兵还，诏以李谨行为安东镇抚大使，屯新罗之买肖城。以经略之。三战皆捷。	（E）二十九日，李谨行率兵二十万，屯买肖城，我军击走之，得战马三万三百八十匹，其余兵仗称是。

纠正《新罗本纪》的记事错乱，并与《资治通鉴》文字相对照的结果，是各交战的胜负关系被互相对调了。究竟哪一个是妥当的呢？通过《资治通鉴》所记载的刘仁轨攻破临津江畔的七重城（积城）来看，我认为《新罗本纪》的“唐兵……围七重城，不克”的记载掩盖了事实。若是七重城的防御得以维持，代行刘仁轨统兵的李谨行绝不会进攻买肖城（比定为今之杨州，在积城与京城中间）。然而因为仪凤元年（上元三年）唐朝采取放弃半岛政策分明就是上元元年、二年之战的结果，所以《资治通鉴》“三战皆捷”歪曲了事实，侵入临津江河口附近地区的靺鞨水军以及进攻买肖城的李谨行兵，分别指《新罗本纪》的（Q）和（E）。引用《资治通鉴》文字的《新罗本纪》，删去“三战皆捷”一句，而买肖城之战（E）和七重城之战（I）以及将四年前的事实错误地植入的泉城之战（D）全都是为了叙述新罗军的胜利而造作出来的。

以上，以《通鉴》关于上元元年、二年之战的记事为基础，对与之相对应的新罗一侧史料予以检讨批判，完成了对此战的考察。因《新罗本纪》还有没做说明的（G）、（H）、（J）、（K）、（L）等记事，以下即对其略予进一步考察。

> （G）缘安北河设关城，又筑铁关城。

朝鲜近世史家安鼎福认为安北河是未知的河水，对铁关城则以“铁岭亦称铁关”予以说明。[1] 依据《东国舆地胜览》卷四九《安边府》“铁岭，在府南八十三里，高丽置关门，号铁关”记载，新罗时代的铁关城和高丽时代的铁岭关，即今之铁岭。新罗的铁关城，据《新唐书》卷二二〇《新罗传》载：“其国连山数十里，有峡，固以铁阖，号关门，新罗常屯弩士数千守之。”我认为那座可以屯兵数千的城池似乎不应该是位于完全没有平地的铁岭之上。高丽时代至李朝时代咸镜南道德源地区有以要冲而为人所知的名为铁关的城。德源邑北方约一里半，沿海岸通往文川的街道左侧耸峙着的望德山古城就是铁关城遗址。因此我认为铁岭关的略称就是这座城，也就是新罗文武王时期所筑之铁关城。它也是沿着德源邑以北名为北面川的小河，安边、会宁之间的街道与安边与平壤之间的街道（越过马息岭及阿虎飞岭，连接阳德、成川、江东之路）的分界点，是安边的要冲之地。修筑铁关城的同时，沿安北河设置关城，一定意味着望德山铁关城本城是设置在要冲之地。由此我认为安北河可以比定为北面川。[2]

新罗文武王八年（唐总章元年，668）在高句丽灭亡不久前，略取了安边附近地区，在该地设置比烈忽州作为东北境的镇城。[3] 七年之后的文武王十五年（上元二年），又在与此地相距不远的德源地区布设防御设备。这是为了防御靺鞨入侵，以下要说明的两条记事可以明确这一点。

（H）靺鞨入阿达城劫掠，城主素那逆战死之。

素那为抵御靺鞨入侵而战死的阿达城，由《三国史记》卷四七《素那传》“百济灭后，汉州都督都儒公，请大王（太宗武烈王），迁素那于阿达城，俾御北鄙”（前引素那所守为百济的北境之城）以及“阿达城邻敌国”两条记载可知，是新罗与靺鞨相接的东北边境方面的一座城。因为“北鄙”意味着东北边境，而“敌国”无疑指的是靺鞨。靺鞨进攻该城的时间及有关情况由见于同传：“上元二年乙亥春，阿达城太守级飡汉宣、教民，以某日齐出种麻，不得违令。靺鞨谍者认之，归告其酋长。至其日，百姓皆出城在田，靺鞨潜师，猝入城剽掠，一城老幼狼狈，不知所为，素那奋刃向贼……遂愤怒突贼，贼不敢迫，但向射之，素那亦射，飞矢如蜂，自辰至酉，素那身矢如猬，遂倒而死。”由此来看，靺鞨入寇阿达城是与唐军侵入临津江附近几乎同时发生的事变。

确凿无疑的是，靺鞨入寇阿达城是在上元二年春，《新罗本纪》编纂者依据《册府元龟》“上元二年九月，新罗王金法敏，遣使献方物”记载，将（H）排列

① 《东史纲目》卷四下。

② 有关铁关城及安北河的关城，考察新罗东北境沿革的其他论文详见《真興王の戊子巡境碑と新羅の東北境》第五节（朝鮮總督府古蹟調查特別報告第六冊，收入《滿鮮史研究》上世第二冊）。

③ 参阅拙著《真興王の戊子巡境碑と新羅の東北境》第四节。

于（F）之后。关于七重城之战的叙述（I）没有放在（F）之后，而是因前述之理由移到了前一年（上元元年、文武王十四年）条。而且是与（E）（买肖城之战）的“二十九日”、（D）（薛仁贵攻击泉城）的“秋九月”都没有关系的上元二年正月二十九日。[①]

（J）靺鞨又围赤木城，灭之，县令脱起率百姓拒之，力竭俱死。

赤木城，就是《三国史记》卷三五《地理志》连城郡（郡治在今淮阳）条所载“丹松县，本高句丽赤木镇，景德王改名，今岚谷县”中的赤木镇。其位置，《东国舆地胜览》卷四七载：“岚谷县在府（淮阳府）西三十里。”对照《大东舆地图》及现在的实测图，比定为淮阳西南直径约三里半的地方，在蓝谷面的县里。县里北面负山，其山有石垒的遗址。这相当于《东国舆地胜览》所谓“岚谷县北山城，石筑周八百八十四尺，今废”，即古代的赤木城。自德源、安边方面向南，溯安边的南大川之溪谷而上，经三防附近的赤木岭越过铁岭西南连绵的山脉，其道路经县里通往淮阳。因此，我推测侵入赤木城的靺鞨是属于元山、德源地方的一部。劫掠阿达城的也是来自同一地方的靺鞨。而且，通过审视阿达城的位置，我们可以得出结论：此城是比烈忽（安边）邻接靺鞨边境的一座边城，而非其附近的一城。

（K）唐兵又围石岘城，拔之，县令仙伯悉毛等，力战死之。

石岘城之名，公元4世纪末，高句丽广开土王（好太王）侵略百济北方边境诸城之一，见于《三国史记·百济本纪》辰斯王八年条：“秋七月，高句丽王谈德（广开土王）帅兵四万，来攻北鄙，陷石岘城等十余城。王闻谈德能用兵，不得出拒，汉水北诸部落多没焉。冬十月，高句丽攻拔关弥城。”翌年，阿莘王意图恢复，但未成功，《百济本纪》阿莘王二年条载：“秋八月，王谓武（左将真武）曰‘关弥城者，我北鄙之襟要也，今为高句丽所有，此寡人之所痛惜，而卿之所宜用心而雪耻也’。遂谋将兵一万，伐高句丽南鄙，武（真武）身先士卒，以冒矢石，意复石岘等五城，先围关弥城，丽人婴城固守，武以粮道不继，引而还。”当时百济的国都无疑是位于汉江南岸附近的南汉山城（今广州）。“汉水北诸部落多没焉”中的汉水即汉江，将其与石岘城放在一起看，那么关弥城是在汉江与临津江之间的地方。文武王十五年（上元二年）唐兵攻陷的石岘城与此石岘城为同一城，这一支唐兵就是攻击买肖城（今杨州）的李谨行麾下。由此可见，《新罗本纪》记事（K）

① 上元二年二月以前李谨行对买肖城的攻击无疑是已经进入了二年。《三国史记》卷四三《金庾信传》“至乙亥年，唐兵来攻买苏川城”就是其证据。乙亥是上元二年，买苏川城是买肖城。

是中国史料所未见的对上元元年、二年之战事实的记载。

(L) 又我兵，与唐兵大小十八战，皆胜之，斩首六千四十七级，得战马二百匹。

这条记事是关于上元元年、二年之战中新罗军交战事实的概括性文字，其原文乃是裁切自某一记载。不过，因其虏获的马匹数过少而存在谬误（参照E）。

以上对（G）、（H）、（J）、（K）、（L）各项进行了检讨，（K）和（L）两项是关于上元元年、二年之战的记事，（G）是与之无关的东北方面的筑城记事，（H）和（J）是同一地方关于靺鞨入寇事实的记录。（K）应配置于C+I+P·S·Q+E之中的（E）（买肖城之战）前面，（L）则是末尾的附加记事。由此，按前文所说的方式补入如下：

A=C+I+P·S·Q+K+E+L

因为很难轻易相信错乱颇多的《新罗本纪》之顺序，所以也可以认为比烈忽的边城阿达被靺鞨劫掠（H），铁岭山脉内侧的赤木城被他们屠戮（J），是为应对唐兵侵入而加强了西北面的防御，但这却削弱了比烈忽的守备。而且，在德源附近的要冲安北河一带筑设关城及铁关城（G）并非在靺鞨侵入之前，而是其后防御上的措置。

又，《新罗本纪》第二年（文武王十六年、唐仪凤元年）七月条记事如下：

(M) 唐兵来，攻道临城拔之，县令居尸知死之。

然而如果是这样的话，首先年月上就不对。这一问题留待下一节予以说明。上元元年、二年之战相关的记事也有错简。道临城是金壤郡的属县之一，见于《三国史记》卷三五《地理志》："临道县，本高句丽道临县，景德王改名。"《东国舆地胜览》卷四五《通川郡》古迹条载，"临道废县，在郡南三十里"，另依《大东舆地图》标出的废县位置，其地应在江原道通川邑东南二里的濂城里。上元元年、二年之战中唐兵攻略地，限于临津江附近，殆无疑也。《新罗本纪》这一条与（H）和（J）一起一定都是前一年记事的错出，其中的"唐兵"乃"靺鞨"之误。

六、唐朝放弃半岛——安东都护府的移转

上元元年、二年对新罗的征伐，是唐高宗对半岛的最后一次出兵，出兵的结果

是没有实现目标。即，并非如《资治通鉴》所说“三战皆捷”，新罗方面迫切地上表谢罪，高宗许之，而不再对其用兵。唐朝至翌年仪凤元年（676）初，最终采取放弃半岛的政策。《资治通鉴》卷二〇二《唐纪十八》载：“仪凤二年二月，甲戌，徙安东都护府于辽东故城（高句丽时代之辽东，即今辽阳），先是有华人任东官者，悉罢之。”所言即是这种措置。

关于安东都护府的移转，除《资治通鉴》及与之完全相同的《册府元龟》（卷九九一《外臣部三六·备御四》）记载外，《旧唐书·高宗本纪》还记载：“上元三年（仪凤元年）二月甲戌，移安东都护府于辽东。”同书卷三九《地理志》亦载：“上元三年二月，移安东都护府于辽东故城置。”《地理志》该引文前云：“总章元年九月，司空李勣平高丽。……置安东都护府于平壤城以统之。……令将军薛仁贵以兵二万镇安东府。”由此可知，唐朝在高句丽国灭亡之际在平壤设置的安东都护府，此时最终向辽东迁移。咸亨元年，与李谨行、杨昉等共同讨伐钳牟岑叛乱的高侃，在平定叛乱之后将都护府治所移往辽东，事见《新唐书·高丽传》（本文第二节已涉及）。司马光《通鉴考异》卷一〇亦载：“实录，咸亨元年，杨昉、高侃讨安舜，始拔安东都护府，自平壤城移于辽东州。仪凤元年二月甲戌，以高丽余众反叛，移安东都护府于辽东城。”可见，无法忽视咸亨元年移转的事实。所谓“实录”，无疑是司马光编纂《资治通鉴》时还存在的唐高宗实录，《新唐书》撰者以同一实录为据，记录了咸亨元年之移转。然而如何看待仪凤元年的移转呢？司马光针对《实录》记载的两度移转说：“盖咸亨元年言移府者，终言之也；仪凤元年言高丽反者，本其所以移也（说明移转的原因）。会要（《唐会要》）无咸亨元年移府事。此年（仪凤元年）云移于辽东故城，今从之。”在此，他将《唐会要》没有关于第一次移转的记载当作旁证无疑是一种强辩。《实录》关于仪凤元年迁移的“以高丽余众反叛”的记载是史笔之误。我认为钳牟岑之乱被平定之后，立即将都护府移治辽东，咸亨三年钳牟岑余党叛乱后，由于高侃等人的出征而重新移治平壤，并以之为基地发挥军事上的作用。经数年经营，仪凤元年决定放弃半岛后，安东都护府再次移往辽东。

安东都护府移转的同时，熊津都督府也迁置于辽东的高句丽名城建安城（盖平东北高丽城子）①，上引《资治通鉴》文字随后又云：“徙熊津都督府于建安故城，其百济户口，先徙于徐（江苏省徐海道铜山县）、兖（山东省济宁道滋阳县）等州者，皆置于建安。”关于都督府的移转，《册府元龟》还有一条记载：“其百济百姓，先徙在徐河（徐州河）及徐、兖等州者，权移熊津都督府于建安故城，以处之。”对于此建安城的熊津都督府，津田左右吉先生曾有论述：“在熊津都督府置于

① 本研究以岛田好氏的实地踏查为据，建安城比定为盖平东北十五华里的石城山（一名高丽城子）（《历史地理》第49卷第1号，昭和二年1月，《高句麗の安市城の位置に就て》）。另请参照八木奘三郎氏的《满洲旧迹志》上篇，页167。

中国内地、徙百济人于建安之时，这些都督府只不过负有旧名而已。在咸亨三三年之交，熊津都督府实际上是不存在的，其地悉归新罗所有，在这种情况下只保留了古来屡屡流行的名称。"① 实际上看不到从百济故地的移转。这也是《册府元龟》之所以用"权移"的原因。

（冯立君，1984 年生，男，中央民族大学历史文化学院博士研究生，专攻中古时代东亚关系史，北京：100081）

① 《滿鮮歷史地理研究報告》第一冊《安東都護府攷》，頁 64—65。

明末辽东沿海一带的“海上势力”

［韩］郑炳喆著　王桂东译

目　录

序　言

明末在明—后金的战争漩涡中辽东地区产生了大批的难民。为了躲避战乱以及努尔哈齐的高压支配，辽民大规模地踏上了避难之路，且其数量急剧增加，这一问题在伴随战争进行的另一维度中成为明、后金、朝鲜之间的主要悬案。

对于应对辽民大举“避难入关”这一事态的明朝而言，为了阻止辽东难民经海路大规模流入山东的登州、莱州等地，同时避免出现后金掌握海上从而威胁到山东登、莱地区的情况，因此掌握制海权便尤为迫切。此外，后金占领辽东后使得明朝与朝鲜的陆路交通断绝，为了维持与强化同朝鲜的密切联系，确保海路的必要性亦陡然增加。另一方面，对于占领辽东大举编入支配辽民从而急速转变为农业社会的后金而言，面临着统治下的辽东汉人大量逃亡从而造成劳动力损失等严重的社会和经济问题。而对于朝鲜一方，避难辽民大量流入域内这一事态，不仅仅是带来严重的治安问题，其刷还问题更为棘手，且不只是同明朝，尤其是成为同后金（清）引起外交摩擦的祸根。

山东及辽东沿海的诸多岛屿在此之前就有在陆地上失去生存基础的流民潜入居住，这些人在国家权力的直接统治之外，入岛从事农耕间或进行商业活动。明末辽东成为战场避难辽民更是大量涌向这些岛屿，故而控制在海禁体制下几乎荒弃的岛屿地区，对于前述的明·后金·朝鲜的内地状况而言亦有着重要的意义。

本文如前所述以明末辽东沿海一带为背景，对于作为一种“海上势力”而登场的毛文龙集团进行细致考察。现有的关于毛文龙的研究尤其是从韩中关系史的层面来说显得甚为可观,[①] 这些研究涵盖了与毛文龙迅速崛起相关联的明朝内部的政治及军事权力关系、通过毛文龙考察明·朝鲜·后金之间的外交关系、毛文龙所部进驻朝鲜域内给朝鲜带来的弊害极其应对措施以及毛文龙突然被袁崇焕斩杀这一事件等方面，并呈现出集中化研究的倾向。[②] 因此指出毛文龙势力的登场背景与明末辽东社会的变化之间的关联以及从毛文龙集团作为一支“海上势力”兴起后其海上进出、海上活动乃至海洋世界这一层面来全盘考察明·朝鲜·后金（清）之间的关系，学界的研究则尤为不足。[③]

本文主要解决的问题包括：A. 将明末辽东沿海一带以毛文龙为代表的海上势力登场作为背景，以明末辽东社会的变化和人口流动、辽东的战场化及努尔哈齐的高压支配造成的辽民大举避难出逃以及明朝为了安顿避难辽民和控制辽东沿海一带的制海权所采取的对外战略等几个方面为考察重点。B. 为了探讨在此情况下因控制辽东沿海一带的岛屿从而迅速壮大的毛文龙“海上势力”的性质，对于地处明·朝鲜·后金三方势力交错地带的皮岛（东江镇）的战略地位，毛文龙对后金的牵制及其他作用进行分析讨论。C. 另外对于以往研究中关注不够的毛文龙的海上活动，即包括连接皮岛在内的辽东沿海一带诸岛、旅顺—登莱—天津的海上交通及海上贸易等，并就这些问题之间的相互关联给予细致考察。

一、辽民及岛民：辽东的人口流动

明末辽东社会最显着的特征之一即为人口流动问题极为突出。明中期以后中国社会全面且大规模的人口流动既已出现,[④] 因此人口流动问题并非辽东地区所仅有，但辽东的人口流动是伴随着其作为军政地带基础的屯田体制的崩溃而发生的,[⑤] 这一现象则是辽东地区的特殊性所在。

明代辽东驻屯军的军饷补给在明初是通过屯田经营的“自给自足体制”实现

① ［日］田川孝三:《毛文龍と朝鮮との關係について》,《青口學叢》(3), 1932; ［韩］한명기（韩明基):《임진왜란과 한중관계》(《壬辰倭乱和韩中关系》), 역사바평사, 1999。

② 田川孝三:《毛文龍と朝鮮との關係について》; 한명기:《임진왜란과 한중관계》; 李善洪:《试论毛文龙与朝鲜的关系》,《史学集刊》1996 年第 2 期; 李光涛:《毛文龙酿乱东江本末》,《历史语言研究所集刊》(第 19 辑), 1948 年; 陈辽:《论明末毛文龙·袁崇焕两大错案》,《盐城师专学报》（哲学社会科学版）1995 年第 2 期; 李成燕:《尚可喜之降与毛文龙之死》,《鞍山师范学院学报》2002 年第 6 期。

③ 王景泽在其《明末的“辽人”与“辽军”》(《中国边疆史地研究》2003 年第 1 期）一文中探讨了明末的辽人问题，其中对包括毛文龙所部在内的辽军的种类及性质进行了全面细致地分析，但对于毛文龙作为“海上势力”的分析则较为粗略。

④ 关于明后半段以来全国性的大规模的人口流动和对流现象，可参见［韩］吴金成:《中國近世社會經濟史研究》, 일조각（一潮阁), 1986 年，第 280 页。

⑤ ［韩］郑炳喆:《明末 山東과 遼東間의交流와 그性格》(《明末山东与辽东之间的交流及其性质》),《明清史研究》(韓國),（第 3 輯), 1994。

的，但是到了明中后期因为当地将领和权贵阶层对屯田的侵占及赔粮（包赔）措施、上级将官对屯田军的剥削和私有化以及杂役繁重等原因，造成屯田体制迅速地崩溃。[①] 在这一过程中屯军的逃亡呈现出加速的趋势，以嘉靖年间为例，辽东屯军的原额数156，900名中至是仅剩下约40%，即人数不足6万名且以老弱者居多。[②] 脱离屯田体制的屯丁投托权贵阶层成为其奴仆或佃户，而逃往辽东境内的其他地区或者沿海岛屿的人也是普遍存在的。明末辽东社会在“壬辰倭乱”以及同后金的战争过程中发生了急剧地变化。万历年间明朝支援朝鲜抗击“壬辰倭乱”时期，辽东派出了包括先遣部队在内及之后数次的增派军队，并且承担了提供各种物资的任务，由于负担过重使得辽东陷于疲敝。此外辽东作为明朝援军归国的经由之地，一些援军却滞留在辽东不返回其原驻地，且由于对给养供应和其他方面的不满致使兵变频仍。

天启元年（1621，天命6）以后，后金攻陷了沈阳、辽阳等辽东的核心区域并向辽东发起了全面进攻，为了躲避战祸和后金对汉人的高压政策，踏上逃亡之路的辽民数量激增。[③] 避难辽民大体上逃往如下几个区域：A. 辽东境内的其他地区；B. 由陆路去往广宁、宁远、山海关等明军控制地区，或入关进入北直隶各地；C. 由海路去往天津、山东等地，乃至人迹罕至的沿海岛屿；D. 潜入临近的朝鲜境内。

辽民经由陆、海路大规模进入华北地区，进而给包括畿辅地区在内的华北一带带来了严重的治安问题，明朝方面对此甚感忧虑。天启年间后金对辽东的进攻致使当时避难入关的辽民“不下百万”[④]，甚至有报告称其人数“至二百余万”[⑤]，尽管这个数目未必可信，但是当时人们前所未见的大规模的难民涌入华北一带应是事实。

由海路渡到山东一带的辽民问题也很严重。天启元年三月后金攻陷辽、沈之后，其南边的所谓南四卫（海州、盖州、复州、金州）一带大受震动，这些地方的军民大举避难南下。因此时任山东巡抚赵彦就曾提出这样的忧虑，即这些避难者有可能夺取往来登州—旅顺之间的海运船只并涌入登州，而且其中还可能有奸细混入，因此他主张整备并强化天津及登、莱一带的海防体制。[⑥] 基于此种现实情况，天启初年的大学士叶向高也建议道：

---

① ［日］岡野昌子：《嘉靖十四年の遼東兵變》，《明末清初の研究》，京都大學人文科學研究所，1989。

② 《明世宗实录》卷88，嘉靖七年五月丙戌条，第2001页；岡野昌子：《嘉靖十四年の遼東兵變》，第39页。

③ ［韩］金斗鉉：《遼東支配期누르하치의對漢人政策》（《辽东支配期间努尔哈齐对汉人的政策》），《東洋史學研究》，第25輯，1987。

④ 《明史》卷275，列传163，《张慎言传》，第7037页。

⑤ 叶向高：《条陈要务疏》，《明经世文编》卷462，中华书局1987年影印本，第6册，第5075页。

⑥ 《两朝从臣录》卷6，天启元年四月，续修四库全书，第185页。译者按：“两朝从臣录”应为“两朝从信录”，恕下文不一一给予标示。

至山东登、莱一带辽民亦有数万，併责成抚按官一体布散安插以消乱萌，此实今日第一之急务耳。①

这种趋势一直持续着，崇祯六年为了躲避清军对旅顺的进攻，通过海路逃往登、莱两府的辽民仅在蓬莱、掖县等六个县的人数就达到了十余万之多。②

崇祯五年到崇祯六年发生在山东登州府和莱州府并且震动山东半岛的“孔有德之乱”就是由逃亡辽人主导的一次具有代表性的叛乱，③ 而与此相类似的辽人骚乱或叛乱事件在明末华北地区是不断发生的。④ 从对崇祯十年（1637）山东南部济宁州的“辽人失业可虞”的文献记载来看，⑤ 辽人渡逃问题一直持续到明朝末年，且地域范围波及北直隶、山东半岛直至山东南部地区。

另一方面，避难辽民潜入沿海岛屿（即前述区域C）同渡海进入华北和山东相比还有另一层的意味。尽管潜入岛屿的辽民不会像避难进入华北的辽民那样对明朝内地的治安问题带来直接影响，但这些岛屿却有可能成为潜在叛乱势力的温床，或者被后金势力控制后成为对明朝发动海上攻击的根据地。相反，如果明朝对其有效加以利用的话，则会成为牵制后金进攻辽东的海上基地。因此对于明朝而言绝不能够弃置不管辽民潜入岛屿这一问题。

华北一带的百姓潜入沿岸海岛这一现象自明初开始既已存在，这些“岛民”和“流民”一样被认为是“罔知官府之法者”。⑥ 他们主要是由山东及华北一带为逃避赋税和兵役而逃亡至岛中或者是因为在各种生产活动中遭难而留居在岛中的人组成，而自明后期开始从辽东逃来的兵士、难民则成为“岛民”中的多数。他们把海岛作为根据地，在华北与辽东的贸易间频繁充当中介。关于其情况史料如是载曰：

往往驾巨艘入岛屿采木贸易，（且利其土饶）遂推（携）乃妻孥以居，因招集亡命盘据诸岛，时出劫掠土人，莫可谁何？此其患视倭尤甚。⑦

这些岛民时常到山东的登、莱地区上岸劫掠，而如若对其加以剿灭，则“非官

① 叶向高：《条陈要务疏》，《明经世文编》卷462，第6册，第5076页。

② 《明清史料》，辛编，第1本，第96页，《兵部行“关于登莱二属善后各款”残稿》。

③ 光绪《增修登州府志》卷13，兵事，11前—15后。

④ 参见《兵部为登莱海域明兵布防事行稿》，《历史档案》1986年第2期；《崇祯13年明清登莱战防史料》，《历史档案》1986年第2期；《崇祯13年辽东战守明档选》，《历史档案》1986年第3期。

⑤ 郑天挺等编：《明末农民起义史料》，《总理河道周鼎题为贤能将领等事》，北京：开明书店，1952年，第155页。

⑥ 魏焕：《辽东经略》，《明经世文编》卷248，第3册，第2611—2613页；《西园闻见录》卷53，边方，辽东镇，10前。

⑦ 《明世宗实录》卷563，嘉靖四十五年十月癸酉条。

兵万余不克，非巨舰数百不济"[①]。

为了躲避明末辽东的持续战乱和后金的高压统治，数万辽民避难至海上成为"岛民"。尤其是天启元年后金攻陷沈阳、辽阳之后，半岛南部的辽民大举南下，经由海路涌向山东一带岛屿的难民即有数万人，[②] 而逃往朝鲜的人数亦不下两万人。[③] 明朝面对此种情形当然不能坐视，特别是当后金的攻势强化后明朝又开始担忧其从海上发起攻击。万历四十七年（1619）后金在萨尔浒取胜后掌握了辽东战场的主动权，所以当时明廷便担忧"女真胁迫朝鲜一同自海上进攻中国"[④]，如此则不仅登州、莱州，即使是内地的徐州、兖州直至山东—淮南一带都将受到威胁。[⑤] 另一方面，天启元年三月后金攻陷了辽阳和沈阳从而控制了辽河以东的地区，明朝亦担心辽人为后金制造舰船并担当向导从海上进攻登、莱和天津，从而控制并阻断明朝的饷道，[⑥] 因此对于那些潜入躲藏在内地的辽民，有人甚至主张对其应视以"奸细"问罪。[⑦] 此外，当时明朝与朝鲜的陆路交通已经断绝，光海君正执行着中立外交的路线，因此担心后金裹挟朝鲜从海上进攻明朝实属多虑。

总之对于明朝而言，确保连接山东至辽东的海上交通，不但可以在海上牵制后金西进，而且还可以在辽民涌入华北的途中对其进行阻截和收抚。同时为了阻止后金制服朝鲜并征发朝鲜水军自海上进攻"中国"，加强与朝鲜的联系亦显得尤为迫切。在此种情形下，控制了辽东一带诸岛且得到明朝和朝鲜支持的毛文龙集团成长为"海上势力"。

二、毛文龙的东江镇开设及海上活动

1. 皮岛的东江镇

广宁巡抚王化贞麾下的练兵游击毛文龙[⑧]于天启元年五月奉王化贞"招致遗民恢复疆土"之命，率部在从三岔河口（辽河的入海口）到鸭绿江口的辽东半岛沿海一带（所谓南四卫）开展军事活动。当时毛文龙率领200多名水军（沙船4艘、

---

① 张学颜：《逋民尽数归顺疏》，《明经世文编》卷363，第5册，第3909页。

② 《明熹宗实录》卷9，天启元年四月丙申条；卷10，天启元年五月乙卯条。

③ 《明熹宗实录》卷10，天启元年五月癸丑条；《明史》卷259，列传147，《熊廷弼传》，第6696页。

④ 译者按：韩文原文中作者如是表述曰："여진이 조선과 영합하여 해상으로 중국을 공격하여……"，汉译为"女真胁迫朝鲜一同自海路进攻中国"，此种表述与中国学界的主流观点相左，应表述为"后金胁迫朝鲜一同自海路进攻明朝"。

⑤ 《朝鲜光海君日记》，光海君十一年十月三日壬子条。其载录内容的消息来源出自于朝鲜千秋使在北京看到的云南道御史张至发的奏本。

⑥ 《两朝从信录》卷6，天启元年四月，第197页。

⑦ 《两朝从信录》卷6，天启元年四月，第185页。

⑧ 毛文龙，杭州人，原为辽东总兵李成梁麾下，因得中武举，先后升任百户、千总、守备和游击，是一个典型的武人。参见《明季北略》卷2，《毛文龙入皮岛》，上册，第38—39页。

军士197名、米500石)[1] 在海上活动，相继占领了辽东半岛沿海的猪岛、广鹿岛、给店岛、石城岛等岛屿。[2] 而且同年七月，袭击并夺取了位于后金后方、通往朝鲜的要冲——镇江，并将“镇江奇捷”的胜报传回明廷进而一跃成名。

毛文龙夺取镇江给当时乘胜西进的后金带来很大的冲击，其后毛文龙成为后金背后的威胁势力。这对于四个月前接连丧失辽阳、沈阳等要地节节败退的明朝而言，毛文龙的海上活动和捷报无疑燃起了其收复辽东失地的希望；因后金占领辽东断绝了的同朝鲜的外交·军事联系也得以恢复，同时还能牵制和监视执行中立外交路线的朝鲜。而毛文龙的存在对于朝鲜而言，则不仅仅是同明朝重建政治·军事·外交关系的桥梁，还是承受来自后金方面各种干涉和压迫的祸根。总之毛文龙的海上活动和“镇江之役”，使得三国间的军事·外交关系变得微妙复杂起来。

毛文龙在辽东半岛沿海一带活动的天启元年夏，临近的诸岛涌入了败残的明军以及避难的辽民。在一些岛中业已投降后金的南人出身的岛官征收牛只和粮食，并且掠取寡妇和闺女送往沈阳（经核对史籍原文，应为辽阳——译者）。[3] 而复州、金州等地的军民以及东山矿徒等结砦自固，因此抵抗后金期待明军的势力也是存在的。[4] 至于去往辽东半岛南端的辽民则死守旅顺抵抗后金的攻势，[5] 被迫南下的明军在这一带为数亦不少。[6]

辽东半岛南部沿岸一带不但远离连接山海关—宁远—广宁—辽河（辽沈）一线的明与后金之间的主战场，而且地处分水岭的山区地带也使得彼此相互隔绝。因此尽管辽东半岛一带处在后金的影响力下，这一地区可供流通的要道仍旧很多。例如毛文龙夺取镇江后，留驻镇江的七日内即有闻讯投至其麾下的辽民四万余人（这一数字多少有点夸张）；[7] 金州、复州等地的辽民在毛文龙进军时“处处扑杀虏级，约五千余颗，车马捆载，响应奔附”[8] 以示欢迎。“天启元年河东失，民多逃岛中，文龙笼络其民为兵”，[9] 如此避难辽民大举流入毛文龙的阵营，这也成为毛文龙势力得以迅速扩张的背景。

---

① 《东江疏揭塘报节抄》卷1，《天启元、二年塘报》，“原眉批”，浙江古籍出版社1986年排印本，第9页；《明季北略》卷2，《毛文龙入皮岛》，上册，第39页。

② 《明季北略》卷2，《毛文龙入皮岛》，上册，第39页；《东江疏揭塘报节抄》卷1，《天启元、二年塘报》，第5—6页。

③ 《明季北略》卷2，《毛文龙入皮岛》，上册，第39页；彭孙贻：《山中闻见录》卷3，9前。

④ 《明史》卷259，列传147，《熊廷弼传》，第6696页；田川孝三：《毛文龍と朝鮮との關係について》，第34页。

⑤ 《明史》卷259，列传147，《熊廷弼传》，第6698页。

⑥ 天启元年七月，后金再取镇江和对南四卫的攻势中复州的壮丁5万名避往长山岛（参见《山中闻见录》卷3，9后）；一部分乘船40余艘逃往鹿岛（参见《全辽纪略》卷9，《海略》；田川孝三：《毛文龍と朝鮮との關係について》，第37页）。

⑦ 《东江疏揭塘报节抄》卷1，《天启元、二年塘报》，“原眉批”，第9页。

⑧ 《东江疏揭塘报节抄》卷1，《天启元、二年塘报》，第7页。

⑨ 《明史》卷259，《袁崇焕传》，第6715页。

之后，毛文龙受到后金的攻击便退离镇江转战于朝鲜西北一带观望形势，并且在业已占领的辽东沿海诸岛部署兵力，使其成为联结山东登、莱和恢复辽东的据点。[①] 毛文龙鉴于自身对驻军朝鲜的顾忌以及因辽民涌入境内而倍感忧虑的朝鲜方面的要求，故而于天启二年十一月率部进入位于鸭绿江入海口的皮岛（或称椵岛，朝鲜属地）。[②] 此后，毛文龙以皮岛为中心收抚辽东军民构筑势力，并开设了明朝最前方的海上基地——东江镇。皮岛是位于鸭绿江入海口距离朝鲜铁山半岛不足一里的小岛，[③] 当时蛇虎出没且荒无人烟，仅有两处地方可供停泊船只，[④] 而且周围布满暗礁和峭壁，[⑤] 是一处险峻之地。

毛文龙因何在远离明朝对后金战争的前线，即朝鲜境内的这个小岛上构筑营盘？那是由于皮岛比其他地方都更具备地理上的优势。这里不仅在朝鲜时代以前就是山东经黄海北部的辽东半岛沿海去往朝鲜半岛西海岸的沿岸航路的主要经由地，而且当明末辽东陆路阻断后皮岛也成为朝鲜同明朝海上交通的必经之地。诚如史料所载：“（皮岛）南可以屏蔽登、莱，东可以联络朝鲜，北可以攻冲辽、沈，（实）平辽阨要区也”。[⑥] 皮岛地处明·朝鲜·后金三国之间的交错地带，对于观望急剧变化的东北亚局势而言，实为一绝佳的地方。

另一方面，由于皮岛是朝鲜的属地，海外军镇得以存立的决定性因素即各种军饷的筹措事宜，便易于通过朝鲜解决。朝鲜容纳毛文龙所部驻屯境内并为其提供军粮等各种物资，这招致了后金持续不断的压迫最终甚至遭到了武力攻击。然而当时朝鲜背负着明朝“壬辰倭乱”期间的“再造之恩”，加之仁祖反正（1623 年，天启三年三月）后又必须获得明朝承认这一外交被动以及对明使行等各种外交交涉也必须通过毛文龙成为惯例等因素，[⑦] 因此必须要承认毛文龙这一势力且不能不对其加以利用。[⑧] 故而朝鲜对于毛文龙过度的军粮要求亦没有完全拒绝，尽管在经济上遭

① 例如，天启二年八月毛文龙上疏建言从旅顺东边海上的三山岛（游击陈大韶）到鸭绿江入海口西侧海上的鹿岛（守备程攸）之间的各岛部署兵力，并且开设军镇，从而联络山东的登、莱以及恢复辽东。参见田川孝三：《毛文龍と朝鮮との關係について》，第 61 页。

② 《朝鲜光海君日记》，光海君十四年十一月十一日己卯条。关于毛文龙进入皮岛的时间点可参见田川孝三：《毛文龍と朝鮮との關係について》，第 52 页。

③ 皮岛周长九里半，南北长一里许，东西长二里半，中央的 BONG－HUA 山（봉화산）海拔 350 米左右，1932 年时住有形成村落的渔民 250—260 户，参见田川孝三：《毛文龍と朝鮮との關係について》，第 54 页。

④ 《朝鲜仁祖实录》，仁祖八年四月二十九日戊寅条。

⑤ 《明季北略》卷 2，《毛文龙入皮岛》，上册，第 39 页。

⑥ 《东江疏揭塘报节抄》卷 1，《天启元、二年塘报》，“原眉批”，第 7 页。

⑦ 毛文龙实际上在明朝与朝鲜之间的政治与外交关系中充当着桥梁的作用，正如史料所载：“天朝（明朝）之所以是非者，一则毛将，二则毛将，得其欢心，斯为急务”（参见《朝鲜光海君日记》，光海君十四年十月二日甲子条）。

⑧ 朝鲜在对明关系中积极利用了毛文龙势力，例如派遣对明奏闻使或向明朝呈文中，对于仁祖反正等朝鲜内政明朝若有诘问，朝鲜则回复说“请问询毛文龙”或“不要另派使臣而是交由毛文龙处理”。可参见한명기（韩明基）：《임진왜란과 한중관계》（《壬辰倭乱和韩中关系》），第 335 页。

受了极大的损失。(下文再述)

总之毛文龙所部的海上活动及进驻皮岛支援和鼓舞了辽东半岛一带对后金的抵抗势力，将正承受着被后金征发贡物和女子苦痛的岛民纠合起来，改编为抵抗后金的力量，进而联结朝鲜并从朝鲜获取军粮等必要物资，以此作为恢复辽东的策略。

毛文龙利用皮岛地处明·后金·朝鲜三国势力交错地带的地理优势，运用巧妙的军事和外交策略求得生存，并且扩张了势力。其从朝鲜持续地获得各种军饷的补给，又大量收抚避难的辽民和军兵，力量得以壮大。即"始甚单微，其后入据椴岛，声势日盛，奴贼不能无东顾之虞"[①]。如此，毛文龙联合朝鲜在背后对正在西进的后金构成威胁，正如史料所载"虏亦疑其议后，不敢专意西向"[②]，形成了牵制后金的"掎角之势"。

2. "掎角之势"的真相

毛文龙的东江镇在拥有前述的地理和战略上的优势的同时亦有着根本性的局限。皮岛坐落在远离辽东明朝与后金主要战线的鸭绿江口，因此在明朝对后金的军事战略上其利用价值也愈发下降。后金占领辽东半岛并越过辽河西进以后，半岛南端的旅顺（金州）的战略价值凸显，对于辽东的全局防御也更具有决定性的意义。[③] 因此明朝试图令毛文龙将东江镇移驻于此，然而毛文龙为了远离明朝的控制保存自身势力，从而维持自己的"海上王国"，加之驻屯皮岛更容易从朝鲜获取军需品，因而对移镇持消极和反对的立场。

为了供养以皮岛为中心的东江镇数万明军[④]以及数量远超明军的避难辽民，不可避免要依赖外部的支持，这一点也是其局限性之一。由于明朝当时的粮食情况严峻以及海运的不安全因素，从辽东或山东筹集军粮并不顺畅，因此明朝便支给毛文龙银两。只是用银两从朝鲜购入粮食也是不容易的，更何况支给的银两还不充足。毛文龙为了实现粮食自给的目的，屡次试图在昌城、铁山、义州等朝鲜西北部一带经营屯田。但朝鲜担忧明军大举在朝鲜陆地上驻屯会生出事端，故而对其屯田施以消极的应对。[⑤] 况且依靠经营屯田来收获成果也是一件非常耗时间的事情。

在此情况下，毛文龙所部驻屯皮岛给朝鲜带来了很大的负担和弊害。天启六年（1626）仅前半年朝鲜就向毛营提供米谷十四万石，而这其中有一半即是以低价交

---

① 《朝鲜光海君日记》，光海君十三年七月二十六日乙丑条。

② 《朝鲜仁祖实录》，仁祖元年闰十月二十五日辛亥条。

③ 魏刚：《毛文龙在辽东沿海地区的战略得失》，《大连大学学报》1999年第5期，第97页。

④ 东江镇的主镇皮岛情况如下（兵士2万8千，战马3千余，炮兵等则与毛文龙掌权后期相关），其后在临近的身弥岛设立分镇，驻屯1千余士兵；其他诸岛如加次岛（士兵600余名）、鸡岛（士兵200余名）、獐子岛（建造门窗，设有毛文龙的四代家庙）等形成拱卫皮岛的形势（参见田川孝三：《毛文龍と朝鮮との關係について》，第70页）。另外在早于此的天启三年左右毛文龙的军队规模为浙直等处南兵8千、挑选辽兵3万7千、招练辽兵2千，合计4万7千名（参见《明季北略》卷2，《毛文龙请饷》，第40页）。

⑤ 《朝鲜仁祖实录》，仁祖二年十二月二十四日甲辰条；仁祖六年正月四日丙寅条。

易的。[①] 至于朝鲜向毛营提供的米谷总量则更是达到了二十六万八千七百余石，[②] 朝鲜也因为其对毛文龙军的粮食供应造成了全国性的物力荡竭。[③] 除粮食之外，毛文龙还随时向朝鲜索要船只、战马、火铳、人参等各种物资。[④]

如果毛文龙所部从朝鲜获取粮食不顺畅的话，则随时可能在朝鲜西北地区登陆劫掠民家。如天启四年大批毛兵在朝鲜定南一带“掠夺牛马，搜括家藏，沿路一空，民皆号哭”[⑤]，此后毛兵的类似掠夺行为亦是持续不断。[⑥] 甚至于当不能供给军粮时，毛兵不惜捆绑并殴打朝鲜西北地区的地方官员。[⑦] 其结果自然会令朝鲜感到大为闷迫，光海君就曾言曰：“毛将之来住也，启我国不测之祸”[⑧]；仁祖国王也曾叹息曰：“毛镇督饷……头会而箕敛，民穷、财尽，外内绎骚”[⑨]，其之扰害可见一斑。[⑩]

毛文龙为了确保筹措物资构筑自己的势力，以皮岛为根据地积极从事海上商业活动。在毛文龙的军事庇护下，东江镇边市开设后山东、朝鲜的商船纷纷来舶，一派繁盛景象（下文详述），但海上军镇的商业繁荣必然会受到周边的政治和军事形势的极大影响。

毛营内部的状况发生恶化以至于出现了内讧。如天启五年正月参将徐孤臣率领兵士五十名、携军粮一百石脱离毛文龙移驻昌城一事，再如同年四月都司白有学主动在事前揭发毛文龙谋反等均是例证。[⑪] 关于毛文龙的欺瞒行为及其他恶行的传闻亦从未间断，而毛文龙的形象发生决定性的变化是从天启七年（1627，仁祖五年）“丁卯胡乱”之后开始的。当然在此之前关于毛文龙的情形既已出现了其“诈级要功”、“虚兵冒饷”、“通奴市倭”[⑫] 的报告。以至于在明朝和朝鲜的朝野上下认为毛文龙早晚必叛且投降后金（清）的传闻极盛。[⑬] 在“丁卯胡乱”时毛文龙不曾出动军队救援朝鲜，却完全捏造战果向明朝奏报说其击退后金、保全了朝鲜的都城，并

---

① 《朝鲜仁祖实录》，仁祖四年七月十三日癸未条。

② 《朝鲜仁祖实录》，仁祖七年十月二十三日甲戌条。

③ 《朝鲜仁祖实录》，仁祖四年八月十三日壬子条。

④ 《朝鲜光海君日记》，光海君十四年五月二日丁酉条；《朝鲜仁祖实录》，仁祖二年五月二日乙卯条、仁祖二年八月二十二日甲辰条、仁祖五年十一月十八日辛巳条。

⑤ 《朝鲜仁祖实录》，仁祖二年六月八日庚寅条。

⑥ 《朝鲜仁祖实录》，仁祖四年三月二十六日己巳条、仁祖五年四月十九日乙卯条、仁祖六年十一月二十七日甲申条、仁祖七年五月九日癸巳条。

⑦ 《朝鲜仁祖实录》，仁祖二年五月戊辰条、仁祖六年十一月二十七日甲申条。

⑧ 《朝鲜光海君日记》，光海君十三年九月二十六日甲子条。

⑨ 《朝鲜仁祖实录》，仁祖五年正月十九日丁亥条。

⑩ 关于毛文龙和辽民给朝鲜带来的各种弊害，可参见한명기（韩明基）：《임진왜란과 한중관계》（《壬辰倭乱和韩中关系》），第378—384页。

⑪ 田川孝三：《毛文龍と朝鮮との關係について》，第91页；《朝鲜仁祖实录》，仁祖三年四月十一日戊子条。

⑫ 《东江疏揭塘报节抄》卷1，《天启元、二年塘报》，“原眉批”，第11页。

⑬ 《朝鲜仁祖实录》，仁祖四年闰六月七日丁未条；仁祖四年闰六月十一日辛亥条载录了辽东儒学倪汝听揭发毛文龙谋反计划的密揭；《朝鲜仁祖实录》，仁祖七年四月二十七日壬子条。

使得后金军队撤回沈阳，如此毛文龙的欺瞒行为达到了顶峰。[①]

当时，皮岛的毛文龙作为中介掌握着朝鲜和明朝的外交通道，对于其欺瞒行为以及在朝鲜的横暴等传闻，在充满忧虑的两国朝野上下广泛散播着。毛文龙的情形传到明廷亦有应当对其处罚之议，而朝鲜方面更是不断有人主张要与毛兵一战来加以惩戒。[②] 更为甚者毛文龙竟然向明朝诬告说“朝鲜因心怀对辽民扰害的不满，所以为后金充当间谍”[③]，还“俘获”朝鲜的运米船十余艘，其行为实与海盗无异，[④]因此朝鲜对其已反感至极。

明廷也对毛文龙的行为纷纷发难，对其作用亦疑心大增。天启六年正月起后金大举进攻宁远（在这场战斗中努尔哈齐负伤且在同年七月去世），毛文龙对此莫说是派兵应援，甚至连这一事件都不曾知晓，因而对其的批判之声再起。同年四月经兵部论议后皇帝发布上谕，令东江镇移至更接近要害的地方。[⑤] 其后的五月又具体命令东江镇移驻旅顺，如此便可以监督毛文龙军，并能够落实“联络策应之计”。[⑥]

在此前后，毛文龙因自己选定的镇址将被移动而体会到了危机感。他在天启六年五月二十四日上奏言称，其对后金攻击宁远已经事先预见到了，且于同年四月深入到海州、鞍山、辽阳、沈阳一带的后金阵营发动奇袭，起到了牵制的作用。而且东江镇人心、地势两得，强辩其不可移镇之意。[⑦] 毛文龙甚至把明廷派来处理东江镇移镇事宜的山海关军门差官赵佑扣留在石城岛，[⑧] 朝鲜派往明朝的使臣亦遭到其阻止而无法前进。[⑨] 因此朝鲜长久以来关于毛文龙掀起叛乱或投降后金的担忧再度高涨，[⑩]事实上后金方面也从未间断过对毛文龙的讲和（诱降）工作。毛文龙甚至在给清太宗（皇太极）的信函中言说：“尔取山海关，我取登州（山东），若从两面夹攻，则大事即可定矣”[⑪]，而至于在皮岛的市场上更是可以观察到后金人频繁出入。[⑫]

---

① 《明熹宗实录》卷84，天启七年五月戊寅条。

② 《朝鲜仁祖实录》，仁祖二年十二月二十二日壬寅条；仁祖四年八月十三日壬子条；仁祖四年十二月二十七日乙丑条。

③ 《朝鲜仁祖实录》，仁祖五年五月辛未条。

④ 《朝鲜仁祖实录》，仁祖六年三月三十日辛卯条。

⑤ 《两朝从信录》卷30，天启六年四月，第697页。

⑥ 《明熹宗实录》卷71，天启六年五月丙午条。

⑦ 《东江疏揭塘报节抄》卷5，《天启六年五月二十四日具奏》，第74页；相同内容亦见于《两朝从信录》卷31，天启六年九月，第728—730页。

⑧ 《朝鲜仁祖实录》，仁祖四年闰六月七日丁未条，其后赵祐（或赵佑）死去，随同而来的徐敷奏则逃回中国（明朝），《朝鲜仁祖实录》，仁祖四年八月十七日丙辰条。

⑨ 《朝鲜仁祖实录》，仁祖五年三月二十六日癸巳条。

⑩ 《朝鲜仁祖实录》，仁祖四年八月十三日壬子条、仁祖四年八月十四日癸丑条、仁祖四年八月十七日丙辰条、仁祖四年八月十九日戊午条、仁祖四年八月二十一日庚申条。

⑪ 《满文老档》，下册，中华书局，1990年，第901页；李善洪：《试论毛文龙与朝鲜的关系》，《史学集刊》1996年第2期，第39页。

⑫ 《朝鲜仁祖实录》，仁祖六年三月二十一日壬午条、仁祖六年三月二十九日庚寅条、仁祖六年四月十三日甲辰条、仁祖六年四月十四日乙巳条。

决定毛文龙命运变化的人物是袁崇焕，对于作为正统文官出身担当辽东经略重任的袁崇焕而言，其绝不能对一个武官出身且有雄踞海上构筑“海上王国”、掌控明朝对朝鲜的外交、甚至歪曲捏造战果等诸多行为的毛文龙置之不理。[①] 加之崇祯帝刚即位后，便将一向支持毛文龙的宦官魏忠贤势力给予了彻底铲除。故而在崇祯二年袁崇焕为了掌控毛文龙，遂下令发给毛营的军粮一律要经由其管控下的宁远觉华岛，[②] 并严禁登、莱等地的中国商船入海。如此毛营由于“商贾不通，岛军大饥”[③] 而倍受打击。陷于绝境的毛文龙终于在崇祯二年四月以请求军粮为借口，率部乘兵船四十余艘前往山东登州进行武力示威。[④] 这也成为一直遭受明廷疑虑和警惕的毛文龙的最后一次军事行动，一个月之后，袁崇焕即以阅兵为由将毛文龙引诱至双岛（位于金州西南海中）而斩杀。[⑤]

毛文龙死后，其麾下的军队由他的副将陈继盛统辖分为四协，不久都司刘兴治杀死陈继盛发动叛乱，其后刘兴治又被张焘、沈世魁等所杀，如此岛军陷入持续的严重内讧之中。[⑥] 兵部尚书（梁廷栋）和登莱巡抚（孙元化）等举荐辽人出身的参将黄龙出任总兵官试图安定辽东一带的海上势力，然而这股海上势力的分裂情形已经到了不可挽回的境地。之后虽然对毛文龙的副将孔有德、耿仲明等人的兵力进行了重新配置，但由于给养不足等原因，他们于崇祯四年闰十一月在包括登州在内的山东半岛一带掀起了叛乱，[⑦] 并最终于崇祯六年五月投降清朝。其时在孔有德的军事实力当中，海军（船舶及操纵技术）的实力最为引人注目。[⑧] 而毛文龙的另一个副将尚可喜也于崇祯七年正月向清朝投降。[⑨] 如此毛文龙海上势力的主力转投入了清朝一方，这对于清朝的军事实力，尤其是水军实力的提升起到了决定性的作用。

三、海上商业活动

毛文龙在皮岛开设东江镇的意义，其不仅仅在于对明—朝鲜—后金之间外交及

---

① 袁崇焕在致朝鲜国王的帖文中评价毛文龙为“武人无谋”、“贪得无厌”、“羞辱国家”、“本领低微”之人，参见《朝鲜仁祖实录》，仁祖七年七月二十八日辛亥条。

② 此时，朝鲜赴明朝的朝贡路线也被要求必须经由觉华岛，参见《朝鲜仁祖实录》，仁祖七年闰四月二十一日丙子条。

③ 《明季北略》卷5，《袁崇焕谋杀毛文龙》，上册，第115页。

④ 《朝鲜仁祖实录》，仁祖七年四月二十七日壬子条。

⑤ 《明史》卷259，列传147，《袁崇焕传》，第6716—6717页。

⑥ 《明史》卷271，列传159，《黄龙传》，第6967页。

⑦ 彭孙贻：《山中闻见录》卷5，14后—16后。

⑧ ［日］细谷良夫：《归顺于清朝（后金）的汉人》，《清史国际学术讨论会论文集》，辽宁人民出版社，1990年，第56页。

⑨ 关于尚可喜等毛文龙的副将们向清朝投降的情况，可参见李成燕：《尚可喜之降与毛文龙之死》，《鞍山师范学院学报》2002年第6期。

军事上的影响，而且还促兴了辽东沿海的海上商业活动。

皮岛位于明、朝鲜、后金三国的交错地带，在辽东陆路被阻断的情况下能够成为主要商业据点有其自身地理上的优势。事实上皮岛及与其邻近的身弥岛自唐宋以来就是和新罗、高丽海上交通的必经之地。[①] 只是从实行海禁政策的明代开始，主要是通过陆路同朝鲜往来，直至十七世纪前半叶后金占领辽东陆路被阻断后海上交通才再次得以恢复。而至于说毛文龙的海上活动促成了海路的恢复，也并不为过。

毛文龙于天启元年五月向海上东进，依次占领了辽东半岛沿海的诸岛，并在各岛配置副将、兵卒和兵船。而当皮岛的东江镇开设后不但将诸岛联结起来，还掌握了联络辽东半岛一带沿海以及山东的登莱、天津等地的海上交通。而且毛文龙还完全掌握了明朝和朝鲜之间的外交通道，两国间外交文书的传达，使行、物资的流通也必须经由皮岛，故而海上军镇的地位日益提高。如此毛文龙掌控海上，并且利用经由皮岛的用于外交和军事的海上交通从事商业贸易。此外，如前所述当从山东等本国地方筹措兵饷不畅且依赖朝鲜政府支持亦感到困难时，毛文龙便在东江镇和铁山等地开设市场，不仅补给了急需的物资，还通过贸易交换的方式扩大和强化了自身的实力。[②]

事实上明朝和朝鲜均坚持海禁政策禁止私商的海上活动，而毛文龙掌握海上之后，在海上军镇从事商业活动，因为没有竞争者，很快就开辟出一片繁荣的新天地。[③]“壬辰倭乱”期间明朝的商人曾跟随明军来到朝鲜积极从事商业活动，[④] 但当时大部分的通商活动是通过辽东陆路进行的，所以海上商业活动是伴随着毛文龙的海上活动才得以促兴的。毛文龙为了鼓励出入皮岛的商人进行自由的海上活动，遂请求明廷松弛海禁，即“除禁私渡外”[⑤] 的其他方面解禁，同时还要求朝鲜方面解除对朝鲜商人的征税等限制措施。[⑥] 如此，自东江镇开设伊始皮岛的海上商业活动能够得以开展，请求正式“承认开市”和“松弛海禁”显然意义非凡。

在这种“庇护”下，毛文龙开设的皮岛边市“东南商船，来往如织”，“接屋

① 唐宋时期同新罗·高丽的海上交通路线为：A. 山东登州、芝罘（烟台）—山东半岛东端的成山头—黄海—黄海道甕津（《宋史》卷87，《高丽传》，淳化四年正月条）；B. 山东登州—（向北）庙岛列岛—老铁山水道—旅顺—里长山列岛—石城岛—鸭绿江口—皮岛、身弥岛—大洞（同）江口的椒岛—乔洞，江华，德積等诸岛。通常情况下，因为海难、海盗（倭寇）的掠夺等原因，相对安全的后一条路线更受青睐。可参见田川孝三：《毛文龍と朝鮮との關係について》，第56页；무함마드 깐수:《남해로의 동단——고대한·중해로》（《南海路的东段——古代韩中海路》），《청해진과 장보고》，혜안，1996，243—244 쪽。

② 天启四年（朝鲜仁祖二年）十一月，毛文龙移咨朝鲜曰：“开马市于铁山境上，蓋欲合汉丽之货物，以充军中日用之资，可令刍糈之继续，交易之频仍，实便民大着数也”，参见《朝鲜仁祖实录》，仁祖二年十一月二十一日辛未条。

③ 毛文龙的东江开市对朝鲜国内的商业情况造成了很大的影响，因此在仁祖二年十一月朝鲜“禁止椴岛私商”（参见《朝鲜仁祖实录》，仁祖二年十一月二日壬子条），至于其取得多大的实效则是值得质疑的。

④ [韩] 한명기（韩明基）：《임진왜란과 한중관계》（《壬辰倭乱和韩中关系》），第99—115页。

⑤ 《东江疏揭塘报节抄》卷2，《天启三年八月□日具奏》，第20页（应为第21页——译者）。

⑥ 《朝鲜仁祖实录》，仁祖二年十一月二十一日辛未条。

甚盛，（如同）作一都会"[①]，其作为黄海北部的海上商业中心尽显繁盛。当然如若观察其内部状况，当时皮岛"数十里间，流民盈路，物货贩卖，无异（于）辽东"[②]，如何养活接济涌入东江镇一带的数量众多的辽民的确很成问题。天启三年八月毛文龙上奏言说，其麾下云集的辽民有三十余万，其中挑选编入军队的人数就达到了三万六千余名（有所夸张），他还提出了如何解决接济辽民生计的途径。即援引"壬辰倭乱"期间自南直隶、山东、淮、胶等处"招商运米"的事例，建议朝廷允许商人除运来用于原价出售给军队的米谷之外，还可再装载20%的货物交易获利，[③] 并向朝廷请求盐引作为诱引商人前来的策略。[④]

当时皮岛中不仅仅是有朝鲜的商人，中国山东登州、莱州的商船自由进出岛中，因而留居的客商亦为数不少。[⑤] 朝鲜的京内外商人亦是"云集椵岛"[⑥]，他们不向朝鲜政府交税且摆脱各种限制入岛自由从事人参交易，造成朝鲜国内人参数量大减、"参价日踊"[⑦]（天启四年十一月）。至于中国商人则不仅仅是登莱地区的商人，由于毛文龙积极推行"招商运米"策略，山东半岛南边的胶州、淮南、江浙等地的商人也大量加入其中。[⑧] 毛文龙持续地通过商业活动"招商运米"，并从前来东江镇边市的商人那里收取了相当额度的税金，其"一年收税不啻累巨万"[⑨]（崇祯元年十二月）。这使得皮岛成为当时的海上商业中心，毛文龙更是"得专通货，安享富贵"[⑩]，因此甚至有称呼毛文龙为"海外天子"的说法。[⑪]

在毛文龙军力庇护下运营的皮岛（东江镇）边市充满了军政地带所特有的紧张感和高压氛围。毛文龙每年在皮岛收取一万两商税，其商业的兴盛程度可见一斑，同时通过这一侧面也能反映出其对商人们的控制。至于向朝鲜索要铜、铁显然有铸钱的企图，[⑫] 为了独占贸易的利益，要求朝鲜减少派往明朝的贡船数量，[⑬] 而为了

① 《朝鲜光海君日记》，光海君十四年十一月十一日癸卯条。

② 《朝鲜仁祖实录》，仁祖元年六月十二日辛未条。

③ 《东江疏揭塘报节抄》卷2，《天启三年八月□日具奏》，第20—21页。

④ 《东江疏揭塘报节抄》卷5，《天启六年五月二十四日具奏》，第75页。

⑤ 《明季北略》卷5，《袁崇焕谋杀毛文龙》，上册，第115页；《朝鲜仁祖实录》，仁祖六年十二月二十一日丁未条。

⑥ 《朝鲜仁祖实录》，仁祖六年十二月二十一日丁未条。

⑦ 《朝鲜仁祖实录》，仁祖二年十一月二日壬子条。

⑧ 滕瑶：《论满族入关前的外贸经济》，《满族研究》2002年第2期，第39页。

⑨ 《朝鲜仁祖实录》，仁祖六年十二月二十一日丁未条。

⑩ 《朝鲜仁祖实录》，仁祖七年二月九日乙未条。

⑪ 李肯翊：《燃藜室记述》，《日月录·毛文龙诛死》，见《袁崇焕资料集录》（阎崇年、俞三乐编，广西民族出版社，1984），下册，第111页。

⑫ 《朝鲜仁祖实录》，仁祖三年七月二十六日壬申条；田川孝三：《毛文龍と朝鮮との關係について》，第71页。

⑬ 《朝鲜仁祖实录》，仁祖六年十二月二十一日丁未条。

顺利招集商人则请求明廷赐给盐引,① 他还以"假印假票"横行为由反对用红票作为贸易许可证，意图直接监督贸易。② 如若军饷不能按时运来，便以登州理饷官代为偿还作为借口向商人们强行借贷，其数额在天启六年时达到了九十余万两，虽说其后偿还过一部分，但余下的债务仍不下五六十万两。其结果是造成不少资金不充裕的商人破产，即"银不至手，家不得归，而竟缢死于登者，有贫已彻骨而挑水度日者，及有为人役使而寄食守候者"③。对于毛文龙所做作为的批评中亦有"惟务广招商贾，贩易禁物……无事则鬻参贩布为业"④ 的言辞，由此可以看出皮岛商业贸易有其内在的不法性以及毛文龙对商业过于执着贪恋的一面。

狭小的岛屿上因集中了过多的人口从而造成严重的粮荒,⑤ 这是外观华丽的海上商业中心的另一面。毛文龙以救恤东江镇十万军兵为名目不断地向明廷请求饷银和粮食，同时压迫朝鲜提供粮食且不时派遣兵民进入邻近的朝鲜内陆抢掠。甚至于将朝鲜派往明朝的冬至使行贡物也强行掠去,⑥ 此外还"俘获"了朝鲜的十余艘运米船,⑦ 此等行为实与海盗无异，故而朝鲜对毛文龙已反感到了极点，而这些行为是与海上商业活动并行发生的。

另一方面，后金对毛文龙施加外交和军事上的压力的同时，也直接或间接地利用皮岛的海上贸易。如袁崇焕斩杀毛文龙时对其所列举的罪状就有"擅开马市于皮岛，私通外番"⑧、"贩易禁物"⑨ 等，其中端倪便不难看破。明后期建州女真迅速壮大的背景因素之一即是用东北特产毛皮（狐、貂等)、人参、东珠（明珠）等与明朝进行贸易，从而积聚了大量的财富。努尔哈齐作为一个卓越的"商业资本家"而崭露头角，进而实现了女真族的统一和后金的建国。⑩ 然而当明朝与后金进入战争状态后即对辽东实施了封禁策略，规定"米·粟·貂·参"和铁器均为禁输品，如此后金特产的销路以及明朝商品的输入渠道全部受阻。故而迫切需求开辟新的海

① 《东江疏揭塘报节抄》卷5,《天启六年五月二十四日具奏》，第75页。

② 《东江疏揭塘报节抄》卷5,《天启六年八月初九日具奏》，第79页。

③ 参见姜曰广、王梦尹的上疏（《两朝从信录》卷31，天启六年九月，第733页；田川孝三：《毛文龍と朝鲜との關係について》，第71页。

④ 《明史》卷259，列传147,《袁崇焕传》，第6715页。

⑤ 金荣祖在他的《西征录》中关于天启四年二月皮岛内极度的困弊景象如是记载曰："岛中乏食之人相食，路之人多有菜色……"，参见田川孝三：《毛文龍と朝鲜との關係について》，第85页。

⑥ 毛文龙指使部下在海上将冬至使宋克讱一行的银两、人参等物强行掠去（参见《朝鲜仁祖实录》，仁祖六年十一月二十二日己卯条）。

⑦ 《朝鲜仁祖实录》，仁祖六年三月三十日辛卯条。

⑧ 《明史》卷259，列传147,《袁崇焕传》，第6716页。

⑨ 《明史》卷259，列传147,《袁崇焕传》，第6715页。

⑩ ［日］岸本美緒：《東アジア・東南アジア傳統社會の形成》（《东亚・东南亚传统社会的形成》),《岩波講座・世界歷史》13，1998，第26—27页。

外市场的后金只好间或强迫朝鲜同其贸易,[①] 企图由此寻找出路,[②] 只是因朝鲜无意提升对外贸易的水平，因而同朝鲜的贸易存在着根本性的局限。恰在此时，三国接境地带的海上开设了东江镇边市，如此后金方面便可派遣私商来此出售东北特产并获得必需的明朝产品。[③] 当然后金除皮岛外，还在包括张家口在内的山西、陕西一带进行边市贸易，并通过几次对华北地区的进攻掠夺了大量的财物和劳动力。[④]

明末向辽东投入了大规模的军费,[⑤] 因此尽管此地笼罩着战争的阴云，但是却出现了经济繁荣的景象,[⑥] 为了获取商业利益商人们云集于此且成为自然的现象。他们为辽东驻屯士兵运来了粮食、衣料及其他军需物资，此外还有满族的特产如人参、毛皮等明末在辽东市场上的交易品，至于其交易的支付手段则主要是从明朝输运过来的银两。因此海上势力毛文龙开设的皮岛（东江镇）边市提供了陆路封锁后的另一条出路，同时成为辽东、明朝以及朝鲜商人的海上活动根据地。

辽东经略袁崇焕一向力主登莱—旅顺—皮岛—朝鲜（铁山）之间的沿岸航路要迂回经由宁远的觉华岛，以此来掌控海上贸易且同时牵制毛文龙的“海上王国”。袁崇焕掌控海上航路后给毛文龙的东江镇带来了极大的打击，以至于促使毛文龙大举出动水军前往山东登莱一带进行军事示威。朝鲜方面同样是利用登莱—旅顺—皮岛（铁山）一线的海上航路进行对明朝的使行和朝贡，因此也诉苦言说觉华岛（宁远）的迂回航路甚为不便。其实对于向来无法摆脱朝贡贸易需求的朝鲜而言，“若不从前路，则非但使行难通，中原商贾，亦将阻绝”，故而朝鲜方面很是担忧其急需物货的供应出现差池。[⑦] 由此可见，毛文龙的海上贸易的开创以及皮岛开市以后，海上贸易得到了相当地促兴和发展。

然而当时海上贸易基本上是从属于海禁体制和战时状态的，毛文龙军队庇护下的皮岛边市的海上贸易也不例外，尤其是毛文龙死后东江镇的兵力遭到分解则更是如此。崇祯六年孔有德等人发动叛乱其后又率领水军投降了清朝，这样的冲击使得明朝又重提强化海禁，崇祯六年兵部行移的稿本即载曰：

> 且海路一空，海禁益肃，貂参不得南，硝黄布帛不得北，内地信息不

---

① 朝鲜仁祖六年（崇祯元年）后金使臣持人参 480 余斤要求换贸朝鲜青布 19000 余匹，朝鲜感到为难（《朝鲜仁祖实录》，仁祖六年十二月十日丙申条）；其他强迫贸易事件可参见《朝鲜仁祖实录》，仁祖八年六月四日壬子条、仁祖十二年三月二十九日乙卯条。

② 《朝鲜仁祖实录》，仁祖八年二月二十七日丁丑条。

③ 滕瑶：《论满族入关前的外贸经济》，第 39 页。

④ 滕瑶：《论满族入关前的外贸经济》，第 41 页；［韩］郑炳喆：《明末清初의華北社會 研究》，博士學位論文，1996，第 115—124 页。

⑤ 张士尊：《明末辽东军食问题述论》，《山东师大学报》（社会科学版）1996 年第 2 期。

⑥ ［日］岸本美緒：《東アジア・東南アジア傳統社會の形成》（《东亚・东南亚传统社会的形成》），第 26 页。

⑦ 《朝鲜仁祖实录》，仁祖八年正月二十七日丁未条。

得输，足以坐困奴，而登、津、淮沿海诸境可享安澜之庆矣。①

朝鲜在经历“丙子胡乱”屈服于清朝之后，因担忧汉船继续往来于朝鲜沿海一带的现实情况引发清朝的疑心，故而亦下令禁止潜通商贾。②

结　语

明朝对毛文龙集团有如下三个方面的期待：A. 招集安抚由陆路避难入关或涌入临近岛屿的辽民并确保制海权；B. 阻断后金裹挟朝鲜进而从海路对明朝构成威胁的可能性，同时起到维持同朝鲜同盟关系的媒介作用；C. 在背后牵制势如破竹般西进的后金势力，从而成为恢复辽东失地的先锋。为不辜负这样的期待，毛文龙占领了辽东沿海一带的诸岛，并在海上招集避难辽民扩大自身的实力，也在背后牵制住了业已攻陷辽、沈正大举西进的后金，且以明朝和朝鲜之间的媒介自居。

然而其后毛文龙却与明朝对他的期待渐行渐远，莫说是恢复辽东失地，即便是对后金的牵制作用也逐渐丧失。他对朝鲜的物资掠夺等种种横暴行为，也招致了朝鲜的怨声和反对。此外，毛文龙把皮岛这个小岛作为根据地，广招商贾形成一时的商业繁荣景象，构筑自身“海上王国”的势力。从朝鲜获取大部分的军粮支持，掌控朝鲜·明之间的外交通道并坚持高压的态度。在明朝的支持和统治出现弱化之时，又试图同后金保持接触。

明廷认为毛文龙的根据地皮岛地处鸭绿江入海口的朝鲜境内，不容易对其进行直接控制，而当明朝在辽东处于守势不断向西后退以后，就越发难以有效地控制毛文龙集团了。加之毛文龙的欺瞒行为以及可能发动叛乱或投降后金（清）的传闻，构筑自身势力的倾向，这些都使得明朝对毛文龙的疑虑倍增。

实际上，毛文龙集团在其初期的几次军事行动上的成功确实造成了后金的“东顾之忧”，在某种程度上也形成了“掎角之势”。这对自萨尔浒一役以来接连败给后金的明朝而言，绝对是极大的喜讯，毛文龙也因其早期的几次军事上的成功而迅速崛起。然而毛文龙所部驻屯在一个小岛上，必然需要依赖外部物资支持这一状况也成为其根本性的局限。基于此毛文龙向明廷夸大军功，虚报兵额以冒取军饷，并且虚张声势欺骗监军和过往使行人员；对于朝鲜政府则施加以政治和外交上的压力，夸耀其虚假的威势，因此已经成为一股危险的势力。

随着明末东北战争形势的急剧开展，战败的明朝将领不管其能力如何大多会受到残酷的处罚，而成为中央政治斗争牺牲品的也不在少数。更有甚者由于后金巧妙地施行反间计的缘故，一些将领失去了明廷的信任或者被卷入政治阴谋之中。在这

① 《明清史料》，辛编，第1本，《兵部行“关于登莱二属善后各款”残稿》，96前、后。
② 《朝鲜仁祖实录》，仁祖十六年七月十二日癸酉条。

种情形下，对于一个武官出身的毛文龙来说，尽管其凭借军功一直攀升到都督的位置，但是关于牵制后金这一重任却有着根本性的局限。为了摸索建立以皮岛为根据地的自身独立势力，不惜欺瞒明朝并且对朝鲜施加以威势，还不以为然地试图进行一些巧妙的政治·外交·军事上的冒险行为。

结果因为辽东经略袁崇焕对毛文龙的欺瞒行为和跋扈作风深感厌恶和忧虑，故而对其给予了突然地斩除，毛文龙企图营建的“海上王国”也随之瓦解。他所培植的海上势力在几次波折过后，其中孔有德、耿仲明等人投降清朝加入清军的行列，清朝因而得到了大量的红衣大炮并实现了拥有水军这一宿愿。尽管清军并没有像明朝所忧虑的那样经由海路向山东、天津、淮南一带，甚至是沿大运河一线发起攻击，但从毛文龙死后其部下刘兴治对登州的攻击，[①] 还有毛文龙的副将孔有德、耿仲明等人对登莱地区的攻击和对山东半岛一带的占领来看，明廷的担忧并非完全是杞人忧天。清朝最终接收了毛文龙的海上势力且解除了“东顾之忧”，同时具备了足以用来掌控海上的军事力量，明末的“海上势力”最终却沦此结局。

然而明将毛文龙征服了辽东南部之前几乎被荒弃的诸岛，并长时间活动在鸭绿江入海口的皮岛一带，这对于中国的海上活动是具有一定的积极意义的。毋庸争辩的朝鲜属地皮岛在康熙年间的中国文献（《海国闻见录》）中提及中国沿海形势时，关于黄海东部末端一处对其所做的特别记录即是一有力例证[②]。至于包括皮岛在内的海上区域同海上航路的关联问题，则是需要进一步钻研的课题。

（本文译自韩国明清史学会主编的《明清史研究》，第 23 辑，2005 年 4 月，原作《明末 辽东 沿海 일대의‘海上势力’》，使用韩文撰成）

（郑炳喆，男，韩国人，生前为韩国全南大学校史学科教授，是韩国明清史学界的知名学者；王桂东，男，中央民族大学历史文化学院博士研究生，研究方向为明清史、近世东亚关系史，北京，100081）

① 《朝鲜仁祖实录》，仁祖八年五月十九日戊戌条。

② “天下沿海形势，从京师天津东向辽海·铁山·黄城·皮岛外对朝鲜左延”，“东悬皮岛，西匝两京登莱”（参见陈伦炯：《海国闻见录》卷上，《天下沿海形势录》，四库全书·史部·地理类，1 前、后）。

从个人关系到机构建设：理藻院、礼物交换和满蒙关系的规范化①

［德］多格泰娅·何硕特－拉格著②　赵　毅译

内容提要：从1644年至1911年，统治中国的清朝皇帝设法把内亚的大部分纳入其控制之下，并把中国的领土延伸到了前所未有的程度。本文认为其庇护的政治技巧与它规范化的语言，及其所强调用礼物交换与礼貌表述，对解释内亚腹地以联盟形式融入帝国是一个有用的概念。通过重新解释礼物交换的义务，清朝不得不加强和巩固其人际关系网的持久性，使之转变为有明确界定的统治系统。在这个规范化的过程中，作为清廷管理外藩事务的理藩院发挥了关键作用。然而，在王朝的早期，它是负责收集和传播与内亚首领有关的各种庇护关系的信息。在17、18世纪，它努力标准化和简化少数民族与国家之间的联系。当清朝在外藩行使更直接的控制权时，即使是在王朝后期，理藩院及其庇护的规则和原则被修改后一直保留。本文为多民族大清帝国的寿命和凝聚力提供了一个解释。基于最近出版的满文和蒙古文档案资料以及礼物交换的诸多内涵，本研究揭示了大清皇帝自我观念的改变。

关键词：理藩院；政治庇护；礼物交换；满蒙关系

引　言

在17、18世纪，清朝皇帝（1636—1911）把中国的边界扩大到了内亚，达到了一个前所未有的程度。清朝如何设法用一个行政体制去管理各种内亚附属民众，这在很大程度上继承了以前中国明朝（1368—1644）一直在内阁讨论了多年的问

---

① 本文是由德国哈雷的马克斯普朗克社会人类学研究所（Max Planck Institute for Social Anthropology in Halle/Saale）提供经费支持的（Dealing with Nationalities in Eurasia. How Russian and Chinese Agencies Managed Ethnic Diversity）项目阶段成果。

② Dorothea Heuschert－laage（多格泰娅·何硕特－拉格），Ph. D.，Institute for the History of Religions and Central Asian Studies，University of Bern，Switzerland；E－mail：dorothea. heuschert－laage@ relwi. unibe. ch.

题。本文将重点放在一个由清朝为维持和监控其与蒙古贵族关系所创建的办事机构理藩院上[①]。随着帝国的扩张，理藩院的职责被扩大到内亚的一些其他地区，以此来促进和控制被整合到大清帝国的边疆民族地区。

理藩院代表一个重要的接口，连系内亚与其他中央政府部门的协调，即蒙古问题。然而，当大清帝国的多个行政机构安排到边境地区时，并未构成一个稳定的状态。约翰·艾维尔斯科（Johan Elverskog 2006，7）提醒我们，清朝的统治是一个持续的过程，这意味着帝国中心和地方政府之间的关系必须被不断重新定义[②]。控制政策影响其内亚臣民与政治伙伴之间的反应和对策。他们的整合形式及在清朝国家内部的特殊群体的地位，体现了他们在不同时期已经承认了大清君主地位。同样，在正式承认大清君主地位和蒙古精英参与王位的互动中，其与清廷的关系自然形成。

当考虑理藩院职责的范围时，其许多是根源于17世纪早期的满蒙外交事务中。最近公布的理藩院奏折表明，该机构的职责，除法律问题外，主要与人事问题有关，如内亚贵族分批定期的朝觐[③]，授予等级和头衔，奖励和讣告[④]。为此，清廷与蒙古当局的互动可以在庇护的政治文化框架内进行解释。然而，这一实践在国家形成初期，曾是一个灵活和宽松的状态，它被规范化的和必须遵守一个中央政府机构明确规则的监管带来了明显变化。基于最近公布的满文和蒙古文资料，本文认为清朝与内亚首领之间关系的变化，根本上使从礼物交换中获得了新的含义。记载的重点从“收到”什么转变为“给予”了什么，从而专注于皇帝的慷慨。柯娇燕（Pamela Crossley）通过重新评估过去及培养道德上的绝对形象的“内部满足和外部有全权”政策，来观察清朝皇帝（1999，224）。此外，从蒙古首领对满洲自我观念变化的反应方式来考察，将有助于我们理解清朝有争议的外藩政策的本质。

正如一些学者所强调的，清政府对边境地区统治特点是高度的灵活性。通过因地制宜，清朝允许各种行政系统在蒙古、新疆和西藏地区共存。据濮德培（Peter Perdue）“灵活的和当地政府协商，一种帝国统治特色随处可见，展现出它在边境比别处更为开明”（2005，558）。欧立德（Mark Elliott）强调“这个系统缺乏多样性和跨区域的一致性，使它事实上完全不同于内地省份的管理体制”（2011，406）。在17、18世纪，蒙古联盟以不同方式融入清朝，它为没有一个将内亚民众融入他

---

① 对于这个机构不可能有一个准确的英文翻译，因为中文、满语和蒙古语的名字是不对等的，对这个机构的职责表达了不同的概念。最近两个讨论的困难是为这个机构找到一个英文翻译，参看狄宇宙（2012，182－184）和贾（2012，2）。对1637年理藩院和其他机构的位置重新定义，参看 Heuschert－Laage（2014）。

② 斯托勒（Stoler 2009，41－42）认为这是帝国形成的特征。

③ 中国后来的资料称这种拜访为“朝觐”，可翻译为“朝拜皇帝”（贾 1993，64）。顺治时代的满文资料称这种访问为 *aniya dori jimbi*“为新年庆典而来”（《清朝前期理藩院满蒙文题本》2010，vol. 1，141）。汉文资料中关于蒙古人朝觐，参看张（2010，33－108）。

④ 参看《清朝前期理藩院满蒙文题本》（2010）。关于法律材料在这个集子中的数量，参看 Heuschert－Laage（2012）。

们体制之内的整体控制计划的清朝，提供了一个生动的例子，有一个在它命令下会见当地首领的特殊要求及期望的宽泛模型。

定居在漠南，大致相当于今天内蒙古地区的蒙古人，早在清朝建立前，就与满洲有密切的政治接触。1636 年，皇太极（1627—1643 年在位）正式成为清朝的第一位皇帝，满蒙关系也经历根本性的变化，从或多或少的平等合作伙伴关系变为直接的隶属关系（狄宇宙 Di Cosmo 2012）。在 17 世纪进程中，他们被重组为一个新的领土行政单位——盟旗，在一个世袭贵族（蒙古扎萨克）的统治之下。

喀尔喀蒙古自 1691 年正式纳入清朝，进入其政治势力范围，满洲人已是中国的皇帝。来自拥有今天新疆北部草场卫拉特蒙古人的巨大压力，喀尔喀贵族选择了与清朝结盟。至于喀尔喀贵族的领土整合，清朝是建立在漠南蒙古的成功实践上：其固有的政治结构和首领都不改变，如果他们被认为是忠诚的和值得信赖的，将被授予等级和头衔，并承认其为“统治者”（扎萨克）[①]。他们的立场是通过特定的物质利益和价值被维持，但是，从长远来看，这种安全状态付出的代价是他们政治自治权的丧失。1911 年后，喀尔喀蒙古人恢复了独立，并且它们的领土组成了今天的蒙古人民共和国。20 世纪初，蒙古独立的争论集中在满蒙关系的特点上，在喀尔喀蒙古看来，是成立联盟而不是被征服（宝力格 Bulag 2012）。

1691 年至 1771 年，卫拉特部经过一系列激烈的战争，最终被征服，并被区别对待[②]。在付出一个巨大流血代价之后，他们中的少数人被沿着东蒙古联盟的边境线安置。大多数人被新创建的蒙旗混合和改组，并被安置在科布多和黑龙江地区；其他人被纳入八旗制度（欧立德 2001），或者作为战俘被降级为奴隶地位（Oyunjargal 2011，5 – 20；濮德培 2009b，31 – 32）。

庇护观念及语言与行为规范化的趋向

本文认为，政治庇护和它的潜力使个人成为群体和层级结构一部分，这是解释清朝的内亚政治，特别是他们在 17 世纪成功整合蒙古东部联盟策略的一个有用概念。这是一个重要的方面，因为清朝皇帝的角色是给予保护和支持，这符合藏传佛教守护神及赞助佛教艺术、翻译和印刷的形象。同样地，庇护的重点在于礼物和捐赠混合在一起来表示皇帝为“转轮王”，作为“转轮王”建立宗教和世俗准则是其义不容辞的责任。许多学者都强调佛教作为清朝内亚政治策略基石的重要性，最近艾鸿章（Elverskog）调查了佛教在重新确定蒙古身份与清朝关系及塑造蒙古自我观念和公共边界话语的作用。他表明“蒙古佛教徒身份”不是静态的，而是一个在普

① 如果清廷认为土默特和察哈尔蒙古还保留联盟领导阶层的忠诚的情况下，它不会承认他们精英成员为扎萨克，而由帝国指定任命（Tighe 2005，39 – 41）。

② 关于卫拉特战争，参看濮德培（2005，133 – 299）。17 世纪 30 年代，迁徙到伏尔加河下游地区的土尔扈特蒙古于 1771 年返回，并被纳入清朝统治之下。

遍佛教历史背景下建立蒙古历史的发展过程（艾鸿章 2006，109 – 116；Kollmar – Paulenz 2005，210 – 216）。17 世纪初期，庇护技巧是在与蒙古当局的互动中发展和使用的，有时统治者的佛教观念在满蒙政治关系中并不是一个决定性因素（狄宇宙 2006，262）。然而，使满洲统治者具有保护、仁慈、善良和宽容的资格，它为皇帝未来帝位的表现提供了一个与他的蒙古问题面对面的解释框架。事实上，艾骛德（Christopher Atwood）已经注意到对皇帝的崇拜不仅根植于佛教，他总结道：

说起蒙古的宗教及皇帝的神圣，并不一定仅仅是说佛教及皇帝作为文殊菩萨的化身。因此，他抓住了蒙古民众忠诚的特性，当然这也不是绝对的，它是一个很大程度上独立于其他任何政治竞争或合法化的宗教系统。（2000，129 – 130）

他应该非常清楚，这并不意味着清朝皇帝对内亚的统治和管理单纯依靠庇护。在 18 世纪，当地世俗上层和宗教权威形成过程中，清朝进一步覆盖一个能代表帝国行使更加直接控制权和支持军事驻扎的系统（米华健 Millward 2004，101）。然而，政治庇护的条例和正式机制被保留，并反映在理藩院及其日常工作中：该机构负责筹划复杂的仪式，被设置去展示内亚政治首领和皇帝之间的关系。其职责包括监督皇家狩猎、朝觐和进贡。所有这些都是作为清朝外服的内亚追随者忠诚的标志，并在同时也证明了，皇帝打算把这作为给予他们地位和支持的依据（Rowe 2009，39）。理藩院的另一项重要任务是对蒙古司法的管理（Heuschert 1998）。然而，正如我在其他地方所指出的，司法豁免权是满洲统治者显示其保护人民和财产能力的另一种方式（2012，5 – 6），因此这有助于他作为庇护者的形象。诚然，理藩院也时常承担超越庇护观念的责任。例如，它不得不定期的呈报所收集的每个旗的地图。然而，这些任务在王朝后期被接管，在 19 世纪之前，每个旗的边界没有严格的界定（Bawden 1968，90；Kamimura 2005，14）。

庇护概念作为理解清朝内亚统治一种模式，至今，主要适用于清朝皇帝努力与宗教当局面对面（Farquhar 1978；Köhle 2008）。本文我将讨论清朝皇帝与世俗当局所创造的庇护关系，并将指出这个概念或者说它的正面影响了清朝制度建设。这与狄宇宙所研究的一致，他指出“清朝后期边疆体制的发展是基于先前 1644 年的原则和实践上，即使它们最初不是为边疆政策专门设计的”。（2012，177）。

请允许我简单介绍一下我所说的庇护概念。庇护作为支持领土整合的方法，不仅存在于已知的亚洲历史上，而且这种义务对等关系也是近代欧洲早期政治文化的一种基本元素。据 Sharon Kettering 研究，在 16 和 17 世纪的法国，庇护关系，

从历史上看，意味着个人关系网在近代欧洲早期渗透到政治和社会的一个系统。用在这个意义上说，英语单词“庇护”是指一个由个人关系、多重关系组织成的网络，以及基于这些关系和网络的整体系统。（1992，839）

Kettering 的研究是这个领域一系列研究的基础，其侧重于不同的主题，如礼物交换

的内涵和庇护的特定语言，及其口头惯用的强调忠诚、感激和尊重等（Emich et al. 2005）。礼貌的表达对维持庇护关系是必不可少的，以及他们的缺席通常表示关系的终止（Sharon Kettering 2002，7）。这绝不是一个单向的过程，客户从这种关系中获益，并试图操纵他们的庇护人（纽伯里 2003，16）。

满洲统治者和蒙古贵族成员之间的庇护关系，起源于 17 世纪早期的历史条件下[①]。权利的转变，使满洲和蒙古联盟之间的关系，从 17 世纪 30 年代起，表现的似乎令人费解：是什么促使蒙古贵族在 17 世纪 20 年代后期与满洲在同等地位上达成了约定，融入不断发展的满洲国呢？他们当然不得不承认满洲的军事优势，但满洲人不得不努力联合他们的力量与中国明朝作战（狄宇宙 2012，181）。

为了了解那个时期蒙古政策背后的政治合理性，要记住“蒙古人”不是一个同质的群体，及其没有一个连贯性的政策是重要的。狄宇宙使用术语“监护”来表示蒙古人在大清帝国的特殊角色，他被给予保护和指导，同时，作为回报，他不得不接受丧失一定程度的独立性和自主权（2012，189 - 191）。我更喜欢术语“庇护”，因为它指的一个关系，不是“政治实体”或“国家或人民”（190），而是个人之间。满洲保持与众多蒙古精英成员的政治接触，而蒙古人没有形成一个政治实体。在 17 世纪初期，蒙古联盟被夹在察哈尔蒙古和正在政治崛起的满洲这两个内亚的惯性中心。当 1632 年察哈尔汗国解体时，许多察哈尔人投奔满洲的一侧（魏弥贤 Weiers 1975，448 - 450，1989 - 91，256）[②]。这些难民往往不得不离开他们的牲畜和财物，两手空空地进入很久以前就和满洲人联合的其他蒙古联盟的草场。在社会和经济冲突中，得到这些人口流动，满洲的领袖被呼吁为一个上级权威。他被认为是一个能提供保护流离失所人口的一种力量，并且资料提供的大量证据表明，在 17 世纪 30 年代初期，难民的融合是满洲国一个亟待解决的问题（魏弥贤 1998）。尽管皇太极在那个时间点是谨慎的，不过多的干预蒙古内部事务，但是他很乐意并有能力回应个体或团体对他的需求，从而在蒙古人安居的漠南巩固自己的地位（狄宇宙 2006，255；Heuschert - Laage 2012，5 - 6）。

从 17 世纪 30 年代初期起，满洲与蒙古首领的书信中经常提及满洲统治者给予保护的能力。狄宇宙把我们的注意力吸引到它是当时的满洲统治者采用一种“术语指的是关心、保护、培育和珍惜”的事实上，并指出蒙古术语 ömögle -（保护）被频繁用于满蒙通信中（2012，191）[③]。此外，蒙古语像 örösiye -（施恩，怜悯）和

① 狄宇宙认为“一度联盟的漠南蒙古人变成了‘附庸’或‘投降者’”（2012，180）。主人/仆人概念与主顾/客户关系非常接近，且在不同背景下的中世纪欧洲和罗马社会发展的。两者都是基于义务对等和描述不平等模式的权力关系。然而，因为庇护在近代早期国家建立和领土整合过程中被确认为一种工具来使用（Kettering 2002；Emich et al. 2005；Asch，Emich，and Engels. 2011），我会坚持这个术语。

② 那时，满洲人仍然将自己称为女真。

③ 在 1632 年 2 月写给乌拉特蒙古的一封信中，皇太极问“谁将会是一个保护你的人，以便让你前进中没有匆忙，并不会被采取［强制］继续走自己的路？”（魏弥贤 1989 - 91，270 - 271）。

qayirala－（爱，照顾），当提及满洲统治者与蒙古贵族个体关系的性质时，变得越来越普遍（Arban doloduɣar jaɣun－u 1997：vol. 1，29（9），vol. 2，9（14＋27），vol. 2，10（9＋19）；魏弥贤 1983，420－421）。据 Kettering，这种语言的选择表明，皇太极所使用的庇护语言，以“口头形式强调忠诚、感情、感激、尊重、荣誉和信任”为特征（Kettering 2002，vii）。

政治说辞的进一步发展，并成为一种强调发展满洲国等级结构的手段。1636年，对满蒙通信用语制定了［区别尊卑的］新规定，为蒙古人与君主的联系提供了一套他们不得不遵循的术语条例①。我们可以假设，规范化的语言和行为有助于形成一个满洲统治者的忠实追随者，通过遵守一种特殊的行为准则，将他们自己与平民及蒙古首领的竞争者区别开来。如下将显示的，随着理藩院开始从事其工作，其走向正规化的趋势得到了加强。

规范化的礼物交换和朝觐

贾宁把我们的注意力吸引到礼仪在清朝与内亚互动的重要性上来，并研究认为理藩院在不同任务上是负责任的正确表现。这集中在三个不同的方面，那就是朝觐、皇家狩猎和进贡，贾认为这些实践，早在 17 世纪 30 年代就是满蒙政治互动的一部分（1993，64－70）。为了更好地理解这些象征性的行为在时间过程中的改变，特别是 1644 年王朝迁往北京，这是对仔细翻阅档案材料的有益启发。新年时出现在朝廷，并通过下拜方式表达自己的良好祝愿，以及给统治者赠送礼物，在清朝建立之前就是惯例。同时，在《旧满洲档》（满文老档）被频繁提及，它是历史事件的现存资料的最早来源，这导致清朝的建立。登上汗位第五年农历正月初八（1631年 2 月 8 日），例如，《旧满洲档》载②：

> 初八日，喀喇沁部沙木巴塔布囊、西兰图等来朝汗。他们带来了［作为礼物］：沙木巴献马一，五只羊肉；西兰图献马一、鹰一、虎皮一。汗纳羊及鹰。馀未纳即却之。

五天后，喀喇沁使者团离开，《旧满洲档》记载如下③：

---

① 经过皇太极的努力，为满洲国引介了平行的新名字“大清”，并采用一个新的统治形式，参看 Heuschert－Laage 2011。

② 满文文本《旧满洲档》（1969）：fol. 3377.（6）*o ice jakūn de karacin i šamba tabunang. sirantu*：*—han de hengkileme jihe*：（7）*han de gajihangge šamba emu morin. sunja honin yali*：*sirantu emu morin*：*emu giyahūn*：*tasha*（8）*suku emke jafaha bihe*：*honin yali*：*giya hūn be gaiha*：*jai gaihakū bederebuhe*：《旧满洲档》引自 Gruber（2006，40）。

③ 高贵的头衔。

> 是日，喀喇沁部沙木巴塔布囊[①]、西兰图和王喇嘛还。以其还礼，赐沙木巴塔布囊腰刀一把及粮十石；赐西兰图撒袋一，粮十石；赐王喇嘛明甲胄。

从《旧满洲档》我们知道，当一个蒙古使者团来到清廷，其成员须进贡，通常是马，或者骆驼、毛皮、马鞍、缰绳、武器和其他物品。需要强调的是，这些礼物通过说明谁进献的、进献人的姓名和头衔，以及他们所隶属的政治实体（在蒙古汗国）或者附属于名人的名字[②]，这些被详细地记载。有趣的是，通常不是所有的礼物都被接纳，而有些人立即返回（魏弥贤 1979，138；魏弥贤 1987，110 – 111；Arban doloduγar jaγun – u 1997，vol. 2，350 – 351；狄宇宙和达力扎布 2003，173）。当蒙古使者团离开清廷，其成员也被回赠礼物（《旧满洲档》1969，fol. 3373 – 3469；普朗克 2006，39 – 105）。这些礼物往往由满洲统治者在嘉宾离开之际的宴会上赐予（魏弥贤 1979，138；魏弥贤 1983，414 – 415；Grube 2006，112 – 117）。

礼物交换是表达对某个人赞赏和尊重的一种方式。事实上，这种精心记载谁被赐予什么，可能预示着礼物的经济价值。同时，它表明这是礼物的来源与进献者的身份，重要的是：记载保存的目的，不是总结蒙古使者团朝觐所取得的“利润”（牛、食品和饮料、毛皮或宝石），但它重要的是，说明书写每个进贡人的姓名和身份。因此我们可以得出结论，蒙古贵族成员通过给满洲统治者进贡与之建立了个人关系。

我们可以假设，对于那些人所关心的这个礼物交换绝不是随意的，他们深知这种互动的某些规则。朝觐、彼此的礼物及宴会都是一个社会和文化实践的一部分。第一次正式的礼物交换方式的尝试，可以追溯到 1637 年，皇帝要求理藩院为蒙古精英成员在各个场合中的礼物数量和价值制定一些指南，如万寿圣节、元旦以及皇家婚礼[③]。

---

① 满文文本《旧满洲档》（1969）：fol. 3378 – 3379.（9）*o ineku tere inenggi karacin i šamba tabunang*：*sirantu*：*wang lama genehe*：*genere doroi būhengge*：*šamba tabunang*（10）*de loho emke*：*jeku juwan hūle sirantu de jebele emke + jeku*：*Juwan hūle*：*wang lama de hilteri ūksin saca*（3319）（1）*būhe*：《旧满洲档》引自 Gruber（2006，40）。

② 对于这种记载保存的一个例子，也可以在《旧满洲档》（1969：fol. 4554 – 4555）中发现，蒙古使者团的礼物，在喀尔喀车臣汗硕垒的保护下，于 1636 年 2 月到达清廷并被登记。这一段是由魏弥贤翻译的（1987，110）。

③ 蒙文文本（2003，vol. 1，202 – 203）. 202（1）*o aγuda örösiyeg či nayiramdaqu.*（2）*+ boγda qaγan – u jarlaγ*：*tumen nasutu*（3）*+ boγda qaγan – i törögsen edür kiged*：*sin – e jil orobasu ba*：*yeke bayasqulang – un*（4）*u čir – a*：*ergükü beleg – i yeke gejü törö – yin yabudal – un*（5）*yamun – dur toγtaγabai*：*γadaγ – a – du ayimaγ – un vang – ud. noyad.*（6）*tayiji – nar – un ergükü beleg – ün toγ – a*：*qosiγun büri*：*tumen nasutu*（7）*+ boγda qaγan – u törögsen edür. —boγda qaγan – du dörbeged morin*：203（1）*ulus – un ejen qatun – dur. qosiyaγad morin*：*sigüsü nijeged üker.*（2）*naimaγad qoni*：*yeke bayasqulang bolbasu. γadaγ – a – du ayimaγ – un vang – ud*（3）*noyad. tayiji – nar. —boγda qaγan – dur. qosiyaγad morin*：*ulus – un*（4）*ejen qatun – dur. nijeged morin. beleg ergükü*：*sigüsü nijeged üker*（5）*naimaγad qoni bui*：*sin – e jil orobasu. boγda qaγan – du dörbeged morin. ulus – un*（6）*ejen qatun – dur. qosiyaγad morin. sigüsü nijeged üker naimaγad qoni*：（7）*degedü erdem – tü nögöge on*：*ebül – ün ekin sara – yin γu čin – a*：这个文本在一个未知的时间由不同的人所修订。关于这个术语 ayimaγ（政体）的意义，参看 Atwood（2004，5）。

> 带来和平、显示出巨大怜悯的天聪可汗。我们详细说明了将在各种场合进献礼物的数量，诸如万寿圣节、元旦及重大喜庆和［如下］理藩院已经制定的。外藩的王、诺颜、台吉在万寿圣节时进献礼物的数目是：每个旗［相当于］献汗马四、皇后马二，并进牛一和羊八做肉食；重大喜庆时，外藩的每个王、诺颜和台吉[①]，献汗马四、皇后马二，并进牛一和羊八做肉食；元旦时，献汗马四、皇后马二，并进牛一和羊八做肉食。崇德二年，冬季的第一个月的第三十天（1637 年 12 月 15 日）。

档案资料显示，当顺治年间（1644—1661）理藩院发布年班的有关条例时，这种规范化的趋势被加强。此外，在那时，对于蒙古贵族将在这些场合应获得何种礼物也给予了严格的规定（《清朝前期理藩院满蒙文题本》2010，vol. 1，nos. 50，80，92 and 105；宋 2014）。与规范化的朝觐方式并行的是其政治意义也被重新评估。从那时起，回赠蒙古人的礼物被表示为“奖赏”。我将以这种重点的转变，作为仔细观察这些交换的特点和他们政治意蕴的理由。

庇护的概念与义务性质的礼物交换密切相关。当 Kettering 发展她的政治庇护学说时，承认她是受惠于马塞尔·莫斯（Marcel Mauss）和克洛德·列维·斯特劳斯（Claude Lévi - Strauss 1992，844）。莫斯分析礼物的义务对等性，也就是说有义务的给予、接受和回报（2002，16 - 17；福尼尔 Fournier 2006，40）。尽管莫斯的研究发表于九十年前，但他对礼物交换在建立和维持个体与群体之间关系重要作用的见解，仍是目前人类学争论的焦点（赛克斯 Sykes 2005），且对于其他学科也是一个灵感的源泉（Komter 1996）。馈赠已经被看作是表达社会连带关系的一种方式（Komter 2005），并且，因为它意味着义务不一定马上回报，是一个基于互信创造长期关系网的方式（Caillé 2010，183）。据莫斯研究，义务的给予和接受不能仅仅被解释为功利主义，且它不是一个纯粹的经济关系（赛克斯 2005，2 - 3）。它与市场交易的模式形成了鲜明的对比，这在历史研究中可能并不奇怪，馈赠在人际互动中的重要性在早期已经被特别强调了，而很少对现代研究（Krausman Ben - Amos 2008，7 - 8）。在前现代时期的政治环境中，礼物交换是一种来创建两个人之间的个人联系的一种途径，并且“拒绝给予或接受一份礼物是拒绝个人关系，可以被视为敌对行为”（Kettering 1988，131 - 132）。此外，义务的报答没有公开表示，而是被一种礼貌的语言所掩盖（1988，133 - 134）。据 Kettering，

> 礼貌亲切的引用，通过一个仁慈的上级自愿给予一个对他有服务价值的下级的庇护是值得称赞的，并且赠予者的一个奉承，是接受者的一个巨大荣誉，能比现实的一种义务关系得到更多的称赞。(1992，844)

① 贵族的头衔。

正如 Krausman Ben – Amos 所表明，基于馈赠的关系可能陷入国家机器的行政结构中（2008，9）。这个过程中也可以观察满洲人对礼物交换性质的一个重新解释。

值得注意的是，满洲方面的记载重点从收到什么转到给予什么上去。如上所述，在皇太极的时期，蒙古首领进献的东西被精心记载下来。负责这种记载保存的机构是理藩院，至少从 1639 年起，这些记载被密封（Arban doloduγar jaγun – u 1997，vol. 2）。然而，在 1646 年，记载这些交换的细节发生了改变。蒙古一方的礼物仍然被记载，但是，另外一个回赠礼物的清单被添加，这表明一个蒙古使者团的成员得到了什么（Arban doloduγar jaγun – u 1997，vol. 2，nos. 41，43，44，45，46 and 49）。此外，而中性的蒙古术语 beleg，“礼物”，被用于蒙古人在满洲统治者正位的场合下赠送的礼物。其他礼物，例如，在元旦之际赠送的，被理藩院称为 alba，“职责”（Arban doloduγar jaγun – u 1997，vol. 2，nos. 41，43，44，45，46，49）。在那种政治环境下的礼品/职责被交换是很难评估的，因为在大多数情况下，仅有姓名、头衔和礼物数量被记载。然而，满洲方面回赠的礼物被称为“öglige”，“捐赠，施舍”，它表示上级给下级回赐一个礼物（Doerfer 1963b，140）[①]。

虽然，在 1646 年礼物和回赠物（标记为“捐赠”）已经被平等记载，但十年后理藩院一份奏折记载显示，与蒙古首领的礼物交换被进一步重新诠释。理藩院在 1654 年、1655 和 1656 给皇帝呈上五份奏折，讨论如何赏赐来到清廷朝觐的蒙古贵族成员（《清朝前期理藩院满蒙文题本》2010，vol. 1，nos. 50，80，84，92，105）。值得注意的是，它没有提及皇帝可能收到或期望从蒙古贵族那里得到何种礼物。显然，这个问题需要清廷对赏赐物的质量和数量做一个讨论及制定新的条例。这是一个很重要的点，因为正如何伟亚（James Hevia）所表示，对于清廷在礼物交换方面推行的礼制是构建权力关系的一种手段。被紧密联系的“小领主”所提供。据何伟亚“赠予的重要性，在于通过向下流动，它完成了事实上的上下层级关系”（1995，129），从而允许包括“小领主”权力进入普遍的皇帝统治（123）。礼物交换和贡品不应被视为正式的“制度”已达成广泛的共识，但灵活的做法能够包含各种意义和内涵（濮德培 2009a，86 – 87）。尽管礼物交换的正式语言被各方接受，双方可以在这种互动中获得某些方面的不同价值。

与重新评估馈赠的同时，清廷的术语也发生了变化。满洲用于帝国赏赐物的表达不再是中性的（būhengge – 给予了什么”）（《旧满洲档》1969，fol. 3378），但现

---

① 这个术语还没有一个宗教的内涵，在一个 *öglige – yin ejen* 意义上，一个给和尚施舍的捐赠者。关于 *öglige soyurqal* 这个术语在 1636 年的使用，参看 Heuschert – Laage（2011，57）。

在 šangnara 的意思是“赏赐”[①]。这个术语在清代被通常用于理藩院的官方信函中，给人的印象是这个问题不是一个彼此的礼物交换。礼物不再是表达相互尊重的一种手段，而以一个公开承认清朝的权威和接受一个新的等级秩序作为回报。这与贾的分析是一致的，他指出：“这些礼物是皇帝回赠于朝觐者的礼节表现，而不是他们的礼物作为贡品赠送给皇帝”（1993，66）。皇帝也接受了礼物这一事实，并在这个意义上说，是义务回报被淡化。在《旧满洲档》里面，征服中国之前所做的记载，满语 šangnambi“奖赏”也常被使用，但它似乎专为清廷与蒙古统治者之间的特使预留的。对于亲自来到清廷的蒙古联盟使者的礼物赠予，更加中性术语 bumbi“给，交出”被使用[②]。

由此，我们可以推断，在顺治时期，也就是清朝皇帝定居北京这年之后，皇帝旨在把自己的位置设定为一个给予者，而不是得到者。需要明确的是，这是一个自我观念的问题，并不意味着礼物交易成为单向的。当蒙古人在元旦朝贺或者甚至蒙古人来到清廷时两手空空，没有被期待带来任何礼物的条例或约定的假设是错误的。此外，除了蒙古贵族在朝觐之际进行礼物交换，也有其他的交换，这是通常列为贡品（达力扎布 2006）。贡品必须由使者呈给清廷，但它确实也有一个前沿维度，较少受到明确规则的影响（狄宇宙 2003，355）。“《理藩院则例》内部抄本”，例如，包括一些马的配额及呼和浩特土默特蓝铜矿的供应，这应该追溯到 1645 年和 1657 年。另一个有关科尔沁和其他蒙古盟旗贡品供应的规定，可以追溯到 1674 年（《乾隆朝内府抄本》2006，70），同时也显示，在北京被征服后的几十年里，它被规定为具有商业意义的朝贡关系。但是，据贾的研究，有足够的证据表明，康熙（1662—1722）和乾隆（1736—1795）皇帝没有刻意地增加，而试图限制蒙古人贡物的数量（贾 1993，73 – 75）。

当看到清廷试图展示自己的方式，我们注意到其重点是说皇帝的慷慨。当我们看《皇清开国方略》时，这变得更加明显。在 1786 年，一个史官被委任去美化 1644 年前清王室的历史。作者在很多场合详细地阐述了满洲统治者赏赐他的蒙古政治合作伙伴的奢侈礼物。然而，蒙古人所进献的礼物，通常仅是顺便提及而已，且它们的价值显得微不足道。举个例子，据《皇清开国方略》记载，苏尼特蒙古人的成员，其中包括有影响力的领导者腾吉思[③]，于 1640 年 1 月 20 朝觐，为了瞻仰皇太极而带来了“马匹和骆驼”作为礼物。作为回报，满洲统治者赐给他们，如甲、胄、弓、矢、貂裘、绵龙缎袍、纬帽、皮靴、佩带、毡袜和银器等珍贵礼物（Hau-

① 与蒙古语等同的是 *šangnaqu*。此术语的类似使用参看《清朝前期理藩院满蒙文题本》（2010，vol. 13，1，4）。曾使用过的蒙古术语 *öglige* 在 1646 年（见上文）已不再被使用。

② 一个对于使者使用 *šangnaha*（在满洲 *elcin*）和对于贵族成员使用 *būhe* 的例子，可以在《旧满洲档》（1969：fol. 3373）中找到。《旧满洲档》引自 Gruber（2006，39）。

③ 腾吉思在 1646 年拒绝满洲的霸主地位，并在他与清朝的军事冲突中接受了来自北部喀尔喀军队的支持（Fang 1943 – 44a，215；Čing ulus – un1984，108 – 110；Veit 1986，406）。

er 1926，495－496）。18 世纪，清廷收到礼物的资料记载是匮乏的，相反，却详细记述了赏赐的礼物。

但是，从 1640 年 1 月 20 日的一份文件看，涉及了相同事件的不同故事。当时，1640 年 1 月，苏尼特蒙古首领收到的所有礼物被详细列出。我们得知他们大多是携带一匹或两马或骆驼，然而，腾吉思呈献 40 匹马，这在当时是一个珍贵的礼物（Arban doloduγar jaγun－u1997，vol. 2，260－262）。尽管没有对赏赐礼物的详单记载，但很难想象满洲统治者令苏尼特使团空手而归。然而，我们可以从 18 世纪末汇编的《皇清开国方略》中对赏赐礼物的确切质量和数量的信息中了解。实际上，不论双方给予和收到什么礼物，在 1640 年值得注意的是，要承认收到礼物的数量，从 18 世纪清朝史官的观点来看，必须强调和需要为后人记载的是满洲统治者的慷慨。正如乌云毕力格（1999）和魏弥贤（1987）所研究，清朝史官在 18 世纪的政治环境中，解释 17 世纪的历史事件。这一趋势也被柯娇燕（Crossley）证明，她注意到“乾隆朝掩盖很多从清朝前期继承下来的意识形态的东西”（1999，20）。清朝与蒙古的政治伙伴关系被重新定义，把重点放在帝国的慷慨和优越性上。

当分析了满蒙礼物交换的角色变化，我们可能会回到义务，莫斯认为它存在于每个交换对象中。正如莫斯认为，礼物是从来没有“自由”，但赠送人的行为创造了给予者与接收者之间的联系（2002，3）。在 18 世纪末，满洲皇帝所收到蒙古一方赠送的名贵礼物的记载在淡化，并且显然他没有任何义务报答。然而，蒙古贵族从满洲统治者获得好处，必须证明自己是值得的，并努力报答皇恩（Atwood 2000）。这种重点的转变是重要的，因为它有互惠概念的含义。虽然皇帝通过慷慨地赐予他们礼物承认了蒙古人的地位，但是蒙古人一方对礼物的接受，使帝国权威也得到公认。清廷的表现，蒙古人积极参与礼物交换，并与之相关的他们的政治机构被淡化。

当我们考虑蒙古当局朝觐之际所得到的礼物，其质量已经发生变化。在顺治朝后期，清廷赐予蒙古人的礼物，不再强调征服时期通常使用的武功或巩固防卫的力量。顺治皇帝的父亲时期，已经给蒙古人象征财富、奢侈和文雅的东西，如衣服、珠宝等物品（Gruber 2006，116），然而这通常与武器组合。但是，在 17 世纪 50 年代，蒙古首领的朝觐，被赐予许多奢侈品，如绸缎、茶叶、银碗等（《清朝前期理藩院满蒙文题本》2010，vol. 1，nos. 50，80，92，105；宋 2014）。据莫斯的礼物交换模式，礼物具有一般的文化内涵，但还与处理特定的人际关系相关（Carrier 1991，132－133）。对于蒙古人来说，这些奢侈品承载着他们个人和皇帝联系的含义。他们获得了外在的财富标志，以及使蒙古接受人直观地感受到清朝的繁荣、优雅和辉煌。虽然我们不知道这些礼物是否被视为不可分割的①，但这些物品肯定被

① 商品关系和礼物关系的巨大区别是，它的客体直接联系到送礼物的人，参看 Carrier 1991，126－128。

视为直接联系到皇帝和他的慷慨。

不合规则的行为作为一项政治声明

当发生蒙古反对满洲人的统治时，历史学家通常把他们的注意力集中在武装抵抗上。在17世纪，蒙古人最突出的例子是他们断绝与满洲人的关系、在1646年至1648年他们与苏尼特蒙古的首领腾吉思发生冲突、与察哈尔蒙古产生军事冲突，以及在1675发起对奉天的攻击（方1943－44b，304－305）。但是，档案材料证明，在17世纪，蒙古贵族成员也采用消极抵抗的非暴力方式。以同样符合规范化行为要求的方式，是在清朝的等级结构中申明自己立场的一种方法，不遵守新确立的行为规则是一个超过不当行为的政治声明。

从顺治时代开始，清廷有一个为蒙古政要举行节日晚宴的严格规章制度（宋2014）。正如我们从最近公布的档案材料得知，没有来朝则被清廷理解为是一种抗议。在1659年，理藩院向皇帝奏报科尔沁蒙古的两个杰出首领拒绝了来京的圣旨。他们拒绝帝国要求的方式被认为是对朝廷的极大不尊重，理藩院使用这样的文字对他们傲慢无礼的言语总结①：

> 上以笃亲之故，特令来朝。科尔沁的卓理克图亲王②和达尔汉巴图鲁郡王③奉诏不即至。而卓理克图亲王以公主病，有误来朝回奏。达尔汉巴图鲁郡王以公主格格病泄④、自身冒风雨，孙病殂⑤，诸子复感寒疾，奏请免朝。

两个科尔沁王公已经收到了连同与帝国公主俱来京的圣旨⑥。众所周知，婚姻

① 顺治16/闰3/24（1659年5月14日）理藩院满文奏折《清朝前期理藩院满蒙文题本》（2010，vol. 1，217）：（top 8）*horcin i joriktu cin wang.*（9）*darhan baturu giyūn wang.*（10）＋＋*dergici cohome niyamarame acaki jio sehede. uthai urgunjehei jiderakū*（11）*elemangga joriktu cin wang oci.*（12）＋＋*hese be bairakū. ini cisui gungju nimere be dahame jidere be tookaha*（*bottom* 1）*sehebi*：*darhan baturu giyūn wang geli beye edun dekdehebi*：*gege geli*（2）*hefeli aššahabi*：*juwe omolo akū oho seme hacilame baita*（3）*tucibume.*（4）＋＋*hese be jurceme wesimbuhengge ambula giyan de acahakūbi*：

② 在1666年去世，并成功由他弟弟弼尔塔噶尔［继位］（《清朝前期理藩院满蒙文题本》2010，vol. 1，401－402）. 据Jagchid（1986，71），卓理克图亲王的女儿在1651年已经嫁给顺治皇帝，但是她登上皇后之位是在1653年。据Čing ulus－un（1984，31），卓理克图亲王的统治没有得到公认，而在行政地位上是科尔沁左翼中旗的一部分。

③ Manjusiri（死于1665年）的头衔，被承认在科尔沁左翼中旗统治。关于这个人，参看Čing ulus－un（1984，31－32）。据Jagchid（1986，77），Manjusiri在1628年和Yoto（死于1638年）的女儿结婚，他是努尔哈赤的孙子。这个女孩随后被皇帝收养为女儿。

④ Hefeli aššambi的表述参看《新满汉大词典》（1994，395）。

⑤ 与人们所期望相反，omolo不是复数后缀的使用（Doerfer 1963a，38－4）。

⑥ 复数后面跟gungju se在较早文档中使用。

联盟是重大的政治意义，并成为满洲对蒙古外交手段的核心（札奇斯钦 1986；狄宇宙 2007）。政治关系通过加强家庭纽带被订立和巩固。虽然他们是事实上的亲家，但是他们两人并不愿意接受来京朝见的圣旨。第一个回答，卓理克图亲王被认为是粗鲁的，因为他只是拒绝了圣旨，这是适当的，并请求帝国许可不出席。第二种回答，达尔汉巴图鲁郡王是不同的。他的回答似乎是在逃避，他采取的语气可能被认为是与再熟悉不过皇帝的通信。尽管皇帝暗指了两个家族之间的家庭纽带，但是他和公主的健康状况的太直率的表示，很可能无异于违反社会界限，把皇帝与当地蒙古权势人物分开。

对于促使这两个科尔沁贵族拒绝帝国要求他们前来京城的这个相当挑衅方式的原因是不清楚的。5 年前，在 1654 年 8 月，卓理克图亲王和达尔汉巴图鲁郡王连同公主一起出席了一个宴会，作为回报，他们收到了奢华的礼物（《清朝前期理藩院满蒙文题本》2010，vol. 71 – 72）。我们不能排除他们的拒绝可能是一种策略，其目的在于获得更多来自清朝对他个人服务的赞赏。他们可能没有想打破过去紧密合作的政策，而是为了获取更好的位置和更多权限的谈判。这种解释似乎至少在说服达尔汉巴图鲁郡王的情况下：上述理藩院的奏折呈上后的不到两个月的时间，他从郡王（王的第二等级）升为亲王（王的第一等级）（《清朝前期理藩院满蒙文题本》2010，vol. 1，222 – 223）。

然而，这对于这两个科尔沁首领来说是一种危险的游戏，且他们只想提醒大家注意自己是不太可能的。理藩院官员对他们的行为很恼火。后续奏折表明，对他们这种不尊重的回报，两个科尔沁王公应该催令来京，严加议处。然而，皇帝不赞成这个观点，并要求理藩院会同"上三旗"① 的官员再次讨论这个问题。他对理藩院奏折作如下批示②：

> 奉旨，卓理克图王、巴图鲁王以亲亲之故，令其来朝，不闻命即至，借端推诿，大不合理。尔衙门会同议政王贝勒、大臣议奏。议未上，王等不必令其来京之旨至。

尽管皇帝强调他与科尔沁贵族家庭关系，但是这可能掩饰不住圣旨的强制性特征。不遵守是明显违反原则，但通常也是政治关系。通过拒绝接受圣旨，科尔沁释放一种信号及他们没有用足够礼貌和感情的书信对皇帝的回复被解释为敌对行为。

虽然，我们不知道两个王公逃避回答的具体原因，但是他们的反应可以在历史

① 正黄旗、镶黄旗和正白旗都是皇帝的私人财产（欧立德 2001，79，404 – 147）。

② 在顺治 16/闰 3/24（1659 年 5 月 14 日）理藩院满文奏折《清朝前期理藩院满蒙文题本》的诏书中，（2010，vol. 1，217）：（1）：*joriktu wang baturu wang be niyamarame acaki*（2）*seme jio seci hese be donjihai uthai jiderakū*（3）*yasa de fafun akū adali bulcame siltahangge*（4）*ambula giyan de acahakūbi*：*suweni jurgan. ilan*（5）*gūsai Hebei ambasai emgi acafi gisurefi wesimbu*：（6）*wang sa be ubade gajira be naka*：：

环境中理解。在1659年已经加入了满洲人事业的蒙古群体中，科尔沁可以说是最有影响力的联盟者。奏折揭示他们首领和顺治帝的分歧，可能被视为一种为数不多文件的透漏，除了公开的叛乱，部分蒙古贵族不满他们被逐渐边缘化。清廷条例[①]的代表对读者与皇帝的安排作为一个既成事实，从而隐藏他们是一个漫长争论的结果。蒙古贵族定期来京在清廷当然不是一个问题。在顺治时代，他们朝觐的方式是由理藩院规定的，这在前几年的奏折中正在讨论（《清朝前期理藩院满蒙文题本》2010，vol. 1，nos. 92，105；宋2014）。由于这个原因，科尔沁拒绝帝国来京的圣旨，很可能不是巧合，而是对清廷建立一个标准化的觐见程序的尝试反应。科尔沁王公作为清朝蒙古贵族中最具影响力的成员，可能想过放下自己的尊严被召集到北京，并按照规则被对待，这是或多或少同样适用于所有的蒙古王公。

结　语

蒙古人对清廷的从属关系根植于个人关系网中，这已经在满洲统治者和蒙古贵族成员之间建立起来。但人际关系需要永久地加强和巩固。这项任务被理藩院接管。它的官员向清廷提供必要的专业知识去处理复杂的人际关系网。他们被告知每个蒙古贵族家族的族谱，并保持定期通信，当然，他们负责筹划王公贵族的年班和进贡。礼物交换是满洲崛起之前，蒙古外交活动中非常熟悉的一个元素。通过重新诠释这些做法，以及把一个新的重点放在皇帝的慷慨和恩惠上，清朝现有的互动形式充满了一个新的意义。礼物交换表现的一个关键趋势，似乎是对一个清朝赏赐的重新评估，这意味着蒙古贵族被放置在义务的报答上（Atwood 2000）。

关于满洲传统，柯娇燕已经把我们的注意力吸引到清朝的行政、政治、文化和精神生活的规范化趋势上去（1987，779）。她主张："这意味着在它在政治方面逐步官僚化、法规化，以及国家在个人移位上的人格解体，扩散的权威曾一度被宗族传统和联合会所笼罩"（761）。当我想争辩，这种朝着类似的精简化、标准化和规范化的趋势，可以观察清廷与蒙古贵族的相互尊重。人际关系网，在皇太极时期得到发展，通过交换礼物与礼节、定期的通信与朝觐来维护。在皇太极统治期间，这些接触并不是非正式的，也有一定的相关标准，例如，蒙古使者抵达和离开清廷时的程序、宴会和彼此礼物的种类（Gruber 2006，111－117），然而，在处理一系列人际关系时，仍有一定的空间灵活性。随着理藩院接管这个职责，并起草关于蒙古朝觐的频率、人员构成和方式的条例，这个框架变得更加刚性。同样地，条例以官方信函的形式发布，并通过给所有成员蒙古贵族定等级，每个人可以根据自己与清王室的关系进行定位。理藩院似乎有模式化此规定的程序的想法，确定蒙古精英在国内的政治作用。

研究俄罗斯帝国法律和公民的简·伯班克（Jane Burbank）指出："这种连接把

① 例如，《蒙古律法》（《蒙古律例》）以及如制度实施纲要《理藩院则例》和《大清会典》。

精英束缚在一系列规则中，并为个人服务，但他们最终提及的还是国家及它无可比拟的奖励和惩罚的能力”（2007，93）。理藩院建立了规则，链接蒙古贵族与清朝，这或多或少同样适于所有贵族王室，不管其隶属于清朝之前的身份。有迹象表明，这种政策也遇到了反对，以及礼仪指南并不总是付诸实践就可能像朝廷熟读的条例那样顺利。参加京城的庆典是巩固皇帝和蒙古贵族关系的一种方式（Heuschert - Laage 2011，56 - 57），同样地，用挑衅的语言婉拒了皇帝的圣旨是一项政治声明，并被解释为不服从。

在本文中，清朝在蒙古建立的统治，已经解释了政治庇护的典范。在 18、19 世纪，清廷关于这种做法功效的局限性变得明显。在 17 世纪结构之上的发展，清朝在蒙古不同地区的安置直接与清廷联系的帝王代表。① 不管庇护关系不再提供信息渠道和帝国政策实施这一事实，他们的符号性象征直到王朝结束也被保留，正如乌额·宝力格研究，这一传统甚至在清朝灭亡后，转向充当与内亚首领政治互动的模型（宝力格 2010，71）。这可以在民族史的大背景下看出，并支持过去种族间合作的这个假设，被多民族国家作为一种社会凝聚力的资源使用（Schorkowitz 2012，45）。

References：

（1） Arban doloduγar jaγun - u emün - e qaγas - tu qolboγdaqu mongγol üsüg - ün bi čig debter/李宝文：《十七世纪蒙古文文书档案》，通辽：内蒙古少年儿童出版社，1997 年。

（2） Asch，Ronald G.，Birgit Emich，and Jens Ivo Engels. 2011. “Einleitung.” In *Integration*，*Legitimation*，*Korruption. Politische Patronage in Früher Neuzeit und Moderne*，edited by Ronald G. Asch，Birgit Emich and Jens Ivo Engels，7 - 30. Frankfurt am Main：Peter Lang.

（3） Atwood，Christopher P. 2000. “‘Worshipping Grace’：The Language of Loyalty in Qing Mongolia.” *Late Imperial China* 21（2）：86 - 139.

（4） Atwood，Christopher P. 2004. *Encyclopedia of Mongolia and the Mongol Empire*. New York：Facts On File.

（5） 达力扎布：《清初外藩蒙古朝贡制度初探》，载郝时远、罗贤佑主编：《蒙元史暨民族史论集——纪念翁独健先生诞辰一百周年》，北京：社会科学文献出版社，2006 年。

（6） Bawden，Charles. 1968. *The Modern History of Mongolia*. London：Weidenfeld

① 为了防范喀尔喀蒙古，乌里雅苏台军事长官以及长官的驻地安置在大库伦（库伦）和科布多。在漠南蒙古人之间，绥远城将军（呼和浩特）和察哈尔及热河都统除了军事职责也被赋予了法律事务（Brunnert and Hagelstrom 1911，452 - 462；赵 2002，291 - 316）。

& Nicolson.

(7) Brunnert, H. S. , and V. V. Hagelstrom. 1911. *Present Day Political Organization of China*. Translated and edited by A. Beltchenko and E. E. Moran, Shanghai: Kelly and Walsh.

(8) Bulag, Uradyn E. 2010. Collaborative Nationalism. *The Politics of Friendship on China's Mongolian Frontier*. Lanham, MD: Rowman & Littlefield.

(9) Bulag, Uradyn E. 2012. "Independence as Restoration: Chinese and Mongolian Declarations of Independence and the 1911 Revolutions." *The Asia – Pacific Journal* 10 (52): no. 3.

(10) Burbank, Jane. 2007. "The Rights of Difference. Law and Citizenship in the Russian Empire." In *Imperial Formations*, edited by Ann Laura Stoler, Carole McGranahan and Peter Perdue, 77 – 111. Santa Fe, NM: School for Advanced Research Press.

(11) Caillé, Alain. 2010. "Gift." In The Human Economy. A Citizen's Guide, edited by Keith Hart, Jean – Louis Laville and Antonio Cattani, 180 – 186. Cambridge: Polity.

(12) Carrier, James. 1991. "Gifts, Commodities, and Social Relations: A Maussian View of Exchange." *Sociological Forum* 6 (1): 119 – 136.

(13) Chia, Ning. 1993. "The Li – fan Yuan and the Inner Asian Rituals in the Early Qing (1644 – 1795)." *Late Imperial China* 14 (1): 60 – 92.

(14) Chia, Ning. 2012. "Lifanyuan and the Management of Population Diversity in Early Qing (1636 – 1795)." Max Planck Institute for Social Anthropology Working Paper no. 139, Halle/Saale: Max Planck Institute for Social Anthropology.

(15) Čing ulus – un üy – e – yin mongɣol qosiɣu čiɣulɣan. 1984. Namsarai, Tongliao: Öbör mongɣol – un baɣa čud keüked – ün keblel – ün qoriy – a.

(16) Crossley, Pamela Kyle. 1987. "Manzhou yuanliu kao and the Formalization of the Manchu Heritage." *The Journal of Asian Studies* 46 (4): 761 – 790.

(17) Crossley, Pamela Kyle. 1999. A Translucent Mirror. *History and Identity in Qing Imperial Ideology*. Berkeley: University of California Press.

(18) Di Cosmo, Nicola. 2003. "Kirghiz Nomads on the Qing Frontier: Tribute, Trade, or Gift Exchange?." In *Political Frontiers, Ethnic Boundaries and Human Geographies in Chinese History*, edited by Nicola Di Cosmo and Don J. Wyatt, 351 – 372. London: Routledge Curzon.

(19) Di Cosmo, Nicola. 2006. "Competing Strategies of Great Khan Legitimacy in the Context of the Chaqar – Manchu Wars (c. 1620 – 1634)." *In Imperial Statecraft: Political Forms and Techniques of Governance in Inner Asia, Sixth – Twentieth Centuries*, edited by David Sneath, 245 – 263. Bellingham: Center for East Asian Studies, Western

Washington University.

（20） Di Cosmo，Nicola. 2007. "Marital Politics on the Manchu – Mongol Frontier in the Early Seventeenth Century." In *The Chinese State at the Borders*, edited by Diana Lary，57 – 73. Vancouver：UBC Press.

（21） Di Cosmo，Nicola. 2012. "From Alliance to Tutelage：A Historical Analysis of Manchu – Mongol Relations before the Qing Conquest." *Frontiers of History in China* 7（2）：175 – 197.

（22） Di Cosmo，Nicola，and 达力扎布 2003. *Manchu – Mongol Relations on the Eve of the Qing Conquest：a documentary history.* Leiden：Brill.

（23） Doerfer，Gerhard. 1963a. *Der Numerus im Mandschu.* Wiesbaden：Steiner.

（24） Doerfer，Gerhard. 1963b. *Türkische und Mongolische Elemente im Neupersischen unter Berücksichtigung älterer neupersischer Geschichtsquellen，vor allem der Mongolen – und Timuridenzeit. vol. 1：Mongolische Elemente im Neupersischen.* Wiesbaden：Steiner.

（25） Elliott，Mark C. 2001. *The Manchu Way. The Eight Banners and Ethnic Identity in Late Imperial China.* Stanford，CA：Stanford University Press.

（26） Elliott，Mark C. 2011. "National Minds and Imperial Frontiers：Inner Asia and China in the newcentury." In *The People's Republic of China at* 60. *An international assessment*, edited by William Kirby，401 – 411. Cambridge，MA：Harvard University Press.

（27） Elverskog，Johan. 2006. *Our Great Qing. The Mongols，Buddhism and the State in Late Imperial China.* Honolulu，HI：University of Hawai'i Press.

（28） Emich，Birgit，Nicole Reinhardt，Hillard von Thiessen，and Christian Wieland. 2005. "Stand und Perspektiven der Patronageforschung." *Zeitschrift für Historische Forschung* 32：233 – 265.

（29） Fang，Chao – ying. 1943/1944a. "Dodo." In *Eminent Chinese of the Ch'ing Period（1644 – 1912）*, edited by Arthur W. Hummel. 2 vols.，215. Washington，DC：US Government Printing Office（Reprint 1991，Taipei：SMC Publishing）.

（30） Fang，Chao – ying. 1943/44b. "Hsiao – tuan Wen Huang – hou." In *Eminent Chinese of the Ch'ing Period（1644 – 1912）*, edited by Arthur W. Hummel. 2 vols.，304 – 305. Washington，DC：US Government Printing Office（Reprint 1991，Taipei：SMC Publishing）.

（31） Farquhar，David M. 1978. "Emperor as Bodhisattva in the Governance of the Ch'ing Empire." *Harvard Journal of Asiatic Studies* 38：5 – 34.

（32） Fournier，Marcel. 2006. "Marcel Mauss oder die Gabe seiner selbst." In *Gift—Marcel Mauss' Kulturtheorie der Gabe*, edited by Stephan Moebius and Christian Papilloud，21 – 56. Wiesbaden：VS Verlag für Sozialwissenschaften.

(33) Gruber, Britta – Maria. 2006. *Zur Entwicklung der Herrschaft im Aisin – Staat 1616 – 1636*. Wiesbaden: Harrassowitz.

(34) Hauer, Erich. 1926. *Huang – Ts'ing K'ai – kuo Fang – lüeh. Die Gründung des Mandschurischen Kaiserreiches*. Berlin: Walter de Gruyter & Co.

(35) Heuschert, Dorothea. 1998. "Legal Pluralism in the Qing Empire: Manchu Legislation for the Mongols." *The International History Review* 20 (2): 310 – 324.

(36) Heuschert – Laage, Dorothea. 2011. "Defining a Hierarchy. Formal Requirements for Manchu – Mongolian Correspondence Issued in 1636." *Questiones Mongolorum Disputatae* 7: 48 – 58.

(37) Heuschert – Laage, Dorothea. 2012. "State Authority Contested along Jurisdictional Boundaries. Qing Legal Policy towards the Mongols in the 17th and 18th Centuries." Max Planck Institute for Social Anthropology Working Paper no. 138, Halle/Saale: Max Planck Institute for Social Anthropology (23 pages).

(38) Heuschert – Laage, Dorothea. 2014. "The Lifanyuan and the Six Boards in the First Years of the Qing Dynasty: Clarifying Roles and Responsibilities." 乌云毕力格主编:《满蒙档案与蒙古史研究》，上海：上海古籍出版社，1 – 18。

(39) Hevia, James L. 1995. *Cherishing Men from Afar. Qing Guest Ritual and the Macartney Embassy of 1793*. Durham, NC: Duke University Press.

(40) Jagchid, Sechin. 1986. "Mongolian – Manchu Intermarriage in the Ch'ing Period." *Zentralasiatische Studien* 19: 68 – 87.

(41) 陳捷先主编：《旧满洲档》（10 卷），台北"故宫博物院"印行，1969 年。

(42) Kamimura, Akira. 2005. "A Preliminary Analysis of Old Mongolian Manuscript Maps: Towards an Understanding of the Mongol' Perception of the Landscape." *In Landscapes Reflected in Old Mongolian Maps*, edited by Futaki Hiroshi and Kamimura Akira, 1 – 26. Tokyo: Tokyo University of Foreign Studies.

(43) Kettering, Sharon. 1988. "Gift – Giving and Patronage in Early Modern France." *French History* 2 (2): 131 – 151. (Reprint in Patronage in Sixteenth – and Seventeenth – Century France).

(44) Kettering, Sharon. 1992. "Patronage in Early Modern France." *French Historical Studies* 17 (4): 839 – 862. (Reprint in Patronage in Sixteenth – and Seventeenth – Century France).

(45) Kettering, Sharon. 2002. *Patronage in Sixteenth – and Seventeenth – Century France*. Aldershot et al.: Ashgate/Variorum.

(46) Köhle, Natalie. 2008. "Why Did the Kangxi Emperor Go to Wutai Shan?: Patronage, Pilgrimage, and the Place of Tibetan Buddhism at the Early Qing Court."

Late Imperial China 29（1）：73－119.

（47）Kollmar－Paulenz，Karénina. 2005. "Zwischen č inggis Qan und Vajrapani. Religiöse Identität und Geschichtsschreibung bei den Mongolen." In Religionskonflikte—Religiöse Identität（*Mitteilungen für Anthropologie und Religionsgeschichte*，*17*），edited by Gregor Ahn，Manfred Dietrich and Ansgar Häussling，199－216. Münster：Ugarit－Verlag.

（48）Komter，Aafke E. 1996. The Gift. *An Interdisciplinary Perspective*. Amsterdam：Amsterdam University Press.

（49）Komter，Aafke E. 2005. *Social Solidarity and the Gift*. Cambridge：Cambridge University Press.

（50）Krausman Ben－Amos，Ilana. 2008. *The Culture of Giving. Informal Support and Gift－Exchange in Early Modern England*. Cambridge：Cambridge University Press.

（51）Mauss，Marcel. 2002. *The Gift. The Form and Reason for Exchange in Archaic Societies*. London：Routledge.

（52）Millward，James A. 2004. "Qing Inner Asian Empire and the Return of the Torghuts." In *New Qing Imperial History. The Making of Inner Asian Empire at Qing Chengde*，edited by Ruth Dunnell，Mark Elliott，Philippe Forêt and James A. Millward，91－105. London：Routledge.

（53）Mongγol dangse ebkemel－ün emkidkel. Full title：č ing ulus－un dotoγadu narin bi čig－ün yamun－u Mongγol dangse ebkemel－ün emkidkel. 齐木德道尔吉、吴元丰主编：《清内秘书院蒙古文档案汇编》（7卷），呼和浩特：内蒙古人民出版社，2003年。

（54）Newbury，Colin. 2003. *Patrons*，*Clients*，*and Empire. Chieftaincy and Over－rule in Asia*，*Africa*，*and the Pacific*. Oxford：Oxford University Press.

（55）Oyunbilig，Borjigidai. 1999. *Zur Überlieferungsgeschichte des Berichts über den persönlichen Feldzug des Kangxi Kaisers gegen Galdan*（1696－1697）. Wiesbaden：Harrassowitz.

（56）Oyunjargal，Ochiryn. 2011. *Manj Chin ulsaas Mongolchuudyg zahirsan bodlogo*（*oiraduudyn jisheen deer*）. Ulaanbaatar：Arvin sudar.

（57）Perdue，Peter C. 2005. *China Marches West. The Qing conquest of Central Eurasia*. Cambridge，MA：Harvard University Press.

（58）Perdue，Peter C. 2009a. "China and Other Colonial Empires." *The Journal of American－East Asian Relations* 16（1－2）：85－103.

（59）Perdue，Peter C. 2009b. "Empire and Nation in Comparative Perspective：Frontier Administration in Eighteenth－Century China." In *Shared Histories of Modernity. China*，*India and the Ottoman Empire*，edited by Huri Islamo ğlu and Peter Perdue，

21 -45. London et al. : Routledge.

（60）赵云田点校：《乾隆朝内府抄本〈理藩院则例〉》，拉巴平措主编：《西藏历史汉文文献丛刊》，北京：中国藏学出版社，2006 年。

（61）乌云毕力格、宝音德力根、吴元丰主编：《清朝前期理藩院满蒙文题本》（23 卷）/Dayi čing gürün - ü ekin üy - e - yin γadaγadu mongγol - un törö - yi jasaqu yabudal - un yamun - u manju mongγol ayiladqal - un debter - üd，呼和浩特：内蒙古人民出版社，2010 年。

（62）Rowe，William T. 2009. *China's Last Empire. The Great Qing*. Cambridge，MA：The Belknap Press of Harvard University Press.

（63）Schorkowitz，Dittmar. 2012. "Historical Anthropology in Eurasia '…and the Way Thither'." *History and Anthropology* 23（1）：37 -62.

（64）宋瞳：《顺治朝清廷宴赉蒙古王公制度略论》，载沈卫荣主编：《西域历史语言研究集刊》（第七辑），北京：科学出版社，2014 年，第333—348 页。

（65）Stoler，Ann Laura. 2009. "Considerations on Imperial Comparisons." In *Empire Speaks Out. Languages of Rationalization and Self - Description in the Russian Empire*，edited by Ilya Gerasimov，Jan Kusber and Alexander Semyonov，33 -55. Leiden：Brill.

（66）Sykes，Karen. 2005. *Arguing with Anthropology. An Introduction to Critical Theories of the Gift*. London：Routledge.

（67）Tighe，Justin. 2005. *Constructing Suiyuan. The Politics of Northwestern Territory and Development in Early Twentieth - Century China*. Leiden：Brill.

（68）Veit，Veronika. 1986. "Die mongolischen Völkerschaften vom 15. Jahrhundertbis 1691." In *Die Mongolen. Beiträge zu ihrer Geschichte und Kultur*，edited by Michael Weiers，379 -411. Darmstadt：Wissenschaftliche Buchgesellschaft.

（69）Weiers，Michael. 1975. "Zwei mandschurische und mongolische Schreiben des Sure Han aus dem Jahr 1635." *Zentralasiatische Studien* 9：447 -477.

（70）Weiers，Michael. 1979. "Mandschu - Mongolische Strafgesetze aus dem Jahre 1631 und deren Stellung in der Gesetzgebung der Mongolen." *Zentralasiatische Studien* 13：137 -190.

（71）Weiers，Michael. 1983. "Der Mandschu - Khortsin Bund von 1626." In *Documenta Barbarorum. Festschrift für Walther Heissig zum 70. Geburtstag*，edited by Klaus Sagaster and Michael Weiers，412 -435. Wiesbaden：Harrassowitz.

（72）Weiers，Michael. 1987. "Der erste Schriftwechsel zwischen Khalkha und Mandschuren und seine Überlieferung." *Zentralasiatische Studien* 20：106 -139.

（73）Weiers，Michael. 1989/91. "Mongolenpolitik der Mandschuren und Mandschurenpolitik der Mongolen zu Beginn der dreissiger Jahre des 17. Jahrhunderts." *Zentralasiatische Studien* 22：256 -275.

（74）Weiers，Michael. 1998. “Die unruhigen Grenzen des Aisin – Staats Ende der 20er und Anfang der 30er Jahre des 17. Jahrhunderts.” In *Beiträge zur Geschichte*，*Sprache und Kultur der Mandschuren und Sibe*，edited by Martin Gimm，193 – 249. Wiesbaden：Harrassowitz.

（75）胡增益：《新满汉大词典》，乌鲁木齐：新疆人民出版社，1994 年。

（76）张双智：《清代朝觐制度研究》，北京：学苑出版社，2010 年。

（77）赵云田：《中国治边机构史》，北京：中国藏学出版社，2002 年。

（本文译自 History and Anthropology，2014，Vol. 25，No. 5，648 – 669，英文原题为“From Personal Network to Institution Building：The Lifanyuan，Gift Exchange and the Formalization of Manchu – Mongol Relations”。感谢 Dorothea Heuschert – laage 女士授权翻译此文）

（赵毅，男，1988 年生，中央民族大学历史文化学院博士研究生。北京：100081）

《喀尔喀法规》是蒙古早期法律文献

［蒙古］C. 扎兰阿扎布著　达力扎布译

译者按：蒙古人民共和国学者 C. 扎兰阿扎布于1958 年所著《〈喀尔喀法规〉是蒙古早期法律文献》一书，是一部以马克思主义理论全面研究《喀尔喀法规》的专著，该书利用了《喀尔喀法规》以外大库伦沙毕衙门其他档案资料，如《乌兰哈齐尔特》、《衙门规则》等，在研究蒙古法律方面至今仍有一定的学术参考价值。作者在书中对清朝与外蒙古关系的看法是蒙古国学者的观点，与中国学者的观点不同。将清朝称作“满洲”，与国内学术界的用语也不相同，请读者在阅读时留意其不同的观点和提法。

前　言

研究当时的法律，对于从历史科学角度澄清和解释蒙古人民历史上发生的诸多重要问题大有裨益。我们对封建政权及其法律性质进行历史学研究时，当时的法律文献资料就成为我们赖以开展研究的基本史料。

法律及其规范可以最清楚地反映当时社会制度的性质。蒙古封建法律的规范首先反映了当时社会的基本阶级封建主和人民之间不平等的关系，他们之间不断进行的阶级斗争的内容和形式。

我们应从早期蒙古法律思想如何发展的、在何种程度上反映了封建生产关系等方面对封建法律文献加以分析和观察，在解释封建政权的性质的同时要对其法律进行研究。

在我国人民革命胜利，建立人民专政的革命民主政权之前，劳动人民不仅没有政治地位，甚至没有公民权利，在国内外反动势力的压迫和剥削下，悲惨地生活于水深火热之中，反映这一严重情况的表现之一就是当时的法律。（第 4 页）

封建法律具有以杀戮来恐吓的性质。在蒙古封建法律文献中最突出的是从 18 世纪初开始制定的蒙古法律《喀尔喀法规》。而对这部蒙古法律文献至今仍未能很好地展开研究。

本书对《喀尔喀法规》作了粗浅的研究。研究中主要依据了蒙古人民共和国国家图书馆藏的《喀尔喀法规》抄本（手抄本）、《从沙毕衙门“乌兰哈齐尔特”抄写的法规》（即《乌兰哈齐尔特》——译者注）、《衙门规则》、《称作“呼噶尔海尼古尔特”的奉行的旧法规档案》等资料。

本作者将《喀尔喀法规》的法条依现代法律分类标准进行了部门分类，然而在结合当时历史事件对法典进行考察和使用法律名词术语方面都存在着明显的不足。我们的主旨是对使蒙古人民获得完整权利和幸福、开创了我国繁荣昌盛新时期、作为人民民主革命战斗主角的，我们的革命民主政权及其法律成就展开研究。研究历史将有助于人们更清楚地了解蒙古人民历史中出现的革命转折的性质。

在本研究工作中，Ш. 纳楚克多尔济教授，科学院高等教育研究所科研人员那顺巴拉济尔，法律专家达木丁等同志给予了帮助，提出了有价值的意见和建议，在此谨向他们表示衷心的感谢。

C. 扎阿兰—阿扎布（第5页）

一、《喀尔喀法规》之前的蒙古法律概况

研究蒙古法律问题非常吸引人。研究法律是在何种条件下，何时起源，如何演变来的，对于认识人民以往的历史大有裨益，因为法律与阶级社会和政治的起源发展历史有密不可分的联系。马克思主义和列宁主义教导我们，阶级社会是阶级斗争的历史。阶级矛盾、阶级斗争最为明显地反映在法律上，因此，首先应当从这方面去考察法律史才是正确的。蒙古法律有悠久的历史和自己的特点。本章无意撰写蒙古法律史，而是在研究于蒙古法律史中具有重要地位的《喀尔喀法规》之际，将之前的法典概况，略举一二代表性著作简明扼要地加以论述。

《喀尔喀法规》不是突然出现的，也不是蒙古唯一的法典，它有其所渊源的重要法律典籍。法律规范确定之后，不可能在历史上的各种条件和形势下不发生变化和永久成为范例。

封建制度虽然没有根本的变化，而社会经济情况出现了各种变化，因此直接反映此变化的法律规范必然也发生变化。（第6页）在本研究中我们对《喀尔喀法规》之前的成吉思汗《扎撒法》和《1640年蒙古—卫拉特法典》两个法典作简要地论述。

成吉思汗《扎撒法》是蒙古封建主义初期的法律，而《1640年蒙古—卫拉特法典》则较晚，或者说是封建割据时期的法律。

封建早期和封建割据时期之间的情况有很大的不同，在蒙古人民历史上这两个时期的社会经济情况在当时的法律规定中得到了反映。

有关蒙古封建早期的法律资料一直很缺乏，对与人民历史有重要关联的法律研究的很不充分。但是，研究当时蒙古社会经济制度的其他资料较多，研究成果也较

多。应当把法律的起源作为阶级社会和国家建立的重要标志来研究。法律直接反映统治阶级的意志，制定和通过符合其阶级利益的规定时采用了很多习惯法的传统，蒙古法的起源也是如此。例如，蒙古集权的政权建立时，一方面照顾到习惯法，另一方面制定了反映军事封建贵族意志的新法律。13 世纪初期蒙古政权建立，蒙古族形成。在 13 世纪初，以爱马克为单位分散居住的蒙古人在历史发展的适当条件下统一了。13 世纪初是蒙古封建生产方式发展的初期阶段，构成蒙古族的诸爱马克至此各有其汗，有文化，从事着游牧畜牧业生产。此时的蒙古各爱马克分为“森林中的百姓”和“有毡帐的百姓”两类。学者们以他们的居住、（第 7 页）生活状况来这样分类是有依据的。

游牧人众分化为阶级，进入封建社会的过程到 13 世纪初更加剧烈和进一步加深。蒙古封建制度的特点是建立在粗放的游牧畜牧业经济基础之上。蒙古封建制度的另一个特点是跨越奴隶制社会直接从原始社会瓦解的基础上建立的。

基本完成封建化过程的蒙古封建贵族随意占据原始社会时期共有的土地和牧场，将新生产方式中的自由劳动者变为封建阿勒巴图（属民），使其固定在封建主阶级完全占有的封地上。13 世纪时期蒙古社会的封建化过程更加剧烈，封建阶级形式从各方面都成熟了。封建主阶级通过占有牧场来管辖和剥削从事物质财富生产的劳动人民。在《蒙古人民共和国历史》一卷本中记载，十二世纪末开始，诺颜通过让人民拾柴、挤牛奶，贡献奶食品，剪羊毛来进行剥削。随着主人和诺颜的畜群增加，放牧畜群越来越成为人民的主要劳役，这样劳役在蒙古出现和发展。①

蒙古封建主义主要是基于游牧经济及与其相结合的家庭手工业经济。其经济基本上处于自然经济状态，但不能认为是不知商品交换的社会，从中国、中亚定居国家和地区用马匹和牲畜交换农产品、纺织品和金属制品，甚至在《扎撒法》中亦记载在蒙古有一定规模的商业活动。（第 8 页）

12 世纪中期，蒙古地区有很多小的氏族、部落组织。这些氏族部落的贵族们为争夺牧场和围场发动了互相征服和统治的战争。在以封建贵族为首的氏族部落之间的争战中，也速该和他的继承者铁木真的部落联盟战胜了其他氏族部落，以军事征服手段统一各部，建立了封建集权的国家。此国家成为集权的军事特权贵族掌管的汗国，并以军事组织为基础。

成吉思汗将蒙古人口（军丁）分为左、右两翼，以十个十户为百户，十个百户为千户，十千户为一万户。这个军事组织最小的单位是能够提供十个战士的组织。最大的单位是有事时可以提供一万个战士。除成吉思汗建立的护卫军怯薛丹之外，其他军队的建制是从早期游牧民族沿袭来的。成吉思汗政权的基础是军队或军事组织。那时在规范行政的法律规定中军事明显占据了主要地位，最重视军事的原因是：

① 《蒙古人民共和国史》，蒙古文版，乌兰巴托，1955 年，105 页。

第一，蒙古内部产生了不可调和的阶级矛盾。封建阶级统治、压迫和剥削人民大众，因此，阶级矛盾开始激化。压迫和剥削人民成为一切剥削政权的主要任务。

第二，对外侵略和统治其他国家和地区的人民。武装部队成为其征服其他国家和地区人民进行压迫和剥削的主要工具。成吉思汗政权的军事统治建置正与其侵略战争的政策相适应。“把蒙古分散的氏族部落统一起来，平息内部持续的战乱，（第9页）建立的封建国家在当时具有进步意义。”①

那时的蒙古社会是由封建统治阶级和被剥削的属民阶级构成。称作“白骨头”的封建上层居于统治最高层，封建统治阶级以汗为首，台吉居于次席，他们统治属于小封建主的前述万户、千户诺颜家族的官僚阶层。大封建主都是有世袭的占有物（和硕）。封建主阶级占有作为基本的生产资料的土地和牧场，在此基础上占有和统治人民。有关占有蒙古牧场情况，符拉基米尔佐夫院士等人的研究是有充分依据的。

将人民作为封建属民进行占有和剥削的蒙古封建主义性质在其初期阶段就以明显地形式表现出来了，在封建制发展过程中这种占有和剥削越来越严重。自蒙古地区进入阶级社会后，将劳动人民称作属民—阿勒巴特，后来对其人身占有程度进一步加深。

除随丁（牧奴）外，家庭奴隶阶级从很早就有了。（随丁这个概念从满洲时期开始广泛使用）在蒙古虽然没有形成奴隶制生产方式，但是，在一定程度上存在家庭奴隶，并在封建生产关系发展过程中起到了一定的作用。《蒙古秘史》记载了蒙古贵族家庭内存在奴隶的情况，但是，在蒙古地区占有奴隶，明显未达到形成奴隶占有制生产方式的程度。（第10页）

我们在这里不考述蒙古封建社会的制度和政权组织，而是简要地论述与研究蒙古封建社会制度和政权组织有重要关系的一些法律规范。

（一）扎撒法

如前所述，蒙古集权的封建帝国建立过程在成吉思汗时代结束，在其建立军事统治制度的同时制定了法律。蒙古封建帝国的主要法律文书以《扎撒法》闻名。成吉思汗的《扎撒法》是封建集权军事统治国家的正式成文法。

在与蒙古历史有关的史籍和学者们的研究著作中指出，成吉思汗制定“大扎撒”，并普遍施行，制定《扎撒法》后，为防止遗失和忘记，将其用畏兀儿式蒙古文镌刻于铁版上收藏。马克里齐的这个记载，梁赞诺夫斯基在其《蒙古法》一书中提及，在历史学家贝勒津《术赤乌鲁思内部制度的构成》一书中亦曾有引述。②

在西欧和俄文撰写的历史著作中记载了与《扎撒法》相关的信息和资料。符拉

① 《蒙古人民共和国史》，109页。

② A. B. 梁赞诺夫斯基《蒙古法》，第10页。

基米尔佐夫院士指出，在成吉思汗时期，在蒙古有“成吉思汗的规定”、“扎撒”，似乎是将蒙古习惯法、民间习俗赋予了法律的性质。①

《扎撒法》是我们论述13世纪蒙古社会制度的重要资料之一，但是，未能完整地流传至今，只在外国旅行者和学者的著作中保留了少量法规条目。我们手中虽然没有《扎撒法》的完整文本，但是，我们根据目前得到的一些条款，也可以搞清楚该法律的一般性质。（第11页）

《扎撒法》是成吉思汗建立的封建政权在其进入分裂割据之前普遍遵行的主要法律，但是，如果认为那时的整个社会政治制度全部是凭借此法律来调整的，那是错误的。封建政权无论多么集权，要使法律统一和有系统的施行，在任何国家都未曾实现过。

法律作为沉重的封建压迫之一，始终得到被压迫者的反抗。《扎撒法》至成吉思汗继承者时开始失去其以往的重要性，但是，不能认为其影响已经完全消失。在1320年元朝颁布的条格和金帐汗国的敕令之中还能见到引述成吉思汗《扎撒法》的情况。②

《扎撒法》中出现的法规种类，尤其是一些与习惯法相关的规定亦见于《1640年蒙古—卫拉特典》和《喀尔喀法规》之中，而其处罚量刑有了很大的变化。

若把各种史籍著作中有关《扎撒法》的记载集中起来进行观察，军队是为维护和巩固封建国家的统治阶级——封建贵族的权力和利益而存在这一点是很明显的。

在《扎撒法》中保留的少量不知其开头和结尾的条目，依现在的理解可以分属于以下几类，即行政法、刑法、民法。

1. 有关行政权利的一些条款

在此用法律形式规范了成吉思汗军事统治制度、军事——封建贵族管领和剥削军人和百姓的权力义务，以及汗的无限的权力。法律规定，汗自己掌握全权，未经商议，无论何人不得随意挑选土地牧场。（第12页）汗和诸颜向阿勒巴图（随丁）可以任意索取。③

有关行政法方面的一些条例：

（1）万户、千户、百户每年初和年末必须来觐见汗，听罢训令之后返回，统领其所管军队和百姓。④ 若不来听训令在家者，则像射入芦苇的箭，投入水中的石头一样，因此，不能让这样的人管领军队——百姓。⑤

（2）谁能经营好自己的家庭，谁就能管理好所辖属民。能管领好十人者，可以

① Б. Я. 符拉基米尔佐夫《蒙古社会制度》，蒙古文本，第13页。

② A. B. 梁赞诺夫斯基《蒙古法》，手抄本，第11页。

③ 《有关蒙古早期法律历史的资料》手抄本，蒙古人民共和国图书馆。

④ A. B. 梁赞诺夫斯基《蒙古法》，第16-17页。

⑤ A. B. 梁赞诺夫斯基《蒙古法》，第16-17页。

令其管领千人和万人。①

（3）谁能保持自己清白，就能使自己管理的地方不被盗贼侵害。②

（4）凡诺颜不能管领好自己的十人者，其妻和儿子同罪，从其十人中选有能力管领者为十户诺颜。

（5）管军诺颜和士兵参加战斗时都要登记其姓名。

（6）军队诺颜对任何事情都要谨慎、小心。行军时要顾及士兵和马匹的劳累、饥渴情况而行进。③

（7）如同商人［熟练的］辨别商品质量，掌握贸易技能一样，军队诺颜应当让年轻人和孩子们学习射箭、骑马，使他们成为更加英勇的勇士。④

（8）万户、千户、百户诺颜必须永远保持各自的军队秩序井然，做好准备，随时下令，即使是黑夜也能骑马出征，不耽搁。⑤

（9）指挥官下令攻击作战前，亲自阅视和核实各自的军队和武器，（第 13 页）甚至士兵的针线都要检查，缺少何物立即配给。⑥

（10）男人作战时，妇女完成男人们的工作。⑦

（11）尊重宗教职业者和寺庙，减免其一切赋役。

（12）为更快了解国内发生的情况建立了常设驿站。⑧

法律中的规定，无论违犯哪一条，违犯程度如何，都以最高量刑处罚。

从以上几条来看，成吉思汗建立的国家具有明显的军事专政的性质。

诺颜不能给大汗以外的人报闻事情，若向他人报闻事情，则处死刑。凡人职务不能随意授受，若将职务随意转授给别人则处死刑。

2.《扎撒法》的刑事规范

刑法的指导原则是以法律“越严酷，统治越稳固”的思想为基础。其中：

（1）凡人与他人犯奸，不分有无妻子，均处死刑。⑨

（2）凡人与牲畜奸者处死刑。⑩

（3）凡人在水中和灰烬中撒尿处死刑。⑪

（4）凡人想宰羊吃，绑住其腿，开膛后用手抓其心杀死。若似回回一样抹脖子

① A. B. 梁赞诺夫斯基《蒙古法》，第 16－17 页。

② A. B. 梁赞诺夫斯基《蒙古法》，第 16－17 页。

③ A. B. 梁赞诺夫斯基《蒙古法》，第 16－17 页。

④ A. B. 梁赞诺夫斯基《蒙古法》，第 17 页。

⑤ A. B. 梁赞诺夫斯基《蒙古法》，第 18 页。

⑥ A. B. 梁赞诺夫斯基《蒙古法》，第 14 页。

⑦ A. B. 梁赞诺夫斯基《蒙古法》，第 13 页。

⑧ A. B. 梁赞诺夫斯基《蒙古法》，第 14 页。

⑨ A. B. 梁赞诺夫斯基《蒙古法》，第 12－13 页。

⑩ A. B. 梁赞诺夫斯基《蒙古法》，第 12－13 页。

⑪ A. B. 梁赞诺夫斯基《蒙古法》，第 16－17 页。

宰杀，将其抹脖子杀死。[①]

（5）凡人投机倒卖三次失败，处死刑。[②]

（6）凡人说谎、诈骗，或者窥探别人的情况，打架拉偏架则处死刑。[③]

（7）捉到逃奴和俘虏，不还给其主则处死刑。[④]（第14页）

（8）被窃马匹在何人之处发现，此人将马匹还给失主，同时罚取同颜色的九匹马给失主。若无马匹财产，则以其子女抵偿，若无子女，像羊一样杀死。[⑤]

（9）未经捉获者的允准，他人给被捉获者食物和衣服，处死刑。[⑥]

（10）吃饭被食物噎住的人应拖出屋外治罪。军队诺颜对踩踏门槛的人同样处死刑。[⑦]

《扎撒法》对人们粗鄙的习俗，文明进步不足的情况仍维持其原状，尤其是严格维持萨满教习惯。例如：

（1）衣服穿到完全破损不得洗涤。[⑧]

（2）不得说物品脏，物品都是清洁的，不得把物品分为清洁与肮脏。[⑨]

（3）禁止用刀在火中挥动，禁止用刀从锅内戳取肉食，禁止在火旁用斧子劈柴。

（4）禁止在地上抛洒奶和其他饮食，更不准在和屯（营地）内撒尿。[⑩]

何人违犯这些规定则治罪。[⑪] 对这些条例的解释是，洗衣服则洗去福分，挂在外面惹老天愤怒。因为无所谓肮脏也就没有必要怀疑和禁忌。食用何物，与何物同食都可以。

统治阶级与宗教结合，以各种方式妨碍人们对人与自然关系的客观正确的认识。但是，人民在社会生产活动过程中逐渐会认识到自然力量的奥秘以及自己失去自由和处于贫困处境的原因。

（第15页）

3. 有关民法的一些条款

《扎撒法》中有以习惯法传承下来的具有习俗性质内容的规定。例如：

（1）法律允许一夫多妻。多妻中以发妻为尊。妾生之子也有法定权利，可以得

---

① A. B. 梁赞诺夫斯基《蒙古法》，第16－17页。

② A. B. 梁赞诺夫斯基《蒙古法》，第16－17页。

③ A. B. 梁赞诺夫斯基《蒙古法》，第13页。

④ A. B. 梁赞诺夫斯基《蒙古法》，第13页。

⑤ A. B. 梁赞诺夫斯基《蒙古法》，第13页。

⑥ A. B. 梁赞诺夫斯基《蒙古法》，第15页。

⑦ A. B. 梁赞诺夫斯基《蒙古法》，第15页。

⑧ A. B. 梁赞诺夫斯基《蒙古法》，第14页。

⑨ A. B. 梁赞诺夫斯基《蒙古法》，第14页。

⑩ 第3、4两条，见《有关蒙古早期法律历史的资料》，收藏于以斯大林命名的国家图书馆手抄本部。

⑪ 见《有关蒙古早期法律历史的资料》，收藏于以斯大林命名的国家图书馆手抄本部。

到父亲适当份额的家产。

据鲁布鲁克传教士记载，［蒙古人］娶妻必须给聘礼。父母得不到聘礼不会将女儿出嫁，因此，有直到年老都嫁不出去的女儿。

从父系只有第一代、第二代属于亲戚，父亲给儿子们分家产。长子所得家产份额多于其他儿子。幼子继承父亲家业。去世之人的家产除继承人依法继承之外，其他人不得继承。①

父亲去世后，其妻子的命运由其儿子们决定。对父亲的妻妾，除自己生母之外可以娶为庶妻或送给别人。② 可以将亲姐妹先后续娶或一起娶为妻子。蒙古人每年将派自己的女儿来觐见汗，汗从中给自己或给其子选取妻妾。从上述情况来看，成吉思汗法律中保留了许多父权制社会时期的传统。

但是，不能按资产阶级法学家的说法把汗贵族无限的权力归结为父权。从以上资料显示成吉思汗法典的刑罚极其严酷。

梁赞诺夫斯基在其著作中指出，成吉思汗法典中有关刑事的规定有 38 条，其中 13 条的处罚都是处死。有妻子或无妻之人与别人妻子或寡妇通奸，（第 16 页）欺骗，奸诈，打探别人情况，两人打架时助其中的一方打架，在水中、灰烬以及和屯中撒尿，做买卖出错三次，未经俘获之人同意给被俘获之人饮食，不将逃走的奴隶和兵丁送还原主人，不按习俗宰杀牲畜，战阵中互不相助，诺颜向汗以外人报闻事情，士兵和狩猎人违令行走，偷窃任何一种东西，吃饭噎住，踩踏军队诺颜的门槛等都处以死刑。

据法律规定，死刑可以赎。例如，被判决为死罪的回回人（穆斯林）可以用四十个金币赎身。契丹（汉人）人以一驴赎罪。③ 此法律的特点是人的性命的价值不如牲畜。例如．规定不能交足所罚马匹，以其子女充抵。若无子女之人，则像杀羊一样杀之。④

对偷窃罪的处罚极其严厉，尤其是对偷窃马匹罪处罚最重。

据那时人的理解，重罪犯人处以死刑，轻罪则处以鞭刑。还有流放和监禁的刑罚。我族之中任何一人第一次违犯制定的法规，以言语劝诫；第二次违犯，以巧语说服。第三次违犯，将其发配巴勒津乌勒珠尔地方流放。若发配到那里警诫后仍不改正，上手铐脚镣监禁起来。⑤

罪犯自己本身负刑责外，家庭也要受到牵连，这是氏族社会的残余。成吉思汗《扎撒法》中的刑罚有：

---

① A. B. 梁赞诺夫斯基《蒙古法》，第 15 页。

② 《Книга 马可波罗》第 88 页，俄文版，1957 年。见《有关蒙古早期法律历史的资料》，收藏于以斯大林命名的国家图书馆手抄本部。

③ A. B. 梁赞诺夫斯基《蒙古法》，第 14 页。

④ A. B. 梁赞诺夫斯基《蒙古法》，第 20 页。

⑤ 同上，第 18 页。

1）立誓刑。

2）赎刑（第 17 页）。

3）杖刑、鞭刑。

4）死刑（剑砍）。

以上将《扎撒法》的主要内容进行简要的分析是为了把封建初期法律性质及其演变发展情况与《喀尔喀法规》作一比较。从《扎撒法》之后的一个时期的法律资料中，将《1640 年蒙古—卫拉特法典》的内容作简要阐述，并将其与《喀尔喀法规》作一比较是很有意义的。

《蒙古—卫拉特法典》是反映封建分裂割据时期的社会性质，同时反映西部蒙古和喀尔喀封建诺颜联合起来反抗满洲统治者在蒙古地区推行其统治的一部文献。

在这个法典中以法律形式确立了黄教寺庙、喇嘛的权力，在这点上可视其为《喀尔喀法规》直接的前例。此外，《喀尔喀法规》中规定的罪名类别和刑罚规范与《1640 年蒙古—卫拉特法典》大致相似。将黄教寺院的权利用法律加以规定是比较新奇的，这方面《1640 年蒙古—卫拉特法典》和《喀尔喀法规》之间有直接的联系。《1640 年蒙古—卫拉特法典》有关寺院、喇嘛权利方面的法律法规的进一步发展情况见于《喀尔喀法规》。《喀尔喀法规》的刑罚规定或罚畜的单位大致沿袭自《蒙古—卫拉特法典》。总之，《喀尔喀法规》从《蒙古—卫拉特法典》继承了许多东西。鉴于以上原因，自然需要将《喀尔喀法规》与《1640 年蒙古—卫拉特法典》作一比较。（第 18 页）

（二）《1640 年蒙古—卫拉特法典》的简要内容

我们必须注意《从 17 世纪蒙古其他史料汇编的 1640 年诺颜集会上制定的法律》一书，学术界后来得知这是伏尔加河的卡尔梅克人收藏的唯一一本卫拉特文（托忒文）文本。《1640 年蒙古—卫拉特法典》中有突出反映封建社会阶级分化情况的资料，因此，对研究蒙古社会制度有重要意义。①

К. Ф. 戈尔通斯基对《1640 年蒙古—卫拉特法典》进行了研究，并译为俄文。②此法典亦称之为四十蒙古和四卫拉特的法典。此法典中有数条有关平息蒙古与卫拉特之间冲突，联合抵御外部侵略内容的法律条款。法典中规定了与封建制度有重要关联的宗教及其代表人物的权利，规定了以法律协调蒙古族生产生活的主要部门畜牧业及辅助性部门狩猎业的许多条例。又规定了驿站的赋役，行政章程，与民法相关的协调当时社会生活诸多问题的法条。（第 19 页）而且又制定了审理机构和审断

① 《蒙古人民共和国史》，第 25 页。

② К. Ф. 戈尔通斯基对《1640 年蒙古—卫拉特法典》附噶丹洪台吉补充敕令，卡尔梅克汗敦多克达什时代为伏尔加河的卡尔梅克族编订的法规。圣彼得堡，1880 年。

方面的条例，作为噶尔丹洪台吉及其子噶尔丹的敕令附录于后。[①]

1. 宗教及其代表人物方面

"1640年，准噶尔蒙古诺颜们集会通过了规定蒙古诺颜、台吉们封建特权的蒙古—卫拉特法典。并在此法典中规定了已成为蒙古封建社会重要一部分的黄教的特权。"[②]

黄教在劳动人民中间宣扬迷信盲从，驯服，忍耐的思想，这种说教对压迫和剥削劳动人民的封建主阶级有用。当时蒙古地区已成为大小封建主的领地，在经济、政治上不统一，二百余年来封建主之间持续的战争使该地区的经济衰落，人民大众处于贫困的状态。人民大众在受到社会沉重压迫困苦至极之时，没有悲叹自己所谓的命运而逆来顺受，而是不忍受封建压迫，更加反抗封建压迫。

在当时历史条件下，封建阶级在意识形态方面寻找新的武器，而且选择了黄教。16世纪蒙古大封建主先后信奉黄教，并将其在蒙古传播，奉其为国教。蒙古封建主把黄教作为意识形态的武器，巩固大喇嘛的地位，给喇嘛们各种权利和特权，以此巩固了寺院的地位。用法律形式确定黄教地位的证据之一就是蒙古诺颜们在准噶尔举行集会制定的《1640年蒙古—卫拉特法典》。在此法律中将黄教奉为国教，（第20页）并排斥和驱逐了博教（萨满教）。规定邀请博（萨满教巫师）和翁衮（祭祀的偶像）的人罚马，而黄教可以在蒙古十人中出一人出家为僧，何人擅自还俗，籍没其财产之半（18）。黄教的朝拜者可优先获得乌拉首思，盗窃喇嘛爱马克者，罚100副甲胄（环甲），100峰骆驼，1000头大牲畜（16.5）。

2. 对敌斗争和防御

这部分内容是调整加入蒙古与卫拉特联盟的各爱马克之间的关系。规定凡参加联盟者不得互相侵盗，有违犯者，共同处罚（1.2）。敌人来袭时不通报消信和通报消息之后不来［御敌］者重罚（4，13）。从一个爱马克逃走的人，另一个爱马克不得容留，捉获逃人治罪（6，8，99）。十家合力出披甲兵两人（27）。他们得到通知后在其主人处集合，对于战阵逃走之人重罚，并令其穿女人服装加以羞辱（11）。

规定对于知道敌人来袭而不通报者处以刑罚外，籍没全部家产，驱逐其子女（13）。对于敌人掳掠游牧者，抢走马群者，见到或听到者追赶夺回，若不追赶，籍没其财产之半，夺回者得牲畜之半。在危险中救出官员者赏达尔罕之号，未施救者处以刑罚，籍没其家产（12）。[③]（第21页）

---

① 误，应为巴图尔洪台吉子噶尔丹洪台吉的敕令。——译者

② 《蒙古人民共和国史》第172页。

③ К. Ф. 戈尔通斯基对《1640年蒙古—卫拉特法典》附噶丹洪台吉补充敕令，卡尔梅克汗敦多克达什时代为伏尔加河的卡尔梅克族编订的法规。圣彼得堡，1880年。

3. 有关畜牧业和狩猎

对偷窃牲畜者、违犯狩猎规定者予以惩诫和处罚。对于偷窃爱马克、和硕内牲畜者给予最严重的处罚。例如：偷窃骆驼一峰罚十五九大牲畜，马和儿马罚十九，骒马罚八九，乳牛、二岁马、羊等罚六九（60）。

偷宰他人牲畜者以偷窃论，收留走失牲畜禀报鄂托克首领，隐匿者罚一九（63）。发现被盗贼偷窃后丢弃的牲畜者，从中获得一分掳获（奖赏）。从野兽、火灾和水中救出牲畜者给予奖赏。(57、80、139)

狩猎对于诺颜和官员来说有娱乐休闲性质，而对于贫穷百姓来讲是生存的重要手段之一，在法律中对狩猎法规有严格规定。

4. 驿站赋役方面

此前已述在《扎撒法》中制定了蒙古设立驿站的法规。站役是压在劳动人民身上的沉重负担之一，而且在法律上规定了站役义务，违者重罚。不给使者及其随从提供乌拉者，罚二九牲畜。为行政和宗教事务派出的使者优先提供乌拉，因大诺颜及其哈屯身体不适派出的使者，报送敌人来犯消息的使者不得使其等候，立即给予乌拉，违者罚三九牲畜。(16)

殴打使者罚九头牲畜，拒给乌拉或将已给的乌拉夺回者，殴打乌拉齐者皆罚马。冒称使者使用乌拉首思者，罚九头牲畜或鞭打五下（23）。

5. 有关民法的一些条款

蒙古人从很早以来稳定地传承和保留下了其氏族系谱。(第 22 页）尤其对军队中丁数的增长和属民、牧奴的数字增加等问题非常注意。此问题在《1640 年蒙古—卫拉特法典》中有反映，例如，四十户每年必须让三个男子成家，十家协力对其中一成家者给予资助。(37）不得离开所居鄂托克和爱马克，不得交换牧场居住。令逃走隐匿之人返回其原和硕或鄂托克。(132 - 133)

此时蒙古家庭关系中父权家长制的影响很大，家长的权力特别大，丈夫杀死已休的妻子与杀死奴隶相同，罚五九牲畜。(33、32）据法典规定，家庭里有全体成员共有的财产，家庭某一成员所做之事，由家庭全体成员负责。

父亲必须同意给成年孩子分家产，使其另立家庭。儿子不经父母，尤其是父亲的同意无权选择妻子。姑娘嫁夫前向未婚夫索取聘礼，聘礼的多少由娶妻者的社会出身来决定，婚龄女子最小 14 岁可以结婚。(36）若娶诺颜之女，聘礼珍贵之物（扎阿拉扎布将“伯尔克”称作珍贵之物——译者）30 件，马 150 匹，羊 400 只。娶比他级别低者之女，聘礼珍贵物品 15 件，大畜 50 头，羊 100 只。娶四十户长女，聘礼为骆驼 5 峰，其他大畜 25 头，羊 40 只。娶二十户长或收楞额女，聘礼为骆驼 4 峰，大畜 20 头，羊 30 只。娶中等人之女，聘礼骆驼 3 峰，大畜 15 头，羊 20 只。娶下等人之女，聘礼骆驼 2 峰，大畜 20 头（法典原文大畜 10 头——译者），羊 15 只。女方给的陪嫁媵哲应与男方所给聘礼相当，但是，经两家商议可以少给。在婚礼上互相赠送礼物。(第 23 页）女方父母收取聘礼之后，不得随意将其女儿另嫁他人。如果女子到二十岁男方仍未迎娶，即通告男方之父亲。仍不迎娶则告知诺颜，告知诺颜后仍不迎娶，可以嫁给他人。

丈夫殴打妻子和休妻不以法论，若杀死妻子如上所述只罚牲畜。行人借宿于无子女的妇女家中，不得拒绝，拒绝者处罚。（24）

《1640 年蒙古—卫拉特法典》中与当时蒙古风俗相关的内容很多。不给口渴的人喝酸奶汁则罚一只羊。（87）拒绝行人借宿罚三岁骒马。（24）此外，法律中提到抱养的事情。抱养方面似乎只谈了女孩子的抱养。抱养 9 到 15 岁女孩给一九牲畜。

对于财产继承有明确的规定，父亲给儿子财产使其另立家业，若财产少，每五头大畜给一头。据法律规定，孩子继承财产，女孩得到媵哲。

对债务方面也有法律规定。在领主人身占有性质的经济占据统治地位时期，契约关系没有多少发展，但是，一定存在与买卖和债务相关的各种关系。

整个经济不具有商品经济性质，但是，一定存在商品货币关系。债权人为了索回债务，去证人处三次索要，报知鄂托克达鲁噶后，可以强行拿走。不报知鄂托克达鲁噶而捉取则罚马。债主不事先索债，白昼直接去捉牲畜，其债务失效作废。若夜间去收抢，除债务作废之外，罚一九牲畜。（63）① 债务无效力期限。而噶尔丹汗补充敕令中规定从其父巴图尔洪台吉去世的 1640 年为止的全部债务免予追索。（第 24 页）之后的债务，若有证据准予追索。

6. 有关刑法的一些条款

与《扎撒法》相比，其刑法性质的规定在法条类别中增多，而且更具体了。若说《扎撒法》对犯罪者动辄处以死刑，则此时的死刑种类减少，普遍处以罚畜刑。不过以此认为刑罚减轻了是毫无根据的。只是刑法思想更加细腻了，考虑到了对这些罪犯动辄处死，还不如罚取其财产牲畜利益更大一些。

对确凿的罪犯籍没其财产，将其没为自己的家庭奴隶，对封建主阶级有利。死刑减少了，但是没有取消，甚至减都没减少。没有提到限制人身自由的监禁牢狱之事，这是因为定居城镇没有得到发展，与其所处的游牧状态相适应的情况。死刑减少了，但是，据目前的了解，以微不足道的犯罪而使人的身体受刑，肢体残缺的野蛮刑罚增加了很多。流放刑也增多。《1640 年蒙古—卫拉特法典》的刑罚主要或多数是罚畜，其处罚方式有：

（1）死刑犯人，籍没其全部财产，驱逐其妻孥。（13、14）

（2）在战阵中逢危险时丢弃诺颜而逃走者，处死，籍没全部财产。（12）

（3）伤肢体刑（十家长隐匿盗贼，割其手）。（15）

偷窃家具什物，狩猎工具等小什物者，割掉其手指，若不愿割手指，交五头大牲畜。（107）

① A. B. 梁赞诺夫斯基《蒙古法》，第 53 页、第 63 页。

多妻者的一个妻子杀另一个，以其夫之意，（第25页）以杀人罪处置，或割其耳朵，或将其送给别人。(33)

(4) 施以杖刑和鞭刑（冒充使者用乌拉者，殴打婆婆的媳妇，可以用鞭子抽打或用木条抽打）。(23、28)

(5) 带铐，在十家内隐藏窃贼者上铐。(123)

(6) 籍没财产。

对杀死父母、侮辱大诺颜、纵火烧死大人物、三次偷窃者施以籍没家产刑。(20、30、59、124)

(7) 撤职处罚（四十户长，不谨慎行事，审案官错判案件则施以此处罚）。(122、129、135)

(8) 侮辱刑（给在战场上逃跑之人穿女人袍服），抚摸或吻妇女乳房等胡闹调戏者，将其阴茎暴露出来击打。

(9) 罚财产刑（以九数罚畜）。

(10) 罪犯若无力交纳罚畜，将以其身充抵。(86)

若将《1640年蒙古—卫拉特法典》中提到的犯罪依其性质分类则如下：

a) 对宗教及其代表人物的犯罪，其中侮辱绰尔济罚九九，侮辱诺颜的巴克什喇嘛者罚五九，侮辱格隆罚三九。殴打格隆罚六九。

b) 反政权和违犯行政法的犯罪、职务犯罪。

闻见众多敌人来袭不报闻、征调不至、诺颜遇险不来施救者处以死刑，籍没其财产。(13、14、11)

殴打人，强劫大爱马克者籍没其全部财产。(1)

大小诺颜及其侍卫，四十家和鄂托克的达鲁噶依汗令行事时殴打人，因殴斗致人死者，不论罪。

(第26页)

拒给大、小诺颜首思者，罚一九到九九牲畜不等。(26)

十家长隐匿在十家中偷窃的窃贼，割十家长之手指或十家之人手指。

使者不前往所遣之处，罚一九牲畜。(9)

四十户长和鄂托克长犯错误，撤销其职务。

审案官三次判错案件撤销其职务。(129、135)

7. 审断和审判机构

《1640年蒙古—卫拉特法典》中有关审断和审判机构方面的规定在噶尔丹汗（应为噶尔丹洪台吉——译者）的敕令中得以补充，更加广泛了。噶尔丹汗敕令中规定凡欲审断之事，爱马克、和硕内发生的事或爱马克、和硕之间发生的事可以申诉和审理。(131) 审判过程中原告和被告到指定地点会面审理。(128－109)

规定诉讼之人在审理时前来，有提供证人的责任，传唤被告到庭，传唤三次为限，审理时原告和被告必须到庭。被告三次传唤不到审理地点，不再遣使传唤被告和审理原案，缺庭判决罚马。（109－26）审理案件需有踪迹证据、踪迹证据是审断的重要依据，证人要找可信之人，奴隶不得作证人。（62、109、101）从罚畜中给证人一部分作为奖励。（106）双方争吵之事若无证人则不受理。（85）

在《1640年蒙古—卫拉特法典》之前，受害者自己处置伤害者，此法规改变了这种状况，审断成为政权的职责，这是一个很大进步。（第27页）

审断机构建立于地方和国家，以行政命令施行审理规定。但是，行政机构和审理机构未能分开，因为在封建时代没有独立的（特别授予印章的）法律部门，一切事情都由诺颜们处理。个人审断的残余在此时，乃至很晚在某种程度上延续了下来。

在审理过程中，认为原告方（债权人）具有决定作用。在债务关系中一直行使债权人自己处置的方式。换句话说，未经审理，自己处置纠纷的情况很多。没有统一法规，擅自行事是蒙古封建社会的特点。

以上将《1640年蒙古—卫拉特法典》的宗旨和内容作了简要的论述。这个列入蒙古法制史史料的法典是从历史角度研究我们要讨论的那个时代的社会制度、人民经济生活、风俗习惯方面的丰富资料。这个法典自始至终维护封建主阶级的利益，具有严重的封建性质，处处体现对封建阶级的亲近及对劳动人民的排斥。制定法律的体系在蒙古并不是一成不变，而在不断地演变。

社会经济有规律地在变化，统治阶级也从其利益出发对法律规范进行相应的调整。以下我们将《1640年蒙古—卫拉特》与成吉思汗《扎撒法》的一些条款作一下比较。

《扎撒法》是封建初期的法律，而《1640年蒙古—卫拉特法典》是封建生产关系发展时期制定的。因此，调整的内容有很大变化，（第28页）但是其封建性和残酷性没有变化。

若说成吉思汗法典中不加区分地尊崇任何宗教的话，在《1640年蒙古—卫拉特法典》中则反对博教（即萨满教），全面尊崇黄教，并以法律形式加以规定。

成吉思汗法典的刑罚都是处以死刑，而《1640年蒙古—卫拉特法典》的刑罚大多以财产刑完结。

成吉思汗法典中通奸者处以死刑，对于在人家吃饭噎住的人拉到屋外处决，而在《1640年蒙古—卫拉特法典》中对此类犯罪只罚财产（牲畜）。

《扎撒法》将用水浇火塘之人处死，《1640年蒙古—卫拉特法典》中对灭火塘之人罚以财产（牲畜）。

从表面上看前者的刑罚严厉，后者变得温和了。将死刑改为罚财产确实是温和了。但是，在封建生产关系发达的时代通过罚没财产获利，或者通过封建租税形式持续剥削对封建主阶级显然更为有利。封建发达时期的剥削方法比初期更加细化，有更多的苛求。另一方面，13世纪蒙古的风俗习惯虽然在演变，但在17世纪时期时仍然保留着其残余。无论在封建社会发展到哪个阶段都没有改变人们的原始风俗习惯。封建统治者为尽可能地使人民愚昧，懦弱和温顺，极力使其保守原始的风俗习惯。另外，在《1640 年蒙古—卫拉特法典》中把劳动人民固定于土地的情况更巩固了，将人口分为等级，并以此确定其地位，这种做法加强了。《1640 年蒙古—卫拉特法典》中把全部人口分为高、中、下三个等级和（第 29 页）最末为奴隶，法规的这个性质反映在各个方面。例如，若娶白骨头或贵族女儿为妻，需给聘礼 150 匹马，400 只羊，珍贵物品 30 件。而娶贫穷哈剌出之女为妻，聘礼只需给两只骆驼，10 头大畜，15 只羊。如前所述，财产刑的罚畜数量的多少除罪行的种类不同之外，还要与被罚者的社会地位、身份相适应。失误伤害诺颜者重罚，而诺颜因执行公务杀死哈剌出不受处罚。

审理时贵族有作证的权利，而下等人（奴隶）无作证的权利。从这些现象来看，《1640 年蒙古—卫拉特法典》中有试图更加全面维护封建统治阶级利益的内容。

二、《喀尔喀法规》研究论著概述

通常把与研究人民历史相关联的全部资料分为研究著作、辅助资料和基本史料三类。人民历史的基本史料包括有关历史事件的报道，各种文献，亲历者或目睹者的记载，法律法规文本，公文等，这些是原始史料。与研究蒙古史相关的法律法规文本并不稀见。任何法律的起源，都与社会分化为阶级和建立国家相关。在阶级社会产生之前，人们的社会生活是以习惯法来规范的。进入阶级社会建立国家之后，制定了反映统治阶级思想意志、利益的法律，其中首先反映了社会制度、国家制度。这两点对于研究任何国家地区历史都是具有首要意义的问题。（第 30 页）

法律的规范最强烈地反映出了阶级关系，正如马克思英明地总结和指出的，阶级社会的历史就是阶级斗争的历史。因此不能不对像镜子一样反映阶级关系的法律文献的意义做出评价。对于革命前与蒙古人民历史相关的文献，国外的蒙古学家和蒙古研究者已经作了一定的研究。

尤其是对蒙古封建国家时期或 13 世纪蒙古帝国内施行的成吉思汗《扎撒法》，17 世纪前半期或 1640 年的蒙古诺颜们集会制定的《1640 年蒙古—卫拉特法典》，满洲殖民统治蒙古时期的《蒙古律例》等都有大量的研究。例如，在蒙古旅行的外国旅行者或蒙古学家马可波罗、拉施都丁、鲁布鲁克、威廉格林木（Вильгелъм）、马克里齐、米尔赫文德（Мирхвенд）、伊本—巴图塔、瓦尔坦（Вартан）、梁赞诺夫斯基等记录了成吉思汗《扎撒法》的一些内容，虽然不完整，对其作了一些研究。在以上有名的研究者中，最后由梁赞诺夫斯基教授在其所撰的有关蒙古法律的历史编著中对《扎撒法》作了全面研究工作。但是，由于至今未获得成吉思汗《扎撒法》的完整文本，因此，还不具备取得有价值和完满成果的条件。而且直到制定《1640 年蒙古—卫拉特法典》，西部蒙古内所施行的《旧察津毕齐格》只发现六条，见于帕拉斯院士和列昂托维奇教授等人著作的记载。而对《1640年蒙古—卫拉特法典》，В. И. 列昂托维奇、К. Ф. 戈尔通斯基等有高水平的研究。利普沃彻耶宾（Липовцевын）等人研究了《理藩院则例》。对以上提到的法律的内容在《蒙古人民共和国史》一卷中有简要、综合的记述。我们并不是要将以上提到的研究者的著作和记载进行简要的总结，（第31页）因此只能论述至此，而对《喀尔喀法规》的研究简况有必要进行论述，以下就此作简要的论述。

《喀尔喀法规》很早就引起了研究者们的强烈关注，因为《喀尔喀法规》是蒙古封建法律中最为优秀者。此文献中特别清楚地反映了蒙古游牧封建制的根本性质以及18世纪初期的蒙古社会制度，但是，对这部有关蒙古历史法律的重要文献至今未能展开全面的研究。虽然有些研究者对《喀尔喀法规》作过一些简要的研究，但没有研究与其相关联的文献。

《喀尔喀法规》有《西库伦喀尔喀法规》、《大库伦沙毕衙门喀尔喀法规》两种文本。据记载1914年扎姆茨拉诺将《喀尔喀法规》的一种抄本寄给了圣彼得堡亚洲博物馆。① 据我们所知，扎姆茨拉诺和图鲁诺夫似乎第一个研究了《喀尔喀法规》，他们于1923年依据《大库伦沙毕衙门喀尔喀法规》写了一个简要的概述，发表于伊尔库茨克城的《国立大学社会科学系教授学术研究论集》中。在这篇有17页的短文中，前3页介绍了革命前蒙古法律研究概况，《喀尔喀法规》于何时何地如何制定的。他们没有注意《喀尔喀法规》有关封建性和阶级性的问题，而多次提到是一部草原法律。扎姆茨拉诺和图鲁诺夫等认为《喀尔喀法规》是习惯法汇编，而且基本上是调整漠北三旗内部社会生活的，有与1640年蒙古卫拉特法典不同的特点。②

把《喀尔喀法规》看作习惯法的汇编是不对的，（第32页）虽不能否定其与习惯法联系，但是把它仅看作习惯法的汇编就会阻碍我们分析其封建法律的性质。

另一方面，他们没有注意到以尊崇博格达格根为首的黄教、寺庙、喇嘛（黄色封建主）的权力的内容在《喀尔喀法规》中占据了重要地位。随后作者在文章后面简要地把《大库伦沙毕衙门喀尔喀法规》的原稿内容依次抄录下来，分为8类。

这8类的划分未从法律部门分类上划分，而似乎主要是以其制定的顺序来划分的。每类中只提法律规定，未作深入探究。而对《喀尔喀法规》审断处罚时各种牲畜相互折抵的解释有新意，例如一头好骆驼相当两匹五岁马，一匹五岁马相当五只羊。还比较了全副甲胄、火铳、朝服之间的价值比率。如果罪人不能交纳其罪名之下应罚之物时，也可以给予其他等量之物。③ 这篇短文虽未能深入地研究《喀尔喀法规》的条文，但值得一提的是把法规的简要内容译成了俄文。

① Ц. 扎姆察拉诺、И. А. 图鲁诺夫：《喀尔喀法规》第4页。
② Ц. 扎姆察拉诺、И. А. 图鲁诺夫：《喀尔喀法规》第2页。
③ Ц. 扎姆察拉诺、И. А. 图鲁诺夫：《喀尔喀法规》第10页。

其次，1931年梁赞诺夫斯基教授编著的历史著作《蒙古法》一书中有关于《喀尔喀法规》内容。但是他显然没有掌握研究《喀尔喀法规》最有用的原抄本以及其他有直接联系的文献。梁赞诺夫斯基似乎没有得到除扎姆茨拉诺夫和图鲁诺夫俄译的简要材料以外的其他资料。但是，从总结和诠释方面比前述二人有进展。梁赞诺夫斯基认为《喀尔喀法规》是以地方习惯法为基础的，具有习惯法汇编的性质。接着论述了《喀尔喀法规》的简要历史背景。[①] 指出在制定《喀尔喀法规》的年代黄教已深入蒙古社会生活，宗教宣传在法规序言中占有重要位置，（第33页始）并在前述二人研究基础上对法规内容作了进一步论述。还对处罚量刑以及实施原则作了很多解释，对审断程序的开始和结案方面作了解释。[②] 对罚畜的一九和五头牲畜以何牲畜构成以及牲畜的牙口（岁数）也作了解释。《喀尔喀法规》中的罚畜除了有整数单位（数九）之外，还有罚五畜、三畜、一腿、两腿之规定，这些是根据罪行的性质和轻重斟酌而定的，它们都曾是罚畜的单位。

梁赞诺夫斯基把《喀尔喀法规》的重要性与成吉思汗《大扎撒》、《1640年蒙古—卫拉特法典》相提并论。并指出从《喀尔喀法规》后来在沙毕中间继续施行的情况，可以推知20世纪初蒙古的法律素养。

但他对《喀尔喀法规》真正的封建性质、阶级性以及反映出的鲜明封建社会制度没有予以注意。结果认为《喀尔喀法规》的基本来源是喀尔喀蒙古的习惯法。[③]

我们不同意把《喀尔喀法规》基本内容说成是习惯法，以下将就此讨论。另外，对其所说的在沙毕中间似乎不折不扣地继续施行《喀尔喀法规》之说不敢苟同。有多处以《喀尔喀法规》为依据，但是并未将此法规原原本本的施行，

梁赞诺夫斯基在其著作中虽对《喀尔喀法规》作了很多论述，但是，对直接继承它的沙毕衙门《乌兰哈齐尔特》、《胡噶尔海尼古日特》、《衙门规则》等一字未提。符拉基米尔佐夫院士在其《蒙古社会制度史》一书中将《喀尔喀法规》列入了研究蒙古历史的最重要文献目录之中。并指出有许多论著中认为《1640年蒙古—卫拉特法典》、《喀尔喀法规》两个法典是习惯法文献，我们不能同意。两部法规是在演变和继承中制定的真正法律文书，是与《蒙古律例》同样有法律地位的游牧封建法律。（第34页）这样说并不是要否定这些法规中有习惯法的影响。[④] Ш·那楚克道尔济教授在其写的有关《乌兰哈齐尔特》的短文（简介）中说："在蒙古后期的法律中，始终引人注目和吸引研究者的是旧法律《喀尔喀法规》，许多学者对研究该法规做了大量工作，但是要深入研究《喀尔喀法规》，就不能只研究其本身，重要的是应当同时研究与其相关联的重要文献。"这是非常正确的。[⑤] 并指出若欲

① A. B. 梁赞诺夫斯基《蒙古法》，第70页。

② A. B. 梁赞诺夫斯基《蒙古法》，第74页。

③ A. B. 梁赞诺夫斯基《蒙古法》，第81页。

④ 符拉基米尔佐夫：《蒙古社会制度史》，第24－30页。

⑤ Ш. 那楚克多尔济：《乌兰哈齐尔特》，第11页。

深入研究《喀尔喀法规》，首先应当阅读《乌兰哈齐尔特》。

《乌兰哈齐尔特》对深入研究《喀尔喀法规》的确非常重要，但他未提及《衙门规则》的重要性并不亚于前者，在有些方面提供了更多有趣的材料，对该章程将在稍后略加论述。

另外，把《乌兰哈齐尔特》仅视为依《喀尔喀法规》审断的判案档案似乎不够确切，虽然有许多案例是依照《喀尔喀法规》来审断的，但是，应当看到《乌兰哈齐尔特》具有自己独立的法律刑罚性质的规定。不能忽视《乌兰哈齐尔特》中的一些似乎新制定的有法规性质的条文。Ш. 那楚克道尔吉为给《乌兰哈齐尔特》写简介，将其与《喀尔喀法规》和《胡噶尔海尼古日特》结合来进行分析研究是正确的。早期研究者仅注意《喀尔喀法规》本身，而不与其他文献相对照是他们研究的主在缺陷之一。当然，把《喀尔喀法规》《乌兰哈齐尔特》的真正封建性质、阶级性等重要问题放在首位才是正确的。（第 35 页）Ш. 那楚克道尔吉以黄教封建属民沙毕为例，揭示了在博格达格根为首的黄教封建主的权势增加的同时，广大人民的生活更加恶化的情况。重点指出沙毕人民的生活状况一年比一年恶化、而他们的反抗以各种形式得到反映。[①] 而他未能注意本应利用这些证据做出相应的结论。

这里有必要提及《蒙古人民共和国通史》一卷本，对作为重要历史资料的法律文献的利用是不够充分的。据其记载："在满洲统治的法律文献汇编中最丰富的是喀尔喀三旗于 1709 年颁布，以后多次增订的称作《喀尔喀法规》的法律汇编。对《喀尔喀法规》在法律方面虽然进行了很好的研究，但是至今还没有全文的俄译文。"[②]《喀尔喀法规》不仅是清代法律中最突出的，而且是封建时代蒙古法律中最佳的法规。（第 36 页）

三、《喀尔喀法规》制定时的历史背景

14 世纪初，蒙古地区进入封建割据分裂时期，分裂状态不正常地长期延续，进而失去政治上的独立，落入满洲统治之下，这是蒙古地区社会经济、文化长期落后的决定性原因之一。

封建分裂割据的特点之一是封建主不仅为使各自所占有的属民与领地保持独立状态而争斗，还为扩大自己的影响力和占有新的领地互相不断征战，使人民贫困，阻碍了经济、文化的正常发展。蒙古封建割据另一恶果是很容易受侵略征服者的影响，而被其吞并。

蒙古封建时期，人们维持生计和生产的主要部门是粗放的游牧畜牧业，劳动的

① Ш. 那楚克多尔济：《乌兰哈齐尔特》，第 7－11 页。

② 《蒙古人民共和国史》，第 27 页。

社会分工发展不足，在基本人口之间商品货币关系没有充分发展起来。后来外部的商品和借贷资本渗入，使蒙古的经济基础和人民的经济生活更加衰落。

13 世纪初，蒙古统一国家的建立迈出了历史上的重要一步，但成吉思汗为首的封建贵族发动的对外侵略战争给蒙古国家和其他地区人民生产力的发展造成了巨大的破坏，而且此恶果长期持续。《蒙古人民共和国史》一卷本中记载，发动征服战争时期，蒙古地区的社会经济（第 37 页）文化的正常发展都受到了破坏，造成了此后落后的局面。蒙古封建国家经济是落后的，在成吉思汗继承者时期更加明显了。元朝崩溃之后，汉人的明朝继承了政权，为把蒙古地区纳入其统治之下，多次派兵侵入蒙古境内，蒙古封建主从汉地被赶出后，仍不妥协，为恢复对汉地的统治而侵袭明朝边境数十年。于是明朝积极推行占领蒙古地区的政策，蒙古封建主也为重新占领中原而不断努力的情况下，蒙古的封建分裂割据，蒙古地区经济的落后情况更加严重了。

前文已述，在蒙古封建时期，人民基本从事粗放的畜牧业经济。劳动人民分散地封闭在某一诺颜管辖的牧地，依季节而找寻牧地游牧。生产的基础单位是个体小经济，个体家庭。从事畜牧业之外，生产辅助性家庭产品以及狩猎。在此条件下，封建生产关系进一步发展。那时的蒙古社会由封建统治阶级和被剥削阶级两方面构成。封建主阶级分为不同地位的几个等级，他们统领军队，审断案件，还有遵从主人要求提供全副武装的一定数量士兵的任务。

有属民的封建主试图独立自主，越来越不听从其主人管领，反抗斗争不断发生。另一方面封建主阶级对人民的控制进一步加强。封建主阶级对人民的管领和私属的基础是他们掌握着土地或牧场的所有权。（第 38 页）

封建大经济控制着小生产者，除将小生产者的收入经常收取一部分外，还令其无偿地服劳役来剥削。换句话说，各种封建租税形态，从其内容的角度全部存在。人民为主人牧放牲畜，运输，制毡等，做家内外的全部活儿，从自己牲畜中无偿给主人，以交纳各种形式赋役受到剥削。封建统治者与人民的这种关系加剧了劳动人民的仇恨和反抗，出现了以各种方式反抗封建统治阶级的斗争。

在封建社会中分为两个基本的阶级，在每个阶级内又有分明的阶层。例如，第一等是好人或富人、台吉（官人），第二等为中等人或无爵职的土锡默特，无职衔的富人，再下为庶人或贫人，最末等为家庭使唤的奴婢。成吉思汗时期出现达尔罕，后来延续下来。我们所说时期的社会制度大体如此，政权机关也是与其社会性质相适应的。

《蒙古人民共和国史》一卷本记载，元朝时全部蒙古分为东蒙古四十万户，西蒙古四万户。元代以后，将全部东部蒙古称作六万户，其中三万户为蒙古的左翼，另外三万户为右翼。卫拉特蒙古仍为独立的四万户。在那里蒙古政权的社会组织使用万户、鄂托克、爱马克等称呼。若说此时将以前的万户单位作为翼下的一部分使用的话，在 14—17 世纪时称作东部蒙古或西部蒙古的大封建领地就以“兀鲁思”

的含义使用了。元朝以后，把各兀鲁思内各自有领土和世袭主人的大集团称作鄂托克。鄂托克不是由血缘，而是由不同姓氏、爱马克的人组成的，由同姓氏（第39页）出身的血亲家族共同体构成一个爱马克。后来在满洲统治时期，鄂托克、苏木，和硕、盟等社会单位是在不同的意义下使用的。封建领主都世袭为扎萨克，一人掌握了全部权力。扎萨克诺颜有军事、行政、审断之权。在封建社会里，这些单位被各个大封建领主所领有，互相争斗。封建领主以其居地相邻或亲族联系结成联盟，互相争战，14世纪末东部蒙古与西部蒙古之间的内讧证明了这一点。后来东部蒙古分为南北两个部分，全部蒙古分为喀尔喀、漠南蒙古和西蒙古（准噶尔）三部分。

西部蒙古和东部蒙古互相争斗非常激烈，持续了几十年，在不同历史条件下互有胜负。通过战争暂时统一，而后又分裂割据内讧，成为封建分裂割据时期的特点。16世纪初，东亚，中国、蒙古、朝鲜等地人民陷入极其残暴的满洲军事封建国家的统治之下。

满洲掠夺征服者推行帝国主义侵略政策，17世纪前半期，征服了漠南蒙古，后来为与其称作外蒙古的漠北蒙古和西蒙古加以区别，称作内蒙古。

此时外蒙古分为七个独立的扎萨克旗，被称作“喀尔喀七旗”。满洲殖民统治者征服内蒙古之后，继续推行征服漠北蒙古的政策。“16世纪末，将漠北蒙古置于其他扎萨克诺颜的统治之下，在漠北蒙古以后的历史上起到了重要作用。”其中土谢图汗、扎萨克图汗、车臣汗等三个强大的封建主的地位比其他扎萨克更为突出。① (第40页)

在蒙古地区面临满洲殖民威胁笼罩时期，喀尔喀封建主未进行统一的反抗斗争，而是从各自的狭隘利益出发认为可以与其建立“友好”关系，未采取断然的措施。而1640年卫拉特巴图尔珲台吉等为协调蒙古封建主之间的关系，共同抵御满洲侵略威胁，在准噶尔境内召集了四十万户蒙古和四万户卫拉特诺颜的大会，喀尔喀的汗、诺颜参加了大集会。② 但是，在满洲统治者的挑拨政策下，使蒙古封建主在准噶尔集会上达成的决议失效，卫拉特和蒙古封建主之间再次发生内讧，甚至在相互的争斗中向满洲汗求援。

卫拉特和喀尔喀在满洲的挑拨之下于1688年发生的战争中，喀尔喀封建主战败，逃往长城一带。1691年，内外蒙古的汗、诺颜们集会决定附属于满洲汗国。内蒙古原来就附属于满洲汗，1691年只是邀请其参加了蒙古汗、诺颜的集会。这样满洲封建主征服蒙古的第二阶段结束，开始进入第三阶段。喀尔喀封建主出卖民族权利，成为满洲军事封建国家的附庸，而西部蒙古对满洲侵略者进行了坚决的斗争。多伦诺尔会盟之后，有一部分喀尔喀诺颜采取了保持独立的政策。

① 《蒙古人民共和国史》，第177－178页。
② 《蒙古人民共和国史》，第178页。

蒙古人民在此历史时期即1709—1791年间，喀尔喀诺颜集会制定了称作《喀尔喀法规》的著名法律。《喀尔喀法规》诞生的历史背景是饶有兴趣的问题。我们只是将其之前的情况作了浅显的论述。（第41页）

《喀尔喀法规》作为蒙古法律在外蒙古归于满洲统治18年之后出现，反映了蒙古地区演变为满洲国家边疆地区时期的一些历史背景。以下对满洲统治蒙古地区后对该地区社会经济，尤其是政治制度如何影响的一些问题稍作论述。

蒙古地区被满洲统治后，对人民来讲在社会压迫之上又增加了一层民族压迫。众所周知，蒙古地区成为满洲的边疆地区后，当地的经济和人民生活更加衰落。在满洲对蒙古地区的殖民统治中黄教和满洲制定的军政制度起到了特别重要的作用。满洲据有蒙古地区之后为加剧封建割据分裂和加强封建统治阶级对人民的控制采取了各种措施。例如，1655年在漠北喀尔喀有八扎萨克，而到1725年增至74个旗，将原来喀尔喀的三盟改为四盟。

满洲还改变蒙古封建主旧有的职爵、称号，制定了显示其权力的新职爵体系，并给他们封授牧场和随丁（属民）。满洲在蒙古殖民统治的主要支柱是他们制定的有浓厚封建风气的机关或军政机构。

在满洲时期将具有浓厚封建主义性质的机构推行到了各个方面，仅举一例，旗有印务处，盟有盟长政务处，盟长等负责审理案件，主持军事和行政事务，这些常设的镇压人民的机构都是在满洲统治时期建立的。在满洲时期，一方面镇压人民的机关发展了，另一方面，封建生产关系进一步发展，由此封建阶级进一步壮大。满洲时期，一方面人民承担的劳役和缴纳牲畜的赋税增加了几倍，另一方面，满洲统治体系将人民固定于某地的措施更加巩固。比较而言，在满洲统治之前，人民在很大范围的牧场（主人所辖）上游牧生活，而在满洲时期（第42页）则在所辖行政辖区内放牧，比过去狭窄，被固定于指定之地。同时规定了随丁承担的义务。例如，从阿拉巴图阿拉特或苏木箭丁中分出台吉的随丁。阿勒巴图或箭丁主要是为满洲政权的驿站、卡伦和其他行政事务服役，被榨取劳力和财物，他们与国家的箭丁或俄国的农奴相似。台吉的随丁除为主人服役外，协助苏木箭丁的赋役，有双重的义务。由箭丁和台吉的随丁合在一起构成了扎萨克的属民。其性质与原封建属民无异，只是提供赋役的对象和服役内容有了分工。有些研究者认为台吉随丁的赋役比其他人更繁重。其实并非如此，若比较来看，从承担的赋役来看，箭丁的赋役明显更为繁重。

在满洲时期蒙古人民在本民族封建主阶级和外来封建殖民统治者双重压迫之下，贫困破败，痛苦至极。但是，作为社会财富的生产者和推动历史动力的人民，不断起来反抗来自社会的和民族的压迫。《喀尔喀法规》制定的全部法条正反映了其阶级性和当时的阶级斗争。蒙古人民从未与满洲殖民政策妥协，满洲政府采取的措施都遭到人民的坚决反抗。例如，1732年，策零敦多布领导的喀尔喀人民反抗满洲的武装起义，1754—1758年间阿睦尔撒纳领导的反抗满洲的卫拉特—蒙古人民的起义等许多重要事件。

《喀尔喀法规》中制定的有关乌拉首思、逃人、人命和伤害等方面犯罪的规定都清楚地反映了当时发生在封建阶级和人民之间的斗争。尤其是反抗满洲军役和站役斗争的人民运动以各种形式展开。这些都在（第43页）《喀尔喀法规》中有所反映。《喀尔喀法规》的全部法律规范基本反映了当时的社会经济状况。

如何解释《喀尔喀法规》的制定？这是揭示封建生产关系的内部矛盾，消除内部的无秩序状态，从根本上尽可能巩固封建权力和利益的措施。另外，除有僧、俗封建统治者为极力巩固自己利益的目的之外，与满洲封建主方面为避免与其占领下的各阶级、阶层发生冲突而推行的谨慎的殖民方针有联系。

喀尔喀封建主虽然附属于满洲统治，仍为保持自己行政方面自主权利不受损害，为保持独立而竭尽全力。满洲统治者虽然制定军事、行政、法律新体系统治全部蒙古地区，但是，获得喀尔喀封建主的支持对他们具有首要的意义。殖民的“谨慎”方针是指殖民者在征服地区全面注意寻找依靠者和支持者。满洲在蒙古僧、俗封建主的支持下征服了蒙古地区，并采取以他们作为支柱来巩固自己统治的政策。

满洲封建主在外蒙古法律方面推行特殊政策，照顾到了蒙古的习惯和特点，采取谨慎态度，没有全部舍弃蒙古原法律传统，但他们的谨慎态度绝不代表他们尊重外族人民的权利。

所谓尊重蒙古习惯，是把原来维护封建特权的法律的一些内容毫无改变地使其适应新情况而保留下来。尤其是在制定《喀尔喀法规》时，黄教首领参加，并起到决定作用，证实了以上判断。在满洲征服和殖民统治蒙古时，黄教一直起到了很大的作用。（第44页）因此，在满洲统治时期黄教的寺院、喇嘛的权势达到了很高的程度。那时寺院的权力在国家法律中有专门的规定。寺院的特殊权利在《1640年蒙古—卫拉特法典》之后的《喀尔喀法规》中更加强了。但是，在《喀尔喀法规》中除寺院权利外，世俗封建主自身和财产以及与行政权有关的条款也占据了很大篇幅。满洲统治者制定《蒙古律例》并在蒙古推行之后，《喀尔喀法规》的重要性在某些方面降低，基本上在沙毕中间施行，主要施行其有关宗教方面的规定。

四、《喀尔喀法规》

《喀尔喀法规》的原文没有保留下来。据旧时从事文秘工作的人讲，其通行本子以《大传》之名称藏于“阿穆尔巴雅斯古郎图寺”。由此看来《喀尔喀法规》可能有通行的本子。但是，目前还无史料记载证明是否有此本子，因此，仍存缺憾。而《喀尔喀法规》藏于秘府，只有少数人有权查阅的说法是可信的。

喀尔喀诺颜虽然附属于了满洲，但内心极力想独立自主的一个明显表现就是自己审断案件和制定法律。《喀尔喀法规》受诸多因素的影响没有进一步分发和传播。

《喀尔喀法规》有两种抄本藏于蒙古人民共和国国家图书馆手抄本部。这两个抄本的内容基本相同，在封面颜色等外观上略有区别。其名称一个是西库伦《喀尔喀法规》，另一个是《大库伦沙毕衙门喀尔喀法规》。这两个本子的大小基本相同，用“毛笔”写于毛头纸上。（第45页）西库伦《喀尔喀法规》是红色粗洋布封面，《大库伦沙毕衙门喀尔喀法规》是浅蓝色粗洋布封面。

西库伦的《喀尔喀法规》是120叶，每叶两面的页面相同，都写有字。其内容不分类，只将何时制定了什么在其制定年月的前面或后面抄写下来。对其在哪部分写了什么内容，是什么内容条款都无法概括地了解。最后第120叶记：“从秘书院誊抄的西库伦本誊写，1930年4月21日。”以此看来，可能是于1930年把秘书院从库伦本誊抄的本子再抄了一份。此书第一页盖有策旺·扎姆茨拉诺的名章。据梁赞诺夫斯基教授记载，扎姆茨拉诺从商卓特巴衙门所藏本抄了一份，寄给了圣彼得堡科学院亚洲图书馆。[①] 这些说明了后来《喀尔喀法规》出现了几个抄本。

《大库伦沙毕衙门喀尔喀法规》是107叶，后9叶是目录，从目录可以得知原文献的内容。《喀尔喀法规》的这一抄本的特点是将整个内容分为八类分别抄写。这是想把整个法规按其所调整的事类加以分类，但是，未能将此原则贯彻到底。有可能是沙毕衙门官员抄录《喀尔喀法规》时为办事使用方便对原稿进行了分类抄写。此抄本中的一些条款不见于另一本。我们在这里主要依据西库伦本《喀尔喀法规》进行适当的研究。《喀尔喀法规》内各法规的制定时间不同，参与制定的人也不相同。（第46页）《喀尔喀法规》是喀尔喀的汗、诺颜们于1709—1796年间在不同地点共举行14次集会商讨制定的。

1709年在布尔罕南伊宾河畔，土谢图汗、额尔德尼必力克图商卓特巴、扎萨克和硕亲王额驸敦多布多尔济、扎萨克贝勒丹津多尔济，扎萨克一等台吉班珠尔多尔济，诺颜托音多尔济旺楚克，有诺颜身份贡布多尔济等有各种职爵的三十多人集会，议定了呼图克图格根和诺颜的乌拉首思问题，制定了《三旗大法规》。[②]

1710年，在塔米尔河畔附近集会，汗、王为首制定了使者用驿出具盖印文书的规定。

1722年，制定了骆驼、马匹烙印，偷窃仓内石头、煤、石灰、寺庙的佛教用品、格根畜群牲畜者治罪的条款。[③]

1724年三月初七日，有关债务。同年七月17日，堪布诺们汗，罗卜藏墨尔根绰尔济，额尔德尼商卓特巴等有高级宗教职衔的首领集会商定禁止饮酒的法规。[④]

1718年十月初一日，汗、商卓特巴、贝勒等为首集会，商议制定有关武器、烙印骆马、壮丁的法规。[⑤]

---

① A. B. 梁赞诺夫斯基《蒙古法》，第71页。

② 《喀尔喀法规》，藏国家图书馆手抄本部，第2页。

③ 《喀尔喀法规》，第15页。

④ 《喀尔喀法规》，第107、第108页。

⑤ 《喀尔喀法规》，第104页。

1726年两次集会商议贸易问题，规定了新的法规。五月十八日的集会上有土谢图汗、额尔德尼商卓特巴、理藩院扎尔忽齐阿尔山等参加。[1]（第47页）

1746年五月初十日，扎萨克图汗、车臣汗为首在库伦集会，议定了有关盗贼法规。[2]

这样举行了十几次集会，制定了各种法规。在制定《喀尔喀法规》时，土谢图汗和额尔德尼商卓特巴等起了主要作用。仅从其参加制定法规会议的情况来看，在十四次集会中，土谢图汗参加了七次，额尔德尼商卓特巴参加了九次，而且有些会议没有记录地点和参加者的名字。

从多次集会议定的法规性质来看，以寺院、喇嘛方面为主，而且每次会议都有具有高级宗教职衔的喇嘛参加。另一方面，在制定《喀尔喀法规》时扎萨克图汗、车臣汗两人也参加了相关集会，尽管参加的次数不多。这样在满洲的《蒙古律例》出现和遵行之前，《喀尔喀法规》一直在喀尔喀三盟内施行是毫无疑问的。然而不能说在制定《喀尔喀法规》时没有一点满洲殖民统治的影响。例如，在商议买卖问题制定法规时有理藩院代表参加，原来这方面的事务都做出有利于满洲统治者利益的规定。

满洲政权的法律以《蒙古律例》为名发布之前，在蒙古制定了满洲的行政规定，渗透了满洲法律的基本原则。

《喀尔喀法规》制定时黄教、寺院、喇嘛起到了特别重要的作用，全面巩固了喇嘛、寺院的权利。从外表看《喀尔喀法规》似为一个法律，但是，（第48页）内容、体例无序和混乱，其条款是在不同时期制定的，并将各种内容的条款机械地不分顺序地抄写在一起的。没有按法律部门和体系分类，在历史条件没有什么变化的情况下，却对同一类事情几次制定法规。这是封建法律的性质。我们在这里解释《喀尔喀法规》内容时，将其与最相近的现代法律部门进行分类加以说明。《喀尔喀法规》大约对200余类事务从法律方面进行了调整，以法律思想和法律调整的资料和非资料类的内容依类适当分别。

（一）违犯行政法规和规章罪

在行政法关系中可以清楚地看到封建统治阶级与人民之间关系的性质。封建统治阶级很注意把与行政权力（封建权力）相关的事情付诸法律规定。

行政权的根本原则是封建统治阶级将自己的意志和与其利益相关的全部问题都强加于人民，强迫人民执行。不能用现代的理解去看待那时的行政法规，那时有关行政的全部问题并没有完全以法律形式加以规范，封建统治阶级首先把关系到其利益和生存的事情用法律加以调整和规范。从我们汇集的《喀尔喀法规》中与行政权

① 《喀尔喀法规》，第111－122页。

② 《喀尔喀法规》，第37页。

有关的法规条款来看，乌拉首思赋役（驿役）据有重要地位。在当时的条件下，乌拉首思确实具有重要的意义，因此，对乌拉首思（驿役）从各个方面做出了规定。(第49页)

乌拉首思是封建统治阶级强加给人民的沉重负担之一。尤其是从满洲统治时期开始乌拉首思赋役更加沉重了。驿站所需的乘用和运输的驿畜、人夫、食物、住宿等都由人民无偿提供。乌拉首思赋役的特点是把实物征收和劳役相合在一起，因此，蒙古史籍中记载有多种赋役。

对乌拉首思赋役从很早开始就有法律规定，在《1640年蒙古—卫拉特法典》中占据了大量篇幅。很明显乌拉首思赋役是封建统治阶级与人民两个阶级之间矛盾和斗争的一个焦点。人民以各种形式反抗乌拉首思赋役剥削。此问题在法规中占据了大量篇幅，并将其更多地付诸法律规定是意料中的事情。

《喀尔喀法规》第一篇是1709年诺颜们集会制定的有关乌拉首思的规定。其中规定：

呼图克图格根无论往那里出行，依据先前七和硕议定的法规，乌拉首思不限额。拒绝给乌拉首思者籍没其全部财产给格根仓，将其本人和妻孥留在其诺颜处。①

这里提到拒绝给格根乌拉首思的人民，拒给乌拉首思的最严重处罚被用于人民。而诺颜、台吉、塔布囊（台吉的女婿）绝拒给乌拉首思者，虽然名义上负有责任，实际上罚畜由其属民承担。封建统治者将自己被罚的牲畜财物令其属民赔偿，称作“赔付［主人的］罪罚”。“诺颜若本人拒绝给乌拉首思，从其本人畜群罚三百头牲畜。若为穷乏的诺颜，牲畜不足一百，从其属民收取一百头牲畜以足数。一百头牲畜中50头为马，50头为牛，年龄为四岁。”②（第50页）

拒绝给乌拉首思后抵赖，规定诺颜由诺颜，平民由官员为其立誓。③

格根的“使者无论出行何处，提供十个乌拉，二个首思羊。……若拒给乌拉首思罚三九牲畜。”④

“遵从格根不得杀生，不能让使者住宿无食物之法旨，不得以给格根使者首思的名义杀生，不得让使者住宿无食，不给乌拉首思，罚三九牲畜。”⑤ 这里自己暴露了宗教的两面派嘴脸。与宗教教理相矛盾，一个与另一个是相对立的，一方面说教不得杀生，另一方面不给首思要处罚。喇嘛誓言不杀生“作孽”，而实际上喇嘛杀人、宰牲畜之事在历史上并不少见。以最近之事例而言，喇嘛到人家住宿都要求食用首思，而很少索要和食用奶制品。

“运输仓物的使者，以仓物之量索取乘骑和驮载的牲畜。额外多使用乌拉的使

① 《喀尔喀法规》，第2－3页。

② 《喀尔喀法规》，第3页。

③ 立誓之罪。持斧或从当时认为的最肮脏的东西下面通过。

④ 《喀尔喀法规》，第3、4页。

⑤ 《喀尔喀法规》，第4页。

者，罚三九牲畜。此九个牲畜中四个为大畜，五个为绵羊，大畜之首为四岁牲畜。拒给使者乌拉首思后抵赖者，由其鄂托克达鲁噶立誓。”[①]

见使者来驱避马群者，罚其佩鞍马，若为诺颜罚五头牲畜，若为哈剌出鞭五十。闻知使者将至驱赶牲畜避开者，每人罚三岁马给遣使者的诺颜之仓。达尔罕将应付乌拉之人马匹指为己畜躲避乌拉之役，罚达尔罕四岁马一匹，将己畜称为达尔罕之畜欺骗避役者，依驱避牲畜之罪处罚。诈称格根使者使用乌拉首思者，以拒给格根乌拉首思罪处罚。

在使用乌拉首思方面仅次于格根的是中宫和汗。[②]“中宫和汗（第51页）亲自出行，乌拉首思不限额。其使者出行何人拒给乌拉首思，籍没其全部牲畜之半，若为诺颜罚150案主，其一半为马，一半为牛，年龄均为四岁。不给乌拉首思并抵赖者，若为诺颜从其旗内出诺颜立誓，若为哈剌出则由赛特立誓。”[③]

在使用乌拉首思方面处于第三位的是王、贝勒等。其使用乌拉首思数如下，“王、贝勒出行，提供十个乌拉三个首思。无论诺颜或哈剌出何人拒给，罚三九牲畜。其使者使用四个乌拉二个首思。”[④]

使用乌拉首思的第四个等级，“扎萨克贝勒出行，使用六个乌拉，食二个首思”。[⑤] 把使用乌拉首思者最初定为这样的四个等级，制定了对违犯者的处罚规定。驿站邮递不是为广大人民服务，只为封建贵族的特权和礼仪事务服务，成为封建统治者办理各种行政事务的工具。

把驿站、邮递看作是行政事务，管理和使用者是封建统治阶级，服役者是人民。格根和诺颜的牧群完全免除了乌拉首思之役。“不得从格根牧群骑乌拉，使者知而乘骑，罚三九牲畜，格根之使除三大事外不得从诺颜本人牧群取用乌拉首思。”[⑥]

接下来给使者使用乌拉首思制定了规章。首先为禁止驱牲畜避开使者或以某种方式耽搁使者行程等，制定了严格的处罚规定。急使在驿夫未来时骑走马匹请他人转告。非急使必须告知驿夫后乘骑马匹。主人不在时告知马群中人家后骑走。此家人不愿去取回使者骑走的驿马，就提供自己的马给使者。（第52页）不去取驿马又不提供自己的马，罚羊。非急使不告知乌拉齐（驿夫）骑走马匹，罚羊。[⑦] 在途中遇见熟人给情面不从其骑乘乌拉的使者罚三岁牛。乌拉齐擅给乌拉，全部收回外，罚五岁马一匹。不得从诺颜和达尔罕牧群给外来诺颜使者捉乌拉，若捉给罚三岁牛

---

① 《喀尔喀法规》，第4页。

② 土谢图汗的哈屯，从满洲获得的称号。

③ 《喀尔喀法规》，第6页。

④ 《喀尔喀法规》，第6页。

⑤ 《喀尔喀法规》，第6－7页。

⑥ 《喀尔喀法规》，第7页。

⑦ 《喀尔喀法规》，第7页。

一头。

显然有人从诺颜、达尔罕牧群给使者捉乌拉，这是人民反抗的一种形式。使者绕路行走受到处罚，若在天亮时不行路住宿者，明天只能乘自己的马匹走。

使者从收取的赋税牲畜中偷取牲畜，以旧法处置。与人勾结未征收应征之物，从别人收取者，把应征收牲畜分为两份从勾结者处取一份，何人从交赋税的牲畜中以自己的劣等牲畜换取优等牲畜，罚三九牲畜，出首人得罚畜的一半。使者禁止乘骑怀孕和有幼驹的骒马，乘骑者罚二岁羊。非急使若超额乘用乌拉，比照使者绕路乘骑罪处罚。

在诺颜中有以达尔罕获得使用乌拉权的，也有没有使用权的。无使用权者可以由扎萨克诺颜授予使用权。除诺颜外，大喇嘛、土锡默特、诺颜的侍卫中有些获得了使用乌拉权。“拒绝给有使用乌拉权诺颜的使者的乌拉，罚一九，……拒绝给因受宠而获得使用乌拉权的哈剌出乌拉首思者罚五头牲畜。”①

此外，还有一个特殊的三大事的乌拉首思规定。在《1640 年蒙古—卫拉特法典》及《喀尔喀法规》中都成为正式的法规，有特别的规定。所谓三大事是敌人来袭时向汗、诺颜及相关人物通报消息、汗或大人物有疾和（第 53 页）诺颜之间关系恶化前往调解，因此三事派出的使者即三大事使者。三大事在当时是最重要的事情，反映了封建分裂割据的特点。例如，调解诺颜之间关系破裂是行政事务的三大事之一。“诺颜拒给三大事使者乌拉，罚五十头大畜，五十只绵羊；执政台吉、塔布囊、达尔罕拒给乌拉，罚三十头大畜，哈剌出拒给者，籍没其全部家产（C. Ж），其身仍在原处。”②

禁止使者饮酒或给使者饮酒。使者因饮酒不能行使其职责，罚三岁马一匹，给证人三岁牛一头。从给使者饮酒之人罚一只二岁羊。

对所有使臣的权利以公务人员的身份以法律加以保护。规定“以尖刃器物击打格根使者，罚五九牲畜加五头；以石头、木棍击打者，罚二九牲畜加五头；以鞭子、拳头击打者，罚一九牲畜加两头；辱骂使者，罚五头牲畜加二头；以何物殴打阔端赤（使者的随从）罚何物的案主加一头牲畜。”③

人民群众对使者以公职进行威胁的野蛮压迫进行反抗，以木棍、石头击打，甚至动刀。揭示了人民群众对那些以公职身份执政，恣意任为者展开的武装斗争。

再者，规定有人侵犯中宫、汗的使者，其他使者人身权利时，以使者的等级分别加以处罚，量刑一级比一级低一些。

1710 年八月，在塔米尔河畔，汗、王为首集会，增订了乌拉首思法规（驿站赋役）。此法规定，格根使者及其他所有使者，必须持有盖印文书（通知文书，

① 《喀尔喀法规》，第 10 页。

② 《喀尔喀法规》，第 11 页。

③ 《喀尔喀法规》，第 12 页。

С. Ж）使用乌拉，无盖印文书不给乌拉。拒给有盖印文书的使者乌拉，以旧法处罚。（第54页）又规定："格根使者及其他使者乘用乌拉时发给指定乘用数额的盖印文书，若无印不给乌拉，拒给持有盖印文书的使者乌拉首思者，以旧法规处罚。"①

何人没有这样的证明使用乌拉则对全体有不好的影响，尤其是遭到人民的反抗和斗争，致使［统治者］必须制定章程。

七和硕使者除圣上之事和军事事务外，其他事不得使用乌拉，若乘用乌拉以原来的法规处罚。有使用乌拉权的扎萨克需要使用乌拉首思时出具盖印文书使用，以自己爱马克首领盖印之文书使用乌拉，无证明文书不予提供乌拉首思。

（二）与行政法相关的其他条款

1. "违背格根法旨的诺颜罚五九牲畜；台吉、塔布囊罚三九牲畜；平人罚二九牲畜；此九数之一为骆驼，八个为马匹，此牲畜年龄为三岁。贫乏无畜者服劳役三年。违犯的诺颜、台吉、塔布囊命在十天内绕寺院百圈，叩拜一千次。②

2. 辱骂中宫（土谢图汗哈敦的称号）、汗者，籍没其本人，财产归仓，将其人及妻孥给属民之奴隶。诺颜打骂诺颜亦依此法处罚，将打骂人的诺颜送给被打骂者属民中的恶人为奴。若误打、误骂属实，则罚一半。若抵赖，在旗内选人，诺颜为诺颜，赛特为哈剌出立誓。"③（第55页）这里有诺颜对诺颜，赛特对哈剌出进行追查处罚之意。

3. "……出外旅行在一日程内，告知无亲戚关系的优等人知之后走。若亲戚来也向优等人告知后送走。旅行回来后也与前述优等人见面告知后回家。"④

4. 熏死旱獭后不挖取者，罚三岁牛一头。⑤

5. "何人损坏大官人（有特殊职务者）的坟墓，罚一九牲畜；小官员的坟墓罚五头牲畜；平人坟墓罚坐骑。在距扎萨克坟墓能分辨牲畜黑白花纹之距离的一倍距离内放牧，罚牲畜主人坐骑。"⑥

6. "六十岁以下（人），除扎萨克以上大人物所赐，或因为孩子们的喜宴，庆祝骒马生驹下奶外，不得饮用。有违者，出首者得其坐骑。若有人违此法规而饮酒，以未能管理其属下罚其达鲁噶五岁牲畜，收楞额罚四岁马。德木齐罚三岁马。"⑦

① 《喀尔喀法规》，第13页。
② 《喀尔喀法规》，第63页。
③ 《喀尔喀法规》，第81页。
④ 《喀尔喀法规》，第101页。
⑤ 《喀尔喀法规》，第79页。
⑥ 《喀尔喀法规》，第106页。
⑦ 《喀尔喀法规》，第98页。

“两人察看牧场对住营地发生争执，归先到者占有。若两人同时到达，谁先鸣鞭（抽地）则归谁。”①

（三）有关赛马

蒙古族从很早开始就举行“男子三项那达慕”，赛马是其中之一项。在《喀尔喀法规》中详细规定了赛马规则。“赛马规则，比赛时除扎萨固尔外，以四个赛特为证人。作证的赛特拿着标记前往（第56页）起跑点，亮出标记，若未至此标记而中途参加比赛者，扎萨固尔从诺颜罚马，台吉、塔布囊罚牛，此扎萨固尔罚羊。”②

又赛马开始之后，禁止途中往迎，牵马随跑，在起跑点无牌之人进入，在验看赛马年龄前走，违者罚马、罚九、鞭骑童十鞭、取消名次等。③

跑在前面的马匹要比次名马超过一马身之距离才算获胜。两马到来时疲乏则让两马走到终点决出胜负。分不出胜负则重赛。“能获奖的马匹在终点附近摔倒，骑童跑到终点亦有效。”④

年龄大的马匹不能与下一年龄组的马匹比赛，而年龄小的马匹可以参加上一年龄组的比赛。诺颜若欲得到获胜的赛马，五岁的赛马应给予一峰骆驼，八匹马；若为四岁马给一峰骆驼，六匹马，若为三岁马给一峰骆驼，四匹马；两岁马驹，给一峰骆驼，两匹马。这是诺颜欲得到参赛获胜的快马，虽不直接拿走，但是，即使赛马主人不愿意，只要诺颜想要就可以得到，并以法律形式加以规定。

（四）《喀尔喀法规》的刑罚形式

1. 死刑。“凡公开抢劫之人，依皇上法规处死，将其家产牲畜、妻孥给事主。”⑤ 与《扎撒法》相比，《喀尔喀法规》死刑较少，死刑是对盗窃牲畜的最高刑罚。

2. 鞭刑。“偷窃格根的仓、牧群之牲畜，籍其全部家产，本人留其主人处，鞭80。罚叩拜三千次，绕寺院转三百圈。”⑥（第57页）鞭笞是刑法系统中使用比较普遍的刑罚。鞭刑的下限是10个，上限是100个。鞭笞有时是独立的刑罚种类，有时是成为特殊的或辅助性的刑罚。

3. 流放。“把三旗中犯大罪者……驱逐出边境，交给优等人。”⑦

---

① 《喀尔喀法规》，第92页。
② 《喀尔喀法规》，第81页。
③ 《喀尔喀法规》，第93页。
④ 《喀尔喀法规》，第94页。
⑤ 《喀尔喀法规》，第37页。
⑥ 《喀尔喀法规》，第14页。
⑦ 《喀尔喀法规》，第95页。

4. 监禁。“凡人偷窃，无论窃贼多少，挖深、宽皆四庹的牢井，监禁一年。主犯籍没其妻、孥、毡房、牲畜给失主。”[①]“又，凡公开盗窃之人各鞭80，将两手铐上铁铐。一年后交给畜主之诺颜。”[②] 在这里鞭刑是辅刑，铐是主刑。“偷窃时杀人的盗贼终身监禁牢井（终身监禁）。”[③] “若僧人偷窃，第一次偷窃，免于关入牢井”。[④] 那时的监狱或游牧的牢狱是“井”，而且称之为入井监禁。

5. 革职、削爵（撤销职爵）例如，台吉偷窃不足羊价之物品，削台吉之爵号。喇嘛偷窃则破其戒，令其还俗，革鄂托克达鲁噶之职等。

6. 降为家奴。例如，“家仆奸哈屯，籍没其全部财产，将其交给哈屯之夫诺颜，给其阿勒巴图之奴隶为奴。[⑤]”又，“窃贼杀死畜主，给杀人之案主，剩余牲畜给扎萨克，其人给旗内奴隶之奴隶为奴”。[⑥]（第58页）

7. 籍没财产。例如，“呼图克图格根无论前往何处，依七旗议定的旧法规，乌拉首思不限额，若拒给乌拉首思，籍没其全部家产给格根仓，其人仍属于其诺颜。”[⑦]

籍没财产是重刑，但不是单独施行，主要作为死刑（正法、处死）的辅助刑。例如，“辱骂中宫、汗，籍没其家产给仓。将其人送给阿勒巴图下奴隶为奴”。[⑧]

8、罚畜。罚年轻牲畜（四岁）是《喀尔喀法规》中最普遍、最基本的处罚方式。《喀尔喀法规》中规定的处罚百分之八十至九十都是罚畜。所罚基本单位是三岁、四岁的优质牲畜。以一腿、一九、三九、五九、七九等数额处罚。处罚有“案主”、“巴”、“雅拉”、“阿拉宕黑”等种种称呼。例如：“诺颜、塔布囊等给已娶阿拜的塔布囊再嫁阿拜，罚嫁女之诺颜骆驼十峰，马百匹之巴。[⑨]”“诺颜若无故杀死阿勒巴图，以违格根法处罚。”[⑩] 又“单身人逃走时杀人，其诺颜以骆驼赔偿身价，罚75个案主”[⑪]

这里体现了封建法规自身的性质。因为，一次对一事处以2—3种重叠的处罚，一种刑罚可以与另一种刑罚互易，处罚罪犯本人时，使其家庭其他成员担责。在制定刑罚规定时将从重处罚作为基本的指导思想。（第59页）因此，将重复的处罚机械地并入一个刑罚的情况在《喀尔喀法规》中很多。交罚畜不足则以其子女充抵，

① 《喀尔喀法规》，第36页。
② 《喀尔喀法规》，第18页。
③ 《喀尔喀法规》，第58页。
④ 《喀尔喀法规》，第57页。
⑤ 《喀尔喀法规》，第47页。
⑥ 《喀尔喀法规》，第19页。
⑦ 《喀尔喀法规》，第3页。
⑧ 《喀尔喀法规》，第81页。
⑨ 《喀尔喀法规》，第45页。
⑩ 《喀尔喀法规》，第76页。
⑪ 《喀尔喀法规》，第55页。

对盗窃犯处罚其本人之外，将其妻孥给事主的情况也很多。

还有违格根法旨的哈剌出罚二九，若无牲畜，无偿服劳役三年。诺颜、台吉、塔布囊违背格根法旨，罚三至五九牲畜，此外，罚其绕寺院一百圈，叩拜一千次，在十天内完成。[①]

“凡公开盗窃者，以圣上旧法规处死，籍没其家产牲畜、妻孥给畜主”。[②] 这种家庭连带责任是从从原始血缘社会制度传承下来的。

因此，《喀尔喀法规》所规定的处罚主要是财产刑。法规中的刑罚规定得很清楚。例如，规定罚一九时，若未明确牲畜种类、年龄，则四个是大畜，五个是羊，年龄都是三岁。若罚多九，一头大畜折五只羊，若罚五头牲畜，则二头大畜，三只绵羊。若罚三头牲畜，一头为大畜，两个为羊。因为处罚物为牲畜，不同牲畜之间可以互易，是以当时各种牲畜的价值换算详细规定的。好骆驼值两匹五岁马，中等骆驼值四岁马两匹，一头三岁公骆驼等于两匹三岁马，一头两岁公骆等于一匹四岁马，一头骆驼羔等于一匹二岁马。一匹五岁马等于五只羊，一匹四岁马等于四只羊，一匹三岁马等于三只羊，一匹两岁马等两只羊，一匹一岁马等于一只羊。全副凯甲、好枪值五岁马一匹。半身甲胄、劣等枪值四岁马一匹，好皮袍值骆驼一峰，四哈那帐篷值五岁马一匹。

《喀尔喀法规》中有几种犯罪而且清楚地规定了其刑罚。（第 60 页）可以分为对宗教及其代表人物的犯罪，违犯行政法规的犯罪，职务犯罪，盗窃财产罪、人命和伤害罪，军事犯罪，破坏公共秩序罪等种类。尤其是针对盗窃财产罪、人命、伤害罪，对寺庙及其代表人物方面的犯罪制定了很多刑罚规定。

（五）有关寺院及其代表人物的规定

《喀尔喀法规》这个蒙古法规的思想基础是宗教。对于人们的某种行为的允许还是禁止，对事务的是非评价等，都是从宗教思想予以解释的。将寺庙和喇嘛作为法规的特别主体加以尊崇。对寺庙、喇嘛，宗教思想、财产权利优先加以维护和巩固。

1. “何人侵犯寺院，将其本人驱逐，夺去其全部属民。若为哈剌出侵犯寺院，将其本人杀死，没收其全部财产”。[③]

2. “看守寺院者除三件事外不提供乌拉，三件事外的使者骑用其马驼者，罚一九牲畜。”[④]“大牧群”、“所属沙毕”、“守寺庙者”除乌拉首思外，免除其他赋役，规定处罚向他们征收赋役的人。

---

① 《喀尔喀法规》，第 63 页。

② 《喀尔喀法规》，第 37 页。

③ 《喀尔喀法规》，第 43 页。

④ 《喀尔喀法规》，第 43 页。

3. 仓属的沙毕，守寺庙者除诺颜营地外，可以在任何地方自由住牧。[①]

4. “偷窃属于寺庙或佛像上之饰物、寺院牲畜者，与偷窃格根仓畜群牲畜同罪。”[②]（第61页）

5. 偷窃无佛像与佛教经书的空盒和嘛呢轮之空盒者，罚三九牲畜。[③]

6. 扯断念珠串（玛尼念珠），罚马一匹，丢多少珠子赔多少只羊，珊瑚丢失则赔偿。打架扯断护身符带子罚一九，将此阿拉宕黑给爱马克内的经学院。[④]

7. 偷窃寺院畜群牲畜，籍没其一切财产，只留其本身。[⑤]

8. 凡建有库伦禁地附近不得砍伐活树和枯树，砍伐者，没收其砍伐工具。[⑥]

9. 凡僧侣及其所属沙毕纳尔除三件事外免除乌拉首思赋役。若与不属于僧侣的其他人有共同财产，此人仍需提供乌拉首思。僧侣念经作佛事后所得财物，医生看病所得财物无须偿还。[⑦]

处死偷窃寺庙财产的哈剌出，籍没其全部财产是刑罚的极刑，而且是在其他犯罪中没有的处罚。规定将寺院的牧群、属地、林木、动物都以法律形式加以保护，不得侵犯。

封建统治阶级的财产是不得侵犯的，而格根和寺院的财产是首先要加以保护的。寺院、喇嘛根据法律规定拥有除诺颜的营地外，可以自由选择牧地放牧的权力。在以法律保护喇嘛自身及其财产的同时，严禁喇嘛偷窃、饮酒、犯奸等。

1. 僧人偷窃一次，关入牢井。罚九，令其还俗，遣回原鄂托克、苏木，不得再出家受戒。犯偷窃罪的僧人若有俗人属民和家奴，将其属民家奴遣回鄂托克和苏木。[⑧]（第62页）

2. “何人将窃贼从井中放出，或将捉获、铐押的窃贼放走，……若为经学院的喇嘛罚七九，若为格隆罚六九，僧侣罚五九。”[⑨]

3. 以“不合喇嘛经典和宗教教义”，禁止喇嘛饮酒。格隆饮酒者罚巴五岁马九匹，班第饮酒罚巴五岁马三匹。何人给他们饮酒，罚五岁马五匹，见者隐匿不报，处罚与给酒喝者相同。[⑩]

4. “格隆、格楚勒、班第饮酒者，应在大集会上祈祷，献布施和茶食，并念忏悔经。格隆念二十一遍，格楚勒念十四遍，班第念七遍。在会上叩拜。无作扎达、

---

① 《喀尔喀法规》，第44－45页。

② 《喀尔喀法规》，第16页。

③ 《喀尔喀法规》，第24页。

④ 《喀尔喀法规》，第86页。

⑤ 《喀尔喀法规》，第39页。

⑥ 《喀尔喀法规》，第66页。

⑦ 《喀尔喀法规》，第79页。

⑧ 《喀尔喀法规》，第57页。

⑨ 《喀尔喀法规》，第59页。

⑩ 《喀尔喀法规》，第108－109页。

煮茶之资的穷僧饮酒，令其以规定之小木桶运送煮茶之水，每日六桶，为期三个月。期满按上述规定在集会上祈祷忏悔。未改过，复饮酒者，因教规处罚已完结，应按窃贼处置，上手铐一年。”①

为禁止喇嘛饮酒，于1724年、1754年两次制定法规。1754年法规与1724年法规没有特别的区别。

5. 1754年（应为1770年），称作达木乔伊的喇嘛夺取将军土谢图汗旗下衮楚克的妻子一事。土谢图汗、商卓特巴、大喇嘛为首商议，罚达木乔伊三十伯尔克、三百案主，令其还俗。规定今后若有似达木乔伊一样糟蹋教戒者，依此处罚。②

《喀尔喀法规》的另一个值得注意现象是规定将判例作为审判的法规依据。将判例作为审判依据在早期的罗马、俄罗斯、欧洲也很普遍。（第63页）

《喀尔喀法规》有关出家的规定

1. 凡立志出家为喇嘛者，应按照教规征得其主人和父母双亲的许可才能出家。被送去剃度喇嘛者也应先询问其主人和双亲，然后剃度。其主人和双亲在远方，若显然属于无法通知者，应通知本部之扎萨克，若经许可，即可剃度。③

2. “剃度之后，既已成遵守教规之托音（僧人），喇嘛无须给世俗诺颜提供任何赋役，可按自己意愿给自己做主。”④ 换句话说，出家为僧之后，与世间诺颜、法律无关了，而受宗教和戒律的约束。依附父母生活的僧人则不能自主。

3. 经常居于寺庙或经院之类僧侣爱马克团体内，有相对自主权的僧徒，应遵守本爱马克之规章，居住于爱马、寺庙、经院内。而不属于寺庙或经院内之僧徒者愿往他处去时，可以携带属于自己的物品离开，免于纳税。

4. “从外地来到寺庙、库伦或经院的托音，直至其离开应当遵从该爱马的规章。若离去，可带走自己获得的免除赋税的财物离开。若愿以原约定的关系留下者，都可以留下。自西藏、汉地等其他地区来的未授佛戒之人，或行善之医生、星相家，身份确实，可按僧规为其自身做主；离去时可携带免除赋税的财物。此类说外族语言之人，除三件事外不提供乌拉首思。”⑤

5. “……自外地来的僧人有重大过错或犯罪，即应遣返原处……”⑥

6. …… “凡俗人赶走或遗弃僧人，或以重词诬陷僧人，僧人持斧宣誓证明自己清白，即罚此人三百案主，其中一百五十为大畜，一百五十为羊。若交案主不足数，即将此人连同牲畜给该僧人。若此僧人未立誓即已澄清，（第64页）则罚此人

① 《喀尔喀法规》，第109页。

② 《喀尔喀法规》，第116－117页。

③ 《喀尔喀法规》，第69页。

④ 《喀尔喀法规》，第70页。

⑤ 《喀尔喀法规》，第70－71页。

⑥ 《喀尔喀法规》，第73页。

一百五十案主，其中一半为大畜，一半为羊。”①

在《喀尔喀法规》中以法律形式对出家手续及僧侣的权利做出规定不是偶然的。若《1640年蒙古—卫拉特法规》中给了黄教在十人中有一人出家的权利，那么，在《喀尔喀法规》中不仅全面巩固了喇嘛、寺院的权利，还使台吉子孙出家有了法律规定。虽未规定台吉们都当喇嘛，但是，毫无疑问地在某种比率内允许其当喇嘛。

封建主阶级是一般的概念，其实封建主阶级内分为僧（黄教）、俗两部分。黄封建主阶级（僧侣封建主），指出身封建主阶级之人出家到寺院或不在寺院内的剥削者，或虽然不是出身封建主阶级，但是在寺院中担任要职，同封建主一样有权势和特权的喇嘛剥削者。

封建主阶级时刻想扩大和巩固作为封建主阶级重要部分的黄封建主（黄教僧侣）队伍，另一方面更进一步提高黄教的权利，使他们更加自由。“出家为僧者，免纳赋税于世俗主人及诺颜，得以自行做主。”②

黄教教规规定喇嘛必须入寺院为僧，遵守寺院的规定。寺院的戒规是使僧人脱离世俗生活。例如，喇嘛不得娶妻，违犯戒律者以黄教教规处罚。喇嘛入住寺院为僧是法规禁所。下层喇嘛对限制世俗生活的规定不满，（第65页）反抗不断。《喀尔喀法规》还对喇嘛台吉（托音）有特别的制定。据此规定作为托音入寺为僧还可以娶妻及从事其他事务。这从另一方面证明上、下层喇嘛都反抗寺院的教规。

（六）人命罪、人身伤害罪

1. “诺颜戏杀其阿勒巴图者，以违犯格根法旨处罚。诺颜不报扎萨克，杀死有过错属民，以违扎萨克例处罚，所罚阿拉宕黑归格根之仓。”③

2. “诺颜杀死他人阿勒巴图者，罚取应罚的案主，并给一相当之人赔偿。若为无属民之诺颜，应以优等骆驼和马两头牲畜赔偿。”④

3. “凡仇杀或戏杀人者，罚三十伯尔克，三百案主。若死者为官员，以人和骆驼来抵偿；若死者为非官员，赔偿一人，若无人可赔偿，以年轻骆驼一峰、五岁马一匹代偿。刑罚鞭一百，交给旗中奴隶之奴隶为奴。若缴纳所罚案主不足数，即将杀人者给予死者之妻孥为奴。”⑤

4. “击瞎人之双目，与杀人等同。击瞎一目者，罚一百五十〈案主〉。鞭打同上。”

① 《喀尔喀法规》，第75页。
② 《喀尔喀法规》，第69页。
③ 《喀尔喀法规》，第76页。
④ 《喀尔喀法规》，第76页。
⑤ 《喀尔喀法规》，第77页。

5. “打落牙齿者，罚一九牲畜，按被打落牙齿数每颗赔偿上等大牲畜一头。”①

6. “折伤人手足，未致残废者，罚三九牲畜；致残废者，罚击瞎人双目相同的案主。

7. 致人大拇指与食指残废者，罚三九牲畜，未致残废者罚一九牲畜。（第66页）其余诸指残废未能痊愈者，罚五九牲畜，痊愈者罚一九牲畜。”②

8. “诺颜之间亮出刃物利器者，罚以骆驼一峰为首的五九牲畜。罚亮出刃物利器者，双方皆亮出，则抵消。若本人收起亮出的武器，仍科罚如前。若有见证，应从亮出武器之诺颜罚巴噶骆驼一峰、马四匹，入于扎萨克。”③ 证人从所罚巴噶牲畜中得两匹马、从罚畜得九头大畜。两人都亮刃物利器抵销后，从两人各罚骆驼一峰、马四匹，入于扎萨克。

9. “诺颜之间，或台吉塔布囊之间殴斗，用木棍、石头互殴或互骂，罚巴噶。殴打阿拜与殴打诺颜处罚相同。”④

10. “台吉、塔布囊殴打哈剌出（平民），或亮刃物利器者，与平民同罪。无故骂人者，罚取四岁马一匹。凡诺颜殴打或辱骂托音（僧侣）者，无论哪一种，以辱骂、殴打汗者之例治罪。”

11. “凡诺颜殴打或辱骂托音（僧侣）者，无论哪一种，以辱骂、殴打汗者之例治罪。凡汗或哈剌出不拘何人，以刃物利器击打格隆者，罚九九牲畜；以它物殴打者，罚七九牲畜；辱骂格隆者，罚三九牲畜。凡以刃物利器击打格楚勒者，罚六九牲畜；以它物击打者，罚四九牲畜；辱骂格楚勒者，罚一九牲畜加五头牲畜。以刃物利器击打班第者，罚五九牲畜；以它物击打者，罚三九牲畜；辱骂班第者，罚一九牲畜。以刃物利器击打乌巴什者，罚三九牲畜；以它物击打者，罚一九牲畜加五头牲畜；辱骂者罚五头牲畜。”⑤

12. “凡以刃物利器击打平民，罚三九牲畜；以石块、木棒殴打者，罚一九牲畜；鞭打、拳击者罚五头牲畜。”⑥（第67页）

13. “凡执政赛特因公事殴打或骂人，不予处罚。但若无故殴打人，致［人］骨折，或皮肉红肿，按常法罚治。

14. 以刃物利器击打执政大赛特、台吉或塔布囊者，罚五九牲畜；以其他任何物击打者，罚三九牲畜；辱骂者，罚一九牲畜，加骆驼一峰。

---

① 《喀尔喀法规》，第77页。

② 《喀尔喀法规》，第78页。此处有误，应为“其余诸指残废未能痊愈者，罚一九牲畜，痊愈者罚五头牲畜”。——译者

③ 《喀尔喀法规》，第82页。

④ 《喀尔喀法规》，第83页。

⑤ 《喀尔喀法规》，第84页。此处有误，是以刃物利器击打格隆，罚九九，而不是击打一般人。——译者

⑥ 《喀尔喀法规》，第84－85页。

15. 凡人无论以何物殴打自己父母、老师者，罚九九牲畜；辱骂者，罚五九牲畜；动手殴打者，鞭八十，并令其捡一年干牛粪。”①

16. “患有禁忌与别人接触的传染病者，隐瞒自己病情，传染他人以致死亡者，罚以杀人之案主。若患者痊愈，罚传染者三九牲畜。隐瞒病情者，罚一九牲畜。”②

17. “在远途中将患病之同伴不予照料，抛弃于无人照看之处返回，以致其同伴死去者，以骆驼一峰赔偿，并罚一九大牲畜。

18. 因狗吠或狗咬而致人死者，主人以一人或骆驼一峰赔偿。”③ 牲畜伤害死人，主人以骆驼赔偿。

19. “疯狗咬人致死者，由狗主人赔偿［其命价］，并罚三九牲畜。若狗主人确实不知其狗已疯，则只给人命赔偿。若主人明知狗疯，而不在乎，其狗咬了牲畜，咬几头牲畜，即须赔偿几头，由此间接传染的牲畜均须赔偿。”④

20. “疯人杀死人者，罚案主之半。将疯人拘捕，送回其家者，应得年轻骆驼一峰和带鞍马一匹。”⑤

21. “凡汗或平民拒绝行人住宿，此行人被赶走后冻死者，拒绝给宿者以一人或一峰骆驼赔偿，并罚案主三九牲畜。若牲畜倒毙给予赔偿。若使人手足冻掉，罚一九牲畜；若仅冻坏，而未冻掉，罚三岁牛一头、三岁马一匹。……被赶者可以铺该户帐幕的顶盖毡，宿于其帐幕外。”⑥（第68页）

22. “殴打孕妇致胎儿流产者，胎儿几月即罚几九牲畜。”⑦

从《喀尔喀法规》规定的人命和人身伤害罪可以清楚地看出保护何人、防范何人。在法规中明确规定，对危害诺颜、台吉、塔布囊、格隆、格楚勒、班第等人生命和人身的行为严加禁止和处罚，不是因为以上罪行对社会的危害程度，而明显地是从封建主阶级的利益出发的。只要罪行的某些方面对封建主阶级利益构成直接，或者在某种情况下有反抗的性质即适用此法规。判别事情轻重的主要标准是犯罪行为针对的是谁。没有依照从事情起因、发生、结束的条件和原因来考查并得出结论这样的原则，而是以何人做了此事，何人受损失这样两个问题来决定。

从封建财产的角度低估了人生命的价值。诺颜戏杀自己的阿勒巴图（属民），以违格根法旨论罪。⑧ 而诺颜违犯格根法旨，罚五九牲畜，台吉、塔布囊罚三九牲畜。戏杀自己阿勒巴图的诺颜罚五九，而辱骂诺颜的哈剌出，罚以骆驼为首的七九

---

① 《喀尔喀法规》，第85页。
② 《喀尔喀法规》，第89页。
③ 《喀尔喀法规》，第89-90页。
④ 《喀尔喀法规》，第89-90页。
⑤ 《喀尔喀法规》，第90页。
⑥ 《喀尔喀法规》，第97页。
⑦ 《喀尔喀法规》，第101页。
⑧ 《喀尔喀法规》，第14页。

牲畜。

诸颜杀阿勒巴图，与奴隶主杀奴隶之间有一定区别。没有一个法律禁止奴隶主杀奴隶，领主杀领民之事虽不合情理，但是，即使杀了，其罪过与处罚都很轻。《喀尔喀法规》中有赔偿命价的奇怪规定，确实对人命的估价不如财产高。（第69页）从前引例子看，人的命价以人与骆驼抵偿，或无人则以骆驼和马匹抵偿。在有些时候骆驼与人命相当。“以骆驼为首”若干九牲畜是最高的刑罚标准。

（七）侵害财产罪

1. “偷窃格根仓之物及白畜群者，没收其全部财产，其本人留于其诸颜处，鞭八十，并罚其叩拜三千次，绕寺院三百圈。”①

2. “依附他人的单身汉行窃，若有财产，籍没其全部财产。……若无财产，偷窃何物令其诸颜赔偿，并付给办案官员和使者的酬劳。其他处罚同前。此单身汉无论有无财产，若与其诸颜住在一起，即罚其诸颜巴噶五岁马一匹。若此人有自己的帐幕，在另外浩特（营地）居住，即罚其浩特之长巴噶五岁马一匹，其诸颜不罚巴噶。罚贼服劳役一年，由其诸颜承担饮食。”②

这是指诸颜的仆人。若为有独立帐房的阿寅勒成员，则罚其浩特之长巴噶四岁马一匹。命窃贼服劳役一年。这反映出浩特和阿寅勒之人中有人犯事则浩特和阿寅勒人负有连带责任，在驿站劳役和其他封建赋役方面也是如此。

3. “偷窃供乳期间的乳牛、征用乌拉的骆驼，照盗窃畜群例治罪，给主人赔偿盗窃之物。”③

4. “偷窃仓内煤或石灰者，罚三九牲畜。明知是［寺庙］的［干］草，（此处缺：而喂其牲畜，罚三九牲畜；不知而喂牲畜）罚其坐骑。牲畜入庄稼地，若为十头牲畜，罚取一头最好之牲畜，若为五头牲畜，罚取其中一头最劣之牲畜。若牲畜在五至十头间，（此处缺：则罚取中等牲畜一头。若在五头以下，——译者）有几头即取同等数额之羊。若为单身汉，罚取其火镰、刀子、汗巾……之一。”④（第70页）

5. “偷窃庄稼者，与偷窃石灰、煤同罪。庄稼地周围的禁牧区为能识别牲畜颜色之距离（缺少：加一倍）。”⑤

6. 从汗的姐妹、汗母、汗或贝勒之仓及畜群中行窃者，与从格根仓及其畜群行窃同罪。一人偷窃牲畜者，罚二十头大畜，其中十头为四岁，另十头为三岁。凡窃贼一经定罪处罚毕，鞭八十。令其绕寺院一百圈、叩拜一千次，由其诸颜派人监

① 《喀尔喀法规》，第14页。

② 《喀尔喀法规》，第14页。此处误为五岁马一匹，应为五岁马二匹。——译者

③ 《喀尔喀法规》，第16页。

④ 《喀尔喀法规》，第16页。此段引文中间有遗漏，文义有出入。——译者

⑤ 《喀尔喀法规》，第16页。此段引文有遗漏，文义有出入。——译者

督，令其于十天内完成。"再次行窃者，令其绕寺院行二百圈、叩拜二千次，依例在二十天内完成。三次犯窃者，令其绕寺院行一千圈、叩拜一万次，依例在三月内完成。"①

7. "因公开抢劫被捕的盗贼，无论几人，一律鞭八十，将其双手用铁铐铐在一起。一年之后，交给失主的诺颜验看释放。再次犯盗者，以同样方式加铁铐看管，铐两年之后，同样交给失主的诺颜验看释放。三次犯盗者，终身上铐。双手上铐之后，交给其所属的章京看管。"②

若将交管的窃贼杀死，以年轻的骆驼和马罚巴噶，给证人马匹。

立誓定罪的窃贼不铐手。鞭八十，"因立誓认定之贼不铐手，鞭八十。若该贼之帐幕、牲畜、锅、锅架等财物不足清偿雅拉，由其达鲁噶或诺颜补足。若不偿清，即将贼［及家人］全部捉送。若不愿将自己的属人交出，可用牲畜赎回，男子每人五头大畜，女子每人三头大畜，孩子每人大畜一头。赎取用的大牲畜均应为三岁，牛、马参半。若贼人为数众多，首犯罚二十头大畜。从犯无论多少人，每人罚九九牲畜（误，应为一九牲畜。——译者），"③ 若贼杀死畜主，除给杀人案主外，将剩余牲畜归扎萨克，将贼本人"送去做旗内奴隶之奴隶为奴。若其牲畜不够偿付案主，即将其妻孥全部捉送给牲畜主人。（第71页）若牲畜主人未死，伤及其身及坐骑，则罚取三九牲畜。"④

8. "盗贼分属数旗，以牲畜主人数分取雅拉（罚畜）。牲畜主人无论多少人，分取三头牲畜。凡已审结之盗贼，有声称清白无罪者，即令其持斧立誓。"⑤

持斧是立誓之一种，那时人认为立誓是从世界上最为肮脏的东西下面钻过。如从用绳子索着或挂着的干狗屎、靴底、孕妇之裤、野地里的麻、马绊、骆驼头白骨下面钻过。立誓是以迷信来进行威吓。逼誓［从肮脏物下面］钻过是审理案件过程中使用的立誓刑。从《喀尔喀法规》来看立誓主要用于偷窃案件。"是以立誓辨别是非的一种方法"。那时对审断程序中案犯的权益毫不重视。被告无要求提供证人或物证的权力。而法律允许原告和受害者要求提供证据。这是封建诉讼审理的局限性。《喀尔喀法规》中多次提到给有某行为或做某事作证的人获得奖赏。但是几乎未提及嫌疑人可为证明自己清白而提供证明之事。《喀尔喀法规》中对审理和处罚偷盗案件有清楚的规定，与偷盗做斗争已成为封建政权的重要任务。处罚窃贼是封建主剥削和掠夺人民的一种形式，成为审理案件的土锡默特、使者、（第72页）证人很大的收入来源。因此，这些人热衷于偷窃案件的审理，试图对毫无干系的人虚构事实进行审理和处罚。规定何人拦截下窃贼赶走的牲畜，十头以上者，每十头得

① 《喀尔喀法规》，第17－18页。

② 《喀尔喀法规》，第17－18页。

③ 《喀尔喀法规》，第19页。

④ 《喀尔喀法规》，第19页。

⑤ 《喀尔喀法规》，第20页。

一头优等牲畜，十头以下至五头，得一头中等牲畜，五头以下得一头下等牲畜；两头骆驼得一匹好马，一头骆驼得一匹三岁马；两匹马得一头三岁牛，一匹马得一只优等羊；两头牛可得一只有羔的优等母羊，一头牛得羊一只；若为羊得两腿等分别获得奖励。还记述了除牲畜以外当时人日常生活中使用的财物。

9. 盗窃环甲、铠袍、枪、盔、铠甲围裙、皮甲胄，罚七九牲畜。盗窃撒袋与弓、五枝以上箭、马刀、矛，罚三九牲畜。盗窃刀、锉、五枝以下之箭、十发以下之火药及子弹者，罚一九牲畜。除罚畜外，武器之类物品均应赔偿。①

10. 金、银、貂皮、猞猁、整匹以上之绸缎、兽皮袄、兽皮里上衣，宝石念珠、水獭皮，又黑狐皮帽、棕黑狐皮帽、貂皮帽（这些若为新物），罚三九牲畜。②

11. 将他人牲畜宰杀吃掉，剪马尾，改耳记，阉割牲畜，偷窃完好的老皂雕、鹰，[剪去] 妇女帽缨，[盗窃] 马衔、马鞍、马镫、三脚马绊，锛子、斧，项圈、耳坠，大叉、铁镩子、铁锨、铁锤子、钳子、铁砧、锯，腰带、旱獭皮外套、短上衣、布衣、朝服、被子、羊皮袄、鞣革袄、坎肩儿（马甲），香牛皮、地毯、小柜、箱子、风吹雨淋过的羊毛、红铜、黄铜、铁制茶筒、铁皮小桶、有铁箍无嘴茶壶嗉子、绸长衫、绸褥子、呢袍等物品罚一九牲畜。盗窃蒙古包毡顶、墙围毡，[蒙古包] 天窗的毡盖、门，帐篷，天窗木框，此等物品罚二九牲畜。

[盗窃] 留酵菌之酸奶、有容器的酒、原制哈达、装羊瘤胃中的黄油、（第 73 页）茶叶、烟、完全制好之皂雕翎、半只老皂雕羽、鹰、弓弦、剪刀、冲子、穿孔器、两面刃薄刀、刨子等物品罚五头牲畜。

凡盗窃给王公使用的干牛粪、柴火、獾皮、旱獭皮，绵羊皮、羊羔皮、鞣革、缰绳、马笼头、马鞭、大皮口袋、勺、碗、钩、锥、针、扣、指环、火钳、烟袋、镊子、放碗的桌、碗盒或碗袋，擦碗巾、靴子、裤子、袜子、细狗，罚马一匹。

盗窃书写纸、装牛粪之背筐与粪叉、库伦僧侣的干牛粪与柴火、普通居民屋外收集的干牛粪与柴火、套马杆，[蒙古包] 撑柱、椽杆、毡墙支架，擦汗之手帕、碱、盐、干粮、乳制品、梳子、篦子、少于五件之哈达、整束丝线等物罚羊一只。凡盗窃以上诸物均应赔偿。

在法规中把当时人使用的财物几乎都纳入其中，当然没有全部提及，而是把可能成为偷窃目标的大约 220 种物品的名称全部列出，各自制定了量刑标准。

1722 年制定的法规规定对偷窃牲畜或财物的窃贼的处罚是罚畜和赔偿原物。但是，1728 年或 1788 年增补了盗窃方面法规，判罚更加严厉。

12. “凡人偷窃，无论窃贼多少人，挖深、宽皆为四庹之牢井，监禁一年。主犯籍没其妻孥、牲畜，给失主。从犯每人罚三九牲畜。窃贼出井牢后，每人鞭打一

① 《喀尔喀法规》，第 24 页。

② 《喀尔喀法规》，第 25 页。

百，并令捡柴三年。”①

1746 年对“公开的偷盗”再次商议制定新的刑罚规定。

13. “凡公开抢劫之人，照皇上旧例处死，其帐幕、牲畜、妻孥等全部给牲畜主人。再，从犯罚雅拉三九牲畜，给失主，鞭一百。若交罚畜不足数，其帐幕、家具、锅、锅架等一切财物抵一九牲畜。若有子女者，一个孩子抵一九牲畜，两个孩子抵二九牲畜，……若没有子女，只有夫妇二人，（第 74 页）则以其妻子作抵。若为单身汉，则将其本人交给［失主］作抵。若将牲畜、妻孥交出后，仍给不足罚畜数，则按照皇上法规，少一头牲畜鞭二十五，不超过一百鞭。使行恶之盗贼得到惩戒。如此商定记录外，其余一切事情四部一体遵行皇上法规。”②

1796 年，商议制定了对偷盗寺院牧群、其他财物，僧侣牧群、沙毕纳尔、看守寺院之人财物罪的处罚规定。

14. “偷窃寺院牧群牲畜者，没收其全部财产，只释放其本人。偷窃煤、烧石灰和砖块用的柴火、收藏的干草，诸如此类的家庭日用所需之物者，罚五九牲畜。偷窃寺院内僧侣牧群的牲畜，偷窃沙比纳尔、看守寺庙之人及为寺庙做工之人的牲畜者，雅拉公畜十二九，母畜十四九。”③

15. “寺院爱马克之人偷窃外人［牲畜］，雅拉公畜十九、母畜十二九。”④

16. “以玩笑抢走他人何物，与偷窃此等物品相同。以玩笑任意乘骑他人马驼者，罚其坐骑。拿去驮载乘用之后牲畜倒毙，应予赔偿，并罚雅拉。”⑤

17. “凡行路之办事之人（行人——C. 扎阿拉扎布）捉住走失之牲畜，不得带走。通知附近最近之人，将所捉走失牲畜的日期记下，交代保留。若不将牲畜留下带走，即被视为偷窃牲畜。在捉获地点用畜毛留下标记。”⑥

18. “凡见走失牲畜，应通知他人之后捉住。若在无人地方，将所捉牲畜的毛在此地埋上一小撮。三天内不得骑用所捉牲畜，三天之后报告诺颜或赛特始可骑用。错报所捉牲畜毛色者，罚巴噶牛一头。……若此牲畜丢失或倒毙，须报赛特知之；不报者即等同于侵占移匿失群之牲畜。（第 75 页）侵占移匿失群之牲畜者，应赔偿原畜，并罚一九牲畜。揭发他人侵占走失牲畜的证人，可以从九畜中取一头上等牲畜。若捉获的走失牲畜为母畜，捉后产下的仔畜全部归捉获者，但哺乳中的幼畜归牲畜主人。”⑦

19. “捡到失物者，应报告诺颜，通知赛特向众人广告宣布。失主认领，即交

① 《喀尔喀法规》，第 36 页。
② 《喀尔喀法规》，第 38－39 页。
③ 《喀尔喀法规》，第 39 页。
④ 《喀尔喀法规》，第 41 页。
⑤ 《喀尔喀法规》，第 97 页。
⑥ 《喀尔喀法规》，第 79 页。
⑦ 《喀尔喀法规》，第 87 页。

还失主。不宣布而隐匿者，后来被发现，罚坐骑。”①

20. “抢夺别人所掘新井或清理的［旧井］打架，罚四岁马一匹。但此人饮毕自己的牲畜后，不给［别人］用水，亦罚坐骑。若不给正乘骑之马饮水者，罚二岁羊一只。若除自己所乘马之外，又遍饮其他牲畜者，也罚羊一只。明知别人要来饮水，故意将水弄混者，罚三岁马、牛各一，其牛给证人。”②

21. “挤奶者开玩笑置伏弩于驻营人牧场内，射死何种牲畜者，即赔偿射死的牲畜，受伤牲畜不拘多少，……必须为牲畜主人提供所需驮载、乘骑、挤奶的牲畜，直至这些受伤牲畜痊愈。开玩笑置伏弩者，罚阿拉宕黑三岁马一匹。”③

22. “凡拯救被狼追赶或因雨雪恶劣天气顺风跑失的羊群者，应得酬劳，若为百只羊，得上等羊一只，中等羊两只；二十只得中等羊一只，十只得次等羊一只。”④

封建法律的根本宗旨是保护封建所有制。在《喀尔喀法规》中是以法律的最高限保护封建所有制。

在偷盗方面制定的籍没刑罚比人命、伤害方面的刑罚还严厉。对于杀人的处罚规定以两峰骆驼或骆驼和马赔偿人命，而公开偷盗者（强盗）处死，籍没全部财产，将其妻孥给受害人。处罚窃贼的刑罚体系规定的非常详细。（第76页）

除对窃贼的刑罚外，在法规中没有见到对侦破偷窃案方式方法的特别注意。“若有人见贼，即应向四方最近处的所见之人通告。不通告者，罚其坐骑。不转达通告的消息，盗贼窃走财物，罚五头牲畜。”⑤

法规禁止私自处理窃贼，“……不得杀死已捕获之贼。若杀死，则免贼人的雅拉。凡不追赶携带抢劫物的盗贼者，罚五头牲畜。留下好马不骑，亦不带从马，骑劣马追赶者，罚其坐骑。（报告诺颜后——C. 扎），诺颜不派人追赶者，（此缺少：罚一九牲畜。若派遣无能之人骑劣马，不带从马去追赶者，——译者）罚五头牲畜。”⑥

在侦查窃贼方面很重视证人、追踪、搜查，这从法律方面来看是进步的地方。从《喀尔喀法规》把法律的各方面分开规定，是封建法律（蒙古的）文献中仅有的。

资产阶级法学家认为的《喀尔喀法规》除自己处理草原案件，报血仇之外无其他规定的观点是没有任何根据的。历史纠正了曲解，客观地给予证实。法规中严禁和处罚隐匿或勾结窃贼者，明确规定了对“偷窃”和“窝赃”两方面的制裁和处

① 《喀尔喀法规》，第88页。

② 《喀尔喀法规》，第98页。

③ 《喀尔喀法规》，第91－96页。

④ 《喀尔喀法规》，第91－96页。

⑤ 《喀尔喀法规》，第28页。

⑥ 《喀尔喀法规》，第28页。

罚。所罚牲畜由使者、审理者和仓之间分配。

（八）诬 告

1. “凡人皆应如实向格根禀报事情。诬告说谎者，若为诺颜，罚骆驼为首七九牲畜。其中五九牲畜入格根仓，二九牲畜归受诬陷者。若为台吉、塔布囊，罚骆驼为首五九牲畜，其中三九牲畜加另一九的四头牲畜入格根之仓，一九牲畜加另一九的其余五头牲畜，归受诬陷者。若为平民，罚骆驼为首三九牲畜；将二九归仓，一九给受诬陷者。”①（第77页）

2. “若平民诬告诺颜，罚一峰骆驼为首七九牲畜。其中五九牲畜入仓，二九牲畜归其本人诺颜。”②

3. “何人以威胁他人生命的严重言词在汗前进谮言，若是平民诬陷诺颜，则罚以用言词诬陷诺颜的阿拉宕黑；若诬陷台吉、塔布囊，则与在台吉、塔布囊前出刃物利器相同。平民诬陷何级官员者，即以在何级官员前出刃物利器同罪。

何等级之人诬陷同等级之人，则以用刃物利器击打同级之人的阿拉宕黑处罚。以不严重的谎言中伤他人者，将中伤人者鞭五十。若为诺颜，罚五岁马一匹。

何人在扎萨克诺颜面前进谮言诬陷他人者，若以严重言词诬陷，则罚以在汗前进谮言的阿拉宕黑之半。以不严重言词中伤者，罚取以不严重言词在汗前进谮言的阿拉宕黑之半。”③

（九）失 火

1. “无意失火者，不拘人数，各罚坐骑；失火烧毁何物，令其赔偿，罚阿拉宕黑五头牲畜。若失火者自已将火扑灭，即免罚坐骑及阿拉宕黑。首告人得从失火者所罚的坐骑，从阿拉宕黑中获一头牲畜，其余四头牲畜由灭火者分取。若驻牧营地内失火，最近处的人不论得到通知与否均应前来灭火。得到失火通知后不来［救火］者，诺颜罚马，有官职赛特、达鲁嘎罚牛，普通人罚羊。何人阻断失火消息者，罚巴噶同前例。烧死人者，罚以杀人案主之半，并赔偿。”④

2. “若火自迁走的营地烧起，在迁移之日三天内则追究之，超过三天不予追究。不拘何人，迁移时熄灭营地内火源。不熄灭火源迁走者，罚三岁马一匹。”⑤

（十）逃 人

1. “凡见投奔至尊（格根）的逃人，任何人见后不得阻拦，送之前来。……

① 《喀尔喀法规》，第63页。
② 《喀尔喀法规》，第63页。
③ 《喀尔喀法规》，第80－81页。
④ 《喀尔喀法规》，第99页。
⑤ 《喀尔喀法规》，第100页。

明知是来投奔（格根）的逃人，而加阻拦，罚取一匹三岁马之巴噶，收归大仓。”①（第 78 页）

2. “诺颜不拘捕逃往境外之人，罚骆驼一峰、四岁马八匹。知悉其事之官员不拘捕者，罚五岁马一匹、三岁马三匹（此误，应为六匹。——译者）。一般官员不拘捕者，罚四岁马一匹、三岁马四匹。阿勒巴图人（属民）不拘捕者，罚三岁马三匹。”②

3. “不捉逃入境内的逃人者，若为诺颜罚四岁马七匹，执政官员罚三岁马三匹，一般官员罚三岁马两匹。阿勒巴图罚三岁牛一头。此外，从境外之旗前来的旧阿勒巴图及投奔其诺颜者，若携带其妻孥、帐幕及牲畜来，不得阻拦，阻拦者罚巴噶马。若侵袭，并劫夺其财产、牲畜或殴打者，按侵袭和殴打的法规处置。”③

4. “若有步行前来投奔其诺颜者，亦送至。其诺颜可酌赏一只羊以上物品。”④

5. “逃人于出逃三天之内杀人，从逃人牲畜中出偿命之案主。若逃人牲畜不足付给案主，以其妻及子女充数。单身汉出逃时杀人者，从其诺颜收取抵偿性命的骆驼一峰，并罚七十五案主。若诺颜无力缴足案主，命其立誓完结，收其半数牲畜给死者家。逃人伤人，从逃人牲畜中给伤者养伤的首鲁（食用牲畜），以迄于伤愈。伤者若为官吏，给一峰骆驼、一匹马；平民，给马一匹。……逃人若无牲畜，诺颜出三头牲畜。若为官吏，给一峰骆驼、一匹马；平民，给马一匹。……逃人出逃三天之后”所犯之罪，与其诺颜无牵涉。⑤

6. “逃人出逃三天之后捕获者，夺取逃人全部携带之物，将其人交给原主。逃人所携若为旁人之物，应还给原主，其一半归捕获者，旁人之物［即给捕获者的一半］由逃人赔偿给原主。若逃人一无所有，即把逃人给捕获者。（第 79 页）逃人之主若不愿将其属民给人，赎一男子给五头大畜，赎一妇女给三头大畜，小孩每人一头大畜，此牲畜均为三岁的牛或马。”⑥

逃人是为摆脱封建压迫争得自由生活而逃走的人。被固定于封建领地上的人们一刻不停地在主人家庭内外劳作，而且封建主从他们私人经济的很少量产品中以各种形式将其大部分收走。他们不仅没有政治地位，甚至没有公民的权利和人身自由。人民以各种形式反抗封建主阶级，为获得自由生活逃跑也是人民斗争的一种形式，在中世纪这种斗争形式在各国都很普遍。此时，满洲政府正在改变对蒙古的军事统治机构，使分裂割据更进一步加深，通过行政单位的分治使劳动人民更加分散和相互隔离。

---

① 《喀尔喀法规》，第 52 – 53 页。
② 《喀尔喀法规》，第 53 页。
③ 《喀尔喀法规》，第 54 页。
④ 《喀尔喀法规》，第 54 页。
⑤ 《喀尔喀法规》，第 55 页。
⑥ 《喀尔喀法规》，第 56 页。

虽然思故乡而从外面逃回者多了，但是，逃亡者多数是为以各种方式摆脱封建压迫。我们讨论的蒙古历史的这个阶段，是封建领主制高度发达的时期，也是以法律来阻止属民逃走的时代。属民逃离主人之事反映了全社会对封建领主制的不满。逃人的增多对整个封建领主阶级构成了很大威胁，因此封建主阶级尽可能限制各部（盟）、旗之人互相走动和接触。认为逃人从一个主人逃走投奔另一个旗，会产生很坏的影响和危害，因此，对逃人的处罚规定更加严厉。（第 80 页）

法规中提到了从小主人逃奔大主人的人。例如，可以逃往汗处。在本地主人的压迫下痛苦至极、灰心丧气的人以为逃到汗处或许会减少痛苦而奔逃。马克思列宁主义指出一般农民运动在任何地方都有其相同的特点。在蒙古也是如此。逃至汗处的人其境遇也没有得到改善。汗自己没有收留，送还给其诺颜处置，以此禁止他人逃奔汗处。这是以制定有关法规来巩固属民关系的官方证据。

（十一）军　事

在封建政权体系中军事及其机构具有重要的意义，因为封建压迫是建立在直接强迫的基础之上。封建政权对内对外的任务与军事有直接关系。对内镇压因强迫从事各种事情而进行反抗的劳动人民，象守营地的狗一样守护和保护封建所有制；对外，将封建所有制扩展到其他国家或地区，同时防范外部侵犯的威胁，保护自己的封建所有制这样基本的任务。

尤其是封建分裂割据时期，封建主阶级相互间不断地争战，军事具有决定性作用。军役、军事用畜、运输、军饷、武器是强加在人民身上的沉重负担。军事法规在《喀尔喀法规》中亦有一些反映。

1. 1718 年，议定了有关武器、烙印骆驼、马匹，壮丁等事。“隐匿壮丁者，罚巴噶马八匹、骆驼一峰。揭发隐丁之人者，赏给马三匹，骆驼一峰。缺少者，罚三岁马一匹，缺少矛者，罚两岁牛一头；隐匿、出售或送给他人鸟枪者，罚上等马一匹。”[①]（第 81 页）又规定：缺少剑、火药（十发）、矛杆（三丈）者罚三岁羊一只。

1745 年规定：

2. 每年每苏木应购甲胄十副，每年欠缺几副，从章京如数罚马。额外购得甲胄者，由其诺颜奖赏四岁以上马一匹。……凡有能力购置甲胄的诺颜、台吉，应于三年内购置。未购置者，即罚巴噶四岁以上马一匹入扎萨克，令被罚巴噶者重新购置甲胄。[②]

军事组织；“十人设一达鲁嘎。此十人中有远出二十天路程以外者，须禀报商卓特巴准许，未禀报［而擅离者］，即按违命例处罚。路程在二十天以内者，应禀

① 《喀尔喀法规》，第 105 页。

② 《喀尔喀法规》，第 107 页。

报达鲁嘎、收楞额、得木齐及十户长，同意后离去；未禀报而擅离者，罚巴噶三岁马一匹。”

3. 有关备军事运输和乘骑的骆驼、马匹的规定；“烙印的数额：有骆驼三至四峰者，烙印一峰，……烙印的骆驼和马，除三件事使者外，不准使者乘用。使者与驿夫明知故取，乘用有烙印牲畜者，按旧法规处置。”

4. “任何人皆不得给汉人或俄国人租用骆驼，出租者，没收其租金。鼠年(1720 年) 正月之前，……备好马刀。”①

此时是满洲兵来到所谓前线的喀尔喀，建立军事城堡时期。以和硕、苏木组织形式组织军队，让有军事作战能力的蒙古人在卡伦服役。满洲在蒙古设立军事机构是为了统治他国人民，镇压占领国人民的反抗运动。旗、苏木、盟一方面是行政单位，另一方面也是军事单位。从军事角度来说，旗大约为现在的师，苏木为连，盟为军。(第 82 页)

满洲时期军队、卡伦之役征用了大量的丁壮、骆驼、运输工具、马匹。因此，三个或四个骆驼抽一个，十四马中抽一个烙上印，无偿地用于军事。为什么禁止租骆驼给汉人和俄国人？这个问题很奇怪。从当时一般情况来看，满洲统治者尽可能不让汉人和俄国人与蒙古人接触，从经济方面限制汉商和俄罗斯商人贸易，若让他们的贸易发展，将从经济上影响蒙古，而对满洲自己产生消极影响。而且在当时满洲军事行动中基本使用骆驼运输，有重要的意义。当时满洲推行的政策是把蒙古作为征伐西蒙古的基地，防备北俄罗斯的主要屏障。1827 年，满洲与俄国划定边界，禁止蒙古与俄罗斯贸易。以上资料说明满洲严加防范俄罗斯对蒙古的影响。

（十二）民法的一些问题

考察封建法律文献，对法律调整的对象没有按其门类加以划分。例如，没有划分为民法、刑法、行政法等类别进行研究。《喀尔喀法规》的规定包括了那时社会生活的诸多方面，没有按法律的门类进行划分和详细分类。对人口没有按民法统计，而是以其出身划分为上、下等级，没有国家公民的概念。把人们之间的各种关系不是从法律角度，从民事法规方面去看，而是从阶级性方面来看。(第 83 页)

封建法律没有遵循保护人身权利的一般规则，仅保护封建主阶级的权利。人民即阿勒巴图、随丁等直接处于封建主的统治之下，他们哪里有权利和自由可言？例如，作为民法权利重要客体的财产权在人们之间其效力受到何种程度的限制是很清楚的。

劳动人民的小生产所有制是大封建主所有制的附带物，在人们之间其效力受到各方面压制，很受限制。只有民间交易（买卖）才能满足。在民事关系中交易是一个很重要的方面，但是，受当时经济性质决定没有发展起来，而又受到封建政权的

① 《喀尔喀法规》，第 107 页。

各种阻碍。

综上所述，民事关系没有发展到一定程度。需要注意的是民间交易、契约等与商品经济性质有关系。从现在的民事权利关系来看，其发展不够充分是事实，但亦不能完全否认其存在。从《喀尔喀法规》中可以找到许多这样有趣的例子。

财产占有权是社会关系和与生产有直接关系的较为广泛的概念。占有财产是在社会生产过程中人与人之间形成的关系中体现的。若不说财产占有形式，则无法说明社会内部人与人之间的关系，无法说明社会生产的形式。例如，资本主义生产，是以资本形式占有生产资料，来满足生产者所需的生产资料。这就是资本主义生产关系的性质。社会主义的生产资料是全民所有和集体所有，这反映了社会主义生产关系的性质。(第 84 页)

封建社会生产关系根本上是封建主全部占有土地和部分地占有附属农民。封建的大所有制是封建主阶级剥削人民的基础。将封建土地的一部分通过分租给劳动人民经营来进行剥削。

蒙古封建主占有土地的形式与世界上其他国家和地区不同，有自己的特点。封建主不是经营和改良土地，而主要以牧场的形式占有。在我们讨论的时期内，蒙古的全部土地都分给了盟、旗。其中有苏木、巴嘎、鄂托克等行政单位。而旗是由世袭的诺颜为首来占有的，该旗的人民无权离开本旗到其他地方居住。旗里的一部分人是属于国家的人，或称作阿勒巴图，另一部是分给封建主的私属民。土地或牧场、自然资源都属于封建主，把劳动人民以各种形式固定于某一个主人管辖的地方。所谓在蒙古没有不动产或土地占有的说法是毫无根据的，而是土地买卖交易或用于民间交易之事还没有发展起来。无论如何，土地的封建占有制已在相关法律中得到保护是无疑的。例如，在《喀尔喀法规》中就有给寺院或其代表人物占有土地的规定。“仓属僧侣沙比纳尔及看守寺院之人，可以在诺颜宫帐驻地之外，无禁令的其他任何地方任意游牧。”① “为建库伦及两大帐幕而择定之地，何人明知而安置帐幕驻营者，罚三九牲畜。若不知而驻营者，捉其马匹，令其迁移。不迁移者罚三九牲畜。”②（第 85 页）而且在库伦、寺院所属地方禁止砍伐林木和打猎。虽然是以宗教迷信为幌子，而其实质是保护其所有权。封建主阶级占有一块土地，在此土地上占有一定数量的人，以交纳地租（赋役）的形式对其进行剥削。《喀尔喀法规》中有关“逃人”的规定可以证明。“不捉逃入境内的逃人者，若为诺颜罚四岁马七匹……赛特罚三岁马三匹……属民罚三岁牛一头。”③ 这是禁止一个封建主的属民逃往另一个封建主之地。其实是与封建领属关系直接相关的规定，而这种领属关系是基于什么？也是与［土地］有关系。封建占有制形式在牲畜、财物方面很清

① 《喀尔喀法规》，第 45 页。

② 《喀尔喀法规》，第 64 页。

③ 《喀尔喀法规》，第 53 页。

楚。我们从封建生产关系的性质去看物权更为妥当。当时存在占用和利用资本、让别人赔偿损失、继承财产、买卖、债务等与物权有关的多种形式的民事关系。例如，

“以玩笑任意乘骑他人马驼者，罚其坐骑。拿去驮载乘用之后牲畜倒毙，应予赔偿，并罚雅拉。”①

“误认而错拿别人牲畜者，罚坐骑。……捉住离群产羔的母骆驼，并使其与所生骆驼羔调适好的人，给予上等羊一只。”②

“凡见走失牲畜，应通知他人之后捉住。若在无人地方，将所捉牲畜的毛在此地埋上一小撮。三天内不得骑用所捉牲畜。”③

规定在牧场上置伏弩，误杀牲畜者赔偿，在牲畜伤痊愈之前，向畜主提供驮载、乘骑和挤奶的牲畜。这些都是依物权法进行保护的表现。（第86页）

（十三）继承权

1. “凡诺颜给子女分配遗产，应将此事奏告格根与汗，并在其扎萨克诺颜处登记盖印证明。因无盖印证明而发生诉讼争产，若无清楚有效的证据，其子女空口诉说和断言“原来如此”，或持无人证明的文书，所诉均无效。由于诸子女间无差别，除人所共知的应继承遗产的子女与人所共知的无权继承遗产的子女之外，其余子女应均分得遗产。若参与讼争遗产的所有子女的生母在世，即由她来做主。”④

2. “凡汗亲赐平民，平民自愿献给汗的物品，此二者无须相互偿还。从弃妇和管事奴仆二者收取之物，有雅拉。”⑤

从上述第1条来看，继承必须有官方的证明。

（十四）索　债

1. “凡人索取债务，……未经汗、商卓特巴及王允准而借出之债无效，不受理。经允许而借出之债务可以诉讼，受理。若在乡间，同一苏木或同一鄂托克之人间借债，苏木的台吉、章京以上，所辖无论汗和平民，未经达鲁嘎同意的债务无效，不得起诉。两个不同鄂托克或苏木之人间的借贷，若未经双方的扎尔忽赤同意则［债务］无效，不得起诉。”⑥

2. “向来这里的俄国商人或汉商赊买货物者，应事先禀告主人或诸颜，经交验后赊买。归还赊购物品价值时，也应交验后归还。赊购和归还时皆不交验者，罚巴

① 《喀尔喀法规》，第79页。
② 《喀尔喀法规》，第79页。
③ 《喀尔喀法规》，第87页。
④ 《喀尔喀法规》，第52页。
⑤ 《喀尔喀法规》，第52页。
⑥ 《喀尔喀法规》，第108页。

噶五岁马一匹，令其将未偿清之债务尽快全部偿还。”①

在蒙古虽然实体经济占统治地位，在社会劳动分工基础上商品贸币关系有一定发展，但是，发展范围很有限。尤其是商品经济关系很发达的俄罗斯商人、汉商影响了蒙古。（第87页）因此，对民间交易用法律加以调适，做出了法律规定。

（十五）有关商业贸易

1. “自今以后禁止任何人接收［贩卖］牲畜或其他物品。违禁从事贩卖者，不拘所贩何物，全部没收，鞭五十。将没收商品之半，给予揭发之人。”②

2. 1721年，土谢图汗、商卓特巴、二位王及理藩院司官（扎尔忽齐）阿尔山等议定的有关经商的法规规定：“众商人从理藩院领取为期一年之票证，赴库伦进行贸易。并于一年内返回，换领票证。若只图获利，将运来之物随意赊贷给人，返回时收不到债务者，我们不予负责。此后，若欲赊贷货物给蒙古人，务须向我们禀告。若有人赖债，届时追缴亦易。若不如此，无知之民诈骗借债，尔商人将受折磨，对此尔等皆三思！”③

3. “据查有肆行之人不守法规，又运酒来，偷偷贩卖。若我们派人稽查之时捕获，除将犯人送理藩院外，在此罚一九牲畜，其中骆驼一峰，五岁马八匹，再鞭打四十。揭发贩酒之证人，赏马五匹。”④

4. “蒙古人来贩酒之处做买卖，不得收留熟人或陌生人宿夜。若留他人一起宿夜，即科罚户主五岁马三匹。将所罚之物一半给告发之人。”⑤

法律中规定来库伦做买卖的商人一年一次去理藩院领取票证。所领之证只能来库伦做一次买卖有效。（第88页）以此法律保护满洲商人的利益。满洲商业的一种形式是借贷。借贷贸易是影响债务人，使其受其控制的非常有效方式。以此法规支持了满洲借贷贸易，使其有了法律保障。蒙古人在自己土地上行商还要得到满洲理藩院的允准，这是满洲推行殖民主义的可耻证据。

（十六）婚姻法

1. “若诺颜将阿拜嫁给娶有阿拜之塔布囊者，罚嫁女的诺颜巴噶骆驼十峰、马一百匹。此巴噶入扎萨克。”⑥ 这是禁止有较高爵职之人擅自给自己下层贵族重嫁阿拜。

---

① 《喀尔喀法规》，第98页。
② 《喀尔喀法规》，第111页。
③ 《喀尔喀法规》，第113页。
④ 《喀尔喀法规》，第114页。
⑤ 《喀尔喀法规》，第114页。
⑥ 《喀尔喀法规》，第45页。

2. “阿拜自愿嫁给娶有阿拜之塔布囊者，后嫁的阿拜应离异。”①

3. “塔布囊抛弃阿拜者，手执自己的短鞭离开（即没收其全部财产）；阿拜取回其陪嫁人畜，在本旗内自主生活。从塔布囊罚没的财产牲畜，一半入扎萨克，另一半给阿拜。”②

塔布囊娶阿拜后再娶哈剌出女，令其离异，籍没此女父亲的财产，塔布囊鞭八十，不得赎替。阿拜若生塔布囊的气离异，带走自己的媵哲（嫁妆）和畜群、帐房，在旗里自主生活。

4. “诺颜之间娶已聘之女者，罚其属民三户、案主三百。在此三户中一户从非官员之人中选取，余下的两户由其诺颜作主分配。并令所娶之女离夫。”③

5. “诺颜在三旗之间娶平民已聘之女者，应给［未婚夫］骆驼一峰，并使其从本旗挑选一个未许嫁的姑娘为妻。”④（第 89 页）

6. “诺颜奸诺颜之妻，与娶已聘之女同罪。交案主不足数，则将其本人充数。诺颜奸平民之妻，罚以一百五十头牲畜案主。平民奸哈敦者，没收其全部所有（妻孥家产牲畜），将其送给所奸哈敦之夫阿勒巴图之中奴隶之奴隶为奴。奸阿拜者，与此同罪。”⑤

7. “平民奸平民之妻，罚三十伯尔克为首的三百案主。若交不足案主，少一头牲畜，打二十五鞭，以一百鞭为限。……强奸妇女，罚三九牲畜。妇女主动与男人奸，罚三九牲畜。”⑥

8. “诺颜女［与某塔布囊］举办订婚宴后，又嫁给另一塔布囊者，罚五个伯尔克为首的五十五案主。在举办订婚宴前者，归还从前一个塔布囊所收的聘礼牲畜。……若诺颜将已举办订婚宴之平民之妻嫁给另一人，应事先通知前娶妻之人的诺颜。若未告知而另嫁人，将此女归还给最初结婚之人。若不归还，付给一百头牲畜案主。若有人将已聘人之女，诓骗诺颜说此女未受聘，并娶之，则离异此女，还给其原聘之夫。并罚没撒谎者财产牲畜之半。”⑦

9. “平民欲娶汗之阿拜，须送带银鼻勒的白骆驼一峰，颈悬黑貂皮饰物的白马一匹，盛满酒的银碗一只，无瑕疵的珍珠一颗，如此行聘礼，婚约才有效。”⑧

10. “诺颜聘塔布囊之女，送银碗、珍珠及酒，婚约有效。若无以上诸物，即不被承认。”⑨

---

① 《喀尔喀法规》，第 47 页。
② 《喀尔喀法规》，第 47 页。
③ 《喀尔喀法规》，第 47 页。
④ 《喀尔喀法规》，第 47 页。
⑤ 《喀尔喀法规》，第 47 – 48 页。
⑥ 《喀尔喀法规》，第 48 页。
⑦ 《喀尔喀法规》，第 48 – 49 页。
⑧ 《喀尔喀法规》，第 49 页。
⑨ 《喀尔喀法规》，第 49 页。

11. “平民之间行聘结亲者，送酒、羊内脏、角、蹄全份，则婚约有效。……”①

12. “凡聘礼牲畜怀胎之认定期为：骆驼为夏六月，骒马［25b］为冬十二月，母牛为秋九月，母羊为秋八月。……”②

此外，规定若女方收了聘礼牲畜不嫁女，男方亲家可以计其牲畜送出后的繁殖之数一并收回。（第90页）

允许不给聘礼牲畜而成为“赘婿”。《喀尔喀法规》的婚姻法是为巩固家庭婚姻的。婚姻家庭的起源和发展是人类社会历史上复杂的现象之一。对婚姻家庭关系不可能仅用自然法来解释。对婚姻家庭首先应从其阶级性质去认识。因为婚姻家庭关系是人与人之间的关系，与社会生产关系的性质有直接的联系。在阶级社会中婚姻家庭关系具有了商品交易的买卖性质，人与人之间爱情的作用很小。爱情被金钱女色所遮盖。使人类爱情失去真谛是因为私有制关系在社会中据有统治地位，占人口多数的妇女处于奴仆的地位，成为一种交易物。资产阶级使恋爱更加自由，而实质上是将其变成为自己谋取利益的资源。封建社会也有这样的性质，我们以上举的例子就是现成证据。

《喀尔喀法规》中提到买卖妇女，以妇女的出身来定价和嫁娶。汗、诺颜的姑娘们身价高，哈剌出之女只有一只羊内脏、角、蹄和一碗酒的价钱。妇女出嫁由其父母作主，尤其是由诺颜贵族作主。下聘礼实为买卖婚姻。在行聘前找喇嘛算命，一旦行了聘礼成为妻子就成为卖到的商品，随意欣赏使用。

从《喀尔喀法规》来看，在当时社会淫乱之事可能很多，这与封建社会性质有直接联系，无疑这也是其腐败的标志。财产、“名声”是决定家庭，婚姻关系的根本因素。（第91页）

（十七）审理机构和审断

喀尔喀没有专门的审理机构，由行政机构全面行使行政、军事、审理、审断权。审理中对嫌犯施以刑讯手段使其招供。没有查看现场、核实的程序，以原告、受害者的诉讼为依据，审案的土锡默特以其个人的判断进行审断。审断案件过程真正反映出了封建法律的阶级性，审理之人一定是封建贵族的代表，审理时首先要看被审理者的阶级出身，再结合受害者和原告的情况。

《喀尔喀法规》各项规定中证人具有首要的作用。例如，“平民之间行聘结亲者，送酒、羊内脏、角、蹄全份，则婚约有效。有聘礼且证人知晓有效，若无证人或证人不知晓，则无效。”③ “……违禁从事贩卖者，……鞭五十。将没收商品之

① 《喀尔喀法规》，第49页。

② 《喀尔喀法规》，第56页。

③ 《喀尔喀法规》，第49页。

半，给予揭发之人。”① “……何人出首放走盗贼者，将雅拉两成赏给他，其余入扎萨克。”②

所罚牲畜一部分给证人，一部分给审案土锡默特。有些将一半归于汗或诺颜之仓。在法律方面审断应有证人非常重要，而把作证之事作为重大收入来源，降低了证人的作用。对同一性质的事情给予了两种（轻、重）迥异判决的情况很多。例如，

1. 诺颜奸哈剌出妻，罚一百五十个案主，哈剌出奸哈屯，籍没其全部财产，(第92页）将其本人给哈屯之诺颜的奴隶之奴隶为奴。③

2. “若执政土锡默特醉酒错判案件，罚五岁马一匹，归其扎萨克诺颜。”④

3. “凡人有讼诉，其诺颜派人告知审办日期，到期未至，即派使者去捉此人之马，并强行将其带来。仍不来，即判罚败诉者，等候胜诉者五天。若五天内不来，即免罪撤诉。”⑤

4. 来扎萨克处诉讼之人，付审理费用。审理案件的土锡默特、使者两人在二十只羊中得最好的一只，十五以上得中等的一只，七个以下得下等的一只，六个以下得一只。⑥

审断之事不是所有地方同一标准审断，具有地方性。沙毕内部的案件仅由沙毕衙门审理，如果是沙毕和旗人交涉案件，双方出代表约定地点审理。无对外国人交涉事务的审理权。一般在蒙古地区居住的外国和外地区人不以蒙古法律审理。

对《喀尔喀法规》的阐释至此，我们再看一下其根本性质和如何施行的。

五、《喀尔喀法规》的基本性质

（一）

《喀尔喀法规》是在法律方面反映蒙古一定时期封建生产关系性质的重要文献。《喀尔喀法规》与其他历史资料不同的特点之一是没有直接叙述过去的某一史事，而是反映了当时社会生活基本内容的各个方面。（第93页）法律是统治阶级意志在经济和政治方面的体现，将其提升为法律。

《喀尔喀法规》是将封建统治阶级的意志上升为法律，使封建统治阶级任意压迫和剥削人民有了官方承认的文字依据。封建统治阶级占有全部生产资料，半占有

① 《喀尔喀法规》，第111页。
② 《喀尔喀法规》，第61页。
③ 《喀尔喀法规》，第47页。
④ 《喀尔喀法规》，第32页。
⑤ 《喀尔喀法规》，第32－33页。
⑥ 《喀尔喀法规》，第34页。

作为生产者的随丁。在《喀尔喀法规》中有很多反映。《喀尔喀法规》是在蒙古封建统治阶级和劳动人民之间在社会、经济方面的矛盾异常激烈，封建统治阶级腐败到极点的社会经济发展阶段制定的法律。

封建行政制度对人民表示的不满和反抗斗争等都予以惩罚。例如，乌拉首思徭役是最沉重的压迫之一，人民采取逃避、殴打使者、闻使者将至驱牲畜躲避，捉根格或诺颜畜群的牲畜用于供驿等方式反抗封建行政规定。用刀伤及使者，用石头和木棍击打使者，以口舌顶撞，弃于无人的野外令其步行等事在各处都有发生，因此，为保护使者权利制定了严厉的处罚规定。

法规中规定：若用尖刃利器击打格根使者，罚五九加五头牲畜。若以石头的木棍击打，罚二九加五头牲畜，以鞭子和拳头击打，罚一九加二头牲畜。辱骂使者罚五头再加两头牲畜。①

由于乌拉首思的使用很普遍，人民以各种形式加以反抗，明显耽搁或中断了封建官方重要或不重要的使者。因此，几次商议乌拉首思之事，详细调整，使其法律效力得到加强，（第 94 页）最后规定一切使者用乌拉首思必须凭票证。

拒给乌拉首思之事是严重反抗封建行政规定的证据。以上提到的两例从格根和诺颜的牧群中捉牲畜给驿，从格根仓牧群偷窃牲畜事情是反封建斗争的又一种形式。不仅反抗本地的封建主而且如谚语所说："一不做二不休"，甚至反抗格根，从一方面反映人民认为封建上下层全部是对人民有害之人。《喀尔喀法规》的大部分内容是针对偷盗的。对有关偷窃问题商议了两到三次，刑罚更加严厉。存在大量的偷盗案件与封建社会制度的性质直接相关。大量发生偷盗案有几种根源。其中：

1. 与人民大众的生活极其恶化有关系，人口两极分化，一极是极其富有，一极是极其贫穷。提袋拿棍的乞丐不断游走，因此在蒙古有巴达尔沁（化缘者）的故事传说。巴达尔沁是乞讨游荡的人，他们以各种巧言和幽默的话讽刺富人，并以此获得食物生活。这也是人民反抗的一种形式。

蒙古人主要依赖牲畜生存，而很多人没有牲畜。无牲畜之人或做人家的奴仆，或当乞丐，或流浪，无其他出路。无资产的人没有机会在外依靠自身力气或智慧生活是最主要的原因。

因此，在此境况下，有些人为了自身生存，为养活孩子和妻子，为了他们的生存而偷盗，另外，对不公正境况的仇恨，看不惯富人而偷窃是不可避免的。（第 95 页）封建社会环境促使人不自主地犯罪。但是，也不能仅从人的生活水平来解释偷窃行为。

2. 那时的偷窃事件大致具有反抗封建、反富人的双重性质。在前面多处多次提到法律规定，对偷盗格根仓、白牧群（格根牧群）、诺颜牧群、寺院和喇嘛牲畜及财物者以最高限量刑处罚。例如，偷窃格根仓、白牧群牲畜者籍没全部家产，本人

① 《喀尔喀法规》，第 12 页。

鞭八十，罚其围绕寺院走三千圈，叩拜三百次。① 以后增订的法规中规定，凡公开抢劫之人，以皇上法律处死，籍没其全部家产牲畜、妻孥给畜主。② 哈剌出偷窃寺庙财物，处死其人，籍没其全部畜产。③

多次议定的有关偷盗方面的法律，刑罚越来越严厉。我们注意到偷窃的主要目标如同前述主要集中在格根仓、群，诺颜的牧群、寺院财产。

封建法律保护封建财产虽然是合理的，但是，我们应当把封建主财产成为偷窃的目标之事从阶级性质方面去看待。另一方面，在此法规中没有窃贼偷窃哈剌出人民的牲畜如何处治的条款。在《喀尔喀法规》中可以见到许多人民生活境况更加恶化的证据。

比较一下《1640年蒙古—卫拉特法典》与《喀尔喀法规》的刑罚标准，《喀尔喀法规》中的刑罚数量有所减少。（第96页）《1640年蒙古—卫拉特法典》是十七世纪前半期制订的，《喀尔喀法规》是十八世纪初制定的。在此期间人民的生活状况更加恶化，而法律中尽可能提高处罚的标准，一定是考虑到了在实际中能否施行。这两个法律中都规定处罚的最基本单位是以九数罚畜。大多数牲畜由占人口少数的封建统治阶级占有，占人口大多数的劳动人民只有少量牲畜，而法律中的罚畜数额规定正相反。例如，违犯格根法旨的诺颜罚五九牲畜，台吉、塔布囊罚三九牲畜，平人罚二九牲畜。④ 这个规定从外表看对官员的处罚重于哈剌出，但是，哈剌出被罚二九牲畜对其生活造成了沉重打击。没有指出诺颜、台吉、塔布囊作为被罚者，从其私人牲畜被罚几头，他们被罚的牲畜其实是从人民的财产剥削或抢夺来的。因此，封建主可以把自己被罚的牲畜从人民那里再补偿回来，而人民则是完全的丧失。这个法律处罚多基于财产刑不是无意的。处罚是封建统治阶级积敛财富的重要来源，是掠夺人民的重要形式。依据《喀尔喀法规》的规定，对窃贼的刑罚大致有鞭笞，绕寺院走圈，叩拜，关入牢井，最高刑是死刑，将其妻孥送给受害人。但是，在《1640年蒙古—卫拉特法典》中规定：偷窃一峰骆驼之人罚十五九牲畜，偷窃种公马之人，罚十九牲畜，偷窃羊只之人，罚六九牲畜。（60）（第97页）

《喀尔喀法规》中，折断人手指者的最高刑罚是罚三九牲畜，而《1640年蒙古—卫拉法规》中是罚五九牲畜。

另一方面，规定凡犯罪的哈剌出都要罚畜外，“交案主不足”则将其子女抵牲畜之数，其余给受害人，或罚劳役一至三年，或者少一头牲畜改鞭25下，在《喀尔喀法规》中有许多这种抵罪的解释。在抵罪的种类方面《1640年蒙古—卫拉特法典》没有《喀尔喀法规》丰富。《喀尔喀法规》中有窃贼杀死畜主，罚人命的案

① 《喀尔喀法规》，第14页。
② 《喀尔喀法规》，第37页。
③ 《喀尔喀法规》，第43页。
④ 《喀尔喀法规》，第63页。

主，牲畜不足数，将其人捉送给畜主家属。[①] 公开偷盗的从贼罚三九牲畜，鞭一百，若交罚畜不足数，籍没其帐房、锅、灶等全部家产计为一九，若有孩子，一个孩子抵一九牲畜，两孩子抵二九牲畜。无子女的夫妇，将其妻子捉送抵偿。[②] 这类规定在《喀尔喀法规》中很多。这些反映人民的牲畜越来越少，更加贫困潦倒。

封建主对人民的统治得到进一步加强，在其压迫和剥削下更加使人不堪忍受的许多证据中作为法律制定的有关“逃人”法表现得更加充分。人民从不堪忍受的严重情况下不得不逃离主人，这也是他们反抗封建统治阶级的一种方式。逃人法规是对封建主和属民之间紧密的隶属关系以法律形式加以保护，禁止属民大众向外甚至在旗内为生存而逃走。[③]（第 98 页）规定捉获逃人送给主人者赏。

这个文献也反映蒙古封建主对人民敲骨吸髓，整天花天酒地，玩乐淫荡，已经腐败透顶。这个法规是试图以制定法律来阻止蒙古封建主义的腐败。例如，虽然饮酒不是腐败的主要内容，几次规定禁止饮酒。黄教这时的情况也反映了蒙古封建主阶级的腐败，黄教未能挽救封建主义的腐败，而加速了其腐败。使大多数蒙古男子无所事事地居于寺院，这给此地的生产力发展造成了极大的消极影响。黄教自己内讧分裂。寺院是封建社会的最大财产所有者，是剥削人民的重要中心。人民开始以各种形式反抗那些不遵守教义教规的喇嘛或黄教封建主。表现在侵犯寺庙的牲畜和财产，隐匿妇女于寺庙，打架斗殴，饮酒，殴打黄教代表人物等形式上。

《喀尔喀法规》中对寺院、喇嘛的权利有许多规定，对动手殴打僧侣者直接处死。[④] 也有很多喇嘛内部争斗的记载。下层喇嘛实为上层喇嘛的附属民。他们最终无法忍耐寺院制定的非人的规定而反抗。1954 年（应为 1754 年），名叫达木垂的僧人夺取了（副）将军土谢图汗旗的衮楚克的妻子一案，土谢图汗、额尔德尼商卓特巴，人喇嘛等人商议以僧人奸哈剌出之妻，罚三十伯尔克，三百案主，令其破戒还俗。（第 99 页）以后僧人若有如此犯罪，依此例处罚。[⑤] 审理一个班第饮酒之案规定，以后若班第饮酒，罚巴噶三四五岁马。

此外，从许多方面证实了《喀尔喀法规》的阶级性，上文中从《喀尔喀法规》援引的例子都反映了其保护封建统治阶级利益的性质。例如，封建行政、审断很明显只是维护封建主阶级的利益。在《喀尔喀法规》中规定了在人命、伤害等犯罪中若反抗汗和诺颜、台吉、塔布囊以及伤害他们将如何处罚，对此类犯罪作了详细的规定，而几乎没有制定涉及禁止针对一般人可能出现的犯罪的规定。

规定诬陷人的台吉、塔布囊罚五九牲畜，而哈剌出诬陷诺颜，罚七九牲畜。[⑥]

---

① 《喀尔喀法规》，第 19 页。
② 《喀尔喀法规》，第 38 页。
③ 《喀尔喀法规》，第 53 页。
④ 《喀尔喀法规》，第 93 页。
⑤ 《喀尔喀法规》，第 117 页。
⑥ 《喀尔喀法规》，第 63 页。

此法实际是不准哈剌出抱怨。若为权贵（官人）犯罪，暂时削其爵位和撤其职务，或只罚牲畜。

继承财产方面仅规定诺颜的子女继承家产需有盖印证明。[①] 对诺颜把哈剌出已订婚之妻可否给予别人的权利以法律形式加以确认，同时对强奸别人妻子的哈剌出则罚以三九牲畜。[②] 对案件不是以法律，而是从阶级利益来看，同样的事情采取不同的标准量刑处罚，其最明显的例子就是《喀尔喀法规》。

审理案件没有一个详细的规定，在各印务处都有一个所谓断案的土锡默特，在那里任意判案。（第 100 页）在审理方面渗透了很深的黄教的影响。例如，"凡审案时审判的赛特们意见分歧，即在佛前占卜，据此判决。"[③] 审断无规定的程序，仅凭口供和见证审断。

我们虽然可以说《喀尔喀法规》是真正的蒙古法律，也不能否定其中一些法规受到了满洲影响。如前所述，1726 年，制定有关贸易法规时，理藩院司员阿尔山亲自参加，规定中限制蒙古人的贸易权利，而保护满洲商人利益。1718 年或 1730 年制定的有关烙印骆驼、马匹和壮丁的法规是与满洲利益有密切联系的。详细统计壮丁，禁止隐丁，并对隐丁者加以处罚。十匹马中取一匹，三或四峰骆驼中取一峰烙印，烙印牲畜除三大事使臣外不得使用。这与满洲军队以蒙古作为前线建立军营有关联。此外，法律规定了保护武器，普遍准备军事装备和武器，将人口编入军事组织的条款。

那时的行政组织保留着本地方辖区的军事封建性质。此外，《喀尔喀法规》中属民赎罪允许使用交易的方式，一个孩子折算一九牲畜，两个孩子折算两九牲畜，"赎回此女之价八匹马、七头牛及四十只羊"[④] 等，此类记载很多。

尤其婚姻是买卖婚姻。（第 101 页）把占人口多数的妇女作为家庭奴隶、丈夫的工具都与此有直接的关系。《喀尔喀法规》全部条款的基本内容是保护封建所有制和政治权利。《喀尔喀法规》是如实反映当时蒙古社会制度根本性质的文献。对于此文献的价值从历史研究和法律方面来看是适当。因为，它除了成为确定正在讨论的历史时期蒙古社会制度性质所需的资料外，这个法律文献自己证实了当时蒙古法律思想达到了何种程度。

《喀尔喀法规》中制定的法律各门类的刑罚，对刑法的规定最为详细，与有关犯罪的源起、过程、结果、处罚等级、形式等问题有很重要的关联。凡审理和审断案件时，基本坚持使被告、原告或受害人，证人在场的原则。尤其是试图对法律有统一的理解，一体遵循法规断案。证明是以审理实践中产生的判例作为法规（量刑

① 《喀尔喀法规》，第 49 页。
② 《喀尔喀法规》，第 48 页。
③ 《喀尔喀法规》，第 32 页。
④ 《喀尔喀法规》，第 34 页。

标准）。在古代和中世纪有高度法律文明的国家和地区以审理实践中产生的判例作为法规，很明显，制定法律的根本原则是为保护和巩固封建统治阶级的利益。

蒙古封建统治阶级在公开保护自己的利益，把无限制地剥削和压迫人民的规则以法律形式加以保障，使其成为法规方面，并不比当时其他国家和地区的剥削阶级逊色。

我们正在讨论的这部法律证明资产阶级法学家有关“草原上的人无法律，只有私人的处罚”的看法是毫无根据的。（第102页）

《喀尔喀法规》证实从很早开始蒙古法律系统与封建生产关系共同发展起来的，那时的法律仅仅代表了封建统治阶级的意志，具有极其野蛮的性质，而且当时有诸多调整压迫和被压迫阶级关系的法律法规。

在蒙古封建法律文献之中，在全面反映封建制度的根本性质方面《喀尔喀法规》最为突出，但是，正如我们前面提到的，并不是唯一的文献。

（二）

对于如何依据《喀尔喀法规》审理的问题虽无法澄清，却有相关的文献记载。如有《从沙毕衙门的乌兰哈齐尔特抄写的法规》，《称作呼噶尔海尼古尔图的旧案例档案》、《衙门规则》等。其中《乌兰哈齐尔特》和《衙门规则》更为重要。此前已述《喀尔喀法规》开始制定于1909年（应为1709年）。有些人认为《喀尔喀法规》仅在土谢图汗、车臣汗两盟遵行，而《喀尔喀法规》本身可以证明其实并非如此。《喀尔喀法规》基本上施行于整个喀尔喀。从1989年开始在蒙古施行称作《蒙古律例》的满洲法后，《喀尔喀法规》才仅限于在博格达沙毕内施行。

因为沙毕情况与喀尔喀各盟旗不同。沙毕有供养博格达和寺庙的义务，故解除了其向国家提供的赋役。1822年额尔德尼商卓特巴获得在沙毕比丁的权力，将沙毕由土谢图汗管理之下撤出，有了会盟的权利。从此时开始由商卓特巴全权管理沙毕，满洲行政机构将博格达的沙毕这样分开管理，（第103页）与其全面尊崇黄教及其寺院有关联。

因此，沙毕实行的法规与喀尔喀盟、旗制定的行政法、规章及其依据判案的法规不同。其明显的表现是依据《喀尔喀法规》的沙毕衙门的《乌兰哈齐尔特》、《称作呼噶尔海的旧案例档案》、《衙门规则》等文献。这些是《喀尔喀法规》在新条件下，以新形式被利用。

《乌兰哈齐尔特》是沙毕衙门依据《喀尔喀法规》审理案件的案例档案。其中，1820年至1913年93年内审断的487件事，最晚是共戴三年审断的一个案例。

《乌兰哈齐尔特》未能将以上时期所判案例全部汇编。《乌兰哈齐尔特》有两个专门档案。一个记载了185个案例，另一个是303个案例。这样在自治政权时期将《沙毕衙门的乌兰哈齐尔特法规》抄写了一本，称作《从沙毕衙门乌兰哈齐尔特抄写的法规》（简称《乌兰哈齐尔特》）。

《乌兰哈齐尔特》不仅是抄写案例的档案，前面审断的案例为以后审断相同案件提供了范例。使审断结果具有法律规范性，将来审断相似的案件时，翻开档案，依照审断的实践审断的事情见于罗马等国。

蒙古也有相同的实践。将《乌兰哈齐尔特》中审断的规则同《蒙古律例》、《喀尔喀法规》加以比勘。

《蒙古律例》、《喀尔喀法规》中出现的处罚牲畜数与白银银两、黄茶之间的比率。（第104页）例如，《蒙古律例》：

三九牲畜：81两

二九牲畜：54两

一九牲畜：27两

五头牲畜：15两

三头牲畜：9两

《喀尔喀法规》：

相当于三九牲畜：10260包黄茶。

相当于二九牲畜：6840包黄茶。

相当于一九牲畜：3420包黄茶。

相当于五头牲畜：2250包黄茶。

案主的三九牲畜：4090包黄茶。

案主二九牲畜：2790包黄茶。

案主一九牲畜：1300包黄茶。

案主一九加五头牲畜：2170包黄茶。

案主一九加一骆驼：1800包黄茶

案主一九加三头牲畜：1670包黄茶。

案主五头牲畜：680包黄茶。

作为处罚单位的牲畜、两、黄茶之间价值比率如上。

《乌兰哈齐尔特》所记事情绝大多数与寺院、喇嘛的权利相关。《乌兰哈齐尔特》的重要意义是反映了以格根为首的黄教封建统治阶级与沙毕阿拉特之间的关系和他们之间的斗争。黄教封建主阶级是当时最有影响的部分，起着最为残暴的作用。满洲封建统治者在敲骨吸髓地剥削蒙古人民，以各种手段愚昧人民时把黄教作为工具来利用。因此，寺院、喇嘛得到全面的自由，免除国家赋役，以沙毕阿拉特之名把劳动力的很大一部分送给他们作为其属民。在《乌兰哈齐尔特》内有许多有关这部分劳动人民与黄教封建主阶级之间在各方面发生矛盾，而且越来越激烈的史料。

另一方面，黄教封建主或上层喇嘛们（第105页）与受他们压迫和剥削的下层喇嘛之间的矛盾日益尖锐。《乌兰哈齐尔特》中的案例大部分是喇嘛下层反抗高层喇嘛，尤其是违反寺庙规章的事件。甚至不少是与博格达格根的仓、“白牧群”，寺庙财产相关联的事情，尤其是与博格达格根和寺院诵经作法事需要阿拉特提供相关赋役之事很多。

我们以下依据《乌兰哈齐尔特》审断的案例略加论述。

《喀尔喀法规》中记载："格楚勒……此外，以何种物击打，罚四九牲畜。"[①]施行此刑罚规定的例子见于《乌兰哈齐尔特》，"罚用火钳殴打格楚勒罗卜藏多尔济的楚干齐憨弟案主四九牲畜。"（18）

又"以恶言诬蔑西库伦喇嘛占有纯洁妇女的画工色拉巴罚以相当三九牲畜。"（1-160）这依据了《喀尔喀法规》中"辱骂僧侣者罚三九牲畜"的规定。

《喀尔喀法规》规定："格隆饮酒罚九匹五岁马，格楚勒饮酒罚五匹五岁马，班第饮酒，罚巴三匹五岁马"。[②]《乌兰哈齐尔特》中有"罚喝醉酒的守门人扎木苏荣以律例九头牲畜"的记载。（2-190）

此前已述在《喀尔喀法规》中全面禁止从格根牧群的牲畜中使用乌拉首思。此后严格执行此法规。"从'大群'的骆驼给别人骆驼驮载货物的策凌扎布罚案主一九牲畜，使用的格楚勒努干等各罚案主五头牲畜。"（1-62）。同样，"将大群马擅自给乌拉乘用的作为寺院库房人员行走的尼尔巴敦多布罚案主三九。"（1-175）（第106页）

《喀尔喀法规》禁止在库伦、寺院所属地方砍伐活树及枯树。依此法规《乌兰哈齐尔特》中有"青格勒特的山上砍伐柴木的喇嘛伊希多尔济罚案主一九牲畜。"（1-176）

依据《喀尔喀法规》有关人命、伤害犯罪方面的法规判决的案例在《乌兰哈齐尔特》内亦有不少。例如：

《喀尔喀法规》中规定："折人手足，痊愈（可以劳动），罚三九牲畜。"[③]《乌兰哈齐尔特》中有"打折原为达鲁噶的扎木苏荣手的哈剌衮布罚案主三九牲畜。"（2-28）

《喀尔喀法规》记："打折牙齿，每颗牙罚一九牲畜。"[④]《乌兰哈齐尔特》记："罚打折俗人沙毕牙齿的喇嘛罗卜藏多尔济案主一九牲畜"（2-178）。

《乌兰哈齐尔特》中对违犯宗教行政规定行为的处罚依据了《喀尔喀法规》，例如，所属鄂托克达鲁噶几次交代赋役公事时不予理睬的德木齐衮布多尔济撤销其职务，罚案主五头牲畜。（2-208）不履行职务，在衙门出言不逊的多尼尔达木丁革职，罚律例一九牲畜。（2-216）格粗勒阿尔巴齐与喇嘛罗布桑多尔济为讨债务发生诉讼后，他以钱、色判案等恶语抨击衙门官员，罚一九案主加一峰骆驼。（1-

① 《喀尔喀法规》，第84页。
② 《喀尔喀法规》，第108页。
③ 《喀尔喀法规》，第78页。
④ 《喀尔喀法规》，第78页。

123）听信所属鄂托克牲畜损失的谎言向相关地方做保上报的达鲁噶乔吉勒、收楞额达西敦多布等各罚律例一九牲畜。（2－109）

这几条史料可以让我们比较清楚地了解沙毕阿拉特的情况。以喇嘛不遵教规而连同其寺庙进行恶语攻击，公开说审案官依据色、财断案，沙毕阿拉特将受损失和贫困之事写信上报等。（第107页）尤其是贫困喇嘛的处境确实很差。

他们日夜煮斋茶，准备柴米和水，扫除内外，为大首领喇嘛们作内外的活儿奔忙。他们这样劳作毫无报偿，更无名利，最好不过能吃上剩余斋饭和残留的馍。工作稍有失误，则受严重处罚。但是，贫穷受苦的人开始公开说出其苦难，揭露封建主阶级的腐败，进行斗争了。

这说明人民的觉悟提高，开始与封建统治阶级斗争。对封建主阶级的腐败在他们旁边充任侍卫和随从的人知道得更多一些，有用时揭露出来。例如，从兴教寺多尼尔（僧职）益德木多尔济告本寺管仓群之人将牲畜财物记账或不记账地使用，并将多出者归己，因此受到处罚。（2－63）

依据《喀尔喀法规》所处罚的案例档案中，主要的处罚形式是罚畜、革职、开除教籍（使喇嘛还俗）等。在喇嘛方面还没有见到有刑罚的记载，可能教规中没有刑罚的内容。

在《喀尔喀法规》中出现的死刑、监禁、籍没为奴隶等刑罚规定，不见于《乌兰哈齐尔特》。而是依照维护宗教行政权、体制、寺院、喇嘛私人财产权制定的法规处罚的。此外，记载了与满洲有关的几件事，与俄国相关的一件事。将谎报给审案大臣所备马匹在途中疲乏而丢弁的呼鲁格齐达鲁噶齐木德策仁，罚律例五头牲畜。（2－160）

使者恰策仁在捉乌拉时，与俄人结伙殴打有使者身份而未给乌拉的沙毕喇嘛达格巴多尔济，罚律例一九牲畜。（2－258）（第108页）

而且，在《从沙毕衙门乌兰哈齐尔特抄写的法规》中同时有法规性质的规定。凡有公职人请假超过原假期一天以上到五天，罚三头牲畜。过五天至十天者，罚五头牲畜，超过十天，至二十天，罚一九牲畜，二十天以上至三十天，罚二九牲畜，三十天至四十天，罚三九牲畜。超过四十天，从严查核，给予严重惩罚和警戒。仅凭原发请假证明送至衙门的时间为准，计日处罚。（2－300）

从这里所举例子和其他史料来看，有许多宗教行政机构小官员不履职而擅自出走的现象，这是封建政权统治机器瓦解的又一标志。

此前已述，在沙毕衙门除有以《喀尔喀法规》审断的档案《乌兰哈齐特》之外，还有《衙门规则》、《呼噶尔海尼古尔特旧法规档案》等史料。

《呼噶尔海尼古尔特》是从沙毕衙门为处理公事（主要是使用乌拉首思事）向外发出的公文档案。另一《衙门规则》是依据《喀尔喀法规》制定的处理沙毕衙门内部事务的正式章程。此规定最初制定于1826年，施行至大约1908年。规定了沙毕衙门官员的权利和职责，指导日常办公的章程，礼仪体制规定，审断章程、负责审理事情等与审理机构相关的规则。

1789年，称作《蒙古律例》的满洲法在蒙古全面推行之后，《喀尔喀法规》成为在博格达沙毕内遵行的法规，对此沙毕《衙门规则》中记载：“……在衙门审理之事务内，与盟旗相关的事情（第109页）依温都尔格根时制定的旧喀尔喀法规审决”。[1] 以此看来，《喀尔喀法规》很明显是满洲时期在沙毕中实行的法规。据此《规则》，沙毕衙门的机构、官员职责、责任都得到很好的组织安排。沙毕《衙门规则》是调适封建政权行政权力的法律文献中内容最充实的法律文献。

《衙门规则》序言中记：“若不为土锡默特、笔帖式定立规章使其按章办事则会出错和敷衍，因此，商卓特巴，公、大喇嘛等全体商议，为众土锡默特、笔帖式制定了规章，将每人应办理之事列于末尾，写好交待了”。因此，此后印务处衙门因公事撰文必须依此规章办理。[2]

沙毕衙门或商卓特巴衙门对喇嘛、沙毕方面的事务合在一起管理，是掌握审断权力的机构。

以此《规则》详细规定了经会佛事，处理阿拉巴事务的体制。宗教行政具有政权和宗教结合的神权君主性质。这是封建制度腐败的重要标志。

《衙门规则》具有把政权和宗教体制法律化的性质。在此规则中对遵守“叩拜”，“朝拜”，“宴会”，“赛马”等事的礼仪规章给予特别的关注。沙毕《衙门规则》的第15条、第16条，每年秋天给博格达上贡的九白，沙毕人口、巡查大牧群是依据《喀尔喀法规》制定的。又制定了将罪犯戴镣铐、监禁处罚的规定。（第110页）

在《规则》第31条中对一些事情进行审断时“在佛前占卜”最终决断方面，显然是依据了《喀尔喀法规》。这清楚地反映了封建法律受宗教影响的情况。封建统治者为隐匿其阴谋诡计以佛教的名义或以占卜来审断案件。

除与沙毕阿拉特有关的事情外，商卓特巴衙门对旗与沙毕阿拉特之间人命、偷盗案件与盟长一同上报理藩院处置。[3]

《规则》第34条规定，在衙门内审讯犯罪的人民时，使用夹板、皮条捆手，以木杠压腿肚子，几昼夜不给饮食、不准其睡眠。审讯妇女时使用拶刑。最后依法施以戴镣铐，钉木钉，鞭笞等刑。在审理过程（侦查阶段）中用刑的情况，我们是在《衙门规则》中第一次见到。

刑案审断之后执行的规章在《蒙古律例》中有规定。从此看来，满洲法律破坏了和改变了《喀尔喀法规》和其他蒙古法规的审断程序。从满洲殖民时期开始在蒙古普遍实行以“九刑”闻名的可怕的刑罚，其中的一些刑罚已成为《衙门规则》

---

① 《衙门规则》，国家图书馆藏。

② 《衙门规则》，国家图书馆藏。

③ 《衙门规则》，国家图书馆藏。

中的刑罚。

寺院不仅成为宗教念经集会活动的中心，而且还负有管理和审断的任务。《规则》中对何事由何官员负责和审断，职官的区别规定的非常清楚。审断案件不是依法律，而是依其公职等级和爵位。(第 111 页)

《规则》后面条款依据《喀尔喀法规》规定，一切有公职之人请假出行，不在规定时间返回，计日罚牲畜处罚。在论及《喀尔喀法规》适应新条件用于审断时，不得不提及《蒙古律例》。满洲在制定统治蒙古的行政系统的同时，以其殖民思想作为有力武器制定了《蒙古律例》，并施行于整个蒙古。依此法律有了规范蒙古劳动人民全部生产和生活的残暴规定和监督体系。劳动人民忍受满洲、蒙古统治者，即台吉、大喇嘛的统治，使其任意收取各种赋役，留有受满洲汗统治标志的长发。

满洲封建统治者在蒙古制定的军事—封建行政统治机构的重要部分是审断机构。依满洲法律扎萨克诺颜（旗的）掌管审理案件和行政，但是，在反抗满洲等政治性案件中判死刑，审断蒙古封建统治阶级内部事件都须按一定程序逐级上报审核。在满洲统治时期，蒙古司法审判有五个层级。

1. 旗扎萨克
2. 盟长
3. 乌里雅苏台将军、库伦办事大臣、科布多大臣。
4. 理藩院
5. 最高或第五级为汗（皇帝）。

此外，驿站、卡伦长官、苏木章京等封建行政官员也可以审理和刑讯。满洲殖民者在蒙古地区制定了最为残暴的军事、行政、司法的法律体系，以此屠杀和恐吓人民。《蒙古律例》的主要刑罚是处死，流放，籍没为奴，服苦役，（第 112 页）轮番服边外站驿、戴镣铐、监禁、刑讯拷打、各种罚没。这些处罚犯罪的刑罚仅适用于劳动人民。

《蒙古律例》的阶级性表现在对封建主仅处以罚畜，暂时罚俸，在某些事情上削爵、革职等，封建主与人民同罪不同罚。例如，对杀阿拉特的诺颜仅罚畜，而杀人的阿拉特则被处死。对蒙古人大量处以罚畜的刑罚。我们在这里只是顺便说一下《蒙古律例》有关内容，因为，本文不拟展开对《蒙古律例》的广泛论述，而是要讲满洲殖民者在制定和推行反映其意志的《蒙古律例》时，参照了蒙古很早以来的法律传统和法规。满洲封建统治阶级将《喀尔喀法规》的基本规则加以更新，与其意志相适应，使其刑罚趋于更加严厉。据《蒙古律例》审断程序有了很大变化。其中称作“九刑”的审讯取供的残暴体系首次制定如下：

1. 笞刑，以短板子抽打，一至五下。
2. 杖刑，以长板子抽打，最高一百下。
3. 掌嘴，两脸轮流打四十下。
4. 捆绑，用湿的细麻绳将两手交叉捆绑，往两边拉紧。

5. 在有细棱的木头上或在砂石上跪坐，在其膝下插入圆木，两人在木头两端用脚踩踏。

6. 吊，用麻或细绳捆住两手的大拇指吊起来。（第113页）

7. 枷或枷板，用两个大板子，中间预留有与人脖子和双手大小的洞，将两板合在一起。

8. 炮烙，在背上或大腿肉厚处用烧热的烙铁烙，或用烛火烫。

9. 夹棍、拶，夹棍用来夹男人的腿，拶是夹女人的手指。这些刑罚会使人终身瘸拐残疾。

此外，《喀尔喀法规》中有“立誓”的刑罚在满洲法律中得到原样保留。在满洲法律中处罚犯罪的刑罚有难以忍受的重刑。例如，广泛使用黥刑，活埋，包裹、腰贴革皮，用竹子扎关节软骨等极其野蛮方法。《蒙古律例》保留了蒙古传统习惯，从《喀尔喀法规》吸收的条款很多。例如，禁止哈剌出挖掘王、贝勒、贝子、公、扎萨克、台吉和他们夫人的坟墓。而且，禁止王公奸哈剌出之妻。又依《喀尔喀法规》的规定可以赎罪。另外捉走失牲畜和逃人，失火等内容也是从《喀尔喀法规》吸收的。而对于通常罪犯的用刑如前所述更加严刻了。

满洲殖民者在蒙古地区制定了残酷、野蛮的刑法体系，阻碍其经济、文化的发展，进行了各种方式的破坏，以推行满洲化的政策，但是，人民为保护自己的习俗与其进行了激烈斗争。其一例是，满洲在制定自己法律时无法完全不顾及蒙古人传统的法律习惯。《蒙古律例》从《喀尔喀法规》所吸收内容主要是蒙古的法律惯例，尤其是与封建主阶级利益直接相关的内容。这样《喀尔喀法规》无疑是《蒙古律例》的主要法源。（第14页）例如，立誓，赎罪，以九数罚畜，鞭刑等都是从《喀尔喀法规》吸收的。

蒙古人民没有与满洲殖民者体制妥协，蒙古人民为实现民族独立的斗争，在新的、合适的历史条件下取得了结果。为消灭满洲统治，汉族人民进行的激烈斗争获得的惊人成果，就是1911年的革命起义。这些被占领地区人民的英勇斗争，彻底推翻了满洲的封建统治，被占领地区人民获得了独立。1911年12月，蒙古人民宣布独立：

满洲和蒙古原为各自独立的国家，依照早期的法律建立独立的国家，不再受他人统治，全权掌握政权，因此，我们蒙古人推翻了满洲、汉人的统治，宣布不再受其统治。满洲、汉人大臣应当返回自己的国家。

推翻满洲统治，建立自治的蒙古国是历史的进步。自治的蒙古国建立之后，为废除满洲体系，作了很多改革。其中一个就是蒙古自治政权为废除满洲法律，制定蒙古法律而采取的一些进步措施。但是，未能完全废除满洲法律，建立新的法律体系，采取了在罪名及分类，刑罚量刑等方面的改革措施。任命专门委员会制定了《钦定蒙古国则例》，未能施行。自治蒙古国时期的法律问题需要进行专门的研究，在此只限于简单提及（第115页）。自治政权虽然为制定自己的法律方面采取了一些措施，因为其未能重视人民的情况而未能实现。直到1921年，人民革命彻底推翻了帝国主义和封建主义的压迫，揭开了蒙古人民历史的新篇章。彻底消灭了封建政权及其残酷、野蛮的法律制度，建立了蒙古民主革命的新政权及其革命的法律。研究我们革命的民主政权和法律发展的丰富历史问题已经成为非常急迫的任务提上日程，我们的主要目的是研究这个重要问题及其在革命中的战斗作用。

目　录

（译自 С. Жалан-аажав：ХАЛХЖУРАМ бол монголын хууль цаазны эртний дурсгалт бичиг，Улаанваатар，1958.）

（达力扎布，男，1955年生，历史学博士，中央民族大学历史系教授，北京100081）

司律思神父论著译文目录

特木勒　张军编译整理

司律思神父（Henry Serruys，1911—1983）是圣母圣心会（C. I. C. M）众多杰出的学者型传教士之一，也是20世纪最重要的蒙古史专家之一。他长期致力于明代蒙古史、明蒙关系史和近代蒙古史研究，极为勤奋且著述宏富，在这些领域做出重大贡献，成为迄今为止西文著述的明代蒙古史研究的最重量级的学者。他的大部分论文发表在《华裔学志》和《美国东方学会杂志》，《伦敦大学亚非学院学报》和《中亚杂志》等期刊，也有少量散见于其他西文期刊。为庆祝他65岁寿辰，《华裔学志》在1977年发表了他的论着目录《迄至1977年的司律思论着目录》（A List of Publications of Henry Serruys up to 1977）。从1977年到1983年司律思神父去世的几年中，他仍有多篇论文发表。1983年司律思神父在美国北维州阿灵顿仙逝，法国的欧法兰（Françoise Aubin）教授和司律思神父之弟司礼义（Paul L－M. Serruys）教授在《华裔学志》发表长篇纪念文章《怀念圣母圣心会的汉学家、蒙古学家，学者司律思神父》，在文章的末尾，她将《华裔学志》1977年的目录未及收录的和他在1977年以后发表的文章目录全部辑录出来，与1977年的目录恰好构成一篇比较完整的论著目录。1986年欧法兰教授主持的期刊《蒙古与西伯利亚研究》第16辑刊发了多篇司律思神父的遗稿，这一辑几乎成为司律思神父的论文集。直到1990年，司礼义神父代其兄整理遗稿，在《华裔学志》又发表了一篇文章。实际上司律思神父确有论文选集在它身后问世，这就是欧法兰教授编辑的《蒙古人与明代中国：礼俗与历史》，1987年在伦敦出版，该书收录了他的8篇论文。

2004—2005年，笔者作为客旅阁研究员（Kluge Fellow）在美国国会图书馆做客座研究，当时有幸访问了司律思神父的故居，位于波托马克河对岸的北维州阿灵顿的宣教之林（Missionhurst）。笔者得知，1983年司神父去世以后，他的所有手稿、信件和已经出版的论着等遗物都被运回比利时，收藏于南怀仁研究中心的图书馆。[①] 该中心也为他的未刊和已刊论着和书信等编制了一份目录。2010年杭州师范大学南鸿雁教授访问鲁汶

① 司礼义教授在前揭与欧法蘭教授合著的纪念文章的末尾说：“司律思神父仙逝以后，他的所有藏书和遗稿都被运往台北，成为田清波—康国泰—司律思文库的一部分，这个文库是供圣母圣心会传教士和对相关研究领域有兴趣的学生利用的。这也是他生前遗嘱。”参见 Françoise Aubin & Paul L－M. Serruy，“In Memoriam LE R. P. Henry Serruys（SSU LU SSU 司律思），CICM（10 juillet 1911—16 aout 1983）ERUDIT SINO－MONGOLISANT”，MS，Vol. 36（1984—1985），p. 624. 后来这批藏书和手稿被转移到鲁汶大学的南怀仁研究中心。

大学，复制并带回这份目录。

我们注意到，在1960年以后的半个世纪中，司律思神父的多篇论文和至少一部著作已被译为汉文，相继在中国大陆和台湾发表或出版。本目录综合《华裔学志》所刊1977年的目录、欧法兰和司礼义教授编制的目录和南怀仁研究中心的目录为基础，翻译全文，并在相关条目之下，列入欧法兰所编论文集，并尽可能全面列入所知的已经出版或发表的汉译文或汉译本的信息。这对于蒙古史学界全面了解更多司律思神父的研究成果一定是有裨益的。由于很多西文期刊不能寓目查核，苦于为见闻所限，错漏之处在所难免，敬请方家指正。

缩略语表：

AOH = *Acta Orientalia Academiae Scientiarum Hung.*《匈牙利科学院东方学报》

BSOAS = *Bulletin of the School of Oriental and Asiatic Studies*，《伦敦大学亚非学院学报》

CAJ = *Central Asiatic Journal*，《中亚杂志》

CMR = *The Canada – Mongolia Review*《加拿大—蒙古评论》

EM = *Etudes mongoles*《蒙古研究》

HJAS = *Harvard Journal of Asiatic Studies*《哈佛亚洲学志》

JAS = *Journal of Asian History*，《亚洲历史杂志》

JAOS = *Journal of American Oriental Studies*，《美国东方学会杂志》

MCB = M'elanges chinois et bouddhiques《汉学与佛学丛刊》

MS = *Monumenta Serica*，《华裔学志》

MSB = *The Mongolia Society Bullentin*，《蒙古学学会会刊》

MSt = *Mongolian Studies*，《蒙古学》

NZM = *Neue Zeitschrift für Missionswissenschaft*《新传教士研究杂志》

OE = *Oriens Extremus*，《远东研究》

UAJ = *Ural – Altaische Jahrbücher*《乌拉尔—阿尔泰学年鉴》

ZAS = *Zentralasiatische Studien*，《中亚研究》

1945

"*Pei – lou fong – sou*. Les coutumes des esclaves septentrionaux de Siao Ta – heng,", *MS*10：117 – 208.

《〈北虏风俗〉译序与注释》，载于《华裔学志》第10辑，米济生同名汉译文载于《蒙古史研究参考资料》新编第16、17辑（内蒙古大学蒙古史研究室编，1981年）；收录在欧法兰编《蒙古人与明代中国：风俗与历史》（Françoise Aubin ed.，*The Mongols and Ming China*：*Customs and History*，London：Variorum Reprint，1987. 以下简称《蒙古人与明代中国》）。

1954

"The Dates of the Mongolian Documents in the Hua－i i－yü," *HJAS* 17：419－427.

《〈华夷译语〉几份蒙古文文献的产生年代》，载于《哈佛亚洲学志》第17辑，第419－427页。

1955

Sino－Jürčed Relations during the Yung－lo Period（1403—1424）. Gottinger Asiatische Forschungen，Bd，4. wiesbaden.

《永乐时期明朝与女真的关系》，载于《哥廷根亚洲研究》第四辑；金宝丽同名汉译文载于达力扎布主编《中国边疆民族研究》第3辑，第366－373页。

1956

"Notes on a Few Mongolian Rulers of 15th Century," *JAOS* 76：82－90.

《十五世纪的几个蒙古统治者》，载于《美国东方学会杂志》，第76辑，第82－90页。

"The Location of T'a－t'a，'Plain of the Tower'," *HJAS* 19：52－66.

《塔滩之地小考》，载于《哈佛亚洲学志》第19辑，第52－66页。按，《华裔学志》1977年目录原文拼写有误，原文为"The Location of T'a－t'an"。

1957

"Remains of Mongol Customs during the Early Ming," MS 16：137－190.

《明初蒙古习俗的遗存》，载于《华裔学志》第16辑，第137－190页；方达汉译文《明朝初年在中国的蒙古风俗残余》载于《蒙古史研究参考资料》第22辑（内蒙古大学历史系蒙古史研究室编印，1965年）；朱丽文汉译文《明初蒙古习俗的遗存》载于《食货月刊》（台北）第5卷第4期（1975）；英文原文收录于《蒙古人与明代中国》。

1958

Genealogical Tables of the Descendants of Dayan－qan. "Central Asiatic Studies" vol. 3，'S－Gravenhage：Mouton，1959.

《达延汗后裔世系表笺证》，载于《中亚研究》丛书第三种（荷兰海牙）。余大钧同名汉译文，见内蒙古大学蒙古史研究室编《蒙古史研究参考资料》新编第16、17辑，呼和浩特，1981年。

"Some Types of Names Adopted by the Mongols during the Yüan and the Early Ming Periods," *MS* 17：353－360.

《元代和明初的几类蒙古人名》，载于《华裔学志》第17辑，第353－360页；

唐莉同名汉译文载于达力扎布主编《中国边疆民族研究》第四辑，中央民族大学出版社，2011 年。

"Notes on a Chinese Inscription of 1606 in a Lamaist Temple in Mai - ta - chao, suiyuan," *JAOS* 78：101 - 113.

《绥远美岱召 1606 年汉文碑刻札记》，载于《美国东方学会杂志》第 78 辑，第 101 - 113 页。

"A Note on Arrows and Oaths among the Mongols," *JAOS* 78：279 - 294.

《蒙古人的箭和盟誓》，载于《美国东方学会杂志》第 78 辑，第 279 - 294 页；收录于《蒙古人与明代中国》。

1959

Review：N. P. Shastina，Russko - Mongolśkie posolśkie otnoieniya xvii veka，（*Russo - Mongol diplomatic relations during the* 17th *century*），*MS* 18：501 - 504.

《评 N. P. 沙斯季娜〈17 世纪俄蒙通史关系〉》，载于《华裔学志》第 18 辑，第 501 - 504 页。

The Mongols in China during the Hung - wu Period，1368 - 1398. *MCB*，vol. 11. Brussels.

《洪武时期明朝境内的蒙古人》，载于《汉学与佛学丛刊》第 11 种（布鲁塞尔）王苗苗汉译其中第二章，载于达力扎布主编《中国边疆民族研究》第三辑。中央民族大学出版社，2010 年。王倩倩译其中第三章，载于达力扎布主编《中国边疆民族研究》第五辑，中央民族大学出版社，2011 年。

"Chinese in southern Mongolia during the sixteenth Century," *MS* 18：1 - 95.

《十六世纪漠南蒙古的汉人》，载于《华裔学志》第 18 辑，第 1 - 95 页 .

"Were the Ming against the Mongols' settling in North China?" *OE* 6：131 - 159.

《明朝反对蒙古人在华北定居吗?》，载于《远东学报》第六期，131 - 159 页。

"A Mongol Settlement in North China at the End of the 16th Century," *CAJ* 4：237 - 278.

《十六世纪末华北地区的一个蒙古人群体》，载于《中亚杂志》第四辑，第 237 - 278 页。

Review：R. J. Miller，*Monasteries and Culture Change in Inner Mongolia*，Wiesbaden，1959，in *JAOS* 79：303 - 306.

《评 R. J. 米勒〈内蒙古的寺院和文化的变迁〉》，载于《美国东方学会杂志》第 79 辑，第 303 - 306 页。

Review：B. Rintchen，Les Matériaux pour I'Etude du Chamanisme Mongol，I：Sources littéraires，Wiesbaden 1959，*JAOS* 79：550 - 555.

《评 B. 仁钦〈蒙古萨满教研究（一）文献研究〉》，载于《美国东方学会杂志》第79辑第4期（1959），第550－555页。

Review：Filologiya i istoriya Mongol'skikh narodob：Pamyati Akademika Borisa Yakovlevica Vladimirtsova，*MS* 18：504－507.

《评〈蒙古族的语文学与历史：符拉基米尔佐夫院士纪念文集〉》，载于《华裔学志》第18辑，第504－507页。

1960

"Ta－tu，Tai－tu，Dayidu，" *Chinese Culture* 2，4：73－96.

《大都》，载于《中国文化》第二辑第4期，第73－79页。

"Four Documents Relating to the Sino－Mongol Peace of 1570—1571，" *MS* 19：1－66.

《有关1570—1571年明蒙和议的四份文献》，载于《华裔学志》第19辑，第1－66页。

1961

"The Mongols of Kansu during the Ming，" *MCB*，vol. 10.（1955）（published in 1961）：215－346.

《明代甘肃的蒙古人》，载于《汉学与佛学丛刊》第10册（1955）（1961年出版），第215－346页。

"Mongols Ennobled during the Early Ming，" *HJAS* 22（1959）（published in 1961）：209－260

《明初封爵的蒙古人》，载于《哈佛亚洲学志》第22辑（1959）（1961年出版）第209－260页。方达同名汉译文载于内蒙古大学历史系蒙古史研究室编《蒙古史研究参考资料》第10辑，呼和浩特，1964年。

"Foreigners in the Metropolitan Police during the 15thCentury，" *OE* 8：59－83.

《十五世纪明朝锦衣卫中的达官》，载于《远东学报》第八辑，第59－83页；欧法兰编《蒙古人与明代中国》收录。

1962

"Three Mongol Documents from 1635 in the Russian Archives，" *CAJ* 7：1－41.

《俄罗斯档案中三篇1635年的蒙古文书》，载于《中亚杂志》第七辑，第1－41页。

"Mongol Altan：'Gold' = 'Imperial'，" *MS* 21：357－378.

《蒙古语"黄金"与"皇家"》，载于《华裔学志》第21辑，第357－378页。

Review：Herbert F. Schurmann，*The Mongols of Afghanistan*，*MS* 21：432－435.

《评H. F. 舒尔曼〈阿富汗的蒙古人〉》，载于《华裔学志》第21辑，第432－

435 页。

1963

"Early Mongols and the Catholic Church," *NZM* 19：161 -169.

《早期蒙古人与天主教会》，载于《新传教士研究杂志》第 19 辑，第 161 - 169 页。

"Early Lamaism in Mongolia," *OE* 10：181 -216.

《早期的蒙古喇嘛教》，载于《远东学报》第 10 辑，第 181 -216 页。

"A Note on the 'wild Mekrid'," *MS* 22：434 -445.

《野乜克力史札记》，载于《华裔学志》第 22 辑，第 434 -445 页。

1965

Review：Istoriya DŽungarskoko Xanstva（History of the DŽungar Empire）by I. Y. Zlatkin，*JAOS* 85，2：224 -227.

《评 I. Y. 兹拉特金〈准噶尔汗国史〉》，载于《美国东方学会杂志》第 85 辑第 2 期，第 224 -227 页。按，《华裔学志》1977 年目录原文遗漏此条。

Review：Kuo - yi Pao，Studies on the Secret History of the Mongols，*MS* 24：477 -480.

《评鲍国义〈元朝秘史研究〉》，载于《华裔学志》第 24 辑，第 477 -480 页。

Walther Heissig，Die Familien - und Kirchengeschichtsschreibung der Mongolen，Teil II，1：Vier Chroniken des 19. Jahrhunderts in Facsimilia mit einer Einleitung und Namenregister，*MS* 24：480 -482.

《评 W. 海西希〈蒙古家庭和寺庙历史编纂学〉第二辑：19 世纪编年史的影印本以及绪论和人名索引》，载于《华裔学志》第 24 辑，第 480 -482 页。

1966

"Mongol Tribute Missions of the Ming Period," *CAJ* 11：1 -83.

《明代蒙古朝贡使团》，载于《中亚杂志》第 11 辑，赵鑫华同名汉译文载于达力扎布主编《中国边疆民族研究》第三辑，中央民族大学出版社，2010 年。

Review：Magadbuerin Haltod，*Mongolische Ortsnamen aus mongolischen Manuskript - Karten*，Wiesbaden 1966，*MS* 25：454 -460.

《评 M. 哈尔托德〈一份手绘地图上的蒙古地名〉》，载于《华裔学志》第 25 辑（1966），第 454 -460 页。

1967

Sino - Mongol Relations during the Ming II，The Tribute system and Diplomatic Mis-

sions（1400－1600）. *MCB*，vol. 14.

《明蒙关系史（二），朝贡制度与外交使团（1400—1600）》，载于《汉学与佛学丛刊》第14辑。

"Additional Note on the Origin of Lamaism in Mongolia," *OE* 13（1966）（published in 1967）：165－173.

《蒙古喇嘛教起源考补》，载于《远东学报》第13辑（1966）（1967年出版），第165－173页。

1968

"Landgrants to the Mongols in China：1400—1460," *MS* 25（1966）（published in 1968）：394－405.

《1400—1460年明朝政府给予蒙古人的封地》，载于《华裔学志》第25辑（1968年出版），第394－405页。瞿大风汉译文《明朝政府给予蒙古人的封地》，载于《蒙古学情报与资料》，1990年第3期第13－17页。欧法兰编《蒙古人与明代中国》收录。

Review：S. Nattsagdorji，*The Introduction of Buddhism into Mongolia*，*The Mongolia Society Bulletin* VII1（1968），pp. 1－12，in *MSB* VII（1968），pp. 62－65.

《评S. 那楚克道尔吉〈佛教之传入蒙古〉》，载于《蒙古学学会学刊》第7辑（1968），第62－65页。

1969

"Two Loan words in Fifteenth Century Chinese," *MS* 26（1967）（published in 1969）：89－96.

《十五世纪汉语中的两个借词》，载于《华裔学志》第26辑（1967）（1969年出版），第89－96页。

"Remarks on the Introduction of Lamaism into Mongolia," *MSB* 7（1968）（published in 1969）：62－65.

《关于喇嘛教传入蒙古的注记》，载于《蒙古学学会学刊》第7辑（1968）（1969年出版），第62－65页。

"Ho－po，ho－pao 'pouch' ＝Turkic qap，xap," *OE* 15（1968）（published in 1969）：135－148.

《荷包（烟袋）和突厥语qap，xap》载于《远东学报》第15辑（1968）（1969年出版），第135－148页。

1970

"The Mongols in China：1400—1450," *MS* 27（1968）（published in 1970）：

233 - 350.

《十五世纪前半期明朝境内的蒙古人》，载于《华裔学志》第 27 辑（1968）（1970 年出版），第 233 - 350 页。欧法兰编《蒙古人与明代中国》收录。

"Uighur čigši - Mongol čigčin," *MS* 27：381 - 384.

《畏兀儿语 čigši 与蒙古语 čiğcin》，载于《华裔学志》第 27 辑，第 381 - 384 页。

"A Mongol Prayer to the Spirit of Cinggis - qan's Flag," *MSt*, Budapest 1970：527 - 535.

《一份关于成吉思汗纛旗的祷文》，载于 1970 年的《蒙古学》（布达佩斯），527 - 535 页。

"A Field Trip to Ordos：The Cult of Chinggis - qan, the Darqad, and related subjects：a Newspaper Report from 1936," *MSB* 9, 1：39 - 54.

《鄂尔多斯行纪：成吉思汗陵、达尔扈特及相关问题——1936 年的一则新闻报道》，载于《蒙古学学会会刊》第 9 辑，第 1 版，第 39 - 54 页。按，这是连载于《绥远社会日报》1936 年 4—5 月的游记，司律思神父英译以后在《蒙古学学会会刊》发表。

"Offering of the Fox, A Shamanist Text from Ordos," *ZAS* 4：311 - 325.

《狐狸祭，来自鄂尔多斯的一份萨满教文本》，载于《中亚研究》第四辑，311 - 325 页。

1971

"A Mongol Lamaist Prayer：ündüsün bsang' Incense Offering of Origin'," *MS* 28（1969）（Published in 1971）：321 - 418.

《蒙古文佛经〈密宗本续论〉》，载于《华裔学志》第 28 辑（1969 年，实际出版于 1971 年），第 321 - 418 页。

"A Note on China's Northern Frontier," *MS* 28：442 - 461.

《中国北部边疆研究札记》，载于《华裔学志》第 28 辑，第 442 - 461 页。

"Yellow Hairs and Red Hats in Mongolia," *CAJ* 15（1971—72）：131 - 155.

《蒙古的"黄毛"与"红帽"》，载于《中亚杂志》第 15 辑（1971—72）；薄音湖同名汉译文载于《蒙古学资料与情报》1986 年第 1 期，第 8 页。

"An Episode on the Sino - Mongolian Border," *MSB*, 10, 1：87 - 93.

《汉蒙边界的一个片段》，载于《蒙古学学会学刊》第 10 辑，第 1 版，第 87 - 93 页。

"A Receipt from Outer Mongolia from 1907," *AOH* 24（1971）（published in 1972）：331 - 335.

《1907年外蒙古的一份收据》，载于《匈牙利科学院东方学报》第24期（1971）（1972年出版），第331 – 335页。

“In Memoriam Fr. Anthony Mostaert (August 10, 1881 – June 2, 1971),” *MSB* 10：2 – 3.

《纪念田清波神父》，载于《蒙古学学会会刊》第10辑，第2 – 3页。

“Siülengge ~ Šülengge,” *JAOS* 92：92 – 95.

《收令哥考》，载于《美国东方学会杂志》第92辑，第92 – 95页。

“Two Mongol Letters,” *ZAS* 5 (1971) (published in 1972)：95 – 104.

《两封蒙古文书信》，载于《中亚研究》第5辑（1971）（1972年出版），第95 – 104页。

“Two Didactic Poems from Ordos,” *ZAS* 6：425 – 483.

《两首鄂尔多斯的说教诗》，载于《中亚研究》第6辑，第425 – 483页。

“The Mongol word pair *Qarayiqu – Barayiqu*”, *CAJ* 16：119 – 124.

《关于蒙古语复合词“Qarayiqu – Barayiqu”》，载于《中亚杂志》第16辑，第119 – 124页。按，“Qarayiqu – Barayiqu”意谓“罚没牲畜”。

1972

“A Manuscript Version of the Legend of the Mongol Ancestry of the Yung – lo Emperor,” *The Mongolia Society Occasional Papers*, *Analecta Mongolica* 1972：19 – 61

《关于永乐皇帝生母传说的一份手稿》，载于《美国蒙古学学会不定期论文集》，1972年，第19 – 61页。

“Oaths in the Qalqa Jirüm,” *OE* 19：131 141.

《〈喀尔喀三部大律〉中的盟誓》，载于《远东学报》第19辑，第131 – 141页。牛小燕译《喀尔喀法规中的誓约》，载于《卫拉特研究》，2005年第4期。欧法兰编《蒙古人与明代中国》收录。

Reviews：John G. Hangin, *A Concise English – Mongolian Dictionary.* in *Slavic Review* 31：3 (september)：741 – 742.

《评J. H. 贡布扎布的〈简明英蒙字典〉》，载于《斯拉夫评论》第31辑第3期，第741 – 742页。

E. Haenich：Zum Untergang zweier Reiche：Berichte von Augenzeugen aus den Jahren 1232—33 und 1368—70. *JAOS* 92：555 – 556.

《评E. 海尼士〈两个王朝的灭亡：1232—33年间和1368—70年间目击者的报告〉》，载于《美国东方学会杂志》第92卷第4号，第555 – 556页。

“New items from Inner Mongolia in the Sui – yüan she – hui jih – pao (April – May 1936),” *MSB* 10/2：52 – 63.

《内蒙古〈绥远社会日报〉1936年4—5月刊登的几则报道》，载于《蒙古学学会会刊》第10辑第2期，第53－63页。

1973

Reviews：G. Kara：Chants d'un barde mongol. *MS* 29（1970—71）（published in 1973）*MS* 29：784－798

《评G. 卡拉〈蒙古游吟诗唱〉》，载于《华裔学志》第29辑（1970—1971），第784－798页。

W. Heissig，ed.：Mongoleireise zur spaeten Goethezeit. Berichte und Bilder des J. Rehmann und A. Theselff von der russischen Gesandschafts－reise 1805—06，*JAOS* 93：648－649.

《评W. 海西希〈歌德后期的蒙古之旅：1805—06年俄国使团之J. 里曼和A. 特思列夫的报告和图片〉》，载于《美国东方学会杂志》第93期第4号，第648－649页。

1974

Kumiss Ceremonies and Horse Races，*Three Mongolian Texts.* Asiatische Forschungen，*Bd.* 37，Wiesbaden.

《酸马奶盛会和赛马：三个蒙古文文本》，载于《亚洲研究丛书》第37种（威斯巴登）。

"Four Manuals for Marriage Ceremonies among the Mongols，" part 1，*ZAS* 8：247－331.

《四份蒙古婚礼的礼仪书（一）》，载于《中亚研究》第8辑，第247－331页。

"A Mongol Horoscope of the Year 1914，" *CAJ* 18：175－179.

《1914年的蒙古星象》，载于《中亚杂志》第18辑，第175－179页。

"A Socio－Political Document from Ordos：The Dürim of Otoγ from 1923" *MS* 30（1972—73）（published in 1974）：526－621.

《鄂尔多斯一份有关社会政治的文献：1923年鄂托克旗的规章》，载于《华裔学志》第30辑（1972—73年）（1974年出版），第526－621页。

"The Mongol Term čiğcin/šiğcin，" *MS* 30：622－631

《蒙古语词汇 čiğcin 和 šiğcin》，载于《华裔学志》第30辑，第622－631页。

Reviews：W. Heissig：Geschichte der Mongolischen Literatur. *MS* 30：656－669

《评W. 海西希的〈蒙古文学史〉》，载于《华裔学志》第30辑，第656－669页。

Review：John Gombojab Hangin：Koke Sudur（The Blue Chronicle）：A Study of the first Mongolian Historical Novel by Injannasi. *MS* 30：669－672

《评J. H. 贡布扎布〈青史演义，尹湛纳希所著首部蒙古历史小说研究〉》，载于《华裔学志》第 30 辑，第 669 – 672 页。

1975

"Mongol 'Qoriγ': Reservation," *MSt* 1974 (published in 1975): 76 – 91.

《蒙古语 Qoriγ：大禁地》，载于 1974 年《蒙古学》（1975 年出版），第 76 – 91 页。

"Two Mongolian Documents," *HJAS* 34 (1974) (published in 1975): 187 – 191.

《两篇蒙古文书》，载于《哈佛亚洲学志》第 34 辑（1974）（1975 年出版），第 187 – 191 页。

"Hsiao – ssu: seüse: a Chinese loan word in Mongol," *AOH.* 28 (1974) (published in 1975): 319 – 325.

《小厮 seüse，蒙古语中的一个汉语借词》，载于《匈牙利科学院东方学报》第 28 辑（1974）（1975 年出版），第 319 – 325 页。

"Four Manuals for Marriage Ceremonies among the Mongols," part 2, *ZAS* 9: 275 – 360.

《四份蒙古婚礼的礼仪书（二）》，载于《中亚研究》第 9 辑，第 275 – 360 页。

"A Catalogue of Mongol Manuscripts from Ordos," *JAOS* 95: 191 – 208.

《鄂尔多斯蒙古文抄本目录》，载于《美国东方学会杂志》第 95 辑，第 191 – 208 页。云慧群汉译文《田清波从鄂尔多斯获得的蒙文抄本目录》，载于《蒙古学信息》1988 年第 1 期。

"Sino – Mongol Trade during the Ming", *JAS* 9, 1: 34 – 56

《明代的汉蒙贸易》，载于《亚洲历史学报》第 9 辑第 1 期，第 34 – 56 页。达力扎布同名汉译文载于《明代的汉蒙贸易》，载于《蒙古学信息》1994 年第 1 期。

"Two Remarkable Women in Mongolia: The Third Lady Erketü Qatun and Dayicing – Beyiji," *Asia Major* 19, 2: 191 – 245.

《两个杰出的蒙古女人三娘子和大成妣吉》，载于《泰东》第 19 辑第 2 期，第 191 – 245 页；收录于《蒙古人与明代中国》。

"A Document from 1904 dismissing an Ordos Prince from Office," *CAJ* 19: 206 – 219.

《关于 1904 年某鄂尔多斯王公被驱逐出王府的一份档案》，载于《中亚杂志》第 19 辑，第 206 – 219 页。

"The Seven Jewels in Mongol Literature," *MSt* 1975: 133 – 140.

《蒙古文学的七颗明珠》，载于 1975 年《蒙古学》，第 133 – 140 页。

1976

Sino – Mongol Relations during the Ming Ⅲ, *Trade Relations: The Horse Fairs*

(1400—1600). *MCB*, vol. 17.

《明蒙关系史（三）：马市贸易（1400—1600）》，载于《汉学与佛学丛刊》第17辑。王苗苗汉译本《贸易关系：马市，1400—1600》，中央民族大学出版社，2011年。

"Jünggen, a Title of Mongol Princesses," *UAJ* 47 (1975) (published in 1976): 177-185.

《蒙古皇后之号 Jünggen》，载于《乌拉尔—阿尔泰学年鉴》第47辑（1975），第177-185页。薄音湖汉译文《钟根——蒙古王妃的一种称号》，载于《蒙古学资料与情报》1985年第3、4期合刊，第20-24页。

"Andrew Li, Chinese priest, 1692 (1693?) —1774," part1, *NZM* 32: 39-55.

《中国神父李安德》（一），载于《新传教士研究杂志》第32辑，第39-55页。

"Andrew Li, Chinese priest, 1692 (1693?) —1774," part2, *NZM* 32: 130-144.

《中国神父李安德》（二），载于《新传教士研究杂志》第32辑，第130-144页。

"Question of Thievery," *ZAS* 10: 287-309.

《偷盗问题》，载于《中亚研究》第10辑，第287-309页。

"Alta-qaγan", "Mar-Korgis", "Qutuγtai", Carrington Goodrich & Chaoying Fang eds., *Dictionary of Ming Biography*, New York: Columbia University Press, 1976. pp. 6-9, 1054—1056, 1128-1131.

词条《俺答汗》、《马可古儿吉思》、《切尽黄台吉》，载于富路德、房兆盈主编《明代名人传》第6-9、1054-1056、1128-1131页，哥伦比亚大学出版社，1976年。

"A Collective Letter of Protest by the Mongol Princes of Ordos, 1920," *OE* XXIII 2 (1976), pp. 213-224.

《1920年鄂尔多斯蒙古王公的集体抗议书》，载于《远东学报》第23辑第2期（1976），第213-224页。

"Jinong: Chün-wang or Ch'in-Wang?" *AOH* XXX2 (1976), pp. 199-208.

《济农：郡王还是亲王?》，载于《匈牙利科学院远东学报》30辑第2期（1976），第199-208页。

"A Quarrel among Noble Families of Uusin Banner, Ordos," *CAJ* 20, 2: 297-309.

《鄂尔多斯乌审旗王公家族间的一场争议》，载于《中亚杂志》第20辑第2期，第297-309页。

Review: Nikolaus Poppe, Mongolische Epen IV, *MS* 32: 441-442.

《评N. 鲍培所著〈蒙古史诗〉（四）》，载于《华裔学志》第32辑，第441-442页。

S. Rasidondug and Veronika Veit, Petitions and Grievances Submitted by the People, *MS* 32: 442 -445.

《评 S. 拉西敦多克、裴慕真著〈人民提交的请愿书和意见书〉》，载于《华裔学志》第 32 辑，第 442 -445 页。

1977

"Five Documents Regarding Salt Production in Ordos," *BSOAS* 40, 2: 338 -353.

《关于鄂尔多斯盐业生产的五篇文献》，载于《伦敦大学亚非学院学报》第 40 辑第 2 期，第 338 -353 页。

"A Genre of Oral Literature in Mongolia: The Addresses," *MS* 31 (1974—75) (published in 1977): 555 -613.

《一种蒙古口头文学形式：演讲稿》，载于《华裔学志》第 31 辑，第 555 -613 页。

Reviews: Irina Sergeevna Ermacenko: Politika Man'čžurskkoi Dinastii Tsin (g) v Yužnoi i Servernoi Mongolii, *MS* 31 (1974—75): 614 -616.

《评 I. S. 叶尔曼茜科〈满清对内外蒙古的政策〉》，载于《华裔学志》第 31 辑，第 614 -616 页。

Review: Serta Tibeto - Mongolica Festschrift für Walther Heissig zum 60. Geburtstag. *MS* 31: 643 -645.

《评〈庆祝 W. 海西希六十寿辰藏蒙纪念文集〉》，载于《华裔学志》第 31 期 (1974—1975)，第 643 -645 页。

"The Office of Tayisi in Mongolia in the Fifteenth Century", *HJAS* 37, 2: 353 -380,

《十五世纪蒙古的太师官号》，载于《哈佛亚洲学志》第 37 辑第 2 期，第353 -380 页。按，《哈佛亚洲学志》这一期在 1977 年 12 月才出版，《华裔学志》1977 年的目录未及收录。

"Documents from Ordos on the 'Revolutionary Circles'. Part I," *JAOS*, 97, 4: 482 -507.

《关于鄂尔多斯独贵龙运动的文献（一）》，载于《美国东方学会杂志》第 97 卷第 4 期，第 482 -507 页。按，《华裔学志》1977 年的目录未及收录。

WALTHER HEISSIG: *Mongolische Ortsnamen II. Mongolische Manuskriptkarten in Faksimilia.* in *MS* XXXIII (1977—1978): 499 -500.

《评 W. 海西希〈蒙古地名（第二部分）：蒙古手绘地图的影印本〉》，载于《华裔学志》第 33 期（1977—1978 年），第 499 -500 页。

"Mourning Regulations in Ordos, 1909 on Border Guards in Otoγ (Ordos)," *BSOAS*, 403: 580 -585.

《鄂尔多斯悼念慈禧和光绪皇帝的规则，1909 年鄂尔多斯鄂托克旗的边界守卫》，载于《伦敦大学亚非学院学报》第 40 辑第 3 期，（1977），第 580 – 585 页。

"Mongol Texts regarding an Anti – Christian Conspiracy in 1903," *MSt* IV （1977）, pp. 39 – 55.

《关于 1903 年反基督教阴谋的一个蒙古文文本》，载于《蒙古学》第 4 辑（1977），第 39 – 55 页。

"Problems of Land in Uusin Banner, Ordos," *ZAS* 11：205 – 222.

《鄂尔多斯乌审旗的土地问题》，载于《中亚研究》第 11 辑（1977），第 205 – 222 页。

"On some Titles in the Mongol Kanjur," *MS* 33：424 – 430.

《蒙古文〈甘珠尔〉经中的一些称谓》，载于《华裔学志》第 33 辑（1977—1988），第 424 – 430 页。

"A Note on the Names of the Hoopoe in Chinese and Mongol," *CMR*, III 2（1978）, pp. 110 – 117.

《戴胜鸟的蒙、汉名称之札记》，载于《加拿大—蒙古评论》第 3 辑第 2 期（1978），第 110 – 117 页。

"A Letter of Protest from Ordos against the Creation of Provinces, 1923," *CAJ* XXXI 3 – 4（1977）, pp. 251 – 258.

《一封 1923 年鄂尔多斯反对建省的抗议信》，载于《中亚杂志》第 31 辑第 3 – 4 期（1977），第 251 – 258 页。

1978

"Documents from Ordos on the 'Revolutionary Circles'. Part II", *JAOS*, 98, 1：1 – 19.

《关于鄂尔多斯独贵龙运动的文献（二）》，《美国东方学会杂志》第 98 卷第 1 期，第 1 – 19 页。

Review：Mongolia and the Mongols. Volume II, by A. M. Pozdneyev；John R. Krueger；William H. Dougherty. *JAOS* 98, 4：578 – 580.

《评 1977 年布鲁明顿版〈蒙古及蒙古人〉英译本第二卷》，《美国东方学会杂志》第 98 卷第 4 期，第 578 – 580 页。

"The čaqar Population during the Ch'ing," *JAS*, XII 1（1978）, pp. 58 – 79.

《清代察哈尔的人口》，载于《亚洲历史学报》第 12 辑第 1 期（1978），第 58 – 79 页。

"Franco – Sino – Mongol Missionary Safe – Conducts," *CMR*, IV1（1978）, pp. 16 – 32.

《法—汉—蒙传教安全指南》，载于《加拿大—蒙古评论》第 4 辑第 1 期

(1978)，第16－32页。

"Twelve Mongol Letters from Ordos," *ZAS* XII (1978), pp. 255－272.

《十二封来自鄂尔多斯的信》，载于《中亚研究》第12辑（1978），第255－272页。

"Sirge and Tasma in the White History," *CAJ* 32，1－2：497－499.

《〈白史〉所记Sirge and Tasma》，载于《中亚杂志》第32辑1－2期，第497－499页。

Review：Koke sudur Nova，Injannasi's Manuscript of the Expanded Version of his Blue Chronicle，part I，Wiesbaden 1978，in *MS* 33：497－499.

《评〈尹湛纳希青史演义增补版手稿〉第一部分：贡布扎布撰写导言并编制引得》载于《华裔学志》第33辑，第497－499页。

Review：Jacques Legrand，L'administration dans la domination sino－mandchoue en Mongolie，*CAJ* 22，1－2：146－151.

《评勒格朗〈满清在喀尔喀蒙古的统治〉》，载于《中亚杂志》第22辑第1－2期，第146－151页。

1979

"More about Otoγ Salt Lakes"，*BSOAS*，42，1：61－65.

《鄂托克旗盐湖补注》，载于《伦敦大学亚非学院学报》第42辑第1期，第61－65页。

"On the Road to Shang－tu，Supreme Capital," *AOH*. XXXIII 2 (1979), pp. 153－175.

《去往上都之路》，载于《匈牙利科学院东方学报》第33辑（1979），第153－179页。

"A Question of Land and Landmarks between the Banners Otoγ and UuSIN (Ordos)，1904－1906," *ZAS* XIII (1979), pp. 215－237.

《关于鄂尔多斯鄂托克旗和乌审旗之间的土地和界标问题，1904—1906》，载于《中亚研究》第8辑（1979），第215－237页。

"Ongγon－u Dabaγa and other Place Names," *EM* X (1979), pp. 90－120.

《蜈蚣坝和其他几个地名》，载于《蒙古研究》第10辑（1979），第90－120页。

1980

"On Some 'Editorial'Terms in the Mongol 'GanǰJur'," *BSOAS*，43，3：520－531.

《关于蒙古文〈甘珠尔〉经的几个编纂学术语》，载于《伦敦大学亚非学院学报》第43卷第3期，第520－531页。

Review：Arash Bormanshinov，Lama Arkad Chubanoc：His Predecessors and Successors. A Study of the History of the Kalmyk Lamaist Church in the Don Cossacks Region of Russia，College Park，MD.，1980. *MS* XXXIV（1979—1980），pp. 627 – 629.

《评波尔曼史诺夫〈楚班诺夫喇嘛及其前世和继承者：俄罗斯顿河哥萨克地区的卡尔梅克喇嘛庙历史研究〉》，载于《华裔学志》第 34 辑，第 627 – 629 页。

"Two Complaints from Wang Banner，Ordos，regarding Banner Administration and Chinese Colonization（1905），" *MS* XXXIV（1979—1980），pp. 471 – 511.

《两份来自鄂尔多斯郡王旗 1905 年有关扎萨克衙门和汉人移民的诉状》，载于《华裔学志》第 34 辑，第 471 – 511 页。

"Singing Sands and Masked Dance，" *MSt* VI（1980），pp. 99 – 108.

《鸣沙和查玛舞》，载于《蒙古学》第 6 辑（1980），第 99 – 108 页。

Review：Religion and Ritual in Society：Lamaist Buddhism in late 19th century Mongolia，by A. M. Pozdneyev，Bloomington1978，in *JAOS* C 3（1980），pp. 392 – 394.

《评 A. M. 波兹德涅耶夫着〈宗教与仪式：十九世纪后期蒙古社会的喇嘛教〉》，载于《美国东方学会杂志》第 100 辑第 3 期（1980），第 392 – 394 页。

"Smallpox in Mongolia during the Ming and Ch'ing Dynasties，" *ZAS* XIV 1（1980），pp. 41 – 63

《明清时期蒙古地区的天花》，载于《中亚研究》第 14 辑（1980），第 41 – 63 页。

"Em – sai and Other loan Words in Mongol"，*ZAS* XIV 2（1980），pp. 29 – 33."

《蒙古语中的 Em – sai 及其他借词》，载于《中亚研究》第 14 辑（1980），第 29 – 33 页。

"Letters of Apology from a Troublesome Lama，1905，" *CAJ* XXIV 1 – 2（1980），PP. 117 – 128.

《一个喇嘛写于 1905 年的道歉信》，载于《中亚杂志》第 24 辑（1980），第 117 – 128 页。

"Mongol Letters from Otoγ（Ordos）1920—1923 regarding a Number of Murder Cases，" Annali dell'Istiuto Orientale di Napoli XL（1980），pp. 421 – 464.

《1920—1923 年间鄂尔多斯鄂托克旗有关一系列谋杀案的信件》，《那不勒斯东方研究所年鉴》第 40 辑（1980）第 421 – 464 页。

1981

"Hun – t'o：tulum：Floats and Containers in Mongolia and Central Asia"，*BSOAS*，44，1：105 – 119.

《浑脱：蒙古和中亚的浮囊和容器》，载于《伦敦大学亚非学院学报》第 44 卷第 1 期，第 105 – 119 页。

"Four Letters from Ordos, 1906," *UAJ* n. s. I (1981), pp. 169 – 185.

《1906 年来自鄂尔多斯的四封信件》，载于《乌拉尔—阿尔泰学年鉴》新编第 1 辑（1981），第 169 – 185 页。

1982

"Places Names Along the China's Northern Frontier", *BSOAS*, 45, 2: 271 – 283.

《中国北部边疆的几个地名》，载于《伦敦大学亚非学院学报》第 45 辑第 2 期，第 271 – 283 页。

"A Mythological Animal in Central Asia," *CAJ* XXVI 1 – 2 (1982), pp. 119 – 121.

《一种中亚神话中的动物》，载于《中亚杂志》第 26 辑第 1 – 2 期（1982），第 119 – 121 页。

"Towers in the Northern Frontier Defenses of the Ming," *Ming Studies* XIV (1982), pp. 9 – 76.

《明朝北方边境的墩堡》，载于《明史研究》第 14 辑（1982），第 9 – 76 页。

Review: W. Heissig, Geser Rezia – wu. Dominik Schroeders nachgelassene Monguor (Tujen) – Version des Geser – Epos aus Amdo, Wiesbaden 1980, in *Anthropos* LXX-VII1/2 (1982), pp. 307 – 309.

《评 W. 海西希〈山道明遗着安多地区的蒙古尔（土族）格萨尔史诗〉》，载于《人类学》第 77 辑，第 307 – 309 页。

"The Dearth of Textiles in Traditional Mongolia," *JAS* XVI 2 (1982), pp. 125 – 140.

《传统蒙古地区纺织品的缺乏》，载于《亚洲史杂志》第 16 辑，（1982），第 125 – 140 页。

"Place names along China's Northern Frontier," *BSOAS*, XLV 2 (1982), pp. 271 – 283.

《中国北部边疆地名》，载于《伦敦大学亚非学院学报》第 45 辑第 2 期（1982），第 271 – 283 页。

"Mongγol: Moγal and Mangγus: Maγus," *AOH*. XXXVI1 – 3 (1983), pp. 475 – 484. (paru fin 1983): 475 – 484.

《Mongγol 与 Moγal，Mangγus 与 Maγus》，载于《匈牙利科学院东方学报》第 36 辑第 1 – 3 期，第 475 – 484 页。

"A Dalalγ – a Invocation from Ordos," *ZAS* XVI (1982), pp. 141 – 147.

《鄂尔多斯的一种咒语》，载于《中亚研究》第 16 辑，第 141 – 147 页。

"A Letter from Alasan to the Catholic Bishop of Ordos," *UAJ* n. s. II (1982), pp. 224 – 233.

《一封从阿拉善寄给鄂尔多斯主教的信》，载于《乌拉尔—阿尔泰学年鉴》新编第 2 辑（1982），第 224 – 233 页。

"The Silver Cup for Medical Treatment and Divination in Mongolia," *CAJ* XXVI 3 – 4（1982），pp. 224 – 243.

《蒙古人用于医疗和占卜的银杯子》，载于《中亚杂志》第 26 辑 3 – 4 期（1982），第 224 – 243 页。

1983

"Prisons and Prisoners in Traditional Mongolia," *CAJ* XXVII 3 – 4（1983），pp. 279 – 287.

《传统蒙古的监狱和囚犯》，载于《中亚杂志》第 27 辑 3 – 4 期（1983），第 279 – 287 页。

"A study of Chinese penetration into Caqar territory in the eighteenth century," *MS*, Vol. 35（1981—83，paru en 1984）：485 – 544.

《关于十八世纪汉人向察哈尔地区的渗透》，载于《华裔学志》第 35 辑（1981—1983，实际出版于 1984 年），第 485 – 544 页。

"Bayan Süme：Mongol name of Hsüan – fu," *UAJ*，NS 3：166 – 169.

《宣府的蒙古语名字 Bayan Süme》，载于《乌拉尔—阿尔泰学年鉴》新编第 3 辑，第 166 – 169 页。

Review：Meng – Ta pei – lu und Hei – Ta shih – lueh，Chinesische Gesandtenberiche ueber die fruehen Mongolen 1221 und 1237，Wiesbaden 1980（Asiatische Forschungen 56），in *UAJ*，n. s. III（1983），pp. 271 – 273.

《评〈蒙鞑备录、黑鞑事略德文译注本〉》，载于《乌拉尔—阿尔泰学年鉴》新编第 3 辑（1983），第 271 – 273 页。

Review：Owen Lattimore & Fujiko Isono，The Diluv Khutagt：Memoirs Autobiography of a Mongol Buddhist Reincarnation in Religion and Revolution，*UAJ*，n. s. 3：273 – 274.

《评拉铁摩尔、矶野富士子编译〈迪鲁瓦呼图克图：一位置身宗教和革命的蒙古活佛之回忆录和自传〉》，载于《乌拉尔—阿尔泰学年鉴》新编第 3 辑，第 273 – 274 页。

1984

"A Note on Two Place Names in Mongolia", Documenta Bararorum. Festschrift für WaltherHeissig zum70，Geburtstag，Klaus Sagaster und Michael Weiers，Hrsg. Veröffentlichungen der Societas Uralo – Altaica，A. von Gabain und W. Vaenker，Hrsg.，

Bd. 18. Wiesbaden：Otto Harrassowitz，（1984），pp. 370 –381.

《关于蒙古的两个地名》，载于夏嘉思、魏弥贤主编《野蛮人文献：W. 海西希70寿辰纪念文集》，A. 冯．加班、W. 范科尔主编“乌拉尔—阿尔泰学会出版物”第18卷，威斯巴登，1984年，第370 –381页。

“A Mongol Banner pays its Debt（1907），” *MS*（1984—1985），pp. 511 –544.

《1907年一个蒙旗偿还欠款》，载于《华裔学志》（1984—1985），第511 –544页。

“Three affairs：A juridical expression in Mongol，” *MSt* 8：59 –64.

《三路差使：蒙古的裁判术语》，载于《蒙古研究》第8辑，第59 –64页。

“The cult of Cinggis –qan：A Mongol manuscript from Ordos，” *ZAS* 17：29 –62.

《成吉思汗陵：鄂尔多斯的一份蒙古文文献》，载于《中亚研究》第17辑，第29 –62页。

“Names of Mongol tribes and clans in the early sixteenth century，” *ZAS* 17：63 –75.

《16世纪初蒙古部落和氏族的名称》，载于《中亚研究》第17辑，第63 –75页。忽剌安同名汉译文《16世纪的蒙古部落及氏族名称》，载于《蒙古学情报与资料》1987年第4期。

“Cacir，cacar，cadr tent' in Mongol，” *ZAS* 17：76 –81

《蒙古语中的‘帐篷’》，载于《中亚研究》第17辑，第76 –81页。

1986

“A prayer to Cinggis –qan，” *EM* 16：17 –36.

《成吉思汗祭祀》，载于《蒙古研究》第16辑，第17 –36页。

“The Mongol name of Shan –hai –kuan in the *Erdeni –jin –tobci*，” *EM* 16：37 –40.

《〈蒙古源流〉所记山海关的蒙古名称》，载于《蒙古研究》第16辑，第37 –40页。

“Qalqa/qalqab či：shield，screen，” *EM* 16：41 –49.

《Qalqa/qalqab či：盾牌，屏风》，载于《蒙古研究》第16辑，第41 –49页。

“An imperial restoration in Ordos，1916 –1917，” *EM* 16：51 –59.

《1916—1917年间鄂尔多斯的复辟》，载于《蒙古研究》第16辑，第51 –59页。

“Music and songs for animals，” *EM* 16：61 –67.

《唱奏给动物的音乐和歌曲》，载于《蒙古和西伯利亚研究》第16辑，第61 –67页。

“Deresü：Lasiogrostis splendens，” *EM* 16：69 –79.

《迭列速，芨芨草》，载于《蒙古研究》第16辑，第69－79页。

"The Princes of the Baγarin－Ba'arin Banners," *ZAS* 19（1986）：127－149.

《巴林诸旗王公》，载于《中亚研究》第19辑（1986），第127－149页。

1987

"Missionary Safe－Conducts：An Additional Note," *T'oung Pao* 73，1－3：116－119

《传教安全指南补注》，载于《通报》第73卷第1－3期，第116－119页。

The Mongols and Ming China：Custom and History，ed. by Françoise Aubin，London：Variorum Reprint，1987.

论文集《蒙古人与明代中国：礼俗与历史》，欧法兰编，伦敦，1987年。

1990—1991

"Place names in Inner Mongolia," *MS*，Vol. 39（1990—1991），pp. 209－246.

《内蒙古的几个地名》，载于《华裔学志》第39辑（1990—1991），第209－246页。按，其弟司礼义根据其遗稿整理。

鸣谢：编者在开始编译整理本目录的时候发现，这个工作远没有起初想象的那么容易，司律思神父的学术世界犹如汪洋大海，涉及太多的领域、语言和题目。编译的过程令我们感慨良多。幸运的是，我们得到很多学界师友的订正和补充，如果没有他（她）们的帮助，这个任务几乎不可能完成。南鸿雁教授从鲁汶复制并带回司律思神父的目录，成为我们编译工作基础的一部分。在编译的初始阶段，洪堡大学何乐文（Bianca Horlemann）教授帮助汉译了若干期刊名。留学于德国波恩大学的刘毓萱帮助复制《中亚研究》的文章，并在初稿阶段帮助汉译了德文条目。在美国印第安纳大学访学的罗玮查找复制司律思神父在《蒙古学学会会刊》发表的多篇文章。欧法兰（Françoise Aubin）教授在法国拜托阿玛雍（N. Hamayon）教授复制《蒙古研究》（现在已经改名为《蒙古西伯利亚中亚与西藏研究》）发表的司神父的多篇文章；这些帮助使我们终于得以核对原文和条目。在德文条目方面，内蒙古大学的齐木德道尔吉先生和新疆师范大学的阿不力克木教授审阅并修订了多处失误；内蒙古社科院的乔吉先生帮助汉译《蒙古文佛经〈密宗本续论〉》；中国第一历史档案馆的李保文先生在理解和汉译 Qalqa Jirüm 所记很多条目方面给予很多宝贵提示。在目录的完成阶段，中央民族大学的达力扎布先生补充了多个文章的汉译文条目，避免了很多遗漏。让我们格外感佩的是，乌兰老师逐条审阅并订正了很多翻译和拼写的错误。蒙古国立大学的塔沙梅（Sh. Egshig）教授和俄联邦赤塔国立大学贝尔纽科维奇（Tatiana Bernyukevich）教授帮助理解和汉译部分俄文条目。伸出援手的还有美国科盖德大学的鲁大卫（David Robinson）教授，他详读目录并订正了多处误译和拼写错误。满怀感激，编者在此一并致以最诚挚的谢忱。最后需要说明的是，尽管我们在编译过程中百般小心，谨小慎微，目录中错译或漏收的情况仍然在所难免，对可能存在的错漏编者文责自负。

（特木勒，男，1972 年生，南京大学历史学院副教授；张军，男，1985 年生，南京大学历史学院博士研究生，南京：210023）

CONTENTS

From Jashan to Yudugu: A Study on the fact that exile of Emperor Tianzuo of Liao

Abctract: At the end of the Liao Dynasty, Emperor Tianzuo was captured in *Yudu* Valley. About this historical fact is quite different in Historical records. The main point of contention in Emperor Tianzuo's exile routes, who captured him and where he was taken prisoner. This article considers that after The Battle of *Yan e xia shui*, Emperor Tianzuo went to the county *Heyin,* rather than *Shan Jinsi.* He was captured in the south of the county *Heyin* (*Yu du Valley*).

Study of Jin adherents in Yuan Dynasty ——with the focus on regional characteristics of Jin adherents

Abstract: Adherents are a group of people occurring with the change of an era and regime. Jin and Yuan dynasties both were dominated by northern ethnics. Adherents from Jin and Yuan dynasties were living on the occasion of regime change, between the two northern nations. At this period, there were significant characteristics distinguished from other eras with respect to politics, economy and culture. Under domination of northern nations, literati and officialdom both from Han and northern nations were gradually unified under Confucian culture as the core of the culture system. Adherents of this period had a different personality compared to others: 1) they were not restricted to the so called' Sino – Barbarian Dichotomy', 2) they no longer differentiated the regimes according to' race' and 3) they evaluated and criticized the interracial dynasty by a more pragmatic point of view – ' When there is political stability, be visible'. Even, discrepancies were existing among adherents from Jin and Yuan dynasties. In addition, behaviors among adherents under Jin Regime were not always the same. Also, people who may have different relationships, e. g. masters –

apprentices and paternity, made the choices accordingly. The above – mentioned is the main focus of this study. Additionally, further comparison based on previous studies on several outstanding persons e. g. Yuan Haowen, Hao Jing and Yelv Chucai, is done in order to get new insights.

Three topics concerning the multi – ethnic networks of the Yuan danasty literalti in Fujian

Chen Xinyuan(21)

Abstract: In recent years, the multi – ethnic networks of literalti is one of the research hotspots in the study of the Mongolian – Yuan era, Fujian which located in the southeast of china is an important part of multi – ethnic society of Yuan Dynasty. In this paper, envoys, *fangwai* and calligraphy and painting inscription avtivities of Mongolian and *Semu* literaltis in Fujian is the center of discussion. Envoys is the link which ties central goverment and local authorities, envoys of The Matsu, *Yue – zhen – hai – du* and *Jiangnan – xing – yu – shi – tai* travel through Fujian frequently, they made lots of friends with local literalti, played an important role which melted the multi – ethnic networks of literalti in Fujian into the whole country. *Fangwai* is the regular in the networks of literalti, the cases of Sha – lo – pa、Xie yuli and Wang han have illustrated that the friendship between literaltis and Fangwai in Fujian, which had a strong religious atmosphere, is both double – sided and ethnic – crossing. The Calligraphy and Painting inscription is one form of cultural interaction between the multi – ethnic literaltis, it was quite popular in the multi – ethnic networks of literalti in Fujian, furthermore, had strided the obstacles of status and class.

A Probe into the Case of Jiang Xiaoyuan & Zheng Leiqing

Jiang Xiangshun & Jiang Yang(58)

Abstract: This paper uses precious historical records to explore from both macro and micro perspectives. Discusses the whole process and the dispose result of the two translators' corruption case which lodged by the Joseon Hostage Prince Guan officer XiaoYuan Jiang and Lei Qing Zheng to the Ministry of Penalty in Qing Dynasty Chongde 4 year, Shenyang Shengjing. Refers to the newest research papers both here and abroad, this paper indicates great insights that XiaoYuan Jiang and Lei Qing Zheng's suing case is not being lodged for against Qing Dynasty. Huang Taiji concerned this case in person, but he made a wrong judgment as the malfeasants made troubles and the historical limitations. At the end this law case turns out to be an injustice.

The eight banners Chahar set and its relationship with the Qing Empire khan

Qi Guang(71)

Abstract: This article is trying to reveal how Hong Taiji assembled and established Eight Banners Chahar during late Tiancong reign, and examine the difference between Eight Banners Chahar and vassal Jasak Banners based on Manchu "*Nei Guo Shi Yuan Dang*". Besides, this paper clarifies the affilate relationship of Eight Banners Chahar and the Qing Empire Khan by studying the hereditary proclamations from Hong Taiji to the aristocrat of Eight Banners Chahar in "*Qing Mi Shu Yuan Meng Gu Wen Dang An Hui Bian*". Overall, the role of Eight Banners Chahar in the empire's political structure, the origin and development of the hereditary policy in Qing Empire will also be discussed.

The Outstanding Contributions of Chahar Eight Banners Made to Maintaining the National Unity of Qing Dynasty

Zhao Jingwen(96)

Abstract: In 1634, after the elimination of the Northern Yuan regime, Later Jin put the majority Chahar tribe into Eight Banners. At the same time, Eje was appointed as Heshuo Prince and other jasaγ - banner was set up. In 1675, Qing Dynasty canceled the jasaγ - banner because of Burni rebellion, which resulted in Chahar Eight Banners was tightly under the control of the Qing court. Chahar Eight Banners'politics, military and production were trinity. They did production in peacetime while went to wars for military needs. Chahar was famous of bravery and regarded as a strong military power which always got highly praised by rulers. There were war happened frequently in Qing and Chahar Eight Banners had to go to war or garrison for that. Starting with military campaign in accordance with the characters of war classification, this article discusses the war history that Chahar Eight Banners took part in the unified war, the consolidated war, the anti - imperialist war——in order to spotlight the outstanding contribution Chahar Eight Banners made to safeguard the national unity.

Four Issues of the Shengjingxingbu in the Qing Dynasty

Liu Quanshi(116)

Abstract: After the Qing Army entered *Shanhai Pass*, tremendous changes took place in Shengjing area, specifically, the political system transformed from "State Orientated" system to "Liu Gen Style" system, and the social system transformed from the "United Eight"

system to"Dual – unified Banners Division". As a result, political instability and social chaos gave rise to the crisis of regional governance. To cope with the crisis and revive the"Second Capital", the Qing government set up *Shengjingxingbu*, which was based on Liaodong general Wukuli's suggestion.

Officials and their functions had already preliminarily shaped at the beginning of founding of *Shengjingxingbu.* But followed by the transformation of politics, economy and social reality in *Shengjing area*, Qing government conducted a series of adjustments to the officials and their functions of *Shengjingxingbu.* For the officials, the numbers of staff increased, their identities tended to be diversified. For the functions, daily tasks were adding up, which were mainly about the lawsuits from the banners, lawsuits betweens Han people and banner persons, lawsuits from Mongolians and some economic cases. Till the late age of Qian Long – the roles of upper lever minister became stable.

The Studies on the Northwestern Frontier Officer Chang Jun of Qing Dynasty

Xiao Chaoyu(135)

Abstract: Chang Jun(1702—1789) was an important officer during the times of Yongzheng and Qianlong, because he have devoted himself in the northwestern areas for thirty – five years and have made many significant contributions for the safety and prosperity of the frontier areas. However, Chang Jun was so ignored by the researchers ever before that made us unfamiliar with his life even his identity. This paper would debate the problems and study Chang Jun's life in the northwestern areas with the official history, the documents, local chronicles and private genealogy.

The Holy Land of Respecting and Worshipping Ancestors ——Two Points on An You Palace in Yuan Ming Yuan

You Li(147)

Abstract: The thesis investigates the system origins, display and function of the royal ancestral shrine of the Qing in *Yuan Ming Yuan——Hong Ci Yong Hu(An You Palace)* by sorting out literature material, esp. Qing emperors' poetic proses and note essays. This reveals that the landscape essentially inherits the rituals from the Han and Song, and its display and function embody the influence of *Confucianism and Taoism.* Now and then, Qing emperors worship their ancestors in An You Palace, which could take the place of sacrificing Qing emperors' Mausoleum, or practice the ritual of informing their progenitors. In

addition, the essay further analyses the political ideas of respecting ancestors and diligence from related Qing emperors'poetic proses and note essays.

National transformation and national regional integration: the Revolution of 1911 and change of political situation in Inner Mongolia

Wang Yu(164)

Abstract: The impact that the revolution of 1911 had on the political situation of Inner Mongolia is one of the most important link in development and evolution of China's national relations, is also a new starting point in the process of Chinese modern national transformation and national relation reconstruction. The influence of the Revolution of 1911 in Inner Mongolia region, presents a complex history dimension. On the one hand, the Chinese Revolutionary League's revolutionary activities and Guisui uprising in the Inner Mongolia is an organic part of the Revolution of 1911. On the other hand, the Revolution of 1911 lead to the reintegration and reconstruction of relations between Inner Mongolia and the mainland, through which Inner Mongolia became a member of the multi – national and unified nation. To sum up, the impact of the revolution of 1911 on the political situation of Inner Mongolia is concrete manifestation of the contradiction movement in the process modern national transformation and national relation reconstruction, is also an important subject worthy of careful analysis and research.

Historical Investigation on Educational Form of Hmong Christianity Education in Rural Areas in Yunnan

Zhang Yongde(182)

Abstract: Christainity was first introduced into northeast and north part of Yunnan in the early 20th century where Hmong people lived. Since then, Christainity education became increasingly popular, which to some degree impacted on the Hmong society. Through filed investigation and case study, this paper elaborated on education in Christain school and Sunday School including both of their origin and impacts, suggesting that: for the existing educational form of Sunday School, prudent administrative attitude is needed; and it is also required to development economic dimensions in these areas to enhance living standards of local people both in financial terms and cultural terms; While respecting their religious belief, also facilitate compatible co – existence of religion and socialism society.

《中国边疆民族研究》征稿函

1.《中国边疆民族研究》由中央民族大学出版社出版，每年一辑。该书收录国内外学者有关中国边疆民族地区历史与地理方面的研究成果和译文。通过定期出版学术论文集，促进学术交流，培育史学新人，为国内外同行设立一个学术交流的平台，推动中国边疆民族地区历史与地理研究的深入。

2.《中国边疆民族研究》收录文章以中国边疆民族地区历史与地理研究的成果为主，兼及其他方面。内容包括中国边疆民族历史与地理、中国少数民族法制史、宗教史、民俗、民族语文历史文献、汉文有关少数民族历史古籍等方面的研究成果，有关边疆少数民族的社会学、民族学、语言学调查的优秀成果以及现实民族问题调查报告。

3.《中国边疆民族研究》收录文章须为有新见解的原创性成果。篇幅在1—3万字之间为宜，高质量的论文或调查报告字数不限。稿件全部采用页下注，注文体例采用《关于〈历史研究〉文献引证标注方式的规定》（见《历史研究》2004年第6期），勿用“同上”一类标注。凡引用《实录》，注文中标注实录的朝代、卷、年、月、日，如《明太祖实录》卷96，洪武八年正月辛未。正文中公元、世纪、年代及数据用阿拉伯数字（引文除外）。王朝纪年第一次出现时加注公元纪年，如“道光十年（1830）”，同一年号再次出现时不再加注。论文需附200 300字中、英文内容摘要、中英文关键词。稿件后请附作者简介，内容包括作者姓名、出生年月、单位、职称、联系地址、电话、邮政编码。若为译文，需附原文复印件及作者同意翻译发表的授权书。为保证稿件质量，所有稿件先由编委或相关专家匿名评审，在初审的基础上，召开编委会会议决定是否采用，最终由出版社三审后编辑出版。

4.《中国边疆民族研究》（第十辑）征稿截止日期为2016年8月1日，2016年12月30日前出版。若为打印稿请寄：北京海淀区中关村南大街27号，中央民族大学历史文化学院盛肖霞，邮编：100081。电子稿请发至history985@126.com信箱，王桂东收。

《中国边疆民族研究》编委会

2015年10月15日

Developing stages and characteristics of the new China, Xinjiang reclamation and guarding the frontier ——to Xinjiang production and construction Corps 60 years of development as the Center

Zhao Man(190)

Abstract: Chinese dynasties adopted the practice of stationing troops to cultivate and guard frontier areas? as one of the main content of management strategy in Xinjiang. More than 60 years after the founding of The People's Republic of China about sixty years, the main content is the historical development and the reform and innovation of Xinjiang Production and Construction Corps. Corps' development mainly included the three stages: the start - up and development(1954—1966) , wandering and stagnation(1966—1981) and the reform and innovation(1981—present) . The main features of the Corps are as follows: firstly, it had a historical heritage, it was the continuation and development of stationing troops to cultivate and guard frontier areas in Xinjiang; secondly, it has a function particularity, it was integrated functions with military functions, administrative functions and Economic Development in Ethnic Frontier Regions; lastly, it reflected the times of the reform and innovation in China.